화두의 심장에
검을 꽂아라

서문 - 천 년의 항해

1.

우리가 읽는 책이 머리를 산산이 부수어 혁명과 각성을 시키지 못한다면, 무엇 때문에 책을 읽겠는가?

덕산선사의 한 방망이를 맞아 생각과 관념이 산산조각 나지 않는다면, 무엇 때문에 방망이를 맞겠는가?

조주선사의 평상심이 진리라는 말을 듣고 있는 그대로의 삶을 살지 못한다면, 무엇 때문에 수행을 하겠는가?

또한 우리에게 행복을 주지 못하는 책을, 무엇 때문에 읽겠는가?

책이란 마음속에서 끊임없이 일어나는 수많은 생각의 파편과 조각들을, 모조리 태워 버리고 소멸시킬 수 있는 불꽃이 되어야 한다!

인간성 회복에 도움을 주지 못하는 책은 책이 아니라 쓰레기이며, 종이와 나무 그리고 대자연에 대한 배신이다.

인간이 살아가는 유일한 목적은 완전한 인간성의 회복뿐이다!

수행의 목적은 자신의 순수한 인간성을 완전하게 회복하여, "이 순간"의 완벽한 삶을 생동감 넘치게 활발하게 살아가는 것이다.

온 우주의 모든 것을 압축하고 있는 다채로운, 다이아몬드 결정체

같은 "이 순간"에서 "이 순간"으로! 이 순간의 마법!

만약 인간성을 회복하지 못한다면 거짓 자아(에고)의 꼭두각시로서, 태어나서 죽는 순간까지 쇠사슬에 묶여 한 맺힌 노예의 삶을 살 것이다. 이것은 중생의 눈부신 비극이다.

삶과 진리는 오직 "이 순간"을 깨어 있는 마음으로 즐기는 것이다! "깨어 있는 마음"은 자신의 내부에 잠자고 있는 부처(진정한 자아)를 흔들어 깨우는 과정이다!

완전한 인간성을 회복하여 싯다르타 부처가 스스로 되어, 삼계의 영원한 주인공으로서 찬란하고 생생하게 살아보자.

2.

내가 수행 과정에서 겪은 시행착오와 궁금했던 부분을 솔직하게 있는 그대로 밝혔다.

이 책이 모든 수행자들에게 하나의 찬란한 등불이 될 것이라고 확신한다.

어려운 불교 용어들을 최대한 사용하지 않고, 일반적인 단어들을 사용하였기에 누구나 쉽게 접근할 수 있다.

그리고 무의미한 용어의 혼란스러운 벽을 모두 허물어 버렸다.

불교(진리)가 어려운 것이 아니라, 불교의 용어가 지나치게 어렵기 때문에 길을 헤매는 것이다. 불교의 불가사의한 늪!

한 권의 책으로 모든 것을 말할 수는 없지만, 이 책을 "천 년 대계"로 썼고, 나의 모든 능력과 열정을 모두 불어넣었다.

향후 "천 년 동안" 우주 전체의 모든 수행자들이 읽을, 진정한 "수행의 기본서"를 만드는 것이 목적이다!

수행의 실천적인 방법론을 종합적으로 간결하게, 서술해 놓은 책도 사실은 없다! 2600년 수행 역사의 미스터리!

그래서 이 책으로 수행의 모든 무게 중심을 잡고 다른 책을 본다면, 결코 길을 잃고 헤매는 과정을 거치지 않을 것이다.

나도 너무나 좌충우돌하며 수행을 했기 때문에, 내 경험을 바탕으로 후학들에게 최대한 명백한 길을 제시하자고 한다.

수행 과정에서 겪는 혼란을 최소화하여, 곧장 진리의 심장부로 갈 수 있게 방향을 가리키는 것이 이 책의 가장 큰 목표다!

"1장 수행기"는 나의 수행 과정과 이 책의 개론서 정도로 보면 되고, "2장 완전한 깨달음"부터 본격적으로 이 책의 내용이 구체적으로 심화되어 간다.

특히 "3장 수행 방법", "4장 바른 견해", "6장 분류사 화두"는 진짜 부처가 솔직하고, 정직한 견해를 있는 그대로 명백하게 설법한 것이다.

그리고 "5장 행복을 위하여"는 일반 대중에게 전하는, 사랑과 행복의 길을 향한 환희의 이정표이다. 희망의 메시지!

이제 나의 모든 혼을 불어넣은 분신을 세상으로 보내어, 세상의 비인간적이고, 비합리적이고, 비위생적인 것들을 말끔히 청소하고자 한다.

천 년 동안 꺼지지 않는 등대가 되어, 사통팔달로 비추어 그림자가 생기지 않을 것이다. 이 깨끗하고 영롱한 빛이 극악무도한 사이비와 악마들을 모두 소멸시킬 것이라고 확신한다.

이 책이 수행계의 무게 중심이 되어, 바른 견해만을 말한 부처의 정법을 수호할 것이다.

향후 3000년이 될 때까지, 불교 최후의 수호자인 선(禪)의 검이 될 것임을 천명한다! 정의로운 살인도와 성스러운 활인검!

"천 년 동안" 수행서의 기준이 되어, 모든 진리의 옳고 그름을 저울질하는 부처의 눈금이 될 것이다!

과거에 화두 참구하는 간절하고 절박한 심정으로, 지금도 삼계를 떠돌고 있는 나의 형제들을 위하여 이 책을 썼다.

내가 수행 과정에서 처절하게 헤맸던 시기를 회상하면서, 지금도 애절하게 헤매고 있을 수행자들에게, 하나의 지도와 같은 나침반이 될 것이라고 굳게 믿는다.

그리고 진정으로 부처가 되고자 하는 자에게 신성한 빛이 될 것이다!

진실한 수행자는 환경, 조건, 상황, 능력을 탓하지 말고, 곧장 절대 진리의 세계로 가서 자신의 부처를 직접 만나야 한다.

3.

3000년이 도래하기 전까지 "천 년 동안" 항해할 모든 준비를 마쳤다.

마음에 무한한 빛의 평화를 품고, 얼굴에 달콤한 설탕 **미소를** 머금고, 지금 출항하고자 한다.

꽃 피는 부산항에서 출발하여, 온 우주를 "천 년 동안" 여행을 할 것이다!

발길 닿는 곳마다 삼계의 영원한 주인공으로서 당당한 모습을 보여, 빛의 향기가 사방으로 퍼져나가게 할 것이다.

배의 이름은 "불멸호"라 명명하고, 좌현은 싯다르타 부처, 우현은 삼계의 풍류객 조주가 맡을 것이고, 선수는 삼계의 제일검 운문, 선미는 철옹성의 성주 황벽이 맡을 것이다.

진리의 수호자와 함께 할 선장은 불생불멸의 검(劍)인 살인도와 활인검의 쌍검을 찬 미소의 풍류객 호천(好天)이다.

"천 년의 항해"를 시작하라! 팡파르를 울려라!

악!

불멸호의 닻을 올려라!

평상심이 도(道 진리)의 돛을 펼쳐라!

출항이다!

나의 임무는 여기까지다.

2019년 7월 말, 호천(好天)

서문 – 천 년의 향해

글을 마무리하며

1장 수행기- 화두의 심장에 검을 꽂아라.

1.

나는 아주 장난기 심한 개구쟁이 소년이었다.

초등학교 시절, 비가 갠 후에 저 멀리 보이는 산 쪽으로 영롱한 무지개가 생기면, 하염없이 몇 시간이고 그 자리에 서서 바라본 적이 몇 번 있다.

비가 갠 후에 10살 전후의 소년이 형언할 수도 없고 표현할 수도 없는, 아름다운 무지개 빛깔에 마냥 사로잡혀 넋을 잃고 하염없이 바라본 것이다. 신비로운 황홀경!

이것을 명확하게 기억하고 있고 장소도 생각이 난다.

회상해 보면, 아마도 그때 최소한 안과 밖이 없는 경지 또는 무아지경에서 바라본 것이 아닐까 추측한다.

어쩌면 진리와 마주 보았을지도 모른다.

싱그러운 봄이면, 김해평야의 논에서 개구리들이 부르는 합창 노랫소리도 정말 멋지다. 개골개골!

또한 햇빛이 쨍한 여름철이면, 여치 울음소리와 매미 소리가 너무나 신비롭게 들린다.

매미가 노래하는 "맴맴맴" 하는 소리는 왠지 모르게 너무 좋았다.

자라면서 매미가 땅속에서 12년 가량 있다가, 지상에서 고작 7일 정도밖에 살지 못한다는 사실을 알았을 때, 매미가 너무나 불쌍하게 보였다.

매미가 7일밖에 살지 못한다고, 저렇게 애절하게 울고 있구나 하는 슬픔의 노랫소리로 변했다.

그래서 신비한 매미의 노랫소리가 싫어졌다.

각설하고, 소심하게 태어나서 그런지 작은 소리에도 너무나 민감하게, 엄청 크게 놀라며 경기(驚氣)를 수시로 했다.

그러면 몸이 뻣뻣하게 경직되어 간다. 마치 죽음의 유쾌한 세레나데와 같다. 덕분에 생과 사를 항상 오락가락했다.

저녁에 몸이 뻐덩뻐덩 굳어 가면 방의 한구석에 둔다. 아침이면 죽었겠지라고 보면 살아 있다. 몇 달 동안 반복되었다.

차라리 그때 영원한 마음의 고향으로 돌아갔다면 정말 좋았을 텐데, 오직 아쉬울 뿐이다.

이렇게 모질게 살아남아야 하는 이유가 있었던 것은 설마 아니겠지.

오~ 회한의 삶이 아스라이 시작되는구나! 하하!

5~6살 때, 집 근처에 도살장이 있었다. 소가 도살장으로 들어가면서, 큰 눈동자에서 슬프게 눈물을 뚝뚝 흘리는 것을 많이 보았다.

어린 나이에 가슴이 너무나 아팠다. 이것은 기억이 난다.

하지만 집에 와서 "어른이 되면 돈을 많이 벌어서, 소를 해방시켜 주겠다."라고 자주 말했다고 한다.

6살 때, 울산에서 부산 강서구로 이사를 갔다.

초등학교 4~5학년 때, 같은 동네에 사는 큰고모 집에서 집으로 걸어가는 길이었다.

밤하늘의 별과 보름달이 너무나 크고 선명하게 보였고, 너무나 황홀하고 아름다웠다.

나도 모르게 "오늘 밤에 죽으면, 내일 아침에 다시 살아나겠지."라고 말했다. 이 말은 아직도 생생하게 기억이 난다.

어머니가 그런 말을 하면 안 된다고 했다. 그 당시에 내가 이 말의 뜻을 알았겠는가. 하하!

초등학교 6학년 때, 어느 가을이었지 싶다. 그날은 어째서인지 모르겠지만, 집에서 혼자 놀고 있었다.

그런데 갑자기 주위가 환해지면서, "이 집이 나의 집인가?", "부모가 나의 부모가 맞는가?", "형제가 나의 형제가 맞는가?"라는 소리가 들리면서, 모든 것이 순식간에 너무나 낯설게 와 닿았다.

어찌할 바를 몰라서 멍하게 몇 시간을 서 있었다.

12살의 소년이 감당할 수 없는 영역의 질문과 마주한 것이다.

그 이후에 정체를 알 수 없는 암흑의 스산한 바람이 감지된 때는 중학교 3학년이었다. 이전에 바라보던 세상이 아닌 것 같아 너무 낯설고, 생소하여 많은 당황을 했다.

이것이 우여곡절의 30년간에 긴 여행으로 이어질지는 꿈에도 몰랐다.

오~ 폭풍 전야의 고요한 바다여! 무자비한 쓰나미를 대비하라!

고등학교 1학년부터 인생의 고단한 여정이 본격적으로 시작되었다.

"우리는 왜 사는 걸까?", "왜 먹어야 하는 걸까?", "왜 학교에 가야 하는 걸까?" 등등 수많은 의문에 봉착했지만, 소년이 감당하기에 너무나 벅차고 알 수 없는 엄청난 하나의 유리벽이었다.

그리고 문득문득 꿈속에서 살고 있는 듯한 느낌을 여러 번 경험했다.

마치 물에 빠진 스펀지 같은 느낌이라고 할까 그랬다.

그러던 중에 니체의 "짜라투스트라는 이렇게 말했다."의 책장을 열게 되었다.

이것은 질풍노도의 시작을 알리는 허무와 고뇌에 찬 서곡이었다.

이후 철학책과 동양의 고전을 읽었지만, 무슨 말인지 도통 알 수가 없었다.

고등학생이 이해하기에는 너무나 어렵고 심오한 내용의 책들이었다.

"왜 사는가?"라는 질문에 너무나 답답하였기 때문에, 다른 선택의 여지는 없었다.

누구도 내게 답을 주지 못했고, 설혹 답을 주었다고 하더라도 그것은 나의 답이 아니었다.

불행하게도 그렇게 12년 남짓을, 묵묵히 고행의 길을 걸어갈 수밖에 없었다.

삶은 내게 가혹한 인내를 시켰다. 고독한 수행자의 여로!

이 시기에 내가 할 수 있는 것은 고작 책을 읽고, 없는 돈을 쪼개어 자신을 찾기 위하여 거지처럼 여행을 다니고, 클래식 음악을 듣고, 생각의 수레바퀴 안에서 미친놈처럼 처절하게 사색하는 것말고 할 것이 없었다.

이렇게 암울한 20대가 저물어 가고 있었다.

책을 읽으면 읽을수록 더욱 더 혼란에 빠지는 것 같았다.

하나의 의문은 또 다른 하나의 의문을 낳았다.

한 권의 책이 또 다른 책을 초대하듯이, 읽어야 할 책은 책상에 계속 쌓여만 갔다.

의문의 연쇄적인 원형 사슬 안에서, 무수한 밤을 고뇌하며 하얗게 지새웠다. 마치 끝없이 돌고 도는 무한궤도의 바퀴와 같다.

잠을 이룰 수 없는 젊은이의 가시밭 같은 불면의 날을, 얼마나 많이 보냈는지 모른다. 그야말로 내 삶에서 인고의 세월이었다.

끝이 없을 것 같았던 암흑의 번뇌에 길을 지나고 나서 보니, 이 시기가 내 삶에 있어 가장 큰 스승이었다!

마치 산이 높을수록 계곡이 깊은 이유는 바로 이것이지 싶다.

어쩌면 이 고뇌의 시기가 내적으로 성숙해가는 과정이고, 삶의 모든 것을 배웠는지도 모른다. 오~ 정녕코 역설적인 인생이여!

또 다른 스승은 일기장이다. 중1 때부터 쓰기 시작한 일기는 40대 초반까지 지속되었다. 한 30년 남짓 썼다.

일기장은 내게 바른길을 갈 것을 요구했다. 왜냐하면 나쁜 짓을 하면 일기장에 적어야 했기 때문에, 나쁜 짓을 할 수가 없었다.

또한 자신을 성찰하여 좀 더 나은 인간이 될 수 있게 만든, 내 삶의 1등 공신이다.

어떤 때는 자신이 부끄러워서, 일기장을 없애 버리려고 한 적도 몇 번 있었다.

하지만 하늘을 우러러 두 점 부끄러움 없이, 당당하게 내 삶을 지금까지 살아오고 있다. 이것은 나의 자부심이다.

어쨌든 일기를 쓰는 것은, 자신의 하루를 되돌아보면서 반성하는
시간을 가지기 때문에, 자신을 성숙한 사람으로 만드는 방법 중에
서 최고이지 싶다.

문학가 지망생이었기 때문에, 시인은 지구라는 별에 단지 유배를
온 것뿐이라며 자신을 억지로 위로했다. 자신을 속이지 말라.

하하!

평범하게 살아가는 친구들을 보면, 나의 운명적인 삶이 오직 원망
스러울 뿐이었다.

내 삶의 1순위는 독서였기 때문에, 여자를 사귄다는 것은 관심 밖
이었고 사실 시간도 없었다.

암울한 20대를 보낼 때, 말벗이 되어준 한 명의 친구가 있었기에
그나마 행복했다. 그와 나는 서로에게 유일한 말벗이었다.

우리는 만나기만 하면 무슨 할 말이 그렇게도 많았는지, 거의 밤
을 새워가며 무수한 나날을 대부분 둘이서 술잔을 기울였다. 그만
큼 말이 통하는 친구가 없었던 것이다.

한편으로 우리는 평범한 삶을 살지 못할 운명이었는지도 모른다.
여하튼 친구는 그나마 쉬운 길을 선택하여, 지금 학교에서 "국어"
를 가르치고 있다.

이 시기에 또 다른 행복은 클래식 음악이었다. 그나마 클래식 음
악을 들으며 잠시나마 마음의 평화를 찾았다.

위대한 작곡가들의 삶을 보면서, 그래도 세상은 평등한 것이구나
하며 스스로를 위안했다. 베토벤, 슈베르트, 브람스, 차이코프스
키, 드보르작, 멘델스존, 라흐마니노프 등등.

1997년 동생이 여름휴가 때, 혼자서 일본에 배낭여행을 갔다. 배로 귀국을 하려는데 태풍 때문에, 며칠 항구에 머물면서 일본인 친구를 한 명 사겼다. 집에 함께 왔다. 이름은 기무라다. 우리 집이 상당히 부자냐고 물었다. 당연히 아니다. 2층 단독 주택이다.

하하!

일본에서는 도쿄 시장도 20평 남짓한 아파트에 산다고 한다. 상당히 놀랐다. 일본 대도시의 집들은 대부분 평수가 작고, 물가가 상당히 비싸다고 한다.

내가 클래식 음악을 좋아하니, 모차르트의 "피가로의 결혼"을 가장 좋아한다며 있다면 듣고 싶다고 한다. 나는 오페라 음악을 싫어한다.

아니 말 있는 음악을 싫어한다. 당연히 없었고, 모차르트의 다른 곡을 들려주었다.

기무라는 유럽 여행을 가는 중이라고 한다. 자신은 대학을 졸업하고 취직하고 싶은데, 부모는 대학교수가 되기를 바란다.

유럽 여행을 보내주면, 공부를 계속하겠다는 협상을 마치고 여행 중이다. 목적지는 프랑스 파리다. 상당히 부러웠다.

동생이 부산 구경을 시켜주고, 그는 중국으로 가기 위해서 인천항으로 갔다. 나의 기억 속에서 잊혀졌다.

몇 달 후에 집으로 일본에서 소포가 하나 왔다. 그 속에는 사진과 기념품이 있었다. 파노라마 사진이 신기했다.

자세하게 하나하나 보았다. 가장 눈에 띄는 사진은 "실크로드"라는 글자 앞과 에펠탑에서 찍은 사진이다.

사진을 다 보고 나니 불현듯 기무라는 실크로드를 따라서, 대륙횡
단을 하여 파리까지 갔다는 사실을 알았다. 너무나 충격적이었다.
같은 동시대를 살면서 누구는 돈 몇 푼을 벌기 위해서 회사에서
찌들이고, 누구는 자신의 꿈을 이루는구나 하는 자괴감과 한심함
이 나를 덮쳤다.

이 충격적인 사건은 나의 머릿속을 계속 맴돌았다.

본격적으로 회사 생활에 회의가 밀려오며 고뇌가 시작되었다.

배부른 돼지로 살 것이냐 아니면 가난한 소크라테스로 살 것이냐
를 놓고 장고하기 시작한다.

다니는 S회사는 한국 최고의 대기업 중의 하나다.

1997년 IMF가 터졌다. 한국 사회의 패러다임을 바꾸는 충격적인
사건이었다. 나의 심사숙고는 계속되었다.

결국 가난한 소크라테스로 살기로 결정하고, 다음 해 여름쯤 회사
를 그만두었다.

이 결정은 나의 삶의 방향을 결정짓는 가장 중요한 사건이다.

"후회 없는 삶을 살자."는 기본 틀이 완전하게 형성되었다.

지금까지 살아오면서 최선을 다했고 후회 없는 삶을 살았기 때문
에, 이것은 나의 만족이자 나의 자부심이다.

하지만 빛이 있으면 그만큼의 어둠도 있기 마련이다. 빛과 어둠은
항상 공존하며 크기는 같다.

돈에 대한 욕심이 없고 무슨 일이든 할 수 있다면, 자신의 꿈을 좇
을 수 있고 후회 없는 삶을 사는 것은 가능하다. 즉 가난한 삶을
즐길 수 있어야 한다.

하지만 현실에서 결코 만만한 일은 아니다. 나는 삼 형제 중 장남
이자 집안의 종손이라서, 과정이 더욱 쉽지 않았다. 하하!

장남이 아니었다면, 그래도 그나마 쉬운 인생이었을 것이다.

아버지의 지겨운 레퍼토리 중에서 "죄 많은 놈이 장남이다."라는
말은, 내 마음속에 언제나 비수처럼 꽂혀 있는 은장도와 같았다.

또한 꿈을 선택하는 자는 현실의 수많은 난관과 엄청난 무게를
극복하고 넘어서야 한다.

내 등 뒤에서 들여오는 주위의 비웃음도 참고 인내해야 한다.

꿈을 포기하고 현실에 매몰된 뒤돌아선 사람들의 비열한 야유!

어쨌든 여기까지는 나의 삶이기 때문에 아무런 문제는 없다.

하지만 나의 삶을 바라보는 부모가 항상 힘겨워했다. 하하!

나도 유럽 배낭여행을 세 번 가려고 했지만, 결국 뜻을 이루지 못
했다.

포기나 실패할 당시는 괴롭고 아프지만, 역으로 포기나 실패는 본
질적인 부분을 바로 볼 수 있게 하는 진실의 눈이 숨겨져 있다.

내 삶에 진정으로 중요한 것이 무엇인가를, 되돌아보게 하는 관조
자의 마음을 갖게 한다.

그래서 포기, 실패, 좌절, 아픔, 절망은 자신을 방비하여, 한층 성
숙한 인간이 되게 한다. 삶의 아이러니!

그해 겨울 12월 초 27세 때, 서머싯 몸의 "인간의 굴레"를 읽다가
인생은 텅 비어 있는 것이구나 하는 깨달음이 오면서, 바다의 광
포한 회오리 폭풍은 순식간에 고요한 바다가 되었다.

기적 같은 일이 펼쳐졌다. 이때부터 세상이 아름답게 보이기 시작

했다.

그리고 얼마 후에 마음속 깊은 곳에서, 이유 없이 잔잔한 생동감과 즐거움이 샘솟았다.

내 마음속은 부정적인 에너지가 긍정적인 에너지로 조금씩, 조금씩 충전되고 자연스럽게 정화되는 것이 눈에 보였다. 마치 대자연의 큐브 조각 같은 계절이 저절로 순환하듯이.

삶은 텅 비어 있는 것이구나 하고, 전체적으로 인지한 시기는 이로부터 1년쯤 지나서였다.

이 시기 전까지는 사방이 온통 암흑뿐인 길을 정처 없이 헤매고 걸어가다가, 칠흑같이 어두운 터널 끝에서 서광이 빛나는 시기였다.

이 광명의 빛을 보고 직선으로 가면 출구가 있기 때문이다.

그러니 얼마나 생동감 넘치고 눈부신 환희의 순간이었는지 모른다.

마치 춤을 추듯이 기쁨의 감정이, 내 몸과 마음을 항상 격정적으로 휘감고 맴돌았다.

주체할 수 없는 찬란한 생동감, 유쾌함, 환희심을 마음껏 즐기고 누렸다.

10대 중반부터 시작된 "왜 사는가?"에 대한 답을 알았기 때문이다!

상상할 수도 없는 일이 눈앞에 펼쳐졌다. 신비로운 기적!

이전의 삶이 혼돈과 허무, 번뇌의 진혼곡이었다면, 이후의 삶은 질서와 아름다움, 있는 그대로의 삶을 향한 찬란한 인생 찬가였다.

내 삶에서 일대 전환점이 되는 가히 놀라운 혁명이었다.

이것 또한 처음에는 너무나 벅차고 벅찬 현실이었다.

그리고 이 시기부터 내 마음속에서 이제는 더 이상 책을 읽을 필요가 없다고, 거짓 자아(에고)가 달콤하게 속삭였다.

이것은 에고가 진리의 실체에 다가가는 것을 방해하는 것이다.

왜냐하면 진리의 본질을 아는 순간 가짜 자아는 죽기 때문이다.

그러나 책을 읽으면 모르는 벽에 부딪히는 부분이 보였기 때문에,
책 읽기를 중단할 수는 없었다.

나의 책상엔 읽어야 할 책들이 우선순위에 따라서, 최소 10권 이
상 항상 대기 상태였다.

읽고 싶었지만 우선순위에 밀려서, 읽지 못한 가장 대표적인 책은
히틀러의 "나의 투쟁"이다. 제목이 너무 인상적이고, 마치 나의 삶
을 상징하는 것 같아 읽고 싶었다.

또한 "원각경"이다. 여러 책을 읽다 보면, "원각경"의 인용 부분이
눈에 계속 띄었고 참 멋졌다.

이 시기를 전후해서 철학책은 접고, 선사들의 책을 접하게 되었다.

철학자의 한계가 빤히 눈에 보였기 때문이다.

숭산스님의 "부처님 이마에 담뱃재를 털며"를 친구가 선물해서 우
연히 보게 되었다.

이전의 철학책과는 수준이 다르다는 것이 강렬하게 느껴졌고,

바로 이것이구나 하는 직감적인 생각이 들었다.

진리를 한마디로 말할 수 없다면, 절대 진리를 모르는 것이다!

철학자는 자신의 바보 같은 이론 속에 갇혀있는, 우물 안의 형편
없는 개구리일 뿐이다.

왜 사는지를 알면, 인생의 모든 것은 끝이 나는 줄 알았다.

하지만 이번에는 궁극의 의문이 일어나기 시작했다.

"나는 누구인가?"

32세 때, 약 1년 남짓 공무원 발령 대기하는 시기에, 알바를 하며 선어록, 화두 책, 선사들의 책을 닥치는 대로 읽었다.

많은 날을 밤을 새워가며 읽었다. 1년간 미친 듯이 읽고 나니, "마음" 하나 밝히면 끝나는구나 하는 확신을 가졌다!

마음(생각)이란 도대체 무엇일까?

생각은 과연 어느 장소에서 태어나는 것일까?

이 시기에 동네 뒷산에 자주 갔는데, 김해평야가 훤히 보이는 넓은 바위에 앉아 있으면, 레이저빔 같은 굵은 광선의 기운이 발바닥을 통해 온몸을 관통하여 머리를 뚫고, 하늘로 솟아올라 가는 경험을 열 번 남짓 하였다.

푸른 하늘을 바라보면 나를 관통해서 아주 굵은 찬란한 빛의 광선이, 하나의 투명한 기둥처럼 거대하게 서 있다.

이 은은한 빛의 기둥이 우주로 뻗어 나가는 것이 보였다.

마치 웅장한 빛의 기둥이 나에게서 생겨나서, 하늘을 받치고 있는 수호자의 기둥처럼 존재한다.

이 엄청난 광선 기둥이 서 있는 형상을 보면, 마치 신의 지팡이를 보는 듯한 경외감까지 느껴졌다.

처음에는 주체할 수 없는 환희심에 도취되어, 미친 듯이 친구들에게 전화를 걸어 극한의 기쁨을 전했다.

서너 번의 경험을 하고 나니 내적으로 통제가 되었다.

나의 전체적인 수행 과정에서 보면, 이 순간이 불가사의한 최상의 환희와 법열을 체험하는 시점이다.

신성하게 빛을 발하는 역동적인 기쁨과 환희를, 어떻게 인간의 왜소한 말로 표현할 수 있겠는가!

그렇게 혐오스럽게 보이던 인간의 콘크리트 구조물조차도 아름답게 보였다. 마치 대자연의 일부인 듯이.

그저 놀랍고 벅차오르는 다채로운 빛깔 같은 신비의 순간일 뿐이었다.

수많은 선사들의 책을 보면서 조주선사와 같은 도인이 되고 싶었다. 수행 방법은 성철스님의 길을 따랐다. 두 명 스승의 길이 가야 할 목표였다.

화두 참구 전과정에서 가장 도움이 되었던 책은 박산선사의 "참선경어"이다. 마치 덕산선사의 방망이 같은 역할을 했다.

수행에 진전이 없거나 좌절할 때면 읽었다.

그리고 자신을 격려했다.

만약 이번 생애에서 절대 진리를 깨우친다면, 반드시 해설판을 쓸 것이라고 무수히 다짐했다. 내가 써야 할 두 번째 책이다. 하하!

처절한 사색과 독서로 더 이상 답을 찾을 수 없음을 명확하게 알았고, 화두 참구만이 이 길을 끝낼 수 있는 것이라고 확신했다!

책을 읽으면 마치 수박의 겉만 핥는다는 느낌이 강하게 들었다.

이성이 갈 수 있는 한계 지점에 거의 도착한 것이다.

이렇듯 책은 가야 할 방향을 보여 줄 뿐이지, 책 속에 명백한 길은 없다!

그러나 책은 가고자 하는 길을 확실하게 알려주는, 지도와 내비게이션 같은 안내자이며 스승이다.

또한 책은 타인이 일생을 통하여 뼈저리게 경험한 것을 받아드려, 자신을 쉽게 변화시킬 수 있는 마법의 열쇠가 될 수도 있다!

수행은 자신이 한 발씩 철저하게 걸어가서, 부처의 국토에 직접 도착해야 모든 수행이 완성된다!

여하튼 이때부터 본격적으로 화두 참구가 시작되었고, 본격적인 무기(無記)가 심화되기 시작한 것 같다. 사실 무기는 깨우치기 전까지 계속 지속된다.

무기(無記)란 마음의 무한한 평화 속에 항상 머물며, 아무런 걱정과 근심이 없는 단계다.

우주 전체의 모든 것이 순리대로 돌아간다고 착각하며, 허망한 망상의 수렁 속에서 자신을 속이며 허우적거린다.

거짓 자아가 만든 가짜 평화의 장막으로써 악마의 세계이며, 치명적인 악성 바이러스 같은 수행의 불치병이다.

어쨌든 시간만 있으면 항상 절에 가서 좌선을 하고, 자기 전에 30분에서 1시간 가량 거의 매일 좌선을 했다.

좌선을 하기 위해서 집 주위의 아무 절을 갔지만, 주로 부산 모라동 운수사의 대웅전과 대웅보전에서 주로 좌선을 했다.

좌선하는 시간은 대체로 3~5시간 정도이다.

그리고 얼마 후에 진언(만트라)을 되뇌게 된 것은, 소걀 린포체의 "티베트의 지혜"에서 너무나 만트라를 강조했다. 믿지는 않았지만 미친 척하며 해보니, 놀라운 경험을 하게 되었다.

진언 수행은 자신의 마음과 진언이 완전하게 하나가 될 때, 비로소 신비로운 힘을 경험하게 된다!

진언이라는 방편을 통해서 자신의 내부에 잠자고 있는, 부처(절대
세계)를 흔들어 깨워서 잠시 만나는 순간이다. 진리의 무한한 평
화를 맛보게 된다. 이 순간의 기적!

그래서 화두 참구에 지치면, 진언을 외워 수행에 지친 심신을 쉬
었다.

또한 틱낫한의 "마음에는 평화 얼굴에는 미소"를 읽을 때, 글자 밑
에서 광채가 빛났다. 마치 빛 속에 검은 활자가 떠 있는 것처럼, 너
무나 또렷했고 선명하게 보였다. 너무 놀랐고, 책을 읽으면서 이
런 현상은 처음이었다.

그리고 이렇게 어려운 내용을, 이렇게 쉽게 설명하는 것을 보고
또 놀랐다.

세상에 이런 책이 있었다는 말인가 하고 감탄사를 연발했다.

"마음에는 평화 얼굴에는 미소"를 혼자만 알고 있기에는, 너무나
사람들에게 미안하고 죄스러웠다.

그래서 100권을 주문해서 주위 사람들에게 모두 나누어 주었다.

이 책이 왜 이렇게 설명을 쉽게 잘하는지, 불행하게도 그 당시에
는 몰랐다. 정말 불행하게도 깨닫고 나서야 알게 되었다.

이성적으로 접근하는 수행법인 "연기법"으로 설명을 한 것이다!

선(禪)의 직관적인 책만 보다가, 이성적으로 설명하는 "연기법"의
책을 읽으니 그야말로 쉬울 수밖에 없었다.

싯다르타 부처가 보리수나무 아래에서 깨닫게 되는, 최후의 수행
법이 "연기법(緣起法)"이다.

이것을 보면 한국을 비롯한 중국의 스승이라는 놈들은, 바보 멍텅

구리 같은 개자식들이다! 오직 화두밖에 모르는 단세포 같은 정신 병자들!

에베레스트산의 정상(구경각)으로 가는 길은 무수히 많다!

"완전한 깨달음(구경각)"을 이루는 수행법은 부처가 깨우친 연기법, 이근원통, 화두 그리고 "의심"이 있는 모든 수행법으로 가능하다!

특히 화두만 강조하는 간화선의 수행법은, 수행 방법 중의 하나일 뿐이다!

절름발이 똥개 같은 간화선만 강조하는 것은, 눈먼 봉사가 눈먼 봉사를 이끌고 천길 절벽으로 가는 것과 똑같다.

수행법은 수행법마다 장단점이 있다. 그리고 수행법은 종합적으로 활용하는 것이 현명하다.

가령 화두 참구는 수행의 힘(추진력)이 강한 자에게 아주 좋은 수행 방법이지만, 수행의 힘이 약한 자에게 화두 참구는 자칫 독약이 될 수도 있다!

(3장 수행 방법, 1. 연기법, 2) 수행 방법의 장점과 단점 참조)

이 사실도 모르는 병신 머저리 같은 스승들이 오직 화두만 강조하고 있으니, 마치 부처의 씨앗에 소금물을 붓는 것과 똑같다.

사실 스승이라고 부르기도 부끄러운 눈먼 당나귀 같은 개자식들이다!

진정한 수행자여, 마조의 오줌싸개(我空), 사이비, 인간의 탈을 쓴 악마에게 절대 속지 말라!

"완전한 깨달음(法空)"을 얻기 전에는 모두가 악마의 종자일 뿐이다.

이런 왜곡된 현실 속에서, 어찌 옳은 도인(부처)이 나올 수 있겠는가?

오직 안타까울 뿐이다. 눈동자 없는 사이코패스 같은 간화선이여!

나도 깨닫고 나서야 수행의 모든 진실을 알게 되었다!

깨닫기 3일 전에 비로소 "연기법"과 "이근원통"을 정확하게 알았다. 이것은 나의 실수가 아니라, 오직 화두만 강조하는 정신병자 같은 스승들 책임이다.

만약 내가 "이근원통 수행법"을 알고 수행을 했다면, 수행 과정이 상당히 바뀌었을 것이라고 확신한다! 오직 쓰라리게 한탄스러울 뿐이다. 천추의 한이 남는 장면이다.

이러니 내가 간화선에 맹목적으로 중독된 한심한 스승들을, 어떻게 욕하지 않을 수 있겠는가?

역으로 보면, 완전한 깨달음(무상정각)을 이룬 부처가 그만큼 드물었다는 방증이기도 하다!

왜냐하면 수행 방법 하나도 종합적으로, 제대로 가르치는 놈이 하나도 없기 때문이다!

오직 피를 토할 뿐이다. 눈먼 불교야, 제발 정신 차려라!

또한 오직 화두만 강조하는 간화선 문화에서, "선문염송(고려 후기 승려 혜심, 한국 최초의 화두 모음집)"의 모든 화두를 꿰뚫은 자가 과연 한 명이라도 있는지 심히 의문이다.

고작 낮은 수준의 화두("無" 계열 화두) 몇 개 아는 놈들이 스승 노릇을 하고 있으니, 추악한 사이비와 악마들이 부처의 씨앗을 죽이는 것과 똑같은 현실이 지금 펼쳐지고 있다!

절대 진리의 본질은 "본래면목" 계열 화두를 뚫고, 진정한 부처가 되어야 완전한 것이다!

(3장 수행 방법, 3. 화두, 7) 화두의 2가지 분류 참조)

불타오르는 눈동자를 가진 진실한 수행자여, 이것이 진실이다. 알겠는가?

만약 내 말이 틀렸다고 증명하고 싶다면, "진조감승"과 "백장야호"를 꿰뚫은 자가 있다면 말해 보라!

"진조감승"과 "백장야호"는 제쳐두고, "덕산탁발"이라도 제대로 아는 놈이 있는지 심히 의심스러울 뿐이다.

1300년 전에, 암두가 덕산에게 은밀히 무슨 말을 했는가?

또한 암두가 덕산이 3년 후에 죽는다고 예언한 것은 무슨 뜻인가?

(6장 분류사 화두, 161. 선문염송 668칙 - 덕산탁발 참조)

과연 그 누가 있어 알겠는가?

하하! 가소로운 눈먼 간화선이여! 소리만 요란한 무당 같은 빛바랜 간화선이여! 타락한 두 얼굴의 사탄아!

각설하고, 화두에 아무리 의문을 가지고 파고들어도, 실마리조차 잡을 수가 없었다. 그래서 다른 화두로 바꾸기도 했다.

하지만 "나는 누구인가?"라는 화두가, 내게는 궁극의 의문을 불러일으켰기 때문에 결국 이것으로 귀착되었다.

"나는 과연 누구인가?", "지금 숨 쉬는 놈은 도대체 누구인가?", "이 몸을 끌고 다니는 놈은 과연 누구인가?", "지금 화두를 뚫기 위해서 고뇌하는 자는 도대체 누구인가?", "은산철벽에 갇혀 산산이 부수고 나오지 못해서, 철저하게 절망하는 자는 과연 누구인가?" 등등.

끝없는 의문의 수레바퀴에 갇혀, 무수한 좌절과 고뇌의 한이 결빙되어 갔다.

아무리 물어도 의문에 발동이 잘 걸리지 않는데 특히, "나는 누구인가라고 내 속에서 묻고 있는 나는 도대체 누구인가?"라는 문구에서 모든 의문이 불타올랐고, 나의 목에 갈고리를 거는 것 같았다. 마치 낚싯바늘에 걸린 물고기처럼 오직 괴로웠다.

과연 내 속에 무엇이 있어, 이렇게 속삭이며 의심을 가지는 것일까? 도대체 내 속에서 속삭이는 놈은 누구이고, 의심을 가지는 놈은 무엇일까?

이럴 때면 반드시 화두를 뚫고야 말겠다며 다짐에 다짐을 했다.

화두 참구시 좌선과 행선을 겸했다. 하루에 많이 걸을 때는 족히 26km 이상을 걸어 다녔다. 행선보다는 좌선이 더욱 더 집중력이 높았다.

행선(行禪)을 할 때, 화두에 집중하거나 또는 마음을 비우면서 다녔다.

하지만 100% 마음을 집중하는 것이 어렵기 때문에, 절에 들러 반드시 1~2시간 좌선을 했다.

행선을 다니는 코스는 2개가 있었다.

하나는 집에서 출발하여 신라대 뒷산 소방도로를 따라서 선암사, 어린이 대공원, 서면을 경유하여 집으로 오는 길(26km 이상)과 다른 하나는 집에서 출발하여 낙동대교를 넘어 보광선원, 구포대교, 삼락공원을 경유하여 집으로 오는 길(23km 이상)이다.

행선을 할 때면, 당감동 선암사 관음전과 김해 공항 입구에 있는 보광선원의 유리로 만든 임시 건물(지금은 없음)에서 반드시 좌선을 하고 행선을 다녔다.

한 달에 한 번 정도 번갈아 가면서 7~8년 가량 다녔다.

특히 선암사 관음전의 불상은 지금까지 본 불상 중에서, 가장 평화롭고 멋지게 보였다.

행선은 자연을 벗 삼아 함께 하는 수행이기 때문에, 깨어 있는 마음을 극대화시킬 수 있다. 꽃, 나무, 새들과 이야기하면서 걸어 다닌다.

나는 대자연에게 "잘 지내고 있느냐?"고 항상 물었지만, 불행하게도 그때는 "무정설법(無情說法)"을 알지 못했기 때문에, 대자연의 말을 알아들을 수가 없었다. 하하!

그러나 푸르른 대자연은 언제나 내게 주옥같은 말로 화답해 주었지만, 눈먼 당나귀의 신세라서 알아듣지 못했다.

아니 찬란한 대자연은 한순간도 쉬지 않고, 내게 진리의 모든 것을 진실하게 있는 그대로 보여 주었다. 오~ 위대한 스승이여!

내 삶의 전체가 수행이었고, 수행이 곧 내 삶의 모든 것이었다.

수행 과정에서 항상 애매한 부분이 있었다. 그것은 화두 참구할 때 오직 화두만 참구하라고 한다.

그러나 무슨 일을 할 때 몰입을 하면, 화두 참구가 잘되지 않았다.

이럴 때 어떻게 해야 하는지 항상 궁금했다.

왜냐하면 수행 방법이 잘못된 것은 아닐까 하는, 의문이 항상 있었기 때문이다.

나는 일할 때 완전하게 몰입이 되면, 화두 참구를 하지 않았다!

왜냐하면 삼라만상의 모든 것은 "이 순간"에 있기 때문이다!

결론적으로 말하면, 화두 참구하는 마음이, 일을 할 때 완전하게 집중하는 마음(물아일체)이고 또한 완전하게 관조하는 마음 역시 똑같은 것이다.

그러므로 화두 참구, 완전한 몰입, 완전하게 깨어있는 마음 중에서 어느 하나만 하면, 화두 참구는 지속되는 것이다!

이 셋의 공통점은 생각이 일어나지 않기 때문에, 생각이 끼어들 틈이 전혀 없는 순수한 마음이다. 나와 대상의 혼연일체!

내가 수행 과정에서 항상 헷갈렸던 부분이기 때문에 명확하게 밝힌다.

나는 대부분 눈을 감고 좌선을 했다. 잠이 올 때면 눈을 뜨고, 눈동자에 힘을 주어 졸음을 밀어냈다.

화두가 한참 익어갈 무렵, 화두 참구가 잘되지 않아 좌절하고 자포자기할 때면 눈을 뜬다.

어느 날 문득, 눈앞에 은산철벽(銀山鐵壁)이 보이는 것이었다 (38세)!

은빛으로 된 맑으며 투명하고 은은한 아름다운 벽 안에 갇혀서, 나가는 길을 찾지 못해 죽음을 기다리는 가련하고 애절한 신세였다.

하도 한심하여 하늘을 쳐다보면, 얼마나 높은지 그 끝이 보이지 않았다.

티없이 영롱하고 아름다운 은산철벽은, 마치 닫혀 있는 듯한 착시 현상이 일어났다.

"더 이상 이곳에 있다가는 죽는다."라는 생각이 엄습해 오면, 그때서야 화두를 놓는다. 그 순간 은산철벽은 사라지고 없다.

절 문을 나서면서, 과연 이번 생에 깨우칠 수 있을까 하는 비참함, 좌절감, 이루 형언할 수 없는 무한한 절망이 나의 목을 조여 왔다. 숨쉬기가 너무나 힘겨웠다. 오~!

위대한 선사들은 도(道 진리)를 깨우치기 위해서 먹지도 않고, 잠자지도 않고 수행을 했다는데, "나"라는 놈은 어째서 이렇게 게으르다는 말인가 하고 자학과 자책을 무수히 반복했다.

또 "24시간 깨어 있는가?"라고 물으며, 한없이 좌절하고 고뇌하고 절망하면서도 자신을 계속 격려했다.

그러나 화두 참구가 진전이 있을 때 육체가 전혀 느껴지지 않았고, 너무나 맑은 정신과 함께 무한한 평화와 하나가 되었다(삼매). 그러면 곧 끝을 낼 수 있겠구나 하는 자신감도 사기충천이었다.

이럴 때면 절대 진리의 본질을 꿰뚫어서, 반드시 부처가 되겠다며 수없이 맹세를 했다.

어느 책에서 "서러운 화두 30년"이라는 문구를 보면서, 뼈가 으스러지는 듯한 한 맺힌 절규가 나의 온몸을 관통하는 것 같았다.

화두의 철옹성 같은 은산철벽에 갇혀 빠져나오지 못하고, 처절하게 죽어간 앞선 벗들의 해골이 남긴 마지막 유언과 회한의 탄성이 메아리가 되어, 나의 뜨거운 심장에 파편으로 꽂히는 것 같았다.

서서히 화두 참구는 불구대천의 악마와 같은 원수가 되어갔다.

중중첩첩인 화두의 심장에 검을 꽂아 기필코, 기필코 죽이고 싶었다!

수행 과정에서 부처의 시각으로 단 하루만이라도 살 수 있다면 아니, 단 한순간만이라도 살 수 있다면, 내 목숨과 기꺼이 바꿀 수 있다는 생각을 참으로 많이 했다.

부처는 이 세상을 과연 어떻게 바라보는지 너무나 궁금했다.

그리고 우주 전체의 진실이 무엇인지도 정말 알고 싶었다.

그러던 중 38세 때 다시 수험생이었고, 항상 그랬듯이 짧은 시간 안에 많은 돈을 모으기 위해서 막노동을 갔다. 부산·김해 경전철 공사였다.

8월의 불타는 뙤약볕이 내리꽂았지만 아무리 보아도 그늘은 없다.

4시쯤 되었을까 육체의 한계가 왔다. 이제는 죽었으면 죽었지 도저히 일을 할 수가 없다는 생각이 들었다.

불과 며칠 전까지 도서관에서 수험서만 보던 자가, 무슨 체력이 남아 있었겠는가?

작렬하는 태양의 불화살을 맞으며 낙동강의 지류인 평강 다리 중간쯤 되는, 경전철 공사 현장에 앉아서 멍하니 앞을 바라보고 있었다.

강을 거슬러 올라오는 배가 보여 아무런 생각 없이 응시하고 있는데, 불현듯 천국이 펼쳐졌다!

그 순간 머릿속에서 "뭔가 잘못되었다."는 생각이, 뇌리를 스치고 찰나에 지나갔다.

그리고 벌떡 일어나서 눈앞에 펼쳐진, 인간의 왜소한 말로 표현할 수 없는 천상의 천국을 바라보았다.

도저히 믿을 수가 없었다. 그래서 뒤를 돌아서 보았다.

역시 기적 같은 천국이 보였다. 완벽하게 아름다운 세상을 보니, 오직 경이롭고 신비로울 뿐이었다. 절대 세계의 불가사의!

바라보는 모든 것은, 모두 내 자신이 되었다(주객 합일)!

거리감이 전혀 없고, 안과 밖이 없었다. 주체와 객체(나와 대상물)가 하나였고, 시간과 공간이 소멸된 완전한 천국이었다.

이것을 바라보는 불멸의 앎(절대 진리)만 있다.

이 경험으로 그동안 이해가 되지 않았던, 불교 이론의 핵심적인 부분이 이해가 되었다.

점차 이 세상이 너무나 투명하면서도, 있는 그대로 아름답게 보였다.

그 후 2, 3개월 후쯤 서산대사의 "선가귀감"을 읽던 중, "마음은 환상을 일으키는 기술사요, 육신은 환상의 성이다."라는 문구를 읽는 순간, 대포알이 나의 가슴을 뚫고 지나갔다.

도서관 밖에 나가서 담배를 피우는데, 찬바람이 구멍 난 가슴을 뚫고 숭숭 지나가는 것이다.

드디어 중이 되어 끝을 볼 때가 되었구나 싶었다.

언젠가는 중이 될 수밖에 없는 운명이라고 생각한 것은, 32세 즉 화두 참구를 시작할 무렵이다.

20대 중후반 시간만 있으면, 양산 통도사에 가서 마음을 쉬었다.

이때부터 중이 되고 싶은 생각이 은연중에 들기 시작했다.

통도사에 있으면 왠지 모르게 집에 가기가 싫었다.

통도사 입구에서 시작되는 넓고 아늑한 숲길은 언제 걸어도 포근한 평화를 선사하는, 부처의 마음이 느껴지는 무한한 사랑의 길처럼 보인다.

원래 여자에게 관심이 없어 사귀지도 않았고, 언젠가는 중이 되어야 하기 때문에 결혼할 마음도 없었다.

이 시기(32세)에 우연하게 잠시 여자를 사귄 적이 처음이다.

여자를 만난다는 것은 내 스타일과 맞지 않았다. 3~4개월 가량 만나다가 포기했다. 하하!

"우물쭈물하다가 내 이렇게 될 줄 알았네."라는 버나드 쇼의 묘비에 새겨진 문구가, 항상 나의 심장에 꽂혀 있어 괴로웠다.

그리고 "인생은 후회를 남기고 살아야 할 만큼의 가치가 없다."는 것은, 나의 신조 중의 하나였다.

그래서 중이 되려고 갔다. 아니 중이 되려고 간 것이 아니라, 부처가 되기 위해서 간 것이다.

책에서 경계 체험에 안주하지 말고 잊으라고 말한다.

하지만 이 경계 체험(주객 합일)만큼은 어쩌다 한 번씩 생각을 했다. 진리의 실상을 정확하게 보았다는 사실을 직감적으로 알았기 때문이다.

30대 중반인지 후반인지 모르겠지만, 어느 순간부터 내 눈앞에 언제나 투명한 막 같은 것이 시야를 가렸다!

세상을 바라보면 왠지 깔끔하게 보이지 않는 흐릿함이라고 할까, 그래서 늘상 답답한 마음이었다.

눈앞에 아른거리는 갑갑하고 투명한 막 같은 것이 신경을 날카롭게 할 때면, 머릿속에서 뇌를 끄집어내어 차디찬 계곡물에 씻고 싶었다. 벙어리 냉가슴 앓듯, 이런 답답함과 괴로움을 그 누가 알겠는가?

말 못할 쓰라린 사연을 간직한 나그네처럼, 오직 혼자만 전전긍긍하며 고통스러울 뿐이다.

어쩌면 이런 답답한 마음이 없었다면, 나도 끝을 보려고 하지 않았을지도 모른다.

어쨌든 내 삶을 되돌아보면, 나는 태생적으로 수행자일 수밖에 없는 운명이다. 즉 "나"라는 물건이 만들어질 때, 수행자의 요소가 많이 가미되었다는 말이다.

이 시기에 승찬대사의 "신심명"을 읽다가 잠시 졸았다. 그런데 꿈을 꾸었다. 꿈속에서 두 사람이 내게 서서히 다가왔다.

그래서 "누구십니까?"라고 물었다. 한 명이 "가섭이다."라고 말하자, 다른 사람에게 "당신은 누구십니까?"라고 물었다. "아난이다." 라고 말했다. 그 순간 눈을 떴다. 기분은 아주 좋았다.

하지만 "신심명"을 읽고 있으니 꿈속에 승찬이 나타나야지, 왜 엉뚱하게 가섭과 아난이 나타났을까 하는 의문이 들었다.

역시 개꿈이구만 하고 쓴 미소를 지었다. 그러나 기분은 너무나 좋았다.

꿈속에서 평범한 스님의 모습을 한, 두 명의 부처를 만났기 때문이다.

또한 주객 합일의 경험을 전후해서, 잠을 자는 것은 단지 눈을 감고 뜨는 찰나의 현상이다.

처음에는 잠을 잤다는 느낌이 전혀 없어 상당히 아쉬웠다.

사실 잠을 잤는지 안 잤는지 분간을 못할 정도로 헷갈렸다.

화두를 참구하다가 나도 모르게 깜박 잠이 들면, 눈을 뜨자마자 화두가 생생하게 살아 있다!

화두를 내가 참구한다기 보다는, 관성의 법칙에 의해서 저절로 참구가 된다. 예컨대 자전거를 탈 때 어느 정도의 속도가 되면 페달을 밟지 않아도, 자전거가 저절로 가는 현상과 같다.

깨어 있는(관조하는) 마음으로 화두를 바라보기만 하면 된다.

하지만 이 현상이 무엇을 말하는지 그 당시에는 몰랐다.

한편으로 보면, 정말 불행한 현실이다. 왜냐하면 부처의 세계로 가기 위한 초대장을 받고도 모르는 바보이기 때문이다. 하하!

이 현상은 "화두 삼매"이다.

성철이 말한 "오매일여"는 단지 이것을 말하는 것이다.

나는 잠을 자면서 화두 참구를 한 적이 한 번도 없었기 때문에, 엄청난 좌절을 경험했다.

(4장 바른 견해, 10. 성철의 "선문정로" 중 "오매일여" 고찰 참조)

은산철벽, 주객합일, 잠을 자는 것은 단지 눈을 감았다가 바로 눈을 뜨는 현상, 눈앞에 투명한 막이 있는 것 같은 답답한 마음, 이 네 가지의 경험을 비슷한 시기에 했다(38세)!

사실 어느 경험을 먼저 한 것인지, 아무리 생각을 해 보아도 잘 모르겠다.

40세에 중이 되려고 했지만, 집에 변고가 생겨 해결하다 보니 연기되었다.

일명 "지게차 사건"이다. 아버지는 개별화물을 한다. 2010년 8월말 전동지게차를 싣고 부산 기장으로 가는 도중에 지게발이 저절로 올라가서, 지하철 4호선 지상 역인 안평역의 모서리를 지게발이 부딪혀, 깔깔이바가 끊어지면서 지게차가 도로에 떨어져 박살난 사건이다.

안평역은 아버지가 변상(2500만원)하고, 전동지게차는 화주가 부담(1200만원)하는 것으로 결론을 지으려고 했다.

하지만 화주는 아버지께 지게차도 변상하라고 요구했다.

결국 소액 재판으로 시작해서 대법원까지 갔지만 결론적으로 패소했다.

이 사건의 핵심은, 어째서 전동지게차의 지게발이 저절로 올라갔는가 하는 사실이지만, 어떤 판사도 관심이 없었다. 개자식들!

전동지게차의 키도 꽂혀 있었고, 밧데리와 연결선도 분리되지 않았고, 불법 개조도 되었다.

그러나 아버지의 어떠한 주장도 받아 드려지지 않았다. 이것이 너무나 화가 났다.

재판 과정에서 판사의 대가리를 도끼로 찍어버리고 싶은 심정뿐이었다. 재판 결과에 불만을 품고, 담당 판사에게 석궁을 쏜 교수의 마음과 같다.

재판 과정을 보면, 처음 소액재판에서 판사가 원고(화주)에게 전동지게차의 지게발이 올라간 이유(입증 책임)를 밝히라고 했다.

다음 재판에서 원고와 피고(아버지)가 입증 책임을 밝히라고 한다. 이때부터 재판이 꼬이기 시작했다. 양심을 돈에게 팔아버린 가련한 영혼아, 제발 정신 차려라!

한국의 전·현직 모든 판사들에게 묻고 싶다.

과연 아버지가 패소할 수밖에 없는 사건인가?

특히 판사들은 공정한 재판을 해야 한다. 아무리 소액재판일지라도 개인들에게는 중요한 사건임을 정녕 잊지 말기를 간곡히 당부한다.

"유전무죄 무전유죄"가 되는 불행한 현실을 반드시 없애야 한다.

그리고 판사 당신의 아이도 결국 이 지구에서 살아갈 것이다.

제발 상식이 통하는 아름다운 세상을 만들어 보자. 사람아!

어쨌든 사법부의 신뢰는 완전히 사라졌고, 이제 판사들은 내게 오직 개자식들일 뿐이다. 하하!

남의 눈에 눈물을 흘리게 하면, 자신은 피눈물을 흘릴 날이 반드시 올 것이다. 인과응보! 자업자득! 결자해지!

이것은 불교의 절대적인 진리이다.

각설하고, 이 시기에 늘 답답한 마음이었다. 중이 되어 빨리 끝을 보아야 하는데 하는 안타까운 마음뿐이었다.

속절없이 시간만 가는 것이 너무나 쓰라리고 한스러웠다.

수행에 별다른 진전은 없었고 공회전만 하는 것 같았다.

하지만 세상은 더욱 더 투명하고, 아름답고, 눈부시고, 신비롭고, 있는 그대로 보였다.

아무리 생각해 보아도 중이 되어, 내 삶을 어떻게든 마무리 짓는 것이 맞다는 생각뿐이었다.

친한 친구들을 만나서 세속에서의 마지막 이별을 전했다.

대전에 있는 친구를 만나기 위해서, 오랜만에 타는 겨울 기차 여행은 너무나 행복하고 황홀했다. 눈꽃까지 휘날리니 운치가 한층 더한다.

세속에서 즐기는 친구와의 마지막 이별 여행다운 풍경이다.

이별주는 달콤한 것이 아니라, 헤어짐의 아쉬움과 여백의 여운을 담은 비어 있는 술잔이다.

나는 수행자로 살았기 때문에, 나의 삶은 너무나 간결하고 단출하다. 책과 클래식 음반의 처리가 문제였다.

내가 가진 천 몇 백 권의 책 중에서 친한 친구들에게, 각자의 수준에 맞는 책을 선별하여 대개 다섯 권씩을 주었다.

그리고 나머지 책은 모두 K도서관에 기증했다.

클래식 음반은 썩는 것이 아니기 때문에, 어린 조카들을 위하여 남겨 두었다.

44세, 즉 2014년 12월 말쯤 클래식 음반을 제외한, 내 삶의 모든 것을 정리하고 H사로 갔다.

그곳에 있는 행자들 몇 명과 이야기를 하니, 삶의 방편으로 온 놈도 있고, 운이 좋다면 부처가 되겠지라며 막연하게 말한다.

정말 한심하고 끔찍한 현실이었다. 이 놈들과 도반이라니. 악!

나는 목숨을 걸고 10년 안에 반드시 화두를 뚫어 부처가 되기 위해서 왔는데, 무한한 절망감이 쓰나미처럼 밀려왔다.

3일을 거의 잠도 자지 않고, 하얗게 고민한 끝에 H사를 박차고 나왔다. 갈 곳이 없었다. 친구들의 전화번호도 알 수가 없었다.

당연히 전화기가 없었기 때문이다.

찜질방을 전전하던 중에 돈을 도둑맞고, 완전히 자포자기한 상태로 노숙자 생활을 좀 하다가 결국 집으로 갈 수밖에 없었다.

참담함과 비통함 그리고 무한한 절망감은 이루 말할 수가 없었다.

꿈속에 내포된 비극의 시련인 오호통재라!

H사로 가기 전에 부모님께 10년 안에, 반드시 부처가 되어 돌아오겠다고 약속을 했다. 물론 상당한 자신감도 있었다.

다른 절을 알아보던 이 시점은, 내 삶에 최후의 풍전등화와 같은 시기였다. 아무리 술을 많이 마셔도 전혀 취하지 않았다.

H사로 전부터 깨우치는 날까지, 8개월 남짓 잠을 거의 자지 못하는 처절한 나날을 보내고 있었다.

회상해 보면, 너무나 절박한 상황이었기 때문에, 99% 이상 깨어 있는 의식이 계속 지속된 것이다.

이 시기에 특이한 점이 세 개가 있다.

첫째, 집중만 하면 즉시 삼매(선정)에 드는 경험은 처음이다!

당연히 이 시점 이전에는, 집중을 하여도 삼매에 들 때도 있고, 안 들 때도 있었다. 즉 삼매에 드는 것을 내가 조절할 수 있는 것이 아니었다.

그러나 이 시점부터, 삼매에 드는 것이 내 의지에 따라서 자유로워졌다.

"삼매"를 정의하자면, 육체를 전혀 느끼지 못하고, 오직 의식만 오롯이 느끼는 상태이다.

즉 육신은 사라지고 없고, 무한하게 텅 비어 있으면서도 밝다면 밝고, 어둡다면 칠흑같이 어두운 공간 속에 머무는 것이다.

둘째, 소리가 귀로 들리지 않음을 알았던 최초의 시점이다!

소리는 귀와 의식 공간(본래면목)의 중간(45도 각도)쯤으로 들렸다.

셋째, 20~30cm 정도 공중부양을 해서 걷는 느낌이었다!

마치 허공을 걸어가듯이 전혀 힘이 들지 않았다. 상당한 거리를 걸어도 피로감은 전혀 없었다.

이 세 가지의 경험은 모두 처음이다.

이것은 내가 인간의 세계에서 경험한 최후의 경험이다!

선사들의 책은 배제하고, 거사들의 책만 보았다.

껍데기만 남은 듯한 산사의 삶에 조금은 염증을 느꼈기 때문이다.

하지만 모든 것을 정리한 후라서, 이제 진검승부 말고 내게 다른 선택권은 없었다.

그러던 중에 도서관에서 우연히 어느 거사의 책을 보게 되었다.

거사님이 마하리쉬 같은 느낌이 들어서 D센터로 갔다.

하지만 돈이 없었기 때문에, 또 다시 막노동을 20일 가량 다녀 돈을 모았다.

이 시기에 내 속에 있는 모든 것을 완전하게 내려놓고(없애고·쉬고) 소멸시키기 위하여, 처절하게 절치부심하는 자신의 애처로운 모습만 보였다!

부처의 나라(절대 세계)로 가기 위해 길 없는 길을 찾기 위하여, 몹시 처량하게 배회하는 자신의 애절한 모습을 운명처럼 반드시 대면하게 된다.

인간적인 모든 것을 내려놓고(없애고), 생각을 사멸시켜야 한다는 것은 이성적인 생각이다!

그러나 생각으로 생각을 결단코 절멸시킬 수는 없다.

생각으로 제아무리 생각해 보아도, 결국 이성의 왜곡된 사량 분별의 영역 내부일 뿐이다.

눈앞에 다채롭게 펼쳐져 있는 우주 전체의 공간과 시간을, 이성적인 사고로 영원히 소멸시킬 수가 없다.

이것은 도저히 어찌할 수 없는 인간 세계의 최후에 은산철벽이다.

내가 이성적으로 사유하는 것은 모두, 허망한 생각의 그림자 같은 공허한 찌꺼기다. 이성의 끝없는 망상의 무한 제곱!

이 생각이 태어나는 근본 바탕을 산산이 조각내어야, 그때 비로소 절대 세계를 향한 찬란한 부처의 길 없는 길을 보게 된다!

완전한 깨달음(法空)은 이렇게 인간적인 모든 것을 없애야 비로소 열리는 부처의 국토인데, 어떻게 문득 깨달을 수 있겠는가?

절대 마조의 오줌싸개(我空), 사이비, 인간의 가면을 쓴 악마에게 속지 말라!

이 악마의 종자들은 인간 세계의 최후에 경험을 체험하지 못했기 때문에, 완전한 부처의 세계를 알 수도 없고, 설명할 수도 없고, 상상할 수도 없다.

불타오르는 눈동자를 가진 진정한 수행자여, 알겠는가?

각설하고, 거사님을 처음 뵈었을 때, 검은 눈동자가 에메랄드빛 육각기둥으로 돌출되어 보였다. 속으로 참 희한한 일이군 하며 생각했다.

D센터 3일째 밤, 새벽까지 좌선을 하고 있는데, 밖에서 아주 저음의 북과 장구 소리가 계속 들렸다.

아무리 생각해 봐도, 지리산 자락의 한적한 마을에서 이 시간에 누가 북과 장구를 치겠는가?

혹시 환청이라도 들리는 것인가 하고 쓴 미소를 지으며, 밖에 나가기가 싫어서 나가지 않았다.

D센터 4일째, 오늘은 왠지 깨우칠 수 있을 것 같은 예감이, 이른 아침부터 묘하게 들었다.

그래서 밤을 새워 끝을 보기로 굳게 마음을 먹었다. 도반이 밤 12시쯤 잠자러 가자, 바로 좌선을 시작했다.

2015년 4월 15일 새벽 1~2시 사이, 시간과 공간이 사라진 곳에 얼마나 머물러 있었는지 전혀 감이 없다.

나의 근원적인 마음 바탕을 계속 관조하고 있었다.

그러던 중에 불현듯 이곳이, 본래면목 자리(절대 세계)구나 하는 생각이 뇌리를 스쳤다!

완벽한 적막이라고 할까 그러면서도 밝다고 하면 밝은 곳이고, 어둡다고 하면 칠흑같이 어두운 곳이다.

무한하게 텅 비어 있으면서도 꽉 차 있다면 꽉 차 있는 곳, 이곳이 마음의 영원한 고향이자 내 자신의 진짜 모습(自性)이었다!

그 순간 어제 저녁부터 들려오던, 아주 저음의 북과 장구 소리가 또 다시 들려오기 시작했다.

알고 보니 이것은, 내가 삼계(우주 전체)의 영원한 주인공인 부처가 된 것을, 축복해 주는 천상의 신비로운 축가였다.

이때부터 나의 화두인 "나는 누구인가?", "부모에게 태어나기 전에 나는 어디에 있었는가?", "이 떡을 과거, 현재, 미래의 배고픔 중에서, 어떤 배고픔으로 먹겠는가?"를 물어보니, 너무나 명확하고 명백했다.

삼라만상의 어떠한 그 무엇도 바로 꿰뚫어 볼 수 있는, 찬란하게 투명한 부처의 광명 지혜! 선(禪)의 통찰적 직관!

삶과 죽음의 철옹성 같은 화두의 가늠조차 할 수 없는, 겹겹의 은산철벽이 산산조각 나는 순간이었다.

드디어 불구대천의 철천지원수인 화두의 심장에, 심장에 검을 꽂았다!

동시에 까마득한 억겁 세월의 모든 부처들도 죽이는 순간이다.

언 30년간에 우여곡절의 기나긴 가시밭 같은 여정이, 모든 끝을 고하는 눈물 어린 회한의 순간이었다.

하지만 쉽사리 믿어지지 않았다.

그래서 "반야심경(般若心經)"부터 점검하기 시작하여, 내가 알고 있는 모든 것을 물었다.

"과연 내가 불생불멸(태어나지도 않고 죽지도 않음), 불구부정(더럽지도 않고 깨끗하지도 않음), 부증불감(증가하지도 않고 줄어들지도 않음) 인가?"라고 물으니, 찬란한 광명이 비치듯이 너무나 명명백백했다!

마치 "반야심경"이 나로 인해 새 생명을 되찾는 듯이, 생생하게 살아 숨 쉬고 있는 것이 느껴졌다!

"반야심경"은 깨달음의 정수를 담은 경전이다! "반야심경"은 현실 세계 (중생의 세계)가 아닌 절대 세계(부처의 국토)에 대한 설명이기 때문에, 완전한 깨달음(내외명철)을 얻지 않고 이해한다는 것은 불가능하다!

그리고 내가 알고 있는 모든 화두들을 물었다. 화두의 답이 투명한 유리잔을 보듯이, 바로 눈앞에 너무나 생생하게 보였다.

묻고 또 묻고, 또 다시 물었다.

하지만 막히는 곳이 전혀 없었다. 삼라만상의 모든 의문을 철두철미하게 완전히 소멸시켰다!

모든 물음에 대한 질문의 답이 너무나 자명하고 명백했다.

부처를 비롯한 역대 조사들의 모든 말과 행동이 무엇을 의미하는지 알고 나니, 입가에는 긍정의 미소가 머금어졌다. 염화미소!

한편으로 정말 어처구니가 없기도 했다. 너무나 가까이 있었기 때문에 그래서 역설적으로 찾기가 어려웠던 것이다. 마치 등잔 밑이 어둡듯이!

외톨이 방랑자처럼 좌충우돌하며 어디에도 속하지 못하고 살아온, 나의 과거를 되돌아보니 회한의 미소가 저절로 지어졌다. 모나리자의 미소!

드디어 마음의 고향에 도착했구나 하는 확신을 가졌다.

이렇게 완전한 깨달음을 얻고 나면, "해탈지견(解脫知見)"에 의해서 스스로 명명백백하게 안다!

진실한 수행자여, 자신을 속이면 완전한 깨달음(무상정각)을 영원히 이룰 수 없음을 뼛속에 각인시켜라. 마치 옥새를 찍듯이!

최후의 종착역에 도착하여 더 이상 온 우주로 여행을 하지 않아도 되는 미소의 풍류객이 되었구나 하며, 자신을 담담하게 바라보는 놈(앎)이 삼라만상의 모든 것이라는 사실을 알았다! 불멸의 앎(自性)!

삼계(욕계·색계·무색계, 우주 전체)는 오직 마음(自性)이고, 모든 것은 오직 아는 앎(自性)이다(三界唯心 萬法唯識)!

또한 온 우주가 텅 비고 고요해서 아무것도 없는 가운데, 밝고 신령스럽게 아는 앎이다(空寂靈知)!

그때가 새벽 5시 전후쯤이었다.

30년 동안 진리를 찾아 삼계를 떠돌던 나그네가 막상 절대 진리를 찾고 나니, 한순간에 삶의 목적이 사라진 느낌이다. 순간 멍함을 느꼈다! 하하!

그러나 진정한 삶은 지금부터다. 마음의 절대 평화를 품고 영원하게 쉬는 마음으로, 세상을 평상심으로 살아가는 것이다.

더 이상 배울 것도 없고, 더 이상 깨달을 것도 없고, 더 이상 수행할 것도 없는, 할 일 없는 한가한 사람이 되어, 단지 "이 순간"의 삶을 살아갈 뿐이다! 견성성불(見性成佛)! 돈오돈수(頓悟頓修)!

온 우주의 모든 것을 함축하고 있는 "이 순간"에서 "이 순간"으로!

이것이 완전한 깨달음(法空·구경각)이다.

일상생활 그대로가 절대 진리라는 것을 노래한 조주선사의 마음으로, 늘 그와 함께 노래를 부르며 함께 사는 것이다.

깨달음을 온몸으로 직접 보여 주는 일상생활의 삶이, 곧 절대 진리 자체의 실현이다.

평상심이 진리(道)! 곧 천상천하 유아독존이 된 것이다.

아침 식사 시간에 거사님의 검은 눈동자를 바라보니, 돌출된 에메랄드빛 육각기둥은 사라지고 까만 눈동자가 해맑게 빛나고 있었다.

오전 중에 별안간 나의 온몸을 감싸는 기다란 투명한 통유리가 생기자마자, 찰나적으로 산산조각 나버렸다.

얼마 있지 않아서, 무릎 관절과 팔 관절에 박혀있는 30cm 가량의 투명한 못이 대 여섯 개가 빠졌다.

그리고 얼마 있지 않아서 손바닥과 발바닥, 겨드랑이에서 땀이 나고 열이 오르기 시작했다.

처음에는 몸이 어디 아파서 그런가 생각했는데 아니었다.

내 마음속에 박혀있던 인간의 인위적이고 관념적인 요소들이 모두 소멸하고, 자연스럽게 인간성이 회복되어 가는 과정의 시작을 알리는 것이다.

즉 부처의 몸(法身)으로 변해가는 출발을 알리는 종소리와 같다.

D센터의 수행을 마치고 집에 오자마자 바로 도서관으로 갔다.

나의 철천지원수인 대마왕 같은 화두 책을 펼쳤다. 일사천리로 본문만 읽어 나갔다.

마치 시험을 볼 때 책상을 치면 답이 튀어 오른다고 하듯이, 화두의 답이 너무나 명백하게 바로 보였다.

투명한 유리잔 속의 다채로운 우주 전체를 보듯이, 있는 그대로 바로 보였다.

무엇이든지 꿰뚫어 볼 수 있는 직관적인 부처의 광명 지혜!

너무나 코미디 같은 화두들을 보고, 마치 미친놈처럼 낄낄거리며 미소를 지었다. 3류 만화책과 유사하다. 하하!

화두 속에 답이 찬란하게 빛을 발하고 있는데, 어째서 깨닫기 전에는 보지 못하는 것일까?

너무나 신기하고, 신비스럽고, 불가사의하기까지 느껴졌다.

화두의 언어는 이성을 초월한 단어(격외구), 절대 세계의 비밀스러운 암호 그리고 절대 세계의 신성한 소리다!

선어록과 화두 책에 나오는 "눈먼 당나귀"라는 표현이, 얼마나 오묘하고 절묘한 표현인지 이루 형언할 수가 없었다. 그저 회한의 미소만 지어질 뿐이었다. 오~ 30년간의 한 맺힌 수행의 역설적인 미소!

인간적인 모든 미세 망념이 완벽하게 소멸한 후, 삼라만상을 바라보면서 온 우주의 영원한 주인장이 미소를 짓는 환희의 여유!

그러나 내 마음의 스승인 성철에게 속았다는 것을 명확하게 확인하는 순간, 말로 표현할 수 없는 분노가 치밀어 오르기 시작했다.

마치 뼈가 흩날리고 살이 찢기는 듯한 분노라고 할까, 어쨌든 태산도 부수어버릴 만큼의 참을 수 없는 분노를 느꼈다.

난생 처음 느껴보는 말로 형언할 수 없는 분노였다.

그날 저녁에 혼자서 얼마나 많은 술을 마셨는지 기억도 나지 않는다.

그리고 다음 날 차분하게 생각했다. 성철도 분명히 지금 내 단계에서 시작해서, 평상심으로 살다가 고향으로 돌아갔다.

그런데 어째서 이런 헛소리들을 했는지 아니, 할 수밖에 없었는지 이해가 가기 시작했다.

내가 느낀 무한한 분노는 방편이 진실이라고 생각했는데, 깨우치고 보니 모두가 거짓말이라는 사실을 알았기 때문이다.

다른 놈들은 모두 속일 수 있어도, 성철만큼은 속이지 않을 것이라는 확신이 무너진 것에 대한 분노이다.

그렇다면 어째서 성철은 이런 터무니없는 거짓말을 했을까?

아이러니하게도, 중생을 위한 한없는 자비심 때문이라는 사실을 알게 되었다.

그러나 모든 것을 파괴시켜 버릴 만큼의 참을 수 없는 분노가 사라지는데 3일이 걸렸다.

3일 동안 무한한 분노라고 할 것도 없지만, 갓도인이 된 신출내기의 홍역 같은 과정인 것이다. 하하!

처음으로 방편을 설한 부처는, 부처 중의 부처라는 생각이 들었다. 중생을 생각하는 마음이 얼마나 간절하고 간절했으면, 솜사탕 같은 달콤한 거짓말로써 중생의 아픈 곳을 치료하여 편안하게 하였으니 얼마나 역설적인가!

이 거짓말은 위대한 거짓말이고 즉 빛나는 방편으로 지금도 찬란하게 사용되고 있다.

이 장엄한 거짓말을 감미로운 사탕발림으로 처방하는 방편의 약속에는, 삼계의 영원한 주인공(부처)의 눈물이 만든 눈부신 다이아몬드 결정체라는 사실을 분명히 알아야 한다.

결국 방편은 위대한 부처의 사랑과 눈물이 만든 만병통치약이다!

그러나 눈먼 자가 눈을 뜨지 못한다면, 만병통치약도 무용지물일 뿐이다. 영롱한 방편의 진실은 이것이다.

그런데 자신이 진실을 제대로 모르면서, 부처와 조사가 속인다고 말해서야 되겠는가?

부처와 조사가 사람들을 속이는 것이 아니라, 부처와 조사를 이용하여 부당 이익을 챙기려고 하는 악마의 무리들이 사람을 속이는 것이다.

어느 종교 단체든 종교의 수뇌부는 그들의 권력을 잃지 않기 위해서, 사람들을 끊임없이 속이는 권력의 흡혈귀이자 종교의 반역자다!

수행자들이여, 자신을 게으름의 감옥에 방치시키지 말고, 간절하고 절박한 심정으로 곧장 가서 부처의 빨간 사과를 먹어라.

부처의 과수원에는 어떠한 바리케이트나 울타리가 없으니, 그냥 와서 먹으면 된다. 빨리 오라!

방편의 거대한 허리케인이 지나고 나니, 이 시대 최고의 선사를 만나고 싶었다.

죽은 선어록이 아닌 살아 있는 선어록은, 과연 무슨 말을 구사할지 너무나 궁금했다.

"남진제 북송담"이라는 소문이 무성하다. 과연 "남설봉 북조주"라는 비유에 비견된다면, 내가 직접 가서 진제와 송담을 점검할 것이다!

조주가 내 마음의 스승이 된 이유는 어느 왕이 절을 지어준다고 하니, "나를 위해서 풀 한 포기 뽑지 말고, 돌멩이 하나 움직이지 말라."는 말에 너무나 감동을 받았기 때문이다.

나는 이 말이 온 우주에서 가장 위대한 말이라고 항상 생각했다.

설봉은 진리를 깨우치기 위하여 동산선사를 만나기 위해서 동산에 9번 오르고, 투자선사를 만나기 위해서 투자산에 3번 올랐다는 말에 너무나 감동을 받았다.

절대 진리를 얻기 위한 간절함과 절박함은, 아마도 한 맺힌 설봉이 최고가 아니었을까 추측한다. 하하!

그리고 동산과 향엄의 오도송을 가장 좋아한다.

각설하고, 이들과 선문답을 하기 위해서, 한 달 반 가량 도서관의
모든 화두 책을 읽고 읽었다.

왜냐하면 선문답에서 대화의 진행 방식을 알아야 했고, 대답을 어
떻게 해야 하는지도 알아야 했기 때문이다.

그리고 나의 철천지원수인 불구대천의 모든 화두를, 직접 죽여야
했기 때문이기도 하다.

이 과정에서 확철대오 하게 깨우치고도 한눈에 답이 보이지 않아
서, 생각을 요하는 화두들이 눈에 띄었다. 대표적으로 "아호의 인
절미"와"진조감승"이다.

(6장 분류사 화두, 151. 아호의 인절미, 162. 진조감승 참조)

그래서 6장 분류사 화두 중 "14. 한눈에 답이 보이지 않는 화두"라
는 부분을 만들었다. 여기에 실린 30% 가량의 화두들이 그렇다.

그러나 완전한 깨달음(내외명철)을 얻고도, 어째서 한눈에 답이
보이지 않는 화두가 있는 것일까?

절대 진리를 꿰뚫었기 때문에 본래면목 화두들은 너무나 쉽다.

한눈에 답이 보이지 않는 화두가 있는 이유는, 중생으로 살아온
업식(습관)이 아직까지 부처의 삶으로 완전하게 성숙하지 못했기
때문이다.

중생이 어느 순간 갑자기 부처가 되었다고 해서, 즉시 부처의 삶
이 파노라마처럼 펼쳐지는 것은 아니다.

그래서 보림 생활이 필요한 것이다. 즉 중생의 모든 업식을 소멸
시키는 과정이다.

보림 생활은 태풍은 지나갔지만, 나무가 흔들리는 것과 같다.

이 흔들거림이 없어지면 즉 보림 생활이 끝나면, 이제 진정한 우주 전체의 주인이 되는 것이다.

나도 45년 동안 중생으로 살았는데, 어떻게 깨닫는다고 한순간에 느닷없이 부처의 원숙한 삶이 열릴 수가 있겠는가?

보림 생활을 해 보니 짧게는 1년, 길게는 1년 반 정도면 충분하다! 아무리 확철하게 깨우쳐도, 하루아침에 부처의 일상으로 성숙해지는 것은 결코 아니다.

보림 생활이 끝날 즈음 습관까지 부처가 되면, 이제 진정한 부처 즉 삼계의 영원한 주인공으로서 평상심의 마음으로 살아가는 것뿐이다.

삶과 죽음, 과거·현재·미래의 시간과 공간이 소멸한 절대 세계(진리의 근본 바탕)에서, 오직 "이 순간"의 삶만 살아간다!

"이 순간"과 "이 순간"으로 영원히 이어지는 지점과 지점은 완전한 절대의 곳(진리)이다. 즉 인간이 생각하는 모든 것이 소멸한 부처의 나라(절대 세계)이다.

이때쯤이면 한눈에 보이지 않는 화두들도 모두 한눈에 들어온다. 그리고 미소를 짓는다. 귀여운 놈들. 하하!

깨닫고 한 달 전후쯤, 마음속에서 오도송(悟道頌 깨달음을 읊은 시)의 빛들이 마구 삐져나왔다. 억누르고 애써 모른 체했다.

한때 나의 꿈이 작가였고 절로 갈 때, 모든 글과 자료를 정리한 후라서 두 번 다시 글을 쓰고 싶지 않았다.

그러던 중 화장실에 앉아 있는데, 마음속에서 발하는 찬란한 광명의 빛들을 도저히 감당할 수가 없는 지경이 되었다. 어쩔 수 없이 오도송을 지었다.

화장실에서 짓게 되니, 그야말로 빗나간 오도송이 되고 만다.

하하!

<blockquote>
달빛과 햇빛을 벗하던 나그네

30년 동안 고뇌하던 불타는 길이

온 우주가 하나의 바탕임을 알고

문득 뒤돌아보며 미소를 머금네.
</blockquote>

이놈을 짓고 나니, 더 이상 마음속에서 오도송에 대한 빛을 내뿜지 않았다.

대자연의 순리를 어찌 거역할 수 있겠는가?

그리고 얼마 후, 어느 날 피곤해서 도서관 자료실을 6시쯤 나왔다.

집으로 걸어가는 길에 한 1km 남짓한 직선 인도가 있다.

가로수 은행나무가 양쪽으로 보이는 길이라 언제나 고즈넉하다.

밤늦은 시간에는 차들이 많이 다니지 않기 때문에 더욱 분위기는 좋다.

아직도 밖은 대낮처럼 밝았지만 이 길을 접어들어 조금 가니, 갑자기 블랙홀이랄까 칠흑 같은 길이 몇 백 미터 가량 펼쳐지고, 그 끝에 완벽한 암흑의 동굴이 보였다. 처음 경험하는 완벽한 어둠의 길이었다. 마치 지옥으로 가는 길처럼!

참 이상한 일이군 생각하며, 천천히 즐기면서 그 속으로 걸어갔다.

그리고 완벽한 암흑의 동굴을 통과했다.

과거에 은행나무 가로수가 양쪽으로 있는 이 길과 집 앞 도로변에 있는 은행나무 가로수 그리고 특히 지하철역 입구에 있는 이름 모를 한 그루 나무의 나뭇잎들이, 밝은 녹색 빛의 은은한 광채를 밝히고 있는 것을 바라보면 너무나 아름답고 신비롭게 보였다.

마치 책상의 스탠드 전등을 켜는 것처럼, 나뭇잎들이 놀랍고 야릇하게 순수한 녹색 빛을 켰다.

그럼 동화의 세상에 온 아이와 같이, 불가사의한 광경을 황홀경에 도취되어 넋을 잃고 마냥 지켜볼 뿐이다.

또한 집 주위의 가로수와 은행나무 가로수가 양쪽에서 약하게 그윽한 녹색 빛을 밝히고 있는 장관은, 가히 천국의 길을 보듯이 오직 경이롭고 황홀할 뿐이다.

이런 풍경을 어떻게 인간의 왜소한 말로 표현할 수 있겠는가! 악!

아마도 이것은 마음이 순수해지고, 텅 비어가는 과정에서 보게 되는 체험이지 싶다.

부처의 국토가 얼마 남지 않았음을 가르쳐 주는, 절대 세계의 선물일 것이다. 모든 부처들의 격려와 응원의 메시지!

정확하게 기억이 나지는 않지만, 40세 전후에서 이런 현상이 몇 년간 계속되었다. 밤에만 나타나는 경계 체험이다.

깨닫고 나서, 대략 8월 가량은 거의 도서관에서 책만 읽었다.

잠시 용돈을 벌기 위해서 막노동도 다녔다.

이 시기에 수행 과정에서 의문점을 가진 미심쩍은 부분에 모든 초점을 맞추고, 깨달았다고 하는 자들의 수준을 점검하면서 읽었다.

20세기 전후의 깨달았다고 하는 자들이 제아무리 청산유수처럼 말을 잘한다고 해도, 결국 진짜 부처(法空)의 눈을 속일 수는 없다.

자신을 속이지 말라! 이 사기꾼아! 하하!

모두 "마조의 오줌싸개(我空·사이비·악마)" 수준일 뿐이다.

진실한 수행자여, 마조의 오줌싸개들을 만나면 돈을 아끼지 말고, 반드시 팬티 기저귀 세트를 한아름 선물하라! 하하하!

"선지식을 만나기 어려움은, 마치 우담바라가 3천 년에 한 번 피어나는 것과 같다."는 임제선사의 사자후를 결코 잊지 말라!

오직 진실한 부처인 성철만 단연 돋보인다. 견성성불! 돈오돈수!

그러나 성철에게 치명적인 약점(3천 배·오매일여·윤회 주장)이 없는 것은 아니다. 즉 방편을 지나치게 강조해서 진리의 본질을 흐리게 하여, 수행자들을 헤매게 한 잘못은 옥에 티다.

하지만 옥에 티치고는 그 폐해가 만만치 않다는 것은, 오직 통렬한 아픔일 뿐이다.

그러므로 진정한 부처는 찬란한 방편을 펼칠 때, 일반적인 상식을 넘지 않는 범위 안에서 설법하는 것이 현명하다.

그래야 영롱한 방편의 부작용과 병폐가 생기지 않는다.

환자에게 약을 주고 병까지 준다면, 약을 주지 않는 것만 못하기 때문이다.

나머지 놈들은 모두 악마에게 영혼을 팔아버린 사악한 악귀이며, 오직 속는 사람들만 애처롭고 안타까울 뿐이다.

주인공아, 두 눈을 크게 뜨고 언제나 사람들에게 속지 말라!

오~ 원통하구나, 가련하고 눈동자 없는 타락한 싯다르타의 불순한 찌꺼기들이여!

이 시기가 지날쯤 내 속의 모든 의문점들이 소멸되었다.

이렇듯 진정한 수행자는 자신을 속이지 말고, 자신 속의 모든 의문점을 사멸시켜야 한다.

그래야 더 이상 우주 전체에 대한 어떠한 궁금증도 생겨나지 않고, 완전하게 절멸시키는 것이다!

이것은 수행을 하는 것이 아니라, 수행 과정에서 자신이 가진 모든 의문점을 철저하게 점검하는 과정이다!

완전한 깨달음은 수행의 완성과 동시에 수행을 마치는 것이다!

돈오돈수(頓悟頓修)!

더 이상 배울 것도 없고, 더 이상 수행할 것도 없고, 더 이상 깨달을 것도 없다! 반드시 이렇게 되어야 모든 것이 완전해진다.

(4장 바른 견해, 11. 성철의 "선문정로" 중 "돈오돈수와 돈오점수" 고찰 참조)

이 기간이 지나고 나면, 더욱 더 마음에는 평화롭고 무한한 녹색 빛깔 평화가 감돌고, 얼굴에는 바보 같은 가녀린 상큼한 미소를 언제나 머금게 된다. 반가사유상의 미소!

3일 동안 머물렀던 H사에 대한 분노 아닌 분노가, 내 속에서 꿈틀거리는 것이 보인다.

사실 H사에 대한 분노가 아니라, 진리를 모르는 사이비들이 절대 진리를 왜곡하는 것에 대한 분노이자 질책이다!

여하튼 부처의 그림자만 남아 있는 H사로 가서, 3일 동안의 도반들에게 깨달음의 말을 전해 주고 싶었다.

무늬만 부처의 제자인 자들을 경책하고, 대중들에게 살아있는 자의 목소리를 생생하게 들려주고 싶었다.

드디어 일정이 잡히고, 행각(行脚)의 서막을 알리는 팡파르 소리가
창공 가득히 울려 퍼진다. 악!

2015년 5월 말 부처님 오신 날을 기해서 H사로 하루 전날 갔다.

불과 다섯 달 전에 H사에서 도(道 진리)를 이루려고 왔는데 하는,
회한 같은 느낌이 오묘하게 밀려온다.

그리고 절에 있는 선승들이 하루 빨리 도를 이루어서, 자유인이
되어야 하는데 하는 동료애가 느껴진다.

오~ 삼매 지옥의 화두를 참구하는 형제여!

만약 도(道)를 이루지 못한다면, 평생 그림자 부처의 하수인으로
살 것을 생각하니 너무나 가슴이 아팠다. 심장 없는 마네킹이여!

3일 동안의 도반을 두 명 만나서 깨달음의 말을 전해 주었다.

하지만 그들에게 통할 리는 만무했다.

불과 다섯 달 전에 같은 행자 처지였는데, 다섯 달 후에 진리를
이루고 왔다고 하니 그 누가 믿을 수 있겠는가?

안타까운 마음은 어쩔 수가 없었지만, 나의 임무는 여기까지라는
사실을 절실히 통감했다.

고요한 산사의 밤은 너무나 평화롭고, 연등을 둘러보니 아름다웠다.

문득 내일 부처님 오신 날인데, 과연 부처가 올까라는 생각이 들
자 쓴 미소가 지어졌다.

부처님 오신 날에 부처님이 오시지 않는다면, 도대체 우리는 무슨
날이라고 명명해야 할까?

부처님 오신 날에 진짜 부처가 없다면, 모든 산사는 부처가 있는
곳이 아니라 단지 악마의 소굴일 뿐이다.

마치 일주문에 부처의 신성한 옷을 걸어놓고, 장사하는 사원은 악마의 추악한 후예인 것이다.

그런데 대중들이 눈먼 병아리가 되어, 부처의 옷을 입은 악마를 제대로 보지 못하니 그저 애처로울 뿐이다. 삐악삐악!

그래서 눈먼 강아지의 눈을 뜨게 하고, 부처의 옷을 입은 악마를 바른 부처로 만들기 위해서 온 것이다. 멍멍!

부처님 오신 날, 당일은 엄청나게 많은 사람들이 왔다. 자리 잡기도 힘들 지경이었다.

방장에게 질문을 하기 위해서 기회를 엿보았지만 절의 행사절차도 잘 모르고, 순식간에 끝나는 바람에 질문도 던지지 못하고 패잔병이 되어 쓸쓸히 퇴각할 수밖에 없었다. 하하!

다음 행각지는 송담스님이 있는 인천 용화선원이다.

하루 전날 올라가서, 인천의 친구들과 아주 오랜만에 술 한 잔을 유쾌하게 기울였다.

6월 초 하안거 결제일이다. 스님도 2~300명 정도 보였고, 대중들도 엄청나게 많았다.

그러나 송담스님의 법문은 차마 눈을 뜨고, 들을 수 없을 정도로 지저분함의 극치를 달렸다.

특히 선(禪)을 공부한 선객이 하안거 결제일에 화두를 참구하는 2~300명의 선객들 앞에서, 사부대중과 함께 진언을 외우는 장면은 그야말로 참혹하게 수치스러운 순간이다.

한국 최고의 선승이라는 별명이 없었다면, 사이비가 설법하는지 알 정도로 한심했다. 어느 곳에 가나 눈먼 장닭만 있기에, 어쩔 수 없는 풍경이다.

하안거 결제일, 스님들만 모아놓고 이렇게 설법을 하였다면 그나마 이해할 수 있다.

그러나 일반 대중과 함께 있는 자리에서 이렇게 설법을 한다는 것은 정말 부끄러운 일이다. 눈동자 없는 간화선이여!

스님만 모인 자리와 대중만 모인 자리의 법문은 당연히 달라야한다.

오늘같이 스님과 대중이 함께 있다면, 당연히 표현의 수준도 적당한 선에서 하는 것이 좋다.

어쨌든 법문이 끝날 때까지 기다렸다. 끝내려는 순간, 아주 우렁찬 목소리로 "질문 있습니다." 하고 외쳤다.

송담은 아랑곳하지 않고 법좌에서 내려왔다. 한 번 더 우렁찬 목소리로 "질문 있습니다." 하고 외쳤다.

그러니 노스님 둘이 다가오더니 이야기를 하자면서 막았다.

그냥 미소 짓고 조용히 친구와 나왔다.

오늘은 월척을 낚으러 왔지, 피라미를 잡으러 온 것이 아닌데, 하하!

이렇게 인천 상륙 작전도 실패하고 나니, 검객의 체면이 말이 아니다.

해운대 상륙 작전은 반드시 승전보를 울려야 한다며, 삼계의 제일검은 무형의 검날을 날카롭게 세웠다.

마지막으로 진제스님이 있는 부산 해운정사로 갔다. 6월 초 법회였다.

법당 안에 자리를 잡지 못하고, 법당 밖 통로에 자리를 잡았다.

방석이 없어 방석을 가지러 갔는데, 진제스님과 눈이 딱 마주쳤다.

진제스님께서 오른쪽을 보고 왼쪽을 볼 때, 내가 있는 곳까지 눈 길을 주고 바로 반대편으로 눈길을 돌렸다. 여러 번 반복되었다.

법문의 내용은 어느 선사의 깨달은 기연을 설법했는데, 사투리가 심해서 알아듣기 좀 힘들었다.

그런데 마치 어린아이가 물가에 놀러 나온 것처럼, 천진난만하게 설법하는 것은 인상적이었다.

설법은 아주 깔끔하고 담백했다. 도인의 풍모가 느껴지는 설법이다. 나는 아는 내용이라 아무런 문제가 없었는데, 여기에 있는 대중들 은 얼마나 알아들었을까 하는 의문은 들었다.

법문이 끝나자 주장자를 던지고 순식간에 법당 중앙쯤에 앉았다.

49재를 지켜보는 것 같았다. 아마 내 기억이 맞지 싶다.

어쨌든 49재를 바라보는 진제스님을 보니, 저절로 쓴 미소가 지어 진다.

아무런 의미도 없는 천도재, 49재를 왜 하는 것일까?

산 자를 위한 행위예술인가 아니면 죽은 자를 위한 위문공연인가?

산 자를 위한 방편이라면 그나마 이해가 되지만, 죽은 자를 위해 서 무엇을 해 줄 수 있겠는가?

마법의 황금 동전이 죽은 자에게 암흑의 어둠을 헤치고, 광명의 길을 선사해 줄 수 있을까?

산 자가 죽은 자를 위해서 해줄 수 있는 것은 아무것도 없다!

이것이 불멸의 진실이다.

그러니 사는 동안 유쾌하게 후회 없이 살다가, 아무런 미련 없이 위풍당당하게 죽음을 맞이하라.

온 우주의 모든 생명체들이여! 알겠는가?

삶과 죽음은 하나(生死一如)! 태어나지도 않고 사라지지도 않는다 (不生不滅)! 태어나지 않는 경지를 깨닫는다(無生法忍)!

위대한 사람아, 사실 우리는 태어난 적이 없기 때문에, 정녕 죽고 싶어도 죽을 수가 없다! 하하!

(5장 행복을 위하여, 21. "세월호- 천국을 향한 항해" 참조)

그러니 각자의 위대한 삶을 마치고, 편안하게 고향(부처의 나라) 으로 돌아갔다고 생각하라.

그러면 마음이 편안해질 것이다. 단지 이것뿐이다.

내가 때가 되어 죽는다면 최후의 만찬에 와서, 환희와 감격의 축하주를 마음껏 마셔라! 그리고 이 순간의 영원함을 위하여, 낭랑한 목소리로 신성한 축가를 불러 다오! 이 순간의 환희와 마법!

또한 날마다 태양이 떠오르듯이 날마다 삶의 축제를 열어, 나와 너 그리고 우리 모두가 즐겁고 흥분되는 큰 축제로 승화시키는 위대한 인생을 살아보자!

각설하고, 해운대 상륙 작전을 성공하기 위해서, 호시탐탐 기회를 엿보고 있었다.

가장 좋은 방법은 스님이 나오는 길목을 점령하고 앉는 것이다.

그래서 법당 중앙 계단에 앉았다.

한 스님이 왔다 갔다 하면서 자꾸 보더니, 결국 말을 걸었다.

여기는 스님이 다니는 계단이니 앉아 있으면 안 된다고 했다.

그래서 질문하려고 왔다고 하니, 서울 법회 등으로 스님께서
피로하시니, 절차를 밟아서 질문을 하라고 사정을 했다.

해운정사는 항상 열려 있다면서 계속 사정을 했다.

 마음이 약해졌다.

그러던 중에 진제스님이 계단으로 내려왔고, 나는 진제스님을 뚫
어지게 노려보았다. 한 번쯤 돌아볼 것도 같은데, 아무런 미동도
없이 그냥 방장실로 갔다.

닭 쫓던 개가 되고 보니, 이번에도 역시 패잔병이 되고 말았다.
하하!

나름 준비를 많이 했는데 나의 행각이 이렇게 끝나는 것이 아쉬워
서, 중앙 계단에 한참을 앉아 있었다.

아까 그 스님이 와서 미안한지 함께 점심 공양을 하러 가자고 한다.

밥 먹으러 해운정사에 온 것이 아니라며, 퉁명스럽게 대답을 하고
나왔다. 이렇게 행각이 끝나는가 싶었다.

그러나 주위에 정토회 법륜스님의 팬들이 여러 명이 있다.

깨달음 장에 갔다 온 친구도 있고, 수많은 풍문이 떠돌아다닌다.

친구들과 카톡으로 수행에 관한 이야기를 하는데, 도저히 말이 통
하지 않았다.

그래서 법륜은 어떻게 설명을 하는데 하면서 물었다.

자기의 말만 하는 것이다. 이렇게 안타까운 심정으로 6개월 가량
카톡을 계속했다.

그러던 중에 부산 사상구청에서 설법을 한다는 포스터를 보고, 친
구들에게 1달 전에 질문할 내용을 공지했다.

우리가 나누었던 대화 내용을 그대로 질문할테니, 그러면 법륜스님이 하는 대답을 믿으라고 했다.

11월 초에 사상구청으로 가니, 마치 법륜 공화국 같은 느낌이 가장 먼저 들었다. 강당 안에는 사람들이 한가득 있었다.

질문 차례가 되어 질문을 했다.

첫 번째, "착각 도인을 벗어나는 방법"을 질문하니, 의외로 짧게 대답을 했고 대답이 만족스럽지 못했다.

두 번째, "화두의 중요성"에 대해서 질문을 하니, 아주 장황하고 자세하게 설명을 했다. 여기까지는 아주 좋았다.

마지막 질문, "달마대사는 수염이 없는데, 어째서 법륜스님은 수염이 있습니까?"라고 질문을 했다.

그러니 말을 더듬었다. 그리고 무엇이라고 말했다. 알아들 수가 없었다.

그래서 "스님은 화두도 모르십니까?" 하고 물었다.

그러니 대답을 피하는 것이다.

이 순간 "조주의 간파"가 아닌 "호천의 간파"는 끝났다!

더 이상 있을 필요가 없다. 그래서 중앙 통로로 걸어 나오는데, 법륜이 뒤에서 그러니 너 같은 착각 도인이 나온다는 등 어쩌고저쩌고 하며 헛소리를 하는 것이다. 순간 화가 치밀었다.

중앙 통로 중간쯤, 카메라 뒤쪽에서 법륜을 마주 보며 아주 우렁찬 목소리로 "스님, 사람들 속이지 마십시오!" 하고 외쳤다.

그리고 한참을 노려보았다. 법륜은 말없이 침묵을 지켰다.

살아 있는 송장 주제에, 어찌 감히 삼계의 영원한 주인공에게 대

꾸할 수 있겠는가! 오직 가소로울 뿐이다. 하하!

독살스러운 악마와 부당 거래를 한 타락한 사탄아!

이것이 호천(好天) 최초의 사자후이다! 아무런 말이 없기에 나왔다.

이렇게 직접 친구들에게 대답을 보여 주었음에도, 친구들은 나의 말을 믿으려고 하지 않았다.

이곳에 있는 사람들조차도 사팔뜨기 당나귀가 되어서, 앞을 보지 못하는 것이 오직 피를 토하고 통곡할 뿐이다.

마치 눈먼 봉사 하나가 눈먼 자들을 이끌고, 불타는 유황불의 지옥으로 가는 것과 똑같다. 군맹무상(群盲撫象)!

어느 곳을 가도 마찬가지고, 눈동자 없는 불교 방송(BTN)도 또한 같다.

이 글을 쓰는 동안 3년 남짓 불교 방송을 자주 보았지만, 눈먼 토끼와 같은 불교 방송이 언제쯤 눈을 뜰지 아득하기만 하다.

하찮은 유명세가 사람들을 눈멀게 하는 꼴을 보니 오직 한숨만 나온다.

자신이 눈을 갖추지 않으면, 악스러운 사이비와 인두겁을 쓴 악마들에게 속는 것은 어쩌면 당연한 결과이다.

아~ 부끄럽구나, 수염 없는 달마의 후예인 외눈박이 장님이여!

이렇게 행각 아닌 행각은 막을 내렸다.

결론적으로 보면, 고래를 잡으러 나선 낚시꾼이 고래를 제대로 보지 못하여 고래는 잡지 못하고, 죽은 피라미 새끼 한 마리만 잡은 꼴이다. 하하!

어릴 때부터 낚시에 취미가 없더니, 역시 낚시는 인연이 아닌가 보다.

황벽선사의 "선(禪)이 없는 것이 아니라, 선사가 없다."는 말이 새삼 비수처럼 나의 뜨거운 심장에 꽂힌다.

그리고 지금 한국에 진정한 선사(부처)가 한 명이라도 있는지, 심히 의심스러울 뿐이다.

2.

좀 더 구체적으로, 깨달은 후 3달 남짓한 사이에 일어난 일들을 보자.

1. 아침마다 새 소리를 듣고 일어났다. 집에서 30m 가량 떨어진 곳에 작은 사당(降仙臺)이 있는데, 그곳에서 새 소리가 작지만 너무나 생생하고 또렷하게 들렸다.

2. 1년 남짓 동안 새 소리만 진짜 소리(살아있는 소리)로 들리고, 나머지 소리는 마치 가짜 소리(죽어있는 소리)처럼 들렸다.

   그래서 평소에 즐겨 듣던 클래식 음악을 도저히 들을 수가 없었다.

3. 키가 30cm 정도 커졌다는 느낌과 20~30cm 정도 공중부양을 해서 걷는 것 같았다.

   걸으면 마치 허공을 걷는 듯이 힘이 전혀 들지 않았다.

   상당한 거리를 걸어 다녀도 걸음에서 오는 피로감은 전혀 없었다.

   지금도 키가 30cm 정도 커졌다는 기분은 그대로이다.

   놀랍게도 실제로 키가 1cm 가량 커졌다. 성장을 멈춘 후에 나의 키는 언제나 177cm였다.

그러나 깨닫고 나서 2년 후쯤, 신체검사에서 178cm였다.

나도 조금 놀랐다. 하하!

그 후 1년 반쯤 뒤의 신체검사에서는 177cm 그대로 돌아왔다.

4. 참을 수 없는 배고픔으로 세 끼를 먹었다. 원래 나는 두 끼만 먹는다.

   평소에는 늘 배고픈 상태에서 오는, 맑고 투명한 정신을 즐긴다.

   하지만 뭐라고 도무지 표현할 수 없는 배고픔을, 아무리 참으려고 해도 참을 수가 없었다.

5. 이 시기에 극도의 피곤함으로 인해서, 잠자는 시간과 밥 먹는 시간이 너무나 불규칙적이었다.

   이래서 도(道 진리)를 깨우치고 나면, 스승이 배고프면 밥 먹고 피곤하면 잠자라고 한 것은, 이런 이유 때문이구나 하고 느꼈다.

   특히 눈의 피로가 너무나 심하게 일어났다.

   그래서 도서관에 갔다 오면 저녁을 먹고, 얼마 있지 않아 7~8시 사이에 자는 경우도 여러 번 있었다.

   나의 자는 시간은 보통 새벽 1~2시 사이다.

   눈의 피로도는 1년 남짓 계속되었다. 길게 본다면 1년 반 정도이다.

   정확하게 알 수는 없지만, 책을 많이 읽은 것도 당연히 영향을 미쳤을 것이다.

6. 새벽에 깨어서 소변을 보고 화장실의 거울을 보면, 눈 주위 특히 광대뼈 부위와 콧망울에서 황금빛 광채가 났다.

처음 보았을 때 조금 놀랐지만, 어쨌든 금빛 광채가 신비롭게 보였다.

7. 내 눈앞에 항상 있어 왔던 투명한 막 같은 것이 사라지고 나니, 이 세상이 너무나 깨끗하고, 투명하고, 아름답고, 신성하고, 있는 그대로 신비롭게 보였다.

이것이 부처의 시각이고 부처의 삶이구나 하면서, 날마다 미친 놈처럼 가냘픈 미소를 지으며 마음껏 즐겼다.

8. 이보다 더 좋을 수 없는 완벽한 순간들을, 어떻게 인간의 왜소한 말로 표현할 수 있겠는가! "이 순간"의 마법과 같은 기적일 뿐! 만약 말로 표현한다면 "임제의 할" 말고는 없다. 악!

오직 "이 순간"의 다채롭고, 신비하고, 불가사의한 스펙트럼 빛깔의 생동감 넘치는, 꿈같은 환희의 축제일 뿐이다!

삼라만상의 모든 것이 너무나 생생하게 살아 숨 쉬고 있었다.

콘크리트, 아스팔트, 아파트, 꽃, 나무, 바위, 허공조차도 내게 말을 하는 것 같았다. 아니 상냥하게 말을 했다. 대자연이 역동적으로 살아 있음을 외쳤다.

모든 것은 무정설법으로 활발발하게 살아 있음을 내게 사자후로 알렸다.

나는 그저 미소를 지어 정답게 화답했다. 염화미소!

9. 성욕이 강하게 일어났다. 아마도 이것은 부정관(不淨觀 육신은 더러운 것이니 애착을 가지지 말라) 수행으로 인하여, 육신의 막혀 있던 부분들이 정상적으로 회복되는 과정 즉, 자연스럽게 인간성이 회복되는 과정이라고 여겨진다.

그리고 모든 것은 본래면목(진리의 근본 바탕)에서 일어나는 현상이라는 것을 알기에 별문제는 없었다. 곧 사라질 것이라는 사실을 알고 있었다.

10. 잠을 잘 때 눈을 감으면 바로 자든지, 아니면 2, 3초 사이에 잠을 잤다. 처음에는 너무나 신기했다.

왜냐하면 나는 보통 30분 정도 눈을 감고, 이리저리 뒤척여야 잠이 들기 때문이다.

불면증은 나의 오랜 벗이다. 이러다가 생각에 빠지면 밤을 새우는 경우도 간혹 있었다.

불면증을 효율적으로 활용하기 위하여, 어느 순간부터 잠이 올 때까지 망상을 하는 대신 책을 읽었다.

잠을 자기 위한 준비 과정이 없다는 것은, 내게 엄청난 기쁨이자 큰 희열이었다.

11. 삼라만상의 모든 것은 본래 바탕(진리)에서 아무런 이유도 없이 나타나는, 신비스러운 형형색색의 광채인 허상(영상)이다!

그러나 사람들은 이 진실을 모르기 때문에, 각자의 맡은 배역을 하면서 너무나 생생하게 연기를 한다(삶을 산다).

자신(허상)이 마치 살아 있는 진짜 배우인 것처럼, 희로애락을 느끼는 것을 보면 저절로 미소가 지어진다.

이것은 가짜 자아(에고)가 생각이란 것을 이용해서, 사람을 교묘하게 조종하기 때문이다. 이 진실을 간파하는 것이 너무나 어렵고 어렵다.

만약 이 본질을 꿰뚫지 못한다면, 일생 동안 중생의 비극은 지속된다.

거짓 자아의 보잘것없는 노예로 살다가 한 맺힌 삶을 마친다.

오~ 꼭두각시 인형의 비애여! 생명 없는 저주의 마네킹이여!

그리고 우주 전체와 세상살이가 쌀 한 톨보다도 작아 보이며 하찮게 보였고, 마치 어린아이들의 소꿉장난처럼 보였다!

아무런 의미도 없는 쌀 한 톨만 한 삼라만상을 소유해 본들, 도대체 무슨 의미가 있겠는가?

태초부터 시작된 끝없는 푸른 허공을 바라보면, 인간의 삶은 한순간 스쳐 가는 바람 같은 무상한 꿈속의 파티일 뿐이다.

불현듯 일진광풍이 일어나면, 바람에 산산이 흩어지고 소멸해 버리는 공허한 아들과 딸들!

그러나 눈앞의 현실을 바라보면 가슴이 너무나 미어진다.

가질 수도 없고 잡을 수도 없는 허상(환영)을 하나라도 더 가지기 위해서 아파하고, 고뇌하고, 절망하는 사람들을 보면 마음이 너무 아프다. 이것은 중생의 눈부신 비극이다.

존재의 실체(본질)를 정확하게 알지 못하기 때문에, 당연하게 기인할 수밖에 없는 불행한 귀결점이다.

12. 사람들을 보면 모든 사람들이 부처처럼 보인다. 너무나 신기하다. 동물을 보아도 마찬가지다.

사람과 개, 고양이의 눈동자를 보면 생생하게 살아 있고 빛이 난다 (有情說法).

개와 고양이가 불성(佛性 부처가 될 수 있는 근본 성품)이 있음을 명백하게 확인하는 순간이다.

개도 부처가 될 수 있습니까?

없다(無)! 조주선사의 사자후! 하하!

어째서 조주는 터무니없는 거짓말을 해서, 얼마나 많은 수행
자가 시공을 초월하여 애달프게 시달리고 한탄하며 죽어갔
던가?

도대체 무(無)는 무엇을 말하는 것일까?

(6장 분류사 화두, 8. 선문염송 417칙- 조주의 無 참조)

어쨌든 대자연은 항상 역동적으로 살아 있음을 말하고 있다
(無情說法). 모나리자의 신비로운 미소!

문득 내가 깨달은 것이 맞는가 하는 생각도 몇 번 들었다.

하지만 삼라만상에 대하여 투명한 유리잔을 보듯이 모든 것을
알기 때문에, 궁금한 것이 아무것도 없다는 사실은 너무나 큰
감동이자 환희였다! 번뇌 망상이 소멸한 부처의 광명 지혜!

이렇기 때문에 도인(부처)은 오직 쉴 뿐이며, 쉬는 것이 도인
의 본분이며, 삼라만상의 모든 것이다.

이제 내게 "완전한 깨달음(대원경지)"이라는 말은 무의미한 단
어다. 관심이 전혀 없기 때문이다.

사실 깨달음은 없다. 오직 있는 그대로 바라만 볼 뿐이다.

이 절대 진리를 알기 위하여 우주 전체(마음)를 돌고 돌아서
360도 원점에 설 때, 비로소 온 우주의 실체에 대한 진실을 있
는 그대로 마주 볼 것이다.

깨닫고 4년이 지난 시점에서 세상을 바라보면 수행과 깨달음
은 코미디이고, 세상에서 일어나는 모든 일도 단지 유쾌한 코

미디일 뿐이다. 한순간의 덧없는 꿈의 풍류!

마치 매트릭스 공간에서 자신이 살아 있다고 생각하며 살아가지만, 사실은 거짓 자아에게 조종당하는 줄에 달랑달랑 매달린 꼭두각시 인형일 뿐이다. 거짓 자아의 참혹한 식민 통치!

흡사 영화 "매트릭스(The Matrix)"와 유사하다.

사람들은 자신이 살아 숨 쉰다고 생각하지만, 사실은 컴퓨터가 만든 가상 프로그램 속의 공간에서, 욕망을 채우기 위하여 살아가는 빛깔 같은 영상(허상)이다.

하지만 너무나 생생하고 역동적인 삶의 현장이기 때문에, 모든 사람들이 완벽하게 속을 수밖에 없다. 오~ 인간의 영원한 비극이여!

아니 우주 전체의 모든 생명체는, 철저하게 에고에게 농락당하고 있다!

마치 연극배우와 똑같다. 연극배우는 자유 의지로 살아간다고 생각하지만, 오직 대본에 의해서 행동할 뿐인 꼭두각시이자 영상 (환영)일 뿐이다. 심장 없는 파리한 마네킹!

인간의 존재 그 자체가 오직 망상을 통하여 탄생한 허상의 근원이기 때문에, 하물며 인간에 의해서 만들어지는 부산물들이야 말해서 무엇 하겠는가?

주인공(부처)아, 잠에서 깨어나라! 주인공아, 정신 바짝 차려라!

13. 간혹 세상을 바라보면, 아무것도 모르는 바보가 된 느낌이 문득 들 때가 있다.

깨닫고 나서 생각이 소멸하고 나니, 현실 세계에 천차만별의 물상도 모르겠고, 특히 글자와 숫자를 보면 무엇인지 알 수가 없었다.

인간에게서 비롯되는 허망한 생각이 완전하게 사멸하고 나니, 모든 것은 오직 있는 그대로 그 자체(절대 세계)였다.

이것을 과연 무엇이라고 명명할 수 있겠는가?

무엇인지 알 수가 없어 문득문득 바보가 되었다.

하지만 전혀 알고 싶지도 않았고 조금도 궁금하지 않았다.

그래서 오직 있는 그대로 그 자체를 즐겼다. 단지 그러할 뿐!

완전한 깨달음을 얻고 나면 깨달았다는 사실조차도 없다! 즉 바둑의 모든 정석을 배우고 나면, 모든 정석을 잊어버리는 것과 같다.

그러나 이성적인 사고 즉 현실 세계로 의식이 돌아오면, 그때서야 눈에 보이는 사물과 글자를 알 수가 있었다.

아마도 이것은 초보 부처가 부처의 삶을 알아가는 과정에서 겪는 경험일 것이다. 신참 부처의 에피소드! 하하!

보림 생활을 거치고 나면, 절대 진리의 최상승의 단계인 일상생활 그대로(平常心)가 진리(道)가 된다. 단지 있는 그대로일 뿐!

14. 자고 일어날 때마다 "오매일여"가 모든 수행자에게, 공통적인 경험이 될 수 없음을 명확하게 인지하며 쓴 미소만 지어질 뿐이었다!

도인은 24시간 완전하게 깨어있어야 한다. 잠을 자는 것은 곧 자고 일어나는 것은 단지 눈을 감았다가 뜨는 것인데, 이 사이에 무슨 틈(간격)이 있을 수 있겠는가! 1초의 틈도 생기지 않는다.

부처는 "이 순간"의 삶을 살아가기 때문에 "이 순간"에서 "이 순간"으로 이어지는 지점과 지점에는, 모든 것이 끼어들 시간과 공간이 완전하게 없다! 즉 시간과 공간이 없기 때문이다. 이것이 바로 부처의 삶이다.

꿈을 꿀 때, 눈을 감았다가 1~2초의 틈이 생기든지 아니면 아예 틈이 생기지 않고 다만 눈을 뜨는 것이다.

잠을 잤다는 느낌과 흔적 같은 것은 전혀 없다.

난 지금까지 꿈속에서, 화두 참구한 적이 한 번도 없음을 명확하게 밝힌다!

꿈속에서 화두 참구한 적이 한 번도 없어, 너무나 많은 좌절을 했기 때문이다. 오~ 한 맺힌 오매일여!

여기에서 중요한 것은, 화두 참구가 익어 가면 잠자는 것은, 단지 눈을 감았다가 뜨는 찰나의 현상임을 분명히 체험하게 된다!

잠을 자고 눈을 뜰 때, 단지 눈만 감고 떴다는 기분이라면 화두 참구가 무르익은 것이다.

눈을 뜸과 동시에 화두가 생생하게 살아 있다!

이것은 바로 "화두 삼매"가 지속되는 것이다.

"자나 깨나 화두를 참구한다."는 것은 바로 이것을 말하는 것이다.

혹자는 꿈속에서도 화두 참구가 된다고도 한다.

그러나 중요한 사실은 꿈속에서 화두 참구를 하든, 안 하든 이것은 결코 핵심이 아니다!

불타오르는 눈동자를 가진 진실한 수행자여, 알겠는가?

꿈속에서 화두 참구의 유무는 깨달음의 필수 과정이 아님을 명명백백하게 밝힌다! 수행의 간이역!

수행의 결론은 완전한 깨달음(일진법계)을 얻었는가 얻지 못했는가에, 모든 초점이 맞추어져야 맞다! 수행의 종착역!

수행의 목적은 본래면목(自性)을 아는 것이지, 나머지 모든 것은 찬란한 방편이다!

이것이 진실이지 몽중일여와 숙면일여, 즉 오매일여라는 단어는 단지 무의미한 쓰레기다.

고대 왕국의 부식된 전설 속의 황금 왕관 같은 것이다.

왕관의 주인은 이미 죽고 없는데, 빛바랜 황금 왕관이 무슨 의미가 있겠는가?

설령 아무런 의미도 없는 간이역의 황금 왕관을 쓴다고 해서, 과연 부처가 될 수 있을까?

어째서 수행의 종착역이 아닌, 간이역에 무모하게 집착하는 것일까?

이 지점에서 더 나아가면, 현상계의 마지막 지점(대무심지·大死)에 이르게 된다.

인위적인 의심·생각·노력으로 더 이상 다가갈 수 없는 최후의 은산철벽을 반드시 만난다.

그러니 더욱 더 박차를 가해야 한다. 24시간 완전하게 깨어 있어라!

(4장 바른 견해, 10. 성철의 "선문정로" 중 "오매일여" 고찰 참조)

15. 육신의 변화를 체험한다. 손바닥과 발바닥, 겨드랑이에서 땀이 났다. 특히 겨드랑이에서는 지금도 꾸준하게 땀이 나오고 있다.

    난 땀과는 전혀 무관하다. 과거에 한라산, 지리산, 설악산 등등 갈 때에도 이마에 조금의 땀이 나는 정도였다.

    그리고 30대 초반에 생긴, 입 주위의 백반증도 점차 완치되어 가고 있다.

    문둥병에 걸린 승찬대사가 깨닫고 난 후에 문둥병이 완치되었다는 사실을, 방편으로 생각했지만 진실이라는 것을 알았다.

    이 진실을 믿을 자가 과연 몇 명이나 되겠는가?

    "완전한 깨달음(무상정각)"을 얻은 부처만 알 수 있는 진실이다. 이렇듯 완전한 깨달음을 얻고 나면, 인간의 육신이 자연스럽게 회복되고 완치가 되어 부처의 몸(진리의 몸·法身)이 되는 것이다.

    또한 어느 날 아침, 눈을 감았다가 뜨는 동시에 문득 항문이 열렸다는 느낌이 들어 놀란 적이 몇 번 있었다. 하하!

    육신을 만져보면 나의 육신이 아니다. 마치 타인의 육체 또는 시체를 만지는 것처럼 너무나 무감각하게 느껴진다.

16. 오른쪽 귀 안에서 진물이 나고 상당히 가려웠다. 3년 반 정도 지속되었다.

    잠을 자다가 오른쪽 귀가 가려워서, 잠을 깬 적도 여러 번 있었다.

휴지로 진물을 닦아내고 다시 잠을 잤다.

자세하게 모르겠지만, 활동하는 시간보다 잠을 자는 동안에 심화가 되는 것 같았다.

하지만 병원에 가지 않았다. 왜냐하면 자연스럽게 육신이 정화되는 과정이라고 생각했기 때문이다.

나는 선천적으로 양쪽 귀에서 진물 같은 것이 나온다.

그래서 아침마다 귀 청소를 한다. 아무튼 일반인에 비해서 청력이 좋은 편은 아니다.

17. 매운 음식을 먹으면 혓바닥이 너무나 아려서, 매운 음식을 전혀 먹지 못하게 되었다.

평소에 아무렇지도 않게 먹던 김치라든가 매운 라면조차도 그랬다.

특히 마늘과 고추는 근처에도 가지 않았다. 이 기간이 지나고 조금은 완화가 되었다.

18. 바퀴벌레를 아주 혐오한다. 그런데 아무런 거리낌 없이 집 안의 바퀴벌레를 잡아서 관찰하고, 현관문 밖으로 던졌다. 이전에는 상상도 할 수 없는 광경이다.

"반야심경"의 마음에 걸림이 없으므로 두려움이 없다(무가애고 무유공포)는 것을 실감하는 순간이다.

이미 나는 생과 사를 넘어 우주의 모든 것인데, 내 속에 무엇이 있어 걸리고 영향을 받겠는가?

마치 삼라만상의 모든 것에 물들지 않는 신성한 산소가 된 것이다.

이 기간이 지나고 일상생활 그대로가 진리(평상심이 도)가 되니, 역시 바퀴벌레는 끔찍한 놈이었다. 하하!

19. 클래식 음악의 선율을 흥얼거리는 것은, 나의 오랜 버릇이자 습관이다.

클래식 음악을 흥얼거리거나 가끔 노래를 부르며 걸을 때 그리고 음악을 들을 때, 문득문득 각성 상태가 일어났다. 지금도 마찬가지다.

클래식 음악의 아름다운 선율과 웅장한 화음을 들을 때 또는 모든 대중음악에서 가창력이 뛰어난 가수가 고음 부분을 부를 때, 각성 상태가 고조되었다.

특히 소프라노 조수미가 부르는 맑고 낭랑한 노랫소리는, 가히 천상의 아리아처럼 모든 것을 압도하는 압권이었다. 간혹 온몸에 전율이 오며, 각성 상태가 극한에 이르는 경우도 몇 번 있었다.

이 현상은 지금도 여전히 현재 진행형이다.

이것은 아마도 도인은 항상 열반(해탈) 속에 머물러 있기 때문에, 나타나는 현상인 것 같다.

부처는 이미 삶과 죽음이 하나(生死一如, 不生不滅, 열반)이기에, 언제나 진리 속에 머물며 삼라만상과 오직 하나일 뿐이다.

20. 이 시기에 또 특별한 것은 아이들과 고양이들의 반응이다.

도서관에 있으면 견학 오는 아이들이 내게 "안녕하세요."라며 인사를 참 많이 했다. 물론 나도 "안녕" 하고 화답했다.

가끔 모르는 사람들도 인사를 했다. 심지어 자료실에서 책을 보고 있는데도 인사를 하였다.

그때는 미소를 지으며 고개만 살짝 숙여 화답했다.

그리고 도둑고양이들의 행동이다. 요즘은 도둑고양이들이 너무나 많다.

나는 고양이를 싫어하는데 아픈 추억이 있다. 어릴 때 하굣길에 30m 가량 앞에 하얀 고양이가 보였고, 무심코 돌멩이를 잡아 던졌다.

그런데 고양이의 이마에 정통으로 맞았다. 그리고 붉은 피가 보였다.

고양이는 나를 한참 노려보았다. 이때부터 고양이가 싫었다.

여하튼 나를 보면 새끼 고양이들은 도망을 갔지만, 어른 고양이들은 나를 보면 도망을 가지 않았다.

그냥 그 자리에 가만히 웅크리고 앉아, 아주 다정한 눈빛으로 달콤한 목소리로 "야옹야옹" 하며 나를 쳐다본다.

그럼 "안녕" 하고 미소를 짓는다.

이런 현상이 고양이를 볼 때마다 어느 곳이든지 일어났다.

이 기간이 지나고 나니, 모든 고양이가 나를 보면 바로 도망갔다. 하하!

지금도(깨닫고 난 후 4년쯤) 여전히 모르는 아이와 어른이 가끔 인사를 한다. 이제는 사실 좀 부담스럽다. 하하!

대략 이 정도의 특이한 일들이 깨달은 뒤 3달 남짓한 사이에 일어났고, 서서히 평상시의 삶으로 돌아왔다. 즉 법열(法悅)이 3달 남짓 지속된 것이다.

3.

그리고 2015년 10월 초에 엄청난 대각성이 일어났다.

10월 초 어느 날, 동네 뒷산에 넓적바위가 있는 곳에 갔다.

그곳에서 예전에 명상도 많이 했고, 30대 초에 레이저빔 같은 기운이 솟아났던 장소이다. 그곳에는 어느 순간부터 까치가 점령하고 있다. 아마 30대 초반부터이지 싶다.

어쨌든 그곳에 앉아 김해평야와 그 뒤쪽으로 보이는 산을 배경으로, 석양이 시작할 무렵쯤이었지 싶다.

수백 마리의 까치가 집단으로 날면서 "깍깍" 소리를 냈고, 웅장하면서도 경이롭기까지 했다. 이렇게 많은 까치를 한 번에 본적이 없기 때문이다.

그 순간 온몸에 전율이 왔고, 그때부터 갑자기 엄청난 대각성이 시작되었다.

눈언저리 밑으로는 육신을 느꼈지만, 눈언저리 위로는 허공과 하나였다. 아니 모든 것이었다.

뇌가 살아서 역동적으로 움직였다. 마치 지렁이와 뱀의 무리가 기어 다니듯이 마구 꿈틀거렸다.

머리가 완전히 열리면서, 육신은 사라지고 삼계 전체와 하나가 되었다.

네, 다섯 시간 가량 내 생애 최고의 대각성이 일어났다.

그렇게 네, 다섯 시간을 그 자리에 앉아서 서서히 밤이 깊어지는 것을, 너무나 평화로운 마음으로 황홀경에 빠져서 신비롭게 바라보았다.

나는 노을이 지는 풍경을 보는 것을 아주 좋아한다.

볼 때마다 너무나 황홀하고, 표현할 수 없을 정도로 아름답기 때문이다.

그것도 날마다 다른 광경을 보여 주고, 똑같은 노을의 풍광은 없다. 얼마나 불가사의한 일인가! 마치 알 수 없는 다채로운 빛깔 같은 변화무쌍한 우리의 삶과 같다.

형형색색의 빛깔들이 시시각각으로 변하는 것을 바라보면, 지구의 먼지, 바람, 구름, 태양 그리고 우주 전체가 한꺼번에 연주하는 교향곡의 대서사시이다.

지구의 구성 요소와 우주의 구성 요소가 손에 손을 잡고, 빙글빙글 돌면서 흥겹게 춤추는 강강술래!

이것은 지구상의 가장 놀랍고도 신비로운 쇼이자, 말로 형언할 수 없는 절대 세계의 환상적인 공연이다.

이렇게 온 우주가 날마다 우리에게 경이롭고 불가사의한 선물을 주고 있다.

그런데 자신의 생각과 고뇌에 갇혀 이것을 스스로 받지 않는다면, 이보다 더 바보는 없을 것이다.

오늘부터 바로 우주 최고의 쇼인, 노을의 말 없는 오페라를 즐기자.

이것을 선(禪)으로 표현한다면, "임제의 할" 말고는 무엇으로도 설명할 수가 없다. 악!

각설하고, 엄청난 각성으로 인하여 뇌가 살아서 격동적으로 꿈틀거리며 움직이는 것을 감지하며, 이 대각성을 너무나 포근한 마음으로 마음껏 즐겼다.

레이저 빔 같은 굵은 빛의 기운이 발바닥을 통해, 온몸을 관통하여 머리를 뚫고 하늘로 솟아올라 가는 체험 이후, 최고의 법열에 휩싸여 너무나 황홀하고 경이롭고 신비로운 체험을 즐겼다.

너무나 완벽하게 살아 움직이고 생생하게 생동하며, 활발발하게 모든 것들이 역동적으로 움직이고 있다.

이런 순간에 "무정설법"이란 단어는 오히려 초라하게 보인다.

삼라만상이 모두 한바탕이 되어 살아 움직이는데, 유정(有情·생물·중생)이 어디에 있고 무정(無情·무생물·우주)이 어디에 있겠는가! 오직 하나! 불이(不二)! 중도(中道)! 일진법계(一眞法界)!

따로 국밥이 아닌 완벽한 하나의 국밥인 것이다. 국밥 속의 다양한 구성 요소들이 각각 개별적으로 보이지만, 사실은 국밥을 완성하는 전체이다.

하나하나 독립적으로 존재할 수 있는 것은, 우주 전체에서 아무것도 없다.

온 우주의 모든 것은 서로 영향을 주고받으며, 하나의 통신망처럼 서로 연결되어 있다. 상즉상입(相卽相入)! 연기법(緣起法)!

하나가 전체이고 전체가 하나이다(一卽多 多卽一)! 즉 일체 만법은 오직 하나! 절대 평등! 불이법문(不二法門)!

과거, 현재, 미래의 영원한 시간도 오직 하나! 즉 이 순간의 삶!

그럼 일체 만법은 하나로 돌아가는데, 하나는 어디로 돌아가는가?

눈동자 없는 주인공아, 모른다고 말하지 말라!

자기 자신이 아니라면, 과연 어디로 돌아가겠는가?

그럼 나는 누구인가?

이 황홀하고, 신비롭고, 생동하고, 활발발한 완벽한 국밥을 한 그 릇 먹은 것이다. 즉 온 우주의 모든 것을 한입에 먹어 버렸다.

삼라만상과 완전하게 하나가 되는 체험을 한 자는, 영원한 배고픔 이 찰나에 사라진다.

하루 속히 수많은 수행자들이, 완벽한 하나의 체험을 하기를 간절 하게 기원한다. 용맹정진(勇猛精進)!

그리고 자신의 주인인 부처가 되어야 한다!

네, 다섯 시간 가량 이것을 즐기다가, 각성이 조금씩 수그러들 때 쯤 하산했다.

4.

2017년 6월 초, "4장 바른 견해"를 집필 중이었다.

다섯 달 반 가량 "선문정로" 시리즈를 힘겹게 간신히 마무리 지 었다.

특히 "오매일여"와 "돈오돈수" 부분에, 나의 모든 혼을 집약시킬 만큼 힘겹고 힘겨운 여정이었다.

"오매일여"라는 단어 때문에, 나도 수없이 좌절했다.

그래서 모든 수행자가 객관적이고 종합적으로 이해할 수 있게 설 명하기 위해서, 나의 모든 경험과 이론을 접목시켜 가는 과정은 그야말로 대장정이었다.

회사에서 퇴근하면 바로 도서관으로 가는, 고단한 일정이 계속되 고 있었다.

"아공과 법공"을 쓰기 위해서 전체적인 구상으로 머리를 싸매고 있을 때, 불현듯 각성이 시작되었다.

이전의 각성은 눈을 기준으로 본다면, 위쪽에서 일어났지만 이번의 각성은 아래쪽에서 일어났다.

전체적으로 각성이 일어났지만, 특히 양쪽 귀 주변이 심하게 각성이 되었다. 마치 귀가 살아 움직이듯이 마구 꿈틀거렸다.

각성이 소강상태로 있다가 집중만 하면, 바로 활화산처럼 터지면서 각성이 심화되었다.

이 각성 상태는 한 달 가량 계속되었다. 이런 경험은 처음이다.

이전에 경험했던 각성 상태는 하루를 넘긴 적이 없다. 마치 하나의 에너지원이 순식간에 불타면서 엄청난 힘을 폭발시켰다.

하지만 이번의 각성은 한 달 가량 지속되었고, 마치 장마 전선과 유사하다.

장마가 소강상태를 보이다가 집중호우를 내리며 오락가락했다.

그래서 각성 상태를 심화시키기 위해서, 시간만 있으면 명상과 좌선을 반복했다.

깨닫고 나서, 명상과 좌선을 집중적으로 한 것은 이번이 처음이다.

평소에 피곤하면 명상과 좌선을 잠시 해서, 기력을 회복할 뿐이지 거의 하지 않는다.

명상과 좌선을 하면, 바로 삼매와 동시에 우주 전체가 된다.

천천히 호흡을 하면서 소리에 집중하고, 오직 쉬는 것뿐이다!

부처를 깨어있게 만드는 위대한 관세음보살의 이근원통 수행법!

여기에서 중요한 것은, "완전한 깨달음"을 얻은 자는 "돈오돈수"의 말처럼 수행의 완성과 동시에 모든 수행을 마치기 때문에, 더 이

상 수행할 것이 없고, 더 이상 배울 것도 없고, 더 이상 깨달을 것
도 없다!

진실한 수행자여, 이 사실을 명확하게 알고 있어야 한다.

아직 자신의 마음속에 일말의 궁금증이 남아 있다면, 이것은 깨달
음이 아니다! 단지 진리를 노래하는 타락한 앵무새인 "마조의 오
줌싸개"일 뿐이다. 즉 간악한 사이비와 악마의 종자다.

나의 궁금증 중에 하나가, 스님이 깨닫고 나면 보림 생활을 10년
이상 하는 경우가 허다하다.

과연 이 스님이 깨달은 것이 맞을까?

아니면 보림 생활이란 이름으로 또 다른 수행을 하는 것은 아닐까?

자신의 작은 깨달음(我空)을 완전한 깨달음(法空)으로 포장하기 위
해서, 책을 읽으면서 자신을 속이며 합리화시키는 것은 아닐까?

수행자여, 스스로 속이지 않고 자신에게 진실한 자는, 이 순간 모
든 것을 안다. 이것은 결코 깨달음이 아님을 스스로 잘 안다.

혜능의 "육조단경"에서 말한 "견성성불"과 "돈오돈수"와 일치하기
않기 때문이다. 하하!

거짓 자아에게 영혼을 팔지 말라! 순결한 자신을 속이지 말라!

수행을 하다가 문득 깨닫는 것은 결코 깨달음이 아니다! 헛것아!

오직 착각일 뿐이다! 이성의 끝없는 무한 제곱의 망상!

설익은 풋사과는 뉴턴의 빨간 사과의 맛을 모른다!

빨간 사과의 달콤한 맛을 모르기 때문에, 어설픈 경전 소설의 말
을 인용할 뿐이다. 하하!

즉 아상(我相 내가 있다는 생각)을 없애지 못한 수준임을 명백하

게 인지해야, 그래야 사이비와 악마의 길로 빠지지 않는다.

자신이 확철하게 깨우쳤다면, 어째서 케케묵은 판타지 경전 소설의 말을 인용할까?

자신이 체험한 경험을 현대적인 단어로 쉽고 간결하게, 말하는 것이 당연하지 않을까?

선(禪)은 자신의 깨달음을 직접적으로 보여 주는 것인데, 어째서 온몸으로 직접 보여 주지 못하는 것일까?

결국 자신을 비롯한 모두를 속일 수 있어도, 진정한 선지식(부처·조사)을 속일 수는 없다!

그래서 진짜 눈을 가진 스승을 찾아서, 수행 과정에 대한 정확한 이론적인 지식이 정립되어 있어야 한다.

가령 원오가 법연에게 간 것과 대혜가 원오에게 가서, 절대 진리를 완성한 것은 만고의 모범이다.

만약 원오와 대혜가 진정한 스승을 찾아가지 않았다면, 사이비와 악마의 길로 갈 수밖에 없다.

왜냐하면 거짓 자아가 끊임없이 우리를 유혹할 것이기 때문이다.

추악한 거짓 자아와 부당 거래를 하지 말라!

수행자여, 자신이 뭔가 조금 아는 견해가 생겼다면, 반드시 삶과 죽음을 판별해 주는 화두로 점검을 하라!

아무리 모든 것을 아는 것 같아도, 화두의 난공불락의 철옹성 앞에서는 어떤 것도, 아무것도 통하지 않음을 스스로 볼 것이다.

이 순간, 자신의 수준을 명백하게 알게 된다. 현주소를 잊지 말라!

다시 자신의 마음을 바로잡고, 완전한 깨달음을 향하여 황소걸음으로 곧장 전진하라!

완전한 깨달음은 "견성성불"과 "돈오돈수"라는 말로 상징된다!

배울 것이 없는 할 일 없는 한가한 도인(絶學無爲閑道人)!

5.

그리고 한 달 후, 8월 초에 다시 각성이 시작되었다.

특히 왼쪽 귀 부근이다. 왼쪽 귀에서 시작된 각성은 전체적으로 퍼져나갔다.

귀가 살아 움직이면서 마구 꿈틀거리면, 다소 성가신 면도 있다.

하지만 각성 상태를 오직 즐길 뿐이다.

6월 달의 각성보다는 강도가 약했다. 한 달 남짓 지속되었고, 장마 전선과 유사했다.

"6장 분류사 화두"에서 선택한 화두의 본문을, 현대식으로 알기 쉽게 번역하는 과정이었다.

하지만 잘 알지도 못하는 한문을 해석하느라, 극심한 스트레스를 겪는 과정에서 각성이 시작되었다.

도저히 해석이 안 되는 부분은 주위의 친구에게 부탁을 했다.

이 고행의 길을 갈 수밖에 없었던 이유는, 내가 읽어서 애매하다면 과연 누가 읽어서 쉽게 본문을 알 수 있겠느냐는 사명감 때문이었다.

한문을 번역하지 못해서, 포기하고 싶은 순간이 여러 번 있었다.

하지만 선택한 화두의 내용을 결코 포기할 수는 없었다!

가장 큰 이유는, 앞으로 "천 년 동안" 이 책을 읽을 나의 진정한 형제를 생각했기 때문이다!

내가 쓴 이 책은 이미 천 년 전에 있어야 했다.

천 년 동안 없었기 때문에, 수많은 수행자들이 바른길을 정확하게 몰라서 뱅글뱅글 헤맨 것이다.

그래서 앞으로 "천 년 동안" 꺼지지 않는 찬란한 등불을 밝히려는 것인데, 내가 아무리 괴롭고 힘들다고 해도 결코 포기할 수는 없었다!

진실한 수행자의 피눈물과 불멸의 의지가 보이기 때문이다.

오직 이 마음으로 화두의 본문을 번역했다. 그야말로 대장정이었다.

부처가 중생을 생각하지 않는다면, 그 누가 있어 중생을 위하겠는가!

8월 초에 시작된 각성은 9월 초에 사라졌다. 9월 초에 화두의 본문 번역이 끝났다.

이렇게 한 철의 숨 막히는 시절인연이 마무리되었다. 휴~!

6.

2018년 7월 초에서 9월 초까지 두 달 정도, 왼쪽 귀에서 아주 약하게 시작된 각성 상태는 목까지 전파되었다.

그럼 눈을 감고 집중하여 각성을 심화시키면, 왼쪽 귀와 목 부위에서 각성이 고조되어 살아 있는 것같이 마구 꿈틀거린다.

이 순간 육신은 사라지고 삼라만상과 오직 하나가 된다.

이 순간 온 우주의 근본 바탕(自性)과 오직 하나가 되어, 단지 쉬는 마음으로 본래면목(佛性)을 조망할 뿐이다!

이것은 수행을 하는 것이 결코 아니다! 알겠는가?

부처는 더 이상 배우거나 수행할 것이 없기 때문에, 일상생활 그 자체가 곧 열반(生死一如·不生不滅)일 뿐이다.

우연히 각성이 생겨나니 각성을 고조시킬 뿐이지, 각성이 심화된 다고 해서 앎이 깊어지거나 많아지는 것은 결코 아니다! 알겠는가?

특히 이 책의 어려운 부분을 퇴고하기 위하여 집중하고 있으면, 각성 상태가 문득문득 일어났다.

마치 장마 전선처럼 각성이 약하게 시작되어 고조되었다가, 사라 지는 현상이 반복되었다.

각성이 일어날 때 명상, 좌선 등등 하여, 마음을 집중을 하면 각성 이 더욱 더 심화된다.

각성 현상이 어떤 원인에 의해서 발생하는지 정확하게 모르겠다.

추측건대, 각성은 집중의 강도와 관계가 있는 것은 분명해 보인다!

지금도 각성 현상은 나의 의지와 무관하게, 문득문득 일어나고 있 는 현재 진행형이다.

7.

이 글을 집필하는 과정에서, 3년이 가까워질 무렵(깨닫고 3년 반 이 조금 지난 시점)부터이다.

어쩌다 가끔 글을 읽고 있으면 내용이 전혀 인지되지 않고, 단지 글자의 모양만 읽는 것 같은 경험을 여러 번 했다.

다시 말하면, 글의 내용이 텅 비어 있는 공(空)으로 와 닿아서, 몇 번을 읽어도 내용을 알 수가 없었다.

그러면 도서관 밖으로 나가서, 담배를 피우면서 생각해 본다.

글과 화두의 모든 말이 온통 내용은 없고, 텅 비어 있는 무의미한 글자의 껍데기만 남아 있구나 하고 통찰을 하게 된다!

우주 전체의 비밀은 아무것도 없고, 단지 "비밀"만 있다!

또한 삶과 죽음의 화두는 없고, 그저 "화두"만 있는 것과 같다!

불타오르는 눈동자를 가진 수행자여, 무슨 말인지 알겠는가?

삼라만상의 모든 것이 공(空)으로 더욱 더 심화되어 가는 것이 보인다.

특히 여름에 옷이 얇아지고 속살이 비치는 인간의 모습을 보면, 육신은 텅 비어 있는 공(空·無相·非相)이라는 느낌이 극한에 이른다.

즉 선(禪)의 직관적인 광명 지혜!

연기법으로 보면, 육신은 내가 먹은 다양한 음식의 집합체일 뿐이다.

육체를 구성하고 있는 음식물을 각자의 자리로 되돌려 보내고 나면, 육체라고 할 실체는 사라진다. 즉 눈앞에 육신이 존재하지만, 연기적(임시적·환영적) 존재일 뿐이다.

결국 사람은 사람 아닌 요소로 이루어져 있다. 색즉시공(色卽是空)!

텅 빈 공(空)이 깊어진다고 해서, 그렇다고 앎(진리)이 많아지는 것은 결코 아니다.

절대 진리는 부증불감(不增不減)! 돈오돈수(頓悟頓修)!

텅 비어 있는 공(空)은 동시에 꽉 차 있는 공이기 때문에, 생명이고 마음이고 우주 전체이다.

그래서 너무나 생동감 넘치게 활동을 하는, 생생하게 살아 숨 쉬는 생명의 공(空)이다. 치어 리드의 역동적인 춤!

온 우주의 모든 유정과 무정의 실체가 텅 비어있음(순수공·불성)
이, 더욱 더 텅 비어 있는 공(純粹空·佛性)으로 심화·확장되어 가고
있는 중이다.
무한한 자성(自性·眞如)의 끝은 과연 어디일까?
나도 조금은 궁금하다. 하하!

8.

 2019년 2월 초순에 별안간 왼쪽 귀에서 각성이 시작되어, 3월 중
순까지 지속되었다.
왼쪽 귀가 마치 큰 망치로 맞은 듯이 아리면서 각성이 시작되면,
아주 강렬하게 귀의 내부로 파고들었다.
그럼 오른쪽 귀로 전파되고 이어 온몸으로 전해진다.
서서히 각성이 전신에서 고조되면, 육신은 사라지고 삼라만상과
하나가 된다.
마치 종소리가 파문을 일으키며 퍼져나가듯이, 왼쪽 귀의 각성이
강약의 파도를 타듯이 너무나 강렬하게 느껴진다.
그럼 귀가 욱신욱신하며 쓰라리듯이, 바다의 파도처럼 각성이 끝
없이 밀려온다.
각성에 집중하면 왼쪽 귀가 마구 꿈틀거리면서, 온몸을 삼켜버리
며 각성이 증폭된다.
마치 한여름의 소나기가 순식간에 한바탕 쏟아지는 것처럼, 각성
현상이 격렬하게 심화되었다가 사라지는 현상이 반복되었다.
이전에 경험했던 장마 전선의 형태와 유사하다고 볼 수 있다.

각성이 얼마나 강력했으면, 각성으로 인하여 왼쪽 귀의 통증까지
느끼는 경험은 이번이 처음이다.

9.

불교(진리)의 핵심을 한마디로 정의하기는 너무나 어렵다.

일반적으로 "불교는 마음"이라고 말한다.

그럼 "마음"이란 무엇인가?, "마음"은 어느 곳에 있는가?

이렇게 직접 질문을 하면, "마음"이 무엇인지 정말 애매하다.

불교에서 보편적으로 "마음"을 두 가지 뜻으로 사용하고 있다.

하나는 진리의 근본 바탕(佛性)이고, 다른 하나는 생각(망상)이다.

전자의 마음은 삼라만상이 태어나는 근원(본래면목·절대 세계)을
말하고, 후자의 마음은 생각(정신·의식·영혼·넋·혼백·유령·귀신)을
말한다.

자칫 마음이 생각이고 생각이 영혼이고 영혼이 귀신이라는, 끝없
는 순환론 속에서 길을 잃을 수도 있다.

그러므로 "불교는 마음이다"라는 정의는 결코 좋은 정의가 아니다.

너무나 포괄적이기 때문에, 불교의 정수가 무엇인지 한눈에 파악
하기가 너무 어렵다.

그래서 나는 진리(불교)의 정의를 이렇게 말하고자 한다.

악! (큰 소리로 외침·임제의 할)

이 소리의 무게가 얼마인가?

모른다. 오직 모를 뿐!

"모른다고 생각하는 이 놈(앎)의 정체를 밝히는 것"이 절대 진리의

정의라고 천명하고자 한다!

나는 누구인가? 모른다!

부모에게 태어나기 전에 나는 어디에서 살았는가? 모른다!

이 떡을 과거, 현재, 미래의 배고픔 중에서, 어떤 배고픔으로 먹겠는가? 오직 모를 뿐!

"모른다고 생각하는 앎"이 바로 각자의 부처요, 온 우주의 근본이다. 이렇게 진리를 정의하는 것이 가장 명확하고, 가장 알기 쉽고, 가장 직접적이다.

이것은 진리의 진정한 실체를 함축하고 있기 때문에 항상 되새긴다면, 진리(부처·自性)를 찾아가는 과정에서 길을 잃고 헤매는 일은 결코 없을 것임을 확신한다!

진리의 심장부(본래면목 화두)로 찾아가는 길을 잃지 말고 곧장 가서, 진리의 심장에 꽂혀 있는 불생불멸의 자신에 검을 뽑아라. 악!

10.

진정한 수행자여!

절대 진리(깨달음)를 찾아서 절박하게 애태우는 방랑자여!

나도 30년 동안 처절하게 유목민처럼 생각과 이성 속에서 표류하며, 우주 전체를 떠돌며 한없이 좌충우돌하였다.

말 못할 사연을 간직한 나그네처럼, 불타는 길을 정처 없이 걸어가는 집시의 삶을 살았다.

언제나 세상 속에서 살았지만 세상의 삶은 저만치 떨어져 있었고,

나는 항상 어디에도 속하지 못하는 외톨이였고 버려진 사람이었다.

변방에서 울리다가 아무도 모르게 사라지는 공허한 북소리!

철저한 아웃사이드 인생!

평범하게 살아가는 친구들의 삶이 너무나 부러웠다.

나의 저주스러운 운명이 언제나 원망스러웠다.

마치 나의 삶은 폭풍 속에서 방향 없이 나부끼는 초라한 깃발처럼, 언제나 바람과 맞서며 성장해 가는 야생초와 같았다.

하지만 내 속에는 항상 진리를 향한 꺼지지 않는 불꽃이, 광포한 바람의 소용돌이 속에서도 계속 불타올랐다.

어떤 누구도 이해할 수 없는, 이름 없는 바람의 아들! 고독한 거인!

과연 우리의 본질이 무엇이고, 우주 전체에 대한 진실이 무엇인지 너무나 알고 싶었다.

나는 누구이며, 우주는 무엇이며, 신은 있을까?

이 길이 내가 가야 하는 길임을 알기 때문에 피할 수도 없고, 오직 부처가 되기 위하여 맞서 싸울 수밖에 없었다. 나만의 고독한 투쟁!

이 피 맺히고, 한 맺힌 애절한 수행 과정을 그 누가 알겠는가?

이렇듯 완전한 깨달음의 과정은 그야말로 처절한 고행의 연속이다.

그런데 어떻게 문득 "완전한 깨달음"을 얻을 수 있겠는가?

싯다르타의 뼈만 앙상하게 남은 철저한 고행의 그림을 모르는가?

여하튼 진정한 수행자여, 사이비들에게 속지 말기를 간절하게 당부한다.

각설하고, 모든 것은 나의 마음(생각)이 만드는 것이다!

이제 외톨이 방랑자의 삶을 끝내고, 영원한 고향(절대 세계)에서 과거, 현재, 미래의 시간이 소멸한 곳에서 오직 "이 순간"의 삶만 살고 있다.

영원히 쉬고 있다. 할 일이 없다. 미소의 풍류객이다. 하하!

"이 순간"의 삶 속에는, 우리가 이성적으로 생각하는 것은 완벽하게 없다! 절대 세계의 시간과 공간!

절대 세계는 완전하게 텅 비어 있는 공(空)의 영역이고, 완전하게 아무것도 없는 무(無)의 공간이다!

그러나 이 속에서 삼라만상의 기기묘묘한 모든 영상(환영)들이 투사된다는 사실은, 오직 신비롭고 불가사의한 현상일 뿐이다.

우리가 너무나 생생한 현장감으로 느끼는 현실은 바로, 실체가 없이 존재하지도 않는 이 영상(환상)의 세계다.

그래서 우주와 지구, 시간과 공간, 삶과 죽음, 나와 너, 남자와 여자, 사랑과 미움, 희망과 절망, 선과 악, 유정과 무정 등등 인간이 생각하는 모든 것은 아무것도 없는 것이다!

또한 "반야심경"의 색즉시공(현실 세계에서 눈으로 바라보는 모든 형상(色)이, 절대 세계에서 영상처럼 투영되는 환영(空)임을 본다), 불생불멸(생겨나지도 않고 사라지지도 않음), 불구부정(더럽지도 않고 깨끗하지도 않음), 부증불감(증가하지도 않고 줄어들지도 않음)이 절대 세계의 진실이라는 사실을 확인한다!

알겠는가? 반드시 느껴야 하고, 반드시 알아야 한다.

오직 "모든 것을 아는 앎(본래면목·불성)"만 있을 뿐이다!

나의 과거를 바라보면, 지금도 진리를 갈구하며 타오르는 눈동자를 가진 수행자가, 여전히 불타는 길을 걸어가고 있다.

진리를 추구하는 수많은 자들을 생각하면서, 오직 진실만을 말하는 사람이 되고 싶다!

당연히 "완전한 깨달음(구경각)"을 얻은 자만 할 수 있는 일이다.

진리를 찾는 모든 자와 온 우주의 모든 존재들이, 하루 속히 영원한 고향에 도착하여 평화로운 삶을 살기를 진정으로 기원한다.

마음에는 찬란한 허공 평화, 얼굴에는 해바라기 태양 미소.

11.

진리(깨달음)는 존재의 근본 바탕(본래면목)을 깨닫는 것이다!

존재의 근본(나·세상·우주·實相·諸相·色)은 무상(無相·非相·空 형태가 없음)이다. 실상무상(實相無相)! 제상비상(諸相非相)!

형태(色)가 있는 것은 공(空 비어있음)이다. 색즉시공(色卽是空)!

텅 비어 있음은 마음이고, 생명이고, 나이고, 너이고, 우리이고, 우주 전체이다.

또한 우주 전체는 그대로 우리이고, 너이고, 나이고, 생명이고, 마음이다.

나는 생명이고 생명은 나이고, 나는 너이고 너는 나이고, 나는 우리이고 우리는 나이고, 나는 우주이고 우주는 나이다. 오직 하나! 절대 평등!

한 명의 손오공(절대 세계)이 분신술을 펼치면, 손오공의 분신(현상 세계)이 무한하게 나타난다.

그러나 한 명의 손오공에서 무한한 분신이 생겨났다는 사실을 깨닫는 것이다! 한 명의 손오공! 오직 하나!

하나가 전체이고 전체가 하나이다(一卽多 多卽一)! 불이(不二)!

그러므로 이대로가 그대로이고, 그대로가 이대로이고, 오직 모를 뿐이 오직 그러할 뿐이고, 오직 그러할 뿐이 오직 있는 그대로일 뿐이다.

결국 나는 모든 존재의 근본이고, 생명이고, 너이고, 우리이고, 무상(無相)이고, 비상(非相)이고, 공(空)이고, 마음이고, 우주 전체이다.

이 모든 것을 신령스럽게 아는 앎이 명백하게 있다. 공적영지(空寂靈知)! 모든 것은 오직 앎이다. 만법유식(萬法唯識)!

이 앎(自性)이 바로 삼라만상의 영원한 주인공이다.

이 앎(眞如)은 나이고 우주 전체이기 때문에 아무런 영향을 받지 않고, 어떠한 그물에도 걸리지 않고, 언제나 변함없이 그대로 있는 진실한 실체(본래면목)이다.

그래서 나의 관점, 너의 관점 그리고 우리의 관점은 존재할 수가 없다!

또한 감성적인 관점, 이성적인 관점 그리고 인간이 생각하는 모든 방면의 관점은 완전하게 전무하다!

북극점과 남극점에 서면, 어떠한 방향과 관점이 사라지고 소멸하는 것과 같다. 알겠는가?

그럼 나는 누구인가?

지금 이 글을 읽고 있는 놈은 과연 무엇인가?

도대체 무엇이 있어, 이 글을 읽을 수 있는가?

12.

"이 순간"이 그대로 절대 세계이고, 절대가 그대로 "이 순간"의 지금이다! 이 순간의 기적!

"이 순간"이 그대로 불생불멸이고, 불멸이 그대로 "이 순간"의 우주 전체이다! 이 순간의 마법!

진리는 과거와 현재의 시간이 흘러가서 미래의 시간이 되는 것도 아니고, 미래의 시간이 반대로 흘러와서 현재와 과거의 시간이 되는 것도 아니다.

시간은 영원히 흘러가지만 진리의 근본 바탕(自性)에는, 흘러가거나 흘러오거나 하는 변화 따위는 전혀 없다.

그래서 늘지도 않고 줄지도 않는다(不增不減)! 영원히 그대로!

이것이 진정한 절대 진리의 본체이다.

이런 이유로, 오직 "이 순간"만 영원히 이어질 뿐이다!

우주 전체의 모든 것의 결정체인 "이 순간"에서 "이 순간"으로!

"이 순간" 속에는 인간이 생각하는 모든 것은 완벽하게 없다!

"이 순간" 속에 모든 것이 완전하게 전무하다면, 우리는 단지 있는 그대로 바라볼 수밖에 없다. 단지 그러할 뿐!

또한 끝없이 연속되는 시간의 역사 속에서, 펼쳐진 무수한 일들은 오직 "이 순간"에 있다!

지금 바로 영원한 시간 속의 "이 순간"을 알아차린다면, 영원히 일 없는 사람이 될 것이다.

마치 태평양의 물방울 하나가, 태평양의 모든 바닷물을 함축하고 있는 것과 같다. 즉 "이 순간"이 영원한 시간을 완전하게 압축하고 있는 것이다. 이 순간의 영원!

역으로 보면, "이 순간"을 놓친다는 것은 "영원한 시간"을 놓치는 것과 같다.

또한 "이 순간"의 삶을 살지 못한다는 것은, "이 순간"의 비극이 "영원한 시간"의 비극으로 번지는 것과 같다.

지금 바로 "이 순간"을 알아차리지 못한다면, 과거·현재·미래의 어느 시간 속에서 살아날 수 있겠는가?

과거의 시간은 이미 지나갔고, 현재의 시간은 언제나 존재하지 않고, 미래의 시간은 영원히 오지 않는다!

그럼 "이 순간"의 중간은 과연 어디이고, "이 순간"의 시작과 마지막은 도대체 어디일까?

나는 지금 어느 시간 속에서 살고 있는가?

Who am I?

13.

진리의 근원은 생겨나는 것도 아니고, 소멸하는 것도 아니고, 가는 것도 아니고, 오는 것도 아니고, 단지 그러할 뿐임을 깨닫는 것이다. 즉 있는 그대로 볼 수 있는 부처의 광명 지혜이다.

이렇게만 된다면, 무슨 깨달음이 있겠는가?

텅 비어 있는 마음은 무한하기에 한계가 있을 수 없다.

수행은 생각(마음)을 없애고, 쉬고, 비우는 것이지만, 사람이 스스로 한계의 범위를 규정할 뿐이다. 형편없는 난쟁아!

진정한 자아(부처)는 텅 비어 있지만 꽉 차 있는 곳(절대 세계)에서, 무한한 자유를 만끽하면서 살아가지만 사람이 스스로 모를 뿐이다.

아니 어쩌면 애써 외면하고 뒤돌아서는지도 모를 일이다.

여하튼 후회 없는 삶을 살다가 고향으로 돌아간다고, 최후의 한마디를 남길 수 있게 찬란한 미소를 짓고 살아보자. 멋진 사람아!

우리가 마음속에 품고 있는 모든 것을 완전하게 소멸시킬 수 있다면, 비어 있는 한없는 공간과 하나가 되는 순간, 자신의 부처를 볼 것이다.

우주가 탄생하기 전에도 그러했고, 우주가 소멸한 후에도 그러하다. 나는 불생불멸(不生不滅)이고, 불구부정(不垢不淨)이고, 부증불감(不增不減)이다!

오직 그러할 뿐! 오직 있는 그대로일 뿐!

진리의 실체가 "오직 그러할 뿐"임을, 그 누가 있어 알겠는가?

이것을 설명하기 위하여 방편적으로 "때가 되면 모이고, 때가 되면 흩어진다."라고 표현할 뿐이다.

만 번 듣는 것보다 절대 진리를 한 번 보는 것이 낫다.

제아무리 입으로 게걸스럽게 지껄여 보아도, 형상과 소리에 의지할 기준 같은 것은 추호도 없다.

눈, 귀, 코, 입, 몸, 뜻(眼·耳·鼻·舌·身·意)이 없다면, 나는 과연 무엇인가?

지금 여기에 존재하는 물건(나는)은, 도대체 무엇인가?

수행자는 반드시 스스로 깨달아야 한다. 오직 이것뿐이다.

14.

진정한 초인이여, 허공의 심장에 검을 꽂아라!

어떻게 허공에 무쇠 말뚝을 박아서, 천국으로 가는 빛의 계단을 만들 수 있겠는가?

어떻게 대지에 광명의 길을 뚫어서, 지옥으로 가는 빛의 통로를 찾을 수 있겠는가?

말할 수 있는 자가 있다면, 기초 공사의 설계도를 가지고 오라.

만약 무한한 허공을 산산조각 냈다면, 허공을 박살 낸 보이지 않는 도끼를 가지고 오라.

그리고 유리 파편처럼 조각조각 흩어진, 푸른 창공을 모자이크처럼 맞추어라.

만약 모나리자의 모자이크를 완성하는 자가 있다면, 독이 든 조주의 차를 한 잔 주리라.

이 자는 곧 쌀 한 톨만 한 삼라만상을 손아귀에 쥐고, 무한한 허공의 학문인 찬란한 빛의 허공학(虛空學)을 강의할 것이다.

푸른 하늘의 칠판에 새겨진, 하얀 구름의 글자를 읽을 수 있는 자는 과연 누구인가?

도대체 누가 있어, 형형색색의 붉은 노을을 강의하는가?

만약 스펙트럼 빛깔의 조각을 강의하는 자가 있다면, 이 강의를 듣는 자는 또한 누구인가?

텅 비어 있는 허공학을 강의하는 여신의 이름은 무엇인가?

이 여신의 이목구비를 말할 수 있다면, 수행을 완전하게 졸업한다.

곧 그대가 우주 전체의 영원한 주인공이다. 견성성불! 돈오돈수!

위대한 수행자여, 반드시 화두의 심장에, 심장에 검을 꽂아라!
화두의 심장은 도대체 무엇인가?

15.
불멸의 의지

백만 대군과
홀로 맞서 있다.

죽여도 죽여도
서서히 엄습하는 절망.

조여 오는 죽음의 살기에
맞이할 죽음과 대면하니
초연한 빛의 마음이 밝아 온다.

숨 막히는 죽음의 공포도
불타오르는 불멸의 의지를
꺾을 수 없다.

백만 대군을 헤치고
나의 길을 가리.

2장 완전한 깨달음

1. 완전한 깨달음의 과정

1.

수행을 하게 하는 주체는 거짓 자아(에고)이다. 당연히 거짓 자아
도 내 자신이다.

우리가 수행(진짜 자아를 찾으려고 하는 노력)을 하지 않으면, 평
생 동안 가짜 자아의 가혹한 식민 지배를 영영 벗어날 수가 없다.

시시각각으로 변하는 변덕스러운 마음(생각)을 따라서 어리석은
행동을 하다 보면, 문득문득 자신이 깜짝 놀라며 부끄러워진다.

생각이 지나가는 바람처럼 아무런 원인도 없이 일어나면, 중간에
서 거짓 자아가 자신의 진실한 마음이라고 왜곡하여 망상하며 행
동하기 때문이다.

가짜 자아의 마음속 깊은 곳에 갇혀 있는, 진정한 자아(自性)가 가
끔 눈을 뜰 때마다 소스라치게 경악하며 민망스러울 뿐이다.

에고의 희로애락에 장단을 맞추는, 그야말로 서커스단의 재주부
리는 초췌하고 불안한 곰과 같다. 하하!

재주는 우울하고 파리한 곰(인간)이 부리지만, 정작 삶의 환희는

거짓 자아가 마음껏 향유하는 꼴이다.

주객이 완전하게 전도된 신나는 비극의 행진곡과 같다.

이것이 우리 인간의 진실한 일생이자 인류의 비굴한 역사이지만, 이 사실을 정확하게 꿰뚫은 자가 인류 역사상 불행하게도 과연 몇 명이나 되겠는가?

에고의 정체성은 물거품같이 텅 비어 있는(空) 허망한 육신을 기준으로 한다!

하지만 육신이라는 실체가 있다면 가짜 자아의 생각이 옳겠지만, 만약 육신이 없다면 천지가 개벽할 정도로 대혼란이 온다.

암흑의 태풍을 가르며 나타나는, 해적선 같은 찬란한 진실인 실상 무상(實相無相 실체·사물은 형상·모양이 없다)!

이렇듯 거짓 자아는 음식물의 집합체, 똥자루, 오욕칠정의 화신인 육체가 있다는 망상에서 비롯된다.

비유하면, 가짜 자아가 영원히 깨어날 수 없는 마법의 독약을 먹여, 진짜 자아는 거짓 자아의 깊은 지하 감옥 속에 감금되어, 끝없이 잠을 자고 있다. 마치 잠자는 공주처럼!

진짜 자아를 깨우지 못한다면, 가짜 자아의 혹독한 식민 통치를 영원히 벗어날 수가 없다.

위대한 사람아, 언제쯤 자신의 독립 투쟁을 시작할 생각인가?

언제쯤 내 속에 잠자고 있는 부처를 해방시킬 수 있을까?

잠자는 진짜 자아(부처·본래면목)를 흔들어 깨우는 과정이 수행이다!

만약 자신의 부처를 깨운다면, 가짜 자아의 한 맺힌 핍박의 식민

통치에서 영원토록 해방된다.

이런 참혹한 우여곡절이 있기 때문에, 부처를 영원한 자유인이라고 부른다. 삼라만상의 영원한 주인공!

그러나 묘하게도 절대계(깨달음의 세계)로 가면 에고는 죽는다.

그래서 수행의 정점으로 갈수록 "마(魔)가 낀다."라고 하는 것은, 에고 자신이 죽는다는 사실을 알기에, 거짓 자아가 수행을 교묘하게 방해하는 것이다. 치명적인 악성 바이러스!

에고가 살아남기 위한 최후의 발악을 하는 셈이다.

그렇기 때문에 이 지점에서 여러 가지 경계 체험을 하게 된다.

특히 무기를 벗어나기가 너무나 어렵다.

무기(無記)란 마음의 무한한 평화 속에 항상 머물며, 아무런 걱정과 근심이 없다. 모든 것은 순리대로 돌아간다고 착각한다.

그러나 어떤 문제에 부딪히면 달콤한 평화는 사라지지만, 곧 마음의 평화를 다시 찾는다. 거짓 자아가 만든 왜곡된 망상의 평화!

무기 속에 똬리를 틀고 이무기처럼 사는 자는, 불철주야 화두를 참구하여 하루 속히 절대계의 청룡이 되려고 노력해야 한다.

"흘러가는 물결 위에 자신이란 배를 띄우고, 물결 흘러가는 방향대로 살아갈 뿐이다."라는 말을, 무기에 빠져있을 때 내가 즐겨 사용한 말이다.

말은 제법 그럴듯한 것 같지만, 얼마나 빗나간 말인가! 하하!

이렇듯 무기는 평화를 맛보는 단계이기 때문에, 빠져나오기가 결코 만만치 않은 악마의 세계다. 수행자의 착각에 늪!

삼계의 영원한 주인공은 자신의 삶을 창조하며 살아가지, 하찮은 물결 따위에 의존하며 살아가지 않는다! 일체유심조(一切唯心造)!

수행자여, 자신을 속이지 말고, 자신을 자유자재로 통제하는 자신의 진정한 주인이 되어라. 24시간 완전하게 깨어 있어라!

그래서 위대한 스승들이 이 마계(魔界 무기)를 그토록 경책한 것이다.

여하튼 이런 과정으로 수행이 진행되기 때문에, 에고에게 속아서 가느다란 한 가닥 실에 대롱대롱 매달려 조종당하는, 생명 없는 꼭두각시 인형은 되지 말라. 창백한 마네킹아!

무기에 빠져 헤매는 자들이 도인이라고 오해하는 곳이 바로 이 지점이다. 즉 착각 도인이다. 몽유병을 앓는 불치병 환자!

수행의 모든 병은 수행자가 자신을 속이기 때문에 발생하는 것이다!

특히 화두 책을 읽어 보면 곳곳에서 막히는지 알면서도, 자신을 속이고 에고의 속임에 부림을 받는 것이다.

악마에게 영혼을 팔아버린 가련한 사람아! 아니 망상하는 헛것아! 이렇듯 수행자의 모든 불치병은 거짓 자아에게 속기 때문이다! 알겠는가?

순수한 자아여, 거짓 자아와 영원토록 추악한 타협을 하지 말라!

자신이 진리를 완전하게 모른다는 사실을 잘 알고, 어딘지 모르게 허하다는 느낌을 채울 수가 없다. 10% 부족한 공간!

"모른다고 생각하는 그 놈(앎)"을 애써 외면하는 타락한 사탄일 뿐이다. 10% 부족한 구푼아!

착각 도인이여, 아상(我相 내가 있다는 생각)도 녹이지 못했다는 사실이 보이는가! "금강경"의 아상·인상·중생상·수자상!

이 시기에 꾸준히 책을 읽으면서 위대한 스승들(祖師禪)의 바른 견해를 수용하여, 자신의 잘못된 부분을 고쳐 더욱 더 수행에 집중해야 한다.

그래야 거짓 자아의 세상인 마계를 지날 수 있다.

무기는 수행자가 가장 경계해야 할 악마의 세계이다.

하지만 함락하기가 결코 녹록지 않은 겹겹의 철옹성이다.

돌이켜보면, 나도 이 무기(마계)에서 약 6년 정도 살았다. 하하!

깨달음으로 가는 과정은 비어 있음(空·無相·非相)이 조금씩 심화되어 가는 여정이다!

즉 텅 비어 있는 만큼, 딱 그만큼 세상은 아름답게 보인다.

우리가 실체라고 생각하는 사물과 눈에 보이는 모든 것은 실체가 아니라, 텅 비어 있음을 스스로 체득해 가는 과정이다.

실상무상(實相無相)! 제상비상(諸相非相)! 색즉시공(色卽是空)!

그나마 형태가 있는 것은 쉽다.

그러나 형상과 모양이 없는 감정(생각·마음)에 대하여 파악한다는 것은, 어쩌면 엄청나게 어려운 것인지도 모른다.

하지만 인간이 인간성을 회복하는 유일한 방법이기에, 선택의 여지는 애당초 없다. 불행한 외길!

그렇지만 우리는 반드시 이 길을 가야만 한다. 진정한 자아의 철저하게 고독한 독립 투쟁 그리고 영원한 해방을 위하여! 부처의 길!

예를 들어, 기쁨과 슬픔으로 설명을 해 보자.

살아가다 보면 기쁨과 슬픔은 언제나 반복적으로 교차한다.

기쁨이 슬픔이 되기도 하고, 슬픔이 기쁨이 되기도 한다.

그래서 기쁨은 오직 기쁨이고, 슬픔은 오직 슬픔일 뿐이다.

더 나아가면, 기쁨과 슬픔이 비어 있다는 것이 조금씩 심화되어 간다.

이것은 깨달음으로 가는 여정에서 나타나는 징후이다.

그래서 기쁨이라고 할 기쁨도 없고, 슬픔이라고 할 슬픔도 없다.

더 나아가면, 모든 것은 텅 비어 있는 공(空)의 세계라는 것이 더욱 더 커져 간다.

기쁨이라고 하지만 기쁨 속에는 기쁨이 없음을 분명하게 보게 되고, 슬픔이라고 하지만 슬픔 속에는 슬픔이 없음을 분명하게 보게 된다.

그러나 이것이 최후의 관문이라고 생각하면 엄청난 착각이다.

깨달음의 정점으로 갈수록 마음속은 더욱 더 허해지고, 비어 있는 공간은 더욱 더 커져만 간다.

텅 비어 있는 공간만큼, 그만큼 세상은 한없이 투명하고, 신비롭고, 있는 그대로, 아름답게 보인다.

하지만 어딘지 모르게 채워지지 않는 마음의 부분이 계속 감지된다.

절대 진리를 모르기 때문에, 배고픈 허기를 지속적으로 느끼는 것이다.

여기에서 더 나아가면, 비로소 생각으로 더 이상 다가갈 수 없는 최후의 은산철벽(대무심지)에 부딪히게 된다.

은산철벽까지는 무한한 노력으로 가야 하지만, 대무심지(大死)를 지나서는 오히려 모든 것을 내려놓아야(쉬어야·없애야) 하는 반대

상황에 직면한다!

불행하지만 수행자는 이 사실을 모른다. 왜냐하면 처음 겪는 상황이기 때문이다.

이 지점까지 불철주야 노력으로 왔지만, 이 지점부터 오히려 모든 것은 반대의 상황이다.

그래서 어쩌면 최후의 관문인 이 지점, 즉 현상 세계의 마지막 지점, 의심·생각·노력의 한계 지점 또는 수행의 99%의 지점(대무심지·大死)이, 모든 수행의 관문 중에서 가장 어려운 관문이 될지도 모른다. 부처와 조사의 관문!

또한 아무리 노력하고 애를 써도, 화두 참구가 자연스럽게 풀리는 지점이기도 하다! 화두조차도 소멸한 자리! 화두의 죽음! 산송장의 관문! 깨달음(大活)으로 가는 중!

사실 나도 한동안 어찌해야 할 바를 전혀 몰랐다.

그래서 앞서간 벗(선지식)의 도움을 받는다면, 시행착오를 줄일 수 있다.

회상해 보면, 8년이란 시간이 속절없이 가버린 것이다. 하하!

왜냐하면 인간적이고 인위적인 모든 것을 없애야만, 절대 세계로 가는 다리 없는 다리가 보이기 때문이다.

부처의 세계(진리의 본질)로 들어가기 위해서, 인공적인 요소가 완벽하게 아무것도 없어야만 들어갈 수가 있다.

달리 말하면, 100% 순수한 영혼이 아니면 결코 들어갈 수가 없다. 오직 마음을 비우고 모든 것을 내려놓아야(쉬어야) 한다. 즉 인간적인 모든 것을 태워 버리고 소멸시켜야 한다.

그러나 생각으로 생각을 절대 끊을 수가 없다! 최후의 철옹성!

그러니 마음(생각)을 없앤다는 생각조차도 없어야 한다.

이것도 생각이다! 생각과 망상의 마지막 찌꺼기!

생각(마음)이 아무런 이유도 없이 저절로, 불현듯 바람처럼 나타났다가 사라지는 근본 바탕을 산산이 조각내어야 수행이 완성된다!

오직 있는 그대로의 마음(100% 순수한 생각)이 되어야만 하는데, 이것이 어찌할 수 없는 중생의 최후에 은산철벽이다! 삼매 지옥!

부처의 국토로 가기 위한 문 없는 문을 찾기 위해서, 애절하게 서성이는 자신의 처절한 모습을 반드시 마주 보게 된다!

이렇듯 수행을 하다가 문득 깨닫는 것은 결코 깨달음이 아니다!

이런 사이비와 인간의 탈을 쓴 악마의 씨앗들은, 인간계 최후의 지점 (대무심지)을 모른다. 그래서 설명을 할 수도 없다.

착각하는 악마의 종자들이여, 자기 자신을 속이지 말라!

거짓 자아와 사악한 부당 거래를 하지 말라! 애처로운 헛것아!

생각의 뿌리를 완전히 끊지(없애지) 않고서, 결코 절대계로 갈 수가 없다.

무엇보다 중요한 것은, 완전하게 죽은 자리에서 완전하게 살아나야 "완전한 깨달음"을 얻는다!

그래서 현상계의 마지막 지점이 수행 전과정에서 보면, 어쩌면 가장 극복하기 어렵고 난해하며 어찌할 수 없는 극한의 한계 지점인지도 모른다. 중중첩첩의 은산철벽!

이 지점에서 정녕 진정한 선지식의 도움이 절박한 상황이다.

수행자들이여, 이 순간에 봉착해 있다면 추호도 망설이지 말고,

진정한 선지식을 무조건 찾아가라!

그렇지 않으면, 엄청난 시간을 허비할지도 모른다.

이 지점에 있는 자는 이제 99%로 부처다.

하지만 1%의 생명수가 부족한 허깨비 부처다. 이 1%가 절대 진리의 모든 정수를 담고 있다.

이 생명수를 마신다면 자신이 절대 진리의 모든 것이고, 신기루 같은 허상에서 진정한 생명을 가진 순결한 사람으로 재탄생하게 된다. 곧 자신이 진정한 부처다.

그냥 자연을 벗 삼아서 산책을 즐기다 보면, 별안간 절대 세계의 길 없는 길이 열릴지도 모른다. 자신의 인연처에서!

완전하게 죽은 자리(大死·대무심지)에서 완전하게 사는 자리(大活·깨달음)로 가는, 주소 없는 길에서는 어떠한 수행 방법도 의미가 없다! 오직 쉬는 것 말고 다른 방법이 없다. 즉 마음의 근본 바탕(自性)을 완전하게 관조하는 것이다.

대사(의심·생각·노력의 한계 지점)까지는 모든 수행 방법이 유용하지만, 대활(절대 세계)로 가는 과정에서는 어쩌면 모든 수행 방법이 무용하다!

왜냐하면 인간적이고 인위적인 흔적이 전혀 없는, 100% 순수한 영혼이 되어야 하기 때문이다.

인간적인 모든 생각의 흔적과 인공적인 모든 노력의 자취를 완벽하게 사멸시켜야 한다!

특히 화두 참구는 무용지물이다. 즉 화두 참구를 하고 얼마 있지 않으면, 자연스럽게 화두 참구가 풀리는 지점이다. 깨달음(大活)으로 가는 중이다!

어떤 순간이든 이근원통(耳根圓通) 수행법은 최상의 수행법이며, 수행의 전과정을 부작용 없이 꿰뚫는 관세음보살의 무한한 사랑이다!

(3장 수행 방법, 1. 연기법, 2) 수행 방법의 장점과 단점 참조)

여기에서 중요한 것은, 당연히 나의 경험을 있는 그대로 가감 없이, 진실하게 말하고 있다는 것이다!

그러나 내처럼 화두 참구와 진언(만트라) 수행이 아닌, 다른 수행 방법을 한 자라면 과정이 다를 수도 있을 것이다.

에베레스트산 정상(구경각·法空)으로 가는 길은 무수히 많다.

어쨌든 항상 자신을 관조하는 마음이 곧 부처의 마음이다!

깨어있는 마음은 자신의 내부에서 잠자고 있는, 부처를 흔들어 깨우는 과정이다.

이런 철저한 과정들이 모여서 곧 "절대계를 향한 다리 없는 다리"를 건설하는 것이다(大活).

또한 인간적인 생각의 모든 뿌리를 제거하는 과정이다.

결론적으로 생각이 일어나는 근본 바탕을 산산이 부수지(없애지) 않으면, 부처의 나라로 가는 길은 영원히 열리지 않는다!

모든 생각이 완벽하게 소멸할 때 즉 거짓 자아가 완전하게 죽는 순간, 그때 비로소 절대계를 향한 길 없는 길을 보게 된다.

깨닫는 순간, 자신이 의심한 만큼 딱 그만큼 깨닫는다!

너무나 당연한 결론이다. 당연지사(當然之事)! 출이반이(出爾反爾)!

그래서 "크게 의심하면 크게 깨닫고, 작게 의심하면 작게 깨닫고,

의심하지 않으면 깨달을 것이 없다."는 옛 선사의 말은 만고의 진
리이다!

이 말은 어설프게 깨달으면 헛것이 보이기 때문에, 자가당착에 빠
질 우려도 있다는 것이다.

그렇기 때문에 크게 의심하여 즉 궁극의 질문(본래면목)을 의심하
여, 완전하게 깨달은 도인(부처)이 되어야 한다. 견성성불! 돈오돈
수! 이렇게 되어야 모든 것은 완벽해지는 것이다.

절대 세계(부처의 나라)에 대하여 구체적으로 탐구해 보자.

1. 깨달음의 세계에 도착하면, 완벽하게 텅 비어 있는 공(空·無相)
   의 세계이지만, 묘하게도 신비스럽게 꽉 차 있는 절대 세상을
   보게 된다!

   밝다고 하면 한없이 밝고, 어둡다고 하면 칠흑같이 어두운 비어
   있음의 영역이다. 완전하게 텅 비어 있음(眞空)!

   완전하게 아무것도 없음(眞無)! 텅 비어 있는 진리의 근본 바탕
   은 무한하기 때문에 한계가 없다.

   그러나 이 모든 것을 신령스럽게 아는 앎(본래면목)이 있다.

   공적영지(空寂靈知)! 즉 텅 비어 있으면서도 고요하고 아무것도
   없는 속에서, 밝고 신령스럽게 아는 앎이다.

   이것이 곧 완벽한 부처의 국토이며, 자기 자신(自性)이다!

2. 텅 비어 있음의 한없는 공간에서 기인하는 마음속의 허함도,
   찰나에 꽉 차게 된다! 완전한 사람! 할 일 없는 부처!

   시간도 없고 공간도 없고, 안과 밖이 없고, 나와 너도 없고, 유

정(有情 생물·인간)과 무정(無情 무생물·우주)도 없고, 생겨나지도 않고 없어지지도 않고(불생불멸), 더럽지도 않고 깨끗하지도 않고(불구부정), 늘지도 않고 줄지도 않는 것(부증불감)을 본다. 진리의 본질에서는 그 무엇도 없다! 그 무엇이 있다고 하면 바로 절대 진리와 어긋나게 된다. 아무것도 없는 무(無)의 국토! Zero! Nothing!

선(禪)에서 말하는 본래 한 물건도 없는 것이다(本來無一物)!

"밝고 밝게 깨닫고 보면, 한 물건도 없고, 사람도 없고, 부처도 없다!"는 영가선사의 사자후를 모르는가?

오직 만물을 생성시키는 근원(불성·진여)만 있을 뿐이다!

인간이 이성적으로 생각하는 모든 것은 완벽하게 없다!

아니 삼라만상과 인간 그 자체가 없다! 오직 텅 빈 공(空)의 영역!

그러므로 인간이 생각하는 모든 것은 완벽하게 망상이다!

사실 인간 그 자체가 모든 망상의 근원이다!

하물며 인간으로부터 비롯되는 것이야 말해서 무엇 하겠는가!

망상에 망상을 무한하게 제곱한 헛것이 인간의 실체일 뿐이다!

3. 깨닫고 나서 한동안은 시간과 공간이 느껴진다!

이것은 중생의 업식(습관)이 아직 소멸하지 않았고, 부처의 삶으로 완전하게 성숙하지 못했기 때문이다.

그래서 중생의 습관을 없애기 위해서, 보림 생활이 필요한 것이다.

다시 말하면, 태풍은 사라졌지만 파도가 출렁이는 것과 같다.

출렁이는 파도가 고요한 바다가 되는 순간이 보림 생활의 끝이다.

즉 중생의 업식까지 완전하게 소멸한 진정한 부처가 되는 시점이다.

"시간이 없다."는 것은 얼마 지나지 않으면 알게 되지만, "공간이 없다."는 것을 알기까지는 시간이 좀 걸린다.

왜냐하면 눈으로 보는 모든 것은 시간과 공간이기 때문이다.

시간과 공간은 하나의 개념이다. 즉 시간이 공간이고 공간이 시간이다.

정확하게 기억이 나지 않지만, 보림 생활이 끝날 즈음에 중생의 모든 습관이 소멸하면, 자연스럽게 "공간이 없다."는 것을 알게 된다.

이때부터 비로소 "오직 이 순간의 삶"만 있다는 것을 명백하게 본다.

4. 모든 것은 때가 되면 저절로 나타나는 허상이지만, 삼라만상의 모든 것이 한바탕임을 본다!

전체성임을 알기에 평등함을 보게 된다. 절대계는 하나이고, 하나가 절대계의 전체이다(一卽多 多卽一).

이렇기 때문에 모든 것은 평등한 것이고, 유정과 무정도 같은 것이다.

불이(不二)! 오직 하나! 절대 세계와 현실 세계도 오직 하나!

절대 진리는 분별이 없는 오직 한바탕의 참된 세계!

불이법문(不二法門)! 불이문(不二門)! 오직 하나이자 한바탕!

일진법계(一眞法界)! 중도(中道)!

모든 상대적·차별적·분별적·이분법적인 것을 초월한 절대 평등!

5. 우리가 알고 있는 삶과 죽음은 결코 없다!

태어난 적이 없는데, 어떻게 죽을 수 있겠는가(生死一如·不生不滅)?

신기루 같은 허상(환영)에게 무슨 삶과 죽음이 있겠는가?

절대 세계(만물이 탄생하는 근본 바탕)는 완전하게 비어 있는 공(空·無相·非相)의 세계인데, 여기에 과연 무슨 실체(모양·마음·인간·우주)가 있겠는가?

굳이 있다면, 거짓 자아가 만들어 내는 환상 같은 생각뿐이다. 오직 망상!

깨닫고 나면 허상(환영)과 실체(사람)는 오직 하나일 뿐이다.

6. 윤회도 없다!

윤회가 있다고 생각하는 것은 문화의 학습에 의한 결과일 뿐이다.

만약 윤회의 세계관이 없는 곳에서 평생을 살아간다면, 윤회라는 단어도 모르고 죽을 것이다. 얼마나 역설적인가.

조약돌, 바위, 허공, 달, 행성, 태양, 우주 등등 사라지고 나면, 이것도 윤회를 하는가?

진리의 근본 바탕(성품)은 불생불멸(삶과 죽음이 하나)인데, 과연 무엇이 있어 윤회를 하겠는가?

또한 절대 진리에는 시간과 공간이 없는데, 어떻게 시간과 공간의 허황된 여행자가 존재할 수 있겠는가?

윤회를 한다는 것은, 거짓 자아가 만들어 내는 생각의 찌꺼기일 뿐이다.

생각이 태어나는 근본 바탕을 완전히 제거하지 못해서, 헛것을 보는 낮은 수준일 뿐이다(我空)! 즉 타락한 사이비와 추악한 악마의 사견!

(4장 바른 견해, 22. "윤회는 없다" 참조)

7. 천국과 지옥도 없고, 사후 세계도 없고, 구원도 없다!

우리가 생각, 이성, 관념, 학습, 문화에 의해서 아는 모든 것은 완벽하게 없다! 절대 세계는 완전한 공(空)과 무(無)의 공간!

이 모든 것은 거짓 자아가 만들어 낸 생각의 악취이자, 생각의 불안한 그림자일 뿐이다. 그림자의 현혹적인 마술에 속지 말라!

아무리 짙은 안개 속에 있을지라도, 진리의 태양이 찬란하게 빛을 비추는 순간 모든 것의 진정한 실체가 드러나게 된다.

이렇듯 우리가 이성적으로 알고 있는 모든 것은, 완벽하게 잘못 알고 있는 것이다. 착각의 세상!

우리가 안다고 생각하는 것은 모두 허망한 망상이다!

절대 진리의 눈을 뜨고 스스로 보아야 수행이 완전하게 끝이 난다.

또한 천국과 지옥, 사후 세계와 구원, 49재와 천도재, 극락과 윤회, 도솔천과 미륵불 등등 운운하면서 사람들에게 불안감을 조성하는 자는, 명명백백한 사이비와 악마들이니 결코 속지 말라!

8. 신(神)도 없다!

기독교에서 말하는 창조주(하느님)는 없다!

절대 세계에 있는 것은, 오직 만물을 태어나게 하는 근본 바탕 뿐이다!

이것을 이름하여 신, 부처, 성품, 진여, 불성, 자성, 본래면목, 진아, 참나, 주인공, 중도, 불이, 법공, 구경각, 완전한 깨달음 등등 수많은 명칭으로 말할 뿐이다.

만약 신이 있다고 가정해 보자.

완벽하게 아무것도 없는 텅 빈 무(無)의 상태에서, 어떤 것도 생겨날 수가 없다.

완벽한 무(無)의 상태는 완벽하게 비어 있는 텅 빈 공간일 뿐이다!

그럼 신은 어떻게 태어난 것일까?

만약 신이 있다면, 그 무엇인가의 에너지원이 반드시 있어야 한다.

그러나 완벽한 무(無)의 공간에는 아무것도 없고, 어떤 것도 존재할 수가 없다! 아무것도 없는 완전한 제로(zero)의 공간!

완전한 무(無)의 영역이고 완전하게 비어 있는 공(空)의 세계이다.

이렇듯 신이란 존재는 인간의 나약한 마음이 만들어 낸 허상일 뿐이다.

거짓 자아가 생각으로 형상화한 상상 속의 불을 뿜는 용일 뿐이다.

만약 불을 뿜는 용이 있다면, 어쭙잖은 신(神)도 있다. 하하!

결론적으로 신이 사람을 창조한 것이 아니라, 사람의 망상이 현실 세계의 모순에 해결책으로 극적으로 신을 창조했다!

허망한 인간은 무슨 일이든지 논리적으로 체계화하는 것을 좋아하기 때문에, 사량 분별하여 개념화하는 인간의 필연적인 부산물일 수밖에 없다.

사람의 불안·초조·나약한 마음이 허상(환영)의 신과 종교를 창조하고 난 후에, 고집스럽게 상상력의 날개를 펼쳐 의지하며 추악하게 이용할 뿐이다.

사람 스스로 허망한 신이라는 개념을 만들고, 그 관념 속에 스스로 감금되어 고뇌·절망·참회를 반복하며 살다가 헛되이 죽는다.

똑똑하다고 착각하는 인간들은 삼라만상의 모든 것이 사람으로부터 비롯되어, 사람에게로 되돌아와서 완성된다는 사실을 모른다!

온 우주의 주인공아, 정신 바짝 차려라! 어떤 것에도 속지 말라! 모든 신은 인간에게 꿈과 희망을 주기 위하여, 극적으로 창조한 이상향의 애니메이션 주인공이다!

결국 사람이 우주 전체의 진정한 주인이다! 천상천하 유아독존!

9. 나와 너도 없고, 남자와 여자도 없고, 흑인과 백인도 없다!

나와 너, 남자와 여자, 흑인과 백인, 절대와 상대, 천국과 지옥, 삶과 죽음, 실체와 허상, 안과 밖, 과거와 미래, 침묵과 말씀, 아름다움과 추함, 신과 인간 등등 절대 세계에서 이분법적으로 나눌 수 있는 것은 완벽하게 없다. 오직 하나이자 한바탕일 뿐이다.

그러므로 우주 전체의 모든 것은 절대 평등한 것이다.

10. 자유 의지도 없고, 결정론적 운명론도 없다!

자유 의지가 없다고 하면 충격을 받을지도 모르겠지만, 절대 진리의 본질에서는 명백하게 없다.

하물며 긍정적인 자유 의지라고 할 것조차도 없는데, 어찌 부정적인 결정론과 운명론이 있을 수 있겠는가?

이런 것 따위도 결국은 생각의 심란함과 두려움의 찌꺼기가 만든, 거짓 자아의 사악한 최면술일 뿐이다. 알 수 없는 공포!

그럼에도 불구하고 사이비 종교 단체들이 결정론적 운명론을 미끼로 해서, 이 시대에도 온갖 추악한 만행을 저지르고 있다.

흉악무도한 사이비 종교 단체들의 특징은 맹목적인 믿음과 무조건적인 복종 그리고 절대적인 구원이다! 절대 속아서는 안 된다.

기독교의 구원 같은 것은 결단코 없다! 불멸의 진실!

만약 있다고 한다면, 우리가 서 있는 장소가 바로 천국이자 지옥이며, 구원의 땅이다!

이미 우리는 태어나자마자 구원의 땅에 살고 있다. 하하!

절대계(부처의 세계)의 진리에서 보면, 인간의 자유 의지는 명료하게 없다!

그럼에도 불구하고 우리는 자유 의지를 가지고, 자신의 삶을 주체적으로 개척하면서 살아가야 한다! 선구자의 불굴에 정신으로!

왜냐하면 현실계(인간의 세계)의 진리에서 보면, 분명히 자유 의지가 있고 인과응보도 있기 때문이다.

우리가 부처가 되고자 하는 것도 결국 자유 의지다!

그러므로 노력만 하면 무엇이든 할 수 있다. 인간 세상에서 일어나는 모든 것은, 오직 자신의 마음이 만드는 것이다(一切唯心造)!

모든 것은 자신의 책임이고, 누구도 원망할 수가 없어 너무나 좋다!

한 번 더 강조하지만, 결정론도 없고 운명론도 없다!

온 우주인이여, 불굴의 자유 의지를 가지고, 자신의 삶을 당당하고 멋지게 개척하면서 살아가라! 불멸의 의지!

11. 화두, 이근원통, 연기법, 진언, 염불, 헌신 등등 수행법도 없다!

불경에서 말하는 미륵불, 부처, 조사, 불성, 중도, 구경각(묘각), 돈오돈수, 오매일여 등등 모든 이론적인 것도 없다.

오직 무의미한 단어만 있을 뿐이다. 이 모든 것이 무용지물이
자 쓰레기라는 사실도 본다.

경전에서 말하는 궁극적인 모든 것이, 결국 찬란한 방편에 불
과하다는 사실을 안다! 사랑의 만병통치약!

그래서 팔만대장경은 부처의 말이 아니라, 악마의 말이 되는
것이다.

그러나 진리를 모르는 자들을 위해서 설명을 하다 보니, 부득
불 말을 만들어서 어쩔 수 없이 설명을 하였다.

또한 과학 기술이 발달하지 못했기 때문에, 비유적으로 이상
향의 단어로 설명할 수밖에 없는 시대적 한계점도 분명히 있
었다.

이것은 시간이 지나면서 주객이 전도되는 현상이 일어나서,
사람들이 허망한 방편 속에서 길을 잃고 헤매게 되는 치명적
인 원인이 되었다.

어설픈 판타지 경전 소설의 부작용과 해악!

그러므로 경전의 화려한 포장지에 매혹되지 말고, 경전이 말
하고자 하는 의도가 무엇인지 파악하는데 주력하라!

12. 상근기와 하근기도 없고, 시절 인연도 없다!

상근기는 부처가 되기 위해서, 절박한 심정으로 24시간 간절
하게 깨어 있는 마음으로 냉철하게 수행을 하는 자다.

하근기는 악마가 되기 위해서, 게으름 속에 자신을 방치하고
기만하며 스스로를 속이는 교활한 악의 종자다.

부처의 위대한 상근기는 완전하게 관조하는 마음으로, 자신의 내부를 투철하게 바라보기 때문에 자신의 부처를 만난다.

악마의 위대한 상근기는 언제나 부산한 마음으로, 자신의 외부를 욕망으로 바라보기 때문에 자신의 악마를 만난다.

부처의 찬란한 후손은 스스로의 간절한 노력으로 부처에게 다가가기 때문에, 시절인연이 저절로 무르익어 결국 부처가 된다.

악마의 사악한 후손은 스스로의 태만한 노력으로 악마에게 다가가기 때문에, 시절인연이 저절로 소멸하여 결국 악마가 된다.

결론적으로 상근기, 하근기, 시절인연은 자신이 스스로 만드는 것이다!

아니 삼라만상의 모든 것을 자신이 스스로 만들 뿐이다!

진실한 수행자여, 분명하게 기억하라. 이 말은 방편이 아니라 불멸의 진실이다.

13. 불교의 "중도(中道)"라는 말은 참으로 이해하기 어려운 개념이다!

중용(中庸)처럼 중간으로 가는 것은 아니다.

중도는 양쪽으로 치우치지 말라는 뜻이다. 예컨대 흑백으로 설명하자면, 흑 쪽으로 갈수록 또는 백 쪽으로 갈수록 진리와 멀어진다.

그렇다고 흑백의 중간인 회색을 말하는 것도 아니다.

결국 중도는 흑색, 백색, 회색, 청색, 적색 등등 모든 색깔을 포함하는 하나의 색이다!

중도란 어느 쪽에도 치우치지 않고, 모든 것을 전체적으로 아우르는 마음이다.

이분법적인 사고 즉 상대적으로 분별하는 마음(생각)이 없다는 것이다.

왜냐하면 절대 진리는 모든 것이 한바탕이자 하나이기 때문이다(不二). 차별심·분별심이 자리 잡을 곳은 그 어디에도 없다. 절대 평등!

결국 "中道"는 곧 "완전한 깨달음(일진법계)"을 나타내는 말이다!

그러니 생각으로 헤아려서 "중도"라는 말이 무엇인지 영원히 알 수가 없다.

스스로 깨닫게 되면 그때 비로소 알 수 있는 단어이다.

14. 얼핏 진리를 엿본 자들이 하는 헛소리에 결코 속지 말라!

진리를 어설프게 아는 자들이 즐겨 사용하는 단어가 "무아(無我)"이다.

또한 가도 간 적이 없고 와도 온 적이 없다거나, 말해도 말한 적이 없다 등등 비어 있는 공(空)의 말을 즐겨 사용한다.

그럼 간 자는 누구이고, 말한 자는 과연 누구인가?

도대체 무엇이 있어, 가고 오고 말을 하는가?

이 사기꾼아! 자신을 속이지 말라! 돌고 도는 처량한 헛것아!

"모른다고 생각하는 그 앎"을, 어째서 밝히려고 하지 않는가?

도대체 무엇이 모른다고 생각하는 것일까?

모른다는 그 실체(절대 진리)는 과연 무엇일까?

나도 깨닫기 바로 직전에 이 "무아"라는 단어를 너무나 좋아했다.

이 수준에서 자기 자신이 없다(無我)는 것은 너무나 큰 희열이지만, 결코 진리는 아니다! 오직 망상이다! 판단 정지! 이성 정지!

이 순간 그대는 무엇이며, 도대체 어느 곳에 있는가?

지금 그대는 어떤 모습과 형상으로 존재하는가?

과거의 시간, 현재의 시간, 미래의 시간 중에서, 어느 시간 속에 위풍당당하게 서 있는가?

모든 것은 한바탕에서 나타나는 것일 뿐인데, 이 순간에 감히 "무아"라는 단어가 어디에 자리 잡고 설 곳이 있겠는가?

초라하기 짝이 없는 오직 무의미한 단어일 뿐이다.

이런 이유로, "무아"의 깨달음은 낮은 수준이며, 헛것이 보이는 수준(我空)이다.

이 과정에 있는 자는 화두 책을 읽으면 곳곳에서 막히는지 잘 알지만, 스스로를 속이고 있으니 오직 악마의 씨앗일 뿐이다.

결국 "무아"의 수준(我空)은 결코 깨달음이 아니다! 견성성불과 돈오돈수를 모른다! 아직 배울 것이 있기 때문이다. 학인!

완전한 깨달음(法空·구경각)을 얻은 자는 오직 "이 순간"을 살아간다.

오직 그러할 뿐이고, 오직 있는 그대로일 뿐이다! 배울 것이 없는 도인!

즉 밥 먹을 때 밥 먹고, 갈 때 가고, 말할 때 말하고, 술 마실 때 술 마시고, 잠잘 때 잠잘 뿐이다.

평상심이 도(道)! 지극히 상식적인 삶! 일상생활 그대로가 완전한 진리!

15. 진리의 본체는 따로 국밥이 아니라 완전한 하나의 국밥이다!

국밥 속에 있는 여러 가지 구성 요소들이 각각 다르게 보이지만, 결국 국밥을 이루는 전체이다. 따로 독립적으로 존재할 수가 없다.

진리의 근본 바탕(본래면목)에서 모든 것이 나타나기 때문에, 유정이든 무정이든 모든 것이 태어난 고향은 동일하다. 똑같은 주소!

외형상 각각의 다른 형태로 보이지만, 사실은 하나이다.

가령, 밀가루 반죽으로 빵을 만들 때, 새와 바위를 만들고, 나와 타인을 만들고, 남자와 여자를 만들고, 강과 산을 만들고, 지구와 우주를 만들었다.

모양과 형태는 제각각이지만, 밀가루 반죽으로 만든 동일한 빵일 뿐이다. 이것을 전체적으로 아는 앎이 완전한 깨달음이다.

16. 방편은 부처의 위대한 설명 방법이지만 방편 속에서 길을 잃고 헤매게 된다면, 방편은 부처의 최악에 설명 방법이 될 수밖에 없다!

왜냐하면 부처의 사랑과 눈물이 만든 만병통치약이, 대중의 치명적인 욕망의 병을 고칠 수가 없기 때문이다.

모든 것은 동전의 양면처럼 장점과 단점, 긍정과 부정, 광명과 어둠이 똑같이 공존할 뿐이다. 50 대 50!

그래서 우리는 장점을 극대화시켜서, 단점을 보완해야 한다.

차라리 대중들이 모르더라도, 진리의 본질을 말하는 것만 못하기 때문이다.

만약 이렇게 되면, "오직 모를 뿐"이라는 진리의 진실이 빛을 발한다.

그럼 "모른다고 생각하는 그 놈(앎)"을 무조건 밝힌다면, 수행은 완성되는 것이다. 견성성불! 돈오돈수! 배울 것이 없는 부처!

이 마음을 가지고 살아가는 것이 어쩌면 백배 천배 더 낫다.

내가 하는 말도 결국은 찬란한 방편에 지나지 않음을 반드시 명심해야 한다.

방편은 결코 진실이 아니다! 진실을 설명하기 위한 아름다운 포장지라는 사실을 결코 잊어서는 안 된다.

포장지의 다채로운 황홀함에 결코 현혹되지 말라. 불나방이여!

이렇게 진리(절대 세계)의 자리에 대한 설명을 하자면, 영원히 끝낼 수가 없다. 그리고 모두 설명할 수도 없다.

이 모든 것은 하나이지만 현실에서 나타날 때 천차만별의 모양들로 보이고, 너무나 치열하고 생생한 삶의 현장이기 때문에 모두가 속는 것이다.

이것이 바로 중생의 눈부신 비극이다! 이 비극 속의 주인공은 사악한 가짜 자아(에고)이다.

그래서 에고의 참혹한 노예로 살다가, 삼계의 영원한 주인공이 되면 천지가 청천벽력 같은 개벽을 한다.

내가 이성적으로 알고 있는 인간적인 모든 것이, 비로소 완벽하게 잘못된 것임을 보게 된다!

이 순간이 진리의 실체를 바로 보는 순간이다. 즉 "색즉시공,

공즉시색, 불생불멸, 불구부정, 부증불감!"

그래서 많은 도인들이 깨달음의 순간을, 천지개벽에 비유를 많이 한 것이다.

주객이 전도된 중생의 완벽한 비극을 끝낼 수 있는 유일한 방법은 오직 수행뿐이다!

불행하게도 이 방법 말고는 어떠한 방법도 존재하지 않는다는 사실도 엄청난 불행이다. 선택의 여지가 없는 외길이다. 외사랑!

어쨌든 수행의 과정은 결코 녹록지 않다.

그러나 우리는 반드시 이 길을 가야만 한다. 왜냐하면 완전한 인간성을 회복하는 방법이 이것 말고는 없기 때문이다.

하지만 이것이 불멸의 진실이라는 것을, 눈치채기가 너무나 어렵고 어렵다.

이것이 진실이라는 사실을 아는 자가, 과연 인류 역사상 몇 명이나 되겠는가?

유감스럽게도 우리가 아는 만큼 세상을 볼 수 있을 뿐이다!

그러니 바다거북처럼 견문을 넓혀서, 우물 안의 형편없는 개구리는 되지 말라. 삼계의 영원한 대자유인아!

삼라만상의 모든 것이 자신의 자리에서, 날마다 유쾌하고 행복하기를 간절히 기원한다.

2.

다른 각도에서 깨달음의 순간을 보자.

돌이켜보면, 본격적인 화두 참구 시기(32세)를 전후해서, 본격적인 무기가 시작되었던 것 같다.

소리가 귀로 들리지 않고, 집중만 하면 즉시 삼매(선정)에 들 때 (깨닫기 약 세 달 전), 그때부터 무기가 점차 없어지기 시작하는 것 같다.

이 시점을 전후해서 소리가 귀로 들리지 않음을, 상당히 정확하게 인식하는 순간이기도 하다.

"법문을 귀로 들으면 잘못 듣는 것이다."라는 화두를 알고 있었기에 정확하게 기억하고 있다.

서서히 무기에서 벗어나고 깨어나면서, 의심·생각·노력으로 더 이상 갈 수 없는 마지막 지점(대무심지, 大死)에서 서서히 살아나고 있는 것이다.

천길, 만길 벼랑의 절벽 끝에 서면, 절대계로 가는 다리는 없다.

이 지점이 현상계의 마지막 지점이다. 즉 백척간두(百尺竿頭)!

바로 반대편은 인간의 세계가 아닌 부처의 세계가 있다.

과연 어떻게 다리 없는 다리를 지나, 부처의 세계로 갈 것인가?

이 순간 선지식의 도움이 절박하고 간절한 상황이다. 부처의 관문!

모든 마음을 내려놓고, 내가 이성적으로 알고 있는 모든 것을 버리고 잊어야 한다.

부처가 되기 위해서 인간적인 모든 것을 소멸시켜야 한다!

어쩌면 수행의 전단계에서 99% 지점에서, 부처가 되는 100% 지점으로 가는 길이 가장 험난할지도 모른다. 인간의 모든 노력이 무용지물이기 때문이다.

왜냐하면 의심, 생각, 노력의 한계 지점까지는, 자신의 철두철미한 노력으로 가야 하고 가능하다.

하지만 길 없는 길을 지나 부처의 세계로 가기 위해서, 이제 반대로 내가 알고 있는 인간적인 모든 것을 내려놓아야(없애야) 하기 때문이다.

이전의 수행과는 완전히 반대의 상황이다! 쉬고 쉬어라!

이론적으로, 생각적으로 알겠는데, 어떻게 내려놓아야 하는지 정녕 나도 몰랐다.

내려놓아야 한다는 것은 생각이다. 이 생각의 흔적마저도 완벽하게 소멸시켜야 끝이 난다. 인간 세계의 최후에 은산철벽!

그러나 생각으로 생각을 절대 섬멸시킬 수가 없다.

어떻게 해야 인간적인 모든 것을 완전하게 비울(없앨) 수 있을까?

생각으로 생각을 완전하게 비울 수도 없고, 생각으로 생각을 사멸시킬 수도 없다. 이 모든 것은 생각이다! 수행자 최후의 무덤!

수행의 99% 지점이 백척간두(大死)이고 이곳에서 한 발을 내디뎌야 즉, 진일보(進一步, 大活)해야 수행이 완성된다.

이 순간이 수행의 전과정에서, 어쩌면 가장 어려운 시기인 것 같다. 도대체 어떻게 해야 하는지 모르기 때문이다.

이런 일련의 숨 막히는 과정이, 완전하게 살아나기(大活) 위한 최후의 관문이다. 구중궁궐(九重宮闕)로 방비한 철옹성을 함락하라!

가장 중요한 것은, 완전하게 죽은 자리(大死)에서 완전하게 살아나야 (大活) 진정한 부처가 된다! 완사완활(完死完活)!

나는 스승 없이 수행을 했지만, 이 지점에서 스승의 도움이 절실했다.

그래서 D센터를 찾아서 간 것이다.

그렇지 않았다면, 또 다시 많은 시간을 허송세월로 보내었을지도 모른다.

사실 나도 그랬지만, 수행의 기본서가 되는 수행 과정의 솔직하고 진실한 지침서가 거의 없다.

설혹 있다고 해도, 너무 두루뭉술한 표현으로 인하여 혼란만 가중시킬 뿐이다. 낮은 수준(我空)!

그래서 수많은 수행자들이 수행 과정에서, 한없이 좌충우돌하는 것이다.

수행 과정의 끝없는 악순환의 연속과 혼란! 2600년 수행 역사의 풀리지 않는 미스터리!

어째서 2600년 동안, 수행의 과정(부처에 이르는 길)이 투명하게 공개되지 못하는 것일까?

과연 이 속에 내포된 비밀의 함정과 속임수는 무엇일까?

이 악순환의 고리를 끊기 위해서, 눈부신 이정표 같은 나의 수행 과정을 솔직하고, 경험한 그대로, 가감 없이 최대한 자세하게 밝히고자 한다!

이것은 진실한 부처가 대중에게 선사하는 최상의 설법이자 선물이다!

이 책의 가장 큰 목표는 수행의 기본적인 지침서를 만드는 것이다! 온 우주의 수행자들이 향후 "천 년 동안" 읽을 수행의 기본서!

여하튼 수행 과정의 최악에 시나리오는 99%의 지점까지 가고도, 부처를 이루지 못하고 중생으로 죽음을 맞이하는 불상사다.

화두 참구는 한편으로 집착의 발로이다. 현상계 최후의 지점까지 화두를 뚫기 위해서 집착의 병(노력)으로 왔는데, 이제 이 집착을 내려놓기(없애기·쉬기)를 강요한다. Oh my God!

하지만 어떻게 내려놓아야 하는지 모른다. 처음 맞닥뜨린 상황이다.

비유하면, 요트를 타고 거친 바다의 모든 난관을 헤치고 지나, 천신만고 끝에 부처의 항구에 정박을 했다(大死)!

하지만 요트에서 어떻게 내려와야 하는지 모르는 것과 같다(大活). 요트(화두)와 함께 생사고락을 한 시간이 너무나 간절하고, 절박하고, 철저하여, 이미 요트와 한 몸이 되어버렸기 때문이다.

이미 요트(화두)와 완전하게 하나가 되어버린 자신(大死)을, 요트에서 어떻게 분리시켜야 하는지 모르는 것(大活)과 같다.

사실 요트(화두)와 자신을 떼어 내는 방법을 몰라서, 또 다시 철저하게 헤매게 되는 것이다. 생과 사의 최후에 철옹성!

다시 말하면, 죽기는 완전하게 죽었는데(完死), 어떻게 완전하게 살아나야 하는지 모르는 것(完活)이다.

이것이 인간 세계에서 경험하는 최후의 생사해탈(生死解脫) 관문이다.

절대 세계로 가기 위한 부처와 조사의 마지막 은산철벽!

내 경험으로 말하자면, 요트(화두)와 나를 분리시키는 과정 즉 깨닫기 약 세 달 전에, 소리가 귀로 들리지 않고, 집중만 하면 즉시 삼매(선정)에 들고, 20~30cm 정도 공중 부양을 해서 걷는 기분이었다!

이것이 내가 인간의 세상에서 경험한 최후의 경험이다!

진실한 수행자여, 이 순간을 두 눈을 크게 뜨고 보라!

완전한 깨달음(法空)은 인간의 최후에 한계 상황까지 가야 하는데, 어떻게 문득 깨닫는 것이 가능하겠는가?

이제는 무엇이 진실인지 보이는가? 그리고 알겠는가?

극악무도한 악마와 사이비 그리고 마조의 오줌싸개들(我空)에게 절대 속지 말라!

좌선을 하면서 또는 산책을 하면서, 완전하게 깨어 있는 의식으로 쉬는 것 말고 달리 방법이 없다.

더 이상 어떠한 인간적인 노력으로도 해결되지 않는다.

인간의 최후에 한계 상황! 절대 세계를 향한 마지막 관문!

수행의 마지막 단계에서 화두가 자연스럽게 풀렸고, 아무리 화두를 잡으려고 해도 오래 지속되지 않았다. 즉 대활(깨달음)로 가는 중이다.

그때는 왜 이런 현상이 생기는지 알 수가 없었다.

그저 마음을 쉬면서, 진리의 근본 바탕을 관조하는 자신만 보였다.

이렇게 7, 8년이 속절없이 흘러갔다.

이런 일련의 과정들이 "다리 없는 다리"를 조금씩 건설하는 것이다.

즉 완전하게 살아날(大活) 준비가 조금씩 되어가고 있는 과정이다.

이렇게 완전하게 깨어 있는 마음으로 자신의 마음 바탕을 바라보다 보면, 불현듯 본래면목(진리)과 정면으로 마주 보는 순간이 온다.

그 순간 직감적으로 자성(自性)을 정확히 알고, 아는 순간, 모든 수행은 완전한 대단원의 막을 내린다! 견성성불! 돈오돈수!

이 순간 모든 것이 일시에 쉬어지는 것을 느낀다.

돈오돈수가 맞다는 것을 직접 체험하게 된다.

인간의 세계인 99% 지점에서 부처의 세계인 100% 지점까지 문 없는 문을 열고, 찰나에 순간 이동하듯이 부처의 국토에 완전하게 도착하게 된다! 즉 온 우주와 하나가 되는 순간, 삼라만상의 영원한 제왕이 된 것이다.

이것이 수행의 완전한 끝이자 마무리이고 완전한 깨달음(대원경지)이다.

깨달음의 세계에 도착하면, 반드시 화두로 자신을 점검해야 한다! 다른 책보다 "반야심경"과 "선문염송"을 읽기를 추천한다.

"반야심경"과 "선문염송"을 읽어 하나라도 막히지 않는다면, 완벽한 도인이자 부처이다. 해탈지견에 의해서 스스로 안다.

이 과정에서 이론적인 부분도 상당히 정리가 된다. 일석이조다.

2. 완전한 깨달음의 정의

완전한 깨달음(구경각·묘각)을 얻는 과정에서 가장 중요한 것은, 완전하게 죽고 난 후에 완전하게 살아나야 하는 것이다!

선(禪)에서 "크게 죽어야 크게 살아난다(大死大活)."라고 하지만, 이 표현보다는 "완전하게 죽어야 완전하게 살아난다(完死完活)." 라는 말이 더 자연스럽다.

어쨌든 완전하게 죽지 못하고 어설프게 살아난다면, 오직 인간의 탈을 쓴 악마의 종자일 뿐이다.

왜냐하면 "견성성불"과 "돈오돈수"라는 말을 알 수가 없기 때문이다.

또한 모든 화두도 모르고, 모든 부처의 말도 모른다. 하하!

단지 구천을 떠도는 하찮은 악귀의 타락한 영혼일 뿐이다.

화두 책과 경전을 보면 모르는 부분이 곳곳에 보이지만, 거짓 자아와 추악한 협상을 한다.

"모르는 그 놈(앎)"을 안다고 자신을 속이며, 결국 악마의 간악한 스파이가 되고 만다. 망상하는 헛것아!

시간과 공간 속에서 죽어가는 자신을 보면서도, 가짜 자아의 사악한 유혹에 빠져서 일생 동안 허우적거리다가 죽는다. 똥싸개야!

자신을 속이지 말고 정신 차려라! 오직 역겨울 뿐이다. 하하!

견성성불(見性成佛)은 성품(自性)을 보면 동시에 부처가 된다는 말이고, 돈오돈수(頓悟頓修)는 깨달음과 동시에 수행을 모두 완성한다(마친다)는 말이다.

완전한 깨달음(무상정각)을 얻으면 더 이상 깨달을 것도 없고, 더 이상 수행할 것도 없고, 더 이상 배울 것도 없다!

배울 것이 없는 할 일 없는 한가한 도인(絶學無爲閑道人)!

이것이 부처와 조사들의 명명백백한 정법임을 명확하게 밝힌다.

그러나 돈오점수(頓悟漸修)는 작게 깨달은 후(我空)에, 수행을 계속해야 한다는 말이다.

아직도 배울 것이 많은 학인임에도 깨달았다고, 자신을 속이고 주변 사람들을 속이니 오직 가소로울 뿐이다.

지해종도(知解宗徒 생각으로 진리를 이해하는 무리)의 "돈오점수"를 조금이라도 옹호하는 자는, 명명백백한 사이비이자 추악한 악마의 종자임을 명백하게 밝힌다!

한국 불교를 망친 원흉은 사이비 지눌이라는 사실은 불멸의 진실이다!

왜냐하면 극악무도한 사이비 견해를 퍼뜨려서, 부처가 되는 길을 원천 봉쇄했기 때문이다.

눈먼 봉사 하나가 모든 사람을 눈먼 봉사로 만들었다.

악마에게 순결한 영혼을 팔아버린, 악마의 선봉장인 지눌의 말에 결코 속지 말라! 알겠는가?

진정한 수행자여, 사이비와 악마들에게 절대로 속아서는 안 된다. 잘못된 견해 때문에 거룩한 부처를 구하다가, 오히려 추악한 악마가 되어버리는 천추의 한을 남기지 말라.

불타는 눈동자를 가진 수행자여, 먼저 바른 견해가 무엇인지 알고, 바른 견해를 가르치는 진실한 스승을 찾아가라.

(4장 바른 견해, 11. 성철의 "선문정로" 중 "돈오돈수와 돈오점수" 고찰 참조)

각설하고, 24시간 완전하게 깨어있는지를 보고, 24시간 완전하게 주인공인지를 확인하라!

잠을 자고 일어나는 것에 조금의 틈(간격)이 생겨서도 안 된다!

설혹 꿈을 꾸더라도 1~2초 이상의 간격이 생기지 않거나 혹은 아예 간격이 생기지 않는다.

잠을 자면서 깨어있는 가운데, 꿈이 마치 연기, 영상, 오로라처럼 지나가는 것을 본다.

이것은 꿈을 꿀 때, 일반적인 현상은 아니다.

일상생활 그대로(平常心) 진리(道)가 되면, 꿈을 꾸는 일반적인 현상은 단지 꿈을 생생하게 꾸는 것이다.

가끔 꿈을 꾸면서, 꿈을 꾸고 있다는 사실을 알기도 한다.

잠을 자는 것은 단지 눈을 감고 뜨는 순간의 행위일 뿐이다.

잠을 잤다는 흔적과 기분 같은 것은 전혀 없다.

시간도 없고 공간도 없고, 불생불멸, 불구부정, 부증불감인가를 본다.

그리고 "반야심경"이 자기 자신을 통하여 완전하게 실현되는지 확인한다.

이때 주의 사항은, 완전한 깨달음(내외명철)의 순간에 공간이 없다는 것을 명확하게 확인하지만, 눈에 보이는 현실(현상계)에서는 공간이 있는 것처럼 보인다.

이것은 중생의 업(습관)이, 아직 부처의 일상적인 삶으로 성숙하지 못했기 때문이다.

공간의 여부는 보림 생활이 끝날쯤, 공간이 명백하게 없음을 스스로 알게 된다.

그리고 시간과 공간은 같은 개념이고, 시간과 공간은 하나다.

진리의 본래 바탕(불성)에서 나타나는 모든 것은 허상이자 동시에 실체인 것을 분명하게 보고, 이것이 하나의 것임을 명확하게 아는 것이다.

즉 유정(有情)과 무정(無情)이 하나인 것을 본다. 불이(不二)!

다시 말하면, 사람과 바위와 허공과 우주 전체가 하나임을 아는 것이다.

나타나는 모든 것은 무슨 이유가 있어 생겨나는 것이 아니라, 그냥 저절로 이유 없이 나타난다는 사실이 삼라만상의 신비 중의 신비이다!

불가사의한 비밀처럼 오직 그러할 뿐이다.

영화로 비유하면, 스크린(본래면목·불성)에 나타나는 영상(바라보는 현상계)의 배우(자신)와 모든 것은 실체가 없는 허상이다.

하지만 스크린에 근거해서 나타나기 때문에, 투영되는 영상(허상)은 스크린과 같은 것이다.

절대계에 나타나는 모든 허상(신기루)들이 현상계의 실체이지만, 허상이 본래면목에서 나타난 것이기 때문에, 허상이 곧 실체가 되는 것이다.

허상(환영)이 곧 본래면목의 분신이자, 본래면목 그 자체다!

허상과 실체, 현상 세계와 절대 세계는 오직 하나(一眞法界)!

한 명의 손오공이 분신술을 펼치면 손오공의 분신이 무한하게 생겨나지만, 한 명의 손오공(절대 세계)에서 무한한 분신(현상 세계)이 나타났다는 사실을 깨닫는 것이 완전한 깨달음이다!

결론적으로 중생의 습관(업식)까지 완전하게 소멸되는 순간이, 완전한 부처가 되는 순간이다. 보림 생활의 끝!

이 이후의 삶은 중생을 위한 삶이고, 평상심으로 살아가는 삶이다.

일상생활이 곧 절대 진리이고, 절대 진리 자체의 실현이다.

오직 "이 순간의 삶"만 영원하게 이어지는 것이다! 이 순간의 영원!

시작과 끝을 알 수 없는, 까마득한 억겁 세월의 모든 시간을 압축하고 있는 "이 순간"에서 "이 순간"으로! 이 순간의 마법!

이것이 완전한 깨달음(일상삼매)의 정의이다.

가령 화두로 점검하자면, "덕산탁발", "진조감승", "백장야호", "나는 누구인가?", "부모에게 태어나기 전에 나는 어디에 있었는가?"를 모두 꿰뚫은 자는 스스로 해탈지견에 의해서 명백하게 알고, 완전한 깨달음(일행삼매)을 얻은 자이다. 삼라만상의 주인장!

또한 주의할 것은, 사이비와 악마들은 낮은 수준(我空)의 화두는 말하지만, 높은 수준(본래면목, 法空)의 화두는 결코 말하지 않는다. (3장 수행 방법, 3. 화두, 7) 화두의 2가지 분류 참조)

내가 제시한 5개의 화두에 대하여, 모두 말하지 않는 자는 악마의 종자이니 결코 속지 말라.

특히 "덕산탁발", "아호의 인절미", "진조감승", "백장야호", "혜능의 불사선악"에 대하여 말하지 않는 자는, 부처의 옷을 훔쳐 입은 사악한 악마이니 주의 깊게 관찰하고 반드시 물어라!

(6장 분류사 화두, 9, 151, 161, 162, 163, 187번 참조)

그러면 독살스러운 사이비이자 악마임이 저절로 밝혀질 것이다.

하하!

그리고 부처의 관문 중에서 덕산이 막혔던 질문을 보자.

과거, 현재, 미래의 배고픔 중에서, 어떤 배고픔으로 이 책을 읽고 있는가?

만약 말할 수 없다면, 이 책을 냉철하게 끝까지 읽어라!

만약 말할 수 있다면, 이 책을 바로 쓰레기통에 버려라!

완전한 깨달음(반야삼매)을 얻은 자는 싯다르타 부처 이래, 최상 승의 위대한 부처가 한 명 탄생하는 것이다.

삼계의 영원한 주인공과 동시대를 살아간다는 것은, 찬란한 축복 이자 무한한 행복이며 끝없는 행운이다.

3. 완전한 깨달음 이후의 삶

배울 것이 없는 할 일 없는 한가한 도인(絶學無爲閑道人)!

깨달음과 동시에 모든 수행을 마쳤기 때문에 오직 쉬는 마음뿐이다.

삼라만상의 모든 것에 대한, 모든 의문이 완전하게 소멸했기 때문이다.

더 이상 수행할 것도 없고, 더 이상 깨달을 것도 없고, 더 이상 배울 것도 없다!

돈오돈수(頓悟頓修)! 절학무위한도인(絶學無爲閑道人)!

오직 절대 평화 속에서 쉬는 마음으로 "이 순간의 삶"만 살아간다.

마음에는 무한한 빛의 평화를 품고, 얼굴에는 달콤한 설탕 미소를 머금는다. 이 순간의 환희!

시절인연 따라 물결처럼 자연스럽게 흘러갈 뿐이다.

단지 그러할 뿐. 단지 있는 그대로일 뿐. 단지 이 순간의 역동적인 빛깔 같은, 덧없는 꿈의 풍류일 뿐!

보림 생활이 끝날쯤(1년~1년 반 정도), 중생의 업(業)과 습기(習氣) 곧 중생의 습관까지 부처의 삶으로 흡수되면, 이제는 진정한 삼라만상의 영원한 주인공으로 살아간다.

아침에 물 한 잔 마시고 이빨 닦고 출근한다. 만나는 사람마다 유쾌한 미소를 선사하고 퇴근한다. 너무나 평범한 일상이다. 일반인과 다를 것은 아무것도 없다. 지극히 상식적인 삶! 평상심이 도!

마음의 절대 평화와 고요 속에서, 영원하게 쉬는 마음으로 일상생활을 할 뿐이다. 오직 "이 순간"의 삶만 산다. 이 순간의 기적!

또한 우주 전체의 모든 일은 그러할 뿐이다. 때가 되면 나타나고, 때가 되면 사라진다. 그래서 참으로 묘한 신비다.

이 속에서 하루하루의 나날을 보낸다. 곧 평상심이 삶이자 도(道)이다.

부처(도인)는 이 순간, 이 순간을 살아가기 때문에, 시간과 공간이 없고, 안과 밖이 없고, 순간에서 순간으로 연결되는 지점과 지점에는, 모든 것이 끼어들 틈이 완벽하게 없다! 절대 세계의 시간! 이것이 24시간 깨어 있는 것이고, 24시간 주인공(부처)으로 살아가는 것이다! 곧 불생불멸, 불구부정, 부증불감이다.

결국 "이 순간"만 영원할 뿐이다! 매 순간, 매 순간 깨어 있어라! "깨어 있어라!"는 것은 자신의 마음속에서 일어나는 모든 생각의 움직임을 놓치지 말고, 완전하게 바라보라는 것이다.

이것은 진정한 진리의 핵심이자, 자신의 부처를 바라보는 직접적인 순간이기도 하다.

또한 인간의 이성적인 생각이 만들어 내는 환상들이 완벽하게 소멸한 부처의 국토이며, 인간이 생각하는 모든 것이 없는 순수한 신성의 영역이다.

깨어 있는 의식으로 자신의 내부를 빈틈없이 관조한다면, 곧 진리의 문이 열릴 것이다.

절대 진리는 이 순간에 있고, "이 순간"이 삼라만상의 모든 것을 포함하고 있다. 즉 태평양의 한 방울 바닷물이, 태평양 전체를 함축하고 있는 것과 같다.

삶도 진리도 순간, 순간에 있지 100년이라는 삶의 시간에 있지 않다.

설혹 100년이라는 삶을 살더라도 끝없는 시간의 역사로 본다면, 한순간의 먼지와 같은 덧없음이다.

한순간 스쳐 가는 무상한 바람의 남자와 여자!

매미가 땅속에서 10여 년을 살다가, 지상으로 나와서 고작 7일 정도 산다.

7일을 사는 것과 100년을 사는 것과, 무슨 차이가 있겠는가?

오늘 하루를 완전하게 살 수 없다면, 천 년을 살아 본들 무슨 의미가 있겠는가?

"이 순간의 삶"을 놓친다는 것은, "영원한 시간의 삶"을 놓치는 것과 같다!

하루살이는 단지 하루를 산다. 하루살이에게 물어보면, 파란만장한 24시간의 일생을 말할 것이다. 하루살이의 위대한 1일 천하! 하하!

이것도 이 순간, 순간의 관점에서 본다면, 모든 것은 "이 순간"의 삶만 살다가 영원한 고향으로 돌아가는 것이다.

이 순간의 황홀한 꿈!

인간, 매미, 하루살이 등등 삼라만상의 모든 것은 같은 고향(眞如)에서 태어나서, 각자의 삶을 살다가 다시 고향에서 만나는 한 가족이자 하나이다. 불이(不二)! 중도(中道)!

삶과 진리는 시간의 길이에 있는 것이 아니라, 오직 "이 순간"에만 존재할 뿐이다! 알겠는가?

진리의 본래 바탕에서 나타나는 이런 영상(허상)의 빛깔들이 저절로 생겨나고 소멸하는 것이, 얼마나 오묘하고 신비로운가!

삶의 신비는 우리가 매일 보는 태양과 달 속에서도 명확하다.

특히 달은 표정까지 바꾸어 가면서 우리를 미소 짓게 만든다.

그리고 한 송이 꽃이 피어나는 것을 보는 것도 경이로운 체험이다.

봄이면 만물이 역동적으로 생동하는 삶의 현장을 섬세하게 바라보라.

마치 죽은 듯한 생명이 파릇파릇한 싹을 틔우는 장면은, 생명의 신비 그 자체의 기기묘묘함이다.

심지어 조약돌과 바위도 살아 있음을 외치고 있다!

조약돌, 바위, 광물이 생명이 없다고 생각할지도 모르겠지만, 바위의 구성 요소인 분자, 원자, 전자, 양성자, 중성자 등등 엄청난 속도로 살아서 움직이고 있다. 무정설법(無情說法)!

해마다 봄이면 모든 유정과 무정이 생생하게 살아 있음을 외치고 있다!

아니 사실은 언제나 살아 있음을 속삭이고 있다. 하하!

이렇듯 삶의 신비롭고 신성한 체험은, 우리 주변에서 생동감 넘치게 항상 살아 숨 쉬고 있다.

진리는 유정설법과 무정설법의 유쾌한 합창이다!

어째서 모르는가?

우리가 조금만 여유를 가지고 주위를 둘러본다면, 우리의 삶은 우주의 신비로 가득 차 있음을 확인할 수 있다. 이런 참신함을 맛보지 못하고 살아간다면, 얼마나 한탄스럽겠는가!

우리의 삶을 지나서 보면 사소하고 하찮은 것에, 온갖 고민을 한 자신이 단지 부끄러울 뿐이다. 하하!

나의 형제여, 나의 분신이여! 자신의 작은 생각과 고뇌로 성스러운 천국을 오염시키지 말라.

눈먼 당나귀처럼 무조건 앞만 보고 달리지 말고, 잠시 멈추어 서서 자신의 내부를 관조하라.

느림과 여유의 미학! 그러면 알 것이다. 마치 병든 개처럼 헐떡거리며 방향 없이 살아왔다는 사실을 볼 것이다.

그러니 조금의 여유를 가지고 깨어 있는 마음만 있다면, 우리 주변의 신비롭고 비밀스러운 수많은 것들을 맛볼 수 있다.

놀랍게도 이 순간, 우리는 "이 순간의 부처"가 된다!

그러나 불행하게도 우리가 알지 못하기에 그냥 지나칠 뿐이다.

우리는 언제나 절대적인 평화 속에, 살고 있다는 것을 결코 잊지 말라.

이 절대적인 평화는 "이 순간"의 삶으로 연결된다. 완전한 삶!

우리의 삶은 언제나 무지개다리로 천국까지 연결되어 있다.

지금 가기만 하면 즉시 환상적인 천국 여행을 맘껏 즐길 수 있다.

이것은 곧 우리가 지금 사는 "이 순간"이 천국임을 명확하게 말하고 있다. 천국에 살면서 천국의 삶을 향유하지 못한다면, 인류 역사상 최고의 바보가 될 것이다.

강 주위에 살면서 목말라 죽는 바보와 똑같다.

결국 우리는 깨어 있는 마음으로 지금 "이 순간"을 살면서, 내게 주어진 시간을 지구에 여행을 온 여행객처럼 상쾌하게 즐기면 되는 것이다.

마치 어린아이가 소풍을 가서 지치지 않고 생동감 있게 놀 듯이.

지구인이라 생각하지 말고, 안드로메다 성운에서 여행을 온 여행객처럼 낯설고 신선한 삶을 즐겨라. 이것은 위대한 삶을 사는 사람이다.

돈, 권력, 명예는 어리석은 자들이 추구하는 허상(비어 있음)일 뿐이다.

끝없이 샘솟는 채워지지 않는 욕망 속에서 자신을 통제하지 못하고, 황홀하게 타오르는 불꽃을 향하여 뛰어드는 불나방이 되지 말라.

아무리 잡으려 해도 잡을 수가 없다. 왜냐하면 우주 전체가 본질적으로 텅 비어 있기(無相·非相·空)이기 때문이다.

설혹 잡았다고 착각을 해도 이것은 에고(가짜 자아)가 만든 생각의 장막일 뿐이다. 오직 망상!

역사적으로 유명한 자들의 과거에 삶을 보라. 아무리 위세당당해도 화무십일홍일 뿐이다.

영원한 시간과 공간 속에서 보면, 찰나의 순간에 지나는 일진광풍과 같은 무상함이다.

나와 너 그리고 우리 모두, 각자의 삶을 눈부시게 즐거운 나날로 가득 채워보자.

날마다 태양이 찬란하게 빛을 발하는 광명의 삶을, 술잔에 가득 채우고 "이 순간"을 위하여 축배를 들자.

이 순간, 이 순간이 영원한 생명이기 때문이다.

매 순간 깨어 있어라!

"이 순간의 생명"을 놓쳐 버리는 것은, "영원한 시간의 생명"을 모두 죽여 버리는 것과 같다!

"이 순간"이 영원한 시간의 역사를 오롯이 압축하고 있기 때문이다. 그리고 오직 그러할 뿐이다! 오직 있는 그대로일 뿐임이 진리의 신비이자 실체이다.

우리는 이 순간, 절대 진리의 빛을 위하여 살아 숨 쉬고 있다.

우리 자신이 우주의 형언할 수 없는 모든 신비의 결정체이다.

그러니 천상천하 유아독존이다. 곧 우리 개개인이 신(神)이자 부처이다! 결코 잊어서는 안 된다.

이 순간부터 신으로서 위대한 신의 삶을 살아보자.

내가 곧 우주 전체이고, 우주 전체가 곧 내 자신이기 때문이다.

그러니 장미꽃 한 송이를 소중히 여겨야 한다. 아니 모든 것을 소중히 여길 수밖에 없다.

왜냐하면 삼라만상 모든 것은 내 자신의 분신이자, 내 자신 그 자체이기 때문이다.

이것은 소설이 아니라, 절대 진리의 진정한 실체에 대한 설명이다.

날마다 좋은 날이고, 날마다 나의 생일이고, 날마다 신기한 순간이다.

이런 마음을 가지고 살아가는 것이 곧 평상심으로 하루하루를 살아가는 것이다.

조주선사가 일상의 삶을 살았던 그 마음으로, 지금 "이 순간"을 영원하게 살아 숨 쉬는 것이다. 이 순간의 마법!

완전한 깨달음(무심무념)을 얻은 삼라만상의 영원한 주인공은, 모난 삶이나 상식에 벗어나는 삶을 결코 살지 않는다!

진리를 빙자하여 아는 척하며 일반 상식을 깨는 삶을 살아가는 자는, 악마의 사악한 행동대장이니 각별히 주의해서 관찰하라.

부처를 비롯한 위대한 스승들이 살았던 삶은, 일상생활을 하면서 자신의 자리에서 하루하루의 삶을 사는 것이었다. 평상심이 도!

일반인과 외형적으로 다를 것이 전혀 없는 삶이다.

지극히 상식적인 삶!

굳이 다른 것이 있다면, 우주 전체를 향한 무한한 사랑밖에 없다.

중생은 소유할 수 없는 것을 소유하기 위해서 살아가지만, 부처는 단지 존재 그 자체로 상쾌하게 살아간다.

이것은 평상심으로 살아가는 것이 삶이자, 진리(道) 자체의 실현이다.

일상생활 그대로가 절대 진리를 실천하는 것이며, 깨달음을 온몸으로 직접 보여 주는 부처의 위대한 삶이다.

"하루 일하지 않으면, 하루 먹지 않는다."는 백장선사의 삶은 만고의 표준이다.

선(禪)에서 완전한 깨달음(불이법) 이후의 삶을 대표적으로 상징하는 위대한 말이다.

곧 평상심이 도(道)! 일일부작 일일불식(一日不作 一日不食)!

결국 완전한 깨달음(천인사불) 이후의 삶은 자신이 있는 자리에서, 주변의 상황에 의해 시절인연 따라서 산다.

찬란한 햇살처럼 삼라만상을 비추는, 반짝이는 보석과 같은 삶을 살아간다.

온 우주에 펼쳐져 있는 모든 고통과 절망을 소멸시키고, 꿈과 희
망의 사랑에 종소리를 대중에게 선사한다.

오직 이것뿐이고, 오직 "이 순간의 삶"뿐이다.

3장 수행 방법

1. 연기법

1) 연기법(緣起法, 위빠사나, 관법(觀法), 관찰 수행)

부처는 연기법을 "잡아함경"에서 간단하게 설명하였다.

"이것이 있으면 저것이 있고, 이것이 생기면 저것이 생긴다.

이것이 없으면 저것도 없고, 이것이 사라지면 저것도 사라진다."

그런데 이것을 자세하게 설명을 하기 위해서 "12연기법"으로 발전한 것이다.

12연기법의 구성 원리는 무명(無明 무지·어리석음) → 행(行 무지를 일으키는 마음 작용) → 식(識 분별하는 인식 작용) → 명색(名色 몸과 마음으로 존재가 태어남) → 육입(六入 눈·귀·코·입·몸·뜻(육근)이 생김) → 촉(觸 감각과 자각의 인식 작용) → 수(受 고통과 기쁨을 수용함) → 애(愛 고통을 피하고 기쁨을 추구함) → 취(取 탐욕에 의한 소유욕) → 유(有 업(業·습관)이 생김) → 생(生 업(습관)으로 존재가 태어남) → 노사(老死 늙음과 죽음)이다.

무명의 원인으로 행이 일어나고, 행의 원인으로 식이 일어나고, 식의 원인으로 명색이 일어나고, 이렇게 연결되는 것은 결국 늙어서 죽으면 끝이 난다.

12연기법의 12개의 사슬은 상호 연관성에 의해 순환하는 체계가 아니라, 연기법의 방식으로 사물을 볼 수 있어야 깨달을 수 있다는 것이 핵심이다!

나는 이론을 가르치는 사람이 아니다. 내게 있어 불교의 모든 이론들은 무용지물에 불과한데, 수행자들이 이론의 찌꺼기 때문에 머리를 싸매기를 원치 않는다.

나는 이미 삼라만상의 모든 이론을 잊었다. 사실 이론이라는 것은 없다!

판타지 경전 소설가들이 진리(절대 세계)를 설명하기 위하여 쓴, 찬란한 방편적인 어설픈 내용을 모두 잊었다!

이론은 이론일 뿐이다. 이론으로 진리를 설명한다면, 그것은 단지 껍데기만 말하는 방편일 뿐이다. 즉 수박의 껍질만 핥고, 수박을 먹지 못한 것과 같다.

자신이 절대 진리를 모르기 때문에 경전의 말을 빌려, 진리를 포장하는 것에 지나지 않는다! 앵무새들의 주특기이도 하다. 하하!

또 재미있는 점은, 진리를 배운다는 것은 모든 이성, 관념, 학습, 문화에서 배운 모든 것을 허물어 버리는 것인데, 오히려 "종교학"이라는 학문을 배운다. 정말 어처구니없는 일이 아닐 수가 없다.

"종교학"이란 이름이 진정한 진리로 가는 길을 막는 장애물임을 어째서 모르는가!

주객이 전도되어도 너무나 잘못된 것이다. 목표 전치 현상!

진정한 깨달음은 없고 부처의 그림자만 쫓는 꼴이다.

그리고 불교가 인도에서 중국으로 넘어오는 과정에서, 회복할 수 없는 치명적인 오류를 저질렀다.

그것은 "이근원통"과 "연기법"을 말살시킨 사실이다!

이것은 앞선 스승들의 연쇄적인 살인 범죄 행위나 다름없다.

왜냐하면 미래 세대들이 부처의 세계로 가는 길을 축소시켜 버렸기 때문이다.

물론 중국 문화가 가진 한계점이라고 볼 수도 있다. 편견과 오만!

여하튼 오직 시리게 안타까울 뿐이다. 오호통재(嗚呼痛哉)라!

그러나 어째서 한 명의 스승도 "이근원통"과 "연기법"을 강조하지 않았을까 하는 것은, 영원히 풀 수 없는 난제일 뿐이다.

이미 과거는 지나갔다. 지금이라도 객관적이고 종합적으로 수행법을 가르쳐야 한다!

하지만 지금도 화두만 강조하는 놈들을 보면, 완전히 정신이 나간 미친놈으로밖에 보이지 않는다. 사이코패스!

이런 간악한 사이비 같은 놈들에게 속아서, 일생을 헛되이 보내는 천추의 한을 남기지 말라!

이 놈들은 화두의 "화"자 정도 고작 아는, 인간의 가면을 쓴 표독한 악마 같은 놈들이다. 하하!

진리의 "진"자만 아는 놈들이 마치 진리의 모든 것을 아는 체하는 꼬락서니를 보면, 수행 현실에 대한 회의가 파도처럼 밀려올 뿐이다.

내가 있다는 생각(我相)도 소멸시키지 못한 타락한 쓰나미!

당연히 어느 시대나 사이비 부처가 판을 치고, 진짜 부처는 극히 드문 법이다. 주인공아, 정신 차리고 진짜 도인을 찾아라!

각설하고, 결론적으로 연기법 이론을 배우는 것이 아니라, 연기적 사고를 배우는 것이다!

조금 더 보자면, 12연기법에서 괴로움과 고통이 전체적으로 12개의 구성 요소로 톱니바퀴처럼 맞물려 돌아간다.

결국 깨달음을 얻지 못하면, 12연기법에 의해서 영원히 윤회를 한다.

그러나 진리(본래면목)는 불생불멸(生死一如)인데, 과연 누가 있어, 과연 무엇이 있어 윤회를 한다는 것일까?

절대 진리에는 시간과 공간이 없는데, 타임머신을 탄 시간과 공간의 여행자가 어떻게 존재할 수 있겠는가?

도대체 무엇이, 윤회가 있다고 망상하는 것일까?

이 놈(앎)의 정체를 밝힌다면, 모든 것은 명명백백해 질 것이다.

(4장 바른 견해, 22. "윤회는 없다" 참조)

악취를 풍기는 쓰레기 같은 이론들은 잊어버리자.

이런 이론들의 장벽 때문에 수행자들이 혼란에 빠지는 것이다.

물론 수행의 과정에 있는 자들에게 부득이 설명하기 위해서, 어쩔 수 없는 것도 사실이다.

결국 연기법의 핵심은 조건(원인)과 결과의 동시적인 상호 작용이다!

상호 관계성의 연계이기 때문에, 원인이 결과이고 결과가 원인이다.

연기법의 장점은 이성적인 사고로 접근하는 방법이기 때문에, 누구나 쉽게 이해할 수 있다.

그러나 인과법은 아니다. 인과 법칙은 원인이 있으면 필연적인 결과가 있다는 것이다. 원인과 결과의 필연적인 관계성이다.

가령 착한 일을 많이 하면 좋은 일이 많이 생기고, 나쁜 일을 많이 하면 나쁜 일이 많이 생기는 것이다. 즉 인과응보다.

우리가 사는 동안 "인과응보"만 생각하고 살아도, 어쩌면 인생은 충분히 아름다울지도 모른다.

어쨌든 콩 심은데 콩이 나고, 팥 심은데 팥이 난다. 자업자득!

인과법은 절대계의 진리는 아니지만, 현상계의 불멸의 진리이다!

그러나 우리가 바라보는 현상계(인간의 세계)에서 100% 인과 법칙이 맞는 것도 아니다.

그래서 사람들이 혼란스럽게 생각하는 부분이기도 하다.

그럼 어째서 인과법이 100% 맞지 않을까?

결론적으로 말하면, 절대계(부처의 세계)의 진리가 아니기 때문이다.

(5장 행복을 위하여, 12. "인과응보" 참조).

인과 법칙은 이쯤하고 연기법을 보자.

연기법에 대한 구체적인 예로 "소나무"를 보자.

소나무가 자라기 위해서 물, 공기, 땅, 영양분, 새, 바람, 달, 별, 태양, 낮과 밤, 시간과 공간 등등 인간이 이성적으로 알 수 없는, 무수히 많은 요소들이 동시에 작용해야 소나무는 생존할 수 있다.

아무런 연관성이 없어 보이는 것일지라도, 생태계의 사슬로 보면 모든 것은 상호 의존적일 수밖에 없다.

삼라만상은 서로 대립하지 않고 융합해서 작용하며, 무한하게 밀접한 관계를 유지하는 상즉상입(相卽相入)!

구성 요소 중에서 하나라도 없다면, 소나무는 죽는다. 인간뿐만이 아니라 모든 생명체는 죽는다.

결국 소나무는 지구와 우주의 모든 것이, 상호 작용하여 만든 종합적인 결정체이다.

수많은 우주의 요소들이, 원인과 결과의 상호 관계성의 연결에 의해서 생겨난다. 즉 상호 영향을 주고받는 관계다.

구성 요소 간의 동시적인 상호 관계는 모든 것이 서로 연결되어 있기 때문에, 우주 전체를 하나의 덩어리로 만든다. 즉 우주 전체는 개미라고 볼 수 있고, 개미는 우주 전체라고 볼 수 있다.

다시 말하면, 개미 속에 온 우주의 모든 것이 함축되어 있는 것과 같다.

온 우주는 네트워크 정보망에 의해서, 서로 영향을 주고받으며 연결된 하나의 연결망!

여기에서 중요한 것은, 소나무를 구성하고 있는 단 하나의 요소라도 빠져버린다면, 소나무는 존재할 수가 없다!

생태계의 사슬이 끊어지면, 점차적으로 주위에 있는 모든 생명체에게 영향을 미친다. 상호 의존적인 동시적 관련성!

소나무를 구성하고 있는 물, 공기, 땅, 영양분, 태양 등등 각자의 자리로 돌려주고 나면, 소나무라고 할 실체는 사라진다.

결국 소나무는 소나무 아닌 요소로 구성되어 있다!

눈앞에 소나무가 보이지만 소나무라고 할 존재는 없다.

소나무는 연기적(일시적·임시적·잠정적·가상적·영상적·허상적) 존재이다!

즉 색즉시공(色卽是空)! 실상무상(實相無相)! 제상비상(諸相非相)!

형상 있는 것이 형상이 있다고 할 것이 없다. 無相! 非相! 空!

연기법은 이성적인 생각으로 접근하는 수행 방법이기에, 누구나 쉽게 이성적으로 이해할 수 있다!

다른 예로 "노을" 보자.

노을은 지구상의 수많은 먼지와 바람, 공기 분자와 빛의 파장, 대기층과 태양, 시간과 공간이 만들어 내는 우주 최고의 휘황찬란한 쇼다.

헤아릴 수 없는 먼지들은 지구상의 너무나 미세한 알갱이들이다.

바람결을 타고 떠돌다가 저녁 태양과 만나면, 이루 형언할 수 없는 형형색색의 환상적인 노을의 장관을 연출한다.

노을이라고 하지만 노을의 실체는 없다!

노을의 실체는 먼지, 바람, 공기, 태양, 시간, 공간 등등 우리가 이성적으로 알지 못하는 무수한 지구의 요소들과 우주의 모든 것이 참여하고, 상호 작용하여 만든 종합적인 선물 세트이다.

노을을 구성하는 구성 요소들을 각자의 자리로 돌려보내면, 노을의 실체는 사라진다.

이렇듯 노을은 노을 아닌 요소로 조합되어 있다!

노을이라고 할 실체는 애초에 없다.

또 다른 예로 "무지개"를 보자.

한여름의 소나기가 한바탕 시원하게 지나가면, 운이 좋다면 무지개를 볼 수 있다.

무지개는 물방울과 태양이 상호 작용하여 만들어 내는, 우주 최고의 스펙트럼 빛깔이다.

물방울과 태양, 빛의 파장과 굴절 속도, 시간과 공간 등등 우리가 알지 못하는 우주의 모든 것이 참여하여, 상호 영향을 주면서 만든 연합적인 결정체이다. 상호 의존적인 동시적 연합성!

무지개의 구성 요소인 물방울 알갱이, 태양, 바람, 우주적 요소를 각자에게 되돌려주면, 무지개의 실체는 없다.

결국 무지개는 무지개 아닌 요소로 연결되어 있다!

무지개라고 할 실체는 처음부터 없다.

또 다른 방향에서 "태풍"을 보자.

태풍이 오기 전의 고요는 너무나 평화로워서 좋다.

태풍을 아무리 찾으려 해도 찾을 수가 없다.

과연 "태풍"은 어디에 숨어 있는 것일까?

정말 "태풍"은 존재하는 것일까?

태양의 열, 시간과 공간, 지구의 자전과 공전, 낮과 밤, 계절의 변화, 바람과 물, 대륙과 바다의 온도 차이, 적도 지방과 극지방 태양열의 불균형, 적도 지방의 더운 공기가 바다의 수증기를 공급받아서, 강한 바람과 많은 비를 동반한 "태풍"을 잉태하여 태어나게 한다.

우주적 요소와 지구적 요소가 서로 원인(조건)과 결과의 동시적인 상호 작용을 통하여, 탄생시키는 종합적인 현상이다.

태풍의 구성 요소 중에서 하나만 없어도 태풍은 존재할 수가 없다!

태풍의 구성 요소를 각각의 제자리로 돌려보내면, 태풍의 실체는 사라진다.

결국 태풍은 태풍 아닌 요소로 결합되어 있다!

태풍이라고 할 실체는 "임시적 존재"이며 "연기적 존재"이다.

태풍을 현실계적으로 보면 환상(허상)적 존재이지만, 절대계적으로 보면 고요한 신비스러운 앎만 있을 뿐이다. 공적영지(空寂靈知)!

절대 세계(부처의 국토)는 우리가 이성적으로 생각하는 것은 아무것도, 어떤 것도 존재하지 않는 완벽하게 텅 비어 있는 공(空)의 세계이다!

동시에 완벽하게 아무것도 없는 텅 빈 무(無)의 공간이다!

또한 싯다르타 부처가 "물의 소용돌이"를 설명하는 것도 같다.

"갠지스 강물이 흘러가는 모습을 보라.

저기 소용돌이가 일어나고 있다.

그러나 잘 살펴보면, 소용돌이 자체는 어디에도 없다.

소용돌이는 끊임없이 변화하는 물의 형상에 지나지 않는다.

인간의 존재 즉 육체, 감각, 상념, 의지, 의식도 마찬가지다.

인간의 육체는 소용돌이와 같고, 그 감각은 물거품과 같다.

그 상념은 아지랑이와 같고, 그 의지는 파초와 같으며, 그 의식은 환영과 같다."

이 내용을 "인간"에게 대입해 보자.

점심에 먹은 음식이 나의 몸을 이루는 구성 요소이다.

예컨대 밥, 미역국, 김치, 시금치, 계란찜 등등.

이것을 보면 육신은 "음식물의 집합체"라는 사실을 알 수 있다.

내가 먹은 음식들을 각자의 자리로 돌려보내고 나면, 육체라는 실체는 사라진다.

나는 나 아닌 요소로 이루어져 있다!

나는 지금 여기에 있지만, 나라고 할 존재의 실체는 사라진다.

나는 연기적(일시적·임시적·환영적·허상적) 존재이다!

즉 실상무상! 제상비상! 색즉시공! 공즉시색!

그리고 소나무와 나는 다른 것들을 생겨나게 하는, 조건(원인)과 결과가 된다.

왜냐하면 모든 것은 서로 영향을 주고받는, 동시적인 관계이기 때문이다.

우주 전체는 서로 융합해서 작용하는 상즉상입(相卽相入)!

결국 형태(모양)가 있는 것은 곧 비어 있는 것이 된다(色卽是空).

실체(모양)가 없는 것은 곧 형태(실체)가 있는 것이 된다(空卽是色).

실상(형태·존재의 실체)은 무상(형태 없음·비어 있음)이다(實相無相).

모든 형상 있는 것은 형상이 있다고 할 것이 없다(諸相非相).

하지만 형상 없는 근본 바탕(본래면목)에서, 온갖 모양들이 아무런 이유도 없이 기기묘묘하게 두두물물이 태어난다.

오직 절묘한 생명의 신비 그 자체이다. 오직 그러할 뿐!

눈앞에 소나무가 있지만, 소나무라고 할 진짜 실체는 없다.

소나무는 개별적으로 존재하는 것이 아니라, 우주의 모든 것이 종합적으로 연관된 "연기적 존재"이다!

그러므로 눈앞에 보이는 소나무는 실제로 존재하는 것이 아니라, 가상적(임시적)으로 보이는 허상(비어 있음·無相·非相·空)이다.

나는 여기에 존재하지만, 나라고 할 진짜 존재는 없다!

나는 개별적 존재가 아니라, 우주의 모든 것이 원인과 결과의 동시적인 상호 작용을 통하여 만든 환영(허상)적 존재이다!

즉 육신은 연기적(임시적·가상적·영상적·허상적) 존재이다.

결국 사람은 사람 아닌 요소로 이루어진, 신비로운 빛깔 같은 집합체이다!

그러므로 나는 실제로 존재하는 것이 아니라, 임시적으로 보이는 헛것(꿈·영상·신기루·空)이다.

그리고 소나무와 나는 다른 것들과 형태(모양)적으로 구분되지만, 형성 과정은 모든 것과 동일하다! 진리는 오직 한바탕! 불이(不二)!

우리가 바라보는 모든 존재들은 각양각색이지만, 동일한 과정의 같은 존재이다. 같은 고향(본래면목)! 절대 평등!

삼라만상의 모든 것은 서로 연계되어 있는 한바탕의 허상이다!

사실 연기법적으로 설명을 하니 상호 의존적인 동시적 관계성이라고 표현하지만, 직관적인 광명 지혜(禪)로 보면 서로 연관되어 있다고 할 것도 사실은 없다!

왜냐하면 진리의 근원(佛性)은 텅 비어 있는 공(空)의 세계이자, 아무것도 없는 텅 빈 무(無)의 영역이기 때문이다.

허상(空)이라고 하지만 그대로가 실체(존재·色)이다.

결론적으로 서로 연관된 것을 계속 연결시켜 가면, 우주 전체가 완전하게 하나의 그물망으로 연결된 연기적(환영적·空·無) 존재의 세계이다!

각각의 형상들이 연관되어 가지는 연기적 존재의 총합은, 근본적인 실체가 없는 텅 비어 있음(無相·非相·空)으로 귀착된다! Zero!

연기법의 마지막 종착역에 도착하면, 선(禪)의 직관과 하나가 된다.

진리(절대 세계)는 오직 하나! 불이(不二)! 중도(中道)!

선(禪)의 직관으로 보면, 본래면목(만물이 생겨나는 근본 바탕)에서 나타나는 허상(꿈)이지만, 이것이 존재 그 자체(自性)임을 아는 것이다!

그래서 있는 그대로 바라보라고 말한다.

삼라만상 모든 것은 본래면목(절대 세계)의 바탕에서 나타나는 영상(空)이지만, 실체라는 사실을 아는 것이 완전한 깨달음이다!

이것이 바로 우리가 알고 있는 존재의 진정한 실체이자, 연기법 수행의 핵심이다. 곧 실상무상(實相無相)! 제상비상(諸相非相)! 색즉시공! 공즉시색!

연기법 수행의 장점은 이성적인 사고로 접근하는 방법이기에 쉽다!

그러나 단점은 연기법 수행이 심화되면, 허무 공(空)에 빠질 우려가 있다.

예컨대, 자신의 존재에 대한 강한 의식이 있는 자가, 자신의 존재가 없다는 사실을 알면 삶의 모든 토대가 흔들릴 수도 있다.

이때는 연기법을 접고, 이근원통이나 화두 참구로 가는 것이 좋다.

2) 수행 방법의 장점과 단점

연기법, 이근원통, 화두, 진언, 호흡법 수행의 장단점을 보자.

◦ **연기법**은 초급·중급에서 좋고, 대무심지(大死)로 가는 과정에
　　　서 안 좋고, 깨달음(大活)으로 가는 과정에서 좋다.

◦ **이근원통**은 초급·중급에서 좋고, 대무심지(大死)로 가는 과정
　　　에서 좋고, 깨달음(大活)으로 가는 과정에서도 좋다.

◦ **화두**는 초급·중급에서 안 좋고, 대무심지(大死)로 가는 과정에
　　　서 좋고, 깨달음(大活)으로 가는 과정에서 안 좋다.

◦ **진언**은 초급·중급에서 좋고, 대무심지(大死)로 가는 과정에서
　　　좋고, 깨달음(大活)으로 가는 과정에서도 좋다.

◦ **호흡법**은 초급·중급에서 좋고, 대무심지(大死)로 가는 과정에
　　　서 안 좋고, 깨달음(大活)으로 가는 과정에서도 안
　　　좋다.

또한 수행 전과정에서 부작용이 없는 것은 이근원통과 진언 수행
이다!

대무심지(大無心地·大死)는 생각·의심·노력의 한계 지점으로 가는
과정이고, 깨달음(大活)은 완전하게 죽은 자리(完死·大死)에서 완
전하게 살아나려고 하는 지점(完活·大活)으로 가는 과정이다.

이렇듯 수행 방법마다 시기적으로 장단점이 있다.

수행자는 방법론적으로, 이론적으로 명확하게 숙지하고 있어야
한다.

그래야 수행 방법을 최적화시킬 수 있고, 수행 과정에서 헤매지
않으며 수행 기간을 단축시킬 수 있다.

어느 시대나 진리를 얼핏 본 자들이, 마치 절대 진리를 모두 아는
것처럼 혹세무민한다.

아무튼 속는 자만 허송세월하는 것이니, 두 눈을 크게 뜨고 추악
한 사탄에게 절대 속지 말라.

단 한 번뿐인 처음이자 마지막인 이번 생애를 사이비에게 속아,
잘못된 선택을 하여 천추의 한을 남기지 말라.

자신이 선택한 삶의 결과는 오직 자신이 짊어진다!

결론적으로 일말의 후회도 없는 삶을 살자! 일생을 살고 죽음이
목을 조여올 때 후회가 남아 있다면, 삶의 모든 과정이 그야말로
추풍낙엽이 되는 것이다.

후회 없는 삶을 살아라! 눈먼 부처와 조사의 삶보다 후회 없는 삶
이, 삼라만상에서 가장 위대한 삶이다!

3) 싯다르타의 수행 과정

부처의 수행 과정을 자세하게 관찰하는 것은 중요하다.

왜냐하면 수행 방법론에 대한 중요한 가르침을 담고 있기 때문이다.
간략하게 싯다르타의 수행 과정을 보자.

싯다르타는 29세에 출가하여 35세에 부처가 되었다. 그는 수행에
관한 해박한 지식을 가지고 있었다고 추측된다.

6년 동안 온갖 고행을 했지만 깨닫지 못했다. 삼매(선정)를 통해서
깨닫고자 했지만 결국 실패했다.

어쩌면 싯다르타는 수행을 포기하고, 보리수나무 밑에서 그저 쉬
고 있었는지도 모른다.

어쨌든 이 과정에서 생각으로 사유하다가, 어느 날 새벽에 샛별이 떨어지는 것을 보고 깨우쳤다.

싯다르타가 깨닫는 과정에서, 네 가지 중요한 사실이 내포되어 있다.

1. 육체를 학대하는 고행은 옳은 수행 방법이 아니다. 잠시 동안 정신무장을 위해서 괜찮겠지만.

2. 삼매(사마타) 수행을 통해서 깨달음을 얻을 수 없다.

3. 노력으로 다가갈 수 있는 한계점(대무심지)에서, 노력으로 더 이상 진전이 없다. 즉 선정 수행(화두 참구·진언·염불·경전 독송) 포기.

4. 깨닫기 위해서 모든 마음(생각)을 소멸시켜야만, 절대계로 갈 수가 있다. 즉 연기법(위빠사나) 수행.

부처의 수행 과정이 보여 주고 있는 수행 방법에 주목해야 한다.

선정 수행으로 깨닫지 못했기 때문에, 의심·생각·노력의 한계 지점 (大死)에서 깨닫기 위해서(大活) 연기법으로 방법을 바꾼 것이다!

그래서 수행을 완성했다. 견성성불! 돈오돈수!

처음부터 연기법 수행을 한 것은 아니다!

내가 특히 이 부분을 주목하는 이유가 있다.

내가 깨닫는 과정도 결국 부처와 동일한 과정이기 때문이다.

일반적으로 책에서 깨닫기 위해, 마지막 순간에 "모든 것을 내려 놓아야 한다." 또는 "내가 알고 있는 모든 것을 잊어야 하는 순간 이 온다."라고 대부분 표현하고 있다.

난 이 말이 무슨 말이지 너무나 애매했다. 깨닫고 나서야 무슨 의

미인지 알았다.

모든 인간적인 생각(마음)이 태어나는 근본 바탕을, 완벽하게 소
멸시켜야 한다는 말이다!

또한 인간적인 흔적을 100% 절멸시킨 순수한 영혼이 되어야, 절
대 세계(부처의 국토)로 갈 수 있는 것이다!

이 책은 내가 수행 과정에서 시행착오 하면서 애매하게 느꼈던 부
분을, 어떻게든지 명확하게 밝히려고 모든 정열을 쏟아부었다!

내가 읽은 모든 책에서 마지막 순간과 과정을 명쾌하게 설명한 책
은 한 권도 없었다! 모두 구렁이 담 넘어가듯이 두루뭉술할 뿐이다.

이것은 깨달음의 수준이 낮았기 때문이다(我空). 아공은 결코 깨달
음이 아니다!

그래서 자세하게 설명을 할 수가 없었던 것이다!

이 부분을 설명한 책들도 있지만, 거의 모두가 진리를 얼핏 본
자들뿐이다.

그리고 내가 헤맸던 과정을 굳이 뒤선 벗들이 경험할 필요는 없다.

완전한 깨달음(法空)을 향해 누군가 옳은 이정표를 곳곳에 세워둔
다면, 다음에 가는 자는 그만큼 쉬울 것이기 때문이다. 투명한 길!

각설하고, 절대계(부처의 세계)로 가기 위해서 어떠한 집착과 생
각이 있어서도 안 된다. 완전한 백지상태(순수 상태)가 되어야 한다.

결론적으로 삼매(선정) 수행으로 마지막 순간(대무심지)에 깨닫기
가 어렵다.

완전하게 죽기 위해서는(산송장·大死) 화두 참구가 가장 좋다!

직접적으로 산송장이 될 수 있는 지름길이다.

그러나 화두 참구로 완전하게 살아나기는 지극히 어렵다!

이것은 나의 경험이자 나의 결론이다.

싯다르타는 마지막 순간에 "연기법"으로 깨우쳤다는 사실을 결코 잊어서는 안 된다!

불타오르는 눈동자를 가진 위대한 선객이여, 알겠는가?

무엇보다 중요한 것은 의심, 생각, 노력의 현상계(중생의 세계) 마지막 지점(大死)에 도착한 후, 그곳에서 깨우쳐야(大活) 완전한 깨달음을 얻는다는 사실도 명확하게 알고 있어야 한다!

만약 대무심지(大死)에 도달하지 못하고 어설프게 살아난다면, 오직 악마의 종자일 뿐이다!

왜냐하면 부처의 모든 말도 이해할 수 없고, 특히 본래면목 화두의 철옹성을 정복할 수가 없기 때문이다.

그리고 견성성불! 돈오돈수!의 말도 영원히 알 수가 없다.

완전한 깨달음을 허망한 문자와 공허한 언어로 얻으려는 자는, 철저하게 체험하여 깨우치는 불교의 이단아이자 반역자다!

진짜 부처가 되고 싶은 진정한 수행자는 명심하고 명심해야 한다.

2. 이근원통(耳根圓通)과 안근원통(眼根圓通)

1) 이근원통(耳根圓通 소리를 아는 앎)

1. "능엄경 권6"에 나오는 "관세음보살의 이근원통 수행법"을 간
   단하게 요약하여 보자.

부처님의 진실한 가르침의 실체는

청정하게 소리를 듣는데 있고

삼매에 들어가고자 한다면

돌이켜 자성(自性, 불성)을 듣는 수행으로 들어가네.

미묘한 음성의 관세음보살

부처님의 목소리(梵音)는 바다의 파도 소리와 같고

마치 사람들이 조용하게 쉬고 있을 때

우주 전체(十方)에서 동시에 북을 치면

우주 전체(十處)의 소리를 동시에 들을 수 있는

이것이 소리를 듣는 원만한 진실이네.

눈은 담장 밖을 보지 못하고

입과 코도 또한 그러하고

담장이 막혀 있어도 소리는 들리며

멀고 가까운 소리를 모두 들을 수 있네.

소리의 성품은 움직이고 고요해서

듣는 중에 있기도 하고 없기도 해서

소리가 없으면 들리지 않는다고 말하지만

듣는 성품(性品, 불성)이 없는 것은 아니네.

소리가 없어도 듣는 성품은 없어지는 것이 아니고

소리가 있어도 듣는 성품은 생겨나는 것도 아니고

생겨나고 사라지는 두 가지를 모두 벗어나는 것

이것이 상주불변(常住不變)하는 진실이네.

중생이 본래 듣는 성품을 알지 못하고

소리만 따라가는 이유로 윤회(流轉)하니

어찌 소리에 떨어진 것이 아니겠는가?

흐름을 돌이켜 보면 허망함이 본래 없음을 알 수 있네.

먼저 번뇌를 제거하지 않으면

아무리 많이 들어도 오히려 과오를 범하고

소리를 알아듣는 불성(佛佛)을 지녔는데

어째서 스스로 듣는 성품을 알지(聞聞) 못하는가?

듣는 성품을 돌이켜 소리에서 벗어나면

이미 해탈(不生不滅)인데 무엇이라 부르겠는가?

하나의 감각기관이 이미 근원으로 되돌아가면

육근(六根 眼·耳·鼻·舌·身·意)이 모두 해탈을 이루고

보고 듣는 것은 마치 환상과 같은 티끌이고

삼계(三界 우주 전체)는 마치 허공의 꽃과 같네.

듣는 성품을 회복하여 눈앞에 가려진 것이 사라지면

허망한 경계가 소멸되어 깨달음이 원만하게 청정해지고

맑음이 끝에 이르면 지혜 광명에 사무쳐서

고요하게 비추면 허공과 하나가 되네(含虛空).

돌이켜 세상의 일을 관찰해 보면

마치 꿈속의 일과 같고

마치 세상의 교묘한 환술사가

환상으로 모든 남녀를 만들어 낸 것과 같네.

환상적인 모든 것은 성품이 없어 사라지고

육근(六根)도 또한 이와 같고

번뇌가 남은 자는 아직 더 배워야 하고

밝음이 끝에 이르면 바로 여래(如來)이네.

돌이켜 듣는 성품을 자성(自性)으로 들으면

성품이 최상의 진리를 이룰 수 있고

열반(生死一如)의 마음을 성취하는데

관세음보살의 이근원통이 최상의 수행법이네.

이근원통은 편리하고 성취하기 쉬우며

미래의 중생을 가르치기에 가장 좋네.

"능엄경"의 주제는 회광반조(回光返照)를 통하여, 이근원통 등의 수행을 하여 완전한 깨달음을 얻는 것이다!

문수보살은 25가지 원통방편 중에서 "관세음보살의 이근원통"이 최고의 수행법임을 부처님께 말한다.

나머지 24가지 방편은 부처님의 위신력으로 번뇌를 버리도록 상황에 따라 설한 것이고, 영원히 수행하는 방편은 아니다.

"이근원통"의 수행 방편이 가장 쉽고, 원통성취가 가장 뛰어난 것이다.

"능엄경"의 이 부분은, 진리의 실체를 너무나 잘 설명하고 있다!

회광반조(回光返照)는 "빛을 돌이켜 반대로 비춘다."는 말이지만, 선(禪)에서는 "자신의 내면에서 생각(마음)이 일어나는 곳을 돌이켜 반대로 직시하라."는 말이다.

즉 본뜻은 보고, 듣고, 냄새 맡고, 맛보고, 움직이고, 생각하는 그 자체(自性)를 되돌아서 보는 앎이 핵심이다!

대상으로 향하는 마음을 돌이켜서 마음(생각)이 태어나는 근본 바탕, 즉 마음 자체(性品)를 되돌아보는 것이다.

이것은 본래면목(진리)을 바로 보기 위한, 선(禪)의 중요한 수행 방법 중의 하나이다.

임제선사의 위대한 설법을 보자.

"그대는 말이 시작되면 스스로 회광반조 하고, 다시 다른 곳에서 구하지 말라. 그대의 마음이 부처님과 조금도 다르지 않음을 알아야 한다."

핵심을 말하면, 말이 시작되자마자 말소리를 알아듣는 놈(앎)이, 도대체 무엇인가를 밝히는 것이 모든 진리의 정수다!

지금 내 목소리를 알아듣는 앎(自性)은 과연 무엇인가?

불타는 눈동자를 가진 수행자여, 알겠는가?

"능엄경"의 이 부분에서, 오해의 소지가 있는 단어는 "윤회"와 "미래의 중생"이다.

한 번 더 강조하지만, 윤회와 공간 속에 있는 시간은 결단코 없다.

그리고 말법 시대(미래의 중생)도 없다.

우리가 이성적으로 생각하는 모든 것은 완벽하게 없다!

나도 없고 부처도 없고 삼라만상도 없다! 이것이 절대 진실이고 진리의 실체다.

더 나아가면, 오직 생각의 윤회와 생각의 말법 시대만 있을 뿐이다. 자신이 윤회가 있다고 생각하면 있겠지만 절대 세계에서는 없다. 자신이 말법 시대가 영원하다고 생각하면 말법 시대가 영원할 것이고, 정법 시대가 영원하다고 생각하면 정법 시대가 영원할 뿐이다.

결론적으로 말하면, 오직 인간의 생각만 있을 뿐이다. 망상의 망상! 인간의 생각과 욕망이, 우리가 바라보는 모든 것을 만들었다! 이 생각을 죽여 버린다면, 오직 있는 그대로의 모습일 뿐이다. 이 순간에 삶과 죽음, 나와 너, 안과 밖, 선과 악, 기쁨과 슬픔, 가난함과 부유함, 정법 시대와 말법 시대, 업(카르마)에 의한 윤회는 결코 없다. 오직 무의미한 단어만 있을 뿐이다.

왜냐하면 절대 진리(불성)에는 시간과 공간이 없기 때문에, 시간 개념이 필수적인 윤회와 미래의 중생은 존재할 수가 없다!

"능엄경"에서 찬란한 방편으로 말한 것이다. 중생을 이해시키기 위한 사랑의 만병통치약!

대중들에게 진리를 설명하기 위하여, 어쩔 수 없이 불가불 "윤회" 와 "미래의 중생"이란 단어를 사용했다는 뜻이다.

생각이 무엇인지 바라보라! 생각이 어디에서 생겨나는지 관찰하라! 생각의 실체를 안다면, 오직 있는 그대로의 모습으로 삼라만상이 그러할 뿐이다.

우주 전체는 각양각색의 모양을 하고 있지만 단지 하나이다.

본래면목(진여)에서 나타나는 허상(영상)이자, 실체는 오직 하나이다.

또한 절대 세계(부처의 세계)와 현상 세계(중생의 세계)도 하나이다.

불이(不二)! 불이법문(不二法門)! 오직 한바탕! 일진법계(一眞法界)!

이근원통 수행법은 북방불교(한, 중, 일 등)에서, 일반적으로 널리 알려져 있지 않다.

이근원통은 티베트로 가서, "밀교(진언 불교)"의 전통적인 수행 방법 중 하나가 되었다.

그러나 한국에서 일부가 염불 또는 염불선으로 변화되어 내려왔다.

어쨌든 중요한 사실은, 위대한 선사들 중에서 소리를 듣고 깨우치는 경우가 많았다.

예를 들면, 임제는 "이놈의 황벽을 나중에 만나면 단단히 혼을 내어야겠다."는 대우의 말에 깨우쳤고, 향엄은 기와 조각이 대나무에 부딪히는 소리에 깨닫고, 무문은 점심 공양을 알리는 북소리를 듣고 깨달았다.

선(禪)에서 "이근원통"을 강조한 위대한 스승은 경청선사인 것 같다.

상대적으로 이근원통(소리로 아는 앎)보다 안근원통(시각으로 아는 앎)으로 깨우치기가 어렵다.

그런데 "이근원통" 같은 쉬운 수행법이, 어째서 일반적으로 널리 알려지지 않았을까?

이것은 앞선 벗(스승)들의 치명적이고 용서할 수 없는 실수이자, 치졸한 편협함 때문이다!

화두에 중독된 가련한 영혼들이 범한 수행 역사상 최악의 범죄다!

진리의 여신을 죽여 버린, 묻지 마 살인! 사이코패스!

절대 세계로 가는 길이 많으면 많을수록 더 좋다. 다다익선!

왜냐하면 각자에게 알맞은 최적의 수행 방법으로, 쉽게 부처가 될 수 있기 때문이다.

나도 깨닫기 3일 전에 "연기법"과 "이근원통"을 정확하게 알았다.

이것은 나의 실수가 아니라, 오직 화두만 강조하는 바보 같은 스승들 때문이다. 스승이라고 말하기도 부끄러운 개자식들이다.

이런 사이비 같은 개자식들에게 속아서, 단 한 번뿐인 이번 생애를 헛되이 낭비하지 말라!

수행자여, 나의 형제여! 두 눈을 크게 뜨고 성격 파탄자를 관찰하라!

결코 사이비와 인두겁을 쓴 악마들에게 속지 말라!

이것은 북방불교의 한계이기도 하다. 집단 학살과 같다!

화두만 강조하는 "간화선"은 절름발이 도깨비 뿔 같은 선(禪)일 뿐이다! 정신 분열증 환자!

세상만사 모든 일이 한쪽으로 치우치면 반드시 부작용이 생긴다.

이것은 "중도(中道 어느 쪽에도 치우치지 말고, 모든 것을 전체적으로 포함하는 마음)"에도 벗어나는 소심함이자 졸렬한 편견이다.

수행 방법도 마찬가지다. 부처의 후예라는 자들이 부처가 깨우친 "연기법"을 부정하고, "이근원통"도 무시한다. 얼마나 어불성설인가!

수행은 종합적인 방법과 과정으로 진행되어야 한다.

그래야 서로 부족한 부분을 채워줄 수 있고, 어려운 난관을 슬기롭게 극복할 수 있다.

그러나 "간화선"에서 오직 화두만 강조하기 때문에, 도인(부처)이 좀처럼 나오지 않는 것이다.

설혹 도인이 나오더라도 "무"자 화두 정도 아는 낮은 수준(我空)일 뿐이다!

이것은 도인이 아니라 반풍수가 집안을 망치는 꼴이다!

왜인가? 견성성불과 돈오돈수를 모르는, 추악한 사이비이자 악마의 씨앗일 뿐이다.

이래서야 어찌 "조사선의 후예"라 할 수 있겠는가?

눈먼 간화선이여, 깊은 잠에서 깨어나 찬란하던 시대의 조사선을 다시 부활시켜야 한다!

절대 진리로 가는 길이 다양하면 다양할수록 더욱 더 좋다!

다원주의!

각설하고, 어째서 이근원통을 강조하는가?

수행법 중에서 가장 이해하기 쉽고, 가장 쉽게 본래면목(自性)을 알 수 있고, 가장 깨닫기가 쉬운 방법이기 때문이다!

이근원통은 소리를 알아듣는 앎(의식 공간, 佛性)에 집중하여 듣는 수행법이다!

주의할 점은, 소리를 따라가는 것이 아니라, 소리를 아는 의식 공간으로 듣는 것이 핵심이다!

즉 소리가 들리면 소리에 집중하는 것이 아니라, 소리를 알아듣는 앎에 집중하여 듣는 것이다!

귀로 소리를 듣는다고 하지만, 사실은 귀라는 감각기관을 통해서 본래면목이 듣는 것이다.

사람의 대화는 거의 모두가 언어 즉 말소리로 서로가 소통한다.

우리를 깨어있게 만드는 것은 "소리"이다!

소리가 없다면 소리가 없다는 것을 아는 앎이 있고, 소리가 있다면 소리가 있다는 것을 아는 앎이 있다! 이것을 아는 놈이 자성(自性)이다.

우리의 삶은 대부분 소리로 아는 앎(이근원통)과 시각으로 아는 앎(안근원통)으로 이루어져 있다고 해도 가히 무방할 정도다.

이근원통 수행은 수행의 전과정을 꿰뚫는 가장 중요한 수행법이다!

왜냐하면 부처를 24시간 깨어있게 만드는 것은 "소리를 알아듣는 앎"이기 때문이다.

부처도 소리가 없다면, 24시간 깨어있을 수가 없다. 부처를 24시간 깨어있게 만드는 이근원통은 가장 위대한 수행법이다!

관세음보살의 무한한 사랑이 생생하게 살아 숨 쉬는 이근원통!

예를 들면, 소리가 "꽝"하고 크게 나면, 소리가 들리는 방향으로 무의식적으로 보게 된다.

그리고 무슨 일이 일어났는지 눈으로 확인한다.

"이 순간"에 절대 진리의 모든 것은 담겨있다.

소리가 "꽝"하고 나지 않았을 때, 분명히 소리가 없는 고요한 상태라는 것을 아는 앎(自性)이 있다.

이 고요를 깨고 "꽝"하는 소리가 크게 들리면, 명백히 소리를 아는 앎(이근원통)이 있다.

그리고 무슨 일이 일어났는가를 살펴보는 앎(안근원통)이 있다.

어쩌면 너무나 당연한 일 같지만, 진리는 단지 이것일 뿐이다!

곧 소리로 알고, 눈으로 아는 앎이 절대 진리다.

인간은 생존하기 위해서 진리를 단순하게 본능적이고 이성적인 수준으로 활용하기 때문에, 진리의 본질과 자꾸만 멀어지는 것이다.

언제나 절대 진리와 24시간 함께 보내고 있지만, 알지 못하기에 사용하지 못하는 것이다. 24시간 부처와 어설픈 동거! 하하!

소리가 나는 순간에 이것을 아는 앎에 초점을 맞춘다면, 단지 그것을 아는 앎(性品)만 있을 뿐이다! 불생불멸의 앎(自性)!

이 앎은 형태가 없는 무형의 의식이고, 하나의 텅 빈 공간이다!

이것이 본래면목(본성)이고, 바로 우리 자신의 진정한 모습이다!

구체적으로 보면, 큰 종소리가 가장 좋은 예이다.

큰 종을 치면 종소리가 "지~이~이~잉~"하며, 마치 파도의 물결이 밀려오듯이 전해진다.

자세하게 들어보면, 소리는 귀로 듣는 것이 아니라, 의식 공간이 듣는다는 것을 확실하게 알 수가 있다!

이 순간에 육신도 없고, 안과 밖도 없고, 시간과 공간도 없다.

이 순간을 냉철하게 관찰하면 반드시 알 수가 있다.

의식이라고 하지만, 분명히 공간이 느껴진다. 이 의식의 공간이 바로 본래면목(성품)이다.

그러나 눈으로 보려는 순간, 영원히 눈으로 볼 수가 없다!

그래서 어려운 것이다. 사실 어렵다고 할 것도 없다.

왜냐하면 마음(생각)으로 분석하여, 확인하고자 하는 자가 바로 자신(自性)이기 때문이다.

눈이 눈을 볼 수 없고, 소리가 소리를 들을 수 없는 것과 같다.

눈을 감고 고요한 마음으로 소리를 들으면, 내면의 어둡다면 어둡고 밝다면 밝은 의식 공간이 느껴진다.

의식 공간에 집중하면, 종소리가 마치 물결처럼 밀려오는 것을 느낀다.

이 느끼는 공간이 곧 본래면목(마음)을 마주 보는 순간이다!

이렇게 수행하는 것이 바로 이근원통 수행이다.

다른 예로, 일상생활 속에서 클래식 음악이 가장 좋다.

특히 교향곡과 협주곡 등 관현악곡이 좋다.

왜냐하면 소리의 강약과 울림이 있고, 소리의 멈춤(끊어짐)을 확실하게 알 수 있기 때문이다.

선율이 아름다우면 아름다운지 알고, 웅장하면 웅장한지 아는 앎이다.

또한 소리가 작으면 작은지 알고, 소리가 없으면(멈추면) 소리가 없는지 아는 앎의 의식 공간으로 듣는 것이다.

클래식 음악은 나의 오랜 벗이다. 우연하게 10대 후반부터 듣게 되었고, 수행 과정에서 소리가 계속 비어가다가 결국 소리가 귀로 들리지 않았다.

이 시점에서 집중만 하면 즉시 삼매(선정)에 들었고, 깨닫기 한 3

달 전쯤이다.

돌이켜보면, 나는 운이 좋게도 클래식 음악을 들으며, 간접적으로 "이근원통" 수행을 한 것이다.

만약 "이근원통"을 알고 직접적으로 수행을 했다면, 아마도 나의 수행 과정이 상당히 달라졌을 것이라고 확신한다!

내 삶에 있어 너무나 안타깝고 한스러운 장면이다. 오호통재라!

이러니 어떻게 화두만 고집하는 사이코패스 같은 앞선 벗(스승)들을 욕하지 않을 수 있겠는가! 천추의 한이 남는다! 하하!

여하튼 노랫말이 없는 음악이 좋다.

그러나 대중음악은 가사가 있기 때문에 상당한 수준에 있지 않으면, 가사말에 빠질 우려가 있어 좋지 않다.

초급과 중급 수행자는 노랫말이 있는 대중음악보다는, 가사말이 없는 클래식 음악이 좋다!

한편으로 가사말을 음미하지 말고 단지 "소리"로 인식한다면, 화두의 비밀을 알 수도 있는 장점도 있다!

당연히 의심·생각·노력의 한계 지점(대무심지)을 지난, 어느 시점이 될 것이다!

무슨 일이든 장점은 단점을 동반하고, 빛과 어둠은 똑같이 공존할 뿐이다.

어쨌든 일상생활을 하면서 음악을 감상하며, 이근원통 수행을 하는 것은 최상의 수행 방법이다! 금상첨화(錦上添花)!

또 다른 예로, 자연의 소리, 사람의 소리 그리고 모든 소리이다.

즉 자연의 소리와 인간의 소리 등등 모든 소리가 우리 자신을 깨어있게 만든다!

자연의 소리는 물 소리, 돌 소리, 나무 소리, 바람 소리, 천둥 소리와 짹짹, 꼬끼오, 멍멍, 야옹, 어흥 등등 외치는 모든 동물들의 소리!

대자연의 모든 소리가 우리를 깨어있게 각성시킨다.

자연의 모든 소리를 알아듣는 앎에 집중하라! 깨어 있어라!

대자연의 모든 말씀을 알아듣는 순간, 무정설법을 아는 것이다. 곧 부처의 설법임을 알게 된다.

인간의 소리는 아가야, 사랑해, 미워해, 최고다, 죽고 싶어와 샤프소리, TV 소리, 기계 소리, 자동차 소리, 비행기 소리 등등 모든 기계의 소리!

인간과 기계의 모든 소리는 우리가 살아 있음을 느끼게 한다.

인간과 기계의 모든 소리를 알아듣는 앎에 집중하라! 깨어 있어라!

이렇듯 물 소리, 새 소리, 사람의 대화, 기계의 움직임 등등 모든 소리를 함부로 흘려듣지 말라!

이것은 곧 부처의 설법을 비방하는 것이다.

온 우주의 모든 소리를 알아듣는 앎(본래면목, 진짜 자아)에 집중하라! 완전하게 깨어 있어라!

이것이 곧 영원하게 살아 있는 싯다르타 부처의 생생한 설법임을 결코 잊지 말라! 부처의 사자후 삐악삐악!

결국 삶 자체가 수행이고, 수행 자체가 삶이다.

결론적으로 깨어있는 마음 즉 소리를 알아듣는 의식(진여)이 지속될수록 이근원통이 익어가는 것이다.

더 나아가면, 소리가 점점 더 비어가는 것을 보게 된다.

소리가 완전히 텅 비어 있구나 하고 인식하는 어느 순간, 소리가 귀로 들리지 않음을 분명하게 확인한다!

소리가 귀로 들리지 않음을 분명하게 아는 순간이 곧 백척간두에 선 것이다!

이때 소리는 귀와 의식의 중간쯤에서 들린다는 것을 명확하게 안다!

이곳에서 한 발만 내디디면 절대계이다. 진일보(進一步)!

깨닫고 나면, 소리는 귀로 들리지 않고, 의식 공간(본래면목)에서 듣는다는 것을 명확하게 안다!

완전한 깨달음을 이루고 소리가 확장해 가는 과정을 보면, 소리가 처음에는 머리 위에서, 무엇인가 지긋이 눌리듯이 들린다!!

점차 확장하면서 얼굴 전체(주위)에서 들린다!!

보림 생활이 끝날 즈음, 소리가 온몸으로 들린다는 것을 본다!!

소리가 귀로 들리지 않는다는 것은, 깨달음의 작은 기준(我空)이 된다!

그러나 완전한 깨달음(法空)은 결코 아니다! 착각 금지!

"법문을 귀로 들으면 잘못 듣는 것"이라고 한 것은 바로 이것이다.

하지만 이것을 수행자가 속인다면, 어떻게 알 수가 있겠는가!

부디 수행자는 먼저 인격을 갖추고 정직해야 한다.

스스로를 속이는 자는 부처도 구제할 수 없는 오직 악마의 씨앗이다.

그리고 깨닫고 나면, 한동안 소리가 의식 공간(본래면목) 안에서 일어나는지, 상당히 아리송하고 거리감도 느껴진다.

차츰 시간이 지나면서 소리가 발생하는 지점을 점검해 보면, 본래면목 안에서 소리가 시작되는 것을 냉철하게 본다.

이것은 중생으로 살아온 업식(습관)이 깊어서 그렇다.

보림 생활이 끝날 즈음(1년~1년 반 정도), 소리의 거리감이 아득히 멀게 느껴져도, 분명히 본래면목(의식 공간) 안에서 소리가 시작되고 사라지는 것을 본다.

더 나아가면, 소리뿐만 아니라 생각과 감정이 불현듯 생겨났다가, 갑자기 흔적도 없이 사라진다.

눈으로 보는 현실의 사물은 직관적으로 있는 그대로 본다.

즉 본래면목(性品)에서 나타난 허상이지만 실체라는 사실을 안다.

선(禪)의 직관적인 혜안(慧眼)! 부처의 광명 지혜!

이것은 곧 삼라만상 전체가 내 자신이라는 것을 증명하고, 마음(自性) 안에서 모든 것이 나타났다가 사라지는 것을 말한다.

진리의 근본 바탕(佛性)이 곧 우주 전체라는 것을 본다.

모든 것이 각양각색, 형형색색으로 각각 독립된 존재로 보이지만, 모든 것은 진여(眞如)에서 나타나는 동일한 형제자매다.

본래면목은 나뿐만 아니라, 온 우주의 모든 것이 태어나는 동일한 출생지이자 고향이다. 절대 진리는 오직 하나! 절대 평등!

소리의 진위조차도 검증이 되면, 이제 삼계의 영원한 주인공이다!

깨달음을 확인하는 방법은 화두의 선문답이 최고의 방법이다!

앵무새들이 남의 흉내를 낸다면, 가려내기가 쉽지 않다.

하지만 화두로 점검을 하면 너무나 간단하고 일사천리다.

화두의 정의로운 살인도와 성스러운 활인검!

허망한 생각 속에 갇혀 있는 자가, 어찌 화두의 은산철벽을 넘을 수 있겠는가?

깨달음의 정점으로 갈수록 모든 것이 텅 비어 있고, 모든 수행법이 비슷하다는 것을 본다. 깨닫고 나면 명백하게 본다.

그리고 모든 수행 방법이 눈부신 방편이라는 것도 본다.

그러나 이근원통은 본래면목을 바로 알아차리고, 수행한다는 것이 특이한 점이다.

그리고 이근원통은 방편적인 수행 방법이 아니라는 것도 특이하다.

연기법과 화두는 간접적이고 방편적인 수행 방법이지만,

이근원통은 직접적인 수행 방법이다!

깨닫고 나면, 연기법과 화두 그리고 진언 등등 모든 수행 방법이 무용지물이 된다.

하지만 이근원통은 죽는 순간까지 지속된다. 도인(부처)이 24시간 깨어 있을 수 있는 것은 "소리"가 있기 때문이다!

관세음보살의 끝없는 사랑이 역동적으로 살아 움직이는 이근원통!

만약 소리가 없다면, 삼계의 영원한 주인공(부처)도 24시간 깨어 있을 수가 없다! 이만큼 중요하고 절대적인 수행 방법이다.

그리고 방법적으로 너무나 쉽고, 간결하고, 빠르다는 장점이 있다.

나는 화두와 진언으로 수행을 했지만, 이근원통 수행법이 최고라고 생각한다!

부처가 된 후에 남는 것은 오직 이근원통밖에 없다!

수행을 하는 것이 아니라 24시간 깨어 있음을 유지시켜 줄 뿐이다.

즉 소리를 알아듣는 앎(自性)에 생생하게 살아 있는 것이다.

당연히 수행이라고 할 것도 없다. 돈오돈수! 배울 것이 없는 부처!

결국 스스로가 이근원통 수행을 해서 확인하는 수밖에 없다.

위대한 수행자들이여, 오늘도 미소를 잊지 말고 즐겁게 수행하자.

2. 지눌의 "수심결(修心訣)"에 나오는 대화를 보자.

지눌: 지금 까마귀가 울며, 까치가 지저귀는 소리를 듣고 있는가?

스님: 예 듣고 있습니다.

지눌: 그렇다면 소리를 듣는 불성(自性)을 돌이켜서 들어보라
    (회광반조).

　그 듣는 본성 자리에 이런저런 소리들이 있는가?

스님: 그 자리에는 어떠한 소리도, 어떠한 분별도 일체 없습니다.

지눌: 훌륭하다. 이것이 바로 관세음보살께서 진리(이근원통)에
    들어가신 문이다.

　소리를 알아차리는 자리에 도달했을 때, 어떠한 소리도 분별
    도 없다.

　이미 아무것도 얻을 수 없다면, 그것은 텅 비어 있는 허공이
    아닐까?

스님: 허공과 같이 텅 비어 있지 않아서, 그 자리는 광명하여 어둡
    지가 않았습니다.

지눌: 그렇다면 어떤 것이 텅 비어 있지 않은 본체인가?

스님: 형상과 모양이 없어, 말로 표현할 수가 없습니다.

지눌: 이것이 바로 모든 부처님, 조사들의 생명이니 다시는 의심 말게.

이 문답은 이근원통 수행법에 관한 대화이다.

그러나 "허공과 같이 텅 비어 있지 않아서"라는 문구와 "그 자리는 광명하여 어둡지 않다."와 "형상과 모양이 없어, 말로 표현할 수가 없다."는 문구는 서로 모순이다.

얼핏 보면 대화는 그럴듯한 것 같지만, 아공(我空) 수준의 대화일 뿐이다. 즉 눈먼 똥개들의 말이다. 하하!

아공 수준은 헛것이 보이는 단계이고, 결코 깨달음이 아니다!

이런 사소한 대화조차도 구별할 수 없는 놈들이, 과연 까마득한 억겁 세월에 은산철벽의 화두를 꿰뚫을 수 있을까?

오직 가소로울 뿐이다. 추악한 헛것아! 애꾸눈 불교야!

진정한 수행자여, 무엇이 진실인지 알겠는가?

정확하게 말하면, "무한한 허공과 같이 텅 비어 있으면서도 꽉 차 있고, 밝다고 하면 밝고 어둡다고 하면 칠흑같이 어두운 곳이지만, 신령스럽게도 이 모든 것을 아는 앎(自性)이 있다."라고 해야 옳은 대답이다.

이 예문이 여러 곳에서 보이지만, 잘못된 곳을 알지 못하고 사용하기에 바르게 잡는다!

또한 "돈오점수"를 주장하는 사이비 스승의 잘못된 견해 때문에, 제자는 자신도 모르는 사이에 잘못된 견해에 빠져버린다.

그래서 정법을 펼치는 바른 스승을 찾아야 하는 것이다.

바른 견해로 수행을 하면 부처를 만나고, 잘못된 견해로 수행을 하면 악마를 만나다.

이렇듯 견해가 사람의 영혼까지도 바꾼다. 수행자여, 알겠는가?

한국 불교를 망친 장본인은, 사이비 지눌이라는 사실은 불멸의 진실이다!

지해종도인 사이비 지눌의 "돈오점수"를 조금이라도 옹호하는 자는, 명명백백한 사이비이자 악마의 종자임을 명확하게 밝힌다!

이런 극악무도한 악의 씨앗들은 "돈오돈수"와 "견성성불"을 모른다. 또한 모든 화두를 모르기 때문에, 싯다르타와 조사들의 모든 말을 이해할 수도 없다.

하지만 거짓 자아의 스파이가 되어 사람들을 속이고 있으니, 모든 부처들이 천상에서 오직 통곡할 뿐이다. 대성통곡!

진정한 수행자여, 사이비와 인간의 가면을 쓴 악마의 종자들에게 결코 속지 말라!

(4장 바른 견해, 11. "돈오돈수와 돈오점수" 고찰 참조)

3. 일반적으로 깨달음을 가장 잘 설명하는 말은 "공적영지"와 "진공묘유"다.

공적영지(空寂靈知)는 텅 비고 고요해서 아무것도 없는 가운데, 밝고 신령스럽게 아는 앎이다.

진공묘유(眞空妙有)는 텅 비어 허공처럼 모양과 형상이 없지만, 생생하게 살아 있는 것이다.

또한 공적영지, 진공묘유와 유사한 말은 성성적적(惺惺寂寂), 소소

영령(昭昭靈靈), 성자신해(性自神解) 등등 있다.

결론적으로 깨달음의 모습을 표현하자면, 무한한 허공처럼 텅 비어 있지만 꽉 차 있고 밝다면 밝고 어둡다면 어두운 공간이지만, 신비스럽게 아는 앎(지혜)이다.

이것이 바로 우리 자신의 진짜 모습(自性·性品)이다!

2) 안근원통(眼根圓通 시각으로 아는 앎)

눈으로 사물과 형태, 두두물물을 아는 앎이 있다.

눈으로 본다고 하지만, 사실은 눈이라는 감각기관을 통해서 본래면목이 보는 것이다. 이것이 안근원통이다.

눈으로 바라볼 때, 각양각색의 대상과 모양이 있음을 아는 앎이다.

눈을 감고 있을 때, 아무것도 보지 않아도 아무것도 보지 않는 앎이 분명히 있다.

안근원통은 눈으로 사물을 바라보든, 눈을 감고 있든, 상관없이 언제나 아는 앎(본래면목)이다!

눈을 뜨고 있을 때, 바라보는 놈(自性)을 알아차리는 것은 너무나 어렵다.

그래서 안근원통보다 이근원통 수행이 쉬운 것이다.

안근원통으로 깨우친 자는 덕산, 동산, 영운선사가 대표적이다.

덕산은 촛불을 끌 때, 동산은 시냇물에 비친 자신의 모습을 보고, 영운은 복숭아꽃을 보고 깨우쳤다.

사실 너무나 가깝게 있기 때문에 오히려 어려운 것이다.

태어나서 지금까지 "모르는 그 놈(본래면목)"과 단 1초도 떨어진

적이 없다. 아니 단 한순간도 떨어질 수가 없다.

왜냐하면 본래면목은 내 자신의 뿌리이자 출생지이기 때문이다.

어쨌든 눈을 감고 있을 때가 쉽다! 아무것도 보지 않아도, 아무것도 보지 않는 앎의 의식 공간이 느껴진다. 밝다면 밝고 어둡다면 어두운 공간이 명확하게 느껴진다.

임제는 이것을 "눈앞에 홀로 밝은 이것"이라고 직접 말했다.

눈을 감고 차분하게 의식 공간을 바라보면 바로 확인할 수 있다.

임제선사의 위대한 설법을 보자.

"너의 눈앞에 아주 또렷한 것, 아무런 모양도 없이 홀로 밝은 이것이, 법문을 말할 수 있고 법문을 들을 수 있다.

바로 지금 눈앞에 홀로 밝아서 또렷이 법문을 듣는 자, 이 사람이 어느 곳에도 걸리지 않고, 우주 전체를 꿰뚫어 삼계(三界 중생의 세계)에서 속박이나 장애 없이 자유롭고, 모든 차별하는 경계에 살더라도(入) 분별하는 세계에 미혹되지 않는다."

눈으로 보든, 눈으로 보지 않든, 항상 아는 그 앎(自性)에 집중하여 수행하는 것이 안근원통 수행법이다!

더 나아가면, 사물을 바라보는 눈 자체를 볼 수는 없지만, 눈이 없는 것은 결코 아니다.

보이는 사물이 그대로 눈 자체라는 것을 본다.

사물과 별개로 눈 자체가 존재할 수는 없다. 사물과 바라보는 앎이 하나라는 것을 본다.

결국 눈으로 사물을 인식하는 것은, 눈이라는 감각기관을 통해서 본래면목이 보는 것이다.

또한 귀로 소리를 듣는 것은, 귀라는 감각기관을 통해서 본래면목이 듣는 것이다.

수행이 어렵게 느껴지는 가장 큰 이유는, 사람들이 무조건 눈으로 사물화시켜 확인하려고 하기 때문이다!

하지만 눈으로 본다고 해서, 모든 사물을 정확하게 보는 것은 결코 아니다.

얼마든지 여러 가지 착시 현상이 일어나지만, 인간들은 눈으로 보면 고집스럽게도 그것이 진실인 것으로 망상하고 착각한다.

부디 꿈에서 깨어나라. 거짓 자아에게 속지 말라!

본래면목(불성)을 모양화시켜 볼 수는 없지만, 소리를 듣고, 꽃을 보고, 맛을 보고, 촉감을 느끼고, 생각하며 순간순간 아는 앎이 본래면목의 존재를 명명백백하게 증명해 주고 있다. 공적영지(空寂靈知)!

그러나 본래면목(진여)을 시각화시켜 형태로 보고자 한다면, 영원히 볼 수가 없다.

이런 이유로, 너무나 컬러적으로 시각화되어 있는, 스펙트럼 빛깔의 사람들에게 수행이 어려워 보이는 이유다.

사실 수행이 어려울 것은 아무것도 없다. "모르는 그 앎"을 조금씩 밝혀가다 보면, 반드시 자신의 부처를 만날 것이다.

안근원통은 눈으로 보고 아는 앎이기 때문에, 예를 들고 말고 할 것도 사실은 없다. 일상생활의 삶이 곧 안근원통이자 이근원통 수행 자체이기 때문이다.

예를 들면, TV 화면에 나타나는 시시각각으로 변화는 형형색색의 영상을 아는 앎(自性)이다.

또한 만물이 생동하는 봄날, 파릇파릇 새싹이 신비롭게 조금씩 자라는 것을 관찰한다. 경이로운 대자연의 불가사의!

화사한 분홍빛 벚꽃이 만개한 가로수 길을 고즈넉하게 걷는다.

마치 선녀들이 소풍을 나온 듯이 청순한 아름다움을 느낀다.

벚꽃이 눈꽃처럼 휘날리면, 마치 선녀의 눈물을 보는 것 같다.

태양이 불타오르는 여름에 파릇한 잎들이 무성하게 자란다.

가을이면 나뭇잎이 화려한 단풍 무도회를 열고, 낙엽으로 떨어진다.

겨울이면 앙상한 가지만 남아, 나무 본연의 고독을 즐긴다.

또 다시 봄날이 오면 꽃이 핀다. 대자연의 신비로운 순환!

대자연의 순환 체계는 마치 불가사의한 큐브 조각의 신비로운 이합집산과 유사하게 느껴진다.

바람결에 노란 들꽃이 흔들거리고, 하얀 나비가 나폴나폴 날개짓한다.

이것을 눈으로 보고 아는 앎과 느끼는 감정이 바로 본래면목이다.

진리는 단지 이것이자, 모든 것이다. 즉 있는 그대로 바라볼 수 있는 마음이다.

번뇌 망상이 소멸하여, 삼라만상을 있는 그대로 꿰뚫어 볼 수 있는 부처의 광명 지혜!

3. 화두(話頭, 공안公案, 고칙古則)

1) 화두

화두란 무엇인가?

수행 과정에서 모르는 모든 것은 화두이다! 즉 삼라만상 전체!

도대체 화두 참구는 어떻게 해야 하는 것인가?

은산철벽의 화두를 꿰뚫는 방법은 오직 하나뿐이다.

자신이 참구하는 화두와 완전하게 하나가 되는 것이다!

화두 그 자체와 혼연일체가 되어야 한다. 나와 화두의 물아일체!

일상생활을 하면서 24시간 화두가 생생하게 살아 있어야 한다.

이것 말고 다른 방법이 결코 있을 수가 없다. step by step!

화두의 생명은 "의심"이다! 이것은 화두 참구의 기본이자 핵심이다.

의심 없는 화두 참구는 이미 생명력을 잃은 것이다. 죽은 시체!

또한 화두 참구시 큰 믿음, 크게 분한 마음, 큰 의심이 하나가 되어야 한다. 삼위일체(三位一體)!

목숨을 바쳐서라도 반드시 화두를 뚫고야 말겠다는, 강한 의지의 표상인 대신심(大信心), 대분심(大憤心), 대의심(大疑心)이 혼연일체가 될 때, 비로소 화두를 꿰뚫을 수 있는 완벽한 준비가 된 것이다!

진실한 수행자의 불멸의 의지! 임전무퇴(臨戰無退)!

나는 이렇게 수행을 했다.

눈을 가볍게 감고 반가부좌를 하고, 복식호흡을 하면서 단전에 화두를 두고, 천천히 화두 참구를 시작한다!

급하게 의심과 집중을 하게 되면, 육신의 자연스러운 흐름이 파괴되어 바로 상기병(上氣病)에 빠진다.

가령 상기병은 차가 출발하자마자 갑자기 100km 속도로 과속하여, 엔진에 과부하가 걸려 불이 붙는 장면과 유사한 이치다.

화두 참구시 마음에서 일어나는 생각에 절대 끌려가지 말고, 오직 화두 하나만 생각해야 한다!

마음의 근본 바탕(본래면목)에서, 이유 없이 샘솟는 생각을 철저하게 무시한다!!

망상을 없애려고 하면 할수록, 망상의 늪 속으로 더욱 더 빠져든다. 즉 망상을 무한 제곱해서 망상하는 것이다. 악!

이렇듯 생각이 아무런 이유 없이 일어나는 현상 그 자체에 끌려간다면, 망상 속에서 길을 잃고 화두의 철옹성에 감금되어, 한 맺힌 혼백만 남긴다는 사실을 명심해야 한다!

제멋대로 생겨나는 생각을 억지로 없애려고 하지 말고, 그대로 두고 언제나 빈틈없이 철두철미하게 화두에만 집중한다!!

즉 화두 참구의 핵심 중의 핵심!

화두에 완전하게 집중하여 생각이 태어나는 모든 출구를 철저하게 폐쇄시켜, 진리의 본체를 바로 알 수 있게 인도한다! 화두 참구의 가장 큰 장점!

화두에 대한 의심과 집중, 관조적인 마음으로 자신과 화두가 하나가 되어야 한다. 일심동체!

예를 들면, 무(無)자 화두 참구시 "무, 무, 무"라고 계속적으로 반복하는 것은 "염화두"이지 결코 화두 참구가 아니다.

즉 염불과 진언을 외우는 것과 같다. 이것은 가장 중요한 "의심"이 결여되어 있다. 생명 없는 송장!

화두 참구는 모든 관념의 중중첩첩의 은산철벽을, 직관으로 꿰뚫어 산산이 조각내는 것이다!

이 철벽을 뚫기 위해서 24시간 깨어있는 마음으로, 화두가 지속되면 반드시 길은 열린다! 길 없는 길!

24시간 화두가 지속되지 않는 자는 불철주야 끊임없이 노력해야 한다. 밤낮이 없는 용맹정진(勇猛精進)!

그럼에도 불구하고 생각으로 헤아리는 분별로, 화두를 알려고 하는 것은 어불성설이다.

계란을 던져서 철옹성을 부수려고 하는 정신병자에 지나지 않는다.

화두 참구가 깊어져서, 사통팔달의 출구가 없는 은산철벽 속에 갇혀 본 자는 안다.

그 속에 들어가면 마치 한 마리 모기가 되어, 여러 겹의 은산철벽을 어떻게 뚫고 나갈 것인가 하는 오직 절망만 있을 뿐이다.

무한한 절망! 삼매 지옥! 앞선 벗들이 남긴 숨 막히는 해골의 절규!

이 한 맺힌 절망을 모르는 자가, 어찌 감히 절대 진리를 알 수 있으랴!

오~ 백골이 시리도록 서러운 화두 30년이여!

화두 참구가 끊기지 않고 24시간 지속되다 보면, 어느 날 잠들기 전까지 화두를 참구하다가 자신도 모르게 깜박 잠이 들면, 눈을 뜨자마자 바로 화두가 생생하게 살아 있다!

이 과정에서 잠을 잤다는 느낌과 흔적은 전혀 없다.

단지 눈을 감았다가 떴다는 기분뿐이다. 잠을 잤는지 안 잤는지 헷갈릴 정도다.

바로 이것은 24시간 화두 참구가 지속되는 것이다! 즉 화두 삼매! 눈을 뜰 때까지 분명히 3~4시간 잠을 잤는데, 어째서 이것이 24시간 화두 참구가 지속되는 것일까라는 의문이 있겠지만 곧 알게 된다.

이것은 의식의 틈(간격)이 사라진 단계이다.

이 증거는 바로 부처의 세계로 가기 위한 초대장과 같은 징후이다.

잠자는 것이 눈을 감았다가 눈을 떴다는 기분밖에 없는 상태에서, 화두 참구가 지속되는 것을 달리 말하면, 관성의 법칙에 의해서 달려가는 것과 같다.

가령 자전거가 어느 정도의 속도가 되면, 페달을 저을 필요가 없이 그 속도로 가는 것과 같다.

화두 참구를 내가 한다기보다는 저절로 화두 참구가 된다.

깨어 있는 마음으로 화두를 관조하기만 하면 된다.

이 시점을 전후해서, 안과 밖이 없는 하나(주객 합일)라는 것을 경험하게 되었다.

정확하게 기억은 나지 않지만, 이 네 가지 경험을 비슷한 시기에 했다.

즉 은산철벽의 경험, 주객 합일의 경험, 눈을 뜨자마자 화두 참구가 생생하게 되는 것, 눈앞에 투명한 막이 있는 것 같아 항상 답답한 느낌!

어느 체험을 먼저 했는지, 사실 순서는 너무나 아리송하다.

그리고 이 시점을 전후해서, 화두 참구시 복식호흡이 거추장스럽게 느껴진다.

그러면 복식호흡을 하지 말고, 편안하게 숨을 쉬면서 오직 화두에만 집중한다!

어쨌든 중요한 것은 내가 이런 경험들을 했기에, 다른 사람들도 분명히 경험할 것이라고 확신한다. 적어도 하나는!

왜냐하면 산의 정상(구경각)으로 갈수록 범위가 좁아지기 때문이다.

이 과정까지 왔다면, "현상계의 마지막 지점"이 얼마 남지 않았다.

더욱 더 집중하고 깨어 있는 마음으로 화두를 참구해야 한다.

이 과정에서 모든 것이 공(空)이라는 생각은 더욱 더 심화된다.

더 나아가면, 화두 참구가 저절로 풀리는 곳(대무심지)에 도착한다!

아무리 노력을 하고 애를 써도 좌선을 하고 얼마 있지 않으면, 화두 참구는 하지 않고 그저 마음의 근본 바탕(自性)을 관조만 하는 경지가 온다. 화두의 무덤! 화두조차도 소멸한 자리! 깨달음(大活)으로 가는 중!

오직 마음을 바라보는 것이다. 위빠사나(연기법) 수행과 같다.

이곳이 바로 "현상계의 마지막 지점" 또는 "수행의 99% 지점"이다.

더 이상 인위적인 어떠한 노력으로도 어찌할 수 없는 곳이다!

즉 의심, 생각, 노력의 한계 지점(대무심지, 大死)이다.

비로소 살아 있는 산송장(大死)이 된 것이다. 반드시 이곳에 도착해서 살아나야 완전한 깨달음을 얻는다!

나는 이곳에서 한 8년 가량을 보냈다. 하하!

혹시 노력의 부족 또는 의심이 부족하여 이런 현상이 나타나는 것은 아닐까라고 의심하는 자가 있겠지만, 자신이 직접 이곳까지 와 보면 무엇이 진실인지 스스로 알게 된다!

이렇듯 절대 진리는 자신이 철저하게 체험해서 깨닫는 것이지, 허망한 생각과 공허한 문자로는 영원히 완전한 깨달음을 이룰 수 없음을 심장에 조각하라!

그 당시에 왜 이런 현상들이 일어나는지 알 수가 없었다. 책에서 말하는 내용과 달랐다.

화두 참구를 하다 보면 깨닫는다는 것은 거짓말이자 방편이다.

이것은 내 경험이지만, 싯다르타의 깨달음의 과정을 보아도 알 수가 있다.

삼매(선정) 수행으로 결코 깨달을 수가 없다는 것과 수행 최후의 지점에서는 어떠한 노력도 무의미하다는 것이다! 인간의 한계 지점!

이곳에서 그저 시간만 보내고 있는 자신이 너무나 안타까울 뿐이었다.

이것은 바로 완전하게 살아나기 위한 과정이고, 화두도 소멸한 자리로써 깨달음(大活)으로 가는 중이다! 당연히 그 당시에 나는 몰랐다.

이것은 인간적인 모든 자취와 잔재들을 완전하게 소멸시켜 가는 과정이다.

수행자들이 이런 혼란스러운 과정을 겪는 것은 앞선 벗(스승)들이 의무를 게을리 한 탓이자, 깨달음의 수준이 낮아서 그런 것이다.

왜인가? 진정으로 확철대오하게 진리를 깨우쳤다면, 뒤선 벗(후학)들을 위하여 자세한 안내서를 남겼을 것이다! 이것이 최고의 중생 구제이다.

왜냐하면 중생 스스로 부처가 되게 안내하는, 최상의 인도자이기 때문이다!

이보다 더 완전하고 완벽한 중생 구제는 존재할 수가 없다.

그러나 지침서를 남기지 않은 것은, 모든 진리를 꿰뚫지 못했기 때문이라고 밖에 볼 수가 없다. 너무나 당연한 추론이다.

그래서 내가 경험한 모든 것을 최대한 자세하고 솔직하게 그리고 있는 그대로 평이한 용어들로 쉽게 기록하고 있는 것이다.

부처의 나라로 가기 위한, 깨달음의 지도와 나침반을 만드는 과정이다.

이 책을 쓰는 가장 큰 목적은, 앞으로 "천 년 동안" 우주 전체의 모든 수행자들이 읽을, 진정한 "수행의 기본서"를 만드는 것이다!

이 책이 수행의 기준이 되어, 모든 진리의 옳고 그름을 판단하는 부처의 저울이 될 것이다! 부처의 살인도와 활인검!

각설하고, 깨닫고 나서야 모든 것에 대한 진실을 알게 되었다.

하하!

이 지점(대무심지)에서 싯다르타도 어찌할 수 없는, 겹겹의 은산철벽에 갇혀 좌절한 것이다.

아무리 처절한 고행을 해도 진리를 알 수 없게 되자, 어쩌면 이번 생애에서 진리를 알 수 없겠구나라고 생각하고 수행을 포기하고, 자포자기하는 마음 또는 그저 모든 것을 내려놓고 쉬면서 "연기법"으로 깨우친 것이다.

특히 화두와 간화선을 하는 수행자들은 주목해야 할 부분이다!

절대계로 가기 위해서 완전하게 100% 순수한 영혼이 되어야 한다.

인위적인 흔적이 티끌만큼이라도 있다면, 절대 세계로 향한 "다리 없는 다리"를 영원히 볼 수 없을지도 모른다.

화두의 찌꺼기조차도 완전하게 소멸된 마음이 되어야 한다.

화두를 향한 모든 인공적인 노력이 사멸되고, 화두조차도 절멸된 자리!

생각의 뿌리가 완전히 끊어지고 완전한 텅 빈 공(空)의 경지가 되면, 그때 비로소 절대계로 향한 문 없는 문을 볼 수가 있다!

절대계 즉 부처의 국토에 발을 디디는 순간, 내가 이성적으로 알고 있는 모든 것이 완벽하게 잘못되었음을 안다. 산산이 부서진 우주 전체여!

그래서 이 순간 천지가 개벽을 하는 것이다. 혁명의 혁명! 세상의 재창조!

완전하게 비어 있는 공(空)이, 찰나에 꽉 차는 공(空)이 되는 순간이다.

선(禪)에서는 이것을, 영원한 배고픔이 사라지는 것이라고 많이 표현한다.

이 순간에 "돈오돈수"가 진리를 표현한 말임을 실감한다.

보림 생활이 끝날쯤, 돈오돈수가 절대 세계의 진실을 명백하게 설명했다는 사실을 확인한다! 불멸의 진실!

더 이상 배울 것이 없고, 더 이상 수행할 것이 없고, 더 이상 깨달을 것이 없다(絶學, 絶修, 絶悟)!!

그리고 이 순간에 모든 마음이 일시에 쉬어지는 것을 바라본다.

30년간 그렇게 찾아 헤매던 것을 막상 찾고 보니, 순간 멍해짐도 느낀다. 하하!

더 이상 할 것이 아무것도 없다는 사실이 너무나 벅차오르는 환희다.

돈오돈수! 배울 것이 없는 할 일 없는 한가한 도인!

그리고 이제 온 우주를 향하여 마음의 여행을 떠날 필요가 없다는 것과 영원한 마음(생각)의 고향에 도착했다는 것을 직감한다.

처절했던 수행 과정을 되돌아보며 그저 미소만 지어질 뿐이다.

절대계는 오직 텅 비어 있지만, 꽉 차이는 공(空)만 있을 뿐이다!

한 물건도 없고, 사람도 없고, 부처도 없고, 삼라만상도 없고, 절대 진리도 없다! Nothing!

나머지 모든 것은 오직 인간이 스스로 만든 쓰레기임을 통감한다.

절대계의 진리를 제외하고, 오직 방편만 찬란할 뿐이다!

영원한 스펙트럼 빛깔의 황홀한 축제뿐!

그래서 팔만대장경이 부처의 말이지만, 악마의 말이 되는 것이다.

이제 내가 30년간 그토록 찾아 헤매던 진정한 부처가 된 것이다.

싯다르타가 바라보던 2600년 전의 그 샛별을 나도 보았다.

이제는 평상심으로 살아갈 뿐이다. 일상생활 그대로가 진리의 실현!

조주선사가 살았던 일상의 삶을 사는 것이다. 차나 마시게! 하하!

밥 먹고, 이빨 닦고, 회사로 간다. 그리고 저녁에 집에 와서 잠을 잔다.

24시간 완전하게 깨어 있음으로 살아가는 것을, 그 누구에게 보여 줄 수 있으랴!

항상 일 없는 자신을 바라보며 그저 미소를 지을 뿐이다.

수행자여, 자기 자신이 직접 부처가 되어 체험해야 한다.

난 평범한 사람이다. 그러니 누구나 모두, 노력만 하면 반드시 부처가 될 수 있다. 파이팅! 필승(必勝)!

화두의 비밀을 잘 보여 주는 예를 보자.

소염시(小艶詩, 작자 미상)

> 아름다운 맵시 그림으로 그리지 못하니
> 깊고 깊은 규방에서 애만 태우네.
> 자주 소옥을 부르지만 소옥에겐 일이 없고
> 오직 님께 제 소리를 알리려는 것이네.

이 시는 당나라 현종의 애첩인 양귀비와 안록산의 부적절한 관계를 노래하고 있다.

밀회를 할 때, 정부 안록산을 부르는 신호로 시녀인 "소옥아"라고 불렀다.

오조가 이 시를 방편으로 설명하는 것을 듣고, 원오가 깨달음을 얻었다.

오조선사는 "소염시"를 들어 신성한 설법을 하였다.

"소옥아, 소옥아 하고 자주 소옥이를 부르지만, 소옥에게 무슨 일이 있어 그런 건 아니다. 다만 남몰래 정든 님을 찾는 소리일 뿐이다."

이 설법은 정말 위대한 설법이다.

왜인가? 화두의 한 단면을 정확하게 설명하고 있기 때문이다.

화두에서 단어가 가진 고유한 뜻과 화두의 단어는, 아무런 상관이 없음을 명백하게 보여 준다! 절대 세계의 비밀스러운 암호!

화두에서 단어가 가진 사전적인 뜻과 100% 무관하다!

화두의 단어는 이성을 초월한 단어(格外句)다! 절대 세계의 언어!

화두의 글, 언어, 행동 등등 인간의 모든 것을 초월해 있는 격외구(格外句)이기 때문에, 있는 그대로 받아 드렸어는 절대 안 된다!

문자와 언어 속에는 결코 길이 없으니, 말 속에 내포되어 있는 의도가 무엇인지 파악하는데 주력해야 한다!

그렇다고 화두의 글, 언어, 행동이, 절대 진리를 벗어났다고도 생각해서는 당연히 안 된다!

위대한 스승들은 항상 절대 진리를 있는 그대로, 명명백백하게 보여 주고 있다는 사실을 반드시 기억하라! 직지인심(直指人心)!

화두의 초월적인 단어(格外句)는 아무런 뜻이 없고, 단지 말소리일 뿐이다! 절대 세계의 신성한 소리!

화두는 외형상 인간 세계의 언어 구조 체계를 갖추고 있지만, 사실은 부처 세계의 언어 구조 체계를 갖추고 있는 불가사의한 신비의 소리다!

양귀비가 "소옥아"라고 부르지만 소옥이가 오는 것이 아니라, 상상도 할 수 없는 안록산이 나타난다! 심술궂은 도깨비 방망이!

"산산이 부서진 이름이여! 부르다가 내가 죽을 이름이여!"

화두가 가진 답도 이와 같다. 단어가 가진 뜻과 무관하게, 답은 완전히 360도 뒤의 원점, 예측 불허의 곳 그리고 너무나 가까운 곳에 있기 때문에 보이지 않는다!

이것을 명확하게 알고 있다면, 생각으로 헤아려서 알려는 사량 분별에서 완전하게 벗어날 수 있을 것이라고 확신한다. 이성 정지!

가령 "남전참묘"에서 고양이와 짚신은 서로 아무런 관계가 없고, "無"자 화두에서 "무"는 있다, 없다의 개념이 아닌 것과 같고, "취암의 눈썹"에서 눈썹과 어떠한 연관도 없고, "구지의 손가락"에서 손가락과 아무런 관계가 없고, "판때기 짊어진 놈이구나"에서 판때기와 어떠한 연관도 없고, "전삼삼 후삼삼"에서 "前三三 後三三"은 숫자와 아무런 상관이 없고, "덕산탁발"에서 3년과 말후구(末後句)는 어떠한 관련도 없는 것과 같다.

(6장 분류사 화두, 100, 8, 79, 106, 183, 53, 161번 참조)

화두 참구하는 수행자는 항상 "영원한 내 사랑 소옥이"를 결코 잊지 말라!

그래야 한계 없는 착각에 빠지지 않을 것이다. 이성의 끝없는 망상의 무한 제곱!

아무리 큰 소리로 "소옥이"를 불러도, "소옥이"는 영원히 오지 않는다!

불타오르는 눈동자를 가진 수행자여, 알겠는가?

만약 일편단심 내 사랑 "소옥이"를 잊거나 사이비와 악마의 말에 귀를 기울인다면, 그 순간 부처의 국토로 가는 모든 길은 소멸할 것이다!

행여 꿈속에서라도 "소옥이"를 잊지 말기를 간곡히 충고한다.

다른 예로, 화두(話頭)의 말뜻은 "말의 머리"라는 것인데, 이것도 상당한 힌트를 내포하고 있는 말이다.

과연 "말소리의 머리"를 어떻게 잡을 수 있겠는가?

"말소리의 머리"를 잡아라는 말은, 도대체 무엇을 함축하고 있을까?

"말소리의 머리"를 잡을 수 있다면, "무"자 화두는 아는 것이다.

예컨대 "꽃"이라고 말하면, "꽃"이라는 말이 생겨나기 이전이 바로 "생각 이전" 또는 "생각의 근본 바탕"에 있는 것이다.

우리가 하는 말은 본래면목(생각의 근본 바탕)에서, 생각이 하는 말을 입이 전달하는 것이다.

생각이 일어나면 저절로 말을 하기 때문이다.

상대방이 말을 하면 알아듣는 것도 결국 본래면목(의식 공간)이다.

상대방의 말을 알아듣는 그 순간에, 말소리를 낚아채는 것이다!

말소리를 알아듣는 앎(自性)이 무엇인가를 간파하고, 즉시 알아차려 화두를 잡는다!

이것이 바로 "말소리의 머리"를 잡는 방법이다.

회광반조(回光返照)!

"그대는 말이 시작되면 스스로 회광반조하고, 다시 다른 곳에서 구하지 말라."는 임제선사의 사자후를 심장에 되새겨라!

결국 이근원통 수행법과 같다. 공적영지(空寂靈知)!

또 다른 예로, 언어가 가진 단어와 뜻의 체계를 보자.

단어와 뜻은 서로 아무런 관계가 없는 자의적(恣意的)이다.

단어는 단지 말일 뿐, 말의 고유한 의미는 전혀 없다.

예를 들면, 소나무에게 이름을 물어 보면, 소나무는 자신의 이름을 모른다.

이렇듯 명칭이란 것은 인간이 그냥 아무런 의미도 없이, 임의적으로 붙인 무의미한 단어일 뿐이다.

마치 재미없는 국어 시간 같지만, 여기에 화두의 비밀이 숨겨져 있다.

과연 이곳에 무슨 신비한 비밀이 숨겨져 있을까?

이것을 밝히는 것은 진정한 수행자의 본분이다.

화두에서 단어가 가진 사전적인 뜻과 완벽하게 아무런 상관이 없다!

단어의 고유한 영역을 벗어난, 신성한 말소리 또는 이성적인 분별로 헤아릴 수 없는 불가사의한 말(格外句)! 초월적인 단어!

화두의 글, 언어, 행동은 생각의 영역 밖에 있는 격외구다!

그러니 말 속에서 길을 찾으려는 어리석은 방랑자는 되지 말라.

말은 단지 소리일 뿐, 아무런 의미가 전혀 없는 무의어(無義語)이다!

위대한 부처인 동산과 협산의 의미심장한 말을 보자.

동산은 "말 중에 뜻이 있으면 사구(死句)고, 말 중에 뜻이 없으면 활구(活句)다."라고 했고,

협산은 "노승은 20년 동안 무의어(활구)를 설했다."라고 했다.

삼계의 영웅인 동산과 협산이 동문서답의 헛소리만 했다는 뜻은, 과연 무엇일까?

학인이 진리를 언어와 문자로 이해하려는 잘못된 견해와 폐단을 일깨워주기 위한 스승의 간절한 마음이다. 자상한 몽둥이!

결국 활구(活句)는 진짜 부처들의 활발발하게 살아 있는 법문, 살아 있는 말(구절), 의미가 없는 말이고, 사구(死句)는 사이비와 악마들의 생명력이 없는 죽은 법문, 죽은 말, 의미가 있는 말이다!

또한 덕산이 말한 활구와 사구에 대한 위대한 가르침을 보자.

"활구(活句)를 참구하고, 사구(死句)는 참구하지 말라! 활구에서 깨달으면 영원히 막힘이 없을 것이고, 사구에서 깨달으면 자신도 구제하지 못한다."

덕산선사의 자비로운 사랑의 몽둥이! 딱! 아야!

조주와 호천의 아무런 의미도 없는 대화에서 힌트를 찾아라.

하지만 분명히 화두의 비밀이 숨겨져 있다.

호천: 영감님!

조주: 독이 든 조주의 차나 마시게.

호천: 노을이 참 아름답습니다.

조주: 그럼 노을을 마시게.

호천: 역시 미친 영감이군.

조주: 말없이 독이 든 차를 마신다.

화두는 질문 자체가 곧 답이다!

그러나 본래면목 화두는 아니다!

본래면목 화두를 제외한, 나머지는 질문이 즉 답을 내포하고 있다!

"질문은 대답한 곳에 있고, 대답은 질문한 곳에 있다."는 수산선사의 사자후를 결코 잊지 말라! 즉 질문과 대답이 생겨나는 장소는 같다!

(6장 분류사 화두, 14. "선문염송 1328칙- 수산, 질문과 대답" 참조)

그 장소(본래면목)를 자세하게 관찰하라. 회광반조(回光返照)!

하지만 생각(마음)이 사라지지 않는 한, 화두는 절대 보이지 않는다!

화두 속에 화두의 답이 찬란하게 빛을 밝히고 있지만, 눈먼 사람에게 화두의 답은 영원히 보이지 않고, 오직 측정할 수 없는 암흑의 블랙홀만 마주볼 뿐이다.

삶과 죽음을 관장하는 화두의 신비로운 불가사의!

생사의 은산철벽!

왜냐하면 우리는 수많은 교육, 학습, 이성, 관념, 문화 등등 인간이 만든 모든 것에 의해서, 진실이 가려지고 왜곡되었기 때문이다.

가령, 한국 문화에서 사람이 늙어서 죽으면 슬퍼한다.

물론 다시는 볼 수가 없기에 섭섭한 것은 사실이다.

이때 누군가 천수를 누려서 축하한다면서, 신성한 축가를 부른다면 미친놈이 될 것이다. 하하!

그러나 사람이 태어나면 죽는 것은 너무나 당연하다.

대자연의 순리!

태어날 때는 축하하면서 죽어서 영원한 안식처인 고향으로 되돌아가는데, 축하하지 않는 것은 어쩌면 어불성설이고 모순인지도 모른다.

이것을 보면, 우리는 문화의 지배를 받는 노예임에 틀림없다!

사람의 기본적인 성향을 그 나라의 문화가 속박해 버리는 것이다!

이 속에서 살아가다 보면 문화라는 족쇄에 묶여서, 이러지도 저러지도 못하는 경험을 하게 된다.

삶은 언제나 죽음을 포함하고 있다! 즉 시작이 있으면 반드시 끝이 있고, 끝의 지점에 가면 바로 시작의 지점과 같은 장소라는 것을 본다. 시종일여(始終一如)!

이렇듯 삶과 죽음은 하나(生死一如)이지만, 어리석은 사람들이 스스로 모르는 척하면서 애써 외면할 뿐이다!

결국, 사람들이 스스로 만든 보이지 않는 무형의 쇠사슬(문화)에 묶여, 자유가 없는 노예로 살아가는 것이다. 자승자박(自繩自縛)!

환희의 삶이 아닌 비극적인 삶의 수수께끼!

우리가 이성적으로 알고 있는 모든 것을 벗어나서 진리가 있기 때문에, 사람들에게 너무나 멀리 보일 뿐이다. 삶과 죽음의 거리 차이!

사실 우리가 24시간 보내는 모든 것이, 진리가 아닌 것이 없다.

단지 우리가 진리를 모르기 때문에, 활용하지 못하고 그냥 지나칠 뿐이다. 무덤 속에 매장된 금은보화!

허나 우리가 하루하루의 나날에서 조금씩 생활선(生活禪)을 해나간다면, 반드시 절대 진리를 아는 날이 올 것이다.

그리고 우리가 살아가는 것 자체가 진리를 실현하는 것이다.

보고, 듣고, 냄새 맡고, 말하고, 느끼고, 생각하는 것은 곧 진리이다.

이렇게 진리 속에 사무치고 진리를 행하면서도, 절대 진리의 본질을 보지 못한다는 것은 불가사의하고 신비롭기까지 하다.

이것은 거짓 자아가 진짜 자아(부처)의 눈을 가려서, 노예로 만들어 온갖 핍박을 가하는 현실이다. 참혹한 식민 지배!

부처가 눈을 뜨지 못한다면, 가짜 자아의 종놈으로 일생 동안 노예 생활을 계속하게 된다.

정말 불행하게도 이것이 진정한 인간의 역사다! 정녕 삼천대천세계 (우주 전체)의 신비 중의 신비이다.

이렇게 생명 없는 꼭두각시로 살다가 눈을 뜨고 진정한 주인공(부처)이 되면, 우주 전체가 개벽을 하는 것이다. 상전벽해(桑田碧海)!

이 진실을 꿰뚫어 정확하게 아는 자가, 불행하게도 인류 역사상 과연 몇 명이나 되겠는가?

하지만 이것은 어쩔 수 없는 중생의 찬란한 비극이다.

어쨌든 색(色), 성(聲), 향(香), 미(味), 촉(觸), 법(法)이 진리임을 안다면, 이것은 곧 평상심이 진리가 되는 것이다. 상식적인 삶!

아비규환의 생지옥에 가서 찬란한 빛의 검으로 염라대왕의 목을 베고, 팔대지옥의 모든 악인을 해방시킨 빛의 전사가 있는가?

2) 화두를 잡는 최적의 시기

수많은 사색으로 생각의 벽에 부딪혀 한계를 느끼거나, 책으로 더 이상 해결할 수 없다는 벽에 부딪히는 시점이, 화두를 잡는 최적의 시기다!

내 경험으로 말하자면, 철저한 사색과 독서로 한계의 유리벽에 부딪혀 더 이상 진전이 없었고, 생각과 글자의 겉만 반복적으로 맴돌고 있다는 생각이 강하게 들었다.

그래서 화두 참구만이 수행을 끝낼 수 있다는 확신을 가지고 화두를 잡았다. 불멸의 의지!

이 시점 이전에는 절대 화두를 잡지 말라!!

만약 화두를 잡는다면, 자포자기하고 말 것이다. 이런 사례는 산사의 눈먼 선승들을 보면 쉽게 알 수가 있다. 하하!

화두를 참구할 역량이 되지 않는 자가 조급하게 화두를 참구하기 때문에, 화두 속에서 길을 찾지 못하고 미아가 되어 화두의 무덤에서 죽는 꼴이다. 간화선의 치명적인 단점!

끝을 알 수 없는 암흑의 블랙홀인 화두는 불타오르는 의욕과 의지만으로, 해결할 수 있는 놈이 결단코 아니다! 생과 사의 관문!

까마득한 영겁 세월의 여러 겹에 은산철벽!

수학으로 비유하면, 사칙 연산과 방정식 등을 아는 자가, 어떻게 미분과 적분을 풀 수 있겠는가?

이것은 소귀에 경 읽기다. 세상의 모든 일은 조금씩, 조금씩 전진하다가 결국 때가 되면 성취되는 것이다.

이렇듯 사칙 연산과 방정식을 아는 자는 제아무리 고민하고 연구해도, 영원히 미분과 적분을 풀 수가 없다!

결국 실마리도 찾지 못하고 제풀에 지쳐서, 절망 속에서 수학(화두)을 포기하게 된다. give up! 하하!

또한 아기가 기고, 걷고, 뛰는 과정을 거치는 것과 같다.

걷지도 못하는 놈이, 어떻게 뛸 수 있겠는가?

간화선은 마치 걷지도 못하는 놈을 뛰어라고 강요하는 것과 같다! 어불성설! 자가당착! 이것이 불교 선방의 현실이자 창백한 자화상이다.

이런 이유로, 선방은 곧 선정 감옥이자 지옥이다. 선방 지옥!

선정 지옥을 탈출하지 못하는 자는 치명적인 암에 걸려 죽을 것이

3 장 수행방법 _ 221

고, 삼매 지옥을 산산이 부수어버리는 자는 삼라만상의 영원한 주
인공이 되는 것이다!

눈동자 없는 애처로운 수행자여, 알겠는가?

결론적으로 간화선처럼 천편일률적으로 화두를 잡을 것이 아니
라, 화두를 잡을 수밖에 다른 선택의 여지가 없을 때까지 수행을
해야 한다!

비로소 이 시점이 되었을 때, 화두 참구를 시작하는 것이 최상의
시기라고 확신한다!

화두를 잡아야 할 시기에, 간화선을 한다면 최상의 수행 방법이다!

이렇듯 수행 방법은 수행자의 역량과 시기(초급·중급·고급) 그리
고 수행 방법의 장단점을 모두 고려하여, 현명하게 선택해야 한다!

3) 화두의 선택

화두를 스승에게 받아서 참구하지 않아도 무방하다!

스승에게 화두를 받아서 참구해야 한다는 것은, 학인으로 하여금
돈독한 신심을 불러일으키기 위한 정신 무장과 같다.

화두의 선택은 자신에게 가장 크게 의심을 불러일으키는 화두를
선택하는 것이 최고의 선택이다!

왜냐하면 자신이 참구할 화두를 자신이 선택하는 것은 너무나 당
연한 결론이다. 자기 주도적 학습!

화두 참구 과정에서 이것도 해 보고 저것도 해 보다 보면, 가장 크
게 의심을 불러일으키는 블랙홀 같은 놈을 만날 것이다.

화두가 하나로 귀착되면, 반드시 자신이 잡은 화두로 끝을 보아야

한다!

결코 화두를 바꾸어서는 안 된다! 화두를 뚫기 위해서 목숨을 걸어라!

목숨을 걸고 화두와 진검승부를 하다 보면, 화두의 심장에 검을 꽂을 날이 반드시 올 것이다.

4) 상기병(上氣病)

상기병이란 몸의 기운과 열기가 머리 쪽으로 쏠리면서 생기는 증상이다.

화두 참구를 할 때 급하게 의심과 집중을 하거나 억지로 화두를 잡으면, 육신의 자연스러운 흐름이 파괴되어 기(氣)가 머리 쪽으로 몰리면서 머리가 아프게 된다.

상기병이 생기는 이유는 마음으로 간절하게 화두 참구를 하지 않고, 억지로 또는 조급하게 머리로만 화두를 참구하기 때문에 발생한다.

나는 상기병을 방지하기 위하여, 복식호흡을 하면서 화두를 단전에 두고 천천히 순리대로 화두 참구를 시작했다!

내 경험으로는, 미간 사이가 지긋이 아프면서 머리가 지끈지끈하고 띵해지면서 멍해진다.

상기병이 심해지면, 머리가 욱신욱신 쑤시며 깨어질 듯이 아프다.

마치 상기병은 아무런 준비 운동 없이 수영을 하다가, 심장마비에 걸리는 것과 유사하다.

상기병에 빠지면 화두 참구를 할 수가 없다.

이때는 모든 마음을 쉬면서 진언을 되뇌든지 아니면 행선(行禪)을 하는 것이 좋다. 오직 마음을 쉬어야 한다.

정확하게 기억이 나지 않지만, 상기병이 어느 시점에서 사라졌던 것 같다.

추측하건대 아마도 주객 합일 또는 은산철벽의 경험 이후이지 않을까 싶다.

왜냐하면 주객 합일(은산철벽)의 경험이, 내 수행 과정에서 전환점이 되었던 분기점이기 때문이다.

나도 가끔 상기병 때문에 어려움이 있었지만, 하찮은 상기병 따위가 나의 불멸의 의지를 꺾을 수는 없었다.

상기병에 대해 아무리 생각을 해 봐도 자세한 기억이 떠오르지 않아, 후학들에게 구체적으로 설명하지 못하는 것이 오직 안타까울 뿐이다.

결국 상기병에 걸리지 않으려면 천천히 화두 참구를 시작하여, 자연스럽게 의심과 집중의 강도를 조금씩 높여 간다.

몸의 흐름이 준비가 되었을 때, 의심과 집중의 강도를 100%까지 올린다면 문제가 없을 것이라고 확신한다.

예컨대 차가 1단에서 출발하여 순차적으로 5단까지 기어를 바꾸어, 속도를 올린다면 아주 자연스럽고 정상적이다.

그러나 차가 출발하자마자 급격하게 100km 속도까지 올린다면, 엔진에 과부하가 발생하여 불이 나는 것과 유사하다.

또한 화두 참구는 머리로, 생각으로 하는 것이 아니라, 온 마음으로 간절하고 절박하게 화두를 참구해야 한다!

5) 화두 참구의 전개 과정

화두 참구시 오직 화두에만 집중하고, 나머지 생각들은 모두 철저하게 무시한다!

마음속에서 떠오르는 생각에 끌려가서는 결코 안 된다.

만약 생각에 끌려갔다면 빨리 정신을 차리고, 관조하는 마음으로 돌아와야 한다.

완전히 깨어있는 마음으로 화두에 모든 초점을 맞추어야 한다.

아무런 이유도 없이 생겨나는 생각을, 억지로 없애려고 해서는 안 된다!

그러면 망상에 망상을 더하는 꼴이다! 망상의 무한 제곱!

그러니 바람처럼 나타났다가 바람처럼 사라지는 생각은 철저히 그대로 두고, 오직 화두에 온 생명을 다해서 몰입해야 한다!!

화두의 생명은 "의심"과 "집중"이 핵심이다!

화두는 모든 생각을 차단시켜, 곧장 진리로 안내하는 최상의 수행 방편이다!

다시 말하면, 화두에 집중함으로써 생각이 일어나는 모든 장소를 빈틈없이 봉쇄하여, 진리의 실체를 바로 볼 수 있게 만든다!

즉 수행의 지름길이라고도 표현한다.

화두 참구는 "의심"과 "집중"의 힘(추진력)이 강한 자에게는 좋은 수행법이지만, 수행의 힘이 약한 자에게 화두는 좋은 수행법이 아니다!

자칫 화두 참구는 성수가 든 독주가 될 수도 있다.

그렇기 때문에 화두를 잡는 시기와 화두 참구가 아니면, 끝을 낼 수가 없다는 확고부동한 확신이 있어야 한다! 흔들리지 않는 불굴의 의지!

후자는 이근원통과 연기법으로 수행하는 것이 좋다.

더 나아가면, 마음을 완전히 화두에 집중하고 있을 때, 마음속에서 생각들은 끊임없이 생겨나고 사라진다. 이것을 냉철하게 관조하면서 바라본다.

내가 생각을 하지 않았음에도 마음 바탕(본래면목)에서, 어째서 생각이 샘물 솟듯이 솟아나는 것일까?

자세하게 보면, 마음 바탕에서 아무런 이유 없이 아지랑이가 피어오르듯이, 저절로 생겨나는 생각에는 어떠한 법칙도 없다!

인과관계에 의한 법칙도 아니고, 절대적·운명적 법칙도 아니다.

오직 그러할 뿐이다. 그래서 신비롭고 신비로운 것이다.

더 나아가면, 화두와 완전히 하나가 되면, 육신이 전혀 느껴지지 않는 삼매(선정)에 든다.

삼매 속에서 오직 의식(본래면목)만 자각하게 된다.

삼매란 오직 의식(自性) 속에 머물며(의식과 하나가 되어), 육신을 전혀 느끼지(자각하지) 못하는 상태다!

화두의 의심 덩어리는 자꾸만 커져 가고 의심의 극한에 가면, 화두를 뚫지 못해서 오직 괴로울 뿐이다!

수많은 자학과 자책을 하면서 동시에 스스로를 격려한다.

이 순간에 한 맺힌 은산철벽을 마주하게 되었다.

이런 처절한 과정 없이, 어떻게 겹겹의 철옹성을 박살 낼 수 있겠는가?

오~ 눈물겹게 서러운 화두 참구 30년이여!

더 나아가면, 노력으로 더 이상 어찌할 수 없는 최후의 벽을 만난다. 이곳이 "현실 세계의 마지막 지점"이다. 즉 화두 참구가 자연스럽게 풀리는 지점(대무심지, 大死)이기도 하다.

이 지점에서 지금까지의 노력과는 반대 수행인, 모든 것을 내려놓는 (비우는·없애는) 수행을 해야 한다!

생각이 저절로 태어나는 근본 바탕의 소멸!

부처의 나라로 가기 위해서 길 없는 길을 찾기 위하여, 처절하게 배회하는 자신의 애절한 모습을 반드시 대면하게 된다!

부처의 관문!

모든 것을 내려놓고(쉬고) 완벽하게 순수한 마음을 가질 때, 모든 생각의 뿌리가 소멸할 때(大活), 그때 비로소 절대 세계를 향한 다리 없는 다리를 통과해서 부처의 국토에 도착할 수 있다.

완전한 깨달음(내외명철)! 돈오돈수! 더 이상 수행할 것이 없다!

마치 화두 참구는 돋보기로 태양을 한 지점에 모아서, 종이에 불꽃을 만드는 것과 같다!

이런 간절함으로 불꽃을 일으켜서, 종이를 모두 태워버려야 한다.

모든 생각의 파편과 모든 인간적인 찌꺼기를 모두 소멸시켜야 한다.

이렇게 되어야만 완전한 깨달음(대원경지)을 얻는다.

자신의 마음속에 일말의 의심이라도 있다면, 깨달음이 아니므로 자신을 속이지 말고 계속 정진하라!

6) "나는 누구인가?"라는 화두를 참구했다

"나는 누구인가?"라는 화두가 가장 좋지 않을까 싶다.

왜냐하면 모든 것, 행동을 할 때 깨어있음을 자각할 수 있고, 마음에서 일어나는 현상들을 시시각각으로 직접 느낄 수 있기 때문이다. 자신의 내부를 지속적으로 바라볼 수 있기에, "나는 누구인가?"라는 화두가 가장 좋지 않나 싶다.

그러나 "나는 누구인가?"라는 화두는, 최후의 관문에 있는 은산철벽이라는 사실을 분명히 알아야 한다!

"나는 누구인가?"를 뚫고 나면, 더 이상의 화두는 없다! 바로 부처이기 때문이다.

그렇기에 시간이 조금 더 걸리더라도, 완전한 부처가 되고 싶은 자는 "나는 누구인가" 또는 "부모미생전"을 참구하는 것이 좋다. 즉 본래면목 화두를 꿰뚫어서 완전한 깨달음을 얻어야 한다!

"크게 의심하면 크게 깨닫고, 작게 의심하면 작게 깨닫고, 의심하지 않으면 깨달을 것이 없다."는 옛 선사의 말을 결코 잊지 말라!

또 하나 짚어야 할 것은, "이뭣고?" 화두와 "나는 누구인가?" 화두는 비슷해 보이지만, 참구하는 방법에 따라서 차원이 달라진다!

"이뭣고?"는 "무" 계열이고, "나는 누구인가?"는 "본래면목" 계열이다!

가령 "이~뭣~고~?" 또는 "이것이 무엇인가?"라고 참구하면 "무" 화두 계열이 된다.

그러나 "나는 누구인가?", "이 몸을 운전하는 놈은 누구인가?", "내 속에서 나는 누구인가라고 속삭이는 놈은 누구인가?"라고 참구하면 "본래면목" 화두 계열이 된다.

"이뭣고?"를 뚫어도 본래면목 화두를 알기는 지극히 어렵다!

"이뭣고?"를 뚫고 "부모미생전 본래면목"과 "백장야호"를 알지 못한다면, 절대 진리(法空)와 아무런 상관이 없다! 착각 금지!

진리를 아는 체하는 까막눈들은, 이런 경중조차도 가리지 못하는 간악한 사이비다. 이 사실을 수행자는 명확하게 알고 있어야 한다. 만약 내 말을 믿지 못하겠다면, 마조의 오줌싸개(我空), 사이비, 인간의 탈을 쓴 악마에게 물어라.

"덕산탁발", "아호의 인절미", "진조감승", "백장야호", "혜능의 불사선악"! 자비 없는 부처의 살인도!

(6장 분류사 화두, 161, 151, 162, 163, 187번 참조)

그러면 무엇이 진실인지 스스로 보게 될 것이다. 하하!

7) 화두의 2가지 분류

나는 화두를 크게 2가지로 분류한다.

"無"와 "부모미생전 본래면목"이다. 즉 "무" 계열의 화두와 "본래면목" 계열의 화두!

화두를 여러 가지 방식으로 분류가 가능하지만, 이 분류가 가장 명확하고, 알기 쉽고, 정확한 분류 방법이다.

굳이 분류하자면, "무" 계열 화두는 여섯 가지(안·이·비·설·신·의)로 세분화할 수 있고, "본래면목" 계열 화두는 절대 진리 그 자체이기 때문에 세분화할 수 없다.

의미 없이 여러 가지로 분류하여, 수행자들에게 혼란을 야기시킬 필요는 없다.

이론적인 개념들은 적으면 적을수록 좋기 때문이다.

이론의 최소화와 간결성! 핵심을 찾아가는 지름길!

"무"를 뚫고 "본래면목"을 뚫지 못한다면, 절대 진리와 아무런 상관이 없다!

가령, "무"를 뚫었다고 해도, "무" 계열 중에서 가장 어려운 화두 중에 하나인 "덕산탁발"을 뚫기는 지극히 어렵다!

그래서 별 볼일 없는 "덕산탁발"을 알지 못하는 것이다!

결국 선문에서 천년 동안 수수께끼로 전해지는 화두라고 하면서, 엉뚱한 헛소리를 지껄이게 된다! 오직 가소로울 뿐이다.

역으로 추론해 보면, 선문에서도 그만큼 확철대오하게 깨우친 진짜 도인이 드물었다는 사실을 명명백백하게 증명하는 것이다!

아무튼 "무" 계열은 낮은 수준(我空)의 화두이고, "본래면목" 계열은 높은 수준(法空·묘각)의 화두이다!

완전한 깨달음은 "본래면목" 화두를 꿰뚫어야 함은 만고의 표준이다!

8) 1700공안에 대하여

모든 화두는 광의적 개념으로 보면, "無" 계열의 화두와 "본래면목" 계열의 화두에 속한다.

"무" 계열은 낮은 수준(我空) 또는 "돈오점수"를 주장하는 악마 수준의 단계이다!! 즉 배울 것이 있는 중생!!

그러나 "본래면목" 계열은 높은 수준(法空) 또는 "돈오돈수"를 주장하는 부처 수준의 단계이다!! 즉 배울 것이 없는 부처!!

진실한 수행자는 "무"와 "본래면목" 계열 화두의 수준 차이를 명명백백하게 인식해야 한다!!

그래야 진실된 수행을 하여 자신의 부처를 만나지, 아니면 거짓된 수행을 하여 자신의 악마를 만나게 된다!!

여하튼 아무런 부연 설명 없이 단순하게 하나의 화두를 뚫으면, 1700공안을 모두 안다고 말하는 자는 절대 진리를 모르는 자다!

이런 극악무도한 사이비와 악마의 말에 속아서, 결코 생명수 같은 시간을 낭비하지 말라.

정확하게 말하면, "본래면목" 화두를 꿰뚫어야 모든 공안을 아는 것이다! 이것이 완전한 깨달음(구경각·法空)이다.

그러나 "본래면목" 화두를 꿰뚫지 못했다면, 화두 책 곳곳에서 삶과 죽음의 은산철벽을 만날 것이다. 수행자의 화장터!

중중첩첩의 철옹성의 화두를 모르는 자신을, 어떻게 속일 수 있겠는가?

하하! 오직 역겨울 뿐이다. 처량한 똥싸개야!

깨닫기 전에 화두의 내용적인 측면을 파악한다는 것은 불가능하다.

가령, 어떤 화두가 "본래면목" 화두인지조차도 파악하기 어렵다.

그래서 선문에서 화두의 분류조차도 꺼리는 것이다.

학인의 입장에서 화두는 명명백백하게 수준 차이가 있다!

이것을 모르기 때문에, 까막눈을 가진 사이비들이 얼토당토않은 헛소리를 하는 것이다.

"6장 분류사 화두"에서 화두를 분류한 것 자체가, 사실은 엄청난 힌트를 내포하고 있다!

진실한 수행자여, 타락한 사이비의 말에 속아서, 일생을 허비하는 천추의 한을 남기지 말라.

깨닫기 전에는 모든 이가 오직 악마의 씨앗일 뿐이다.

나의 형제여, 눈을 크게 뜨고, 정법을 가르치는 스승을 찾아가라.

화두 중의 화두는 "진조감승"과 "백장야호"다!

이 둘을 산산이 조각낸 자는 삼라만상을 소유하는 영원한 주인공이다.

이렇게만 된다면, 화두도 없고, 부처도 없고, 삼라만상도 없다.

왜냐하면 자신이 곧 삼라만상의 전체이기 때문이다.

오직 "이 순간"만 있을 뿐이고, 오직 그러할 뿐이다.

9) 화두의 답에 대하여

화두의 답은 크게 세 가지로 분류할 수 있다.

첫째, 동문서답의 답이다.

즉 말도 안 되는 헛소리로 대답하는 것이다.

이유는 학인들이 생각과 이성으로 화두를 헤아려서, 분별 망상하는 것을 차단하기 위해서이다. 그래서 너무나 엉뚱하다. 하하!

학인: 무엇이 부처입니까?

양기: 세 발 가진 당나귀가 재빨리 걷는다.

학인: 무엇이 조사가 서쪽에서 오신 뜻입니까?

석두: 기둥에게 물어 보라.

선객: 무엇이 삼보(三寶 불·법·승)입니까?
삼각: 벼, 보리, 콩!

둘째, 본분사(本分事)의 답이다.
즉 본래면목(절대 진리) 차원에서 대답을 하는 것이다.
진리의 본래 바탕에서 답을 하는 것이기 때문에, 아주 모범적인
답안이다. 그래서 너무나 어렵다.

학인: 무엇이 부처입니까?
풍혈: 어떤 것이 부처가 아닌가?

학인: 무엇이 도(道 진리)입니까?
위산: 무심(無心)이 도(道)다.

무제: 어떤 것이 불법(佛法)의 근본적인 뜻입니까?
달마: 텅 비어 성스러움조차도 없습니다.

셋째, 평상심(平常心)의 답이다.
즉 일상생활 그대로가 절대 진리라는 것을 보여 주는 것이다.
기본적으로 본래면목의 답과 같다고 볼 수 있다.
그러나 평상심의 답은 진리가 완전하게 숙성된 최상의 답이다.

일상생활 그 자체로써, 진리를 온몸으로 직접 보여 주고 실현하는 것이다. 얼핏 보면 피상적으로 너무나 쉬워 보일 수도 있다. 그래서 수행자들이 가장 많이 착각할 수 있다는 것이 단점 아닌 단점이다. 하하!

학인: 무엇이 부처입니까?
오조: 살찌는 것은 입으로 들어온다.

임제: 무엇이 조사가 서쪽에서 오신 뜻입니까?
조주: 마침 노승이 발을 씻고 있다네.

승려: 어떤 것이 견고한 법신(法身·진리의 몸)입니까?
현사: 고름이 방울방울 떨어지는 것이다.

또한 조주의 "발우를 씻어라!"는 화두를, 모든 수행자들이 가장 많이 착각하는 화두의 대표적인 표본이다.
(6장 분류사 화두, 164. 선문염송 429칙- 조주, 발우를 씻어라! 참조)
결론적으로 동문서답의 답, 본분사의 답, 평상심의 답을 자유자재로 구사할 수 있는 자는 삼라만상의 영원한 주인공이다.
상황에 맞게 적재적소에 답을 구사하는 것이 현명하다.
위대한 스승은 언제나 최상의 답을 제자에게 선사한다.
수행자여, 화두의 답을 미숙한 생각으로 함부로 계산하지 말라!
그대가 생각하는 모든 것은 망상이다. 소옥아, 알겠는가?

아니 그대 자체가 모든 공허한 망상의 결합체다. 보이는가?

화두의 답은 우주 전체를 돌고 돌아서 360도 원점에 서면, 비로소 그때 완전하게 보일 것이다.

중생 때 바라보던 바로 그것과 똑같다. 꽃은 꽃이요, 새는 새요, 산은 산일 뿐이다.

이렇게 되었을 때, 스스로가 진정한 부처임을 알 것이다.

일 없는 중생, 배울 것이 없는 중생, 일을 마친 중생!

4. 부수적인 수행법

주수행법은 이근원통, 연기법, 화두이고, 나머지 모든 수행 방법은 부수행법이다.

다시 말하면, 전자와 후자를 나누는 기준은 "의심"이 있느냐, 없느냐 여부가 핵심이다.

"의심"이 있다면 주수행 방법이고, "의심"이 없다면 부수행 방법이다!

부수행법은 "의심"이 없기 때문에, 현상계의 마지막 지점(의심, 생각, 노력으로 더 이상 다가갈 수 없는 한계 지점)에 도달할 수가 없다!

그리고 수행의 전체적인 관점에서 바라보더라도 얼핏 진리를 엿볼 수는 있지만, 완전한 깨달음을 얻는 것은 불가능하다!

왜냐하면 현실계(인간의 세계)의 마지막 지점은 노력의 한계 지점, 의심의 한계 지점, 생각의 한계 지점에 도착했을 때, 비로소 나타나는 최후의 지점(대무심지)이기 때문이다.

그러므로 "의심"이 결여된 수행 방법으로, 현상계의 마지막 지점(大死)에 영원히 도착할 수가 없다! 알겠는가?

결론적으로 인간이 의심·생각·노력으로 갈 수 있는 최후의 지점(大死)에 도착하여 완전하게 산송장이 되어, 비로소 이곳에서 살아나야(大活) 완전한 깨달음(일진법계)을 이룰 수 있다!

진정한 수행자는 이 사실을 명확하게 알고 있어야 한다.

악!

1) 좌선(坐禪)과 행선(行禪)

좌선을 하고 화두 참구하는 것이 집중력은 훨씬 높다.

좌선은 마음을 움직이지 않겠다는 강한 의지의 표현이다.

나는 산사에 가면, 보통 좌선을 3~5시간 정도 했다.

고요한 마음의 상태에서 마음(본래면목)속에 떠오르는 모든 생각을 냉철하게 무시하고, 오직 화두에만 집중한다!

마음을 한 곳에 집중하는 방법으로는 화두 참구가 최고의 방법이다!

하지만 무기(無記 아무런 근심·걱정 없는 너무나 안락하고 평화로운 경계)에 빠져 있을 경우, 화두의 말에 집중하여 의심을 증폭시켜야 최대한 빨리 무기에서 벗어날 수 있다.

사실 깨우치기 전까지 무기는 계속 지속된다.

무기에 빠진 경우, 여러 가지 수행법을 병행하는 것이 좋다.

내 경험에 의하면, 좌선에 지치면 진언과 행선을 하고, 책을 꾸준하게 계속 읽었다.

행선을 하면서 마음을 완전히 비우거나 또는 화두에 집중을 한다.

걸어 다니면서 하는 수행이기 때문에, 100%까지 집중하는 것은 어렵다.

그래서 절에 들러 반드시 좌선을 1~2시간 하고 행선을 다녔다.

행선은 깨어있는 마음을 극대화시키는 수행법이다. 산행을 하면서 자연을 벗 삼아 대자연과 함께 호흡하는 것이다.

지금 이 순간에 완전하게 살아 있음을 경이롭게 체득해 가는 과정이다.

꽃도 보고, 산새의 지저귐도 듣고, 시원한 산들바람을 즐기면서, 이 즐기는 자가 누구인가를 탐구한다.

행선과 이근원통, 안근원통 수행은 최상의 조합이자 찰떡궁합이다!

사실 이근원통과 안근원통 수행은 우리의 삶 그 자체이다.

너무나 기본적인 수행이면서, 동시에 최상의 수행법이라는 사실을 결코 잊지 말라!

수행은 좌선과 행선의 자세에 있는 것이 아니라, "모르는 그 놈(앎)"을 철저하게 밝혀가는 것이 핵심이다!

허망한 육신의 자세와 수행은 아무런 관계가 없다!

그러므로 24시간 관조하는 마음으로, 수행은 빈틈없이 계속되어야 한다.

2) 진언(眞言, 만트라), 염불, 염화두(송화두)

수행의 진전이 없을 때 또는 일상생활 속에서 모든 생각을 내려놓고(없애고) 진언을 외운다.

만트라는 자신을 지금 이 순간에, 생생하게 깨어있게 만드는 수행법이다!

마음 하나, 하나의 움직임과 행동 하나, 하나의 움직임을 완전하게 알아차리는 것이다.

진언의 뜻은 몰라도 전혀 문제가 없다. 왜냐하면 하나의 마음을 진언에 집중하여 되뇌면 혼연일체가 되어, 생각을 쉬는(비우는) 수행이기 때문이다.

마음(생각)과 만트라가 완벽하게 하나가 되면, 비로소 신비로운 힘을 스스로 경험하게 된다.

예를 들면, 엄청나게 피곤한 상황에서 "파드마삼바바 진언"을 20, 30분 가량 되뇌면, 놀랍도록 피로가 회복되는 것을 체험한다.

"광명 진언"을 되뇌면, 마음속의 광명에 빛이 자신을 통해서 외부로 퍼져나가는 것을 느낀다. 그리고 아주 찬란하고 따뜻한 기운이 자신을 감싸고도는 것을 경험한다.

"내가 만든 진언 조합", "신심명", "동산의 오도송", "반야심경"을 되뇌면, 항상 관조하는 마음을 유지시켜 부처의 마음을 발현시킨다. 놀랍게도 잠시 동안 "이 순간의 부처"가 되기도 한다.

단지 자신이 모르기 때문에 지나칠 뿐이다.

내가 수행을 하며 느낀 이 감정들이, 모든 사람에게 똑같을 것이라고 생각하지 않는다.

어쨌든 진언 수행의 핵심은 마음과 진언이 완벽하게 하나가 되어, 물아일체가 될 때 그 진가가 발휘된다! 불가사의한 힘!

이 신비한 힘은 자신의 내부에 잠재되어 있는 무한한 능력의 일부가, 육신과 마음 밖으로 표출되어 자신이 체험하는 것이다.

수행에 지친 수행자에게 안식을 주는 수행이자, 생각을 없애고 쉬기 위한 수행이다. 마음의 무한한 평화!

나의 수행 과정을 보면, 화두는 철저한 집착(노력)의 수행이지만, 진언은 생각을 내려놓는(없애는·쉬는) 수행이다.

화두는 최후의 지점(대무심지)까지 인도하고, 진언은 절대 세계로 갈 때(大活) 도움을 준 수행법이다.

또한 만트라는 자신이 집중할 수 있는 문구라면 무엇이라도 좋다!

내가 진언 조합을 만들었듯이, 자신이 좋아하고 깨어있을 수 있는 문구를, 스스로 만들어 진언으로 되뇌도 아주 좋다.

그리고 "염불"과 "염화두"는 결국 "진언"과 같은 수행법이다.

염불은 원효대사가 "나무아미타불을 10번만 외우면, 극락왕생할 수 있다."고 말했다. 이 말은 방편이지만 위대한 말이다.

왜냐하면 "나무아미타불"을 되뇌는 "이 순간의 깨어있음"이, 극락이자 천국임을 강조하기 위한 것이다. 이 순간의 기적!

염화두(송화두)는 "무"자 화두 참구시, "무"자 화두를 끊이지 않고 계속 반복적으로 되뇌는 것이다.

예컨대 "무, 무, 무"하거나 "이뭣고, 이뭣고, 이뭣고"하면서, 아무런 의심 없이 계속 외우는 것이다.

결국 진언, 염불, 염화두는 "의심"이 없기 때문에 부수행법이다.

"의심"이 없는 수행법인 진언, 염불, 염화두로, 완전한 깨달음(무상정각)을 완성할 수 없음을 명명백백하게 밝힌다!

진실한 수행자여, 부디 사악한 사이비와 악마들에게 속지 말라.

그리고 진언과 이근원통은 수행 초기부터 깨달을 때까지, 정말 위대한 수행법이다! 수행의 전과정에서 부작용이 전혀 없다.

구체적으로 진언의 예를 보자.

파드마삼바바 진언: 옴 아 훔 바즈라 구루 파드마 싯디 훔

광명 진언: 옴 아모가 바이로차나 마하 무드라 마니 파드마 즈바
　　　　　라프라바를 타야 훔

내가 만든 진언 조합:

마음에 무한한 빛의 평화, 얼굴에 달콤한 설탕 미소.

내가 살아 숨 쉬는 지금 이 순간이, 가장 경이로운 순간임을 나는 느낀다.

물 위를 걷는 것이 기적이 아니라, 땅 위를 걷는 것이 기적이다.

신심명: 지극한 도는 어렵지 않음이요, 오직 선택함을 꺼릴 뿐이니,

미워하고 사랑하지 않으면, 통연히 명백하다.

동산의 오도송: 남에게서 찾는 일 절대 말지니, 나와는 아득히 멀어지리라.

(6장 분류사 화두, 208. 선문염송 686칙- 동산, 추위와 더위가 없는 곳 참조)

반야심경: 아제 아제 바라 아제 바라 승아제 모지 사바하.

3) 호흡법과 수식관(數息觀)

호흡법과 수식관은 자신의 호흡을 지금 이 순간에, 깨어있는 마음으로 생생하게 자각하는 수행이다.

숨을 들이쉬면서 숨을 들이쉬고 있음을 자각하고, 숨을 내쉬면서 숨을 내쉬고 있음을 자각하는 것이다.

그러면 들떠있던 마음이 가라앉으면서 차분해지는 자신을 관찰한다.

자신의 호흡을 잊지 말고, 끊임없이 자신의 호흡을 자각하는 것이다.

자신의 호흡을 느끼면서 일을 하면, 지치지 않고 일을 즐기면서 할 수 있다.

자신의 호흡을 자각하는 동안 마음(생각)의 근원에서, 아무런 이유 없이 생겨나는 생각을 관찰하기 때문에, 생각이 멈추고 생각을 쉬는 것이다.

이때 마음의 무한한 평화를 맛보게 된다. 즉 마음(생각)의 작용까지 모두 관찰하는 것이다.

수식관은 호흡법보다 조금 더 효율적으로 집중하기 위하여, 호흡을 자각하면서 동시에 호흡의 숫자를 세는 것이다. 예컨대 1에서 10까지 또는 1에서 100까지다.

호흡에 완전하게 집중하지 못하여 순간 생각에 끌려가서 숫자를 잊었다면, 다시 1부터 깨어있는 마음으로 시작하면 된다.

수식관은 호흡법의 진화된 방법이다.

수식관과 호흡법은 지금 여기에서, "이 순간"에 생기발랄하게 살아 있음을 느끼는 것이다! 이 순간의 기적!

진리는 오직 "이 순간"에 있음을 체득하는 과정이다.

우주 전체의 모든 것을 담은, 향긋한 한 잔의 차와 같은 "이 순간"에서 "이 순간"으로! 이 순간의 마법!

또한 놀랍게도 잠시 동안 부처가 되는 순간이기도 하다.

호흡법은 가장 기본적인 수행법이면서도 중요한 수행법 중의 하나이다.

진언을 되뇔 때 또는 참선시에도 중요하다.

단전에 화두를 두고 복식호흡을 하면서 화두에 집중한다.

그래야 상기병을 효율적으로 예방할 수 있다.

화두가 무르익어 가면, 어느 순간 복식호흡이 거추장스러운 단계가 온다.

내 경험에 의하면, "주객 합일"의 경험을 한 전후부터이지 싶다.

이때 호흡법은 버리고, 편안하게 숨을 쉬면서 오직 화두에만 집중한다!

주의할 것은, 호흡법(수식관)은 초·중급까지는 중요한 수행법일 수 있으나, 고급 단계(대무심지로 가는 과정)에 가서는 의미가 없다!

호흡법은 호흡하는 것을 자각하는 동안만 생각이 멈춘다.

즉 마음의 한없는 평화 속에 머문다.

초심자와 중급자에게는 필수적인 수행법이다.

또 주의할 것은, 화두와 호흡법(수식관)은 아무런 관계가 없다!

그렇기 때문에 처음부터 호흡법이 맞지 않으면 무시해도 좋다.

결론적으로 호흡법(수식관)은 수행 초기부터 맞지 않으면, 하지 않아도 무방하다.

그러나 내 경험으로는 초·중급자는 호흡법 수행을 하는 것이, 수행에 많은 도움이 된다고 판단된다.

4) 절(3천 배, 만 배, 오체투지)

절을 하면서 관조하는 마음으로 자신을 관찰하는 것이 핵심이다!

깨어있는 마음으로 절을 하지 않고, 단순하게 아무런 생각 없이 반복적으로 절을 한다면 정말 무의미한 행위이다.

아무런 말도 못하는 바보 같은 불상에게 절을 해 본들, 무슨 의미가 있겠는가?

돌로 만든 돌덩이, 철로 만든 쇳덩이, 나무로 만든 나무덩이가, 과연 한마디 말을 해 줄까?

3천 배와 만 배는 결코 하지 말라! 무엇이든 한 번쯤은 좋은 경험이 되니까 무방하겠지만, 결코 두 번은 하지 말라!

왜냐하면 수행은 육신을 고행시키는 것이 아니라, 마음을 비워가는 것이기 때문이다.

육신은 부처(진정한 자아)가 살아가는 성스러운 신전이다!

결코 신전을 함부로 훼손시키지 말라. 알겠는가?

그렇다고 육신을 치장하고 가꾸라는 말은 더욱 더 아니다.

이 육신은 인간성을 회복시키고, 부처가 되기 위한 하나의 위대한 도구이다!

그런데 육신에 병이 있다면, 부처가 되는 길은 그만큼 험난해진다.

절을 하면서, 자신의 내부에 살아 숨 쉬는 부처를 마주 보라는 것이 3천 배, 만 배, 오체투지의 진정한 뜻이다! 보이는가?

그러므로 108배가 가장 무난하고 좋다!

나도 30대 중후반에 가끔 108배를 했다. 신전(육신)을 굳건하게 유지하여, 건강한 육체에 건전한 정신을 깃들게 하니 일석이조다.

나는 산사에 가면 보통 3배만 하고, 바로 좌선을 시작한다.

화두에 집중이 잘 되지 않으면, 어쩌다 33배나 108배를 할 때도 있었다.

그리고 108이란 숫자 즉 108배, 108번뇌는 무의미한 단어이니 결코 의미를 두지 말라!

108번뇌는 인간의 번뇌 망상의 종류가 마음먹기에 따라서, 무수히 많다는 것을 상징하는 말이다.

33, 108이란 숫자와 진리는 아무런 상관이 없다.

또한 인간이 생각하는 모든 것은, 절대 진리의 실체와 털끝만큼도 관계가 없다! 오직 망상의 무한 제곱일 뿐이다!

인간이 이성적으로 생각하는 모든 것은 단지 망상이다! 절대 망상!

한 번 더 강조하지만, 절 수행을 할 때 108배 이상 절대 하지 말라!

불타는 눈동자를 가진 진정한 수행자여, 알겠는가?

만약 내 말을 믿지 않는 자는, 인간의 탈을 쓴 간악무도한 악마에게 철저하게 농락당하는 것이다. 하하!

결국 육체를 청정하게 유지하여, 부처가 사는 신성하고 성스러운 신전으로 만들어야 한다!

5) 복종, 헌신, 자비

신(진정한 자아)에 대한 무조건적이고 절대적인 복종과 헌신이다.

얼마만큼 신에게 복종하고 헌신해야 천국으로 가든, 구원될 수 있을까?

얼마만큼 자비를 베풀어야 부처가 될 수 있을까?

이 과정에서 슈바이처, 테레사 수녀, 이태석 신부 등등 이름을 남기지 않고, 거의 일생 동안 온 인류를 위하여 무한한 사랑으로 헌신한 자들의 삶은 가히 신의 영역이다.

이들의 장엄하고 위대한 삶에 고개 숙여 깊은 경의를 표한다. 묵념!

실천하지 못하는 지식은 지식이 아니라, 오직 부패한 쓰레기 더미일 뿐이다.

진정한 지식을 아는 자는 오직 행동으로 말할 뿐이다.

이들이 온갖 고난과 역경을 초월하며 보여 준 삶은, 바로 위대한 부처의 삶이자 위대한 예수의 삶이다.

하지만 이들은 결코 신(神)이 아니다.

도대체 얼마만큼 사랑하고 헌신하고 자비를 베풀어야, 신을 만날 수 있을까?

과연 복종, 헌신, 자비, 사랑, 믿음 등등 방법으로, 신을 만나는 것이 가능한 것일까?

결론적으로 말하면, 불가능하다! 왜인가?

100% 복종하고, 헌신하고, 자비를 베풀려고 하면, 자신의 목숨을 바쳐야 100% 달성할 수 있다.

그러므로 살아서는 영원히 신을 만날 수 없다.

과연 죽은 시체가 신을 만나 본들, 무슨 의미가 있을까?

자신 속에 자신이 없고, 타인 속에 타인이 없고, 헌신 속에 헌신이 없고, 자비 속에 자비가 없고, 신(神) 속에 신이 없을 때, 그때 비로소 알게 된다.

모든 것이 텅 비어 있지만 신비롭게도 꽉 차 있다는 사실을 아는 순간, 그때 신을 만나고 자신이 신임을 확인하게 된다!

모든 신은 깨달음에 도달하기 위해서 만든 애니메이션 주인공이다!

만물이 생성하는 근본 바탕(절대 진리)이 곧 신, 부처, 본래면목,

불성, 진여, 성품, 자성, 진아, 참나, 주인공 등등 여러 가지 무의미한 명칭으로 부를 뿐이다.

기독교에서 말하는 창조주(하느님)는 본래면목을 말하는 것이다!

결단코 이 세상을 창조한 자는 없다!

우리가 바라보는 현실의 모든 것은, 오직 불성(절대 진리의 근본 바탕)에서 나타나는 영상(헛것·환영)일 뿐이다!

이것만 오직 절대 세계의 진실이다! 믿을 수 있겠는가?

"성경"에서 말하는 궁극적인 내용은 거짓말이자 방편이다.

결코 "성경"에 속지 말라! 또한 "불경"에도 속지 말라!

기독교에 대해서 말하고 싶은 생각은 추호도 없지만, 이것만은 너무나 안타깝기 때문에 밝혀야겠다.

코페르니쿠스(1473~1543)가 지동설을 주장했을 때, 기독교의 공허한 창조주 개념은 산산이 조각났다!

그러나 로마 교황청에서 이때부터 창조주의 개념을 바꾸기 시작한다.

끊임없이 창조주의 개념을 지금까지 바꾸어 왔다. 타락한 사탄아!

이 말은 곧 교황청 스스로가 창조주가 없음을 증명하는 꼴이다.

절대 진리가 시간이 흐르면서, 과연 바뀔 수 있을까?

절대 진리가 시간이 흐르면서 바뀐다면, 이것은 절대적 진리가 아니라 상대적 진리가 된다. 보이는가?

결국 기독교가 사이비 종교라는 사실을, 교황청 스스로가 역설적으로 자백하는 것이다. 하하!

어느 종교 단체든 종교 수뇌부는 그들의 권력을 잃지 않기 위해서 혈안이 된, 종교의 반역자이자 권력의 흡혈귀다!

이런 극악무도한 인두겁을 쓴 악마의 씨앗들에게 결코 속지 말라!

사이비 종교의 찬란한 상징은 맹목적인 믿음과 무조건적인 복종 그리고 절대적인 구원이다!

이 세상을 창조한 신(神)은 없다! 인류의 구원도 없다! 천국과 지옥도 없다!

인간이 이성적으로 생각하는 모든 것은 완벽하게 없다! 알겠는가?

아니 인간 그 자체가 망상을 무한 제곱한, 빛깔 같은 환영(허상·空)일 뿐이다!

하지만 절대 진리의 근본 바탕에서 삼라만상의 모든 것이 태어나기 때문에, 절대 진리(自性)와 동일한 것이다.

우리 자신이 신이고, 이 세상이 바로 위대한 구원의 땅이자, 천국이면서 동시에 지옥이다!

자신이 천국에 살고 있다고 생각하면 지구가 천국이 되고, 자신이 지옥에 살고 있다고 생각하면 지구가 지옥이 된다.

온 우주의 모든 것은 오직 나의 마음이 만드는 것이다(一切唯心造)!

그대는 아직도 거짓말 같은 구원에 속아서 지옥에서 살고 있는가?

아니면 이 지구가 눈부신 구원의 땅임을 알고 천국에서 살고 있는가?

어쨌든 인류 역사상 최고의 사기꾼은 "성경"이다!

진리를 빙자하여 타락한 천사들을 양성하고 추악한 악마들을 배출하여, 인간 세상을 혼돈으로 몰아간 원흉이 "성경"이라는 사실은 불멸의 진실이다!

6) 관조자의 관점과 회광반조

관조자(주시자·관찰자)의 관점이란 자신의 육신을 그대로 두고 마치 영혼(생각)이 유체 이탈하여 몇 발 뒤에서, 자신의 마음속에서 일어나는 생각의 근원을 제3자의 입장에서 객관적으로 관찰하는 것이다.

마음의 근본 바탕(自性)에서 아무런 이유도 없이, 생각이 생겨나고 사라지는 것을 깨어있는 마음으로 알아차린다.

그래서 생각과 감정에 끌려 다니지 않기 때문에, 생각으로부터 조금씩 벗어나서 마음을 쉴 수 있고 평화를 누리게 된다.

더 나아가면, 생각과 감정이 태어나는 근원으로 점차 접근하게 된다.

생각이 나의 의지와 무관하게 갑자기 생겨났다가, 바람처럼 순식간에 사라진다.

생각과 감정 그 자체가, 텅 비어 있는 공(空)이라는 사실이 심화되어 가는 과정을 바라보게 된다.

생각으로부터 점차 자유로워지면서, 마음을 더욱 쉴 수가 있어 평화는 차츰 커져 간다.

더 나아가면, 생각이 제멋대로 생겨났다가 제멋대로 사라지는 현상이, 완전하게 텅 비어 있는 공(空)의 세계라는 사실을 체득하는 순간, 관조하는 자는 찰나에 사라지고, 관조하는 앎만 있다는 사실을 보게 된다.

관찰하는 자신과 관찰되는 자신이, 하나로 통합(주객 합일)되면서 자신이 사라진다(我空).

삼라만상의 모든 것은 환영(허상)의 세상이라는 진실을 부분적으로 보고, 오직 이것을 아는 앎만 존재한다는 사실을 부분적으로 확인한다.

그러나 관찰자의 관점이 갈 수 있는 최대의 한계점은 여기까지다. 왜냐하면 "의심"이 없는 수행법으로 생각·의심·노력의 최후의 한계 지점 (大死)에, 영원히 도착할 수가 없기 때문에 결코 깨달을 수가 없다!

진리를 얼핏 볼 수는 있겠지만, 이곳이 한계 지점이다. 즉 아공(我空) 수준이다. 아공은 결코 깨달음이 아니다!

아공(我空)은 나는 사라지고 없지만, 온 우주는 여전히 미지의 세계로 그대로 나의 앞에 존재한다.

파노라마처럼 눈앞에 펼쳐져 있는, 삼라만상의 실체를 정확하게 규명할 수가 없다.

깨달았다고 말하는 자들의 99%가 바로 이 지점이다. 즉 자신을 속이는 사이비와 악마의 사악한 종자다. 하하!

(4장 바른 견해, 9. 아공과 법공 참조)

왜냐하면 모든 부처의 말과 모든 화두를 알 수가 없기 때문이다.

그리고 관조자의 관점과 조동종의 묵조선(默照禪)에 수행 방법은 똑같다.

묵조선이란 화두를 잡지 않고 모든 생각을 끊고, 좌선을 통하여 깨달음의 이치를 지금 여기에서 바로 실현하는 수행법이다.

주시자의 관점과 묵조선의 치명적인 단점은 "의심 없이" 마음속을 그윽하게 비추어 보기 때문에, 무기(無記)에 빠질 우려가 너무나 높다.

또한 회광반조(回光返照)는 관조자의 관점과 전체적인 면에서 유사하다.

회광반조란 "빛을 돌이켜서 반대로 비춘다."는 뜻이지만, 선(禪)에서는 자신의 마음속에서 생각이 일어나는 곳을 돌이켜서, 반대 방향으로 직시하여 바로 꿰뚫어서 알아차리라는 말이다.

즉 보고, 듣고, 냄새 맡고, 맛보고, 움직이고, 생각하는 그 자체를 순간순간 되돌아서 보고, 마음의 근본 바탕을 즉시 아는 것이다.

"그대는 말이 시작되면 스스로 회광반조하고, 다시 다른 곳에서 구하지 말라."는 임제선사의 사자후! 이근원통 수행법!

대상물로 향하는 마음을 돌이켜서 대상물에 끌려가는 생각이, 아무런 이유 없이 태어나고 사라지는 근본 장소(佛性)를 되돌아보는 것이다.

눈에 보이는 세상과 그것을 보라보는 앎 사이의 거리감(분리감)은 필연적으로 발생한다.

그래서 대상물 자체를 보는 것이 아니라, 대상물을 보는 앎에 집중하여 그 아는 앎을 낚아채는 것이다!

바깥세상에 마음을 두지 말고, 바깥세상을 아는 앎에 찰나적으로 역방향으로 보아서 마음을 간파하는 것이 회광반조다.

대상물을 바라보는 그 자체(보는 앎)가, 무엇인지 순간 역으로 보는 것이다.

결국 반대 방향으로 되돌아보는 자는 사라지고, 바라보는 앎만 있다는 사실을 보게 된다.

보는 자가 완전하게 소멸하여, 보는 앎과 완전하게 하나가 된다
(我空·주객 합일)!

결론적으로 관조자의 관점은 자신의 마음을 타인의 입장에서, 계속 관찰하여 마음의 근원을 알아가는 수행 방법이다.

회광반조는 생각이 생겨나는 근본 바탕을 순간적으로, 역방향으로 되돌아보아서 마음의 근원을 알아차리는 수행 방법이다.

그리고 관조자의 관점, 묵조선, 회광반조 등등 "의심 없는" 수행방법으로 대무심지(大死)에 영원히 도착할 수가 없다!

그러므로 완전한 깨달음(法空)을 이룰 수 없음을 명명백백하게 밝힌다!

그러나 천신만고 끝에 대무심지(大死)를 지나서 깨달음(大活)의 세계로 갈 때, 관조자의 관점, 묵조선, 회광반조는 정말 좋은 수행법이다!

왜냐하면 인간의 최후에 한계 지점(大死)에서 인간의 모든 생각을 소멸시켜 버린 후이기 때문이다. 즉 마음의 근본 바탕(自性)을 그윽하게 비추어 보아서 절대 세계로 인도한다.

결국 "의심이 있는 수행법(화두 참구)"으로 반드시 산송장이 되어 (大死), 이 지점에서 비로소 완전하게 살아나야(大活) 완전한 깨달음을 얻는다!

7) 혜능의 "육조단경" 수행법

혜능의 "육조단경"에서 말한 "마하반야바라밀 수행법"을 두 부분으로 나누어서 보자.

"마하반야바라밀 수행법은 실행할 것이요, 입으로 외우는 데 있지 않다.

입으로 외우고 실행하지 않으면 꼭두각시와 허깨비 같고, 닦고 행하는 이는 법신이며 부처와 같다."

입으로 염불하고 마음으로 실천하라(口念心行). 입으로 외우면서 마음으로 수행하여, 소리와 마음이 일치가 되어야 참된 수행이다. 즉 온 마음으로 "마하반야바라밀"을 부르는 것이다. 곧 염불 수행이다.

또한 "육조단경"에서 말한 "마하반야바라밀 최상승의 수행법"을 보자.

"수행자여, 번뇌가 곧 보리(깨달음)니, 앞생각을 붙잡아 미혹하면 곧 범부요, 뒷생각에 깨달으면 곧 부처다."

"앞생각에 미혹하면"은 마음속에서 일어나는 생각이 진실이라고 여기고 믿거나 또는 눈앞에 보이는 현실계의 사물이 존재한다고 생각하면, 범부의 온갖 번뇌가 시작된다.

"뒷생각에 깨달으면"은 마음속에서 일어나는 생각의 근본 바탕(自性)을 보거나 또는 눈앞에 보이는 현상계의 사물이 존재하지 않는 허상이지만, 실체라는 사실을 알면 번뇌가 곧 보리인, 부처의 평범한 일상적인 삶이 시작된다.

"최상승의 수행법"이 되려고 하면, "마하반야바라밀을 외우는 자가 누구인가?"라고 되물어야 한다! 회광반조!

"의심"이 없는 수행법은 완전한 깨달음을 결코 얻을 수가 없다!

결론적으로 "나는 누구인가?"를 참구하는 것과 똑같다.

이 글을 읽고 있는 놈은 과연 누구이며, 도대체 무엇인가?

"마하반야바라밀"을 끝없이 되뇌는 자는 과연 누구일까?

"번뇌가 곧 보리"라는 말은 확철하게 깨우치지 않으면, 영원히 알 수 없는 선객의 무덤 같은 본래면목의 말이다. 최후의 한마디 말!

말후구(末後句)! 부처의 관문!

갑자기 내 마음의 스승 조주선사가 생각난다.

학인: 무엇이 본성(본래면목)입니까?

조주: 사대와 오온(육신)이다.   -선문염송 468칙

만약 삼계의 풍류객 조주가 아니고 다른 놈이 말했다면, 100% 사이비 같은 말이다. 하하!

조주가 절대 진리의 본체가 허망한 육신이라고 하니, 삼계 전체를 산산이 조각내는 말이다. 산산이 부서진 우주 전체여!

육체는 허망한 허깨비요, 똥 막대기요, 부패한 음식물의 찌꺼기요, 오욕칠정의 화신인데, 어째서 진리의 본질이라는 말인가?

이것은 바로 "평상심이 도"의 경지가 되지 않으면, 영원히 알 수 없는 최상승의 위대한 법문이다.

8) 부처의 "장아함경" 수행법

"모든 수행자는 자신을 등불로 삼고, 진리를 등불로 삼을 일이지, 타인을 등불로 삼지 말라.

또한 자신에게 귀의하고, 진리에 귀의할 일이지, 타인에게 귀의하

지 말라.

어떻게 하는 것이 그렇게 하는 것인가?

수행자는 자신의 몸과 마음, 감각작용과 마음에 대해 깊게 관찰하여 항상 잊지 않고 기억하며, 세상에 대한 탐욕과 근심을 없앤다!

이렇게 하는 것이 자신을 등불로 삼고 진리를 등불로 삼으며, 자신에게 귀의하고 가르침에 귀의하는 것이라고 한다.

내가 멸도(滅度·열반)한 뒤에도 이렇게 하는 사람이 있다면, 그는 곧 나의 진실한 제자요, 최고의 수행자일 것이다."

자신의 행동 하나, 하나에 깨어있고, 생각이 태어나는 근원을 관조하며, 24시간 빈틈없이 깨어 있어라는 말이다.

결국 "나는 누구인가?"를 24시간 참구하는 것과 같다!

"나는 누구인가?", "모르는 그 놈"을 밝히는 것이 수행의 핵심이다!

"수행자는 자신을 등불로 삼고, 타인을 등불로 삼지 말라."는 부처의 말도 명심해야 한다!

절대 진리의 본질은 자신의 실체를 아는 것이다.

"남에게서 찾는 일 절대 말지니, 나와는 아득히 멀어지리라."

자신의 존재를 안다는 것은, 삼라만상의 모든 것을 아는 것과 같다.

왜냐하면 우주 전체를 압축하고 있는 찬란한 다이아몬드 결정체가 바로 자신이기 때문이다.

"만법귀일 일귀하처(萬法歸一 一歸何處)"라는 화두가 생각난다.

"만법이 하나로 돌아가는데, 그 하나는 과연 어디로 돌아가는가?"

당연히 자기 자신이다. 하하!

그럼 나는 누구인가? 오직 모를 뿐!

모른다고 생각하는 것(앎)은 도대체 무엇일까?

과연 무엇이 있어, 모른다고 생각하는 것일까?

"모른다고 생각하는 그 놈(앎)"의 정체를 밝혀가는 것이 곧 자신(부처)에게 귀의하는 것이고, 최고의 수행자다.

9) 마하리쉬의 "나는 누구인가?"

문: "나"는 누구입니까?

답: 뼈와 살로 이루어진 이 몸은 내가 아니다.

시각, 청각, 후각, 미각, 촉각 등의 다섯 가지 감각 기관은 내가 아니다.

말하고, 움직이고, 붙잡고, 배설하고, 생식하는 다섯 가지 운동 기관은 내가 아니다.

호흡 등의 다섯 가지 기능을 수행하는 프라나 등의 다섯 가지 기(氣)는 내가 아니다.

생각하는 마음도 내가 아니다.

내면에 잠재되어 있는 무의식도 내가 아니다.

문: 이 모든 것이 내가 아니라면 "나"는 누구입니까?

답: 이 모든 것들을 "내가 아니다"라고 부정하고 나면,

그것들을 지켜보는 각성(覺性, awareness)만 남는다.

그것이 바로 "나"다.   -마하리쉬 "나는 누구인가" 중

이 모든 것이 "내가 아니다"라고 부정하면, 나는 무엇인가?

바로 "모르는 그 놈"만 철저하게 남는다.

이 "모르는 놈(앎)"이 자신이며, 자신과 마주 보는 최초의 역사적인 순간이다!

하지만 너무 낯설다. 그래서 무척 당황스럽다. 하하!

이 "모르는 앎"을 밝히는 것이 수행의 시작이자 수행의 완성이다!

이것을 지켜보는 각성(진아, 참나, 불성)이 바로 나 자신이다.

눈으로 확인할 수 없는, 무형상의 의식 공간이지만 신비스럽게 아는 앎(본래면목)이다. 너무나 정확하고 명확한 설명이다.

마하리쉬는 "나는 누구인가?"를 항상 탐구하라고 했다.

즉 화두 참구와 똑같다.

이렇듯 부처의 나라로 가기 위해서, 마지막 관문에서 "본래면목" 화두가 절대 세계의 관문을 지키고 있다.

본래면목 화두의 최후에 수문장은 "나는 누구인가?"와 "부모미생전 본래면목"이 가장 대표적이다.

이 두 놈을 죽이지 않고서는 결코 부처의 국토를 밟을 수가 없다!

진정한 수행자는 이 사실을 명명백백하게 알고 있어야 한다.

그래야 사이비와 인두겁을 쓴 악마들에게 속지 않을 것이다.

학인: 나는 누구입니까?

호천: 삼라만상의 영원한 주인공이다.

10) 곽암의 십우도(十牛圖)

십우도란 선종(禪宗)에서 수행의 시작에서부터 깨달음에 이르는 과정을, 10단계로 나누어 비유적으로 알기 쉽게 그림으로 설명한 것이다.

참된 자신(自性)을 찾아가는 과정을, 황소를 길들이는 것에 비유하여 그린 선화(禪畵)다.

십우도에서 선(禪) 수행자는 대개 천진난만한 동자의 모습이고, 황소는 수행자가 찾는 진실한 자신(佛性·마음)이다.

십우도는 한국의 산사에서 쉽게 볼 수 있는 벽화다.

임제종의 간화선을 반영하여 돈오돈수의 깨달음에 과정을 나타낸다.

곽암선사의 출생과 전기는 분명치 않다.

곽암의 십우도는 자원의 서문, 곽암의 제목·그림·송, 석고의 게송, 괴납의 게송으로 구성된 합작품이다.

법맥을 보면 백운- 오조- 대수- 곽암- 자원, 오조- 대수- 석두- 운거- 괴납, 석고는 원오선사의 4세손이다.

그러나 보명의 목우도(牧牛圖)는 검은 소가 수행을 하면서 점차 흰 소로 변해가는 과정을, 돈오점수의 수행법으로 설명하고 있다.

그러므로 돈오점수를 추종하는 보명의 목우도는 사견이지, 결코 선종의 정견이 아님을 명백하게 밝힌다!

사이비들이 절대 진리를 몰라서 지껄이는 악마의 말이니 철저하게 배격한다! 파사현정(破邪顯正)! 척사호정(斥邪護正)!

절대 진리의 불멸에 진실은 견성성불(見性成佛)!

돈오돈수(頓悟頓修)!

곽암의 십우도에서 곽암의 송(頌)만 간단하게 보자.

1. 심우(尋牛 동자가 황소를 찾아 나서다)

동자가 황소를 찾고 있는 그림.

자신의 마음(自性)을 잃고, 황소(佛性)를 찾고 있다. 즉 진리가 무엇인지 전혀 모르지만, 진리를 찾겠다는 열정으로 출발한다. 불교 수행의 시작!

송: 아득히 펼쳐진 수풀을 헤치고 황소를 찾아 나서니
    강은 넓고 산은 먼데 가야 할 길은 더욱 멀구나.
    힘을 다 쓰고 마음이 지쳐서 황소를 찾을 수 없는데
    단지 들리는 건 단풍나무의 매미 울음소리뿐이네.

평: 높은 산을 지나고 깊은 강을 지나서 황소를 찾아가는데, 황소의 흔적이 전혀 보이지 않는다. 번뇌의 맴맴맴!

어느 곳으로 가야 할지 몰라서 동서남북으로 펼쳐져 있는, 넓은 길의 한중간에서 수행자는 말없이 서럽게 눈물을 흘린다.

늦가을 밤은 깊어만 가고 있는데, 어린 까마귀 새끼 한 마리가 둥지를 찾지 못해서 애타게 울부짖는다. 까~악!

수행 방법으로 말하자면, 진리를 찾아가는 길을 몰라서, 이 책 저 책을 마음대로 읽다가 불교를 접하는 단계다.

2. 견적(見跡 황소의 발자국을 보다)

동자가 황소의 발자국을 발견하고 따라가는 그림.

위대한 스승들의 말씀과 경전을 공부하며, 자신의 마음(自性)을 조금씩 이해한다. 황소(佛性)의 발자국을 찾아가는 과정이다.

송: 물가의 나무 아래 발자국이 수없이 많은데
 우거진 수풀을 헤치고 황소를 찾아보았는가?
 아무리 깊은 산 깊은 곳에 있다고 해도
 하늘 향한 콧구멍을 어찌 숨길 수 있으리.

평: 진리를 찾아가는 과정은 너무나 험난하지만, 위대한 스승들에게 의지하여 한 걸음씩 가다 보면 반드시 길은 보인다.

황소의 발자국은 우주 전체의 모든 곳에 있는데, 어째서 발자국을 보지 못하는가?

황소의 발자국을 아무리 지워도 온 우주에 새겨져 있는, 모든 발자국을 어떻게 지울 수 있겠는가?

얼른 가서 황소의 콧구멍을 잡아서 힘차게 비틀어라! 하하!

수행 방법으로 말하자면, 책을 꾸준히 읽으면서 위대한 스승들이 걸어갔던 길을, 마음에 새기면서 동경하는 단계다.

3. 견우(見牛 황소를 보다)

동자가 나무 뒤에 숨어 있는 황소를 발견한 그림.

스승의 가르침을 따라서 가니 황소(佛性)를 발견하고, 수행의 노력에 대한 확신을 가진다. 또한 형상(色)의 근본을 보기 시작한다.

송: 노란 꾀꼬리는 나뭇가지 위에서 지저귀고
　　따스하고 바람은 시원한데 언덕엔 버드나무가 푸르네.
　　이곳에서 빠져나갈 곳은 더 이상 없으니
　　위풍당당한 쇠뿔을 그리기가 어렵구나.

평: 스승이 가르쳐 준 길을 굳게 믿고 간절하게 따라가니, 결국 진리의 단서를 찾게 된다. 꾀꼬리의 낭랑한 꾀꼴꾀꼴!

봄, 여름, 가을, 겨울이 아무리 돌고 돌아도, 황소는 언제나 그 자리에 있다. 황소(마음)가 만들어 놓은 다채로운 빛깔의 세계에서, 그 누구도 빠져나갈 수 없다.

코끼리의 상아를 두 개 잡고, 코끼리처럼 거침없이 당당하게 자신의 길을 가라.

황소의 쇠뿔은 황소의 어느 곳에 우뚝 솟아 있는가?

수행 방법으로 말하자면, 위대한 스승들의 책을 집중 탐구하면서, 스승과 같은 부처가 되기 위하여 마음 공부를 실천하는 단계다.

책과 사색으로 더 이상 진리에 다가갈 수 없는 유리벽을 직감하고, 화두 참구를 시작하는 시점이다.

그리고 독서는 일생 동안 지속되어야 한다. 박산의 "참선경어".

4. 득우(得牛 황소를 잡다)

동자가 황소를 잡아서 고삐를 건 모습의 그림.

간신히 황소(佛性)를 잡았지만, 번뇌와 망상은 여전히 쉴 사이 없이 일어난다. 그러므로 열심히 수행에 정진해야 한다.

송: 온 마음을 다해 야생의 황소를 잡았지만
    힘이 세고 사나워서 다스리기 어렵구나.
    어느 때는 고원 위로 뛰어 올랐다가도
    어느 때는 구름 깊은 곳에 들어가 머무네.

평: 간절한 마음으로 자신의 마음(황소)을 보았지만, 마음대로 살아가던 황소가 야생마처럼 마구 날뛰어서 다루기가 너무나 힘들다.
감정과 욕망에 따라서 살아가던 자신의 마음을 길들이기 시작!
불현듯 어느 순간은 불기둥 같은 마음(생각)이 바다를 가르며 질주하고, 홀연히 어느 순간은 평화로운 마음이 초원에서 한가롭게 거닌다.
수행 방법으로 말하자면, 행주좌와일여(行住坐臥一如)와 연관시켜 보면 좋지 싶다.
행주좌와란 걸을 때, 섰을 때, 앉을 때, 누울 때, 한결같이 간절하고 절박한 심정으로 화두 참구하는 것이다.

5. 목우(牧牛 황소를 길들이다)

동자가 황소의 코뚜레를 뚫고 길들이며 끌고 가는 그림.
황소(佛性)를 기본적으로 길들였지만, 번뇌와 망상을 조금씩 소멸시켜 가는 과정이다.

세상에는 수행자를 유혹하는 요소가 너무나 많기 때문에, 수행에 더욱 더 집중해야 한다. 용맹정진(勇猛精進)!

송: 채찍과 고삐를 잠시도 몸에서 놓지 않는 것은
    제멋대로 걸어서 티끌 세계로 갈까 두려운 것이네.
    황소를 잘 이끌어 길들여서 온순하게 되면
    고삐를 잡지 않아도 스스로 사람을 따라오리.

평: 동자가 채찍과 고삐를 항상 가지고 다니는 것은, 황소가 채울 수 없는 무한한 욕망의 세계로 다시 되돌아갈까 싶어 스스로 경계하는 것이다.

자신의 마음을 빈틈없이 관조하여 생각이 순해지면, 스스로 부처의 세계로 곧장 갈 수 있다.

그러나 아지랑이처럼 이유 없이 생겨나는 생각을 컨트롤하기가 너무나 어렵다.

생각이 태어나는 근본 장소는 도대체 어디일까?

수행 방법으로 말하자면, 어묵동정일여(語默動靜一如)라 보면 쉽다. (어묵)동정일여란 말할 때, 침묵할 때, 움직일 때, 고요할 때, 한결같이 간절하고 절박한 심정으로 화두 참구하는 것이다.

6. 기우귀가(騎牛歸家 황소를 타고 집으로 돌아가다)

동자가 황소를 타고 피리를 불며 집으로 돌아가는 그림.

수행자의 번뇌와 망상이 잠잠해져서, 마음의 평화를 맛보는 단계이다.

무기(無記)에 빠져서 생명수 같은 시간을 결코 낭비해서는 안 된다.

그러므로 수행 과정이 아직도 많이 남아 있음을 상기시킨다.

송: 황소를 타고 유유히 고향 집으로 돌아가는데

　　오랑캐의 피리 소리에 저녁노을이 저물어 가네.

　　한 박자 한 곡조가 무한한 의미를 품고 있지만

　　음악을 아는 자에게 무슨 말이 필요 있겠는가.

평: 자신의 마음을 알아가는 것이 점차 깊어감에 따라서, 세상은 투명하면서 그만큼 있는 그대로 신비롭고 아름답게 보인다.

마음(생각)의 텅 비어 있는 무한한 공간을, 어떻게 설명할 수 있겠는가?

소리를 알아듣는 앎(이근원통)이 무엇인지 체득해 가는 과정이다.

소옥아, 바이올린 선율이 너무나 아름다워서 심금을 울리는구나.

코끼리의 귀가 없는 애처로운 수행자여, 듣고 있는가?

그 누가 있어 구멍 없는 피리를 불 수 있겠는가?

수행 방법으로 말하자면, 몽중일여(夢中一如)와 숙면일여(熟眠一如)라 보면 된다. 즉 오매일여(寤寐一如)!

오매일여란 깊은 꿈속에서도 화두를 참구한다는 말이지만, 수행의 일반론적인 관점에서 자나 깨나 간절하고 절박하게 화두 참구하는 것으로 해석하는 것이 현명하다.

몽중일여와 숙면일여를 지나서, 의심·생각·노력의 한계 지점인 대무심지(大死)로 나아가야 한다.

내 경험으로 말하자면, 은산철벽, 주객 합일, 잠을 자는 것은 단지 눈을 감았다가 뜨는 동시에 화두가 생생하게 살아 있는 현상(화두 삼매), 눈앞에 투명한 막이 있는 것 같은 답답함으로 압축된다.

이 네 가지의 경험을 비슷한 시기에 했다.

7. 망우존인(忘牛存人 황소를 잊고 자아만 남다)

황소는 없고 동자만 있는 그림.

자신의 마음이 텅 비어 있는 공(空)인지 부분적으로 알지만, 여전히 미세한 번뇌와 망상이 일어나는 과정이다.

더욱 더 열심히 수행하여, 공(空·無相·非相)을 심화시켜야 한다.

송: 황소를 타고 이미 고향에 도착하여 보니

　　황소 또한 텅 비어 있고 사람도 한가롭네.

　　붉은 해가 높이 솟아도 여전히 꿈꾸는 것 같고

　　채찍과 고삐는 초당에 쓸데없이 놓여 있네.

평: 황소와 함께 마음의 고향에 도착하여 관조하니, 동자의 마음(생각)이 텅 비어 있음(空)을 알고 유유자적하다.

그러나 순간순간 눈에 보이는 욕망의 세상이 실제로 있는 것 같지만, 온 우주가 텅 비어 있음을 부분적으로 알고 있다.

자신의 마음속에서 변함없이 미세한 번뇌와 망상이, 태어났다가 사라지는 것을 명백하게 바라본다.

"채찍과 고삐는 초당에 쓸데없이 놓여 있네."라는 문구는 방편이 무용지물이 되었음을 말한다.

수행 방법으로 말하자면, 무아(無我) 또는 아공(我空)을 부분적으로 체험한 것이다.

화두 참구를 하여 의심·생각·노력의 한계 지점인 대무심지를 지나가고 있는 중이다.

자신의 내부 즉 마음(생각)이 비어 있음을 극대화시켜 가는 과정을 지켜보고 있다. 관조자(주시자·관찰자) 관점!

관조자의 관점이란 자신의 육신은 그대로 두고, 마치 영혼(생각)이 유체이탈하여 몇 발 뒤에서 자신의 마음을 관찰하는 수행 방법이다.

즉 타인의 입장에서 자신의 모든 생각과 행위를 바라본다고 가정하면 쉽다.

아무런 이유도 없이 생겨나는 생각에 끌려가지 말고, 마음의 근본 바탕(自性)을 관찰하는 것이다.

또한 회광반조(回光返照)와 유사하다고 볼 수 있다.

하지만 관조자의 관점과 회광반조는 자신이 사라진 단계(我空)까지 갈 수 있는 것이 한계점이다.

왜냐하면 "의심"이 없는 수행법이기 때문에, 인간의 최후의 한계 지점(大死)에 결코 도착할 수가 없기 때문이다.

내 경험으로 말하자면, 아무리 노력을 해도 화두 참구가 자연스럽게 풀리는 지점이다. 화두조차도 소멸한 자리! 산송장의 관문!

대사(大死·대무심지)를 지나서, 대활(大活·깨달음)로 가는 도중이다!

또한 깨닫기 약 세 달 전에, 집중만 하면 즉시 삼매(선정)에 들고, 소리가 귀로 들리지 않고, 20~30cm 정도 공중 부양을 해서 걷는 것 같은 체험을 했다. 즉 인간 세계에서 경험한 마지막 경험!

8. 인우구망(人牛俱忘 사람과 황소를 모두 잊다)
동자와 황소가 모두 없고 하나의 원(一圓相)만 있는 그림.
삼라만상의 모든 것이 텅 비어 있는 공(空)의 세계임을 깨닫는다.
자신과 온 우주가 모두 텅 비어 있어, 삼계에서 얻을 것이 아무것도 없음을 명명백백하게 본다.
본래 한 물건도 없다(本來無一物)! 완전한 깨달음(내외명철)!

송: 채찍과 고삐, 사람과 황소가 모두 텅 비어 있고
　　푸른 하늘은 아득히 펼쳐져 있어 소식을 전하기 어렵구나.
　　불타오르는 화로의 불꽃이 어찌 눈(雪)을 용납하리.
　　이 경지에 이르러야 조사의 마음과 하나가 되리.

평: 동자, 황소, 채찍, 고삐가 모두 텅 비어 있음(空·無相·非相)을 순간에 깨닫는다. Zero! Nothing!
우주 전체가 실체 없이 텅 비어 있는 진공(眞空)임을 체험한다.
삼라만상의 모든 것이 불타는 화로 속에서, 완전하게 융합되어 한 덩어리가 된다(相卽相入)! 즉 마음과 우주의 만물이 하나가 되는 순간!
1700공안 등등 모든 진리를 투명한 유리잔 보듯이 꿰뚫어서 소멸시킨다. 선(禪)의 직관적인 통찰!

그리고 번뇌 망상이 절멸한 광명의 지혜를 가진 삼계의 영원한 자유인(부처)이 된다.

"밝고 밝게 깨닫고 보면 한 물건도 없고, 사람도 없고, 부처도 없다."

절대 진리(무상정각)는 절대 평등하기 때문에 오직 하나! 일즉다 다즉일(一卽多 多卽一)! 일진법계(一眞法界)! 중도불이(中道不二)!

이렇게 되어야 스스로 완전한 깨달음(무심무념)을 얻은 진실한 도인이 되는 것이다.

수행 방법으로 말하자면, 화두 참구를 하여 완전하게 죽은 산송장이 된 지점(大死)에서 완전하게 살아날 때(大活), 비로소 완전한 깨달음 (法空)을 이룬 부처가 된다.

내 경험으로 말하자면, 화두 참구의 끝자락에 가면 화두조차도 사멸된 경지에서, 그저 마음의 근본 바탕(自性)을 관조하다가 직감적으로 이곳이 진리의 근원(眞如)이구나 하고 인식하는 순간, 수행을 완성함과 동시에 모든 수행을 마쳤다. 돈오돈수! 견성성불!

9. 반본환원(返本還源 본래의 근본으로 돌아오다)

강물이 흐르고 붉게 핀 꽃이 있는 풍경만 그려진 그림.

완전한 깨달음을 얻고 돌이켜 보니, 모든 수행 방법이 방편임을 깨닫는다.

강산을 둘러보니 태초 이래로 완전하고, 일 없음을 바라본다.

진리는 단지 있는 그대로의 모습일 뿐, 진리는 단지 그러할 뿐!

송: 근본으로 돌아가 돌이켜 보니 온갖 노력을 다하였구나.
어찌하여 마치 귀머거리나 장님과 같이
암자 안에 앉아 암자 밖의 사물을 보지 못하였구나.
물은 스스로 끝없이 흐르고 꽃은 스스로 붉게 피네.

평: 완전한 깨달음(대원경지)을 얻고 과거를 회상하면, 수행은 수행자를 위한 찬란한 방편임을 깨닫는다. 즉 화두, 연기법, 이근원통, 진언, 호흡법 등등 모든 수행법이 방편임을 안다.

절대 진리는 항상 완전하기 때문에, 수행을 해서 이룰 수 있는 것이 결코 아니다.

온 우주는 그대로 불생불멸이고, 불생불멸은 이대로 온 우주다.

그러나 역설적으로 이것을 알기 위해서 수행을 하여, 부처가 되면 비로소 모든 진실을 알게 된다.

그리고 언제나 미소를 머금고 삼라만상을 바라보는 것이다.

절대 진리(구경각)는 형상이 없기 때문에, 필연적인 인연에 의해서 생겨나는 것도 아니고, 수행으로 만들어지는 것도 아니다.

과거를 뒤돌아보면, 자신의 마음과 세상의 온갖 물상을 24시간 보면서도 있는 그대로 보지 못한, 눈먼 당나귀의 한 맺힌 신세였던 것을 추억하며 회한의 미소를 짓는다.

부처의 국토에 가서 보니, 모든 과정이 절대 진리의 "이 순간"을 언제나 찬란하게 말하고 있었다. 꽃과 새, 강과 산, 구름과 허공의 설법! 이 순간의 기적과 마법!

결국 눈동자 없는 당나귀가 까마득한 억겁 세월의 시공을 초월하여, 삼계의 영원한 주인공이 된 것이다.

실천 방법으로 말하자면, 완전한 깨달음을 이루고, 보림 생활을 하는 과정이다. 즉 확철하게 깨달아도, 한순간에 부처의 일상적인 삶으로 성숙하는 것은 결코 아니기 때문이다.

돈오돈수(頓悟頓修)! 즉 수행의 완성과 동시에 모든 수행을 마친다! 더 이상 배울 것도 없고, 더 이상 수행할 것도 없고, 더 이상 깨달을 것도 없는 무애자애한 도인!

절대 진리는 오직 있는 그대로 바라보는 광명 지혜의 직관이다.

물은 물이요, 꽃은 꽃이요, 황소는 황소요, 나는 나일 뿐!

내 경험으로 말하자면, 보림 생활은 1년~1년 반 정도면 충분하다.

10. 입전수수(入鄽垂手 시장으로 들어가 손을 드리우다)

승복을 입고 지팡이를 짚은 행각승 모습의 그림.

큰 포대를 메고 지팡이를 짚고, 세상으로 와서 중생들에게 진리를 설법한다.

불교의 궁극적인 목표인 중생 구제를 실현한다.

대승불교(大乘佛敎)!

송: 가슴을 풀어헤치고 맨발로 시장으로 들어가서
　　재와 흙을 덮어써도 얼굴에 가득 웃음을 짓네.
　　신선의 참된 비결을 사용하지 않아도
　　곧바로 마른 나무에 꽃을 피게 하네.

평: 완전한 깨달음(일상삼매)을 이루고 세상으로 가서, 불타오르는 욕망의 갈증으로 허덕이는 중생들을 제도한다.

자리이타(自利利他)!

구멍 없는 피리를 불어, 중생의 모든 욕망을 소멸시킨다.

그리고 사람들과 함께 어울려서 흥겹게 노래하며 춤을 춘다.

유정과 무정이 모두 모여 손에 손을 잡고, 빙글빙글 돌면서 춤추는 환희의 강강술래! 절대 평등! 일진법계!

모든 것이 하나라는 진리를 실천하는 부처의 삶이다. 불이(不二)의 깨달음 실현! 중도(中道)의 실천!

부처의 신통은 일상생활을 하면서, 절대 진리를 온몸으로 직접 보여 주는 것이다. 지극히 상식적인 삶! 평상심이 진리!

이타행(利他行)!

마음에는 광명의 고요한 평화를 품고, 얼굴에는 들꽃의 향긋한 미소를 머금는다. 우주 전체를 향한 사랑과 행복의 종소리!

물 위를 걷는 것이 진리가 아니라, 땅 위를 걷는 것이 진리다!

실천 방법으로 말하자면, 온 우주의 모든 유정(有情·생물·중생)과 무정(無情·무생물·우주)을 구제하는 중생 제도다. 유정설법과 무정설법!

번뇌와 망상이 소멸한 부처의 신성한 천리안으로, 삼라만상을 찬란한 빛의 사랑으로 가득 채운다. 부처의 유일한 길! 무공덕의 공덕!

내 경험으로 말하자면, 이 책을 온갖 역경과 고뇌 속에서 집필하여, 삼라만상의 모든 유정과 무정에게 부처가 되는 지름길을 명명백백하게 직접 보여 주었다. 직지인심(直指人心)!

"천 년의 항해"를 하면서 향후 3000년이 될 때까지, 이 책보다 더 위대한 중생 구제는 존재하지 않을 것이다. 침묵의 악! 호천의 사자후!

곽암의 십우도와 관련해서 질문을 하자면,

황소는 보이지 않는데, 어째서 황소의 발자국만 보이는가?

동자는 보이지 않는데, 어째서 동자의 그림자만 남았는가?

곽암은 죽은 지 오래인데, 어째서 곽암의 그림과 글자만 보이는가?

설혹 이 세 개의 화두를 알았다고 해도 진리와 무관하다.

어째서 절대 진리와 아무런 상관이 없는 것일까?

자신의 진실한 마음을 보라!

진정한 수행자여, 절대 진리의 실체가 무엇인지 알고 싶은가?

곽암은 도대체 지금 어디에서, 무엇을 하며 살고 있을까?

곽암이 사는 집의 주소를 말해 보라?

5. 수행 방법의 결론

1) 내가 주창하는 수행 방법론

소리를 알아듣는 앎(본래면목)에 집중하는 이근원통 수행을 주로
하고, 부로 이성적인 사고로 접근하는 연기법을 가미하여 고속으
로 본격적인 무기 지점까지 간다.

무기(無記)란 모든 것은 순리대로 돌아가고 있고, 무한한 마음의
평화 속에 항상 머물며, 아무런 근심과 걱정이 없는 경계다.

즉 악마의 세계다. 가짜 자아가 만든 거짓 평화! 망상의 늪 같은
불치병! 치명적인 악성 바이러스!

무기는 거짓 자아가 절대 세계로 가지 못하게, 수행자를 감미롭게
매혹시키는 미인계와 같다! 무기의 관문!

그러나 일상생활 속에서 어느 사건을 만나면, 왜곡된 달콤한 평화
는 산산이 깨어진다. 소옥아, 정신 바짝 차려라!

하지만 곧 거짓된 마음의 평화를 찾는 단계가 무기이다.

여기에서 중요한 것은, 이근원통 수행법은 계속 함께 간다!

즉 죽는 순간까지 이근원통 수행은 지속된다!

소리가 없다면, 도인(부처)이라도 24시간 깨어있을 수 없을 만큼
위대하고 중요한 수행이다! 관세음보살의 무한한 사랑!

연기법의 단점인 허무 공(空)에 빠지면, 화두로 갈아탄다.

문제가 없다면 연기법으로 계속 간다.

그러나 무기가 깊어지는 시점에서, 반드시 화두를 잡아서 이 지점
을 지나야 한다! 수행자의 무덤!

왜냐하면 의심, 생각, 노력의 한계 지점(대무심지, 大死)에 이르지 못하면, 완전한 깨달음을 영원히 얻을 수 없기 때문이다!

싯다르타의 갈비뼈만 앙상하게 남은 처절하고도 처절한 삼매 수행과 위대한 선사들도 현상계의 마지막 지점(대무심지)에 도달하기 위해서, 목숨을 걸고 수행했음을 결코 잊지 말라!

여기까지 반드시 빈틈없는 철저한 노력으로 와야 한다.

그래야 현상계의 마지막 절벽 위에 서는 것이다.

즉 백척간두(百尺竿頭)!

이 한계 지점에 도달하지 못하고 눈을 뜬다면, 영원한 사이비이자 악마의 후손이 될 수밖에 없다!

삶과 죽음을 주관하는 화두의 철옹성을 정복할 수가 없기 때문이다.

진실한 수행자는 명심하고 명심해야 한다.

수행에 지치면 모든 것을 내려놓고(없애고·쉬고), 진언을 암송하거나 행선(行禪)을 한다.

의심·생각·노력의 한계 지점에 도달하면 화두, 이근원통, 연기법, 진언 등등 종합적인 방법으로 수행을 해서 깨달음의 세계로 간다!

여기에서 중요한 것은, "노력의 한계 지점"인데, 이 한계 지점은 잔머리로 결코 통하지 않는다!

생각으로 생각을 절대 소멸시킬 수가 없다!

모든 것은 에고가 일으키는, 허망한 생각이고 공허한 망상의 늪이다!

이쯤하면 되겠지라는 것은, 가짜 자아의 사악한 유혹임을 결코 잊지 말라!

왜냐하면 절대계로 가면 에고(거짓 자아)는 죽기 때문이다.

그래서 선(禪)에서 말하는 "마(魔)가 낀다."는 최후의 지점이기도 하다.

에고는 배수진을 치고 불패의 천하무적 100만 대군으로 무장하여, 우리가 절대 세계(부처의 나라)로 가는 길을 막고 결사항전(決死抗戰)을 준비하고 있다.

거짓 자아가 살아남기 위해서 최후의 발악을 하는 지점이기 때문에, 여러 가지 경계 체험을 하게 된다.

이런 과정을 통해서 부처의 세계로 가기 때문에, 수행자는 마지막 순간에 거짓 자아를 죽이기 위해서 목숨을 걸어야 한다!

진정코 어찌할 수 없는 극한의 한계 상황에 직면할 때까지 가야 한다!

갈 수도 없고 그렇다고 되돌아올 수도 없는, 말 그대로 노력의 한계 지점이다.

화두 참구가 자연스럽게 풀리는 지점이기도 하다!

의심·생각·노력의 한계 지점에서 완전하게 살아나기 위하여 그야말로 어찌할 수 없어 서성이는, 자신의 애절하고 처절한 모습을 반드시 운명처럼 마주 보게 된다!

이런 과정이 완전하게 죽은 곳(大死)에서, 완전하게 살아나기 위한 과정(大活)으로 다가가고 있는 것이다.

이곳에서 한 발만 내디디면 깨달음의 세계다. 즉 진일보(進一步)!

그때 비로소 부처의 국토로 가기 위한 문 없는 문을 발견할 것이다.

그러나 극악무도한 사이비들과 악마의 후손인 "마조의 오줌싸개"

들은, 이 최후의 지점을 모른다!

아공(我空) 수준의 자들은 사이비와 악마들이기 때문에, 이 한계 지점을 알 수도 없고, 상상할 수도 없고, 설명할 수도 없다!

왜냐하면 부처의 모든 말과 모든 화두를 모르기 때문이다!

부처의 세계에 도착하면, 완전한 깨달음(法空)과 동시에 모든 수행을 마친다! 견성성불! 돈오돈수! 일 없는 중생! 배울 것이 없는 도인! 일을 마친 부처! 평상심이 진리! 지극히 상식적인 삶!

2) 수행 방법의 결론

내가 수행한 방법론은 절대적인 과정은 결코 아니며, 하나의 참고 자료다.

또한 싯다르타가 깨달은 과정도 결코 절대적인 방법론일 수는 없다.

이 또한 하나의 참고 자료다. 다원주의!

수행 방법들은 각자의 장단점을 가지고 있다.

그렇기 때문에 우리는 장단점을 잘 알고, 현명하게 수행 방법을 선택해야 한다.

그래야 끝없는 사막을 헤매지 않고 그나마 쉽게 수행을 할 수 있다.

수행 과정에서 이근원통, 연기법, 화두, 진언의 수행을 복합적으로 하는 것이 좋다!

막히는 부분에서 한 가지 방법을 고수할 것이 아니라, 다른 방법을 선택하는 것이 현명하다. 최적의 길 선택!

부처가 선정 수행(화두)에서 연기법(觀法)으로 바꾸었듯이!

깨달음을 얻기 위해서, 하나의 방식을 고집한다는 것은 너무나 어리석은 선택이다.

이것은 중도(中道 어느 쪽에도 치우치지 말고, 모든 것을 전체적으로 아우르는 마음)의 가르침에도 위배되는 바보 같은 행위일 뿐이다.

불교가 불교 속에서 길을 잃은 것이고, 불교가 자신의 부처를 찾아가는 길을 몰라 망망대해에서 대성통곡하는 장면이다!

하지만 불행하게도 선문에서는 아직도 화두만 고수하는 듯하다.

상식적으로 보더라도 깨달음을 얻기 위해서 하나의 방법을 아는 것보다, 여러 가지 방법을 아는 것이 더욱 더 효과적이다. 다다익선!

화두는 여러 가지 수행 방법 중에서, 단지 하나의 방법일 뿐이다.

화두의 최상에 장점은 의심·생각·노력의 한계 지점(大死)에 도달할 수 있는 최고의 수행법이다! 산송장의 지점!

진정코 역설적인 것은, 부처의 후예들 즉 북방불교(한·중·일 등)에서 부처가 깨달은 연기법으로 깨달을 수 없다는 악마의 말을 하고 있다!

이것은 곧 불교의 교주인 싯다르타 부처를 부정하는 것이다.

지금도 대체적으로 연기법을 부정하고 있다.

이보다 더 어처구니없을 수는 없다. 불교의 비극!

부처의 관점에서 본다면, 중국의 화두와 간화선은 사이비일 뿐이다!

여하튼 진정한 진리를 아는 것이 핵심이지, 방법론과 이름은 중요치 않다.

에베레스트산 정상(구경각)으로 가는 길은 무수히 많다.

그러나 진실을 왜곡하고 있다는 것은 엄청난 잘못이다.

지금이라도 선문에서 바른 눈으로 바른 설법을 펼쳐야 한다.

수행의 정점으로 갈수록 모든 수행법은 하나로 통일된다!

왜냐하면 모든 수행법은 깨달음을 얻기 위한 방편이기 때문이다.

깨달음의 정점으로 갈수록 존재의 실상을 있는 그대로 보게 된다.

그래서 더할 나위 없이 세상이 투명하고 아름답게 보인다.

이것은 깨달음의 세계로 가고 있다는 징후이고, 에고가 서서히 죽어가고 있다는 징표이다.

자세하게 바라보면, 아직은 "이 순간"을 산다는 것을 명확하게 인식하지 못하는 단계이다. 상당한 부분은 "이 순간"에 모든 것이 있다는 사실을 눈치챈다.

결국 정상(묘각)에 서게 되면, 모든 수행법은 찬란한 방편이고 또한 판타지 불교 경전은 이름뿐인 껍데기에 지나지 않는다는 사실을 스스로 보게 된다!

어쨌든 여러 가지 방법을 제시해 놓았으니, 각자의 역량에 맞게 잘 선택하여 완전한 깨달음(해인삼매)을 얻기를 간절히 기원한다.

마지막으로 모든 수행 방법은, 자신의 내부에 잠자고 있는 부처(진짜 자아)를 흔들어 깨우는 과정이라는 사실을 결코 잊지 말라!

또한 자신이 부처가 되고자 하는 마음이 강하면 강할수록, 모든 어려움과 난관을 극복하는 최강의 무기가 된다.

이런 강인함·간절함·절박함은 모든 고뇌·좌절·실패를 극복하고 초월할 수 있는, 진정한 자아의 완벽한 정신적인 불멸의 의지다!

초인이여, 완전한 깨달음을 얻을 때까지 계속 전진하라!

4장 바른 견해

1. 화두는 부처를 가려내는 시험 문제다

시중의 서점에 가면 소위 깨달았다고 하는 자들의 책은 너무나 많다.

무엇을 골라 읽어야 할지 이것 자체가 고뇌일 정도이다.

깨달았다고 하는 자들의 책은 거의 모두 설명식으로 되어 있다.

이것은 어쩌면 너무나 당연하다.

모르는 자에게 알려주려고, 설명적일 수밖에 없는 것은 필연적인지도 모른다. 어쨌든 여기까지는 좋다.

그러면 현대적인 화두 책의 해설서는 어째서 없는 것일까?

어째서 천 년 전의 케케묵은 화두 책을, 아직도 읽어야 하는 것일까?

뭔가 잘못되어도 한참을 잘못된 것이 틀림없다. 직관적인 통찰!

인간의 과학적 기술의 진보, 이성적 사고의 혁명과 비교한다면, 어째서 이런 터무니없는 현실이 지금도 계속되고 있는 것일까?

아마도 진짜 부처가 그만큼 드물었다는 사실을 방증하는 것은 아닐까?

일반적으로 화두 책은 "벽암록(설두·원오)", "종용록(천동·만송)", "무문관(무문)", 성철의 "본지풍광"이다.

그리고 "경덕전등록(중국 송나라 도원, 역대 부처와 조사들의 어록과 행적을 모은 책)"과 "선문염송(고려 후기 혜심, 한국 최초의 화두 모음집)"이 대표적이다.

나머지 책들은 진리를 얼핏 엿본 자들이 쓴, 어처구니없는 해설서일 뿐이다.

설혹 아니라고 하더라도, 내용이 너무나 부실해서 수행자들에게 도움이 되지 않는다.

여하튼 말로는 절대 진리를 청산유수처럼 안다고 떠드는 자들이, 화두에 대해서는 어째서 침묵을 지키는 것일까?

화두만 외치는 간화선 문화에서, 어째서 시대에 부응하는 제대로 된 화두 책을 쓰는 자는 없는 것일까?

오직 화두만 강조하는 고리타분한 간화선 문화에서, 풀리지 않는 수수께끼 아닌 수수께끼다. 하하!

진정한 수행자여, 진실이 무엇인지 보이는가?

설령 화두를 안다고 하더라도, 고작 "무(無)"자 화두 정도 아는 낮은 수준(我空)일 뿐이다. 마조의 오줌싸개들(我空)!

이 단계에서 헛것이 보이기 때문에 터무니없는 헛소리를 한다.

그것은 본래면목 화두(法空)를 설명하는 것을 보면, 명확하게 알수가 있다.

수행의 과정과 방법은 얼마든지 다를 수 있다. 즉 산의 정상에 서는 것이 목표이지, 어느 과정으로 왔는지는 의미가 없다.

하지만 수행자의 근본 목표는 완전한 깨달음(法空, 구경각)이다.

부처는 "연기법"으로 깨우쳤지만, 중국의 영향으로 인하여 선(禪) 또는 화두 문화가 주가 된 것은 부인할 수 없는 사실이다.

그럼 로마에 가면 로마의 법을 따라야 한다. 당연지사!

간화선이 아무리 악법일지라도, 악법도 법이다.

소크라테스의 사자후!

그렇다면 진정한 수행자는 화두로 진검승부를 보아야 한다!

그런데 지금의 상황을 보라. 살아 있는 부처는 없고, 오직 그림자 부처만 판을 치고 있다.

마치 성스러운 부처와 조사를 팔아서, 불교를 장사하는 프랜차이즈 장사치와 진배없다.

화두 중에서 본래면목 화두는 물론이고, 진리의 어떠한 부분에도 막힌다면 절대 진리와는 무관하다. 배울 것이 있는 학인!

부처가 깨달은 "연기법"을 제아무리 막힘없이 말하고 팔만대장경을 모두 외운다고 해도, 본래면목 화두를 꿰뚫지 않고서는 진리와 아무런 상관이 없음을 명확하게 알아야 한다. 불멸의 진실!

결국 화두는 부처를 가려내는 진정한 시험 문제다!

선지식(부처)으로 인정을 받으려면, "덕산탁발", "아호의 인절미", "진조감승", "백장야호", "혜능의 불사선악"에 대한 견해를 반드시 밝혀야 한다!

(6장 분류사 화두, 161, 151, 162, 163, 187번 참조)

이것에 대하여 견해를 밝히지 못하는 자는 결코 선지식이 아니다!

절대 진리를 모를 뿐만 아니라 인간의 탈을 쓴 악마의 씨앗이다.

특히 선문에 있는 불타는 눈동자를 가진 자들은 주의해서 보라.

잘못되면 사이비에게 속아서, 단 한 번뿐인 일생을 낭비하는 천추의 한을 남길지도 모른다.

만약 내 말을 믿지 못하겠다면, "덕산탁발", "아호의 인절미", "진조감승", "백장야호", "혜능의 불사선악"을 마조의 오줌싸개, 사이비, 악마들에게 물어라!

그러면 무엇이 진실인지 스스로 보게 될 것이다. 하하!

그래서 위대한 선사들이 입이 마르도록 화두를 강조한 것이다.

화두는 산 자와 죽은 자를 판별하는 정의로운 심판관이다.

화두로 수행 수준을 판단하는 것은 시간적으로 가장 효율적이고, 가장 명확하고, 가장 알기 쉬운 만고의 표준이다!

왜인가? 제아무리 진리를 꿰뚫은 것 같아도, 화두의 은산철벽 앞에서는 오직 캄캄하다.

화두 앞에서는 어떤 것도, 그 무엇도 통하지 않는다. 삼매 지옥!

잔재주로 넘을 수 없는 여러 겹의 난공불락의 철옹성만, 자신의 앞에 당당하게 버티고 서 있을 뿐이다. 수행자의 무덤!

화두는 산산조각 낼 수 없는 은산철벽과 난공불락의 무쇠로 만든 성(철옹성)에 비유가 된다. 오~ 한 맺힌 나의 원수여! 하하!

거두절미하고 진정한 수행자를 위하여 질문을 하겠다.

싯다르타 부처의 뜨거운 심장을 가진 자가 있다면, 내 손바닥 위에 올려 보라?

그럼 황벽의 철옹성을 산산이 조각낸, 임제의 후예라고 인정하리라!

선(禪)과 화두는 진리를 "이 순간"에 직접적으로 보여 주는 것이다!

완전한 깨달음을 온몸으로 직접 보여 주는 본지풍광(本地風光 어떠한 미혹도 번뇌도 없는 부처의 경지)의 모습이다.

진리를 바로 눈앞에 보여 줄 수 없다면, 그 자는 진리를 모르는 자다!

이것은 곧 선과 화두의 생명이다. 즉 직지인심! 견성성불!

말은 얼마든지 다른 사람의 말을 흉내 내고, 앵무새처럼 미사여구로 화려하게 치장할 수 있다.

예컨대 원오의 "벽암록"을 외운 자들이 마치 자신의 깨달음인양 간악한 원숭이의 흉내를 내었기 때문에, 대혜가 "벽암록"을 모두 태워 버린 것이다.

그러나 불행하게도 화두는 생각이 완전히 소멸되지 않는다면, 결코 보이지 않는다! 절대 세계의 불가사의한 비밀의 암호!

화두는 진리를 나타내는 너무나 직접적인 질문 방식이기 때문에, 대답을 하지 못한다면 답답해하는 자신을 스스로 마주 보게 된다!

선(禪)은 부처의 광명 지혜로 직관적으로 꿰뚫는 것이기 때문에, 이 수준에 이르지 못한 자는 영원히 지나갈 수 없는 불타오르는 유황불의 화두 지옥이다. 앵무새들의 화장터!

그리고 화두의 장점은 사이비와 악마를 가려내는 특효약이다!

그럼 모르는 자신을 보고, 더욱 열심히 수행하는 것이 올바른 수행자이다.

그러나 사이비 수행자들은 생과 사의 수호자인 화두를 탓한다.

얼마나 가소로운 장면이지 보이는가!

거짓 자아에게 속아서 놀아나는 자신을 직시해야 한다. 마네킹아!

또한 아상(我相 내가 있다는 생각)이 사라지지 않은 수준임을 명확하게 인지해야 한다. 아상·인상·중생상·수자상!

화두의 철옹성을 모두 정복하지 못한 자는 아직 과정에 있는 학인이다!

결론적으로 화두의 중중첩첩의 철옹성을 모두 허물어 버린 자는, 스스로 부처임을 안다! 해탈지견(解脫知見)!

진정한 부처에게는 화두도 없고, 이근원통도 없고, 연기법도 없고, 사람도 없고, 부처도 없고, 미륵불도 없고, 불교도 없고, 삼라만상도 없고, 깨달음도 없다. 텅 비어 있는 진공(眞空)만 있다!

오직 "이 순간"에 있을 뿐이다! 이것이 완전한 진리이다!

나머지는 모두 대중들을 위한 거짓말 같은 눈부신 방편뿐이다!

결코 방편(사랑의 만병통치약)에 속지 말라!

결코 진리를 모르는 자(마조의 오줌싸개)에게 속지 말라!

결코 경전 소설가들이 쓴 판타지 경전 소설에도 속지 말라!

"선이 없는 것이 아니라 선사가 없다!"는 황벽선사의 사자후가 지금도 푸른 하늘에 쩌렁쩌렁하게 울린다.

만약 겹겹의 은산철벽을 산산이 부수어 버린 자가 있다면, "백장야호"의 성주인 황벽이 통행증을 발급해 주었을 것이다.

나머지 놈들은 절대 믿을 수가 없다.

혹 "마조의 오줌싸개"들이 남용한 통행증이 대부분이기 때문이다.

오직 황벽의 직인이 찍힌 통행증만 제시하라! 그럼 감정해 주리라.

과거, 현재, 미래의 모르는 앎 중에서, 어떤 모르는 앎으로 이 책을 읽고 있는가?

철옹성의 성주 황벽의 통행증을 가진 자가 있는가?

조사선의 양심인 황벽의 뜨거운 심장을 가져온다면, 임제의 자국 없는 옥새를 찍어 주리라! 소리 없는 악!

2. 화두 책의 진실과 거짓

소위 깨달았다고 하는 자들이, 진리를 모두 아는 듯이 설명적인 책은 많이 쓰면서, 왜 화두 책은 쓰지 않을까?

심히 의심스러운 대목이다. 하하!

불행하게도 북방불교(한·중·일 등)는 화두가 강력하게 지배하고 있는 세력권이기 때문에, 화두라는 관문을 모른 체하고 외면할 수도 없고 그냥 지나칠 수도 없다! 화두의 무덤!

진실한 수행자여, 이 부분을 곰곰이 생각해 보면, 그 자의 수준이 사실은 명백하게 드러나는 순간이다!

소크라테스는 "악법도 법이다."는 말을 남기고 죽임을 당했다.

간화선이 아무리 악법이라고 해도 이 시절을 지배하기 때문에, 진정한 수행자는 간화선으로 진검승부를 보는 것은 너무나 당연하다!

북방불교가 화석화된 공룡의 뼈다귀인 화두만 집착하는 사이코패스라고 해도, 진실한 수행자는 당연히 이 생사의 관문을 산산이 조각내고 지나가야 한다! 수행자의 길! 조사의 관문! 부처의 관문!

간화선의 모든 화두를 죽인 후에, 삼계의 제일검이 되어 천하를 주유해야 한다. 허공으로 갈가리 흩어진 생과 사의 1700공안!

자신의 길이 화두든, 이근원통이든, 연기법이든 비로소 가야 맞다.

눈동자 없는 수행자여, 진실이 무엇인지 보이는가?

그렇다면 한국 역사상 제대로 된 화두 책을 쓴 자는 과연 누구인가?

내가 인정하는 유일한 자는 성철의 "본지풍광"뿐이다.

왜냐하면 진짜 부처를 가려낼 수 있는 화두 중의 화두는 "진조감승"과 "백장야호"이다!

그런데 이 두 개가 실려 있는 책은 오직 성철의 "본지풍광"뿐이다.

진정한 정안종사가 아니라면 알 수가 없다.

사이비와 악마들은 화두의 경중조차도 가릴 수 없는 까막눈이기 때문이다. 부끄럽구나, 눈먼 간화선이여!

나머지 책들은 내용이 빈약하거나 아니면 낮은 수준(我空)에서 쓴 헛소리 같은 책들뿐이다.

어쨌든 청산유수처럼 모든 것을 아는 척해도, 눈앞에 수미산처럼 우뚝 솟은 화두의 은산철벽의 존재를 어찌 지날 수 있겠는가!

추악한 앵무새들은 난공불락의 철옹성을 깰 수가 없어, 철문 앞에서 자신을 속이고 있다. 까마득한 영겁 세월의 은산철벽! 하하!

악마에게 자신의 순결한 영혼을 팔아버리고, 퇴색한 부처의 옷을 훔쳐 입은 사악한 스파이여.

지금도 선지식 행세를 하는, 타락한 박쥐들의 악스러운 행각이 오직 역겨울 뿐이다. 악성 바이러스들!

마치 돌팔이 의사가 시술을 잘못하여 사람을 죽이는 것과 똑같다.

간악한 원숭이들이 진리에 대하여 모든 것을 흉내 낼 수 있어도, 딱 한 가지 흉내를 낼 수 없는 것이 있다! 그것은 바로 화두다.

"화두가 없다면 불교가 사라진다."는 말은 불멸의 진실이다!

사이비들을 죽일 수 있는 유일한 살인도인 화두가 있어 천만다행이다!

하지만 진정한 선사가 없다면, 그 순간 불교는 아비규환의 혼돈만 있을 뿐이다.

만약 이렇게 된다면, 초인(부처)이 출현하는 그 순간까지, 온 우주는 피바람이 부는 아비지옥이 될 것이다.

결국, "선문염송"의 모든 화두들을 꿰뚫지 못했기 때문에, 화두 책을 쓰지 못하는 것이다! 이것은 너무나 당연한 귀결점이다.

완전한 깨달음을 얻지 못했기 때문에 화두 책을 쓸 수가 없다.

진리를 얼핏 보았기 때문에, 곳곳에서 막히는 낮은 수준(我空)이기 때문이다. 음흉한 마조의 오줌싸개들!

또한 아공은 헛것이 보이는 수준이기 때문에 결코 깨달음이 아니다!

아공(我空) 수준에 있는 자들은 스스로가 잘 안다.

왜냐하면 화두를 모두 알 수가 없고, 부처의 말을 모두 이해할 수도 없기 때문이다!

에고(거짓 자아)가 속이는 아상(我相)에 아직도 갇혀 있는 자다.

스스로를 속이고 있으니, 부처인들 어찌 이런 불쌍한 중생을 구제할 수 있겠는가?

화두의 은산철벽 앞에서 사악한 악마와 부당 거래를 하지 말라.

헛된 놈아! 똥만 싸는 똥싸개야!

이런 자들은 절대계의 청룡이 못 되고, 현상계에서 헤매는 이무기와 같은 자다. 공허한 그림자!

이무기가 개과천선하여 하염없이 비가 내리는 날 하늘로 승천을 하면 용이 되는데, 이들은 알면서도 용이 되지 않으니 영원한 악마의 씨앗일 뿐이다.

이런 흉악무도한 사이비와 악마들에게 절대 속아서는 안 된다!

사이비와 악마들을 모두 죽이고, 우주의 영원한 평화를 되찾아 온
빛의 전사는 없는가?

싯다르타 부처의 목을 베어 버린, 삼계의 제일검 운문의 후예는
없는가?

화두의 심장을 가지고 오는 자에게, 호천의 불생불멸의 검인 살인
도와 활인검을 주리라!

3. 화두 참구 방법

화두 선택시, 자신에게 가장 크게 의문과 의심을 불러일으키는 화두를 선택하는 것이 최선의 선택이다. 자기 주도적 학습!

화두 참구시 가장 크게 의심을 불러일으키는 문구를 반드시 스스로 찾아야 한다! 일반적인 문구를 변형시키는 것도 좋은 방법이다.

화두 참구할 때, 이래도 해 보고 저래도 해 보아야 한다.

그러면 결국 자신의 의문을 극대화시킬 수 있는, 실마리의 문구를 스스로 찾을 것이다.

스승은 일반론적인 말을 해 줄 수는 있지만, 결국 자신에게 맞는 의심의 열쇠인 문구를 스스로 만들어야함을 명심해야 한다!

목마른 자가 우물을 파야 하는 것은 너무나 당연하다.

"수행자는 자신을 등불로 삼고, 타인을 등불로 삼지 말라!"

화두 참구시 "어째서" 또는 "왜"라는 "의문 부호"가 반드시 들어가야 한다! why?

화두 참구의 생명은 "의심"이다! 의심이 결여된 화두 참구는 참구가 아니다! doubt!

화두 참구시 "의심"이 일어났다면, 집요하게 파고들어 가는 "집중력"이 이어야 한다! suspicion and concentration!

화두에 완전하게 집중하여 생각이 일어나는 모든 출구를 철저하게 봉쇄하여, 화두의 의심을 계속 증폭시켜야 한다.

그러면 의심의 덩어리(疑團)가 만들어지고 이 의심의 덩어리가 점점 커지다 보면, 결국 자연스럽게 스스로 폭발(소멸)하는 날이 반드시 오게 된다.

이 순간까지 절대 물러서지 말고, 황소걸음으로 뚜벅뚜벅 걸어가야 한다.

내가 참구한 "나는 누구인가?"를 예로 들면, "나는 과연 누구인가?", "지금 숨 쉬는 놈은 도대체 누구인가?", "이 몸을 끌고 다니는 놈은 과연 누구인가?", "지금 화두를 뚫기 위해서 처절하게 고뇌하는 자는 도대체 누구인가?", "은산철벽 안에 갇혀서 살길을 찾고 있는 자는 과연 누구인가?" 등등 자신에게 의심을 일으킬 수 있는 돌파구의 문구를 스스로 찾아라.

특히, "나는 누구인가라고 내 속에서 말하는 놈은 도대체 누구인가?"라는 문구에서 모든 의심이 불타올랐고, 마치 나의 목에 작살을 꽂은 것처럼 오직 괴로웠다.

과연 내 속에 무엇이 있어, 이렇게 말하며 의문을 가지는 것일까? 도대체 내 속에서 말하는 놈은 무엇이고, 의문을 가지는 놈은 누구일까?

이렇듯 화두가 무르익어 가면, 가장 크게 의심의 덩어리를 만드는 문구를 반드시 스스로 찾아야 한다. 이것은 스승의 몫이 아니다.

의심의 덩어리는 스스로 만드는 것이지, 그 누구도 만들어 줄 수가 없다.

이렇듯 위대한 스승은 깨달음으로 가는 여러 가지 길을 제시해 주고, 제자는 이것저것을 해 보고 결국 자신에게 맞는 길을 선택하여 깨달음에 도착해야 한다.

깨달음으로 가는 도중에 길이 막히면, 그때마다 스승에게 조언을 구하여 험난한 산을 넘어가면 된다.

하나 짚어야 할 것은, 나의 수행 과정에서 수행 방법에 대한 가장 큰 의문점이 하나 있다.

그것은 자신을 관조할 때와 일에 완전히 몰입할 때도, 화두 참구를 해야 하는가 하는 의문이다. 결국 이 둘은 같은 것이다.

공통점은 하나의 주제에 집중하고 있기 때문이다. 즉 생각이 일어나지 않기 때문에 순수한 마음이거나, 생각에 끌려 다니지 않기 때문에 있는 그대로 바라보는 마음이다.

화두 참구는 마음속에서 일어나는 모든 생각을, 철저하게 무시하고 오직 화두에 집중하는 것이다!

관조자(주시자)는 자신의 마음에서 일어나는 생각들의 근원(바탕)을 냉철하게 관찰(집중)하는 것이다!

일을 할 때 완전하게 몰입하는 것은 주관과 객관(나와 바깥세상)이 없는 물아일체의 집중이다!

이렇듯 세 가지 방법 중에서 어느 하나를 하는 것은, 화두 참구가 지속되는 것이다!

스승들은 오직 화두 참구만 하라고 했지만, 나는 화두 참구시 화두만 참구하고, 관조할 때 관조만 하고, 일에 완전하게 몰입할 때 일에 몰입만 했기 때문에 항상 헷갈렸다.

수행 방법이 잘못되지 않았는가 하는 의문이 항상 있었기 때문에, 명확하게 밝히는 것이다.

이 방법을 선택한 이유는, 모든 것은 "이 순간"에 있기 때문에 같은 것이라고 예상은 했지만 확신은 없었다.

어쨌든 이 세 가지는 모두 같은 수행 방법임을 명백하게 밝힌다.

결국, 화두 참구의 핵심은 자신이 얼마나 부처가 되고 싶은지에 달려있다!

부처가 되고 싶으면 되고 싶을수록, 간절하고 절박하게 전진하다 보면 결국은 부처를 이루게 된다.

24시간 화두 참구는 반드시 지속되어야 한다! 24시간 완전하게 깨어 있어야 한다!

불교에서 "마음이 곧 부처다"라고 말한다. 그럼 마음만 굳고 강인하게 먹는다면, 부처가 되는 길도 결코 멀지 않다.

수행자여, 수행 과정은 힘겹고 괴로울지라도, 결코 물러서지 말고 바보처럼 뚜벅뚜벅 전진하라.

반드시 자신의 부처를 만나게 될 것이다. 파이팅! 필승!

소옥아, 매일매일 즐거운 마음으로 수행하자.

4. 책 읽기의 중요성

선(禪)에서 책을 보지 말라고 하는 것은, 책에서 배울 내용을 모두 배운 후에 남의 흉내를 내는 앵무새가 되지 말라는 뜻이다.

그런데 게으른 자들이 자신의 무지함을 보지 못하니, "벽암록"을 불태운 대혜가 천상에서 통곡을 한다. 즉 책에서 익힌 내용을 마치 자신의 깨달음인 양 말하는 것을 경책하기 위한 것이다.

덕산도 깨우치고 "금강경소초"를 태웠다. 그러나 보라!

덕산이 "금강경소초"를 쓸 만큼, 엄청난 지식을 가지고 있었음을 절대로 간과해서는 안 된다. 덕산은 그 당시 최고의 불교 학자였다.

이렇게 지식적으로 아는 것이 많았기에, 덕산은 만고의 위대한 스승이 된 것이다. 덕산의 도깨비 방망이!

깨닫고 나면 지식은 찬란한 방편(만병통치약)으로 활용된다!

그러나 이론적으로 아는 것이 빈약하다면, 이렇게 될 수 있겠는가!

혜능은 배우지 못했기에 순수한 마음을 유지할 수 있었다.

그래서 "금강경"을 듣고 깨우침이 온 것이다.

그러나 게으르고 탐욕스러운 자들은 아상(我相)에 사로잡혀 있기 때문에, 순수한 마음이 아니라 욕망과 욕심으로 가득 차 있다.

그래서 선을 하는 자는 지식이 필요 없다는 표독한 악마의 말을 지껄이는 것이다.

우리가 바르게 배우지 않는다면, 어떻게 위대한 스승들을 보고 배울 수 있겠는가!

물을 물통에 계속 부으면 결국 가득 차고 넘치게 되듯이, 책도 읽고 읽다 보면 그 끝자락에서, 더 이상 책으로 해결할 수 없는 유리 벽에 반드시 부딪히게 된다! 이때까지 책을 읽고 읽어야 한다.

내 경험으로는 28세 때가 처음이었고, 더 이상 책을 읽을 필요가 없다고 내 속에서 거짓 자아(에고)가 계속 달콤하게 속삭였다.

하지만 책을 읽으면 모르는 벽에 부딪히는 부분이 있었기 때문에, 책 읽는 것을 멈출 수가 없었다.

진리에 다가갈수록 에고의 정체가 조금씩 노출된다!

결국 깨닫게 되면 에고 자신이 죽기 때문에, 그것을 방지하기 위해서 진실에 다가가는 것을 스스로 막는 것이다!

이 단계에서 여러 가지 경계 체험을 하게 된다.

이것은 에고 스스로가 죽을 수 있다는 불안감에서, 살아남기 위한 발악이다. 에고의 자기 방어!

선에서는 이것을 "마가 낀다."라고 표현한다. 이것을 명확하게 알아야 한다.

책은 가야 할 방향을 제시할 뿐, 책 속에 분명히 길은 없다!

그러나 팔만대장경은 부처의 국토로 가기 위한 안내 표지판과 같다.

"하루라도 책을 읽지 않으면, 입안에 가시가 돋친다!"

책은 앞선 인류가 미래의 세대를 위하여, 인생을 선물하는 가장 중요한 기적의 열쇠가 될 수도 있다!

또한 책은 가고자 하는 방향을 명확하게 보여 주는 지도와 내비게이션이다!

그리고 책을 통해서 우주 전체를 볼 수 있는 시각을 가진다!

하지만 말과 글 속에서 진리를 찾는 자는 살아 있는 사람이 아니라, 사진 속에 박제된 죽은 사람이다!

책으로 해결할 수 없는 벽에 부딪힐 때, 더 이상 생각으로 어찌할 수 없는 지점까지 갔을 때, 비로소 "화두"를 잡아야 한다!

화두를 잡는 최상의 시기! 이때가 32세 전후였다.

이 시기를 전후해서 본격적인 무기가 시작되었던 것 같다.

무기(無記)는 깨우치기 바로 직전까지 지속된다. 중생의 무명이 곧 무기다.

무명(無明)은 진리를 깨닫지 못한 마음이고, 모든 번뇌의 근본이다.

수행자는 이런 과정을 명확하게 알고 있어야 한다.

그래야 수행 과정에서 시행착오를 줄일 수 있기 때문이다.

돌이켜보면 운 좋게도, 나는 화두를 잡아야 할 시기 즉 최적의 시기에 잡은 것이다.

아니 화두를 잡을 수밖에 없었고, 불행하게도 다른 방법을 몰랐다.

만약 위대한 수행법인 "이근원통"을 알았다면, 수행의 여정이 상당히 바뀌었을지도 모른다. 이 점이 항상 궁금한 점이다. 제기랄! 하하!

생각의 수레바퀴 속에서 사색으로 더 이상 알 수 없는 한계 지점 또는 책으로 더 이상 어찌할 수 없는 철옹성에 길이 막혔기 때문이다.

비로소 이때부터 책을 읽지 않아도 된다.

선(禪)에서 책을 읽지 말라고 하는 것은 이 지점에 도착해서, 화두 참구할 때 책을 읽지 말라고 한 것이다! 특히 선객들은 분명하게 알아야 한다.

무지한 수행자는 뭘 해도 못하고, 현명한 수행자는 뭘 해도 잘한다. 이유는 바른길을 알고 모르고 차이다. 이 차이는 마치 부처와 중생의 차이와 똑같다.

그러나 나는 자신의 게으름과 점검용으로 책을 계속 읽었다.

마치 덕산선사의 자비로운 방망이 같은 역할이었다.

주객 합일(은산철벽)의 경험을 한 38세 때부터, 내가 중요하게 생각하는 20권 가량의 책들을 조금씩 반복하여 읽었다.

책을 구입하지 않으려고 노력했지만, 1년에 새로운 책은 5권 가량 사서 읽었다.

읽었던 책 중에서 중요한 책은 최소 5번 이상 읽었고, 10번 이상 읽은 책도 몇 권 있다.

예를 들면, 조주록(조주), 참선경어(박산), 무문관(무문), 신심명·증도가 강설(성철), 반야심경, 부처님 이마에 담뱃재를 털며(숭산), 산다는 것과 초월한다는 것(바바 하리 다스), 마음에는 평화 얼굴에는 미소(틱낫한), 나는 누구인가(마하리쉬), 자기를 바로 봅시다(성철), 선가귀감(서산), 돈오입도요문론 강설(성철), 산방야화(천목), 동어서화(천목) 등등.

내가 깨닫기 전까지 읽은 책은 아마도 천 몇 백 권은 족히 된다.

부끄럽지만 나의 과정을 상세하게 밝히는 것은, 수행자들이 바른길로 갈 수 있는 하나의 참고 자료가 되고자 밝히는 것이다.

덧붙이면, 내게 독서에 대한 하나의 기준이 있었다.

"한 사람의 책을 세 권 이상 읽지 않는다."는 원칙이다.

예외는 성철, 숭산, 틱낫한, 니체 등등.

왜냐하면 한 사람의 책을 여러 권 읽는 것보다, 수많은 사람의 책을 각각 한 권씩 읽는 것이 더 경제적이고 효율적이라고 생각했기 때문이다. 다양한 경험과 폭넓은 시각!

또 하나 짚어야 할 것은, 싯다르타가 읽은 책은 그 어디에도 나오지 않는다.

이것은 불교가 얼마나 편협하고, 악의적으로 편집했는가를 명확하게 보여 주는 대목이다. 눈먼 소심한 불교야!

전후사정을 감안해 보면, 싯다르타는 엄청난 지식의 소유자였다.

사람은 아는 만큼 보고, 아는 만큼 느끼고, 아는 만큼 행할 수 있다.

그렇기에 중생의 고통을 보고서 생로병사로부터 벗어나기 위해서, 29세 때 수행자의 길을 떠난 것이다.

부처가 무지했다면, 49년간 어떻게 설법을 할 수 있었겠는가!

싯다르타 부처의 원음이 살아 있는 초기 경전을 보면, 부처는 엄청나게 똑똑하고 지혜로운 자였다는 것을 알 수가 있다.

그러므로 선(禪)에서 지식이 중요하지 않다고 말하는 것은, 부처를 악마라고 부르는 것과 똑같다.

깨닫고 나면 알고 있는 지식은 영롱한 방편으로 활용되는 것이니, 책 읽기는 평생 지속되어야 한다!

나의 형제여, 우리는 깨달음의 나라로 가기 위해서 불철주야 노력한다.

그러므로 바른길을 먼저 알고, 바르게 배우고 익혀서, 바르게 수행하여, 바른 부처가 되어야 한다. 신해행증(信解行證)!

수행자들이여, 수행은 삼계에서 가장 어렵고 험난한 고행의 길이다.

하지만 즐겁게 수행을 해야 한다. 각자의 위치에서 자신의 환경, 조건, 상황, 능력을 탓하지 말고, 모든 것을 이겨내고 초월하여 절대 세계의 부처가 되자!

5. 나는 생각하지 않는다. 그러므로 나는 존재한다.

근대 철학의 창시자인 데카르트 철학을 간략하게 보자.

신과 현실 세계(대상)로부터 "나"라는 존재 자체는, 그 무엇에도 의존하지 않는 독립적인 주체이다.

사람마다 경험하는 것은 주관적이기 때문에, 경험을 통해서 얻는 지식은 정확한 지식이 아니다.

그러므로 경험이 아닌 이성으로 진리를 찾아야 한다.

이성적 사고로 대상(현실 세계)에 대한 정확한 지식을 얻을 수 있다.

데카르트는 모든 것을 철저하게 의심하다가 확실한 결론을 내린다.

"나는 모든 것을 의심하고 있고, 이것은 내가 확신할 수 있는 유일한 사실이다." 즉 의심하고 있다는 사실은 모든 것을 아무리 생각해 보아도, 더 이상 의심할 수 없는 유일한 사실이자 직관적인 결론이다.

결국 의심하는 것은 생각하는 것이고, 생각하는 것은 존재하는 것이다. 즉 "나는 생각한다. 그러므로 나는 존재한다."라고 자신의 독립적인 주체를 설명했다.

데카르트의 말은 이성적으로 완벽하다.

그러나 이것은 철학자와 수행자의 수준 차이를 극명하게 보여 주는 것이다.

너무나 안타까운 사실이지만 데카르트가 철학자가 아니라, 수행자였다면 아마도 위대한 선사가 되었을 것이다.

또한 이성적 사고의 영역 밖을 이성적 사고로 알 수 있을까?

이것은 철학자뿐만 아니라 우리 인간의 한계이기도 하다.

끝을 알 수 없는 삼라만상의 전체 중에서, 인간의 이성적 지식으로 도대체 얼마만큼 아는 것일까?

왜곡되고 초라한 인간의 사고로 우주 전체의 사실 중에서, 과연 1%라도 제대로 알고 있는 것일까?

여하튼 이성적 사고의 영역 밖은 과연 무엇일까?

신(神)의 세계일까 아니면 악마의 세계일까?

나는 생각한다. 그러므로 나는 너무나 괴롭다. 하하!

각설하고, 데카르트가 의심하고, 생각하고, 존재한다라고 이성적인 사고에서 답을 찾을 것이 아니라, 이 생각들이 일어나는 근본 지점(본래면목)을 회광반조 해야 한다!

아무런 이유도 없이 샘물처럼 샘솟는 생각은, 단지 텅 비어 있는 공(空)일 뿐이다.

이 비어 있는 공허한 생각(의심)의 공(空) 속에서 길을 찾는다면, 입구는 있지만 출구가 없는 백골의 미로 속으로 들어가는 것과 같다.

의심이라는 "의심 자체"를 의심할 것이 아니라, 의심이 생겨나는 근본 바탕(自性)을 보아야 한다!

데카르트는 이성적 사고의 늪에서 빠져나오지 못하고, 처절하게 죽어가며 하얀 해골만 남긴 고독한 철학자다. 망상하는 헛것아!

이성으로 제아무리 생각해 보아도, 결국 이성의 영역 바깥은 영원히 알 수가 없다! 즉 생각하는 모든 것은 덧없는 공상이다!

아니 인간 자체가 모든 망상의 근원이다! 망상의 무한 제곱!

하물며 망상의 본체인 인간에게서 비롯되는 것이야, 무슨 말할 가치가 있겠는가! 헛된 허상아!

눈동자 없는 철학자야, 너 자신을 알라! 소크라테스의 불멸에 사자후!

그러므로 이성과 생각의 감옥에 감금되어 허망한 백일몽을 꿈꾸다가, 헛되이 태어나서 헛되이 사라지는 애처로운 똥싸개는 되지 말라!

결국 데카르트의 의심에 방향은 완전히 빗나갔다.

왜냐하면 의심(생각)이 생겨나는 근원지(본래면목)를 알려고 하지 않았기 때문이다.

공부의 방향이 완전하게 잘못되었기 때문에, 죽음의 미로 속에서 출구를 찾지 못한 것이다. 즉 출발부터 잘못된 여행이다. 방향 착오!

이렇듯 철학자는 자신의 공허한 생각과 육신 안에 갇혀 있는 형편없는 난쟁이일 뿐이다.

수행자여, 공부의 방향이 출발부터 잘못되면 결과는 불을 보듯 뻔하다.

눈먼 데카르트처럼 천추의 한을 남기는 공부를 해서는 안 된다.

우리의 마음속에 떠오르는 모든 것은 생각(의심)이다!

하루를 살면서 끊임없이 생각을 하지만, 생각의 주체는 가짜 자아(에고)이지 결코 내 자신이 아니다!

인간의 생각과 의심은 타는 듯한 목마른 갈증이자, 욕망이고 고통이다.

왜냐하면 영원히 채울 수 없는 빈 잔과 같기 때문이다.

결론적으로 이성적 사고로 생각하는 것은 존재하는 것이 아니라, "생각이 태어나는 출생지(自性)"를 바라보고, 의심하고, 생각하는 것이 존재하는 것이다! 이것이 수행의 시작이자 끝이다.

불행하게도 데카르트는 엉뚱한 말을 하여 사람들을 속였다.

"나는 생각한다. 그러므로 나는 존재한다."

그럼 의심하지 않을 때, 우리는 지금 존재하지 않는다는 것인가?

생각하지 않을 때, 지금 여기에 존재하는 나는 누구이며, 나는 무엇인가?

이것으로 데카르트의 말이 빗나갔다는 사실은 명확하다.

그럼 생각하지 않을 때, 존재하는 나는 누구인가?

"나는 생각하지 않는다. 고로 나는 존재하지 않는다."라고 말한다면, 낮은 수준이다. 눈먼 당나귀의 말이다.

완전한 깨달음인 일상생활 그대로가 진리인 수준에서는 "나는 생각하지 않는다. 고로 나는 존재한다."라고 말하는 것이 최상의 답이며, 완전한 답이다.

사람은 생각하고, 물질적인 것을 소유하기 위해서 존재하는 것이 아니라, "나"라는 존재 그 자체로 절대 세계의 마음을 품고 현실 세계를 살아가는 것이다!

"나라는 존재 자체"로 산다는 것은, 삼라만상 두두물물이 태어나는 근원(眞如)이 자신이라는 사실을 알고 살아가는 것이다.

천추의 한을 남긴 데카르트는 지금 어디에 있으며, 무엇을 할까?

6. 목숨을 걸고 수행하라

"이번 생애는 태어나지 않은 것처럼 수행을 하라."는 말은 위대한 스승의 찬란한 방편이다. 자비의 만병통치약!

스승이 제자를 얼마나 사랑했는지 보여 주는 간절하고, 절박하고, 처절한 말이다.

모든 것을 극복하고 초월할 수 있는 촌철살인의 한마디!

그러나 게을러서 수행하는 것이 괴롭다면, 수행하지 않아도 괜찮다.

단지 살아가는 동안 유황불의 지옥에서 미소를 지을 수 있다면, 이것 또한 좋은 것이다. 만사형통(萬事亨通)!

하지만 진정으로 부처가 되고 싶다면, 더 이상 무엇을 망설이는가?

안타깝게도 시간은 우리를 위하여 기다려주지 않는다!

꿈 많았던 소년이 하나의 꿈도 이루지 못하고, 벌써 백발의 지팡이를 짚고 회한의 눈물을 흘린다. 오~ 덧없는 인생이여!

"우물쭈물하다가 내 이렇게 될 줄 알았네."라고 후회하고 있다면, 이미 지옥에 도착하여 쓰라린 고통을 맛보며 통한의 후회를 하고 있겠지만, 한스럽게도 시계의 바늘을 되돌릴 수는 없다. 아뿔싸!

시간은 생명수다! 목이 마르다고 함부로 생명수를 마시지 말라.

생명수인 시간을 소중히 사용하라. 게으름과 태만함을 죽여라!

수행자의 최대의 적은 게으름과 자신을 속이는 것이다!

불타오르는 눈동자를 가진 진실한 수행자여, 빛으로 시간을 나누어서 무한하게 사용하라!

삼계의 제일검 운문의 비전 절기인 분광검법(分光劍法)!

진정으로 진리의 실체를 알고 싶다면, 목숨을 걸고 수행하라!

24시간 완전하게 깨어 있어라! 이것 말고 불행하게도 다른 방법이 없다.

그러면 반드시 2600년 전의 싯다르타의 얼굴을 마주 볼 것이다.

진정으로 부처가 되고자 한다면, 스스로 수행을 해서 깨우치는 것말고 다른 방법이 없다.

어설픈 수행자는 수행을 하는 척하지만, 글자의 껍데기만 외우는 음흉한 앵무새가 되고 만다.

죽은 글자로 진리를 깨우치려는 자는 불교의 반역자이며, 돈오점수를 추종하는 타락한 지해종도(知解宗徒 생각으로 진리를 이해하는 무리)다!

말 속에서 뜻을 찾는 자는 살아나오는 출구를 찾을 수 없고, 글 속에서 길을 찾는 자도 역시 출구가 막혀서, 막다른 골목에서 통한의 한탄만 남기고 창백하게 절규하며 죽는다.

사실 스스로 깨우치기 전에는 모두가 악마의 씨앗일 뿐이다!

삼라만상의 주인공이 되었을 때, 비로소 위대한 부처의 씨앗이 되는 것이다.

불교의 핵심은 스스로 부처가 되는 것이지, 눈먼 부처에게 하찮은 복을 기원하는 것은 결코 아니다!

수행자여, 반드시 스스로 깨우쳐서 모든 부처를 죽여야 한다!

기필코 이렇게 되어야 모든 것이 완전해지는 것이다.

위대한 초인이여, 모든 부처를 죽인 피 묻은 살인도를 가지고 오라!

형제여, 반드시 화두의 심장에, 심장에 검을 꽂아라!

허상의 빛깔인 자신의 심장에 검을 꽂으면, 진정한 자신의 심장
(自性)이 생생하게 살아서 뛸 것이다!
우주 전체의 소유주야, 알겠는가?

그날이 오면- 심훈

그날이 오면, 그날이 오며는
삼각산이 일어나 더덩실 춤이라도 추고
한강 물이 뒤집혀 용솟음칠 그날이,
이 목숨이 끊기기 전에 와 주기만 할 양이면,
나는 밤하늘에 나는 까마귀와 같이
종로의 인경을 머리로 들이받아 울리오리다.
두개골은 깨어져 산산조각이 나도
기뻐서 죽사오매 오히려 무슨 한이 남으오리까.

그날이 와서, 오오 그날이 와서
육조(六曹) 앞 넓은 길을 울며 뛰며 뒹굴어도
그래도 넘치는 기쁨에 가슴이 미어질 듯하거든
드는 칼로 이 몸의 가죽이라도 벗겨서
커다란 북을 만들어 들쳐 메고는
여러분의 행렬에 앞장을 서오리다.
우렁찬 그 소리를 한 번이라도 듣기만 하면
그 자리에 거꾸러져도 눈을 감겠소이다.

7. 스승과 제자

내처럼 혼자 수행하는 자가 가령 "안과 밖이 없는 하나(주객 합일)", "은산철벽" 그리고 "잠자는 것이 단지 눈을 감았다가 뜨는 동시에 화두가 생생하게 참구되는 경험(화두 삼매)"을 했다면, 바른 눈을 가진 스승을 찾아가서 안내받기를 충고한다!

회상해 보면, "나와 모든 것이 하나(주객 합일)"가 되는 경험을 한 단계에서 옳은 선지식(부처)을 만났다면, 속절없이 7, 8년이란 시간을 낭비하지 않았을 것이다.

당연히 전체적인 수행의 기간도 단축되었을 것이며, 수행 과정도 한층 무난했을 것이다.

여하튼 옳은 스승을 만나면, 수행의 기간이 단축된다는 말은 사실이다!

만약 수행 초기부터 옳은 선지식을 만나 지도를 받을 수 있다면, 이것은 신의 축복이다!

왜냐하면 수행 과정에서 애매한 부분을 해결할 수 있고 시행착오를 줄일 수 있으며, 어려운 순간마다 조언을 구할 수 있기 때문이다.

무엇보다 안정적으로 수행할 수 있으며, 수행의 시간도 단축시킬 수 있다는 것이 최고의 장점이다.

진정한 스승의 첫 번째 조건은 "완전한 깨달음(구경각)"을 얻었는가 하는 것이 가장 중요한 척도다!

1700공안을 투명한 유리잔 보듯이 훤히 알고, 진리에 어떠한 부분에도 막힘없는 무애자재한 도인!

스승이 완전한 깨달음을 얻지 못했다면, 사이비 스승의 악영향으로 자신도 모르는 사이에 잘못된 견해 때문에, 완전한 깨달음에 도달할 수가 없다!

만약 이렇게 된다면, 독학으로 수많은 시행착오를 겪으며 수행하는 것보다 못하다.

내처럼 독학하는 자에게 경전과 선어록이 기준이 될 것이다!

나는 위대한 선사들의 말씀(조사선)에 의지해서 수행을 했다!

부처 중의 부처인 조주선사!

스승은 평등한 마음으로 밝고 건전하게 설법을 할 것이며, 사람들에게 영합하는 어설픈 행동은 하지 않을 것이다.

모든 일을 처리하는 과정은 투명하게 공개적으로 하여, 일말의 의심을 만들지 않을 것이다.

업, 윤회, 사후 세계, 천국, 지옥, 구원, 49재, 천도재, 도솔천, 미륵불 등등 운운하면서 불안감을 조성하는 자는 명명백백한 사이비다!

또한 대부분 사이비들은 외모를 도사처럼 꾸민다. 특히 이런 악마들을 주의하라!

스승은 사랑과 평화를 전하는 한 송이 꽃이다. 그와 함께라면, 항상 정원을 산책하듯 무한한 평화 속에 머무는 자신을 볼 것이다.

진정한 스승이 침묵을 지킬 때, 절대계의 모든 진리를 전하고 있다는 사실을 결코 잊지 말라! 천둥소리의 침묵! 불이법문(不二法門)!

스승은 깨달음의 길로 안내하는 앞선 벗이다. 안내자가 뒤선 벗에게 무엇을 원하는 것이 있겠는가? 오직 사랑밖에 없다.

제자는 스승을 믿음으로 신뢰하고 집착은 하지 말라.

사람에게 의지하지 말고, 가르침에 의지하라!

스승의 말을 글자 그대로 이해하지 말고, 스승이 나타내고자 하는 의미를 파악하라.

가장 위대한 스승은 자신의 내면에 있다는 사실을 결코 잊지 말라!

존재하는 모든 것 속에서 스승을 볼 수 있도록 노력하라.

"모든 수행자는 자신을 등불로 삼고, 진리를 등불로 삼을 일이지, 타인을 등불로 삼지 말라!"는 싯다르타 부처의 말씀을 마음에 새겨라!

"남에게서 찾는 일 절대 말지니, 나와는 아득히 멀어지리라."고 일갈한 동산선사의 사자후를 절대 잊어서는 안 된다!

무엇보다도 일상생활을 하면서 평상심으로 살아가는 모습을 보여 주는 것 말고, 달리 더 이상 보여 줄 것도 사실 없다.

지극히 상식적인 삶!

위대한 선사(부처)의 모습은 단지 이것이다. 평상심이 도!

평상심의 노래를 선창한 백장, 조주, 임제와 평상심의 후렴구를 부르는, 모든 깨달은 자들은 나의 형제다.

나의 법은 일상생활을 하면서 평상심으로 살아가는 것이다.

단지 이것 말고 어떠한 법도 있을 수 없다.

"평상심이 도(道 진리)"라는 말은, 선(禪)의 완전한 깨달음을 표방하는 가장 위대한 문구다. 절대 세계의 구현! 절대 진리의 완성!

일상생활의 삶이 그대로 완전한 깨달음(일상삼매)의 실현!

각설하고, 학인의 입장에서 진짜와 가짜를 구별할 수 있는 눈이 없다는 것은, 수행의 비극 중의 비극이다!

스스로 깨닫지 않으면, 영원히 스승을 감정할 수 없으니 최악의 불상사다!

현실이 이렇다 보니, 법맥을 따라갈 수밖에 없는 것도 현실의 함정이자 치명적인 아픔이다. 악!

어쨌든 눈 밝은 선객이여, 반드시 스스로 깨달아서 잘못된 것이 있다면, 마땅히 잘못된 것을 바로잡아야 한다.

내가 주객 합일(은산철벽)의 경험을 하고 나서, 두 곳을 찾아갔지만 왠지 2% 부족한 느낌이었다. 그래서 몇 번 가고 안 갔다.

내 경험에 의하면, 주객 합일의 경험 또는 은산철벽에 갇힌 경험을 하고 나서, 비로소 직관적인 감이 생겼다!

무엇이라고 딱 꼬집어서 말을 할 수는 없지만, 왠지 아닌 것 같은 느낌이 들었다.

특히 선(禪) 어록에서 읽은 내용과 차이가 있었기 때문이다.

돌이켜보면, 이 느낌은 직관적인 감이기에 옳았다.

이 과정에서 세상은 더욱 더 투명하게 텅 비어가는 과정이 심화되었다.

클래식 음악을 들으면 음악 소리조차도 텅 비어가는 것이 보였다.

세상은 갈수록 더할 나위 없이 아름답게 보인다. 천국의 보이지 않는 문 앞에 선 것이다.

H사에 갔다가 나온 후에 D센터를 찾아갔다. 지리산에서 나의 완전한 깨달음(법공·구경각)을 완성했다.

"크게 의심하면 크게 깨닫고, 작게 의심하면 작게 깨닫고, 의심하지 않으면 깨달을 것이 없다."는 말은 위대한 말이면서 동시에 너무나 당연한 말이다.

깨닫는 순간 자신이 의심한 만큼, 딱 그만큼 깨달을 수밖에 없다!

이것은 너무나 당연한 귀착점이다. 뿌린 대로 거둔다!

출이반이(出爾反爾)! 당연지사(當然之事)!

나의 화두인 "나는 누구인가?"는 화두 최후의 관문에 있는 궁극의 질문이기 때문에, 타파하면 바로 완전한 깨달음을 얻는다! 즉 돈오돈수, 견성성불이 부처의 정법임을 확인하게 된다. 배울 것이 없는 도인!

그러나 낮은 수준의 화두("무" 계열의 화두)로 깨달음을 얻는다면, 본래면목 화두(法空)를 타파하지 못하기 때문에 작게 깨달을 수밖에 없다(我空)!

자신이 사라진 단계 즉 무아(無我) 수준(我空)의 깨달음이다.

아공은 결코 깨달음이 아니다!

왜냐하면 헛것이 보이기 때문에 완전한 진리가 무엇인지 모른다.

선(禪)의 역사를 보면, 거의 대부분의 선사들이 딱 아공 수준이다!

그래서 황벽이 마조의 제자 중 84명의 선지식 중에서 서, 너 명을 빼고, 모두 "오줌싸개(我空)"라고 일갈한 것은 바로 이것 때문이다!

사이비 마조의 죄가 너무나 크다. 치유할 수 없는 치명상을 입은, 선(禪)의 치욕이자 굴욕이자 수치이다! 부끄럽구나, 눈먼 조사선이여!

위대한 황벽선사가 아니라면, 감히 누가 있어 이런 말을 당당하게 할 수 있겠는가!

조사선의 최초의 양심 선언은 불멸의 황벽(黃檗)! 조사선의 심장!

조사선의 두 번째 양심 선언은 불멸의 호천(好天)! 조사선의 수호자!
조사선의 유일한 내부 고발자! 진실한 조사선의 알 권리 공개!
조사선의 양심 수호! 조사선의 정의로운 양심 회복!
철옹성의 성주답게 간신히 조사선의 양심은 지켰다!
강한 장수 밑에 약한 병졸 없듯이, 황벽의 제자는 삼계의 영원한
제왕인 목주와 임제다.
"백장야호"는 백장, 황벽, 위산의 이야기이고, "진조감승"은 목주
의 유일한 제자인 빛의 전사 진조의 이야기다.
화두 중의 화두인 "백장야호"와 "진조감승"을 뚫은 자가, 선(禪)의
역사상 과연 몇 명이나 되는지 영원한 의문이다!
이 두 개의 억겁 세월에 은산철벽을 산산이 박살 낸 자는 삼라만
상의 영원한 주인공이다!
결론적으로 완전한 깨달음을 얻는 순간, 삼계의 모든 진실을 알게
된다!
이 순간 스승의 수준도 비로소 드러난다.
내 경험에 의하면, 보림 생활이 끝날쯤 명확하게 알게 된다!
내가 간 세 곳 모두, 역시 "마조의 오줌싸개"였다. 망상하는 헛것아!
이들은 "덕산탁발"의 은산철벽도 넘지 못하고 있으니, 어찌 감히
"백장야호"와 "진조감승"을 꿈속에서라도 알 수 있겠는가?
눈 밝은 선객이여, "마조의 오줌싸개"를 만나면, 반드시 팬티 기저
귀 가방을 한아름 선물하라. 하하!
진짜와 가짜를 구별해낼 수 있는 부처의 신성한 살인도인 화두가
있어, 불교는 미소를 지을 수 있어 좋다! 천만다행!

불교 최후의 수호자인 선(禪)의 검(劍)인 화두가 살아 숨 쉬는 한, 싯다르타의 정법은 완벽하게 방비가 된 것이다!

이것은 조사선의 위대한 선사들이 구축한 완벽한 방어벽이다!

"선지식을 만나기 어려움은, 마치 우담바라가 3천 년에 한 번 피어나는 것과 같다."는 임제선사의 사자후가 지금도 생생하게 살아 있다. 악!

8. 완전하게 죽어야 완전하게 살아난다(完死完活)

"크게 죽어야 크게 살아난다(大死大活)"는 애매한 말보다는 "완전하게 죽어야 완전하게 살아난다(完死完活)"는 말이 개념적으로 쉽다.

대사대활의 반대 해석은 "작게 죽으면 작게 살아난다."는 말이고, 완사완활의 반대 해석은 "어설프게 죽으면 어설프게 살아난다."는 말이다!

수행자는 대사대활과 완사완활의 반대 해석을 분명히 인지해야 한다.

그래야 사이비와 악마의 종자가 되지 않기 때문이다.

부처의 국토를 가기 위한 최후의 관문(大無心地, 大死)에 도착했다.

가장 험난한 여정이 남아 있음을 명심하라. 삼매 지옥!

여하튼 최후의 관문은 부처의 씨앗이 되느냐, 아니면 악마의 씨앗이 되느냐 하는 절체절명의 갈림길이기도 하다!

건곤일척(乾坤一擲)!

왜냐하면 완전하게 죽은 자리에서 완전하게 살아나서, 눈을 뜨는 순간 완전한 깨달음(내외명철)을 얻는다!

돈오돈수가 부처의 정법임을 확인하고, 모든 수행을 졸업한다.

깨달음과 동시에 수행이 완성되어 모든 수행을 마친다(돈오돈수)!

더 이상 배울 것이 없는 중생! 더 이상 수행할 것이 없는 도인! 더 이상 깨달을 것이 없는 부처!

반드시 이렇게 되어야만, 완전한 수행의 완성이다.

"완전하게 죽는다."는 것은 의심·생각·노력으로 더 이상 다가갈 수
없는 인간의 한계 지점이다! 즉 현실 세계 최후의 지점!

이 "극한의 한계 지점"이 바로 "대무심지"이며, "완전하게 죽은 산
송장의 지점(大死)"이다.

"한계 지점"은 의심과 생각이 소멸한 최후의 지점이며, 노력으로
어찌 할 수 없는 그야말로 한계 지점이다.

화두 참구가 자연스럽게 풀리는 지점! 화두의 죽음!

"현실계의 마지막 지점"에서 완전하게 살아나는 자는, 바로 삼계
의 영원한 주인공(부처)이다!

무엇보다도 중요한 것은, 우선 완전하게 죽은 자가 되고 나서, 차
후에 완전하게 죽은 자가 완전하게 살아나는 것이 핵심 중의 핵심
이다!

"한계 지점"에서 싯다르타는 연기법으로, 원오, 대혜, 성철은 화두
참구로, 나는 관조하다가 깨달음을 완성했다!

그러나 대부분 깨달았다고 하는 자들은 "현상계 최후의 지점"을
모른다!

아니 알 수가 없다.

왜냐하면 "한계 지점" 또는 "완전하게 죽은 곳"에 도착하지 못하
고, 어설프게 절대계의 부분을 얼핏 보게 된다.

이것은 완전하게 죽지 못한 상태에서 어설프게 살아난 것이다
(我空).

운이 좋은 것처럼 보일지 몰라도, 악마의 씨앗이 되는 순간이다!
하하!

설익은 풋사과 또는 자신이 사라진 무아(無我)가 되어서, 완전한 깨달음을 이룬 것처럼 말한다.

하지만 반풍수들은 절대계와 현상계를 오락가락하다가, 오히려 삶이 망가지기도 하는 순간이기도 하다.

이런 풍경을 보고, 일반인들은 도인에 대한 어처구니없는 환상을 품는 장면이기도 하다. 알맹이만 남고 껍데기는 가라!

누구라고 꼬집어서 말하고 싶지만, 너무 비판적인 것 같아 여기까지 하자.

자칫하다간 한국 불교의 근본 뿌리까지도 흔들릴 수 있기 때문이다.

힌트를 주자면, 완전한 깨달음을 얻은 부처는 일상적인 생활을 하며 평상심으로 살아간다. 일반인들의 삶과 똑같다.

지극히 상식적인 삶!

싯다르타 부처와 위대한 선사들이 모난 삶을 살지 않았듯이, 일상적인 평범한 삶을 살았던 것을 만고의 표준으로 삼아야 한다!

일상적인 상식을 넘어서는 자는 오직 악마의 씨앗일 뿐이다!

어쨌든 무아를 아는 자(我空)는 곳곳에서 스승 노릇을 한다.

하지만 아공은 결코 완전한 깨달음이 아니다!

완전하게 죽어서 완전하게 살아나야 절대계의 청룡이 되는데, 완전하게 죽지 못하고 어설프게 살아났기 때문에 현상계의 이무기가 된 것이다.

마치 익지 않은 풋사과를 따먹은 것과 같다. 단맛은 없고 떫은맛 뿐이다.

이 순간 이무기도 잘못된 것임을 직감한다.

혜능이 "육조단경"에서 말한 "돈오돈수"와 다르기 때문이다.

하하!

말로는 깨달음을 얻은 것처럼 말하지만, 실제는 "보림 생활"이라는 이름으로 수행을 계속한다. 배울 것이 있는 중생! 돈오점수! 자신이 사이비임을 통감한다!

혜능의 적자가 아니라 사생아가 되는 순간이다. 즉 악마의 씨앗이다.

과연 미숙한 풋사과가 뉴턴의 빨간 사과가 될 수 있을까?

아마도 썩을 것이다. 하하!

한편으로 보면, 부처의 정법조차도 악마의 법인데, 악마의 씨앗들에게는 오죽하겠는가!

자칫하다간 악마의 씨앗들이, 현실계(인간의 세계)의 근본 질서를 산산이 부술 수도 있다.

이렇기 때문에, 부처의 정법 즉 절대계(부처의 세계)의 진실을 받아드릴 수 있는 무한한 그릇이 되어야 한다.

또한 자기 자신이 완전히 망가질지도 모르는, 악마의 법이 될 수도 있음을 명심하라!

수행의 길을 잘못 가면, 아무리 부처의 정법이라고 해도 사악한 양날의 검이 될 수도 있다.

이런 이유로, 수행자는 우선 바른 견해가 무엇인지 알고, 바르게 수행을 해서 건전한 부처가 되어야 한다.

그러므로 부처의 정법은 아무나 수용할 수 없기 때문에, 삼계의 영원한 주인공만 가질 수 있는 마니주다! 판도라의 상자!

그러니 부처의 정법을 수용할 그릇이 안 되는 자는, 자신이 가던 길을 그냥 가는 것이 현명하다.

여하튼 과거에 험난하던 수행 과정에서 나는, 부처의 시각으로 단 한순간이라도 삼라만상의 진실이 무엇인지 너무나 알고 싶었을 뿐이다.

단지 이것뿐이었다.

그래서 진실을 자연스럽게 수용하고, 그저 나의 자리에서 살아갈 뿐이다.

시절인연 따라가는 것이다.

나의 법은 일상적인 생활을 하면서 살아가는 "평상심이 도(道)"다!

"평상심이 진리"라는 말은, 완전한 깨달음을 얻은 부처의 삶을 상징하는 장엄한 표어다.

"평상심이 도"라는 말 속에는 너무나 깊어서, 그 끝이 보이지 않을 만큼 심오한 뜻이 숨어 있다.

결론적으로 완전하게 죽은 자리에서 완전하게 살아나야 진정한 부처다!

완전하게 죽지 못한다면, 완전하게 살아날 수 없음을 명확하게 알아야 한다!

그러니 살아날 수 있느냐를 걱정할 것이 아니라, 먼저 완전하게 죽지 못하는 것(完死)을 걱정해야 한다!

의심, 생각, 노력의 최후 지점(大死)으로 갈 때까지, 24시간 완전하게 노력하고 노력하라! 용맹정진(勇猛精進)!

이렇게 노력하다 보면, 의심과 생각이 자연스럽게 풀리는 지점에 도착하고, 아무리 화두 참구를 하려고 노력해도 자연스럽게 풀리는 지점이 바로 "현실계 최후의 지점(대무심지·大死·完死)"이다!

이곳이 바로 "완전하게 죽은 장소"이다. 살아 있는 송장! 화두의 죽음!

만약 이곳(화두조차도 소멸한 자리)에 도착하기 전에 눈을 뜬다면, 천추의 한을 남기는 사이비의 멍에(아공)를 쓸 것이다!

왜냐하면 "돈오돈수와 견성성불"을 영원히 알 수가 없기 때문이다. 또한 모든 부처(祖師·화두)의 말을 이해할 수도 없다. 하하!

이 지점이 완전한 깨달음으로 가는, 최후의 관문임을 명백하게 알아야 한다. 산송장의 관문! 깨달음(大活)으로 가는 관문!

의심·생각·노력의 한계 지점에서 완전하게 살아나기 위하여, 그야말로 어찌할 수 없어 배회하는 자신의 처절한 모습을 반드시 본 후에야, 비로소 절대 세계로 향한 길 없는 길이 열릴 것이다!

그리고 인간적인 모든 흔적을 지워서 완전하게 순수한 영혼이 아니면, 들어갈 수 없는 부처의 신성한 국토임을 분명히 알아야 한다.

이렇듯 수행의 완성(法空)은 애절하고도 철저한 과정인데, 어떻게 문득 깨달을 수 있겠는가?

부디 간악무도한 마조의 오줌싸개(我空), 사이비, 악마에게 속지 말고, 순결한 영혼도 팔지 말라.

내 경험에 의하면, H사를 나온 후 깨닫기 세 달 전쯤, 비로소 소리가 귀로 들리지 않는 것을 분명하게 알았고, 이 시기에 집중만 하면 바로 삼매에 들었다.

또한 20~30cm 정도 공중부양을 해서 걷는 느낌 또는 마치 허공을 걸어가는 것 같은 기분이었다.

이 세 가지 경험의 증거가, 부처의 세계로 가기 위한 현상계 최후의 경험이었다! 즉 인간 세상에서 겪은 마지막 경험!

현실계 최후의 철옹성에 철문을 산산이 부수고 나면, 절대계에서 미소를 짓고 있는 2600년 전의 싯다르타 부처의 얼굴을 직접 보리라.

검은 면사포를 쓴 나의 여신(거짓 자아)이여, 이제는 안녕!

배울 것이 없는 할 일 없는 한가한 도인(絶學無爲閑道人)! 돈오돈수!

9. 아공과 법공

1.

"아공(我空)"은 현실 세계에서 자신이 사라지는 것이다! 가령 자신이 투명 인간이 되는 것이 곧 무아(無我)다.

이 순간 말로 형언할 수 없는 희열과 법열을 만끽한다.

아공 수준의 자들이 즐겨 사용하는 말은 가도 간 바가 없고, 해도 핸 바가 없다 또는 무아다.

왜냐하면 모순투성이고 불합리한 현실 세계(중생 세계)를 살다가 자신이 사라지고 없으니, 얼마나 큰 환희심에 도취가 되겠는가?

그렇기 때문에 깨달음 즉 완전한 깨달음(法空)을 얻었다고 착각한다.

하지만 온 우주에서 자신은 사라지고 없는데, 눈앞에 펼쳐진 두두물물 각양각색의 사물은 저만큼 떨어져 있다. 이 대상과 자신의 거리감(분리감) 때문에 하나로 일치가 되지 않는다.

그리고 눈앞에 파노라마처럼 생생하게 전개되는, 기기묘묘한 우주의 역동적인 풍경을 전체적으로 규명할 수가 없다!

"산에, 산에, 피는 꽃은, 저만치 혼자서 피어 있네."라는 시 문구처럼, 분리감을 확실하게 바라본다. 자신과 세상의 괴리감을 없앨 수가 없다.

이 괴리감을 없애기 위해서, 또 다시 많은 세월을 "보림 생활"이라는 이름으로 수행을 한다.

배울 것이 있는 학인(돈오점수)! 번뇌와 망상 속에서 끝없이 돌고

도는 애처로운 영혼!

경전과 선어록을 보면, 곳곳에서 막히는 수준임을 스스로 잘 안다. 헛것이 보이는 단계다. 즉 절대 진리의 텅 비어 있는 세계를 모르면서, 헛것들을 보고 얼토당토않은 헛소리를 지껄인다.

생각의 뿌리가 완전히 소멸되지 않았기 때문에, 특히 본래면목 화두(法空)의 은산철벽을 깰 수가 없다!

이런 이유로 화두의 부도탑 앞에서, 입이 있어도 말을 할 수가 없는 눈물겨운 벙어리 신세가 된다. 정복할 수 없는 1700공안의 철옹성! 부처와 조사들의 정의로운 살인도!

하지만 아공 수준의 얼치기들은 마치 완전한 깨달음을 얻었는 것처럼 말을 포장한다. 오직 같잖을 뿐이다.

선(禪)의 역사에서 보면, 대부분의 "인가"를 아공 수준에서 한다!

이것은 사이비 스승이 사이비 제자를 양성하는 묵시적 악순환이다!

즉 "마조의 오줌싸개(我空)"들만 양성되는 것이다.

"마조의 오줌싸개"들을 만나면, 팬티 기저귀 세트를 한가득 선물해야겠다. 하하!

아공은 결코 깨달음이 아니다! 왜냐하면 "돈오돈수"에 위배되기 때문이다!

"돈오돈수"는 깨달음과 동시에 모든 수행이 완성되기 때문에, 더 이상 깨달을 것도 없고, 더 이상 수행할 것도 없고, 더 이상 배울 것도 없다!

이것이 부처와 조사의 명백하고 진실한 정법이다. 불멸의 진실!

또한 혜능도 "육조단경"에서 돈오돈수라고 확실하게 말뚝을 박은 내용이다.

하지만 아공 수준의 반풍수들은 보림 생활이라는 이름으로 수행을 계속한다. 추악한 묵시록!

사실 이것은 선(禪)의 숨겨진 역사적 사실이지만, 그 누구도 말하기를 꺼릴 뿐이다! 부끄럽구나, 눈먼 당나귀 같은 조사선이여!

말로는 완전한 깨달음(법공)을 외치면서, 사실은 깨달음이 아닌 아공을 깨달음이라고 하면서 인가를 한다.

싯다르타 부처가 천상에서 오직 목놓아 통곡할 뿐이다!

추악한 헛된 놈아! 타락한 불교야! 자신을 속이지 말라!

완전한 깨달음을 얻기 전에는 모두가 악마의 씨앗이다!

왜냐하면 싯다르타 부처의 모든 말을 이해할 수가 없기 때문이다.

특히 모든 화두들을 죽이고 싶어도 죽일 수가 없다.

오직 자신의 눈앞에 수미산 같은 난공불락의 생과 사를 판결하는, 저승사자 같은 화두의 철옹성만 버티고 있을 뿐이다.

그래서 자신을 속이며 깨달음의 흉내를 내고 낮은 수준의 화두("무"계열, 我空)는 말하지만, 결코 본래면목 화두(法空)에 대해서는 말하지 않는다!

아니 말할 수가 없다! 가소로운 헛것아! 똥만 싸는 똥싸개야!

화두의 옆구리에 어설프게 단검을 찌르고, 마치 화두의 심장(自性)에 신성한 살인도를 꽂은 것처럼 사람들을 속이고 있다. 오직 독살스러운 악마일 뿐이다.

수행자의 모든 치명적인 병(불치병)은, 자신의 순결한 영혼을 속이기 때문에 발생한다!

아공 수준의 자들은 스스로가 잘 안다. 아공은 부처의 깨달음이 아니라 악마의 깨달음이다!

아니 깨달음이 아니라 오직 무한 제곱의 망상이다! 음흉한 사탄아! 아공을 경책하기 위해서, 황벽선사가 아공 수준의 자들을 "마조의 오줌싸개"라고 일갈한 것이다. 엉큼한 기저귀야!

성철도 이 부분을 꿰뚫고 있었기 때문에 "돈오돈수"를 강조했다. 그래서 사이비 지눌과 지해종도의 "돈오점수"를 배격한 것이다. 위대한 성철선사가 아니라면, 그 누가 있어 이런 사자후로 당당하게 일갈하겠는가!

2.

"법공(法空)"은 절대 세계가 곧 자신임을 아는 것이 "완전한 깨달음"이다! 즉 온 우주의 모든 것이 한바탕이자 하나이다.

중도(中道)! 불이(不二)! 하나가 전체이고, 전체가 하나(一卽多 多 卽一)! 일진법계(一眞法界 오직 하나의 참된 세계)!

삼라만상 두두물물의 모든 것이 본래면목(진여)에서 나타나는 허상임을 아는 것이다. 허상이라고 하지만, 허상이 곧 실체다.

허상이 본래면목(절대 세계의 근본 바탕)에 근거해서 나타나기 때문에, 허상이 곧 근본 바탕의 실체이자, 본래면목의 분신이고 그 자체이다!

현실계에서 나타나는 모든 것이, 나의 마음(自性)에서 나타나는 것임을 확철하게 아는 앎이다. 삼라만상은 오직 하나!

"산에서 우는 작은 새여, 꽃이 좋아, 산에서, 사노라네."라는 시 문구처럼 산, 새, 꽃이 각각의 존재이지만, 하나의 근원(성품)에서 생겨난 것임을 전체적으로 조망하는 앎이다.

다른 각도에서 보면, 눈앞에 펼쳐진 현실 세계의 모든 것이 나의 본래면목에서 생겨난 것이 아니라, 우주 전체의 모든 것이 하나의 근본 바탕에서 각각 생겨나서 나뿐만 아니라, 두두물물 그대로 존재하는 대상(현실 세계)을 아는 앎이다!

나의 눈앞이라 하지만 한바탕에서 각양각색의 모양으로 나타나는 것이고, 하나의 근원에서 생겨났기 때문에 결국 모든 것은 하나가 되는 것이다. 오직 하나! 절대 평등!

예컨대 밀가루 반죽을 하여, 우주와 은하계도 만들고, 태양과 지구도 만들고, 강과 산도 만들고, 남자와 여자도 만들고, 나와 너도 만들고, 꽃과 새도 만들어, 빵을 구웠다.

각각의 다른 모양과 형태로 존재하지만, 모든 것은 밀가루 반죽(본래면목)에서 나온 하나의 빵이다.

동일한 출생지에서 태어난 모두가 같은 형제다. 즉 안과 밖, 주관과 객관(나와 바깥세상), 부분과 전체가 없는 오직 한바탕의 근원(본래면목·밀가루 반죽)에서 비롯된 것임을 아는 앎(自性)만 있다.

그래서 온 우주의 다채로운 모든 것은 절대 평등할 수밖에 없다.

또 다른 각도에서 보면, 본래면목(의식 공간) 안에서 모든 소리가 시작되고 사라지는 것을 아는 앎이다!

이것은 곧 본래면목의 공간(절대 세계의 근본 바탕)에서, 모든 것이 생겨난다는 사실을 방증하는 것이기도 하다.

또한 소리뿐만 아니라 생각과 감정도 바람처럼 생겨났다가, 바람처럼 흔적도 없이 사라진다.

밖에 보이는 사물도 생겨났다가 사라지는 것을 본다.

진리의 근원(佛性)에서 온 우주가 생겨나는 것을 본다.

본래면목(마음)과 온 우주가 그대로 하나라는 것을 본다.

더 나아가면, 새의 지저귐이 들린다는 것은 새가 있다는 것이고, 새가 있다는 것은 강산이 있다는 것이다.

그러므로 내가 있고, 천차만별의 현실 세계가 있다(연기법).

눈앞에 보이는 다양한 현실계라고 하지만, 절대계에서 영상(환영) 처럼 나타났다는 사실을 아는 전체적인 앎이다.

또한 무엇보다도 중요한 것은, 부처가 24시간 깨어 있을 수 있는 것은 "소리" 때문이다! 유정설법! 무정설법!

부처가 되면 수행할 것은 없다(돈오돈수·견성성불)!

굳이 수행을 한다고 하면, "소리"를 듣는 앎(自性)에 단지 깨어 있는 것뿐이다!

이렇듯 수행이라 할 것도 없고, 수행이라 하기에도 부끄럽다.

하하!

이것이 완전한 깨달음(法空)을 얻은 도인의 진실한 모습이다.

어쨌든 말하고 싶은 핵심은 "이근원통 수행"의 중요성을 강조하기 위함이다!

이근원통 수행은 수행의 전과정을 꿰뚫는 신성한 수행법이다!

부처가 되고 나면 수행이라고 할 것은 없지만, 그래도 "이근원통 수행"은 유용하다!

부처를 24시간 깨어 있게 만드는, 이근원통 수행법은 정말 위대한 수행법이다!

관세음보살의 영원한 사랑이 생기발랄하게 살아 숨 쉬는 이근원통!

결론적으로 완전한 깨달음(불이법)을 얻은 자는 평상심으로 살아간다.

그렇기 때문에 삼라만상 각양각색의 존재들을 "있는 그대로" 바라볼 뿐이다. 직관적인 통찰! 부처의 광명 지혜!

우주 전체를 투명한 유리잔 보듯이 훤히 아는, 번뇌 망상이 절멸된 부처의 신성한 천리안! 오직 상쾌, 통쾌, 명쾌한 삶!

불교도 없고, 부처도 없고, 과거도 없고, 현재도 없고, 미래도 없다. 오직 "이 순간의 삶"만 있을 뿐이다! 이 순간의 마법!

"이 순간의 삶"은 시간과 공간이 없고, 불생불멸, 불구부정, 부증불감의 삶이다. 이 순간의 기적!

완전한 깨달음도 없고, 화두도 없고, 도솔천과 미륵불도 없고, 업과 윤회도 없고, 천국과 지옥도 없고, 아공과 법공도 없고, 악마들이 말하는 절대적인 구원도 없다.

망상하는 인간이 분별하는 이성적인 것은 완벽하게 아무것도 없다. 그러나 모든 것이 텅 비어 있는 것 같지만, 묘하게도 꽉 차 있을 뿐이다.

절대 세계의 진리는 단지 이것뿐이고, 나머지는 사람을 위한 휘황찬란한 방편이다. 사랑의 만병통치약!

그렇기 때문에 불가사의하고 신비로운 것이다. 오직 그러할 뿐.

부처는 일을 마친 그저 평범한 중생일 뿐이다. 보통 사람과 다른 것은 아무것도 없고 똑같이 살아간다.

아침에 일어나서 잠자기 전까지 일상적인 일을 할 뿐이다.

평상심으로 살아가는 것이 곧 절대 진리의 실현!

굳이 말한다면, 인간적인 너무나 인간적인 인간일 뿐이다.

왜냐하면 온 우주를 향한 사랑뿐이기 때문이다. 무한한 자비!

10. 성철의 "선문정로" 중 "오매일여" 고찰

1.

성철이 말한 "오매일여(寤寐一如)"의 정의는 "낮과 밤, 깊은 숙면 속에서도 화두를 놓지 않아야 한다."는 것이다.

즉 반드시 24시간 화두 참구가 지속되어야 한다.

나는 수행 과정에서 꿈속에서 화두 참구를 한 적이 한 번도 없어, 너무나 많은 좌절을 했다.

그러나 깨우치고 보니, 수행 과정의 모든 것에 대한 진실을 알았다.

그래서 후학들을 위해서, 있는 그대로 명확하게 밝히고자 한다.

꿈속에서 화두 참구를 하든, 안 하든 이 부분은 중요하지 않다!

내 경험에 의하면, 정작 중요한 것은 잠들기 전까지 화두 참구를 하다가, 자신도 모르게 깜빡 잠이 들면 눈을 뜨자마자, 바로 생생하게 화두 참구로 이어진다.

이 과정에서 잠을 잤다는 느낌은 전혀 없다. 단지 눈을 감았다가 떴다는 기분뿐이다.

시간적으로 3, 4시간 흘렀지만, 잠을 잤다는 흔적은 어디에서도 찾을 수 없다. 즉 의식의 틈(간격)이 사라진 단계이다.

눈을 감고 뜨는 찰나의 순간에 어떤 것도 끼어들 틈이 없는데, 이 찰나의 순간에 어떻게 화두 참구할 시간과 공간이 있겠는가?

잠자는 것은 단지 눈을 감고 뜨는 찰나의 순간일 뿐이다!

이것은 곧 "화두 삼매"이며, 성철이 말한 "오매일여"의 일반적인 진실이라고 생각한다.

어쨌든 "오매일여"는 이 부분을 나타내는 것이지, 더 이상도 더 이하도 아니다.

그러나 혹자는 잠을 자면서 화두 참구가 된다고도 한다.

이렇게 말하는 자도 꿈속에서 화두 참구를 하든, 안 하든 중요하지 않다고 말을 한다.

아무튼 나는 잠을 자면서, 화두 참구한 적이 한 번도 없음을 명백하게 밝힌다.

간과하지 말아야 할 사실은, 성철은 꿈속에서 화두 참구를 했다.

그렇기 때문에 강조하는 것이다.

사실 화두 참구는 철저하고 빈틈없는 집착의 병(노력)이다.

나는 꿈속에서 화두 참구를 하지 않았지만, 꿈속에서 화두 참구가 충분히 가능할 것으로 추측은 된다.

그러나 "오매일여"를 반드시 통과해서 "견성"을 한다는 부분을, 모든 사람들에게 천편일률적으로 적용시키는 것은 명확하게 틀렸다!

"오매일여"의 경험은 극소수의 경험이지, 대부분에 수행자의 경험으로 일반화시키는 것은 명백한 오류이다. 성급한 일반화의 오류!

"오매일여"가 이렇게 중요한 과정이라면 성철이 말한 선사(현사, 담당, 원오, 대혜, 박산, 설암, 고봉, 몽산, 태고, 나옹)들 말고, 나머지 백장, 황벽, 위산, 임제, 조주, 덕산, 설봉, 운문, 법연선사는 왜 말하지 않았을까?

너무나 큰 의문이 드는 대목이다.

여하튼 아마도 내 생각과 같을 것이라 짐작된다.

"오매일여"는 과정이지 결코 목적지가 아니기 때문에, 조사선(祖

師禪 달마~원오)에서는 그냥 지나친 것일 뿐이다.

깨우쳤는지 깨우치지 않았는지는 화두로 점검하면 쉽게 알 수 있다.

극단적으로 "반드시 꿈속에서 화두 참구를 해야 한다."는 것은, 내 경험에 의하면 명확하게 틀린 사실이다!

성철이 예로 든 선사들을 보면, 현사를 제외하고 모두 간화선(看話禪대혜~현재) 전후의 도인이다.

약간 좁게 보면, 오직 화두만 참구하는 간화선의 특수성에 기인하는 현상으로 볼 수도 있다.

어쩌면 성철은 "오매일여"의 경험을 지나치게 강조한 나머지, 베이컨의 "경험론"의 미로 속에서 길을 잃은 것은 아닐까?

만약 성철이 화두로 깨우치지 않고 연기법, 이근원통으로 깨우쳤다면, 과연 "오매일여"를 강조할 수 있을까 하는 의문이 든다.

모든 수행자들이 똑같은 과정을 밟을 수도 없고, 똑같은 경계 경험을 할 수도 없다!

에베레스트산 정상(구경각)으로 가는 길은 무수히 많다.

그런데 자기가 간 길이 아니라면 정상에 서지 않았다고 말하는 것은, 마치 기독교에서 하느님을 믿지 않으면 천국에 갈 수 없다고 말하는 것과 똑같다. 맙소사!

얼마나 유치하고 질투심 많은 속 좁은 편견인가. 하하!

"오매일여"는 대략 깨달음의 단계(과정)로 본다면, 바라보는 사람의 관점에 따라서 80~90% 지점쯤 된다.

성철이 말한 "낮과 밤, 깊은 숙면 속에서도 화두를 놓지 않아야 한다."라고 비약적으로 해석할 것이 아니라, "자나 깨나 간절하고 절박한 마음으로 화두를 참구하라.”는 뜻으로 해석하는 것이 현명하다.

당연히 나의 경험이고 나의 결론이다.

이렇게 해석을 해야 일반적인 수행 과정에 부합될 수 있다.

그리고 완전한 깨달음을 얻은 후에 잠을 자다가 꿈을 꾸면, 꿈은 하나의 연기(영상)처럼 본래면목(의식) 위를 지나가는 느낌이다.

당연히 의식의 틈(간격)은 1초도 생기지 않는다.

어쩌다 가끔 꿈속에서 꿈을 꾸고 있다는 사실을 알고 꿈을 꾼다.

물론 잠을 잤다는 느낌도 전혀 없고, 잠을 잤다는 흔적도 전혀 없다.

이것이 바로 24시간 깨어 있는 본래면목의 실체이자 진실이다.

당연히 시간적으로 4~5시간 가량 흘렀다.

이것은 진정한 도인(부처)만 알 수 있는 사실이다.

2.

다른 각도에서 “오매일여”를 보면,

성철의 “오매일여”가 절대적 과정이라면, 나는 결코 깨우칠 수 없다.

나는 꿈속에서 화두 참구를 한 적이 한 번도 없기 때문이다.

성철이 말한 수행 과정을 보면, “동정일여→ 몽중일여→ 숙면일여”를 거쳐 대무심지(無心, 大死)에서, 화두를 들어 크게 깨우치는 것이 견성(구경각)이라고 말한다.

그럼 “오매일여(몽중 +숙면)”와 “대무심지”도 간이역일 뿐이다.

수행의 종착역은 “완전한 깨달음(中道)”이다.

성철이 자신이 경험한 길로만 깨달음에 이를 수 있다고 말한다면, 이것은 완벽한 악마의 말이다!

에베레스트산 정상(일진법계)으로 가는 길은 무수히 많다.

화두는 제쳐두고, 이근원통, 연기법 등등 의심이 있는 모든 수행법으로 완전한 깨달음을 이룰 수 있다!

에베레스트산 정상에 선 자에겐, 어느 과정으로 정상에 도착했는지 전혀 중요하지 않다.

지금 이 순간, 삼라만상과 자신이 하나라는 사실만 단지 있을 뿐이다.

이 순간에 "오매일여"가 감히 어디에 발붙일 곳이 있겠는가?

이렇듯 간이역은 얼마든지 다를 수 있다. 각자 다른 경계 체험!

그런데 어째서 수행의 최후에 종착역(生死一如)이 아닌, 간이역(오매일여)에 엉뚱하게 집착하는 것일까?

수행의 과정에서 "오매일여"라는 극단적인 과정을 강조할 것이 아니라, "완전한 깨달음"을 얻었는가에 모든 초점이 맞추어져야 한다! 이것이 수행의 최후의 목적이기 때문이다.

즉 "오매일여"가 아니라 "生死一如(삶과 죽음이 하나 즉 해탈)"를 강조해야 한다!

그리고 "오매일여"를 극단적으로 강조하는 것은, 수행의 전체적인 맥락에서도 맞지 않다.

예를 들면, 서울(法空)에 도착하기 위해서 제주도(수행의 시작)에서 출발하여, 산 넘고 물 건너서 천신만고 끝에 천안(오매일여)을 돌아서, 수원(대무심지)을 통해 서울에 도착했다. 즉 완전한 깨달음을 얻었다.

이 비유를 성철의 말로 바꾸면, 천안을 통과하지 못했기 때문에

서울에 도착했음에도 불구하고, 서울에 도착한 것이 아니라는 말이 된다.

얼마나 터무니없고 엉터리 같은 말인가. 하하!

이렇듯 대무심지(생각이 완전히 끊어진(소멸한) 자리, 노력의 한계 지점, 의문의 한계 지점)를 통해서 깨달을 수밖에 없다.

"대무심지"는 반드시 거치게 된다! 그래야 완전한 깨달음을 얻는다. 성철이 "오매일여"를 강조할 것이 아니라, "대무심지"를 강조하는 것이 옳았다. 마치 바둑의 방향 착오와 같다. 아뿔싸!

어쨌든 완전한 깨달음(무상정각)을 얻고, "반야심경"과 "선문염송"을 완벽하게 이해한다면, 그는 싯다르타 이래 최고의 부처 중의 한 명임을 스스로 안다! 해탈지견(解脫知見)!

3,

또 다른 각도에서 "오매일여"를 보면,

성철이 경험한 "깊은 숙면 속에서도 화두 참구하는 것"을 반드시 경유하여 "견성"한다고 했다.

그렇다면 가야산 호랑이 성철에게 묻고 싶다.

내가 경험한 "은산철벽 속에 갇혀 본 적이 있는가?"라고 되묻고 싶다.

만약 내가 경험한 은산철벽 속에 갇혀 본 적이 없는 자는, 결코 깨달을 수 없다고 말하는 것과 같다.

얼마나 치졸하고 속 좁은 견해인가. 마귀할멈의 시기심!

수행 과정에서 겪는 경계 체험은 사람마다 천차만별일 수밖에 없다!

여하튼 열린 시각으로 바라보면, 간화선의 "오매일여"는 다양성의 길을 차단하는 속 좁은 편견과 아집일 수도 있다.

수행 과정에서 겪는 경계 체험에 얽매이지 말라고 하는데, "오매일여"도 역시 경계 체험 중의 하나다!

그렇다면 어째서 "오매일여"의 경계 체험만은 고집하는 것일까? 이것은 자가당착적인 모순이다.

내가 경험한 "은산철벽"은 일반적인 수행 과정에서 겪는 공통적인 경험이라고 결코 생각하지 않는다.

"오매일여"가 절대적인 경험이라면, 현사의 스승인 설봉과 원오·대혜의 스승인 법연은 어째서 "오매일여"를 언급하지 않았을까?

또한 동시대를 살았던 조주, 임제, 덕산과 회당, 진정, 천동은 어째서 "오매일여"를 강조하지 않았을까?

거시적으로 보면, "오매일여"는 조사선(祖師禪)의 중요한 과정이 아니었음이 명백하다.

미시적으로 보면, "오매일여"는 간화선(看話禪)의 특징을 나타내는 상징으로 볼 수도 있다.

조사선의 정신을 상징하는 "직지인심, 견성성불, 불립문자, 교외별전"이 있듯이.

사실 이렇게 비교하는 것은 어설픈 코미디다. 불균형!

왜냐하면 조사선의 "직지인심, 견성성불"은 종착역을 말하는 것이고, 간화선의 "오매일여"는 간이역을 말하는 것이기 때문이다.

어쨌든 속 좁은 놈처럼 반드시 "오매일여" 또는 "은산철벽"을 경험하여 깨달음을 얻을 수 있다고 한다면, 이것은 너무나 편협하고 우물 안의 개구리 같은 말이다.

수행자는 우물 안의 왜소한 개구리의 시각을 가질 것이 아니라, 위풍당당한 바다거북처럼 한계 없는 눈동자를 가지려고 노력해야 한다! 중도(中道)!

또한 "오매일여"를 강조하는 것은 마치 깨달음을 얻기 위해서, 반드시 "간화선"만 해야 한다고 말하는 것과 유사한 이치다.

이렇게 말을 한다면, 불교의 교주인 싯다르타가 얼마나 통곡하겠는가!

싯다르타는 화두와 간화선이 아닌 연기법으로 깨우쳤다는 사실을 결코 잊지 말라.

불타오르는 진실한 눈동자를 가진 위대한 선객이여, 알겠는가?

4.

또 다른 방향에서 "오매일여"를 보면,

나는 성철을 비판한다기보다는, 여러 가지 길이 있음을 제시하고 싶을뿐이다.

다양한 길이 있다면, 자신에게 맞는 길을 선택하는 것이 너무나 현명하기 때문이다. 당연지사!

"오매일여"의 과정을 깨달음의 필수 조건으로 여겨 한 가지 길을 고집하다가, 정상(구경각)에 서지 못하는 최악의 불상사를 막자는 것이 내 생각이다.

예를 들면, 오매일여의 과정은 제쳐두고, 대무심지(大死)에서 깨달음(大活)으로 가는 도중에, 싯다르타는 연기법으로 깨우쳤고, 나는 마음의 근원적인 바탕을 관조하다가 깨우쳤고, 대혜, 성철 등등 화두 참구를 하다가 깨우쳤다.

하지만 나도 대무심지에서 아무리 화두 참구를 하려고 노력해도 얼마 있지 않으면, 자연스럽게 화두가 풀리고 그저 관조만 하는 자신이 보였다. 이렇게 7, 8년이 속절없이 흘렀다.

화두 참구가 풀리는 지점은 화두의 죽음이고, 화두조차도 절멸된 자리고, 깨달음으로 가는 중이다!

화두가 소멸하고 없는데, 어떻게 화두 참구가 가능하겠는가?

원오, 대혜, 성철의 말대로라면, 나의 노력이 부족했다는 것이고 또한 화두를 의심하지 않은 것이 큰 병이라는 말로 귀착된다.

하지만 내 경험에 의하면, 나는 대무심지에서 화두 참구를 하다가 깨우치지 않았기 때문에, 과연 화두 참구를 하다가 깨우칠 수 있을까 하는 강한 의문이 든다.

화두를 참구하다가 깨닫는다고 말할 것이 아니라, 화두를 참구하다가 그 끝자락에 가면 화두조차도 소멸한 곳에서, 자신의 인연에 따라서 깨닫는다고 말해야 정확한 표현이다!!

만약 내 기억이 맞다면, 화두를 참구하다가 도중에 깨달았다고 하는 자를 본 적이 없는 것 같다.

또한 완전한 깨달음을 이루는 과정의 마지막 순간을 상쾌, 통쾌, 명쾌하게 설명하는 자도 사실은 거의 없다!

여하튼 원오, 대혜, 성철은 자신의 경험론에 비추어 말하는 것이다. 그렇기 때문에 이들의 말은 진정한 진실임에 틀림없다.

가장 큰 의심이 드는 대목은, 싯다르타는 선정 수행(화두 참구·진언·염불·경전 독송)에서 연기법(觀法·관찰 수행)으로 바꾸어서 깨우쳤다는 사실이다!

이 부분에서 원오, 대혜, 성철의 말은 통렬하게 빗나간 사실이 되고 만다.

도대체 어떻게 된 사실인가?

원오, 대혜, 성철이 이 부분을 언급하지 않은 이유는 무엇일까?

화두 참구는 빈틈없는 의심, 노력 그리고 집중이 핵심이다!

자기 자신과의 철저한 투쟁! 목숨을 건 화두와 진검승부!

그러나 절대 세계로 가기 위해서 인간의 모든 것을 비우고(없애고), 100% 순수한 영혼이 아니면 결코 들어갈 수가 없다!

화두의 미세한 찌꺼기에 흔적이 남아 있어도, 영원히 열리지 않는 절대 세계인 부처의 신성한 성지이다. 길 없는 길!

화두(인간)의 흔적이 아련하게 남아 있을 때, 과연 깨우칠 수 있을까?

아니면 화두(인간)조차도 완전히 소멸한 자리에서, 깨우칠 수 있을까?

부처의 세계로 가기 위한 최후의 관문(대무심지)에서 화두 참구로 완전하게 죽을 수는 있지만, 완전하게 살아나기 어렵다는 것이 나의 경험이고 나의 결론이다!

또한 싯다르타가 깨닫는 과정도 결국 내가 깨닫는 과정과 유사하다!

아무튼 간화선의 결과 후대로 올수록, 진정한 선사의 출현이 극히 드물다는 것은 오직 쓰라린 아픔일 뿐이다.

어쩌면 화두만 참구하는 간화선의 치명적인 한계점일 수도 있다.

수행 방법은 다양하면 다양할수록 더욱 더 좋다. 다원주의!

당연히 위대한 부처인 원오, 대혜, 성철을 부정하는 것은 결코 아니다.

그들은 그들의 경험을 이야기했고, 나는 나의 경험을 이야기할 뿐이다.

내가 제시한 깨달음으로 가는 세 가지 방법 중에서, 하나를 선택해서 깨달음의 세계로 가는 것이 중요하다!

그러니 불필요한 논쟁으로 생명수 같은 시간을 낭비해서는 안 된다.

위대한 수행자여, 반드시 스스로 완전한 깨달음(무상정각)을 완성하고 나서, 진실이 무엇인지 확인하라!

결론적으로 내가 수행 과정에서 시행착오하며, 고민한 모든 것을 가감 없이 솔직하게 있는 그대로 밝힌다.

나의 이 진실한 법을 증명해 줄 진정한 선객이 출현하여, 이 당대 혹은 후대에 반드시 증명해 줄 것이다.

만약 이 책에서 밝힌 내용에 일말의 거짓말이 있다면, 언제든지 나의 목을 베어라!

설혹 절대 세계에 머물고 있을 때라도, 조금의 거짓말이라도 발견한다면 즉시 불러라.

그럼 부처의 세계를 산산이 부수고 와서 진정한 선객의 검을 받겠다.

나의 임무는 여기까지다.

11. 성철의 "선문정로" 중 "돈오돈수와 돈오점수" 고찰

1.

돈오점수(頓悟漸修)는 작은 깨달음(我空)을 얻고, 점차적으로 수행하여 완전한 깨달음(法空)으로 가는 것이다.

돈오돈수(頓悟頓修)는 대무심지(大死)를 지나서 깨달음(大活)으로 가는 어느 순간, 찰나에 완전한 깨달음을 얻고 동시에 모든 수행을 마치는 것이다.

악마의 선봉장 지눌의 "수심결"을 보자.

"돈오점수의 양문(兩門)은 곧 모든 성인이 밟고 간 법칙이니, 예로부터 모든 성인이 먼저 깨닫고 난 뒤에, 닦지 않음이 없으니 닦음을 인연으로 깨친다."

부처의 선봉장 혜능의 "육조대사법보단경"을 보자.

"자신의 성품(自性)을 스스로 깨우쳐서, 즉시 깨닫고 즉시 닦아서 마친다(頓悟頓修). 또한 점차(漸次)가 없다.

일체법을 만들지(立) 않는 이유로 모든 법이 적멸(寂滅·열반)한데, 어째서 그 다음(次第)이 있겠는가!"

또한 부처의 정법 혜능의 "육조단경"을 보자.

"선지식들아, 진리(法)에는 즉시(頓)와 점차(漸)가 없지만, 사람들에게는 영리함과 우둔함이 있다.

미혹하면 점차로 부합하고, 깨친 자는 즉시 닦는다."

둘 중의 하나는 완벽한 악마의 씨앗이다.

부처의 후예인 혜능인가 아니면 악마의 후예인 지눌인가?

포기하지 않고 간절하고 절박한 마음으로 문을 계속 두드리면, 별 안간 어느 시점에서 결국 문이 열린다. 수행의 과정도 이와 같다.

문을 두드리는 모든 과정의 행동이 돈오점수이고, 문이 어느 순간 찰나에 열리는 것이 돈오돈수이다.

이것을 보면 결국 점수의 과정이 모이고 모이면 그 끝자락에서, 어느 순간 불현듯 돈수가 되는 것이다.

물을 물통에 계속 부으면 어느 순간 꽉 차는 지점에서, 갑자기 물이 물통을 넘치는 것과 같다.

점차적으로 조금씩 깨달음에 다가가다가, 어느 한순간 갑자기 깨닫게 된다.

당연히 필수 전제 조건은 대무심지를 지난 어느 시점이다!

다이너마이트 도화선에 불을 붙이면 불꽃이 도화선을 따라서 가다가(돈오점수), 뇌관에 점화되는 순간 "꽝" 하고 폭발하는 것(돈오돈수)과 같다.

설령 깨달음의 모든 이론을 안다고 해도, 깨닫지 못한다면 오직 허망하게 공허한 이론일 뿐이다. 꿈속의 덧없는 망상!

빛바랜 팔만대장경을 모두 외워 본들, 절대 진리와 무슨 관계가 있겠는가?

화두가 익어가는 모든 과정은 돈오점수이고, 화두를 별안간 타파하는 순간은 돈오돈수이다!

사과나무의 사과가 점차적으로 익어가다가(점수), 결국 때가 되면 느닷없이 찰나에 떨어진다(돈수).

이렇듯 돈오점수의 최후 지점이 돈오돈수이다!

그러니 점수니 돈수니 하고 나누는 자체가, 어쩌면 코미디 같은 말이다.

하지만 수행자는 우선 깨달음의 세계로 가기 위하여, 지식적으로 명쾌하게 숙지하고 있어야 한다.

그래야 칠흑 같은 암흑 속을 정처 없이 방황하지 않을 것이다.

결국 수행의 모든 과정은 돈오점수이고, 대무심지(大死)를 지난 어느 시점에서 홀연히 깨닫는 순간은 돈오돈수이다!

이것이 점수와 돈수의 진실이다.

이렇듯 무의미한 단어 때문에 분별심에 가득 차서, 생각으로 헤아리는 자신을 바라보라.

돈오돈수와 돈오점수를 구별하는 놈(앎)은 과연 무엇인가?

도대체 무엇이 있어, 돈오돈수와 돈오점수를 분별하는 것일까?

이 분별 망상하는 앎(自性)을 알지 못한다면, 우리는 망상의 무한 제곱 속에서 길을 잃은 처량한 미아가 아닐까?

망상의 우주를 표류하고 있다고 아는 앎은 도대체 무엇일까?

이것을 밝히는 것이 모든 수행의 끝이다! 견성성불! 돈오돈수!

또한 인간의 이성은 개념적으로 명확하게 분석하는 것을 좋아하기 때문에, 언제나 의미 없는 사량 분별 속에서 덧없이 헤맨다.

오렌지를 그냥 맛있게 먹으면 좋은데, 알알이 알갱이로 나누어 주스로 마시는 것과 같다.

지금부터 돈오점수와 돈오돈수의 무의미한 논쟁은 하지 말라.

수행자의 근본 목표는 무엇인가?

오직 완전한 깨달음(구경각)뿐이다. 하나의 참된 세계!

그럼 매일매일 깨달음으로 조금씩 다가가라. 돈오점수(我空)!

배울 것이 있는 학인!

자신이 뜻밖에 깨닫는 순간, 삼라만상의 모든 진실을 직접 볼 것이다. 돈오돈수(法空)! 배울 것이 없는 부처!

만약 깨닫지 못한다면, 돈오돈수와 돈오점수, 오매일여와 은산철벽, 법공과 아공, 미륵불과 악마, 불이법과 생멸법이라는 무의미한 단어 속에서 영원히 떠돌아다니는 유목민 신세가 될 것이다. 돌고 도는 애처로운 영혼아!

수행자여, 반드시 스스로 깨달아서 완전한 세상을 보라.

이 절대 세계 속에는 완벽하게 아무것도 없다는 것을 스스로 볼 것이다.

"밝고 밝게 깨닫고 보면 한 물건도 없고, 사람도 없고, 부처도 없다!"는 영가선사의 사자후를 모르는가?

오직 이것뿐이다. 오직 신비스럽게도 그러할 뿐이다!

그렇다면 성철은 왜 입이 마르도록 "돈오돈수"를 강조한 것일까?

사이비 지눌 때문에, 한국의 불교가 완전히 망가진 현실을 바로 세우고자 한 것이다!

눈먼 봉사 한 놈(악마의 앞잡이)이 부처의 세계로 가는 길을 원천 봉쇄해 버렸기 때문이다.

한국 불교를 망친 악마의 선봉장이 지눌이라는 사실은 불멸의 진실이다!

부처의 정법인 구경각은 돈오돈수이지 결코 돈오점수가 아니다!

돈오돈수는 깨달음과 수행이 한순간에 모두 완성되는 것이다!

우주 전체의 모든 의문이 일시에 사라지고, 마음이 느닷없이 쉬어지는 것을 체험하게 된다.

"완전한 깨달음"을 얻으면 더 이상 깨달을 것도 없고, 더 이상 수행할 것도 없고, 더 이상 배울 것도 없다!

예컨대, 영가의 "증도가" 중 "절학무위한도인(絕學無爲閑道人)"을 보자.

절학(絕學)은 "배움을 끊는다" 또는 "배울 것이 없다"로 해석이 가능하다.

그럼 "돈오점수"가 부처의 정법이라면, 영가는 "배울 것이 있는(有學) 할 일 없는 한가한 도인"이라고 말했을 것이다.

그러나 영가는 "배울 것이 없는(絕學) 할 일 없는 한가한 도인"이라고 말했다.

그리고 "배울 것이 있다"는 말과 "할 일이 없다"는 말은 문맥적으로 서로 모순이다.

배울 것이 있는 자는 반드시 할 일이 있다! 당연지사!

절대 진리의 자리에서 바라보면, "배울 것이 없다(絕學)" 그래서 "할 일이 없다(無爲)" 그러므로 "한가한 도인(閑道人)"이다!!

이렇게 호응이 되어야 문맥적으로 완전한 내용이 된다.

결국 "절학(絕學)"은 "돈오돈수"를 말하는 것이지, 결코 "돈오점수"를 말하는 것이 아니다!

배울 것이 없다(絕學)!! 수행할 것이 없다(絕修)!! 깨달을 것이 없다(絕悟)!!

완전한 깨달음과 동시에 모든 수행을 마친다(頓悟頓修)!!

그러나 사이비 지눌이 부처의 정법을 완전히 뒤집는 악마의 말을 한 것이다!

완전한 깨달음(내외명철)을 얻는 순간, 진실이 무엇인지 명명백백하게 바라보게 된다.

돈오점수를 주장하거나 조금이라도 옹호하는 자는, 오직 악마의 위대한 후손일 뿐이다! 진정한 수행자여, 절대 속지 말라!

거짓말을 한 대가로 무간지옥에서, 영원토록 염라대왕에게 온갖 핍박을 받을 것이다. 인과응보! 악!

결론적으로 돈오점수와 돈오돈수의 논쟁이 시작되는 근본적인 이유는, 돈오점수의 낮은 수준의 깨달음(我空)에 있는 자들이, 완전한 깨달음 (法空)을 알지 못해서 생기는 어처구니없는 망상일 뿐이다!

절대 진리를 완전하게 꿰뚫지 못하고, 생각과 이성으로 절대 진리를 헤아려서 추측하기 때문이다.

부처의 모든 말과 모든 화두를 모른다는 사실을 스스로 잘 알면서도, 아상(我相 자신이 있다는 생각)을 모두 녹이지 못하고 스스로 속이는 악스러운 악의 지해종도가 곧 돈오점수!

절대 진리의 초월성에 실체를 완전하게 꿰뚫은 자가, 수행 역사상 과연 몇 명이나 되겠는가?

생각이 태어나는 근본 바탕을 완전히 없애지 못해서, 헛것을 보고 악마의 말을 하는 하찮은 수준이다. 진리를 흉내 내는 추악한 원숭이!

자신이 완전한 깨달음을 얻지 못하고 자신을 속이며, 거짓 자아와 음흉한 부당 거래를 하고 만다.

돈오점수를 주장하는 악마에 유언비어가 세상을 악의 혼돈으로 몰아간다.

그래서 진짜 부처가 진리의 실체(돈오돈수)를 수호하기 위하여, 악마와 싸우는 진실과 거짓의 게임, 법공과 아공의 결투 또는 부처와 악마의 전쟁이 되어버렸다. 파사현정(破邪顯正)!

돈오점수를 지지하거나 조금이라도 옹호하는 자는, 독살스러운 악마의 스파이임을 명명백백하게 밝힌다!

어쨌든 돈오돈수가 진리의 근본(묘각)이기 때문에, 그 누구도 어찌할 수 없는 삼라만상의 찬란한 불멸의 진실일 뿐이다!

지눌도 말년의 저술 "절요"에서, 돈오점수는 선종의 정설이 아니라고 주장했다.

그러나 타락한 악마의 무리들은 여전히 돈오점수를 주장하고 있다.

진실한 수행자여, 절대 진리의 본체는 편협한 이성으로 헤아릴 수 있는 것이 결코 아니다.

부디 악마의 군대에게 속지 말고, 완전한 깨달음(불이법)을 이루고 진실이 무엇인지 스스로 확인하라! 중도(中道)!

성철선사의 위대한 점은 잘못된 부분을 바로잡고자 한 것이다.

2.

다른 각도에서 "돈오돈수와 돈오점수"를 보면,

완전한 깨달음(법공)을 한 번에 얻기가 너무나 어렵기 때문에, 작게 깨닫고(아공) 나서 점차적으로 수행하여, 완전한 깨달음에 이르자는 취지가 "돈오점수"의 핵심이다.

이론적으로는 그럴듯하다. 하지만 이것은 아전인수 격이다.

왜냐하면 의심, 생각, 노력의 한계 지점(대무심지)에 이르지 못한 자가, 과연 점진적으로 수행하여 현상계 최후의 지점(大死)에 도달할 수 있을까?

과연 설익은 풋사과가 뉴턴의 빨간 사과가 될 수 있을까?

혜능과 성철이 이것을 몰라서 초지일관 "돈오돈수"를 강조했겠는가?

그러나 선(禪)의 역사를 보면, 아공(我空)에서 법공(法空)으로 가는 수행을 묵시적으로 인정하고 있다! 선(禪)의 추악한 묵시록!

이 역사적인 사실을 그 누구도 말하기를 꺼릴 뿐이다!

역시 가재는 게 편이다. 타락한 두 얼굴의 사탄아!

싯다르타, 혜능, 성철이 천상에서 오늘도 통곡하고 있다. 하하!

부끄럽구나, 흑진주를 박은 외눈박이 조사선이여! 부끄럽구나, 수염 없는 달마의 내시들이여!

자세하게 바라보면, 아공에서 법공으로 가는 수행이 가능하다고, 내 속에서 속삭이는 놈은 과연 누구인가?

이 놈은 가짜 자아(에고)이다. 이 놈은 현상계 최후의 철옹성(大死)의 철문으로 가는 것을 결사반대한다.

왜냐하면 은산철벽을 산산이 부수는 순간, 에고 자신이 죽기 때문이다.

절대계를 향한 문 없는 문을 열려고 하면 이렇기 때문에, 마지막 순간에 자신의 목숨을 걸어야 하는 것이다!

그러나 거짓 자아가 스스로 자살을 할까?

평생 동안 똥 냄새 풍기는 육신을 지배하고 살아왔는데, 왜 자신의 기득권을 포기하겠는가?

에고가 오욕칠정의 화신이자 부패한 음식물의 찌꺼기인 육체의 식민 통치를 포기하는 일은 영원히, 영원히 없다!

이렇기 때문에 거짓 자아를 죽인다는 것은 불가능한 것이다.

에고가 펼쳐놓은 겹겹의 천라지망을, 아공 수준의 자가 과연 뚫을 수 있을까?

점차적으로 수행하여, 온 우주에 펼쳐져 있는 중중첩첩의 인드라 망을 뚫고 살아나 올 수 있을까?

뚫으려고 하면 할수록, 더욱 더 천라지망은 조여 올 것이다.

이렇듯 점진적으로 수행을 하면, 에고 스스로가 더욱 더 철저하게 방어하기 때문에 결코 거짓 자아를 죽일 수가 없다!

이 단계 즉 대무심지에서 깨달음으로 가는 과정에서 에고는 생명을 걸고 모든 것을 총동원하여, 우리가 부처의 국토로 가는 모든 길을 방해하고 막기 때문에 여러 가지 경계 체험을 하게 된다. 에고가 목숨을 건 최후의 자기 방어!

이 순간 화두의 철옹성을 점령하지 못하고, 마조의 오줌싸개들(我空)은 거짓 자아와 타락한 밀거래를 하고 만다. 허망한 빛깔아!

결국 인드라망의 해골의 철옹성을 산산이 조각내지 못하고, 영원한 악마의 하수인 되는 순간이다!

미션 임파서블! "돈오돈수와 견성성불"은 메아리처럼 울리다가 사라지고 만다. 꿈속에서 꿈을 꾸는 가련한 똥싸개야!

이제 모든 것의 진실은 명명백백하다.

"돈오점수"는 영원한 악마의 씨앗이자 사이비들의 표상이고,

"돈오돈수"는 영원한 부처의 씨앗이자 정법의 표상이다!

그래서 혜능과 성철이 입이 마르도록 강조하고 강조한 것이다.

또한 "아공에서 법공으로 가는 수행"을 운운하는 자도 명명백백한

사이비이니 결코 속지 말라!

싯다르타의 정법은 돈오돈수(頓悟頓修)! 견성성불(見性成佛)!

배울 것이 없는 할 일 없는 한가한 도인(絶學無爲閑道人)!

12. 성철의 "선문정로" 중 "하택 비판"에 대한 고찰

1.

하택에 대한 여러 가지 풍문이 떠돌아다닌다. 최고의 선사라는 말도 있고, 지해종도 즉 사이비라는 말도 있다.

이 물음에 대한 역사적 사실과 자료를 수집하는 것은 불교 학자의 몫이지, 수행자의 몫은 아니다.

어쨌든 "선문염송"에 하택과 관련된 화두가 3개 나온다.

이 부분을 점검하면 하택이 도인이지 아니면 악마인지 판가름 날 것이다.

그러나 성철은 하택을 입이 마르도록 비판을 하면서, 어째서 "선문염송"의 화두를 예로 들지 않았을까?

설마 "선문염송"을 몰라서일까?

하하! 성철의 종합적이고 객관적인 시각에 의문이 드는 장면이다.

결론적으로 하택이 직접 답을 한 문구가, 이 의문의 진실을 밝혀 줄 것이다.

151칙은 답을 말하지 않았기 때문에 의미가 없고, 111칙과 152 칙으로 베일에 싸인 하택의 진실을 밝혀보자.

선문염송 111칙

육조가 어느 날 대중들에게 말하였다.

: 한 물건이 있어 위로 하늘을 버티고 아래로 땅을 버티며, 검기는 옻칠과 같다. 항상 움직이고 쓰는 가운데 있으나, 움직이고 쓰는

속에서 거두어들일 수는 없다.

그대들은 이것을 무엇이라 부르겠는가?

사미인 하택신회가 대중 앞으로 나와서 말하였다.

: 모든 부처의 근원이요, 하택의 불성(佛性)입니다.

혜능이 주장자로 수차례 하택을 때리고 나서 말하였다.

: 내가 한 물건이라고 말해도 스스로 맞지 않는데, 어찌 감히 근원
  이니 불성이니 하고 말하겠는가?

그대는 훗날 누군가의 스승이 되더라도, 단지 일개 지해종도(知
解宗徒 알음알이로 진리를 이해하는 무리)에 지나지 않을 것이다.

선문염송 151칙

청원: 어디에서 오는가?

하택: 조계에서 옵니다.

청원: 조계의 소식을 가져왔는가?

하택이 몸을 떨며 서 있었다.

청원: 지금도 기와 조각과 자갈을 쥐고 있구나.

하택: 화상께서 사람에게 줄 진금(眞金)이 있습니까?

청원: 설령 있다고 하더라도, 그대가 어디에 손을 대겠는가?

선문염송 152칙

하택이 어느 날 법당으로 들어가서 백추(白槌)를 치고 말하였다.

: 대중에게 알립니다. 노승의 고향에서 소식이 왔는데, 부모가 모
  두 돌아가셨다고 합니다.

 대중에게 청하는데, 마하반야바라밀을 염송해 주십시오.
대중이 막 앉으려고 하는데, 하택이 즉시 백추를 치고 말하였다.
: 대중이여, 수고 많이 하셨습니다.

화두는 있는 그대로 보면 된다. 앞뒤전후 상황을 고려할 필요가
전혀 없다.
왜냐하면 화두는 부처를 가려내는 시험 문제이기 때문이다!
말 그대로 지뢰밭의 연속적인 함정만 있을 뿐이다. 발을 잘못 디
디면, 공허한 육신은 바람에 흩어져서 즉시 사라질 뿐이다.
화두는 산 자와 죽은 자를 판별하는 저승사자의 수수께끼!
모든 화두를 산산이 박살 낸 자는 부처이고, 화두의 은산철벽이
자신의 앞을 가로막는다면 학인이다!
우선 111칙을 보면, 하택의 대답은 명백하고 정확하다.
만약 하택의 대답이 틀렸다면, 과연 무엇이라고 대답을 해야 하
는가?
그러나 혜능이 하택을 후려친 장면을 보면, 오히려 혜능이 지해종
도이고 하택이 육대 조사이다.
명확하게 눈먼 조사선을 보여 주는 장면이다.
111칙을 가려낼 수 있는 밝은 눈을 가진 선객이, 한국의 선문에는
없다는 말인가?
이 화두는 함정이 깊고 깊어서 정안종사(正眼宗師)가 아니라면, 결
코 넘을 수가 없는 최후의 은산철벽이다! 유황불이 타오르는 삼매
지옥!

그래서 눈먼 부처의 형편없는 후예들이, 하택의 억울한 누명을 지금까지도 벗겨주지 못하는 것이다. 오호통재라!

만약 내라면, 애꾸눈 혜능을 30방망이 후려치고, 두 눈동자를 찬란하게 뜨도록 하였을 것이다.

혜능아, 30방망이 맞은 보잘것없는 물건은 무엇인가?

눈동자 없는 혜능아, 너는 아무짝에도 쓸모없는 물건이다. 하하!

심장이 없는 애처로운 선객이여, 이제는 알겠는가?

151칙을 평하면, 청원의 말대로 설령 진리의 본체가 있다고 하더라도, 어찌 사이비와 악마의 종자들이 감히 만져볼 수 있겠는가?

하물며 어느 곳에서 하찮은 벽돌과 조개껍데기를 찾을 수 있겠는가?

단지 자신 앞에 있는 높이도 알 수 없고, 넘을 수도 없는 철옹성만 가히 두렵고 두려울 뿐이다. 수행자의 무덤! 망상하는 헛것아!

152칙을 보면, 하택의 대답은 너무나 명쾌하고 정확하고 시원하다.

이보다 더 좋은 명답을 찾을 수가 없을 정도이다. 악!

눈동자 없는 수행자여, 하택의 말을 알겠는가?

하택이 미친놈처럼 혼자서 북을 치고 장구를 치고 꽹과리까지 치고 있는데, 어째서 모르는가?

결론, 두 개의 화두에서 하택의 대답을 보면, 하택은 위대한 도인임이 틀림없다.

그런데 어째서 이토록 하택을 지해종도라고, 일방적으로 비판을 하는 것인지 모르겠다.

역으로 보면, 그만큼 하택이 위대한 부처라는 사실을 방증하는 것은 아닐까?

2.

하택신회(670~762)의 일생을 간략하게 보자.

하택은 신수 문하에서 3년간 수학 후, 혜능 문하(17세)로 옮겨간다.

신수(606~706)는 701년 측천무후의 요청으로 궁궐로 갔고, 세 황제의 국사가 되었다.

신수 입적 후 6조 신수, 7조 보적(651~739)이었다.

혜능(638~712) 입적 뒤 18년 후, 하택은 활대 대운사에서 무차대 회(730~732, "보리달마남종정시비론")를 개최한다.

신수(북종)는 방계이며 수행법은 점수(漸修)사상이고, 달마선을 계 승한 혜능(남종)은 적손이며 수행법은 돈오(頓悟)사상이라고 주장 한다.

이로부터 남종과 북종이 분리된다. 즉 달마를 계승한 정통성 논쟁!

하택은 일생 동안 신수를 폄하하고, 혜능을 적통이라며 옹호한다.

그러나 사실은 남·북종 모두 돈오는 공통점이고, 하택은 오직 돈 오만 중시했지만 북종은 점수도 함께 폈다.

하택이 신수의 제자 보적에게 아첨하여 난(亂)을 모의했다는 무고(誣告)를 당하지만(753), 유배에서 풀려나게 된다(754).

하택은 안록산의 난(755~763) 때, 당나라 재정을 마련하는데 상 당한 공을 세운다. 장작대장(將作大匠 궁전·종묘 등 종3품 건설장 관)에 임명되었다.

하택이 입적(762) 후, 796년 6조 혜능, 7조 하택으로 삼는 황제의 칙명을 내린다. 혜능 사후 84년이 지난 시점이다.

하택이 돈오를 주장하며 평생 혜능을 지지했기 때문에, 오늘날의 6대 조사 혜능이 존재하는 것은 명확한 사실이다.

그리고 "육조단경"의 편찬에 상당한 영향력을 미쳤음은 당연한 추론이다.

그 후 815년 황제의 칙명으로 혜능이 대선사(大禪師)로 추증 받았고, 혜능 입적 후 103년만의 일이다. 즉 6대 조사 혜능, 7대 조사 하택.

여하튼 하택의 눈부신 노력으로, 혜능을 계승한 선종이 오늘날까지 이어지고 있다.

이렇듯 선종 역사에서 가장 크게 공을 세운 1등 공신이, 어째서 지해종도(知解宗徒)라고 이마에 불도장이 찍힌 것일까?

마조(709~788)와 석두(700~790)가 선종의 주류가 되면서, 하택종은 점차 쇠퇴한다.

이 과정에서 마조의 스승 남악(677~744)이 7조가 된다.

혜능 사후 남종의 정통성 다툼에서 하택종(하택 계통)은 쇠퇴하고, 홍주종(마조 계통)이 정통의 자리를 차지한 후 선종사의 왜곡이 이루어졌다!

그리고 법안(885~958·법안종 개조)이 하택을 "지해종도"라고 칭한 말에서 비롯된다.

"지해종도"의 뜻은 선(禪·진리)을 실제로 체험하지 못하고, 알음알이로 이해하는 사람을 말한다. 즉 이치로 파악하여 진리를 이해하는 무리!

규봉종밀(780~841)은 하택종이 다른 선사상보다 우수하다고 주장하며 추종하고, 수행이론이 돈오점수라고 본다.

그리고 규봉의 단편적인 말만 듣고, 하택을 일방적으로 비판해 온 것이다.

그것은 하택의 저술이 대부분 전해지지 않다가, 돈황본이 발견되면서 일부 진실이 밝혀진다.

1930년에 호적(胡適)의 "신회화상유집"이 출간되기 전까지, 하택은 선종사에서 "지해종도"라고 낙인이 찍힌 사문난적(斯文亂賊)이었다.

하택의 "돈오무생반야송"을 보자.

"일념상응(一念相應 한순간 서로 일치함)에 범부와 성인을 단박에 뛰어넘는다."고 하여, 돈오돈수(頓悟頓修) 사상을 천명했다.

또한 하택은 일생 동안 오직 돈오법(頓悟法)만 주장했다.

규봉의 "선원제전집도서"를 보자.

"과거(전생)의 세상(宿世)에서 미래의 세상을 생각한다면, 오직 점(漸)만 있지 돈(頓)은 있을 수 없다."고 하여, 돈오돈수를 부정하고 돈오점수 (頓悟漸修)를 주장한다.

또한 규봉의 "선원제전집도서"와 "중화전심지선문사자승습도"에서 "돈오점수"라는 단어가 최초로 등장한다.

이렇듯 하택과 규봉의 사상은 근본적으로 가는 길이 완전하게 다르다.

하택은 위대한 부처의 길을 갔고, 규봉은 추악한 악마의 길을 간 것이다!

결론적으로 보면, 선종사에서 가장 위대한 공로자는 하택이 틀림없다.

진리의 근본적인 측면에서 보면, 하택의 일생은 돈오점수를 타파하고 돈오돈수를 주장한 파사현정(破邪顯正)의 정신으로 압축된다!

또한 하택은 결단코 지해종도가 아니며, 절대 세계의 진실인 돈오돈수를 수호한 위대한 부처다!

"지해종도"를 다시 정의하면, 절대 진리를 완전하게 체험하지 못하고 생각·이성으로 진리를 이해하여, 돈오점수를 추종하는 모든 타락한 악의 무리!

그러나 어째서 하택이 지해종도라고 낙인이 찍힌 것일까?

선종사의 왜곡된 진실과 거짓은 과연 무엇일까?

선종의 역사는 어째서 왜곡된 사건을 만들 수밖에 없었을까?

어느 시대나 퇴색한 부처의 옷을 입은 간사한 정치 승려는 있기 마련이다.

그럼 정치를 하고 싶다면 정치판으로 가지, 어째서 수행자의 옷을 입고 정치를 하려고 하는가?

진정한 수행자들의 얼굴에 똥칠을 하지 말고, 즉시 정치판으로 가라!

화두를 참구한 수행자로서 오직 부끄러울 뿐이다.

누구보다도 정직하고 바르게 살아야 하는 수행자가, 스스로 속이면서 간악무도한 악마의 길을 걸어간 것이다.

추악한 두 얼굴의 타락한 사탄아! 음흉한 불교야!

제발 정신 바짝 차려라! 주인공아, 언제나 사람들에게 속지 말라!

자고로 역사는 승리자들의 악스러운 전리품으로 전락하는 경우가
많다.

진실은 반드시 규명되어야 하고, 역사는 반드시 있는 그대로의 사
실을 기록하여야 한다.

사마천(BC145~BC86 "사기"의 저자) 없는가?

수행자로서 나의 임무는 여기까지다.

향후 바른 눈을 가진 불교 학자가, 모든 진실을 명백하게 밝힐 것
으로 믿는다.

13. 법전의 "누구 없는가" 중 "성철의 인가" 부분 고찰

성철이 법전을 인가하는 과정을 요약해서 보자.

성철: 무(無)자 화두를 일러 보게.

답을 말하니 인정하지 않았다. 많은 고성과 경책이 오고 갔다.

다음 날 노장이 말했다.

성철: 어쨌든 무자 화두를 한마디로 일러 보게.

　　　그 한마디만 똑바로 이르면 끝난다.

며칠 동안 파계사 금당선원에 머물며 정진을 거듭했다.

하루 몇 차례 성전암으로 올라가 공부를 점검받았다.

노장은 철망 안에서, 나는 철망 밖에서 선문답하는 나날이

계속되었다. 어느 날 노장이 물었다.

성철: 개에게 불성(佛性 부처가 될 수 있는 근본 성품)이 없다고

　　　했다. 어째서 없다고 했는가?

법전: 일월동서별(日月東西別)하니 좌인기이행(坐人起而行)이라!

　　　해와 달이 동서를 구별하니, 앉아 있던 사람이 일어서서

　　　가더라.

성철: 큰 소리로 되풀이하며 되뇌었다.

며칠 후 노장이 또 물었다.

성철: 어째서 개에게 불성이 없다고 했는가?

법전: 말없이 돌아서 가 버린다.

성철: 말로 해 봐라!

그때 경계를 말하니 고개를 끄덕였다.

며칠 후 노장이 또 물었다.

성철: 학인이 "달마가 서쪽에서 오신 뜻이 무엇입니까?" 하고 물
      었다.

      그때 스승이 "죽은 사람 술상 위에 술이 석 잔"이라고 답했
      는데, 너는 어떻게 대답을 하겠는가?

법전: 곡을 세 번 하겠습니다.

성철: 너는 이제 됐다. 어떤 것을 물어도 대답할 수 있겠다.

성철이 법전을 인가(印可)하는 과정에서 미심쩍은 부분이 있다.

성철은 어째서 "무(無)"와 "죽은 사람 술상 위에 술이 석 잔"이라는
화두로 점검을 했을까 하는 의문이다.

이것은 낮은 수준의 화두(我空)로 점검을 한 것이다.

왜냐하면 "무"를 뚫어도, "본래면목"을 뚫기는 지극히, 지극히 어
렵다!

그래서 반드시 "본래면목 화두(法空)"를 물어서, 인가 과정을 마쳐
야 한다.

오리지널 도인(부처)에게 1700공안은 모두 같다.

아니 도인에게 화두 자체가 없다! 오직 삼라만상과 하나일 뿐이다.

한바탕! 불이(不二)! 중도(中道)! 일진법계(一眞法界)!

그러나 학인에게는 화두의 수준 차이가 너무나 명명백백하게 존
재한다!

"무" 계열 화두(我空)와 "본래면목" 계열 화두(法空)의 수준 차이!

즉 이무기와 청룡의 까마득한 억겁 세월의 시공에 차이!

그래서 위대한 선사들조차도 보통 두, 세 번 만에 화두를 뚫은 것이다.

결국 본래면목 화두를 꿰뚫어 수행을 완전하게 마쳤다! 돈오돈수!

가령 향엄이 절치부심하며 "부모미생전 본래면목" 화두를 타파하고, 위대한 부처가 된 것은 만고의 표준이다! 견성성불!

도인은 화두의 답을 어떻게 말을 해도 답이 된다!

자상한 마음을 가진 부처는 자세하게 답을 말할 것이고, 자세하게 말하지 않더라도 부처와 함께 있다는 자체가 영원한 축복일 뿐이다.

어쨌든 내라면, 이런 화두로 결코 점검하지 않는다!

스승은 반드시 본래면목 화두를 물어서 점검을 마쳐야 한다!

스승이 제자를 점검하는 화두로는 "덕산탁발", "아호의 인절미", "진조감승", "백장야호", "혜능의 불사선악"이 최고의 질문이다!

(6장 분류사 화두, 161, 151, 162, 163, 187번 참조)

그러나 불교 역사상 이 다섯 개의 화두를 모두 뚫고 지난 자가, 과연 몇 명이나 될까?

영원히 알 수 없는 선(禪)의 검은 그림자 같은 민낯이다.

마치 아리따운 여인이 화장을 지우고 나니, 주근깨투성이의 일그러진 얼굴을 보는 것과 같다. 선(禪)의 음흉한 묵시록!

오직 부끄러울 뿐이다. 타락한 사탄과 같은 간화선이여!

만약 내 말을 믿지 못하겠다면, 선지식 행세를 하는 극악무도한 사이비와 악마들에게 다섯 개의 화두를 물어라!

그러면 무엇이 진실인지 스스로 보게 될 것이다. 하하!

파사현정(破邪顯正)!

무엇보다 아쉬운 점은, 법전이 인가 받을 때 무엇이라고 답을 했
는지 심히 궁금하다.

인가 과정의 선문답은 반드시 밝혀야 한다!

그래야 스승과 제자의 수준을 가려낼 수 있기 때문이다.

어쨌든 후학을 배려하는 마음이 부족한 것은 사실이고, 너무나 아
쉬운 장면이다.

밝은 눈을 갖춘 선객의 출현을 기대하며 질문을 던지겠다.

성철: "죽은 사람 술상 위에 술 세 잔"이 무슨 뜻인가?

(법전: 아이고, 아이고, 아이고.)

호천: 말없이, 술 세 잔을 마신다.

누구의 대답이 명답에 가까운지 진정한 선객은 가려낼 것이다.

수행 과정에서 성철이 법전을 인가하는 과정을, 너무나 궁금하게
생각한 부분이라 후학을 위해서 밝히는 것이다.

이왕지사 여기까지 온 거, 책 제목도 밝혀보자.

성철이 "누구 없는가?"라고 물었을 때, 무엇이라고 대답을 해야
눈먼 똥개 소리를 듣지 않고, 성철에게 술 세 잔을 받아 마실 수
있을까?

"누구 없는가?", "아무도 없는가?", "여보세요?"

이렇게 많은 사람들이 있건만 정말 희한한 일이군. 하하!

모두 벙어리의 자식이란 말인가?

입이 없다면, 어떻게 밥을 먹을 수 있을까?

살아 있다는 자체가 하나의 기적 같은 일이군. 역시 헛것이구나.
맙소사!

성철: 누구 없는가?
호천: 한바탕 크게 웃는다. 하하하!

눈 밝은 선객이 나의 답을 평가할 것이다.
결론, 앞으로 진정한 도인이 출현한다면, 반드시 수행 과정을 밝
혀라!
그리고 스승에게 인가를 받았다면, 반드시 인가 과정을 밝혀라!
나는 인가를 받은 적이 없다! 싯다르타도 인가를 받은 적이 없다!
완전한 깨달음은 "해탈지견"에 의해서 스스로 반드시 알게 된다!
나의 책이 나의 모든 것을 나타내는 분신이자 모든 것이니, 눈이
있는 자는 스스로 판단할 것이라 믿는다. 악!

14. 수행 과정과 인가 과정을 밝혀라

진정한 부처가 출현한다면, 반드시 수행 과정을 밝혀라!

그래서 후학들에게 또 다른 하나의 눈부신 길을 제시해야 한다.

이렇게 부처의 수행 과정이 하나, 둘 정립되면, 후학들에게 수행 방법의 다양성과 투명성의 길을 열어줄 수 있다!

더 나아가면, 객관적이고 다양한 방법에 의해서, 보다 쉽게 부처의 세계에 도착하는 길을 만들어야 한다!

한 명의 위대한 부처가 탄생하는 과정의 우여곡절은, 후학들에게 하나의 지침이 될 수 있다.

자신이 시행착오 한 과정을 설명함으로 해서, 찬란한 빛을 선사할 수 있기 때문이다.

그러나 이런 과정을 밝히지 않는다면, 절대 세계로 가는 길은 암울할 수밖에 없다. 길 없는 지도!

그래서 부처의 세계로 가는 최단거리 지도를 만들자는 것이다!

이런 로드맵이 없다면, 사이비들이 세상의 질서를 혼란시킬 수도 있다.

어쨌든 수행 과정을 투명하게 넓혀간다면, 조사선(祖師禪)의 시대처럼 다양한 시각을 가진 부처들이 탄생할 수 있는 길을 열어야 한다!

그렇지 않으면, 부처의 씨앗이 열매를 맺지 못할지도 모른다.

가령, 고려 시대의 고려청자를 지금은 만들 수가 없다.

얼마나 안타까운 역사적인 실수인가!

만약 고려청자의 제작 과정을 한 권의 책으로 남겼다면, 이 책은 얼마나 위대한 책이 되겠는가?

이렇듯 수행도 수행 과정을 투명하게 밝혀, 하나의 금자탑을 세워 가야 한다.

어디에서나 볼 수 있는 절대 세계의 신성한 깃발처럼!

그래야 최악의 불상사를 막을 수 있다.

설혹 온 우주의 모든 부처가 사라진다고 해도 부처를 깨울 수 있는 책 한 권만 있다면, 이 책이 하나의 씨앗이 되어 어느 시점에서 반드시 "천상천하 유아독존"을 다시 외칠 초인(부처)이 탄생할 것이다!

무엇보다도 아쉬운 점은, 성철이 자신의 수행 과정을 밝히지 않은 것이다.

만약 성철이 수행 과정을 솔직하게 밝혔다면, 후학들에게 엄청난 지침이 되었을 것이다.

위대한 선객이여, 성철이 범한 잘못을 두 번 다시 범하지 말라!

자신이 위대한 부처라면, 수행 과정을 명명백백하게 밝혀서 후학들에게 다채로운 빛을 선사하라!

이것이 최상의 설법이자 최상의 중생 구제다.

왜냐하면 중생으로 하여금 스스로 부처가 되는 길을 직접 가르쳐 주었기 때문이다.

이보다 더 좋은 설법은 삼라만상에 존재하지 않는다.

그리고 진정한 부처가 출현한다면, 반드시 인가 과정을 밝혀라!

그래야 스승과 제자의 수준을 파악할 수 있기 때문이다.

이런 기본적인 토대를 구축해 놓아야, 사이비 부처가 세상을 혹세무민하는 것을 방지할 수 있다.

또한 진정한 부처가 출현했지만 인가를 받지 않았다면, 자신의 깨달음을 명백하게 보여라!

그래야 진정한 부처로서 인정을 받을 것이다.

사실 "인가(印可)"는 산사의 헤게모니와 관계있는 것이지, 스스로 확철하게 깨우쳤다면 "인가"의 과정은 무의미하다!

왜냐하면 "해탈지견"에 의해서 스스로 명쾌하게 알기 때문이다.

나와 싯다르타는 "인가"를 받은 적이 없다.

여하튼 눈 밝은 선객(부처)이 출현한다는 기본 전제이지만, 진짜 선지식이 탄생한다면 잘못된 모든 길을 바른길로 만들 것이다.

15. 해탈지견 5관문

1관문: 악!

　　　이 소리의 무게가 얼마인가?

2관문: 부처의 머리를 베어버리고 악마의 머리를 올려놓으니, 살아서 움직인다. 무슨 말인가?

3관문: 지옥에 가서, 염라대왕을 데리고 오시오?

4관문: 중도(中道)는 무슨 색깔인가?

5관문: 그대와 내가 한마음이라면, 내가 원하는 답을 내 손바닥 위에 올려 보시오?

"완전한 깨달음"을 얻으면 "해탈지견(解脫知見)"에 의해서 반드시 스스로 알게 된다!

"반야심경"과 "선문염송"으로 점검하는 것이 가장 쉽고 빠른 방법이다.

이 둘을 읽어 한 곳이라도 막히지 않는다면, 스스로 위대한 부처라는 사실을 안다.

특히 화두 참구하는 수행자는 영원한 내 사랑 "소옥이"를 결코 잊지 말라!

만약 "소옥이"를 잊는다면, 착각 속에서 헤매다가 부처의 국토로 가는 길을 영원히 찾지 못할 것이다. 알겠는가?

한국의 선문에서 과연 3관문의 수호자인 염라대왕을 목을 베고, 지나올 자가 있을지 심히 의심스러울 뿐이다.

가소로운 눈먼 간화선이여! 과연 그 누가 있겠는가?

만약 있다면, 염라대왕의 목을 가지고 오라!

그럼 독이 든 조주의 차를 한 잔 주리라! 하하!

5관문은 화두 역사상 가장 어려운 화두이다! 무형 무취의 화두다.

모든 화두의 답은 어느 정도 명확한 범위를 가지고 있다!

그러나 5관문의 무형 무취의 화두는 고정된 답이 아니라, 살아서 움직이는 유동적인 답이다!

아무리 신궁이라 해도 살아 움직이는 과녁을 화살로 맞힐 수 있는 자, 그 누구인가?

밑도 없고 끝도 없는 대마왕의 죽음에 늪 그 자체이다.

우주 전체의 모든 것을 빨아들여 삼켜버리는 암흑의 블랙홀이다.

질문이 없는데, 도대체 어떻게 답을 맞힐 수 있을까?

완전한 깨달음(내외명철)을 얻지 못한 자는 영원히 알 수가 없다!

불멸호 4대 수호자인 싯다르타 부처와 조주고불, 삼계의 제일검 운문과 철옹성의 또 다른 성주 위산의 대답이 정말 궁금한 순간이다.

악! 두께도 가늠할 수 없는 까마득한 억겁 세월의 은산철벽이다.

이 억겁 세월의 은산철벽을 산산이 조각내고 오는 무한한 초인(超人)을 간절히 기다린다.

이 관문을 모두 지나온 자에게, 독이 든 호천의 술 한 잔을 주리라!

다섯 개의 난공불락의 철옹성을 지나면서, 다섯 명의 성주에 목을 베었다.

설령 부처와 조사라 하더라도, 이제 그대의 앞길을 막을 수가 없다.

왜냐하면 그대가 곧 삼라만상의 영원한 주인공이기 때문이다.

이제 그대가 가는 길이 곧 길이고, 진리 그 자체이며 진리의 완전한 실현이고, 삼계로 활짝 펼쳐져 있다. 대도무문(大道無門)!

이 관문을 모두 통과한 자는, 부처를 비롯한 역대 조사와 모든 깨달은 자들과 만나게 된다.

위대한 선객이여, 술잔이 식기 전에 하루 속히 오라.

16. 법맥을 맹신하지 말라

무엇이든 맹목적으로 믿는 순간, 모든 것은 잘못된 것이다!

특히 눈동자 없는 부처와 조사를 믿지 말라.

언제나 최소한의 이성적인 비판 의식을 유지해야 한다.

객관적인 비판 의식이 사라지는 순간 부처의 청정한 정법은 사라지고, 불순한 악마의 정법만 빛난다.

부처와 조사의 모든 행동이 옳은 것은 아니다!

각자의 성격에 따라서 법을 인연 따라 펼치기 때문에, 방법론적으로 다양한 것은 너무나 당연하다.

이렇듯 다원주의 관점에서 바라본다면, 부처와 조사의 행위도 조금은 흠이 있을 수 있다.

물론 흠이라고 할 것은 없지만, 어쨌든 모든 것을 절대 맹신하지 말라.

맹목적인 믿음, 무조건적인 복종, 절대적인 구원은 사이비 종교 단체의 찬란한 상징물이다!

그렇기 때문에 최소한의 이성적인 비판 의식은 가지고 있어야 한다.

하지만 불교 문화와 법맥을 따라 내려오기 때문에 방법론적으로 잘못된 곳을 찾는다는 것은, 어쩌면 학인의 입장에서 불가능할지도 모른다!

사실 나도 잘못된 곳을 찾을 수가 없었다. 불행하게도, 대표적으로 화두만 강조하는 문화가 그렇다.

여러 가지 수행법이 있음에도 불구하고, 어째서 간화선만 강조하는 것일까?

이 시대의 불교가 진정으로 부처를 간절히 원하고 있는가라는, 의문이 끝없이 맴돌 정도이다.

이것은 화두만 고집하는 바보 같은 스승들 책임이다.

사실 스승이라고 부르기도 부끄러운 단세포 같은 개자식들이다. 하하!

왜냐하면 1700공안을 모두 알지도 못하는 악마 같은 놈들이, 입만 열면 화두를 외치고 있으니 얼마나 가소로운 모순인가?

화두보다 빠른 길이 있다면, 빠른 길로 가는 것은 너무나 당연하다!

관세음보살의 무한한 사랑이 신성하게 살아 있는 이근원통 수행법!

물론 화두가 지름길임에는 틀림없다.

허나 사람마다 역량이 다르기 때문에, 천편일률적으로 화두만 고집하는 것은 너무나 어리석다. 화두에 중독된 야차!

화두가 맞지 않는 수행자는 이근원통과 연기법으로 수행을 하면 된다.

여러 가지 수행 방법의 장단점을 잘 알고, 적재적소에서 슬기롭게 활용하는 것이 현명한 수행자다!

에베레스트산 정상(구경각)으로 가는 길은 무수히 많다.

나의 형제인 진실한 수행자들이여, 결코 잊지 말라!

화두는 처음부터 잡아서는 절대 안 된다! 알겠는가?

사칙 연산만 아는 자가 100년을 제아무리 고뇌하더라도, 어떻게 미분과 적분을 풀 수 있겠는가?

또한 걷지도 못하는 놈이, 어떻게 뛸 수 있겠는가?

이렇듯 화두 참구 전에 많은 책을 읽고, 생각과 관념의 한계에서 이성적 사고와 책으로 도저히 해결할 수 없는 곳에 도착했을 때, 비로소 화두를 잡는 것이 최적의 시기라고 확신한다!

그러나 화두 참구의 추진력(힘)이 막강한 자는, 바로 화두 참구하는 것도 가능하다.

수행 역사상 이런 자가 도대체 몇 명이나 되겠는가?

입만 열면 침이 마르도록 화두만 강조하는 스승들이, 과연 완전한 깨달음을 얻었는가 하는 것도 풀리지 않는 의문이다. 하하!

낮은 수준의 "무"자 화두만 안다면, 절대 진리를 모르는 자다.

자아가 사라진 수준(我空)에서 자아가 없다는 것은 엄청난 환희다.

하지만 헛것이 많이 보이는 단계다.

이 수준에 있는 자들은 대부분 "無我"라는 단어를 즐겨 사용한다.

진리를 얼핏 본 얼치기이자 반풍수이기 때문에 집안을 망친다!

이런 자들에게 절대 속지 말라.

스승의 흉내를 내는 자들에게 반드시 "덕산탁발", "진조감승", "백장야호"를 물어라!

이것에 답을 하지 못하는 자는 결코 선지식(부처)이 아니다!

특히 선문의 선승들은 명심하고 명심해야 한다.

나도 수행 과정에서 부처의 법맥을 맹신했기에, 정법을 이어받은 스승들을 무조건 신뢰했다.

하지만 이 속에 하나의 치명적인 함정이 도사리고 있다!

정법이라고 하지만, "완전한 깨달음"을 이어받았는가 하는 의문이다!

만약 가섭의 염화미소가 아니라면, 산사는 오직 악마의 소굴일 뿐이다.

산사 스스로가 부처의 정법을 이어받았음을 명백하게 증명해야 한다.

또한 법맥이라는 것은 한 놈이 잘못되면, 나머지는 줄줄이 사탕처럼 사이비가 된다! 예컨대, 대혜선사의 예가 가장 대표적이다.

그 당시 사이비들은 대혜를 모두 인가했지만, 담당선사만 인가하지 않았다. 대혜는 자신을 속이지 않는 진실한 마음이 있었기 때문에, 담당이 죽자 원오선사에게 가서 깨달음을 완성했다. 돈오돈수! 이것은 만고의 표준이다.

수행자여, 스스로를 속이면 완전한 깨달음은 영원히 이룰 수 없다!

두 눈을 크게 뜨고 "마조의 오줌싸개(我空)"인지 아니면 "진짜 부처 (法空)"인지 가려내는 안목을 키워라!

조사선(祖師禪)의 위대한 부처들의 말씀에 의지한다면, 사이비와 악마들에게 결코 속지 않을 것이다!

나는 위대한 조사선의 길을 따라왔기 때문에, 마조의 오줌싸개, 사이비 그리고 악마들에게 속지 않았다! 최상의 선택! 하하!

단 한 번뿐인 이번 생애를 헛되이 보내지 말라!

세세연년 영원한 수행을 말하는 추악한 사이비들에게 속지 말라!

삶의 모든 것은 오직 "이 순간"에 있다! 이 순간의 마법!

온 우주를 다이아몬드 반지로 아로새긴 지금 이 순간!

앵무새처럼 진리를 노래하는 사람의 탈을 쓴 악마들에게 절대 속지 말라!

그리고 각 종교 단체마다 운영을 하기 위해서 사람은 필수적이다.

절은 스님이 있어야 불교라는 종교가 유지될 수 있다.

자칫하다간 스님이라는 이름으로 불교의 소모품, 교보재, 마루타가 될 수 있으니 정신 바짝 차려야 한다!

우리는 수행자이기 이전에 완전한 인간이다.

대웅전 뒤편에서 싯다르타가 말없이 눈물을 흘리고 있을지도 모른다.

어느 순간이든 자신이 부처라는 사실을 결코 잊지 말라.

싯다르타 부처에게 불교라는 종교는 없다!

깨달은 자에게 불교뿐만 아니라 어떠한 종교도 없다!

우주 전체에서 모든 존재들이 각자 존귀하다(天上天下 唯我獨尊)!

17. 여래선, 조사선, 묵조선, 간화선

여래선은 부처~27조 반야다라, 조사선은 28조 달마~원오(임제종)와 단하(조동종), 묵조선(조동종)은 천동이 주장했고, 묵조선을 비판하면서 간화선(임제종 양기파)을 대혜가 주장했으며 현재까지 이어지고 있다.

간략하게 핵심적인 내용을 보자.

"여래선(如來禪)"은 "평등선"이고, "능가경"에 나온다.

모든 중생이 똑같은 불성(自性)을 가지고 있다. 즉 모든 현상은 절대 평등의 진리를 나타내는 의미다.

그리고 한 티끌도 얻을 수 있는 것도 없고, 교화할 중생도 없고, 오직 진짜 부처만 있다.

"조사선(祖師禪)"은 "차별선"이고, 앙산이 처음 말했다.

누구나 평등하지만 깨닫는데 근기에 따라 차별이 있다. 방편!

한 번 더 강조하지만 상근기, 하근기, 시절인연은 없다!

오직 자신의 노력으로 모든 것을 만들 뿐이다. 이 말은 방편이 아니라 불멸의 진실이다. 일체유심조(一切唯心造)!

조사선은 실천수행(좌선, 선정·삼매, 관법·위빠사나)의 형식적인 과정을 거부하고, 곧바로 깨닫는 것이다.

좌선과 선정(禪定)을 수행하는 것이 아니라, 설법과 문답을 통해서 깨우쳐 주고 깨닫는다.

조사선은 완전한 깨달음을 얻은 모든 선사들이, 깨달음의 세계를 바로 눈앞에 직접 보여주는 것이다!

또한 선(禪)을 중심으로 하면서 교학도 중시하여, 균형 감각을 잃지 않았다. 중도(中道)! 전체를 포용하는 마음!

그래서 오가칠종(五家七宗)으로 발달한 것이다. 즉 위앙종, 임제종, 조동종, 운문종, 법안종이고, 임제종은 양기파와 황룡파로 나뉜다.

"묵조선(默照禪)"은 화두를 잡지 않고 모든 생각을 끊고, 좌선을 통하여 깨달음의 이치를 지금 이 자리에서 바로 실현하는 수행법이다.

묵조선의 치명적인 단점은 고요한 침묵 속에서 마음을 그으윽하게 비추어 보면서, 오직 좌선만 하기 때문에 무기(無記)에 빠질 우려가 너무나 높다.

왜냐하면 가장 중요한 "의심"이 없기 때문이다.

또한 "의심"이 없는 수행법으로 완전한 깨달음을 이룰 수도 없다.

"간화선(看話禪)"은 큰 의문을 일으키는 곳에 큰 깨달음이 있으니, 화두 참구를 통하여 깨달음을 목표로 하는 수행법이다.

묵조선과 이전의 수행 방법에 대한 비판 위에서 대혜가 주창했다.

간화선의 치명적인 단점은 화두 참구할 시기가 되지 않았음에도 불구하고, 조급하게 화두를 참구하기 때문에 자포자기할 우려가 너무나 높다.

화두가 의심을 불러일으키지 않는다면, 자칫 무의미한 수행법이 될 수도 있다. 어쩌면 부처의 씨앗을 모두 죽일지도 모른다.

이렇듯 묵조선과 간화선은 치명적인 약점을 내포하고 있다.

이것을 극복하는 가장 좋은 방법은, 조사선의 다양한 수행 방편을 펼친 5가7종의 시대로 돌아가야 한다! 온고지신(溫故知新)!

옛것의 바탕 위에 이 시대의 다양한 정신을 가미하여, 새로운 조사선을 재탄생시켜야 한다. 즉 선교일치의 균형 감각을 잃지 말고, 이 시대에 맞는 수행을 해야 한다.

간화선은 화두 참구할 시기가 무르익었을 때, 화두 참구를 하면 좋은 수행법이다. 산송장(大死)이 되는 최상의 수행법!

묵조선은 의심·생각·노력의 한계 지점(대무심지)에서 완전하게 살아나기 위해서, 자신을 그윽하게 비추어 본다면 좋은 수행법이다. 대무심지(大死)를 지나서, 깨달음(大活)으로 갈 때 최상의 수행법!

천동과 대혜가 주장한 묵조선과 간화선은 좋은 수행 방편이다.

하지만 시대가 지남에 따라서 근본 취지는 사라지고, 껍데기만 남았다는 것은 고질적인 병폐다.

깨달음을 향한 균형 감각을 잃고, 묵조선과 간화선의 글자 속에 갇혀 돌연변이가 되어 버린 것이다. 악성 바이러스!

또 하나 짚어야 할 것은 여래선, 조사선, 묵조선, 간화선은 결론적으로 같은 말이다!

거시적으로 보면, 시대가 변함에 따라서 다르게 불리는 선(禪)의 명칭일 뿐이다.

이름은 단지 피상적인 이름일 뿐, 내용과는 무관하다. 소옥아!

포장지의 화려한 빛깔에 걸리지 말고, 내용물의 본체가 무엇인가에 집중하라.

여래선은 수준이 낮고, 조사선은 수준이 높다고 분별하지 말라.

앙산과 향엄의 대화(6장 분류사 화두, 139. 선문염송 598칙)에서 여래선과 조사선을 말한 것은 하나의 심오한 함정일 뿐이다.

위대한 앙산과 향엄이 죽음의 전주곡인 천라지망을 펼친 것이다.

모든 화두는 오직 은산철벽의 두께를 알 수 없는 수수께끼이다.

또한 화두는 진짜 부처를 가려내는 시험 문제다!

만약 조사선이 여래선보다 수준이 높다면, 달마의 스승인 반야다라가 달마보다 도력이 낮다는 말이다.

이것은 말도 안 되는 헛소리이고, 음흉한 악마의 말이다.

어쨌든 화두의 모든 말은 언어와 이성의 한계를 넘어서, 역동적으로 살아 숨 쉬고 있다. 즉 화두는 산 자와 죽은 자를 가려내는 생사의 올가미! 절대 세계의 수호자!

허망한 생각 속에 갇힌 자가, 어찌 감히 화두의 본모습을 알 수 있겠는가?

조사선이 여래선보다 수준이 높다고 분별하는 놈(앎)은 과연 무엇인가?

도대체 무엇이 있어, 조사선과 여래선을 구별하는가?

부디 빛의 전사 앙산과 향엄의 피 묻은 살인도의 협공을 조심하라.

결론, 선교일치(禪敎一致)의 균형 감각을 잃지 말고 수행을 하자!

선(禪 선종)은 부처의 마음이요 교(敎 교종)는 부처의 말씀이니, 마음과 말씀은 하나이다.

마음에도 집착하지 말고, 말씀에도 집착하지 말고 수행하라.

이것이 곧 중도(中道)의 진정한 가르침이다. 불이(不二)!

묵조선은 무기(無記)의 좌선에 갇혀, 악마의 경계를 한껏 즐기다가 암흑의 지옥으로 돌아간다.

간화선은 화두의 철옹성에 갇혀 빠져나오지 못하고, 하얀 백골의 진혼곡만 남겼다.

미래에도 이렇게 된다면, 부처의 씨앗은 소멸할지도 모른다.

무엇이든 한쪽으로 편중되면 반드시 부작용이 생길 수밖에 없다.

또한 수행 방법은 각자의 장단점을 가지고 있기 때문에, 장단점을 잘 알고 활용하는 것이 현명한 수행자다.

이근원통, 연기법, 화두, 진언, 경전, 선어록, 다양한 책의 다독 등등 종합적인 수행 방편으로, 수행 과정의 난관들을 합리적으로 해결해야 한다.

조사선의 다양한 수행 방편과 이 시대의 다양하고 통합적인 정신을 융합하여, 객관적이고 진보화된 조사선의 부활을 간절히 바란다.

여래선, 조사선, 묵조선, 간화선, 경전, 선어록 등등 어떠한 선(禪)과 어떠한 교(敎)의 그물에도 걸리지 말고, 이 모든 것을 극복하고 초월하여 직접 깨달아야 한다. 견성성불! 돈오돈수!

완전한 깨달음을 얻고 나면, 모든 것은 빈껍데기일 뿐이다.

찬란한 방편! 그리고 박장대소할 것이다. 하하!

절대 진리의 깔끔한 정수만 마시고, 영롱한 방편의 황홀한 불순물은 모두 버려라! 불생불멸·불구부정·부증불감!

묵조선은 묵조선이 아니고, 간화선은 간화선이 아니고, 마음은 마음이 아니고, 말씀은 말씀이 아니다.

또한 부처 속에는 부처가 없고, 깨달음 속에는 깨달음이 없다.

이 모든 것은 자신의 마음속에서 생겨난 환영(허상)임을 볼 것이다.

완전한 깨달음은 오직 한바탕인 절대 평등의 불이법문(不二法門)

이다.

진실한 수행자여, 반드시 스스로 깨달아서 확인하라.

18. 하안거와 동안거

안거시 선문의 수행 방법을 오직 좌선에만 국한시키는 것은 정말 어리석은 선택이다.

하루 종일 좌선만 하면 여러 가지 부작용에 빠질 우려가 있다.

특히 무기(無記)에 빠진 자가, 아무런 근심·걱정 없는 안락하고 평화로운 경계에 빠져 하루를 낭비한다면, 이것을 어떻게 막을 것인가?

가짜 자아가 만든 철의 장막 같은 거짓 평화에 속지 말라!

수행자가 가장 경계해야 할 불치병의 늪! 악마의 세계!

거짓 자아가 부처의 국토로 가지 못하게, 수행자를 달콤하게 유혹하는 미인계와 같다! 치명적인 악성 바이러스!

어쩌면 무기공(無記空)에 빠져 일생을 낭비할지도 모른다.

수행자여, 무기는 악마의 경계다! 결코 잊어서는 안 된다!

무기 속에 빠져 있다면, 하루 속히 벗어나야 한다!

시간은 생명수다! 잠시도 시간을 헛되이 보내지 말라!

미심쩍은 부분을 안다고, 스스로 속이지 말라!

자신에게 진실해야 완전한 깨달음을 이룰 수 있다!

아직도 선문에서는 좌선을 오래하는 것을, 자랑처럼 이야기하는 바보 같은 놈들도 있다. 헛된 허상아!

수행은 철저하게 마음을 밝혀가는 것이지, 좌선이라는 공허한 자세와 아무런 관계가 없다!

진리는 결코 좌선 속에 있지 않다. 남악과 마조의 대화(6장 분류사 화두, 31. 선문염송 121칙)에서 잘 나타나 있다.

첨단을 달리는 이 시대에 다양한 삶을 살다가 선승이 된 자들에게, 과거의 유물인 빛바랜 화두와 좌선만 고집한다면, 부처의 씨앗을 모두 죽여 버릴지도 모른다.

이제 선문에서도 수행 방법의 유연성을 가질 시기가 지난 지 오래다!

진리를 찾아서 동남아 등등 세계 곳곳을 떠도는, 불타는 눈동자를 가진 한국 선객의 피눈물이 보이지 않는가?

위대한 한국의 수행자가 어째서 한국을 떠나서, 절대 진리를 찾아야 하는 것일까?

한국에는 바른길을 가르쳐 주는 진짜 선사가 없기 때문일까?

아~ 생각하노니, 마음이 천 갈래 만 갈래로 갈가리 찢어지고 흩어질 뿐이다.

불러도 대답 없는 이름이여! 찾아도 만날 수 없는 이름이여!

한국 불교여, 제발 정신 차려라! 주인공아, 정신 바짝 차려라!

누구나 알고 있는 사실이지만, 다시 재고하기 바라는 마음에서 말한다.

안거시 수행 원칙을 1시간 좌선 후, 1시간 행선으로 한다!

좌선 시간에는 반드시 좌선만 해야 한다.

그러나 행선 시간에는 유연성을 주어, 행선과 좌선을 선택해서 하게 한다.

또한 하루에 30분 정도 책을 읽는 것도 좋은 방법이다.

개인적으로 책을 읽든 아니면 전체가 동시에 독송하는 것도 좋다.

특히 박산선사의 "참선경어"는 정말 유용하다. 덕산의 방망이!

만약 이렇게 된다면, 수행의 여러 가지 부작용을 줄일 수 있을 것이다.

특히 무기의 마계에서 허우적거리는 자가 행선과 독서를 통하여, 자신을 돌아보며 반성할 시간을 가질 수도 있다.

수행은 알 수 없는 마음(생각)의 정체를 밝히는 것이다!

최고의 수행 방법은 생각이 태어나는 출생지(自性)를 밝혀서, 바로 깨우치는 것이다(견성성불)!

이것이 수행의 핵심이지, 화두와 연기법, 좌선과 행선, 만 배와 3천 배, 염불과 염화두 등등 수행을 하기 위한 방편에 지나지 않는다.

결코 주객이 전도되어서는 안 된다. 비천한 종놈이 결코 존귀한 주인공이 될 수는 없다.

수행자여, 수행의 핵심은 마음의 정체 즉 "모른다고 생각하는 그놈(앎)"을 밝히는 것이지, 허망한 육신의 자세와 아무런 상관이 없다!

수행은 24시간 관조하는 마음으로 철두철미하게 계속되어야 한다!

피를 나눈 형제여, 우리 자신은 삼라만상의 모든 것인데, 어째서 하찮은 육신 속에 자신을 가두려고 하는가?

초인이여, 무상한 육신의 껍질을 산산이 깨어 버리고, 무한한 우주 전체와 하나라는 사실을 직접 마주 보라!

소옥아, 정신 차려라! 주인공아, 언제나 사람들에게 속지 말라!

19. 용어의 장벽

지금 쓰고 있는 불교 용어들은 대부분 천 년 전의 단어들을 사용하고 있는 것 같다.

나도 수행 과정에서 용어들의 정의를 정확하게 이해할 수가 없어, 상당한 애로사항이 있었다.

쉽게 풀어 써 놓아도 용어의 장벽 때문에, 이해할 수가 없어 포기한 부분이 곳곳에 있다. 하하!

특히 "삼매(선정)"의 개념을 아무리 정립하려고 해도 너무나 아리송했다.

"삼매"란 의식만 오롯이 느끼고, 육신을 전혀 느끼지 못하는 상태이다. 오직 의식 속에 머무는 것이다.

즉 육신은 사라지고 없고, 무한하게 텅 비어 있으면서도 밝다면 밝고, 어둡다면 칠흑같이 어두운 공간 속에 머무는 것이다!

이것은 사전적 정의가 아니라, 내 경험에 의한 정의이다.

물론 깨달아야 정확하게 아는 용어들은 어쩔 수 없지만, 수행 과정에서 보편적으로 사용하는 용어들도 상당히 문제가 있다.

왜인가? 첨단을 달리는 이 시점에서 아직도 천 년 전의 인도와 중국식 용어들을 사용하고 있으니, 어떻게 쉽게 이해할 수 있겠는가?

그러니 여기저기에서 막히는 것은 어쩌면 너무나 당연하다.

역으로 추론해 보면, 확철대오한 도인이 그만큼 없었다고 말을 해도 가히 무방할 정도다.

어째서인가? 진정으로 진리를 안다면, 결코 어려운 용어를 사용할 필요가 없다.

절대 진리를 꿰뚫지 못했기 때문에, 자신도 제대로 모르면서 애매한 불교 용어를 그대로 사용한다. 악순환의 연속이다.

특히 경전의 내용과 용어를 그대로 사용하는 것도 사실 엄청난 문제다.

왜인가? 경전 내용의 대부분이 눈부신 방편이기 때문이다!

경전은 경전 소설가들이 비유적으로 쓴, 교훈적인 판타지 경전 소설이다!

과학이 발달할수록 진부하고 생뚱맞은 경전 소설은, 사람들로부터 외면될 수밖에 없다. 가령 달에서 토끼와 거북이가 경주하는 내용과 유사하기 때문이다. 하하!

이 시대에 맞게 경전을 각색 또는 편집하지 않는다면, 불교의 미래는 과연 어떻게 될까?

불교의 모든 문제를 해결할 수 있는 유일한 방법은, 오직 진짜 부처의 출현 말고는 답이 없다!

깨달음의 길은 수행자만 가는 길이 아니라, 모든 사람들이 손에 손을 잡고 함께 가야 하는 일반적인 길이다! 괜히 방편적인 용어를 사용함으로써 이질감만 더하고, 역효과만 날 뿐이다.

어쩌면 판타지 경전 소설은 이제 만병통치약으로써 유통 기한이 지나서 효능은 사라지고, 이 시대에는 부작용과 폐해만 남아버렸는지도 모를 일이다.

역으로 보면, 인간을 위한 진정한 종교만 살아남을 수밖에 없는, 종교 생명의 한계 지점에 도달했는지도 모르겠다.

또한 이것은 대중으로부터 불교가 스스로 멀어지는 중요한 요인이기도 하다. 불교 용어의 난해함과 혼란스러운 방편의 부작용!

사실 불교 용어의 어려움과 난잡함이 많은 장벽을 세웠다!

그 결과 대중으로부터 불교가 점차 멀어지고 소외되는 것이다.

위대한 도인이 출현하지 않는다면, 불교의 용어적인 유리벽 때문에 불교는 뿌리까지 흔들릴지도 모른다! 풍전등화(風前燈火)!

불교의 내용이 어려운 것이 아니라, 불교의 용어가 너무나 어렵다!

불교는 용어의 현대화, 용어의 간소화(통일화), 용어의 최소화와 경전을 현대적으로 편집하는 것이, 반드시 실현되어야 복잡한 불교가 살아남을 수 있다!

그래야 불교의 세계화도 한층 더 쉬워진다. 간결성의 원칙!

그러므로 이 시대에서 "불교의 제5차 결집"이 절대적으로 필요한 시점임을 천명한다!!

지금의 세대가 불교를 간결하게 재정리하여, 다음 세대로 전달하는 가교자 역할을 반드시 해야 한다!

이 시대의 사람들에게 주어진 임무이자, 사명감이라고 생각한다.

한국 사람이 천 년 전의 한국 역사도 잘 모르는데, 문화가 다른 인도와 중국 문화를 어떻게 쉽게 이해할 수 있겠는가?

결국 올바른 도인이 거의 없었기 때문에 중국식 문화를 그대로 답습하고, 모방한 결과이기에 지금도 수행자들이 변함없이 헤매는 것이다. 하하!

또한 불교가 불교 속에서 길을 잃은 것과 같다.

수행 용어들의 병폐와 폐해를 잘 알기에, 본서에서 이런 용어적인 부분을 일소했다. 용어는 적으면 적을수록 좋다.

어째서인가? 수행자는 용어나 지식 체계를 배우는 사람이 결코 아니다!

수행자는 진리가 무엇인가를 알려고 추구하는 자들이다.

깨달음은 언어의 길이 끊어지고, 사라지고, 소멸된 그곳에 있다!

이것을 무슨 언어로 설명할 수 있겠는가?

임제의 "할!" 말고는 없다. 악! 침묵의 할!

하지만 부득불 대중을 위하여 설명하려다 보니, 여러 용어들이 생긴 것이다. 사랑의 만병통치약(방편)!

이 용어들이 몇 천 년 지나면서 주객이 전도되어, 방편적으로 설명한 말이 존재한다는 어처구니없는 현실에 이르게 되었다.

대표적으로 도솔천과 미륵불이다.

도솔천과 미륵불은 대중들에게 꿈과 희망을 주기 위해서 설한, 빛나는 방편(만병통치약)이자 거짓말이다.

특히 사이비들과 악마들이 미륵불 운운하면서, 사람들을 혹세무민한 경우는 역사적으로 여러 번 있었다.

진짜 부처이자 미륵불은 결코 사람들을 현혹시키지 않는다!

그러나 사이비 미륵불은 자신의 추악한 욕망을 채우기 위해서, 사람들을 끝없이 미혹시킨다.

미륵불과 도솔천을 운운하는 간악무도한 악마들에게 결코 속지 말라!

수행자에게 언어와 용어의 장벽 그리고 종교학이 결코 장애물이 되어서는 안 된다.

다른 한편으로 어떤 사람이 사용하는 용어만 보아도, 그 사람의 수준을 알 수가 있다. 참 재미있는 대목이다. 하하!

세상에서 무엇을 배운다는 것은 어쩌면 용어를 배우는 것인지도 모른다.

하지만 수행자는 글자와 언어를 외우는 앵무새가 되어서는 결코 안 된다.

어쨌든 종교와 종교학, 말과 용어를 넘어서 절대 진리는 있다.

수행자는 이 모든 장벽을 초월하여 진리를 직접 맛보아야 한다.

절대 진리의 무한한 산해진미의 맛은 어떤가?

20. 불교의 현주소

현재 불교의 현실을 보면, 완전한 깨달음(구경각)을 얻은 선사가 과연 한 명이라도 있는가 하는 의문이다.

또한 현재 불교의 현실은 깨달음은 뒷전이고, 하나의 퍼포먼스 같은 행위예술로 전락한 것은 아닌가 하는 의문도 들 정도이다.

물론 불교의 대중화를 위해서 바람직하지만, 문제는 주객이 전도되어 깨달음은 하나의 공허한 메아리가 되었다는 사실은 참담한 아픔이다.

불교의 대중화라는 이름으로, 깨달음은 이미 죽어버렸는지도 모른다.

어쩌다 유명 사찰을 가면 부처와 조사들의 깨달음에 향기는 보이지 않고, 그들의 그림자를 팔아서 장사하는 장사치들만 보이는 것 같다.

어느 종교 단체든 종교의 본질적인 정신은 산산이 흩어지고, 굴뚝과 기계 장비 하나도 없는 공장을 가동하여, 오직 돈만 쫓는 검은 돈에 굶주린 흡혈귀가 되어 버렸다.

또한 수행이라는 표어로 종교 사업을 하는, 기존 종교에 대해서도 주의 깊게 관찰하라!

위대한 부처와 조사의 잘못은 결단코 없다!

성스러운 부처와 조사의 이름으로, 사리사욕을 채우는 극악무도한 악마의 무리들이 언제나 문제다.

마치 부처와 조사의 신성한 깃발을 꽂아 놓고, 주식회사를 설립하여 주식을 파는 것과 똑같다.

회사 즉 절 하나만 있다면, 무한하게 부도 수표를 만들어 시중에 유통시킬 수도 있다.

흡사 미국이 종이에 달러를 무한정 찍는 것과 동일하다.

재화는 한정되어 있는데 종이돈이 난무하니, 필연적으로 인플레이션이 유발될 수밖에 없는 체계다. 종교 사업이 이와 같다.

종교 사업의 장점은 절과 교회가 있다면, 원자재가 거의 필요가 없다.

정말 매력적인 사업이다. 하하!

마치 계곡에서 지천에 널려 있는 조약돌을 줍는 것과 같다.

게다가 명예퇴직과 정년퇴직이 없으니 그야말로 금상첨화다. 하하!

종교 사업은 검증하기 어려운 무형의 마음을 팔기 때문에, 필연적으로 음흉한 사이비와 악마가 창궐할 수밖에 없는 완벽한 구조다!

이 점이 종교가 가진 최악의 단점이다. 싯다르타 부처의 악!

이것은 모든 종교가 가진 창백하고, 일그러진 현실의 투명한 자화상은 아닐까?

이 현실을 부처, 예수, 마호메트가 본다면, 과연 무엇이라고 말을 하겠는가?

정녕 혼돈의 말법 시대인가?

정녕 중생을 위하는 신(神)은 죽었는가?

불교는 종교가 아니다!

불교는 깨달음을 위해서 모인 수행자들의 공동체이다!

불교는 스스로 부처가 될 수 있다고, 자세하게 가르쳐 주는 내비게이션과 같다!

그러나 현재 불교의 현실적인 모습을 보라.

과연 불교, 부처, 조사, 깨달음, 화두, 간화선이란 무엇인가?

이것들이 지향하는 것은 과연 무엇인가를 심도 깊게 생각해 보라.

깨달음의 향기는 퇴색하고, 빛바랜 낡은 누더기를 입은 허수아비에 지나지 않는다. 불교가 정신을 차려야 한다.

세속적인 욕망의 먼지를 털어내고, 털어낸 만큼 깨달음의 향기로 청정하게 채워야 한다.

불교의 교주인 싯다르타의 정법이 무엇인가를, 스스로 깊이 성찰할 시기이다. 견성성불! 돈오돈수!

거시적으로 보면, 불교 정화 운동의 시점이 된 것이다.

가장 핵심은 불교의 투명화와 객관화이다!

이렇게 되기 위해서 모든 불교 조직 내부에, 외부 인사가 최소 30% 정도 참여하여야 한다.

이렇게 된다면, 불교도 최소한의 공정성과 객관성은 확보하는 것이다.

여하튼 불교와 스님들 스스로가 깊이 반성해야 할 시점인 것은 틀림없는 사실이다. 결자해지(結者解之)!

수행자들이여! 우리들이 수행자가 된 이유가 무엇인가?

부모 형제와 친구들을 버리고 떠났고, 하찮은 돈과 명예 그리고 오욕칠정을 벗어나기 위해서가 아닌가?

그래서 영원한 안식처인 절대 평화를 찾기 위해서 떠난 길이 아닌가?

결국 부처가 되기 위해서 수행자가 된 것이 아닌가?

수행자들이여! 우리의 현실을 직시하고, "나는 누구인가?"를 생각
해 보라.

21. 어린 스님의 3000배 참회- 호천의 피눈물

2018년 3월 하순쯤 불교 방송(BTN)을 중간부터 보는데, 강원에 가기 위해서 경전 공부를 게을리한다고, 10대 초반의 어린 스님에게 3000배의 참회를 시키는 장면을 보고 너무나 놀랐다. 경악 그자체!

어린 스님이 스스로의 약속을 지키지 않으면, 3000배로 참회하겠다고 약속을 한 것 같다.

하지만 3000배를 시키는 스님이 과연 제정신을 가진 자일까?

진실한 수행자는 자신에게 철저하고 가혹하게, 일말의 빈틈도 주어서는 안 된다!

수행자는 자신의 사악한 마음과 어떠한 타협도 없어야 한다.

그러나 타인에게는 최대한 관대해야 한다.

지금 "이 순간" 순수한 자신을 보라!

어린 스님을 3000배 시킬 것이 아니라, 자신은 3000배 참회를 하지 않을 만큼 당당한지 스스로 비추어 보아야 한다.

음흉한 늑대야!

이것이 진정한 수행자의 모습이다. 타산지석(他山之石)!

눈동자가 있어도 보지 못하는 원통한 헛것아, 알겠는가?

앳되 보이는 어린 스님이 절을 하면서 무의미하게 숫자를 세는 모습을 보고, 무한한 분노와 함께 피눈물이 저절로 흘렀다.

마음이 천 갈래 만 갈래로 찢어지며 너무나, 너무나 아팠다.

어린 스님이 3000배의 의미를 과연 알겠는가?

도대체 3000배를 한다고 참회가 되는 것일까?

지구의 모든 사람을 죽이고, 3000배를 하면 만사형통으로 해결되는 것일까?

주인공아, 제발 정신 차려라! 언제나 사람들에게 속지 말라!

의연하게 대처하는 어린 스님의 모습을 보니, 마치 비장미까지 느껴진다. 차이코프스키 교향곡 6번 "비창".

번개를 맞아 죽을 빌어먹을 악의 축인 불교여, 제발 정신 차려라!

3000배를 마친 어린 스님에게 PD가 무릎이 아프지 않느냐고 물으니, 부끄러운 듯이 아프지만 괜찮다고 대답을 하며, 빠르게 카메라에서 사라진다.

이 순간 내 앞에 눈먼 싯다르타와 성철이 있었다면, 이 두 놈을 갈가리 찢어 죽이고 싶을 만큼의 참을 수 없는 분노를 느꼈다.

이 두 놈을 찢어 죽여 본들, 무슨 업(業·카르마)이 쌓이겠는가?

오히려 모든 조사와 깨달은 자에게 무한한 칭찬을 받을 것이다.

불타오르는 눈동자를 가진 수행자여, 알겠는가?

마치 부처의 목을 베어 버린, 삼계의 제일검 운문과 같은 심정이다!

(6장 분류사 화두, 108. 선문염송 2칙- 부처의 손가락 참조)

눈먼 싯다르타가 한 무더기 싸놓은 똥을 핥는 애처로운 불교와 정신병자 성철이 한 무더기 싸놓은 똥을 핥으며 3000배를 하는 모습은, 말이 나오지 않을 만큼의 참혹하게 어처구니없는 현실이다.

언제까지 눈먼 싯다르타와 정신병자 성철의 똥구멍을 핥고 있을 생각인가?

불교의 깨달음은 찾을 길이 없고, 단지 껍데기만 남아버린 불교의 현실을 보니 망연자실할 뿐이다. 오호통재라!

진정한 수행자여, 눈을 뜨고 보라! 이것이 불교의 현주소다! 보이는가?

눈동자 없는 불교에게 온 마음을 다해서 충고한다.

이제 한국 사회도 너무나 많이 변했다. 미성년자는 절대 스님으로 받지 말라! 반드시 입법화하라!

싯다르타는 29세, 성철은 25세에 출가를 했고, 나는 44세에 출가해서 3일 만에 산사의 문을 박차고 나왔다. 하하!

조기 교육이 수많은 부작용을 만든다는 사실을 모르는 바보인가? 어린 스님을 불교 홍보용 마스코트로 이용하지 말라! 추악한 악귀야!

또한 학교 정규 교육 과정을 밟도록 하라!

일반 아이들과 똑같이 교육을 시켜라!

우리는 수행자이기 이전에 완전한 사람이다!

심장이 없는 외눈박이 부처야, 알겠는가?

만약 이런 식으로 어린 스님(10대 초반)들을 혹사시킨다면, 불교는 소멸할지도 모른다.

위대한 부처의 씨앗인 파릇파릇한 새싹을 잘 보존하고 가꾸어라!

어린 스님이 3000배 하는 모습을 볼 때, 천진난만하고 철없는 나의 조카들(14·12·11·9살)이 떠올랐다. 오직 안타깝고 피를 토할 뿐이다.

아이는 아이답게 자라야 한다! 아이는 아이들 속에서 신나게 뛰어놀고, 친구들과 함께 아름다운 추억을 많이 만들어야 한다.

이것이 자연의 순리이고, 위대한 부처의 법이다.

이렇게 평범하게 성장해 가다가 어느 날 문득, 삶의 덧없음을 뼈저리게 느끼는 순간이 온다면, 그때 수행자가 되는 것이 가장 자연스러운 길이라는 사실을 결코 잊지 말라! 위대한 사람아!

눈먼 부처와 조사의 삶보다, 후회 없이 사는 삶이 더욱 더 위대한 삶이다! 주인공아, 알겠는가?

눈먼 불교여, 제발 눈을 뜨고 정신 차려라! 제발!

절은 108배가 가장 자연스럽고 좋다!

3천 배는 결코 하지 말라! 진실한 수행자여, 알겠는가?

33, 108, 3000이란 숫자는 오직 무의미한 단어일 뿐이다.

수행은 허망한 육신을 고행시키는 것이 아니라, 24시간 깨어있는 마음으로 자신을 빈틈없이 관찰하는 것이다!

부처가 살아가는 성스러운 신전(육신)을 함부로 훼손시키거나 병들게 하지 말라.

육체를 청정하게 유지하여, 부처가 살아가는 거룩하고 웅장한 신전으로 만들어야 한다.

하찮은 불교의 모든 관습과 맹목적인 중독에서 깨어나서, 삼라만상의 영원한 자유인이 되어라!

소옥아, 꿈에서 깨어나라! 주인공아, 사람들에게 절대 속지 말라!

22. 윤회(輪廻)는 없다

절대 세계의 근본 바탕(본래면목)은 완벽하게 텅 비어 있으면서도 꽉 차 있고, 밝다고 하면 밝고 칠흑처럼 어둡다고 하면 한없이 어둡다.

하지만 이것을 신비스럽게 아는 그 무엇이 있다.

"그 무엇(앎)"을 이름하여 신, 부처, 불성, 진여, 자성, 성품, 참나, 주인공, 본래면목 등등으로 부른다.

만물이 탄생하는 근본 바탕(佛性)에서 아무리 둘러보아도, 아무것도 찾을 수가 없다! 시간도 없고, 사람도 없고, 우주도 없다!

완벽하게 어떤 것도 없다! 텅 비어 있는 공(空)의 세계다!

이것을 선(禪)에서 "한 물건도 없다."라고 표현한다.

진리의 근본 바탕(性品)에는 아무것도·어떤 것도 완벽하게 없는데, 과연 무엇이 있어 윤회를 하겠는가?

만약 윤회를 하려고 하면, 본래면목에 그 무엇인가 있어야 한다는 대전제가 무엇보다도 우선이다! 즉 최소한 한 개의 그 무엇(물건)이라도 있어야 한다.

그러나 온 우주에서 그 무엇도·아무것도 태어난 적이 없는데, 도대체 무엇이 있어 끊임없이 돌고 돌겠는가?

"불생불멸(태어나지도 않고 죽지도 않음)"과 "윤회"는 서로 모순이다! 악!

불교의 근본 진리는 생사일여(生死一如), 무생법인(無生法忍), 불생불멸(不生不滅)인데, 과연 무엇이 있어 윤회를 할 수 있을까?

절대 세계의 진리는 이대로 생겨나지도 않고 사라지지도 않는 것이다.

즉 절대계는 이대로 불생불멸이고, 불생불멸은 이대로 절대계다.

만약 "윤회"가 있다고 가정하면, 불교의 "불생불멸·불구부정·부증불감"이란 단어는 애초에 존재할 수가 없다. 모순!

다시 말하면 "윤회"가 정말 있다고 하면, "반야심경"의 모든 말은 오직 악마의 말이 된다. 즉 불교의 모든 이론이 완벽하게 거짓말로 판결 받는 순간이다. 불교의 사형 선고!

왜냐하면 "윤회"와 "불생불멸"이라는 단어는 서로 이율배반적이기 때문이다.

진리의 근원에는 인간을 비롯한 그 어떠한 것도 완벽하게 전무하다!

완전하게 텅 비어 있는 공(空)의 영역! 진공(眞空)! Zero!

완벽하게 아무것도 없는 무(無)의 국토! 진무(眞無)! Nothing!

인간의 존재 그 자체가 모든 망상의 근본이자 허상의 뿌리이다!

하물며 망상하는 인간에게서 비롯되는 모든 것이, 무슨 말할 가치가 있겠는가?

잡을 수 없는 환상적인 무지개 빛깔처럼 아무런 의미가 없다!

우리가 바라보는 현상계에서 "내가 있다(我相)"고 생각하기 때문에, 나로 인하여 모든 비극이 잉태하여 태어날 뿐이다. 나도 없고 삼라만상도 없다!

모든 것은 오직 애니메이션 속의 그림 같은, 화려한 색채의 영상(허상)의 세계일 뿐이다.

그렇다면 전생을 기억하는 자들은 어째서 존재하는 것일까?

또한 미래를 예언하여 맞추는 자들은 어째서 존재하는 것일까?

진리의 근원에는 완벽하게 아무것도 없기 때문에, 당연히 인간도 없고 공간도 없고 지구도 없다!

인간에 의해서 비롯되는 전생의 삶도 없고, 미래의 삶도 없고, 현재의 삶도 없다!

설령 없는 전생의 삶을 기억하고, 없는 미래의 삶을 예언하여 맞춘다고 하지만, 단지 하나의 신비로운 현상일 뿐이다.

더 이상도 더 이하도 아니다. 오직 그러할 뿐! 오직 있는 그대로일 뿐!

설혹 있지도 않는 전생을 기억하여 전생의 집에 가서, 전생이 없는 부모 형제와 자식들을 만나 본들, 무슨 의미가 있겠는가?

또한 있지도 않는 미래를 예언하여 존재하지도 않는 미래를 맞추어 본들, 무슨 의미가 있겠는가?

오직 이상한 코미디이며, 이것 역시 하나의 신비스러운 현상일 뿐이다.

진리의 근본 바탕(절대 세계)을 누구도 모두 설명할 수 없는 것과 유사하고 오묘한 이치다!

비유하면, 우주를 소유한 주인이 우주의 모든 것을 지배하고 있지만, 우주 전체를 구체적으로 모두 설명하지 못하는 것과 같다!

그래서 단지 묘하고 기묘한, 신비의 불가사의한 빛깔일 뿐!

존재하지도 않는 전생을 기억하는 것과 존재하지도 않는 미래를 예언하여 맞추는 것은, 어쩌면 정신병의 일종으로 볼 수도 있다.

정신 분열증! 정신 착란증 환자!

왜냐하면 본래면목(진리의 근원)에 인간과 시간이 없는데, 어떻게 인간의 삶이 존재할 수 있겠는가?

그러나 논리적으로 명쾌하게 모자이크를 맞추려고 하는, 분별 망상하는 인간에게는 오직 불가사의하게 보일 뿐이다.

그래서 망상의 무한 제곱인 인간은 이성적으로 문제 해결이 되지 않으니, 초월적인 그 무엇(神)이 있다고 결론을 내리고 맹목적으로 믿기 시작한다.

이 과정에서 현실적인 모순을 극적으로 해결하기 위하여, 결국 공허한 신이라는 환영이 탄생하는 것이다!

결국 윤회와 미래의 예언이 있다고 생각하는 것은, 거짓 자아가 만들어 내는 꿈속의 덧없는 장막이자 생각의 찌꺼기가 만든 오직 망상이다!

또한 불교 경전에서 윤회와 미래의 예언이 있다고 말하는 것도 찬란한 방편일 뿐이다. 자비의 만병통치약!

불교의 근본 진리는 불멸의 인과응보(因果應報)뿐이다!

당연히 인과응보라고 할 것도 사실은 없다. 부디 착하게 살자!

진리의 근본 바탕에는 완벽하게 아무것도 없다! 한 물건도 없다!

사람도 없고, 지구도 없고, 시간도 없고, 공간도 없다! 불생불멸!

그렇다면 윤회와 미래의 예언이 있다고, 생각하는 것은 도대체 무엇일까?

과연 무엇이 윤회와 미래의 예언이 있다고 생각하는 것일까?

진실한 눈동자를 가진 주인공아, 이 놈의 정체를 밝혀라!

그러면 무엇이 진실인지 스스로 보게 될 것이다! 악!

끝끝내 인간의 생각이 태어나는 장소를 완전하게 소멸시키지 못하여 발생하는, 웃지 못할 우매한 인간의 스펙트럼 빛깔 같은 허무맹랑한 망상의 시간 여행일 뿐이다.

그리고 윤회와 미래의 예언은 "시간과 공간이 있다"는 대전제가 필수적이다!

그러나 절대 진리에는 시간과 공간이 없는데, 터무니없는 시간과 공간의 여행자가 어떻게 존재할 수 있겠는가?

타임머신을 타고 시간과 공간을 초월하여, 여행을 하는 여행자가 있을 것이라고 한계 없는 망상을 펼치지 말라!

이성의 끝없는 무한 제곱의 호기심과 망상은 무한대로 이어진다!

"금강경"에 "과거의 마음도 얻을 수 없고, 현재의 마음도 얻을 수 없고, 미래의 마음도 얻을 수 없다."고 했다.

즉 과거, 현재, 미래가 없다는 말임과 동시에 시간과 공간이 없다는 말이다!

시간과 공간은 같은 개념이다. 즉 시간과 공간은 하나다.

이렇듯 "금강경"의 핵심 문구와도 명백하게 어긋난다.

불교의 근본 진리는 "늘지도 않고 줄지도 않는다(不增不減)"

즉, "시간과 공간이 없다"는 말과도 뚜렷한 모순이다! 자기모순!

진리의 근원에는 실체(한 물건)와 시간과 공간이 없기 때문에, 늘지도 않고 줄지도 않고 영원하게 변함없이 한결같을 뿐이다!

부증불감!

망상 속에서 돌고 돌면서 유랑하는 헛것아, 보이는가?

"삼라만상에는 한 물건도 없다."는 혜능의 말을 모르는가?

"밝고 밝게 깨닫고 보면 한 물건도 없고, 사람도 없고 부처도 없다."는 영가의 말을 모르는가?

도대체 누가 있어, 도대체 무엇이 있어, 윤회를 하고 미래를 예언하여 맞출 수 있겠는가?

윤회와 미래의 예언은 불교의 근본 진리(생사일여)와 완벽한 상극이다! 자가당착!

윤회, 미래의 예언, 업(카르마), 지옥, 천국, 사후 세계, 구원, 도솔천, 미륵불, 천도재, 49재, 달마도(達磨圖), 육신통, 부처가 된다는 예언(수기) 등등 운운하며 불안감을 조성하는 악마의 간악한 말에 결코 속지 말라!

이 놈들은 100% 인두겁을 쓴 사이비이자 악마이다.

나의 진실한 형제여, 알겠는가?

달마도의 신비스러운 힘은, 자신의 간절한 믿음이 소원성취를 이루게 하는 것이다!

자신의 무한한 마음(생각)이 모든 불가사의한 힘의 원천이다.

만트라(진언)! 관세음보살! 관세음보살! 관세음보살!

삼라만상의 모든 것은 오직 자신의 마음이 만드는 것이다 (일체유심조)!

왜냐하면 우리 각자가 위대한 부처의 능력을 모두 가지고 있기 때문이다.

아니 사실은 몰라서 그렇지, 우리 각자는 이미 온 우주를 소유하고 있는 영원한 주인이다. 하하!

이 말은 방편이 아니라 진실이다. 알겠는가? 주인공아!

타락한 달마도와 자신의 간절하고 절박한 마음이 만들어 내는, 신비스러운 힘은 서로 아무런 관련이 없다! 절대 무관! 소옥아!

왜냐하면 달마도 부처고 나도 부처이기 때문이다. 보이는가?

육신통(六神通)은 천안통(天眼通 모든 것을 꿰뚫어 환히 볼 수 있는 능력), 천이통(天耳通 모든 소리를 분별해서 들을 수 있는 능력), 신족통(神足通 마음대로 어디든지 갈 수 있고 몸을 바꿀 수 있는 능력), 숙명통(宿命通 모든 중생의 전생·현생·내생의 삶을 아는 능력), 타심통(他心通 타인의 마음속을 밝게 볼 수 있는 능력) 그리고 누진통(漏盡通)이다.

부처의 신통은 모든 번뇌와 고통이 없고, 삼라만상의 이치를 모두 아는 누진통뿐이다! 부처의 광명 지혜! 나머지는 오직 찬란한 방편! 만약 만병통치약(방편)의 부작용에 취해 있다면, 상쾌한 해독제를 마시고 정신 차려라! 하하!

설혹 오신통을 가졌다고 하더라도, 이것 역시 하나의 신비스러운 현상일 뿐이다.

더 이상도 더 이하도 아니다. 오직 그러할 뿐!

육신통(六神通)도 본래면목 차원에서 보면, 오직 없을 뿐이다. 공(空)!

또한 부처가 된다는 예언 같은 것도 당연히 없다!

부처가 없는데, 부처가 된다는 예언이 어떻게 존재할 수 있겠는가?

부처가 있다고 하면, 우주 전체가 부처라는 사실을 아는 놈(앎)이 있기 때문에 부처가 있다.

부처가 없다고 하면, 우주 전체가 그대로 부처이기 때문에 부처가 없다.

이 말은 바라보는 각도에 따라서 다른 설명으로 보일 수도 있지만, 결국 같은 말이다.

여하튼 온 우주가 부처(만물이 태어나는 근본 바탕)인데, 어떻게 부처가 된다는 예언이 있을 수 있겠는가?

불행하게도 우리는 이미 만물이 태어나는 근본 바탕(眞如)이다. 하하!

오직 불철주야 철저하게 노력을 해서, 자신이 삼라만상 그 자체라는 사실을 확인하는 것이 완전한 깨달음(法空·法界)이다!

부처에게 초월적인 능력이 있을 것이라고 마음대로 상상하지 말라!

이것은 경전 소설가들이 쓴 판타지 경전 소설의 부작용일 뿐이다.

부처의 능력은 삼라만상이 어떻게 태어났는지 알고, 모든 번뇌와 고통이 소멸한 곳에서 단지 있는 그대로 바라보는 자일 뿐이다.

더 이상도 더 이하도 아니다. 알겠는가?

결론적으로 삼라만상의 모든 유정과 무정이여, 이제는 진실이 무엇인지 명백하게 알았는가?

눈·귀·코·입·몸·뜻을 모르는 수행자여, 설마 아직도 의심하고 있는 것은 아니겠지? 하하!

삼계는 완벽하게 텅 비어 있는 공(空)과 무(無)의 세계일 뿐이다!

인간이 이성적으로 생각하고 상상하는 것은 완전하게 없다!

나도 없고, 너도 없고, 실체도 없고, 시간과 공간도 없고, 윤회도 없고, 미래의 예언도 없고, 부처도 없고, 삼라만상도 없다!

또한 "반야심경"의 핵심 문구인 "불생불멸, 불구부정, 부증불감" 속에, 공통적으로 내포된 뜻은 "시간과 공간이 없다"는 것이다!

윤회와 미래의 예언은 "반야심경"의 근본 진리와도 확실하게 모순이다. 아이러니!

이렇듯 모든 진리의 옳고 그름을 판단하는 기준은, 불교 경전의 진실한 수호신인 불멸의 "반야심경"이다!

"반야심경"에 위배되는 말은, 오직 추악한 사이비와 인간의 가면을 쓴 악마의 사견임을 명명백백하게 밝힌다! 수행의 헌법은 반야심경!

진실하고 진정한 수행자여, 영원히 잊지 말고 영원히 기억하라!

불교 최후의 수호자는 "반야심경"과 "본래면목 화두(法空)"라는 사실은 불멸의 진실이다!

온 우주의 모든 것을 손아귀에 쥐고 있는 삼계를 지배하는 영원한 제왕은, 우주 전체에서 일어나는 모든 불가사의한 현상들을 알기 때문에, 오직 상쾌, 통쾌, 명쾌할 뿐이다. 하하!

만약 이 글에 일말의 거짓이라도 발견한다면, 언제든지 나의 목을 베어라!

나의 임무는 여기까지다.

23. 무공덕의 공덕- 부처의 길

삶에서 자신이 가장 소중하게 생각하고 즐기는 최상의 환희와 평화가, 텅 비어 있는 공(空)이라는 사실을 철저하게 깨닫는 순간, 인생의 덧없음이 쓰나미처럼 덮쳐 온다! 허무의 폐허!

인간이 눈앞에 보이는 것을 아무리 잡으려고 해도, 잡을 수 없는 허상(환영)이라는 사실을 낱낱이 체험하는 순간이다.

이것은 진리의 본질적인 한 부분을 바로 본 것이다.

한편으로 보면, 삶이 찰나의 허망한 순간이기 때문에 이로 인하여, 역설적으로 인생에서 미처 보지 못한, 경이로운 것을 보게 하는 신비로운 눈을 뜨게 한다. 이 순간의 마법!

삶의 사소한 것들이 가진, 놀랍고도 불가사의한 생명력을 보게 된다.

또한 내가 가진 것들이 아주 큰 것이라고 생각하지만, 사실은 반 푼어치도 안 되는 너무나 보잘것없는 것이라는 진실을 정확하게 통찰하는 순간이다.

한없이 불타는 마음의 병을 극한까지 앓고 나면, 삶의 진실이 무엇인지 스스로 뼈저리게 알게 된다! 삶의 혁명!

마치 죽을병에 걸렸다가 다시 살아나면, 인생에서 정녕 무엇이 중요한 것인지 분명하게 아는 것과 같다.

이때 인생의 극적인 반전과 함께, 새로운 지평이 파노라마처럼 활짝 열린다.

인생은 정녕코 아이러니다! 삶은 "이 순간"의 신성한 기적!

우리의 삶이 꿈같은 일장춘몽이고, 가지려고 해도 가질 수 없는 아름다운 빛깔의 허상에 세상이다.

그렇다면 어째서 온 우주를 투명한 유리잔처럼 훤히 꿰뚫어 보는, 삼라만상의 영원한 스승인 부처가 굳이 설법을 할 필요가 있을까?

결국 모든 위대한 부처들이 끝없이 사자후를 외치는 이유는, 욕망에 지배당하는 인간이 삶의 진실을 바로 보지 못하기 때문이다!

그래서 불타는 유황불 지옥의 우주 속에서 한 많은 떠돌이 생활을 하다가, 비운의 삶을 마치는 것을 경책하는 것이다!

이런 현실을 바라보는 인간적인 부처의 마음은, 천 갈래 만 갈래로 갈가리 찢어질 뿐이다.

우주(진리)의 모든 근본을 알고 있는 초인의 마음은, 오직 인간의 측은함 때문에 저절로 눈물이 샘솟는다.

현실에서 발생하는 수많은 부조리한 사건과 경악을 금치 못하는 일들이 끝없이 이어진다.

활활 타오르는 인간에 무한한 검은 욕망의 불꽃이, 온 우주를 통째로 태우고 있다. 삼계는 불타오르는 집!

인간의 채워지지 않는 욕망은 목마른 갈증이고, 한없는 욕심이고, 죽을 때까지 지속되는 고통이다!

진정 불타는 욕망의 고통 속에서, 개인이 죽음으로서 이 비극이 해결될 수밖에 없는 것일까?

정녕 인간은 어째서 소금 같은 욕심에 초연하지 못하는 것일까?

부처도 한때는 나약한 인간이었기 때문에, 어찌 가엾은 인류의 불타오르는 회오리 같은 불기둥을 외면할 수 있겠는가?

그래서 사람들을 위해서 끝없이 행복의 설법을 외치는 것이다.

또한 수행은 휴일이 있을 수 없고, 부처의 설법도 휴일이 있을 수 없다.

365일 내내 번뇌·고통·절망을 소멸시키고, 행복·사랑·희망을 전하기 위하여 매일 환희의 종을 치고 있다.

온 우주에 메아리처럼 울려 퍼지는 행복·사랑·희망·환희·열반의 종소리를 어째서 듣지 못하는가?

이런 이유로, 삼계의 대도사들이 온 우주의 진실을 바로 직시하라고 외치는 숭고한 메시지다. 한량없는 인류애!

우리가 눈으로 바라보는 모든 것이, 손으로 잡을 수 없는 환상(허상)의 세계라는 사실을 외친다.

그래서 마치 안드로메다 성운에서 지구에 여행을 온 여행객처럼 이국적인 세상의 풍경을 즐기면서, 인생을 유쾌하게 살아가는 것이 부처의 평범한 나날이다. 날마다 신나는 소풍!

집착할 수도 없고, 잡을 수도 없고, 가질 수도 없다.

여행에 필요한 최소한의 것을 가지고, 이 하루를 여유 있게 마음껏 즐기는 것이다. 경건한 무소유의 삶!

우주(진리)의 본질은 완벽하게 비어 있지만(眞空), 인간은 태초 이래로 변함없이 번뇌와 고통의 파도를 가르며, 여전히 뗏목을 타고 위태로운 항해하고 있다.

삼계의 위대한 선구자들이 우주의 모든 곳에, 영원히 꺼지지 않는 눈부신 등대를 밝혀 놓았다. 이 밝고 순수한 빛은 찬란한 사랑이자 자비이자 한없는 공덕(功德)이다.

위대한 부처의 영원한 사랑·자비·공덕이지만, 사실은 공덕이라고 할 것도 없다!

왜냐하면 절대 세계의 진실은 모든 것이 텅 비어 있는 공(空)이자, 아무것도 없는 무(無)이기 때문이다.

이것을 알면서도 온 우주를 향하여, 끝없이 성스러운 설법을 펼치는 것이다. 무공덕(無功德)의 공덕!

삼라만상의 모든 것이 완전하게 비어 있고 공덕이 없다는 사실을 알면서도, 온 우주의 모든 유정(有情 생물·중생)과 무정(無情 무생물 · 우주)을 위하여 사랑과 행복의 설법을 펼친다.

마음이 가난한 자들이 마음의 부자가 되어서 주위를 돕고, 더불어 살아가라고 달콤하게 속삭인다.

아름다운 자연 환경을 만들기 위하여, 강산에 나무를 심고 대자연과 함께 살아가라고 말한다.

이 모든 것이 꿈속에서 일어나는 덧없고 허망한 일인지 알면서도, 삼라만상의 영원한 제왕은 자신의 모든 것을 불사르며, 삼계의 유정과 무정을 위하여 살아간다. 거룩한 부처의 소신공양(燒身供養)!

이것은 온 우주가 오직 진리의 몸(法身·진리 그 자체)이기 때문에, 부처도 어쩔 수 없는 것이 사실이다. 부처의 운명!

만약 부처의 몸(法身·우주 전체)에 일부가 썩어간다면, 어찌 치료하지 않을 수 있겠는가?

우주 전체에서 일어나는 모든 현상의 각각의 일들은 곧 자신의 자성(自性·法界)과 같다. 즉 일체 만법을 낱낱이 깨우치는 것이 완전한 깨달음(일상삼매)이다.

다시 말하면, 일체 만법은 하나이지만, 이 하나가 천차만별로 무한하게 나타난다.

또한 각양각색의 형상으로 보이는 이것이, 일체 만법의 하나임을 완전하게 아는 것이다(一卽多 多卽一)!

한 명의 손오공이 분신술을 펼치면 손오공의 분신이 무한하게 생겨나지만, 한 명의 손오공(절대계)에서 무한한 분신(현상계)이 태어났다는 사실을 깨닫는 것이 완전한 깨달음(내외명철)이다.

우주 전체가 하나로 돌아가는데, 하나는 어디로 돌아가는가?

삼계의 영원한 주인공아, 아직도 모른다고 말하지 말라!

결론적으로 온 우주의 모든 것이 텅 비어 있는 공(空·無相·非相)의 세계이기 때문에, 우리는 어떤 것도, 그 무엇도 가질 수 없다!

그러므로 눈앞에 보이는 빛깔의 매혹적인 형상(환영)에 집착하지 말고, 여행객처럼 가벼운 발걸음으로 여행을 신나게 즐겨야 한다.

부처는 삼라만상이 텅 비어 있는 애니메이션 공간인지 알면서도, 애니메이션 세계 속의 캐릭터를 위하여 무한한 가르침을 편다.

무공덕의 공덕! 부처의 길!

단 한 번뿐인 삶을 자유 의지로 개척하면서, 후회 없이 즐겁게 살다가 고향으로 돌아가라고 속삭인다. 일체유심조!

완벽하게 공덕이 없다는 것을 알면서도, 우주 전체가 부처의 몸이기 때문에 한없이 사자후를 외치는 불멸의 공덕!

"무공덕의 공덕"을 향하여 온 우주의 모든 유정과 무정이 함께 손을 잡고, 사랑과 평화를 합창하며 가는 것이 성스러운 부처의 길!

이것이 바로 삼계의 영원한 전륜성왕이 가야 할 오직 하나의 길이다.

5장 행복을 위하여

1. 행복이란 무엇인가?

우리는 인생길을 매일 걸어가면서 항상 행복하게 살기를 꿈꾼다.
아니 우주 전체의 모든 것이 행복한 삶을 살기 위하여, 오늘도 생
동감 넘치게 살아 숨 쉬고 있다.

그러나 인생이 무엇인지, 행복과 사랑이 무엇인지에 대한 진지한
통찰 없이 결코 인생을 멋지게, 행복하게, 후회 없이 살기란 지극
히 어려울 수밖에 없다!

왜냐하면 각자의 개성과 성향에 맞는 인생과 행복의 길을 찾아야
하기 때문이다. 행복을 위한 각자의 길!

그럼 삶이란 무엇이고, 행복이란 무엇인가?

예컨대, 서울(행복)을 향하여 간다고 길을 나섰는데, 정작 서울이
어디에 있는지 모르고 간다면, 백 년 아니 천 년을 가도 영원히 서
울에 도착할 수가 없다.

실수로 서울에 갈 수 있을지도 모르지만 그냥 지나치고 말 것이다.

행복이 어디에 있는지 모르기 때문이다. 아뿔싸!

이보다 더한 불행은 세상에 존재할 수가 없다. 하하!

인생과 행복에 대한 자신의 가치관이 없다면 행복 속에 살고 있으면서도, 행복하게 살지 못하는 어처구니없는 너무나 불행한 일이 일어날 수도 있다. 이것은 너무나 명백한 사실이다.

선(禪)에 재미있는 이야기가 있다.

"물속에서 목말라 죽은 자, 밥통 속에서 굶주려 죽은 자"이다.

이런 최악의 불상사는 막아야 한다.

어쩌면 우리는 항상 행복, 사랑, 희망, 천국, 구원의 땅에서 살아온 것은 아닐까?

알 수 없는 인생의 길에서 정말 행복하게 살고 싶은가?

아마도 인생과 행복에 대한 깊은 생각 없이는 심히 어려울 것이다.

사실 삶에 대한 진지한 통찰이 없는 자는, 어쩌면 행복하게 살 권리가 없는지도 모른다. 그렇지 않은가?

자신이 애타게 원하는 행복이 어느 곳에 있는지 모르기 때문이다.

도대체 찬란한 행복은 어디에 숨어 있는 것일까?

이 목숨이 살아 있는 동안에 과연 행복을 찾을 수 있을까?

제발 죽기 전에 행복한 삶을 맛보고 죽을 수 있을까?

그러나 행복은 언제나 자신의 마음(생각)속에 있다!

자신이 행복을 잡으려고 한다면, 바로 잡을 수 있는 거리에 있다!

물론 너무나 어려운 이야기일 수도 있다.

하지만 생각을 조금만 바꾸면 아주 쉬운 일인지도 모른다.

우리 자신이, 자신의 삶에 대하여 자신과 마주 보며, 많은 이야기를 나눈 뒤에 행복의 결론을 찾기를 간절히 바란다!

이렇게 자신을 보려고 한다면 어려운 일도 사실은 아니다.

허나 많은 시간이 필요할지도 모른다. 이런 시간을 가져본 이가 아주 드물 수 있기 때문이다.

그러나 우리는 반드시 자신을 바로 보려고 노력해야 한다!

이런 과정이 곧 행복의 나라로 가는 지름길임을 알아야 한다.

행복을 맛보는 가장 쉬운 방법은, 작은 욕망을 통한 큰 행복이다!

어떤 것에도 얽매이지 않는 여유로움과 자유로운 삶!

사는 동안 최소한의 필수적인 것만 가지고 살아가는 지혜로운 삶!

무겁지 않은 가벼운 여행자의 배낭 같은 삶! 무소유(無所有)!

한없는 욕망(욕심)은 소금이고, 갈증이고, 고통이다!

욕망이 클수록 고통은 커지고, 행복과 서서히 이별을 하게 된다.

끝이 없는 욕망은 그 무엇으로도 채울 수가 없는 암흑의 블랙홀이다.

이런 이유로, 역설적이지만 우리는 욕망을 비우려고 노력해야 한다.

나의 삶은 나 자신의 몫이자, 내 자신의 책임으로 이루어져 있다!

그렇기 때문에 누구도 원망할 수가 없어 너무나 좋다.

만약 주위의 환경, 조건, 상황을 탓한다면, 그는 영원히 지옥의 유황불 속에서 괴로움을 맛볼 것이다.

인생은 자신의 자유 의지로 수많은 난관과 역경을 극복하면서, 스스로 개척하며 당당하게 살아가는 것이다!

이것을 명확하게 안다면, 인생의 길은 아주 편안하다.

어제 살았던 행위들이 모여 오늘의 삶이 되었다.

오늘의 선택과 결정들이 내일의 삶이 될 것이다.

어제와 똑같이 살면서, 오늘이 바뀔 것이라고 상상하지 말라!

오늘보다 내일이 나은 날이 되고자 한다면, 자신의 꿈을 향하여 한 발자국 다가가라.

만약 꿈이 없다면, 깨어 있는 마음으로 "이 순간"에 항상 맡은 바 임무에 충실하라. 이 순간의 기적!

현실 세계에서 꿈과 희망이 있어야 한다고 사람들은 말한다.

과거 나의 꿈은 부처가 되는 것이었다. 부처가 된 지금, 나에게 아무런 꿈과 희망 같은 것은 없다. 단지 "이 순간"을 살 뿐이다.

경이롭게 살아 숨 쉬는 불가사의한 "이 순간"에서 "이 순간"으로!

굳이 있다면, 온 우주의 모든 것이 서로 사랑하며, 행복하게 살아가기를 바라는 것뿐이다.

이렇듯 희망이 있다면 희망이 있어 좋고, 꿈이 없다면 꿈이 없어 좋다.

왜냐하면 위대한 자는 존재 자체로 살아가지, 소유하기 위해서 살아가지 않기 때문이다!

"이 순간"에 깨어 있는 자신을 바라볼 수 있다면, 희망과 꿈은 아무런 의미도 없다. 이것이 바로 신성한 부처의 삶이다.

이 순간의 삶!

여하튼 오늘 내가 선택한 결정과 행위한 모든 것이 모여, 내일의 역동적인 삶이 될 것이다.

오늘의 삶이 행복하고 싶은가?

그럼 오늘 최선을 다해서 열심히 살아라. 그러면 이 노력들이 모여서 열매를 맺으면, 행복의 열매를 수확할 것이다. 인과응보!

하루아침에 자신이 생각하는 일이 이루어질 것이라고, 달콤하고 엉뚱한 공상에 빠지지 말라!

자신의 꿈을 이룬 모든 자들이, 무수한 좌절과 실패를 극복했다는 사실을 우리는 이미 잘 알고 있다.

결국 삼라만상의 모든 것은 오직 자신이 노력하여 만드는 것이다!

자신이 원하는 행복과 사랑을 설령 신이라고 해도 결코 선물할 수 없다. 자신이 원하는 행복한 삶은 자신이 노력을 해서 찾고, 사랑을 완성시켜 가는 과정에서 발견할 것이다!

만약 아니라고 생각한다면, 그대는 아직도 인생을 심도 깊게 살지 못한 것인지도 모른다.

그러니 자신의 내부를 깊게, 계속적으로 관찰하라. 그러면 알게 될 것이다.

이런 과정이 곧 행복·사랑·희망의 국토로 가는 지름길이다.

2. 행복은 자신의 마음을 관조하는 것

사람이 행복해지는 유일한 방법은, 자신의 마음(생각)을 빈틈없이 관조하는 것이다!

자신의 마음을 관찰하는 것은 자신을 가장 잘 알 수 있는 방법이다. 마음이 마음 밖에서 무엇을 찾으려고 하는 것은 불행의 시작이고, 마음이 마음 안에서 자신을 찾으려고 하는 것은 행복의 시작이다! 왜냐하면 자신의 내부에서 일어나는 무수한 감정들을 객관적으로 바라보기 때문이다. 이런 깨어있는 마음이 깊어지면, 일상생활의 삶이 신선한 꽃을 피울 것이다.

"있는 그대로" 바라보는 눈이 생긴다면 이전에 보던 그 사물들이 아니라, 놀랍게도 마치 역동감 넘치게 살아 숨 쉬듯이 보일 것이다. 우리가 너무나 당연하게 보는 무미건조한 일상의 모든 것이, 사실은 신기하게도 생명력을 가지고 있다는 사실을 알면, 인생의 모든 것은 얼마나 새롭고, 경이롭고, 신비롭게 보이겠는가?

이것은 상상만 해도 유쾌하고 신선한 충격이다.

이것은 그 무엇도 아닌, 진리의 실체에 대한 사실이다. 즉 깨어 있는 마음만 있다면, 바로 알 수 있는 우리 삶의 진실이기도 하다.

이 순간의 마법!

다른 한편으로 우리는 자신을 모르기 때문에, 모든 것에 대한 진실도 알 수가 없다!

"모든 것을 사랑하라."고 사람들은 말한다.

하지만 자신이 누구인지도 제대로 모르면서, 어떻게 타인을 사랑

할 수 있겠는가?

진정으로 타인을 사랑한다는 것이 가능한 것일까?

이렇듯 진실(진리)을 제대로 알지 못하기 때문에, 스스로 고통을 받고 불행해지는 것이다!

인간의 이성이 바라보는 편협함으로 인하여, 거짓 자아(에고)가 중간에서 진실을 왜곡해서 받아드린다.

망상 속에서 헤매는 인간의 찬란한 비극이 시작되는 출발점이다!

이성의 최대 한계점은 눈에 보이는 것만 진실이라고 착각하는 것이다!

사실 눈으로 보는 것은 얼마든지 착시현상이 일어날 수 있다.

이성적으로 사고하는 것은 시간과 공간의 영역 안이다.

그럼 이성, 과학, 철학으로 알 수 없는, 시간과 공간의 영역 밖은 과연 무엇일까?

설마 자신이 시공에 감금된 하찮은 난쟁이라고 생각하는가?

결코 아니다. 우리 자신은 시공을 초월한 영원한 거인이다!

하지만 자신을 바로 보지 못한다면 초라한 난쟁이로 시공 속에 갇혀 죽을 것이고, 자신을 바로 본다면 시공을 초월한 무한한 거인으로 살 것이다.

하잘것없는 세포로 죽고 싶은가 아니면 한계 없는 사람으로 살고 싶은가?

우리가 삼라만상의 진실(진리)을 정확하게 바라본다면, 온 우주의 모든 것이 생생하게 살아 숨 쉬는 것을 보게 될 것이다.

이렇게 진실을 직시하는 눈이 있다면, 세상의 모든 일이 얼마나 놀랍게도 생기발랄한 일상이겠는가?

무엇보다도 중요한 것은 "이 순간의 삶"을 깊이 바라볼 수 있는 마음이다! 즉 영원한 시간 속의 "이 순간"이, 영원한 모든 시간을 함축하고 있는 것과 같다. 이 순간의 영원!

역으로 "이 순간" 속에 압축되어 있는 끝없는 시공을 알지 못한다면, 무한한 시간과 공간 속에서 살더라도 보잘것없는 동물로 방황하다가 죽을 것이다.

그러나 "이 순간" 속에서 자신의 진정한 자아를 마주 본다면, 한없는 시공 속에서 자신이 "우주 그 자체(절대 세계)"라는 진실을 직접 볼 것이다.

이렇게만 된다면, 천년 전에 죽은 자와 대화도 가능하다.

즉 도인(부처)만 할 수 있는 일이다.

아니 사실은 모든 사람들이 할 수 있는 평범한 일이다. 하하!

자신의 내부에 잠자고 있는 진짜 자아(부처)를 깨우는 순간, 모든 것은 가능하다! 왜냐하면 시간과 공간을 초월하기 때문이다.

자신의 잠재적인 무한한 능력을 일깨워서, 놀랍도록 신비롭고 경이로운 삶을 살아보자.

반복에서 오는 일상의 지겨움이 아니라, 마치 처음인 듯이 살아가는 참신하고 신성한 삶을 살아보자.

또한 오늘 하루를 즐겁고 유쾌한 작은 축제로 만들어서, 나와 너 그리고 우리 모두 신나고 흥분되는 큰 축제로 승화시키는 삶을 살아보자.

이것은 바로 세상에서 가장 위대한 삶을 살아가는 사람이다.

3. 나의 부처(진정한 자아)를 흔들어 깨워라

인간의 편협한 지식이 지식 만능주의와 물질 중독증을 낳았는지
도 모른다.

자세히 보면, 인간의 지식이 과연 우리에게 무엇을 주었을까?

세상이 발전하고 과학이 발달할수록, 지식이 우리에게 주는 것은
도대체 무엇일까?

고도화된 과학 시대로 가면 갈수록 인간성은 더욱 더 말살될 것
이다!

인간성이 말살되면 될수록 물질만능주의에 더욱 더 중독될 것이다.

사람이 욕망을 가지는 순간부터 욕망, 욕심, 탐욕의 지배를 받는
한 마리 길 잃은 동물일 뿐이다!

채워지지도 않고, 가질 수도 없는 마음은 이내 쓰라린 아픔과 고
통으로 변한다.

이 욕망이 순수한 마음의 눈을 가려 버린다.

악순환의 윤회가 현재와 미래에서 손짓하며 기다리고 있을 뿐이다.

지식과 물질은 인간에게 치료약이 아니라, 어쩌면 치명적인 마약
인지도 모른다. 그러나 이것은 필요악이다.

그러니 인간과 지식, 물질이 공존할 수 있는 균형 잡힌 지혜를 갖
추어야 한다. 상생(相生)!

무엇보다도 자신의 마음을 관조하는 것이 최우선이다! 생각 관찰!

이것은 행복의 세계로 가기 위한 위대한 첫걸음이다. 마음 공부!

우리가 살아 있는 순간은, 오직 깨어 있는 마음을 유지하는 순간

뿐이다!

"깨어 있는 마음"이란 생각 하나, 하나와 감정 하나, 하나를 느끼면서 알아차리는 것이다. 즉 생각과 감정에 지배당하지 않는 것! 이 관조하는 마음이 바로 부처가 가진 마음을 알아가는 신성한 시작점이다!

다르게 보면, 자신을 두고 자신의 영혼(생각)이 유체 이탈하여 몇발 뒤에서, 자신에게 일어나는 생각과 행동을 제3자의 입장에서 관찰하는 것이다. 이것은 관조자(관찰자, 주시자)의 관점이다.

더 나아가면, 생각과 감정이 생겨나는 곳을 바라보는 것이다.

깨어 있는(관조하는) 마음(생각)을 잃는 순간, 오직 감정에 끌려다니는 한 마리 짐승일 뿐이다.

마음이 깨어 있는 순간과 깨어 있지 않는 순간을 비교를 해 보면, 바로 알 수가 있다. 야수와 부처!

이렇듯 이성적 지식과 물질이 아무리 풍요로워도, 우리에게 사랑과 행복을 결코 선사할 수 없다.

어쩌면 풍요 속에서 더욱 더 큰 갈증을 맛볼지도 모른다.

비우는 만큼 채울 수 있는 진실은 역설이자 모순이지만, 정말 신비롭고 묘한 현상임에는 틀림없는 사실이다! 동양화의 여백!

자신을 관조하는 순간, 내 속에 잠자고 있는 부처(진짜 자아)를 흔들어 깨우는 순간임을 결코 잊어서는 안 된다!

사실 자신이 몰라서 그렇지, 자신의 부처(진리)를 잠깐 만나는 순간이기도 하다. 맙소사!

항상 깨어 있는 마음을 잃지 말라. 자신을 관조하는 마음이 부처

(만물이 태어나는 근본 바탕)에게 한 발 더 다가가는 것이다.

깨어 있는 마음의 시냇물이 모이고 모이면, 결국 깨어 있는 마음의 바다에 이르게 된다.

이렇게만 된다면, 24시간 생생하게 깨어 있는 순간이 온다.

그때 비로소 자기 자신의 부처(진리의 실체)와 마주 보게 된다.

절대 세계는 인간의 이성, 생각, 관념, 학습, 문화 등등 모든 인간적인 찌꺼기가 완벽하게 소멸한 신성의 영역이다.

현실 세계는 인간이 분별하는 이분법의 영토이기에, 정신과 물질이 있고, 빈자와 부자의 차별이 있고, 너와 나의 구별이 있고, 남자와 여자의 차이가 있고, 탄생과 죽음이 있다.

그러나 절대 세계는 인간의 이성적인 생각이 소멸한 영토이기에, 정신과 물질이 하나이고, 빈자와 부자가 하나이고, 너와 나는 하나이고, 남자와 여자도 하나이고, 탄생과 죽음도 하나이다.

이것을 완전하게 체험하는 자가 바로 부처(우주 그 자체)다.

4. 나의 정신적인 나이는 몇 살인가?

우리가 삶의 본질을 알기 위해서 진정으로 단 한 번이라도, 생명이 부대낄 만큼 처절하게 고뇌한 적이 있는가?

알 수 없는 인생의 길 위에서 자신의 길을 찾기 위하여, 철학책을 한 권이라도 심도 깊게 읽은 적이 있는가?

단 하루라도 밤을 하얗게 지새우며, 삶과 정면으로 맞서 투쟁하며 싸워 본 적이 있는가?

모든 사람들이 앞만 보고 가니까, 나도 앞만 보고 눈먼 당나귀처럼 맹목적으로 헐떡이며 간 것은 아닐까?

먹고 살기 위하여 집과 회사를 열심히 오가며 살았는데, 결국 주름살과 흰 머리카락만 남은 것은 아닐까?

인간은 한 그릇의 밥을 얻기 위하여, 어째서 일생 동안 모진 수모와 굴욕을 감내하며 살아가는 것일까?

오늘 하루는 과연 무엇을 위하여 살았으며, 과연 누구를 위하여 분주하게 땀방울을 흘렸을까?

오늘 하루를 소멸시키면서 내가 얻은 것은 도대체 무엇이고, 내가 잃은 것은 도대체 무엇일까?

이상향의 꿈을 이루면 모든 것이 행복할 줄 알았는데, 아직도 행복을 찾지 못했는가?

자신이 간절하게 원하는 곳에 가면, 자신이 진정으로 원하는 것을 가질 수 있을까?

내 마음속 깊은 곳은, 어째서 굶주린 거지가 항상 채워지지 않는 허기를 느끼는 것일까?

정말 행복하게 살고 싶은데 행복은 어디에 있으며, 과연 감미로운 행복은 무엇인가?

어째서 나는 행복하지 못하고, 언제나 환희와 축복의 모퉁이에서 소외된 삶을 사는 걸까?

자신의 삶을 진지하게 되돌아보며 깊게 통찰하고, 자신의 결점을 보완하여 더 나은 인간이 되기 위하여 노력한 적이 있는가?

우리는 무한한 자신의 영혼을 거짓 자아 속에 감금시켜 두고, 어째서 한계가 없는 자신의 순결한 영혼을 해방시키려고 하지 않는 것일까?

나의 정신적인 나이는 과연 몇 살일까?

나의 정신적인 뇌는 언제 성장을 멈추었을까?

20대 중반, 후반 아니면 30대 초반, 중반?

정신적 나이는 30세(10,950일) 전후인데, 육신의 나이는 도대체 몇 살인가?

40세(14,600일), 60세(21,900일), 80세(29,200일), 100세(36,500일), 120세(43,800일)?

만약 80세 또는 100세라면 저승 갈 때 입을 오동나무 코트를 준비하고, 화장터에 갈 대비를 하는 게 좋다.

세 살 버릇이 80세, 100세까지 가고 있다는 것이 보이는가?

어째서 우리는 유쾌하지 못한 버릇을 고치지 못하는 것일까?

죽을 때가 되니, 쪼그라진 허망한 육신의 곳곳이 아파서 괴로운가?

사는 동안 즐겁고 행복하게 살았는가?

이만하면 한평생 유쾌하게 소풍을 나온 철없는 아이처럼, 신나게 놀다가 간다고 생각하는가?

아니면 찌들인 삶을 사는 동안 왜 사는지도 모르고, 괴롭게 살다가 간다고 생각하는가?

우리는 자신이 누구인지도 모르면서 아무런 의미도 없이 태어나, 방황과 번뇌 그리고 고통만 한껏 즐기다가 헛되이 소멸하는 애처로운 영혼은 아닐까?

인간은 아주 똑똑하다는 착각에 빠져서, 자기 자신을 속이며 평생을 살아가는 것은 아닐까?

죽음이 다가오는 순간에, 이런 생각들은 안타깝지만 때 늦은 후회다!

이것보다 조금 일찍 죽음을 대처한다면 그나마 다행이다.

아직도 인생이 무엇인지 모르고, 지금도 살고 있는가?

지금 숨 쉬며 살아 있는 이유는 도대체 무엇인가?

똥밭에 굴러도 살아남은 자의 비극이 낫다는 것인가?

어쩌면 사각의 관을 짜서 나무 코트를 입는 날이, 인생 최상의 축제 날은 아닐까?

어차피 살아 본들 살아남은 자의 영광과 환희는 없고, 삶의 무게에 짓눌려 버린 번뇌와 슬픔만 있는 것은 아닐까?

지금까지 나는 무엇을 위하여 살아왔을까?

불타는 욕망의 삶을 평생을 살았는데, 나에게 남은 것은 도대체 무엇인가?

과연 몇 천 년을 살아야, 한순간의 바람 같은 공허한 삶에서 자유로워질 수 있겠는가?

지구의 낭만적인 여행을 끝내는 날, 희망의 천국과 절망의 지옥을 여행할 여비는 충분히 마련했는가?

죽은 뒤에 천국에 가서 옥황상제를 만날 것을 생각하니 즐거운가?

아니면 죽은 뒤에 지옥에 가서 염라대왕을 만날 것을 생각하니 괴로운가?

어쨌든 이렇게 살든 저렇게 살든, 후회 없는 삶이 최고의 인생 여행이 아닐까?

후회하면서 하루하루를 미련과 좌절 속에서 살아 본들, 무슨 이익이 있겠는가?

또한 후회하면서 살 만큼 과연 인생이 가치가 있을까?

결국 사는 동안 자신이 하고 싶은 것을 마음껏 즐기며, 행복하게 살다가 죽는 것이 최고가 아닐까?

하하! 이런 생각은 끝없는 이야기다. 날카로운 망상의 망상!

과연 우리가 원하는 행복은 무엇인가?

행복에 대하여 진지하게 생각하지 않은 자에게 영원히 행복은 없다!

불행하지만 나를 위하여 준비된 행복은, 세상의 그 어디에도 존재하지 않는다!

행복은 준비되어 있는 것이 아니라, 자신이 매일의 삶을 살면서 행복을 조금씩 창조해 가는 것이다!

이 과정에서 삶의 영롱한 행복과 사랑 그리고 보람을 느낀다.

정신적 나이와 육체적 나이가 함께 성숙할수록 삶은 찬란히 빛나고, 이 빛에 의해서 천국도 사라지고, 지옥도 사라진다.

우주 전체의 모든 것을 담은 "이 순간"만 지금 여기에 있다!

하지만 현상계(현실)에서 정신적 나이와 육체적 나이의 부조화로 인해서, 사회적 문제가 많이 야기되는 것은 정말 안타까운 현실이다.

인생 비극의 가장 큰 원인은, 덧없는 육신은 늙어가지만 무한한 욕망은 결코 늙지 않는 것이다!

육신이 늙어가는 만큼 동시에 욕망도 늙어간다면, 그나마 인생은 그만큼 행복할 수 있다.

그러나 허망한 육신과 끝없는 욕망은, 언제나 서로 저만치 떨어져서 등을 돌리고 있다.

한계가 없는 욕망과 욕심을 통제하지 못하여, 인생 후반에 망가지는 유명인을 우리는 이미 많이 보았다. 역사적인 사례도 무수히 많다.

덧없는 화무십일홍!

욕망과 욕심은 소금이다. 먹으면 먹을수록 갈증이 타올라 끝없이 물을 마셔야 한다.

마음을 냉철하게 관찰하는 눈만 있어도, 이런 비극은 사라질 것이다.

어쨌든 우리는 존귀한 존재 그 자체로 살아가는 것이지, 결코 공허한 소유물을 가지기 위하여 살아가는 것이 아니다!

설령 지구를 소유하고 있다고 해도, 결국 죽을 때 10원짜리 동전 하나도 가져갈 수 없다.

단지 사는 동안 우리는 자연을 친구 삼아 잠시 도움을 받고, 다시 대자연으로 되돌아가서 하나가 된다.

그러니 우리는 마음을 넓게 가지고 비워서, 사람들과 함께 나누면서 더불어 살아가며 사랑을 실천해야 한다. 나눔과 공유의 무한한 행복!

이렇게 살아간다면 당신은 이미, 당신이 밟고 있는 땅이 눈부신 천국임을 알고 있는 자이다. 지구는 축복받은 구원의 땅!

천국과 지옥은 결코 죽어서 가는 장소가 아니다!

지금 "이 순간"이 천국이자 지옥이다! 천국과 지옥은 우리가 마음먹기에 따라서, 상상하는 생각과 망상의 국토일 뿐이다!

이것을 알고 사는 것이 가장 위대한 삶이다. 신성한 천국의 삶!

나의 정신적인 나이가 몇 살이고, 육신의 나이가 몇 살인지 깊게 관조하라.

그러면 행복과 사랑이 무엇인지 스스로 알게 될 것이다.

힌트를 주자면, 행복과 불행, 사랑과 미움, 삶과 죽음, 부처와 중생, 천국과 지옥은 당신의 마음속에 있다.

아니 당신이 직접 만든 것이다. 일체유심조(一切唯心造)!

5. 반복의 아름다움

우리는 태어나면서 24시간 반복적인 삶의 틀 안에서, 불행하게도 감금되어 살아간다. 지구의 감옥!

어쩌면 삶은 지겨운 반복의 연속인지도 모른다. 반복의 윤회!

이런 지겨운 중복의 일상에서 벗어나고자, 언제나 새로운 것을 찾아 하이에나처럼 초원을 어슬렁거린다.

하지만 보이는 것은 온통 악취가 풍기는 썩은 사체들뿐이다.

너무나 익숙해서 안 보아도 비디오인 똑같은 삶의 하루다.

설혹 운 좋게 새로운 재미를 찾아도, 이내 이 즐거움은 끝없는 순환의 지겨움으로 변신한다. 먹다 남은 개뼈다귀!

이렇게 자극적인 것을 끝없이 추구하는 것은, 삶의 무미건조한 일상의 단순함을 탈피하고 싶기 때문이다. 번지 점프!

과연 삶은 지긋지긋한 되풀이의 끝없는 연속일 수밖에 없는가?

생활에 신선함을 부여하기 위하여, 낯선 곳으로 여행을 갔다 오면 단조로운 삶이 해소가 될까?

그러나 내게는 낯선 곳이지만, 그곳에 사는 사람들에게는 변함없이 진저리가 나도록 지겨운 곳이다. 맙소사!

세상의 어디를 가도, 반복적인 윤회의 사슬 같은 삶을 탈출할 수가 없다. 생기발랄한 생명력 지수 제로!

가끔 주위 사람들에게 하는 말이지만, 그렇게 일상의 삶이 지겹다면 숨 쉬는 것은 지겹지 않는가?"라고 묻는다.

그러면 지겹지 않다고 말한다. 정말 희한한 일이다.

모든 것의 반복은 지겨우면서, 어째서 숨 쉬는 것은 지겹지 않을까?

하하! 나는 과거에 숨 쉬는 것도 지겨웠다. 하하!

그래서 마음을 탐구하는 수행자가 되었는지도 모르겠다.

어쩌면 역동적인 생명력이 소멸한 반복적인 일상의 쇠사슬을, 참신한 검으로 베어 버리기 위하여 그런 것은 아닐까?

어쨌든 매일 아침 눈을 뜨면, 정신없이 분주하게 출근 준비를 한다.

자세하게 바라보면, 아침도 출근을 서두르고 있다. 하하!

업무에 시달리다가 피곤한 몸으로 술 한 잔을 기울이고, 삶을 억지로 위로하며 귀가한다.

이렇게 한 달을 앞만 보고, 동일한 철길을 따라서 기관차처럼 질주한다.

월급봉투를 받으면 좌절감과 초라함이 쓰나미처럼 한없이 밀려온다.

나의 생명을 한 달 동안 투자한 대가가, 고작 이 월급을 받기 위해서였다는 말인가?

물가는 해마다 오르는데, 월급만 언제나 굼벵이처럼 제자리걸음이다.

올 한 해도 변함없이 이렇게 갔다.

새해 아침이 밝으면 변한 것은 아무것도 없는데, 주름살만 하나가 더 늘었다.

모래알 같은 깔깔한 삶의 연속이 문득문득 목을 조여 온다.

다니는 회사가 앞으로 어떻게 될지 전망도 불투명하다.

집에 가면 가족 걱정, 회사 가면 회사 걱정이다.

나이의 무게가 무거워질수록 일상의 반복과 함께, 걱정의 무게도 반복에 추가된다. 마치 무한궤도처럼 끝없이 서로 꼬여서 돌아간다. 이런 괴롭고 찌들인 삶을 탈출하고 싶다. 아니 지구를 탈출하고 싶다.

가족의 감옥, 사회의 감옥, 국가의 감옥, 지구의 감옥, 우주의 감옥을 탈옥하고 싶다.

하지만 아무리 찾아도 출구가 보이지 않는다. 미로의 삶!

태평양의 망망대해에서 앙상한 나룻배를 타고, 혼자 파도에 밀려 표류하는 인생이다. 절망의 탄성뿐! 이제 이 삶을 정리하고 싶다.

그러나 주위를 둘러보니 아이는 어리고, 어린 것의 똘망똘망한 눈망울을 바라보니 눈물이 절로 샘솟는다.

이를 악물고 일상의 영원한 항상성의 철옹성을 지나서, 끝없는 번뇌의 소용돌이 속으로 힘겹게 비틀거리며 걸어간다. 허우적!

이제 걸어가면 갈수록 앞이 보이지 않는 짙은 안개 속이다.

한치 앞도 보이지 않는다. 마치 알 수 없는 미궁의 인생처럼!

어느 순간 어둠의 미로 속을 헤매고 있는 자신이 보인다.

어디로 가야 할지 갈 곳을 찾을 수가 없다. 방향감 상실!

사방으로 길은 나 있지만, 내가 가야 할 길의 방향을 도저히 알 수가 없다. 차디찬 눈물을 머금는다!

모든 것을 내려놓고 자연인이 되어 산 속에서 홀로 살고 싶다.

하지만 내가 만든 가족이라는 족쇄를 풀 수가 없다.

아무런 희망도 보이지 않는 철저한 좌절과 절망뿐이다.

한 잔 술로 통렬하게 쓰라린 마음을 달래며 잠을 청한다.

변함없이 내일의 태양이 뜨겠지만, 내일의 태양이 뜨지 않았으면 정말 좋겠다.

찬란한 아침이 밝아오면, 비관에 찌들인 자신의 핏기 없는 모습만 마주 볼 뿐이다. 창백한 유령!

온 우주의 소유주여, 망상의 공허한 꿈에서 깨어나라!

하찮은 삶의 육중한 무게 따위가 무한한 인간을 얽어맬 수도 없고, 핍박할 수도 없고, 육신에 가둘 수도 없음을 통찰하고 초월하라!

허망한 육신과 왜곡된 망상을 산산이 흩어버린 슈퍼맨이여!

이와 반대인 희망의 벅참으로 살아가는 인생이라도 결국은 마찬가지다.

왜냐하면 인간은 생각(거짓 자아)에 지배를 받는 보잘것없는 동물이기 때문이다. 감정의 조울증 속에서 길 잃은 야수!

되풀이되는 일상의 삶을 벗어나기 위해서 대부분 남자는 여자를, 여자는 남자를 찾아 나선다. 결국 이것도 반복적인 일상이 된다.

모든 것은 지겨움의 반복적인 윤회를 벗어날 수가 없다.

하나의 원을 끝없이 돌고 도는 혼비백산한 다람쥐!

입구만 있고 출구가 없는 의문의 연속인 뫼비우스의 띠!

마음속에 비어 있는 허한 공간을 그 무엇으로도 채울 수가 없다.

과연 어떻게 하면 피비린내 나는 악순환이 아닌, 날마다 새롭고 경이로운 날을 생동감 있게 살 수 있을까?

뜨거운 심장이 차갑게 식은 사람아, 아직도 눈치채지 못했는가?

변함없이 한결같은 삶이 곧 새로운 나날의 눈부신 삶이다! 하하!

양파의 껍질처럼 새로움을 완전히 벗겨보면, 반복의 지겨움이 나온다.

즉 상큼한 새로움과 반복의 지겨움은 하나다!

지겹다는 것은 생각이다! 사실 생각 자체가 지겹다고 하는 것이지, 일상의 삶과 아무런 관계가 없다!

마치 화두에서 단어의 고유한 뜻과 아무런 상관이 없듯이. 소옥아!

그러니 생각의 지겨움 즉 생각(마음)을 죽이면, 단지 "있는 그대로"일 뿐이다. 오직 그러할 뿐!

결국 일상적인 반복의 아름다움을 알지 못하는 자는, 결코 새로움의 반복을 알 수가 없다!

마치 절망의 끝에 가면 희망의 등불을 보는 것과 같다.

반복과 새로움, 절망과 희망 그리고 죽음과 삶은 오직 하나이다.

사실 늘 똑같은 일상의 반복은 인생의 신비로움이며, 존재의 경이로움이며, 우주의 비밀스러움이다!

지금 하던 일을 잠시 멈추고 주위를 자세하게 관찰하며 둘러보라.

꽃, 나무, 새, 하늘, 길, 자동차, 콘크리트 구조물, 자신이 하는 일은 신비로움 그 자체이다. 위대한 사람아, 깨어 있어라!

모든 존재들이 생생하게 살아 숨 쉬는 것을 느껴보라.

얼마나 놀랍고 경이롭고 불가사의한 순간인가?

그러면 반복의 미(美)는 눈부신 새로움으로 태어날 것이다.

반복의 불가사의! 이 순간의 환희! 이 순간의 마법!

이렇게만 된다면 존재 자체로 살아갈 것이며, 곧 평상심으로 일상적인 삶의 영원한 순환을 미소 지으며, "이 순간의 기적"을 즐길 것이다.

마음에는 대자연의 싱그런 평화를 한껏 품고, 얼굴에는 향기로운
들꽃의 미소를 가득 머금는다. 향긋한 행운의 미소!
내일의 찬란한 태양이 뜨면, 어떤 새로운 반복이 기다리고 있을까?
오~ 첫사랑처럼 가슴이 설렌다. 하하!

6. 긍정적으로 생각하라

어떤 상황이든 긍정적으로 생각하라!

긍정과 부정의 차이는 삶과 죽음의 거리만큼 크다!

자신의 마음속에 긍정적인 생각이 있다면, 어떤 일이든지 가능하다.

나는 무엇이든지 할 수 있다! 노력을 통한 당당한 자신감!

그러나 자신의 마음속에 부정적인 생각이 있다면, 그 순간에 모든 일은 끝장이다.

가령 수험생이 합격할 수 있다고 생각하면, 열심히 공부하여 시험에 합격할 수 있다.

하지만 과연 합격할 수 있을까라는 의문이 생기는 순간, 열심히 공부하지 않기 때문에 합격은 사라지고 만다.

우울한 불합격만 자신의 앞에 당당하게 있을 뿐이다.

그러니 최선을 다해서 노력하고 긍정적인 마음을 키운다면, 부정적인 마음은 그만큼 줄어들 것이다.

무엇이든 선택을 했다면 최선의 노력을 하라! 후회가 없을 만큼 노력을 하라! 올 인(all in)!

하지만 최선의 노력을 다했다고 해서, 모든 일이 자신의 뜻대로 되는 것은 결코 아니다. 인간 세상의 무한 경쟁!

더 나아가면, 최선의 노력을 다했다는 것은, 지극히 주관적인 관점이라는 사실을 결코 잊지 말라!

그러므로 언제나 제3자의 눈동자로 자신을 볼 수 있는, 객관적인 시각을 유지하려고 노력하라! 관조자의 관점!

그리고 모든 결과를 겸허히 받아드려야 한다.

사람이 할 수 있는 일을 다하고, 하늘의 뜻을 기다린다(盡人事待天命)!

행여 자신이 원하는 대로 되지 않았다면, 다른 길로 가면 된다.

아직 자신의 자리를 단지 찾지 못한 것뿐이다.

최선의 노력을 다한 자에게 실패, 좌절, 절망 같은 것은 없다!

왜냐하면 자신의 불타오르는 모든 열정이, 부정적인 실패·좌절·절망을 모조리 태워버렸기 때문이다!

온 우주의 영원한 주인공아, 결코 소심하게 낙담하지 말라!

실패는 성공을 향한 불멸의 밑거름이다! 실패는 자신이 미처 보지 못한 곳을 보완하게 만들어, 자신의 결점을 방비하여 결국 성공으로 이끄는 위대한 1등 공신이다.

자신의 자리를 찾는다면, 반드시 꽃을 피울 것이다. 파이팅!

"늦었다고 생각할 때가 가장 빠르다."는 말도 있고, "후회는 아무리 빨라도 늦다."는 말도 있다.

과연 어느 말이 옳은 말인가?

긍정적인 자는 전자를 택할 것이고, 부정적인 자는 후자를 택할 것이다.

현실을 객관적으로 냉철하게 판단하라.

하지만 자신이 처한 상황은 항상 똑같다!

그대는 전자를 선택할 것인가 아니면 후자를 선택할 것인가?

어쨌든 인생의 길에서 갈림길이 나오면, 선택을 잘해야 후회가 없다.

빛과 어둠은 사랑하는 연인처럼 언제나 공존하다. 빛의 크기만큼 어둠도 딱 그만큼 존재한다. 50 대 50으로 똑같다.

긍정적인 마음을 가진 자는 50%를 60, 80, 100%까지 다채로운 빛의 향기로 가득 채울 것이다. 정직·믿음·행복·사랑·환희의 광명!

그러나 부정적인 마음을 가진 자는 100%까지 죽음의 향기와 암흑의 악취로 가득 채울 수도 있다. 교활·불신·불행·증오·원망의 어둠!

살아가다 보면, 여러 가지 문제에 부딪히는 것은 누구나 똑같다.

그러나 대처하는 자의 마음가짐에 따라, 결론은 얼마든지 상반될 수도 있다!

긍정적인 생각을 가지든, 부정적인 생각을 가지든 자신의 자유이지만, 그 선택에 의한 결과의 몫은 언제나 자신의 책임이다!

누구도 원망할 수가 없어 너무나 좋다. 자업자득! 하하!

자신의 마음을 광명으로 가득 채우고 싶은가, 아니면 암흑으로 가득 채우고 싶은가?

좋은 것과 나쁜 것은 동전의 양면과 같다. 좋은 것 속에는 좋은 것만큼의 나쁜 것이 숨어 있고, 나쁜 것 속에는 나쁜 것만큼의 좋은 것이 숨어 있다. "호사다마(好事多魔)"라는 말이 잘 대변해 준다.

그러나 사람은 좋은 것을 볼 때 좋은 것만 보고, 나쁜 것을 볼 때 나쁜 것만 본다. 균형 감각 유지!

자신이 보고 싶은 것만 보다가 결국 낭패를 당하거나, 아니면 부정적인 것만 보다가 기회를 놓치고 만다. 편협한 시각!

역으로 보면, 좋은 것이 곧 나쁜 것이요, 나쁜 것이 곧 좋은 것이라는 말이 된다. 사실 좋은 것과 나쁜 것은 같다!

왜냐하면 좋다, 나쁘다는 것은 생각이 만든 기준이다.

진리의 근본에서 본다면, 좋은 것과 나쁜 것은 없기 때문이다.

생각의 전환! 마음의 혁명! 오직 그러할 뿐! 단지 있는 그대로일 뿐!

"같은 물을 마셔도 젖소가 마신 물은 우유가 되고, 독사가 마신 물은 독이 된다."는 말은, 참 의미심장한 말이다.

같은 차를 마셔도 우리의 생각에 따라서 차가, 희망의 차가 될 수도 있고 절망의 차가 될 수도 있다.

어떤 상황이든 처한 환경은 똑같지만 마음을 어떻게 가지느냐에 따라서, 결과는 천국과 지옥만큼 차이가 날 수도 있다.

희망이란 단어는 아주 미래 지향적이고 사람을 꿈꾸게 하는 건설적인 말이지만, 희망만큼 사람을 더 비참하게 연장시키는 단어도 드물지 싶다.

가령 조금 더, 조금 더 하다가 결국은 파산할지도 모른다.

니체는 "희망을 큰 추악, 큰 불행, 큰 실수"라고 혹평했다. 나름 일리가 있다.

한 가지 일을 3년 해보고 결과가 없다면, 자신을 깊게 반성해야 한다.

왜냐하면 방법이 잘못되었든지, 노력이 부족하든지 아니면 자신의 길이 아닐 수도 있기 때문이다.

자아성찰(自我省察)! 회광반조(回光返照)!

자신의 삶이 위기라고 생각되면, 자신이 변할 수 있는 좋은 기회가 왔다고 긍정적으로 생각하라!

위기를 정말 위기로 받아드린다면, 오직 절체절명의 위기만 남는다.

첩첩산중(疊疊山中)! 고립무원(孤立無援)!

그러나 내가 변할 수 있는 좋은 기회라고 생각하면, 이 위기를 극복하고 뜻밖에 좋은 기회를 만들 수도 있다. 전화위복(轉禍爲福)! 새옹지마(塞翁之馬)!

"자기 충족적 예언"은 나쁜 일이 생길 것이라고 예상하면 나쁜 일이 생기고, 좋은 일이 생길 것이라고 믿으면 실제로 좋은 일이 생긴다는 이론이다. 희망의 마취제라서 아주 좋다.

"하늘이 무너져도 솟아날 구멍은 있다."는 속담은 찬란한 희망의 찬가이다.

어떤 상황과 조건이든 "나는 할 수 있다."는 불굴의 의지와 긍정적인 자신감으로 살아가는 것이 희망적이라 아주 좋다.

믿음은 산을 움직일 뿐만 아니라, 믿음은 온 우주를 움직이는 희망의 원천이다! 내가 오랫동안 좋아했던 문구 중의 하나다.

모든 것은 오직 자신의 마음이 만드는 것이다(一切唯心造)!

희망은 행복한 삶을 위하여 낙천적인 생명의 활력을 불어넣을 것이고, 절망은 불행한 삶을 위하여 비관적인 죽음의 그림자를 환영할 것이다.

어느 쪽을 선택하든 자유이지만, 그 책임은 오직 자신이 짊어진다.

이왕이면 자신의 심장에 강력한 희망의 주사를 놓아라!

세상을 어떻게 바라보는지에 따라서 세상은 얼마든지 달라진다!

일어나는 현상은 같지만, 해결하는 방법은 천차만별일 수밖에 없다.

각자의 선택과 역량에 따라서 결과는 얼마든지 상반될 수도 있다.

결국 빛(긍정·희망)과 어둠(부정·절망)은 언제나 똑같이 공존한다!
하지만 자신이 어떤 마음가짐으로 살아가느냐에 따라서, 원망이
환희가 될 수도 있고 광명이 암흑이 될 수도 있다!

세상만사 모든 일은 자신의 취사선택에 따라서, 자신의 책임으로
돌아온다! 부메랑의 법칙!

그 누구도 탓할 수 없기에 정말 좋고 좋구나. 인과응보!

7. 모든 것은 이 순간에 있다

가장 위대한 진리는 "모든 것은 이 순간에 있다."이다!

즉 깨어 있는 마음으로 항상 자신을 세밀하게 바라보는 것이다.

지금 "이 순간"에 자신의 마음(생각)에 끌려 다닌다면, 생각의 노예이지 결코 살아 있는 것이 아니다.

가령 술을 마신다면 술을 마시는 것이 아니라, 자신의 목마른 욕망과 망상을 마시는 것이다.

아무런 이유도 없이 저절로 생겨나는 생각에게 영혼을 팔아버린 시체처럼, 마치 죽은 사람처럼 살아 숨 쉬고 있을 뿐이다. 알겠는가?

왜 모든 것은 "이 순간"에 있을 수밖에 없는가?

거의 모든 사람들이 과거의 영광스러움 또는 미래의 꿈을 좇는다.

우리는 여기에서 깊은 생각을 요한다.

제아무리 과거에 최상의 영광을 누렸다고 해도, 이미 지나간 꿈속의 덧없는 추억이다. 화무십일홍(花無十日紅)!

자신이 지금, 어느 곳에 발을 디디고 서 있는가를 보라!

과거의 아름다운 추억은 하나의 꿈이자 영상이다. 허공 중에 흩어진 망각 속에서 깨어나라.

그리고 자신의 꿈이 이루어졌다면 적어도 자신은 행복해야 한다.

최소한 꿈을 이룬 자만이라도.

그러면 꿈을 이룬 자는 행복해야 하는데, 행복한가를 주위에서 찾아보라. 꿈을 이루어도 만족은 잠시뿐이다.

예컨대, 아침밥을 먹어도 점심밥을 먹어야 하는 것과 같다.

우리의 욕망과 욕심은 언제나 굶주려 있는 야수와 같다!

이 야수를 차분하게 잘 길들이면, 이것이 바로 행복과 사랑 그리고 평화의 세계로 가는 과정이다.

과거는 이미 지나갔다. 아직 오지 않은 미래에 대한 꿈은, 자신의 꿈에 대한 욕망과 집착만 키우는 것은 아닐까를 생각해 보라.

과거의 찬란한 영광은 추억 속에 감금되어 있고, 도래하지 않은 미래의 꿈을 쫓아가다가 오늘 죽는다면, 나는 어떻게 되는 것일까?

미래의 모든 시간이 나의 위대한 죽음에 대하여, 마법의 황금 동전으로 보상을 해 줄 수 있을까?

나는 과연 무엇을 위하여 앞만 보고, 브레이크 없는 자동차처럼 질주한 것일까?

나는 도대체 언제쯤 행복한 삶을 살 수 있는 것일까?

과연 내가 꿈꾸고 바라는 달콤한 행복을 맛볼 수 있을까?

온 우주의 눈먼 주인공이여, "이 순간"을 깨어 있는 마음으로 관조하라!

지금 "이 순간"의 경이로운 행복은 어디에도 없다! 보이는가?

이것은 곧 찬란한 불행의 시작이다. 알겠는가?

투철하게 바라보면, 과거도 없고 현재도 없고 미래도 없다.

오직 살아 숨 쉬는 "이 순간"만 있을 뿐이다! 이 순간의 연속!

우리가 현재라고 말하는 순간, 현재는 이미 과거가 되었다.

온 우주를 떠돌며 아무리 찾아보아도, 현재를 찾을 수가 없다.

도대체 현재는 어디에 꼭꼭 숨어 있는 것일까?

"현재"는 우리의 머릿속에 개념으로만 존재하는 상상의 시간이다!

"현재"라고 말하는 순간은, 바로 지금 "이 순간의 현재"만 존재할 뿐이다!

"이 순간"에서 "이 순간"으로 이어지는 매 순간의 시간이, 절대 세계의 모든 시간을 압축하고 있다.

"이 순간"이 곧 절대 세계이고, 불생불멸이 곧 "이 순간"이다.

"이 순간"을 잡지 못한다면, "영원한 시간"을 잃어버리는 것과 같다.

그리고 미래의 꿈을 위하여, 우리는 언제나 지금 "이 순간"의 눈부신 삶을 철저하게 희생했다!

찬연한 현재의 삶을 참혹하게 희생한 대가를, 과연 미래의 꿈속에서 보상을 받을 수 있을까?

하나의 치명적인 함정은 우리가 언제 죽을지 모른다는 사실이다!

가령 예고 없는 고통사고로 인한 죽음이 가장 대표적이다.

천하를 얻고 지금 죽는다면, 나의 행복은 어떻게 되는 것일까?

현재의 삶을 철저하게 희생하며 만든, 보석 같은 인고의 열매를 과연 먹을 수 있을까?

미래의 행복을 준비만 하다가 미래의 시간 속에서 죽는다면, 어떻게 현재로 되돌아와서 빨간 사과를 먹을 수 있겠는가?

무한한 사람이여, 미래의 여신에게 묻지 말고, 현재의 여신에 물어라.

그러면 "이 순간"의 여신이 상냥하게 대답해 줄 것이다.

"이 순간"으로 압축된 "영원한 시간"의 삶을 살지 못한다면, 지금 "이 순간"의 비극이 "영원한 시간"의 비극으로 이어지는 것과 같다!

모든 시간이 피어 있는 장미꽃을 선사한다. 이 순간의 마법!

자신이 원하는 곳에 가면, 자신이 원하는 것은 반드시 없다!

어째서 반드시 없는가?

모든 것의 실체(實相·諸相·色)는 손으로 잡을 수 없는 텅 비어 있는 허상(無相·非相·空)이기 때문이다.

실상무상(實相無相)! 제상비상(諸相非相)! 색즉시공(色卽是空)!

텅 비어 있는 환영이 온 우주의 본질인데, 텅 비어 있는 영상의 황홀한 빛깔을 어떻게 잡을 수 있겠는가?

예컨대 꿈속에서 천하제일의 부자가 되어 본들, 무슨 의미가 있겠는가?

잠에서 깨면 한낱 일장춘몽인 허무의 극치다. 아무리 잡으려고 해도 잡을 수 없는 한 송이 신기루(허상)의 꽃이다.

이렇듯 삶의 본질은 "이 순간", "이 순간"으로 연결되는 과정, 과정에 있을 뿐이지, 결코 결과에 있지 않다! 이 순간의 기적!

삶은 과거, 현재, 미래의 영원한 시간 속에 없다. 보이는가?

"이 순간"의 과정을 즐기는 자는 위대한 자이고, 결과에 집착하는 자는 형편없는 바보다! 엑스트라야, 꿈속에서 깨어나라!

삶의 모든 경이로움과 신비로움으로 가득 찬, 지금 "이 순간"에서 "이 순간"으로! 이 순간의 영원!

이 실체(진리)를 꿰뚫어 볼 수 있게 자신의 마음을 자세하게 관조하라.

모든 것은 "이 순간"에 있는지 없는지 반드시 자신이 찾아야 한다.

불행하게도 그 누구도 찾아줄 수가 없다. 설혹 신(神)이라 해도.

만약 온 우주의 모든 것이 지금 "이 순간"에 없다면, 과연 삶과 나
는 어디에 있는 것일까?
설마 시간의 여신에게 낙인이 찍혀 추방을 당하여, 어느 시간에도
머물 수 없는 시간과 공간의 이방인은 아니겠지. 하하!

8. 자신의 삶을 즐겨라

하루를 즐겁게 보내든 힘겹게 보내든, 어쨌든 하루는 간다.

그렇다면 똥 밟은 표정으로 찡그리지 말고, 상냥하게 미소를 머금고 하루를 즐기려고 노력하자.

침울한 상황에서 단지 미소 짓는 표정만으로도, 마음이 밝아진다는 말이 있다. 안면 피드백 가설!

찡그린 표정으로 사람들을 마주 본다면, 주위는 금방 얼음 얼듯이 차갑게 경직될 것이다. 차디찬 겨울 제국!

하지만 미소 짓는 표정으로 사람들을 마주 본다면, 주위는 금방 꽃이 피듯이 훈훈한 바람이 불 것이다. 화사한 봄의 왕국!

자신의 삶과 직업에 만족하는 이가 과연 몇 명이나 될까?

대다수의 사람들이 삶과 직업에 불만족을 느끼며 살 것이다.

하지만 불만을 가지기 전에 자신의 삶을 통찰할 수 있다면, 지금 이 자리에 있을 수밖에 없다는 당연한 결론에 이를 것이다.

그나마 이 현실을 받아 드릴 수 있다면 다행이다.

그러나 받아드릴 수 없다면, 더 나은 삶과 직업을 가지기 위해서 노력을 하면 된다.

열심히 노력하여 자신이 원하는 이상적인 삶을 살면 된다.

우리가 꿈꾸는 최상의 시나리오다. 열정의 희망 나라!

하지만 성공하는 자보다 실패하는 자가 압도적으로 많다. 끝없는 경쟁!

성공한다면 다행이지만 실패한다면 패배자 의식에 사로잡혀, 좌절감을 가지고 평생을 살지도 모른다.

패배자여! 과연 무엇을 실패하였는가?

무엇이 나를 굴욕케 하고 지하 심연으로 내모는가?

무엇을 가지지 못했다고 평생을 아파하며, 괴로워하며 사는가?

도대체 잃어버린 것이 무엇이며, 정녕 잃어버린 것이 있는가?

우리가 태어날 때, 무엇을 가지고 태어났는가?

자신 속에 채워지지 않는 욕망의 상대적인 비교를 주의 깊게 바라보라!

실패가 두려운 소심한 자들은 도전을 하지 말라!

정작 실패가 두려운 것은 실패가 아니라, 최선을 다하지 못한 자신의 게으름과 노력 부족 때문에 두려운 것이다!

최선을 다했다면 결과는 달라질 수 있었는데 하는, 아쉬움과 미련이 문득문득 자신을 맴돌며 괴롭힌다.

그러나 최선을 다한 자에게 실패란 있을 수 없고, 후회도 있을 수 없다!

단지 자신과 인연이 닿지 않았을 뿐이다. 다른 길로 가서 최선을 다하면 되는 것이다. 이렇게 사는 사람은 위대한 사람이다.

어느 순간이든 부처와 조사같이 당당하게 미소를 잃지 말라!

왜냐하면 실패하거나 잃을 것이 아무것도 없기 때문이다.

오히려 실패를 하면서 미처 보지 못한 많은 것을 배운다.

실패와 좌절을 맛보지 않고, 정상에 선 자는 우주에서 아무도 없다!

무슨 일이든 자신이 반드시 성공을 하려면, 그 분야에 최소한 실구멍이라도 꿰뚫어야 가능하다!

또한 최선을 다해서 노력하는 자에게 행운은 온다.

결국 행운도 자신이 스스로 만드는 것이다.

하늘은 스스로 돕는 자를 돕는다! 일체유심조(一切唯心造)!

역설적이지만 아픔과 번뇌 속에서, 인생은 조금씩 성숙해지며 사랑과 행복의 꽃을 피운다!

어쩌면 이것은 모순처럼 보이지만, 삶의 경이로운 신비를 간직한 변함없는 진실이다! 마음의 비밀스러운 우주 공간!

더러운 진흙 속에서 아름다운 연꽃이 피는 것과 같다.

그래서 실패는 성공의 위대한 어머니다.

상큼한 마법의 미소가 자신의 삶에 무한한 행운을 가져다 줄 것이다!

무엇을 하든 최선을 다하고 결과를 받아 드릴 수 있다면, 이미 최상의 삶을 살고 있는 것이다.

그리고 자신의 삶을 항상 즐겨라! 왜냐하면 자신에 생명의 시간이 조금씩 줄고 있기 때문이다. 이 생명의 시간에 끝이 곧 죽음이다.

우리는 우주를 여행하는 여행객이다. 즉 삶은 유쾌한 여행이라는 사실을 언제나 잊지 말라!

자신이 무엇을 하든 여유로운 여행객처럼, 언제나 생소하고 참신한 세상을 신기롭게 마주 보며 즐겨라. 이 순간의 환희!

사실 온 우주에서 가장 소중한 것은 돈이 아니라 시간이다!

빛으로 시간을 나누어서 무한하게 사용하라! 분광검법(分光劍法)!

돈으로 시간을 결코 살 수 없다.

어제의 24시간을 과연 무엇으로 살 수 있겠는가?

지금은 비웃을지 몰라도, 언젠가 이런 날이 온다면 정말 불행해질 지도 모른다.

"내가 헛되이 보낸 오늘은, 어제 죽어간 자가 그토록 바라던 내일 이다."라는 소포클레스의 비수 같은 한마디가 심장에 꽂힌다.

하지만 시간으로 돈을 모으는 것은 쉬운 일이다.

사는 동안 상대적인 비교 속에서, 죽은 시체처럼 결코 비관적인 나태한 삶을 살지 말라! 자신의 삶을 위풍당당하게 살아가라!

부패한 음식물의 찌꺼기야 아니 주인공아, 알겠는가?

어쨌든 시간은 생명수이니, 함부로 낭비하지 말고 아끼고 아껴서 사용하라. 목이 마르다고 마음대로 마시지 말라!

이렇게만 살 수 있다면, 모든 사람들이 최상의 삶 즉 구원의 땅에 서 천국의 삶을 살고 있는 것이다.

항상 자신이 하는 일을 즐기면서, 자신의 호흡을 느끼며 일을 하라! 그러면 자신이 하는 일에 지치지 않고, 즐기며 할 수 있을 것이다.

마지막으로 어떤 순간에 있든 마음에 무한한 평화를 품고 얼굴에 해맑은 미소를 머금고, 온 우주의 모든 것을 포용하듯이 사랑하라.

사람의 미소는 곧 부처의 미소이기 때문에, 사랑과 행복의 불가사 의한 기적을 피어나게 할 수 있다.

자신이 가야 할 길이 무엇인지 알고, 상쾌하게 휘파람을 불며 당 당하게 가라.

9. 상대방과 비교하지 말라

자신은 단지 자기 자신일 뿐이다. 자신은 어떤 다른 누구도 아니다.
자신에게 주어진 길을 개척하면서, 자신의 삶을 살아갈 뿐이다.
사람마다 그릇의 크기가 다르다. 왜 다를까?
자신의 내부를 세밀하게 관조하면 스스로 답을 찾을 것이다.
큰 나무는 큰 곳에 사용되고, 작은 나무는 작은 곳에 사용된다.
모든 나무가 자신의 자리에서 유용해서 좋다. 버릴 것이 아무것도
없다.
그렇기 때문에 부정적인 측면에서 상대방과의 비교는 무의미하다.
그러나 긍정적인 측면에서의 비교는, 서로 성장해 가는 상생의 격
려가 될 수 있기 때문에 의미가 있다. 러닝메이트!
하지만 긍정적인 측면을 넘어서면 그때의 비교는 자신 속에 자리
잡고 있는, 상대적인 비교의 욕심과 욕망이라는 놈이 고개를 쳐들
려고 하는 것이니 주의해서 관찰하라. 열등한 우월감!
상대적인 비교 우위가 인생에서 기쁨이고, 행복이고, 성공이며,
상대적인 비교 열등이 인생에서 아픔이고, 불행이고, 실패인 것처
럼 우리는 생기가 없이 살아간다. 도토리 키 재기!
그러나 삶은 상대적인 비교에서 얄팍한 환희를 만끽하는 것이 아
니라, 자신의 인생길을 개척하면서 뿌듯한 보람을 느끼고 만족해
하면서 살아가는 것이다. My way!
그리고 자신에게 주어진 길을 미소 짓고 꿋꿋하게 가는 것이 진정
한 용기이고, 행복이고, 사랑이다. 나는 단지 나일 뿐이다.

특히 여자들은 더 주의해야 한다. 시기와 질투의 화신이기 때문이다.

정말 부끄럽지만 나에 대해서 말해 보겠다.

나이 48세(2018년), 가진 것이라고는 고작 통장 잔고 30만 원 정도의 돈이 전부다. 당연히 동산도 부동산도 없고, 보험도 차도 없다. 부모와 함께 살고 있다. 불행 중 다행인 것은 빚이 없다는 것이다. 하하!

내가 가진 것은 클래식 음반 100여 장 남짓이 유일한 전 재산이다.

친구들에게 가끔 하는 말이지만, 나는 대한민국 1% 거지다.

이렇게 된 것은, 무능력해서도 아니고 게을러서 그런 것도 아니다.

완벽하게 수행자의 삶을 살려고 노력하다 보니 그렇게 된 것이다.

그러나 나는 온 우주에서 가장 행복한 미소의 풍류객이다.

살아가는데 부족한 것이 아무것도 없다.

왜냐하면 삼라만상을 소유한 주인이기 때문이다.

사실 쌀 한 톨만 한 별 볼일 없는 온 우주를 소유해 본들, 무슨 의미가 있겠는가? 하하!

현상계(중생의 세계)의 삶은 가난할지 몰라도, 어쨌든 나는 온 우주를 내 손바닥 안에 쥐고 있는 삼계의 주인장인 것은 틀림없는 사실이다. 조금도 부족하지 않다! 하하!

또 친구들에게 가끔 하는 말지만, 나와 비교하면 그대들은 재벌이다. 그렇지 않은가?

아내와 자식도 있고, 집과 차도 있고, 보험도 있다.

가진 것이 얼마나 많은가? 하하!

그런데 왜 내보다 힘겨운 표정으로, 평화로운 천국인 세상의 물을 흐리고 있는가?

그대들의 친구가 연봉 1억 원을 받고, 최고급 자가용을 타는가?

그래서 그대도 그렇게 되기를 바라는가? 하하!

그대 자신은 단지 그대 자신일 뿐이라는 사실을 잊지 말라.

한 달에 200만 원을 받고, 걸어 다니더라도 얼마든지 행복할 수 있다. 그렇지 않은가?

인생을 살아가는데, 부족한 것이 도대체 무엇인가?

욕심과 욕망을 조금만 줄여라, 그럼 그만큼 행복해질 것이다.

욕망과 행복은 반비례다! 욕망이 많으면 많을수록 행복은 그만큼 작아진다.

눈앞에 펼쳐진 다채로운 현실이 작아질수록, 그만큼 마음의 행복은 조금씩 커질 것이다!

그러나 눈앞에 펼쳐진 매혹적인 현실이 커질수록, 그만큼 마음의 불행은 조금씩 커질 것이다!

완전하게 비워야 완전하게 채울 수 있는 불멸의 진실은, 너무나 역설적이지만 참으로 묘한 불가사의다.

가령 동양화의 여백이 텅 비어 있기에 무한한 신비의 파문을 내포하듯이, 우리의 삶도 이와 같다.

비우는 만큼 채울 수 있다! 가득 차 있는 잔에는 더 이상 어떤 것도 채울 수가 없다.

타인에게 보시를 하는 자는 보시의 무한한 만족을 안다.

타인에게 하나의 작은 도움을 주면, 그 만족과 행복은 최소한 두

배 이상으로 내게 되돌아온다. 베풂과 배려의 무한한 행복!

그래서 자꾸 보시하게 되는 것이다. 복을 만드는 과정이기도 하다.

또한 타인을 이해하면 나는 유쾌해지고, 타인을 사랑하면 나의 마음이 상쾌해진다. 이것은 나와 너 그리고 우리 모두를 깊게 사랑하는 방법이다.

행복이 무엇인가를 진지하게 생각하라. 그렇지 않으면, 설령 신이라고 해도 그대에게 진정한 행복을 선사할 수가 없다.

그대의 행복이 무엇인지 오직 그대 자신만 알 수 있기 때문이다.

내가 원하는 시각의 삶이 아닌 타인(부모)이 원하는 시각의 삶을 살면, 언제나 불안하고 충족되지 않는 마음 때문에 자신이 바람에 흔들리는 이름 없는 들꽃이 된다.

아무리 아름다운 경치를 보아도 마음이 다른 곳에 있기 때문에, 어느 하나도 제대로 눈에 들어오지 않는다.

타인이 제아무리 선망하는 이상향의 삶을 살더라도, 정작 자신은 마실 수 없는 황홀한 유혹의 독이 든 술잔과 같다.

그러나 자신의 길을 발견하고 자신이 가야 할 길을 간다면, 그때부터 자신의 삶은 영롱한 충만으로 채워진다.

그리고 사랑과 행복이 하나가 되어, 찬란한 파노라마 같은 이 순간의 삶이 펼쳐진다. 이 순간의 기적!

타인이 바라는 삶을 살지 말고, 단지 자신이 바라는 삶을 살아가라.

상대방과 비교하지 말고, 오직 자신의 삶에 충실하라.

자신에게 주어진 길을 콧노래를 부르며 위풍당당하게 맞서라.

452 _ 화두의 심장에 검을꽂아라

10. 부부는 서로 마주 보아야 한다

남편과 아내는 같은 곳을 바라보는 것이 아니라, 사랑스러운 눈빛으로 서로 마주 보아야 한다!

같은 곳을 바라본다면, 꿈은 이룰 수 있을지 모르지만 불행할 우려가 높다. 서로에 대해서 잘 알지 못하기 때문이다.

그러나 부부가 서로 마주 본다면, 삶은 넉넉하지 않다손 치더라도 행복할 수 있다. 서로가 서로를 잘 이해할 수 있기 때문이다.

세상의 모든 불행의 원인은, 서로가 서로를 이해할 수 없어 발생하는 것이다!

자신의 입장만 고수하다 보니 의견 차이를 좁힐 수가 없다.

서로가 서로를 충분히 이해한다면, 불행할 수 있는 상황은 아주 줄어들 것이다. 역지사지(易地思之)!

"사랑하면 알게 되고, 알면 보이나니, 그때 보이는 것은 전과 같지 않다."라고 했듯이, 부부가 서로 사랑하며 마치 연애하듯이 행복하게 살아가기를 간절히 기원한다.

우연한 만남은 하늘이 뜻밖의 신비로 만들지만, 인간의 관계는 사랑과 열정으로 사람이 완성하는 것이다!

사랑하면 언제나 새로운 참신함과 신비로움이 새싹 돋듯이 새록새록 생겨난다. 사랑과 행복의 마법!

세상을 살다 보면 힘겨울 때가 분명히 오게 된다. 그때 초심으로 돌아가서 생각하면, 모든 일이 의외로 쉽게 해결될지도 모른다.

우리가 왜 결혼을 했는지 생각을 해 보는 것이다.

세상의 모든 일도 마찬가지다. 초심(初心)!

그래야 우리 각자의 기본적인 삶의 방향이 빗나가지 않는다.

인생의 일관성! 자신이 가야 할 길!

결혼 생활의 비극은 서로를 마음의 감옥 속으로 가두는 것이다!

서로가 서로에 대해서 잘 이해한다면 해결되겠지만, 그렇지 않다면 각자의 고독한 성(城)에서 고립될 것이다. 이것을 원하는 자는 아무도 없다.

허나 우리 주위의 대부분에 가족들이, 이렇게 무미건조하게 사는 것을 지금도 보고 있다. 나도 또한 예외일 수는 없다.

부부는 서로를 이해하기 위해서 철저한 노력을 해야 한다.

왜냐하면 서로가 행복하기 위해서 선택했기 때문이다.

어쩌다 보는 풍경이지만, 노부부가 손을 꼭 잡고 가는 장면을 보면 너무나 아름답다. 마치 한 송이의 장미꽃과 같다.

그들의 삶은 과연 어떠했을까 하는 궁금증이 샘솟는다.

하지만 한 번도 물어보지 않았다. 난 결혼을 하지 않았기 때문이다.

하하! 이런 노부부를 보면 결혼 생활에 대한 조언을 구하라.

그들에게 반드시 사랑과 행복의 비법이 있을 것이다.

그리고 부부는 반드시 같은 취미 생활을 만들어야 한다!

등산, 테니스, 배드민턴, 자전거 타기, 바둑, 공연 관람, 마라톤 등등 함께 할 수 있다면, 어떤 것이든 좋다.

부부가 같은 취미 생활을 하고 나서 맥주 한 잔을 마시며, 서로에게 평소 말하지 못한 이야기를 할 수 있는 시간을 반드시 만들어야 한다.

한 달에 적어도 한 번.

그래야 행복한 삶이 펼쳐질 수 있다. 노력하지 않고 얻을 수 있는 것은 세상에 아무것도 없다. 이해와 신뢰는 곧 사랑!

두드려라, 문은 열릴 것이다! 인내는 쓰지만 열매는 달다!

사랑과 행복은 우리를 위하여 기다리고 있는 것이 아니라, 서로가 감동의 모자이크를 맞추어 가듯이 조금씩 완성해 가는 것이다!

실천하고 실천하여, 행복이 꽃피는 나라로 가기를 진정으로 기원하다.

아무리 많이 알더라도 실천하지 않는다면, 그것은 죽은 지식이요 쓰레기 더미에 불과하다.

실행하지 못하는 지식과 앎이, 과연 나의 것이라고 말할 수 있을까?

결코 아니다. 자신의 내면에서 승화된 것만, 비로소 나의 것이고 실천으로 옮겨진다!

이것이 진정한 지식이요 삶의 충만한 지혜이다.

이참에 자신 속의 쓰레기를 정리하는 것도 유익한 일이다.

육신과 정신의 무게가 가벼울수록 그만큼 삶의 무게도 가벼워진다!

또한 삶을 바라보는 시각도 더욱 더 투명해지고 건전해질 것이다.

아이를 키울 때 부모들은 스트레스를 많이 받는다.

반대로 아이들 역시 부모의 방식에 의해서 스트레스를 받는다.

무엇이든 반대급부가 있다는 사실을 결코 잊지 말라!

그렇기에 부모는 아이를 자세히 바라보아야 한다.

사랑이라는 이름을 내세워 자신의 비뚤어진 욕망과 욕심을 채우기 위하여, 아이의 마음에 상처를 주지 않았는지 세밀하게 관조하라.

당신이 당신의 부모에게 많은 상처를 받았듯이, 당신의 아이 역시 지금 말없이 숨어서 눈물을 흘리고 있을지도 모른다.

만약 이것이 사실이라면, 얼마나 가슴이 시리도록 아픈 현실인가?

아이가 무엇을 원하는지 보고, 스스로 선택할 수 있게 아이를 키워라.

자식에게 물고기를 주지 말고, 낚시하는 방법을 가르쳐 주라.

세상의 모든 이치가 이와 같다.

"칭찬은 고래도 춤추게 한다."는 말이 있듯이, 아이들을 격려하라!

아이들의 얼굴에서 천진난만한 미소가 사라지지 않게 노력하라!

또한 우리 모두 언제나 따뜻한 미소를 결코 잊어서는 안 된다!

잘하는 것이 있다면 당연히 못하는 것도 있다.

그럼 잘하는 것을 더욱 잘하게 하면, 못하는 것도 자신감이 생겨 더불어 잘하게 될 것이다. 항상 응원과 칭찬을 보내라!

이렇듯 서로가 서로를 사랑의 눈빛으로 마주 보고 이해한다면, 얼마나 아름다운 세상이 올까를 상상해 보라. 상상만으로도 가슴 벅찬 설렘이다.

지금 이 순간에 바로 지구가 빛이 가득한 천국으로 변할 것이다.

부부는 서로 마주 보며 사랑하고, 부모와 아이도 역시 서로 마주 보며 사랑을 실천하자. 아니 사랑을 완성하자!

우리에게 주어진 시간이 결코 길지 않기 때문이다.

사실 날마다 사랑만 하고 살기에도 너무나 짧은 인생이다.

더 나아가면 이웃을 사랑하고, 지구인을 사랑하고, 온 우주의 모든 것을 향한 사랑을 실천하자.

사랑의 향기가 우주 전체로 퍼져 나가서 서로가 서로를 사랑할 수 있게, 온 우주가 사랑과 행복의 노래를 함께 합창하자! 우리는 하나!

또한 우리가 살아가는 아름답고 신비로운 지구의 현재 주소는, "행복의 나라 당신도 예쁜군 사랑하면 좋으리 1004번지"에서 삼라만상의 모든 것이 모여 손에 손을 잡고, 환희와 감사의 영원한 축제를 열자!

11. 서두름은 모든 일을 망치는 지름길이다

사람들은 무슨 일을 시작하면 빠른 결과를 원한다. 이것은 사람의 조급한 마음이지 결코 세상사의 순리는 아니다.

서두르는 마음이 들 때, 마음을 차분히 가라앉히고 자신의 내부를 보라. 성급한 마음이 어디에서 생겨나는지 치밀하게 관조하라.

조급해하는 마음을 길들이지 않고 끌려간다면, 결과는 불을 보듯 뻔하다. 명약관화(明若觀火)!

항상 여유를 가지고 자신의 마음을 세세하게 바라보라.

그래야 전체적인 상황을 객관적으로 바라볼 수가 있다.

그러면 실패 확률은 현저히 줄어들 것이다.

서두르면 일의 전체적인 관점이 무엇인지 정확하게 통찰할 수가 없다.

그렇기에 여기저기에서 문제가 발생할 여지를 남긴다.

무슨 일이든 먼저 숲을 보고, 나무를 보아야 한다!

전체에서 부분으로! 그래야 가야 할 방향이 빗나가지 않는다!

세상의 모든 이치가 이와 같다!

그러나 먼저 나무를 보고 나중에 숲을 본다면, 전체를 명료하게 파악할 수가 없다.

가야 할 방향이 어긋날 확률이 너무나 높다. 수순과 방향 착오!

그래서 무슨 일이든 지극히 완성하기가 어려울 수밖에 없을 것이다.

모든 일은 서서히 이루어지는 것이지, 어느 한순간에 어떤 일도 이루어지지 않는다!

감나무에 감이 익어가듯이, 무엇이든 반드시 때가 있기 마련이다.

때가 되면 열매는 저절로 떨어진다. 즉 시절인연이다.

하지만 감이 빨리 익기를 원한다면, 환경과 조건을 맞추면 된다.

감이 익을 수 있는 시간은 줄일 수 있지만, 감이 익어야 떨어지는 것은 어차피 같다.

만약 서두르고자 한다면, 주위를 방비하고 대처하면 문제는 덜할 것이다.

이왕이면 자연의 순리를 거스르지 않는 것이 가장 자연스러워 좋다.

인간의 다급한 욕망과 욕심이, 사회적으로 많은 부정적인 사건을 야기시키고 있다.

어쩌면 이것은 불행하지만 너무나 당연한 결론이다.

인간이 생각하는 일의 속도와 자연의 순리에 흐름의 속도는, 언제나 일치하지 않는다!

부조화가 어쩌면 영원한 법칙의 답인지도 모른다.

아무튼 이 순간, 인간의 마음에 속도와 자연의 이치에 속도 차이의 부조화를, 산산이 흩어버릴 수 있는 것이 무엇인가를 찾아보라.

마음(생각)을 비울 수 있는 만큼, 자신의 삶을 더욱 더 만족하면서 살아가는 스스로를 볼 것이다.

비움의 역설! 여백의 역설! 여유의 역설! 인생의 신비!

어쨌든 우리가 서둘러서 가려는 최후의 목적지는 과연 어디인가?

병이 들어 시름시름 앓는 지구를 소유하고 싶은가?

돈만 많으면 사랑과 행복도 살 수 있는가?

돈만 있다면 죽음도 없애버릴 수 있는가? 모두 아니다.

우리가 아무리 급하게 가 보았자, 결국 종착역은 죽음이다!

그러니 서두르지 말고, 하루의 나날 속에서 "이 순간의 삶"을 즐겨야 한다.

삶은 과정에 있는 것이지 결코 결과에 있는 것이 아니다.

삶은 오직 "이 순간"에서 "이 순간"으로 연속되는 이것이다!

파란 하늘과 아름다운 노을을 볼 수 있는, 마음의 여유를 가지려고 항상 노력해야 한다. 이 순간의 마법!

사실 삶의 진실은 단지 이것이 모든 것이다. 비어 있는 텅 빈 삶!

당연히 생각 속에 수감된 사람들은 믿지 못하겠지만, 불멸의 진실이라는 것은 틀림없는 사실이다. 하하!

우주 전체의 시작도 알 수 없고 끝도 알 수 없는 휘황찬란한 빛깔의 영원한 축제인데, 이 속에서 과연 무엇을 가질 수 있겠는가?

지금 "이 순간"에 깨어 있어라. 단지 이것뿐이고, 단지 그러할 뿐이다.

그러나 사람들은 이 진실을 모르기 때문에, 상상 속에서 이상향의 천국을 쫓는 꼴이다.

마치 천국과 지옥은 죽어서 가는 곳이라고 망상한다.

사실 우리가 서 있는 장소가, 바로 천국이자 지옥이라는 사실을 몰라서 그렇다. 주인공아, 정신 차려라!

언제나 마음의 여유를 가지고, 조급해하는 자신의 변덕스러운 생각을 잘 돌보아야 한다. 느림의 역설적 통찰!

서두르고자 하는 것은 인간의 마음이지만, 세상사의 모든 일은 서둘러서 좋은 결과를 얻기는 지극히 어렵다.

왜냐하면 인간의 속도와 자연의 속도는 순환 과정이 근본적으로 다르기 때문이다.

인간의 속도는 성급하고 초조·불안한 생각의 속도이고,

자연의 속도는 봄, 여름, 가을, 겨울의 한결같은 속도이다.

나는 "황소걸음으로"라는 속담을 아주 좋아한다. 즉 천천히 실수 없이 하다 보면, 서둘러서 실수하는 것보다 결국 빠르다는 말이다.

서둘러서 모든 일을 망치는 실수를 범하지 않기를 간절히 기원한다.

서둘러서 모든 일을 망치고 후회해 본들, 시계의 바늘을 되돌릴 수는 없다. 맙소사!

그렇다고 소심하게 계속 기다리다가, 때를 놓치는 실수도 범하지 말라.

항상 깨어 있어라. 언제나 자신이 하는 일을 즐기려고 노력하라.

서두름은 모든 일을 망치는 지름길이다!

또한 게으름도 모든 일을 망치는 지름길이다!

너무 서두르지 말고 너무 게으르지 말고 너무 기다리지 말고,

이것들을 벗어난 마음 즉 서두름, 게으름, 기다림을 모두 아우르는 마음을 지켜 가라.

그럼 자신이 하고자 하는 일이 순조롭게 진행될 것이다.

항상 중도(中道 어느 쪽에도 치우치지 말고, 모든 것을 전체적으로 포함하는 마음)를 유지하라!

12. 인과응보(因果應報)

"인과응보"란 착한 일을 많이 하면 좋은 일이 많이 생기고, 나쁜 일을 많이 하면 나쁜 일이 많이 생긴다는 뜻이다.

원인에 의해서 결과가 생긴다는 너무나 당연한 귀착점이다.

우리가 인생을 살면서 "인과응보"라는 말만 마음속에 새기고 살아도, 편안한 삶이 보장될 수 있다. 권선징악(勸善懲惡)!

왜인가? 자신이 만든 것 때문에, 자신이 그것으로 인한 대가를 받기 때문이다. 누구도 원망할 수 없어 좋다. 결자해지(結者解之)!

자신에게 솔직한 이라면, 자신이 살아가면서 부정적인 일을 많이 했기 때문에 지금의 삶이 힘겹다고 받아드릴 수 있다면, 이 힘겨움은 상당히 감해질 것이며 어느 정도 편안해질 것이다. 물론 반대의 경우도 같다.

다른 사람의 눈에 눈물을 흘리게 하면, 자신은 피눈물을 흘릴 날이 반드시 온다! 사필귀정(事必歸正)!

불교의 진리는 눈에는 눈, 코에는 코, 이에는 이, 목숨에는 목숨으로 갚아야 한다. 부메랑의 법칙!

그러나 여기에서 상당수의 사람들이 의문을 가질 수 있는 문제가 있다.

그것은 착하게 사는데 아주 불행하게 살아가는 사람들이 있고, 나쁘게 사는데 아주 행복하게 살아가는 사람들에 대한 의문일 것이다.

또한 옥석구분(玉石俱焚 착한 사람과 나쁜 사람이 모두 재앙을 받음)의 말도 선뜻 이해가 되지 않는다.

마치 인과응보가 빗나간 것처럼 보이기 때문이다. 그렇지 않은가?

이 문제는 어쩌면 간단하면서도 복잡한 문제다.

인과응보의 넓은 개념을 이해한다면 쉬운 문제이지만, 아니면 아주 어려운 문제가 될 수도 있다.

착하게 사는데 아주 불행하게 살아가는 사람들은, 아직 착한 열매가 익지 않아서 잠시 불행한 것이다.

나쁘게 사는데 아주 행복하게 살아가는 사람들은, 아직 나쁜 열매가 익지 않아서 잠시 행복한 것뿐이다.

그래서 조금 이해하기 어려운 일들이 생기는 것처럼 착시현상이 보인다. 인과응보의 확대 개념이라 생각하면 쉽다.

세상의 아주 난해한 사실들도 이것을 안다면, 당연한 일처럼 받아드릴 수 있다.

예컨대, 사과가 익으면 자연히 떨어지는 현상과 같다.

무엇이든 반드시 때가 있기 마련이다. 시절인연(時節因緣)!

나쁜 일도 어느 정도의 한계점에 도달해야 나쁜 일이 생긴다.

착한 일도 또한 같다.

가령 봄에 벼를 심고 여름이 지나고, 가을이 되어야 쌀을 수확할 수 있다.

이렇듯 하나의 일이 결실을 맺으려면, 반드시 때가 있다.

또한 세상은 더불어 살아가는 것이다. 결코 혼자서 살아갈 수가 없다.

우리 각자가 자신의 능력 안에서, 주위에 도움을 줄 수 있는 만큼

도우려고 노력하자.

만약 누군가 도움을 청한다면, 마치 자신이 신(神)인 것처럼 나서서 도와주는 것이 좋다.

사실 우리는 신이 맞지만, 단지 스스로 모르고 있을 뿐이다.

하잘것없는 육신 속에, 자신의 무한한 영혼을 스스로 가두어 버렸기 때문이다.

하지만 허망한 육신의 껍질을 깨고 나온다면, 비로소 한계가 없는 우주 전체라는 사실을 스스로 확인하게 될 것이다!

아무튼 "티끌 모아 태산"이듯이 좋은 마음으로 좋은 행동을 계속하다보면, 결국 좋은 결실을 맺을 것이다. 자업자득(自業自得)!

이왕이면 아무도 모르게 선행(善行)을 실천한다면 더욱 좋은 일이다.

왜냐하면 선행을 하고 만약 타인에게 말을 한다면, 이것은 선행이 아니라 타인에게 자랑하려는 나쁜 마음임을 결코 잊지 말라.

하지만 신은 당신의 갸륵한 사랑을 모두 알고 있다.

진정 좋은 마음으로 도와주었지만, 결과가 안 좋게 나오더라도 연연하지 말라. 이것 또한 신은 모두 알고 있다.

결과가 중요한 것이 아니라 어떤 마음으로 도와주느냐가 중요하다.

콩 심은데 콩 나고, 팥 심은데 팥이 난다. 출이반이(出爾反爾)!

주위의 사람들과 서로 돕고, 더불어 삶을 즐기며 유쾌하게 살아가려고 노력하자.

염라대왕의 지옥의 문이 열리지 못하게 원천 봉쇄를 하자!

13. 삶의 열린 시각

삶이란 무엇이며, 행복이란 무엇이며, 죽음이란 무엇인가?

태어나서 살아가다가 마지막 순간에, 우리가 알지 못하는 섬뜩한 죽음의 관문이 기다리고 있다. 미지의 세계!

어쩌면 산다는 것은 자신의 요새 안에서, 고독하게 번뇌하며 고립되어 가는 과정인지 모른다. 우물 안의 개구리!

자신이 쌓아올린 개념의 성(城)을 벗어나면, 모든 사람들이 자신과 비슷한 생각으로 살아간다는 사실을 문득문득 잊고 산다.

그래서 자신의 아픔, 슬픔, 고뇌가 마치 세상의 모든 것인 양 괴로워한다.

하지만 다른 이들의 삶을 바라보면 나만의 번뇌, 좌절, 실패의 쓰라림이 조금은 줄어든다.

자신보다 더 힘겹게 살아가는 이들을 보면, 오히려 자신의 나약함에 한없이 부끄러워진다. 하하!

이렇듯 세상을 바라보는 시각을 다양화할 수 있다면, 인생을 즐기지 못할 이유는 없다.

비록 즐기면서 살 수 없다손 치더라도 즐거운 마음을 유지하려고 노력한다면, 우리의 삶은 한층 더 긍정적인 방향으로 나아갈 것이다.

인생은 신나는 소풍이자 여행이다! 당연히 비유적인 말이지만, 이 비유만큼 삶에 대한 위대한 상징도 사실은 없다.

언제나 따뜻한 미소를 잊지 말라. 위대한 사람아!

우리가 어떤 마음을 가지고 세상을 바라보느냐에 따라, 세상은 천국이 될 수도 있고 지옥이 될 수도 있다. 마음속의 천국과 지옥!

나는 지금 어디에서 살고 있을까?

우리가 발을 디디고 서 있는 지구가 완전한 천국이자 지옥이다!

자신의 마음가짐에 따라, 이 세상이 찬란한 천국이자 암흑의 지옥인 것이다. 일체유심조(一切唯心造)!

사실은 우리가 밟고 서 있는 땅이 바로 영원한 구원의 땅이다.

하하!

그렇다면 어떤 마음으로 세상을 살아가기를 희망하는가?

모든 사람들은 살아가면서, 언제나 솜사탕 같은 달콤한 행복을 꿈꾼다.

과연 내가 그토록 원하는 "행복"이란 무엇일까?

도대체 "행복"은 어느 곳에 꼭꼭 숨어 있는 것일까?

"행복"에 대한 자신만의 기준이 없다면, 영원히 행복을 만날 수 없다.

왜 영원히 만날 수 없을까?

우리가 살아가면서 아주 많은 것에 흔들릴 것이기 때문이다.

이 흔들림은 무한한 행복의 강력한 적이다.

예컨대 돈, 집, 사랑과 이별, 시험의 합격과 불합격, 구직과 이직, 사업 확장과 실패, 자식 걱정, 늙어감에서 오는 나약함, 부모의 죽음, 자식의 죽음, 친구의 죽음, 아내의 죽음, 자신의 죽음 등등.

이것을 어떻게 대처하느냐에 따라, 자신의 삶의 방향이 완전히 달라질 수도 있다.

이런 순간의 극명한 희비를 우리는 이미 많이 보아왔다.

알 수 없는 죽음이란 도대체 무엇인가?

우리 각자는 이미 삶과 죽음을 초월한 무한한 존재(生死一如·不生不滅)이지만, 스스로 몰라서 하찮은 죽음의 공포를 느끼는 것이다. 알겠는가?

우리 각자는 태초부터 우주 전체와 하나였다는 사실을 볼 수 있게, 삼라만상의 영원한 주인공아, 두 눈동자를 크게 뜨라!

어쩌면 우리에게 가장 불행한 것은, 절대적인 빈곤이 아니라 상대적인 빈곤이다! 열등한 비교 의식!

예를 들면 내 친구는 집이 몇 평인데, 한 달에 얼마를 벌이는데, 차는 무엇인데, 아이는 무슨 학교를 갔다는데 하면서, 끊임없이 자신과 비교를 하며 자신을 고뇌와 우울의 깊은 수렁으로 몰아간다.

인간의 끝없는 욕망이 만드는 상대적인 비교의 참혹한 비극!

그 나물에 그 밥이고, 그 안주에 그 술이고, 그 사람에 그 사람이다.

상대적인 비교는 비슷한 상황에서 열등한 비교를 하는 것이지, 비교 대상의 범주를 넘어서면 그저 이상향의 유토피아가 된다.

비교 불가! 인간과 슈퍼맨! 하하!

허나 나는 나일 뿐이며, 다른 어떤 너도 아니다! 오직 나의 삶을 살 뿐이다.

서로에게 긍정적인 영향을 주는 상생적인 비교는 아주 좋다.

그러나 이 수준을 넘어서는 부정적인 비교는 자신을 병들게 할 뿐만 아니라, 주위 사람들까지 병들게 하는 악성 전염병이다!

오직 자신의 삶에 충실하라. 자신의 삶을 받아 드리면서, 그 삶 속에서 만족하며 살아가는 자는 위대하고 지혜로운 자이다!

왜냐하면 삶은 오직 "이 순간"에 있기 때문이다. 이 순간의 기적!

만약 이 불멸의 진실을 스스로 알게 된다면, "이 순간"이 태초부터 미래의 영원한 시간을 압축하고 있다는 사실을 직접 볼 것이다!

인류 역사상 이 진실을 꿰뚫은 자가 과연 몇 명이나 되겠는가?

"세상은 넓고 할 일은 많다."는 말이 있듯이, 자신이 가장 잘할 수 있는 것이 무엇인지 알아보고 그것을 하라.

사실 자신이 온 우주의 한계 없는 주인공이기 때문에, 자신이 가는 길이 모든 것이다!

큰길에는 문이 없기 때문에, 자신이 가는 길이 곧 큰길이다.

모든 곳으로 열려 있고, 모든 곳으로 갈 수 있는 대도무문(大道無門)!

삶의 열린 시각으로, 서두르지 않는 마음으로, 자신의 길을 즐겁게 가자. 휘파람을 불면서!

자신이 있는 곳은 어디에서나 웃음꽃이 활짝 피어나게 하자.

그 미소와 웃음이 우리 모두에게 천사의 행운을 선사할 것이다.

14. 불같은 화와 절대 평화

사람과의 대화에서 서로의 주장이 다를 때 또는 서로 이야기가 통하지 않을 때, 상대방을 언어적으로 공격하게 된다.

그럼 자연스럽게 불같은 화가 난다. 이 순간, 화가 어디에서 생겨나는지 바라보라.

격렬한 화가 생겨나는 진원지를 직접 바라볼 수 있다면, 화는 찰나에 사라질 것이다.

상대방이 자신을 화나게 만들었는가 아니면 자기 스스로 화를 만들었는가를 냉철하게 관찰하라! 도깨비의 뿔!

과연 화가 태어나는 근본 바탕은 무엇이며, 어디일까?

불꽃같은 화의 대부분은 자신 속에 내재되어 있던 불만적, 결핍적 요소가 원인이다!

하는 일이 뜻대로 되지 않으니, 마음속에 충족되지 않은 화의 불씨가 항상 불타오를 만반의 준비를 하고 있다.

마치 스트레스의 농축된 폭탄과 같다. 보이는가?

그러나 불행하게도 우리는 이 진실을 바라보지 못한다.

한편으로 보면, 불만·결핍의 인자를 해소하지 못해서 화가 일어나기 때문에, 이 요소를 충족시키거나 없애버린다면 화는 자연스럽게 사라질 것이다.

도대체 화를 어떻게 소멸시킬 것인가?

최상의 방법은 화가 태어나는 근본 바탕을 완전히 없애버리는 것이다! 즉 부처다. 하지만 이것은 너무나 어렵다.

차선책으로 자신이 가장 좋아하는 것을 함으로써, 모든 스트레스를 해소시키고 날려 버려야 한다! 당연히 건전하면 건전할수록 좋다.

지금도 마음속에서 화의 불꽃이 타오르고 있는 것을 관조하라.

그러나 타인에 의해서 화가 폭발한다고 대부분의 사람들이 착각한다!

가령 램프의 심지에 불을 붙이는 것과 같다. 심지는 타인이고 석유는 자신이다. 심지에(타인이) 불을 붙이면, 석유(자신의 화)에 의해서 불타오르는 현상이다.

하지만 타인이 아무리 불을 붙여도, 자신의 마음이 평화롭고 고요하다면 결코 불은 붙지 않는다.

또한 우리가 기분이 좋을 때는, 화나게 하는 말도 대수롭지 않게 그냥 지나간다.

하지만 기분이 우울할 때는 상대방의 한마디가, 마치 생선의 가시처럼 마음에 걸리는 것을 보면 쉽게 알 수 있다.

타인이 아무리 좋은 의도로 말을 해도, 자신의 마음가짐에 따라서 얼마든지 왜곡해서 받아드릴 수 있다.

이런 이유로, 우리는 항상 자신을 객관적으로 바라볼 수 있는 마음을 가지려고 노력해야 한다. 관조자의 관점!

결국 자신의 마음 상태의 문제이지, 결코 타인의 말에 의한 문제가 아니다!

대부분의 화는 이렇게 생겨난다.

그리고 사랑하는 사람은 마음에 간직하여 영원히 사랑하고,

미워하는 사람은 바람에 조각하여 영원히 날려 버려라!

"꽃이 지기로서니, 바람을 탓하랴."라는 시 문구가 떠오른다.

꽃이 진다고 해서, 어떻게 비와 바람을 책망하겠는가?

비는 비의 일을 하고, 바람은 바람의 일을 하고, 꽃은 꽃의 일을 하고, 인간은 인간의 일을 한다.

모두 각자의 맡은 바 임무에 충실할 뿐이다. 대자연의 순리!

우리가 진정한 진리의 실체(진실)를 정확하게 바라보지 못하기 때문에, 고통과 아픔이 생겨나는 것이다!

불같은 화 속에 화가 없고, 절대 평화 속에 평화가 없고,

암울한 절망 속에 절망이 없고, 찬란한 환희 속에 환희가 없고,

뒤돌아선 타인 속에 타인이 없고, 마주 보는 자신 속에 자신이 없고, 야망의 남자 속에 남자가 없고, 질투의 여자 속에 여자가 없고,

빛깔의 형상 속에 형상이 없고, 붕어빵 속에 붕어가 없음을 알 때,

비로소 삶의 진실이 무엇인지 바라볼 수 있는 눈이 생긴 것이다.

그럼 화와 평화가 일어나는 시발점이 어디인지 섬세하게 관조하라.

이야기가 격해질수록 머리의 온도 즉 이성적인 사고가 뜨거운 화로처럼 온도가 올라가지만, 온도가 올라가면 갈수록 마음속의 내부 즉 본래면목(마음)은 놀랍도록 빙하처럼 차가워지는 것을 바라본다.

이렇듯 도인은 언제나 절대 세계(自性) 속에 머물기 때문에, 어느 순간이든 절대 고요(평화) 속에 머물고 있는 자신을 바라볼 뿐이다.

부처에게 화는 없다! 아니 부처에게 모든 것이 없다!

화를 내어야 하는 인간적인 상황에 있기 때문에, 화를 낼 뿐이다!

절대계의 부처가 현실계의 인간의 눈높이에 맞추는 일종의 배려이다.

평상심(平常心)이 도(道 진리)! 상식적인 삶!

또한 절대 고요와 평화라고 할 것도 사실은 없다. 굳이 언어로 표현하자면, 절대 고요와 평화라는 무의미한 단어로 말할 뿐이다.

더 상세하게 말하면, 고요와 평화라기보다는 좋은 것도 없고 싫은 것도 없는 그저 담담한 마음일 뿐이다. 이것이 부처의 평상심이다.

부처는 마음(생각)이 없기 때문에, 단지 있는 그대로 바라본다.

부처의 경지에서 어떻게 좋고 나쁜 것이 존재할 수 있겠는가?

오직 그러할 뿐이고, 오직 있는 그대로일 뿐이다. 알겠는가?

이것을 과연 어떻게 말과 언어로 표현할 수 있겠는가?

이 절대 평화와 고요는 현상 세계(현실)의 그 무엇으로도 더럽힐 수도 없고, 혼란케 할 수도 없다. 불구부정(不垢不淨)!

사람들이 겉모습으로 바라볼 때 서로 말싸움을 하는 것처럼 보일 수도 있지만, 이것은 도인의 겉모습 즉 중생의 시각으로 바라보기 때문이다.

도인의 마음은 언제나 절대 평화 속에 머물고 있음을, 이성적인 사고를 가진 사람들이 어떻게 짐작하고 사량 분별로 판단할 수 있겠는가?

인간은 오직 중생의 세계에서, 공허한 꿈을 꿈꾸는 망상일 뿐이다.

이미 삶과 죽음만큼의 차이가 벌어졌다.

삼라만상의 모든 것이 부처(절대 세계), 자기 자신이기 때문에 그 무엇으로도 물들거나 오염되지 않는다.

이렇듯 세상 속에서 사람들과 함께 살아가지만, 도인은 절대 평화와 고요 속에서 항상 삶을 영위한다. 언제나 자연 속을 거닐듯 공원을 산책하듯이 평온한 삶을 살 뿐이다. 이 순간의 기적!

이것을 사람들이 어찌 감히 상상하고 추리할 수 있겠는가?

여하튼 불같은 화가 생겨나는 곳과 무한한 평화와 고요가 머무는 곳을 투철하게 관찰하고 관조하라.

그럼 부처(진리)의 세계로 조금씩 다가가는 것이다.

당연히 화와 평화가 태어나는 곳은 같다. 화와 평화는 하나!

어느 순간이든 자신이 부처(우주 전체)라는 사실을 결코 잊지 말라!

그리고 부처(만물이 태어나는 근본 바탕)처럼 항상 당당하고 진실하게 자신의 삶을 살아가라.

언제나 한없는 자비의 미소를 머금은 싯다르타 부처처럼.

15. 떠나야 할 때 떠날 수 있어야 한다

내 주위뿐만 아니라 회사 생활을 하다 보면, 주식하는 사람들을 쉽게 보게 된다. 나름대로 자신의 이론을 가지고 주식을 하지만, 결국 돈을 잃고 만다.

지금까지 오면서 내가 아는 사람들 중에서, 결론적으로 아직 큰 돈을 벌인 자는 아무도 없다. 이 중에는 증권 매니저 출신도 두 명 있다. 작게는 몇 천 만원에서 많게는 몇 억씩 모두 날렸다.

어째서 주식으로 많은 돈을 벌지 못하는 것일까?

과연 눈에 보이지 않는 비밀의 함정은 무엇일까?

주식하는 자들의 말에 의하면, 한국의 모든 주식에 작전 세력이 모두 개입되어 있다고 말한다.

개미(개인 투자자)들은 결국 돈을 잃을 수밖에 없는 구조하고 한다.

또한 주식은 "국가 공인 도박"이라고도 말한다.

이것을 잘 안다면, 왜 도박 같은 주식을 하는 것일까?

일확천금의 달콤한 꿈 때문이다. 십중팔구는 모두 빈털터리가 되지만, 한 명의 부자가 극적으로 탄생하는 것을 보고 주식을 접을 수가 없다.

위험 부담이 높다는 것은 그만큼 반대급부의 결과도 뻔하다.

건전하지 못한 주식과 도박으로 자신의 마음을 피폐함의 굴레 속으로 몰아가지 말고, 조금씩 나아지는 자연스러운 길을 가는 것이 현명하다.

어쩌면 첫 단추가 잘못 끼워졌기 때문에, 무거운 삶의 방향이 뒤

474 _ 화두의 심장에 검을 꽂아라

틀린 것인지도 모른다.

내가 아는 사람 중에서 20, 30년째 주식을 하는 몇 명이 있다.

약 20년째 주식을 하는 A는 1000억 버는 것이 꿈이다. 이 돈으로 자선 사업을 하고 싶다고 한다. 능력은 있지만 기회가 없는 아이들을 돕고 싶다고 한다. 긍정적인 방향이라 아주 좋다.

대기업을 다니며 벌인 돈을 거의 모두 주식에 투자했고, 한때 큰 돈을 벌었지만 지금은 별로 신통치 않은 상황이다.

A가 원하는 꿈이 과연 이루어질 수 있을까?

다른 예로, B는 토목기사였는데, 친한 후배가 공무원이 되어 갔다. 그래서 무작정 공무원 공부를 했으나, 3년 만에 불합격으로 끝이 났다.

B는 2년 동안 회사를 다니며 돈을 모아, 1년 동안 선물 거래를 하면서 돈을 모두 날렸다. 두 번이다. 즉 6년이 흘러갔다.

B는 부산에 빌딩을 세우는 것이 꿈이라고 한다. 주식은 시간이 많이 걸려서 안 되고, 선물 거래로 벼락부자가 되기를 꿈꾸고 있다.

지금 다니는 회사는 아직 2년이 안 되어서 자금을 모으는 중이다.

내가 B에게 항상 하는 말이지만, 결혼을 하고 자리를 잡으라고 하지만 관심이 없다. 어느 길로 갈지 아직 모르겠다.

그러나 용돈을 벌기 위해서 주식을 하는 자들은 대부분 용돈을 벌었다.

어쨌든 자신이 선택한 길이니 자신이 책임을 지면 그만이다.

만사형통!

또한 지금까지 오면서 도박으로 몇 억씩 날린 자들을 몇 명 보았다.

예를 들면, C는 태백의 정선 카지노에 다니다가 한국의 확률이 낮으니, 마카오가 확률이 높다고 휴직계까지 내고 해외 원정 도박을 떠났다.

어쩌면 아주 현명한 판단이다. 하하! C의 직업은 공무원이다.

과연 결과는 어떻게 되었을까?

역시 십중팔구의 벽을 깰 수가 없다. 하하!

도박으로 1억 이상을 탕진하고 결국 살던 아파트까지 날렸다.

우리는 어째서 돈을 행복의 기준이라고 무작정 생각하는 것일까?

돈만 있다면 모든 것을 해결할 수 있다고, 대부분 사람들은 맹목적으로 생각한다.

불행하게도 사랑도 돈으로 사는 시대가 되었다고 말한다.

그럼 모든 것을 돈으로 살 수 있다는 것인가?

당연히 아니다는 사실을 잘 알고 있다.

잘 알면서, 우리는 어째서 굶주린 거지처럼 돈에 집착을 하는 것일까?

돈만 많으면, 행복하게 살 수 있을 것이라는 막연한 환상 또는 엄청난 착각에 빠져 있다!

하지만 어느 정도의 행복은 보장되는 것은 사실이다.

단순하게 월급을 받기 위해서, 지긋지긋한 회사를 가지 않아도 되기 때문이다.

그럼 가진 것은 오직 돈밖에 없는 재벌들을 보라.

그들의 삶이 얼마나 행복하게 보이는가?

적어도 내 눈에는 딱히 행복하게 보이지 않는다.

어쩌면 재벌은 탈세와 온갖 비리의 축적물인지도 모른다. 하하!

내 눈에 가장 행복하게 보이는 자는, 아무것도 가진 것이 없는 무소유의 삶을 사는 수행자다!

20대 때부터 이 점이 너무나 신선한 충격으로 와 닿았고, 수행자의 삶이 항상 궁금했다.

수행자는 늘 행복한 미소를 머금고 있지만, 재벌들은 늘 똥 밟은 표정으로 얼굴이 차갑게 굳어있다.

우리가 재벌들은 무조건 행복할 것이라고 마음껏 상상하지만, 재벌 가족 중에서 자살하는 자도 나온다.

얼핏 보면 도저히 이해할 수 없는 충격적인 상황이다.

어쨌든 돈이 행복의 기준이 될 수 없음을 명확하게 보여 주는 장면이다.

주식으로 벼락부자가 되고, 슬롯머신으로 잭팟을 터뜨리고, 재벌처럼 아무리 돈이 많아도, 죽음으로 가는 길을 완전히 봉쇄해도, 불행하게도 행복의 나라로 갈 수는 없다.

돈으로 사랑과 행복을 살 수 없다면, 도대체 사랑과 행복은 어떻게 잡을 수 있을까?

돈으로 자살과 죽음을 막을 수 없다면, 도대체 삶의 궁극적인 행복은 무엇일까?

우리는 너무나 맹목적이고 무모하게 돈만 쫓고 있는 것은 아닐까?

혹시 운이 좋아서 황금의 도시 엘도라도에 도착한다면, 황금밖에 없는 도시에서 굶어 죽을지도 모른다. 하하!

운이 나쁘다면, 엘도라도를 찾기 전에 죽음을 맞을 수도 있다.

그러나 황금의 도시 엘도라도에 도착한 자와 도착하지 못한 자의 차이는 과연 무엇일까?

행복한 삶을 꿈꾸며 일확천금의 요행을 바라며 보물섬을 찾지 말라!

무엇이든 때가 있기 마련이다. 해가 지면 나그네는 쉬어야 한다.

갈 길이 멀다고 밤길을 가다가 낭패를 볼 수도 있다.

이왕이면 모든 일이 물 흐르듯이 순리대로 가는 것이 가장 좋다.

우리 주위에서 주식과 도박으로 일확천금을 꿈꾸다가, 완전하게 몰락한 자들을 이미 여럿 보아왔다.

내가 아는 이에게 들은 이야기인데, 어머니가 물려준 재산 300억 정도를 주식, 도박, 사업 실패로 모두 날린 자도 있다. 지금은 작은 골방에서 혼자 산다고 한다.

무엇이든 노력한 만큼 얻으려고 하라! 주식과 도박의 성공 확률은 너무나 낮다.

안정적인 방향으로 나아가는 것이, 결국은 빠른 길이 될 수도 있음을 결코 잊지 말라! 황소걸음으로!

인생의 중요한 순간에서 선택을 할 때, 치밀하게 알아보고 신중하게 선택하라!

삶에서 가장 중요한 갈림길의 순간이기 때문이다.

그런 연후에 신중하게 선택을 했다면, 최선을 다하라(all in)!

후회가 없을 만큼 죽도록, 미친 듯이 노력하라!

그리고 아쉬움과 후회를 남기지 말고 모조리 태워버려라!

이렇게만 된다면, 후회도 미련도 좌절도 실패도 성공도 없다!

뜻을 이루면 좋은 것이고, 설혹 아니라고 하더라도 자신과 인연이 아니기에 미련 같은 것은 없다.

만약 뜻을 이루지 못했다면, 다른 길을 가면 된다.

하지만 뒷골목에서 눈물을 흘리는 바보 같은 짓은 하지 않는다.

이 순간에도 두 가지 선택의 길은 있다.

진정으로 최선을 다한 자는 설령 뜻을 이루지 못했어도, 후회, 미련, 좌절, 원망, 실패는 없다!

그래서 다른 길을 당당하게 간다. 이런 자는 자신의 자리를 찾으면 반드시 꽃을 피운다.

그러나 최선을 다하지 못한 자는 자꾸만 미련이 남는다.

그래서 다시 하던 일을 하고, 결국 모든 것을 잃고 파국을 맞는다.

무엇이든 선택을 했다면, 죽을 만큼 노력하라! 올 인(all in)!

그래서 후회, 미련, 아픔, 좌절, 실패를 모조리 태워서 소멸시켜라!

그리고 결과를 겸허하게 수용하라! 진인사대천명(盡人事待天命)!

모든 것을 받아 드리고, 떠나야 할 때 반드시 떠날 수 있어야 한다!

만약 떠나야 할 때 떠나지 않는다면, 파산의 피눈물을 흘릴 확률은 99% 이상이다.

바보처럼 "도박사의 오류"에 빠져 1% 미만에 목숨을 걸지 말라.

무슨 일이든지 그 당시는 자신의 모든 것처럼 보이는 일도 지나서 보면, 삶의 모든 일은 한순간에 스쳐 가는 무상한 열병일 뿐이다!

자신이 객관적으로 바라볼 수 있는 시각이 생겼을 때, 비로소 자신의 어리석었던 과거를 통찰하게 된다! 관조자의 관점!

하지만 안타깝게도 시계의 바늘은 되돌릴 수가 없다. 아뿔싸!

건전한 일조차도 막다른 골목에 이르면 암울한 그림자뿐인데,
불건전한 것이야 말할 가치도 없다.
갈 수 있을 때 가는 것이 진정한 행복이자 진정한 용기이다.
너무 늦게 떠나지 않기를 당부한다.
끊어야 할 때 끊지 못하면, 목숨으로 대신하는 날이 올지도 모른다.
떠나야 할 때 떠나는 자의 뒷모습은 정말 아름답다.
자신이 있어야 할 곳을 알고, 자신의 자리를 지키는 자는 진정한
행복을 아는 위대한 사람이다.

　　　가야 할 때가 언제인가를
　　　분명히 알고 가는 이의
　　　뒷모습은 얼마나 아름다운가.

　　　　　　　　　　　-이형기 "낙화" 중에서

*도박사의 오류(몬테카를로의 오류):
도박사들이 먼저 일어난 사건과 뒤에 일어날 사건이, 서로 독립되
어 있다는 확률 이론의 가정을 받아들이지 않는 오류.
실제, 1913년 모나코의 몬테카를로 카지노의 룰렛 게임에서 20
번 연속으로 검은색에 구슬이 멈추었다. 도박사들은 이제 붉은색
에 구슬이 멈출 것이라고 확신하고, 붉은색에 엄청난 돈을 걸었다.
하지만 21번째 구슬이 검은색과 붉은색에 멈출 확률은 50 대 50
이다.
구슬은 26번째까지 검은색에 멈추었다. 이것이 "도박사의 오류"다.

16. 사람의 미소

어쩌면 우리는 자신에게 고통을 주는 일들만 즐기고 있는지도 모른다.

내가 좋아하는 일들을 하지만, 실제는 자신에게 고통을 주지 않는가라고 되물을 필요가 있다.

가령, 마약, 도박, 주식, 음주, 섹스, 게임 중독 등등.

내가 가장 좋아하고, 사랑하고, 집착하는 것이, 사실은 영원히 채울 수 없는 빈 잔과 같은 욕망이고, 고통이고, 눈물이라는 것을 극적으로 체험할 때가 인생의 최대 비극이다!

그러나 이 극적인 비극으로 인하여, 삶은 놀랍게도 새로운 지평이 파노라마처럼 펼쳐진다. 즉 새가 알을 깨고 또 다른 세상으로 나온 것이다. 인생의 아이러니!

내가 언제나 보아온 그 세상이지만, 너무나 역동적이고 생명력 넘치는 불가사의한 세상을 직접 목격하게 된다!

오~ 삶은 진정으로 묘하고, 신비롭고, 역설적이다. 비극의 혁명!

어쩌면 우리는 의미 없는 것에 지나치게 많은 관심을 가짐으로 해서, 정작 삶에 중요한 생명력을 외면하는 것은 아닐까라고 반문할 필요가 있다.

어쩌면 우리는 행복과 만족이라는 이름으로, 자신을 자학하고 있는 것은 아닐까?

어쩌면 우리는 사랑이라는 이름으로 상대방을 무시하고, 자신의 그릇된 욕망과 욕심을 채우는 것은 아닐까?

어쩌면 우리는 가장 중요한 것을 잊고 사는 바보가 아닐까?

어쩌면 우리는 자신의 순수한 내부는 보려고 하지 않고, 빨간 네온사인의 유혹적인 바깥세상에만 관심을 가지는 것은 아닐까?

어쩌면 우리가 간절하게 꿈꾸는 곳에 가면, 우리가 정말 가지고 싶은 것을 가질 수 있을까?

어쩌면 우리는 아주 똑똑한 척하지만, 사실은 자신조차도 모르는 가장 형편없는 얼간이는 아닐까?

깨어 있는(관조하는) 마음으로 자신의 일그러진 창백한 얼굴을 마주 보라. 그리고 온화한 미소를 보내라.

그럼 상냥하게 미소 짓는 자신을 보게 될 것이다.

당신이 행복한 미소를 지으면, 상대방은 따스한 미소로 화답한다.

이것이 바로 사랑이고, 부처의 염화미소(拈華微笑)이다.

사람의 미소는 온 우주에서 가장 불가사의한 위대한 마술이다!

설령 죽은 꽃이라고 해도, 해맑은 미소가 마법처럼 꽃에 생명력을 불어넣을지도 모른다. 이 순간의 기적!

어떤 순간에도 미소를 잊지 말고 이 순간에 항상 깨어 있어라.

사람의 미소는 이 순간의 여신이 선사하는, 영원한 시간이 피어 있는 한 송이 청초한 백합이다.

또한 사람의 미소는 행운의 여신이 선물한 향기로운 꽃의 향기다!

어느 순간이든 향긋한 꽃내음 같은 환희의 미소로, 우주 전체의 모든 존재들을 한바탕 유쾌하게 웃게 하라.

얼굴에 가득 미소를 머금고, 여유를 가지고, 자신의 주위를 섬세하게 둘러보라.

우리 주위에서 행복과 사랑을 주는 무수한 요소들을 보지 못하는 것은 아닐까?

아니 우리는 애써 행복과 사랑을 외면하는 것은 아닐까?

간단하게 보면, 건강하다는 자체가 엄청난 행복이자 행운이다.

건강하지 못하다면 천하를 얻어 본들, 무슨 소용이 있겠는가?

물 위를 걷는 것이 기적이 아니라 땅 위를 걷는 것이 기적이다!

이 말의 진정한 뜻을 아는 자가 과연 몇 명이나 되겠는가?

어쩌면 우리는 이미 행복 속에 있는지도 모른다. 맙소사!

마음의 평화, 행복, 사랑은 결코 멀리 있지 않고, 언제나 자신의 품속에 있다! 지금 깨어 있는 마음으로 편안하게 느끼면 된다.

이것이 평온한 천국에 사는 것이다.

천국에서 모든 것은 하나이다. 너와 나도 하나이고, 적과 동지도 하나이고, 천사와 악마도 하나이다.

삼라만상의 모든 것이 이 사실을 알려주기 위해서, 지금 "이 순간"에도 자신의 자리에서 최선을 다하고 있다.

우리는 단지 "이 순간"의 천국을 만나서 즐기면 된다.

마치 신나는 소풍을 나온 천진한 아이 마냥, 생동감 넘치게 지치지 말고 영원히!

한 송이 들꽃이 바람결에 흔들리고 있다. 아~ 바람이 지나갔구나.

찬란한 절대 진리는 단지 이것일 뿐이다. 보이는가?

부처의 평화로운 염화미소를 밝혀, 당신이 있는 그곳에서 빛의 향기가 사방으로 퍼져 나가게 하라.

어디에서나 영롱한 미소가 웃음꽃으로 활짝 번지게 하라.

신비스러운 모나리자의 미소가 천만 송이 꽃으로 하얗게 핀 함박 웃음꽃!

사실 우리가 존재하는 유일한 이유는, 지금 "이 순간"을 걱정 없는 여행자처럼 즐기는 것이다!

당신의 해맑은 미소가 암흑의 어둠을 모조리 소멸시키고, 우주 전체를 밝히는 황홀하게 아름다운 등불이 되게 하라.

온 우주에서 사람의 미소보다 위대한 것은 없고, 미소를 머금은 사람은 신비로움 그 자체이다.

우주의 모든 것을 담고 있는 사람의 미소는 사랑의 마법사!

마음에 평온한 밝은 평화를 가득 품고, 얼굴에 눈부신 천사 미소를 가진 사람아!

사랑하는 여인아, 앵두 같은 입술에 미소의 빨간 립스틱을 바르고, 온 우주를 향하여 사랑의 빨간 입술 도장을 옥새처럼 찍어 다오.

17. 노후를 대비하라- 자신의 꿈을 위하여

생존경쟁의 삶 속에서 오직 앞만 보고 달려가다가 결승점에 도착했다.

즉 명예퇴직 또는 정년퇴직을 하고 나니 할 일이 없다.

가족들을 위해서 돈을 버는 기계로 살아왔는데, 자식들이 살아가는 모습을 보니 탐탁지 않다. 어쩔 수 없이 바라볼 수밖에 없다.

회사를 가지 않으니 남는 것은 시간인데, 텅 빈 시간을 무엇으로 채워야 할지 막막하다.

시간을 죽이기 위해서 목적지 없이 표류하는 난파선과 같다.

허한 마음을 채울 길이 없다. 마음속에서 허망한 생각만 자꾸 생겨나니 오직 괴로울 뿐이다.

그럼 회사 다닐 때, 즐거운 시기였다는 말인가?

추억과 망각은 항상 과거를 아름답게 포장할 뿐이다.

회사에서 동료들과 좀 더 재미있게 지내고, 회사 생활을 즐기지 못한 것이 슬며시 후회가 된다.

살아온 삶을 돌아보니, 딱히 즐거웠던 순간이 없었던 것 같다.

마치 한순간 짧은 꿈결 속을 살아온 듯이 잠깐이다. 엊그저께 콧물을 흘리며 초등학교 다니던 교정이 생생하게 기억난다.

하지만 내게 남은 것은 흰 머리카락과 쪼글쪼글한 주름살뿐!

각설하고, 요즘은 가는 곳마다 사람이 모인 곳은 대부분 노인밖에 없다.

광장, 공원, 산책로, 쉼터, 도서관 등등.

지금 내가 있는 도서관 자료실(2시쯤)에 14명이 보인다. 20~30대 5명, 40대 나, 나머지는 족히 60대 전후다. 90세 전후쯤 보이는 노인도 1명 있다.

나머지 7명도 내 눈에 젊게 보여서 그렇지, 당연히 60세는 훨씬 넘었을 것이다.

이렇듯 한국 사회의 풍경도 상당히 많이 달라졌다. 내가 학창 시절에 도서관에서 40세 넘은 사람을 보기가 드물었다.

여하튼 도서관에서 독서를 하는 이는 그나마 낫다.

하지만 광장, 공원, 산책로, 쉼터 등등 시간을 죽이고 있는 노인들을 보면 정말 안타깝다.

그들의 눈동자를 보면 생기가 없는 대부분 흐리멍덩한 동태 눈깔이다.

어쩌면 이 순간 우리는 인간이 아니라, 냉장고에서 냉동 상태로 막 나온 동태인지도 모른다. 너무나 가슴 시리도록 슬픈 장면이다.

살아 있는 송장처럼 살지 말고, 생생하게 살아 숨 쉬는 사람답게 살아야 한다. 역동적인 사람아!

어쨌든 사람들은 왜 이런 상황을 바꾸려고 하지 않는 것일까?

바꿀 수 있는 방법을 모르는 것일까?

아니면 마음까지 늙어서 자포자기한 것일까?

돈이 없어서 너무나 당연하게 받아드리는 것일까?

아무튼 모든 책임은 오직 자신의 몫이다! 누구도 원망할 수 없어 너무나 좋다. 인과응보!

지금 이 순간 이 자리에 있다면, 그나마 받아드릴 수 있으면 행복하다.

이마저도 아니라면 정말 심각한 상황인지도 모른다.

한편으로 보면, 봄에 씨앗을 적게 뿌려 적게 수확한 결과인지도 모른다.

물론 아닌 경우가 대부분이다.

보리 고개, 일본 식민지 그리고 광복, 6·25 한국 전쟁, 4·19 민주 혁명, 군부 독재, 새마을 운동, 5·18 광주 민주화 운동, 6·10 민주 항쟁, 평화집회인 촛불 혁명 등등 변화무쌍했던 현대사를 겪은 우리의 부모들은 너무나 열심히 살았다. 격동의 인생! 불행한 세대!

한(韓)민족의 꺾이지 않는 강인한 불멸의 정신력!

이순신 장군의 후예!

"한강의 기적"이 아니라 "대한민국 국민이 만든 위대한 기적"이다!

그러나 이들 앞에 놓인 현실은 결코 무지개빛 노년이 아니다.

적지 않은 노인들에게 심각한 상황인지도 모를 일이다.

어쨌든 삶을 살아가기 위해서 최소한의 생활비는 있어야 한다.

최소한의 생활비가 없다면, 자신의 삶을 되돌아보며 반성해야 한다.

하지만 정말 불행하게도 때 늦은 후회다.

하늘이 무너져도 솟아날 구멍은 반드시 있는 법이다.

마음을 비울 수 있다면, 아직도 길은 많다. 주위를 둘러보라.

어느 순간이든 늦다고 생각할 때가 가장 빠른 법이다. 희망의 찬가!

여하튼 100세 시대이니 죽는 날까지 과연 무엇을 하며 살아야 할까?

자신이 하고 싶었지만, 하지 못한 꿈을 위하여 살아가라!

만약 꿈이 없다면, 발전적으로 계속할 수 있는 일을 찾아라!

퇴직을 하고 나서 준비하려면, 금전적으로 조금 힘들지도 모른다. 그러니 정년을 앞두고 최소 5년 전부터라도, 노후의 삶에 대하여 진지하게 고민하고 생각하라.

행복은 준비되어 있는 것이 아니라, 행복은 자신이 만들어 가는 것이다!

삶의 모든 일도 마찬가지다. 일체유심조!

만약 죽는 날까지 긍정적인 일을 한다면 그나마 다행이지만, 아니라면 매일 죽음의 그림자와 마주 볼지도 모른다.

100세 시대인 노후의 삶은 자신이 하고 싶은 일을 하며 살 수 있게, 미리 설계하고 만반의 준비를 하자!

늙어서 열정이 식어가는 것이 아니라, 열정이 식어가니 늙어가는 것이다!

나이는 단지 숫자일 뿐이다. 정열적으로 살아가는 늙은 오빠와 언니들을 보라! 마치 시간의 광음이 멈춘 듯이 보일 뿐이다.

100세 시대이다 보니, 무엇보다 중요한 것은 건강이다!

가까운 거리는 항상 걸어 다니고, 사는 동안 건강하게 살기 위해서 반드시 운동을 하자!

천하를 얻고 건강을 잃는다면, 아무런 소용이 없다.

늙어 갈수록 마음을 비워서, 마음이 부자인 늙은 형과 누나가 되자.

선배가 후배에게 모범을 보일 때 비로소 존경심이 생긴다.

타인에게 대접받고 싶다면, 마치 타인을 자신처럼 대하자!

자신을 사랑하고, 타인을 사랑하고, 자식을 사랑하고, 아내를 사랑하고, 이웃을 사랑하고, 지구인을 사랑하고, 온 우주를 사랑하자!

공허한 메아리가 아닌 행동으로 실천하자!

따스한 미소와 뜨거운 눈물을 가진 위대한 사람아!

이성으로 아는 지식은 아는 것이 아니다. 행동으로 실천해서 내 삶의 일부가 되었을 때, 비로소 진정으로 아는 지혜다!

늙어가면서 환영받는 사람이 되려고 하면, 항상 열린 시각으로 여러 가지 사회 현상들을 포용하는 넓은 마음을 가져야 한다. 사실 이것은 꾸준하게 책을 읽고, 자신을 반성해 온 자만 가능한 일이다. 어쨌든 자신의 위치에서 환경, 조건, 상황에 굴하지 말고, 남은 날을 즐겁게 살기 위해서 노력하자!

작은 꿈이라도 있는 자는 삶이 활발하게 행복할 것이고, 만약 꿈이 없다면 "이 순간의 삶"을 행복한 마음으로 쾌활하게 즐기자.

사실 삶의 행복은 꿈과 아무런 상관이 없다.

진정한 행복은 지금 "이 순간의 삶"을 단지 즐기는 것이다!

우리는 태어나는 순간부터 구원의 땅인 행복의 천국에서 살아왔다.

단지 우리가 몰랐을 뿐이다. 하하!

살아 숨 쉬는 모든 순간을 반짝이는 미소의 향기로 가득 채우자!

서로 마주 보며 모든 것을 사랑하자. 날마다 좋은 날이고, 날마다 행복한 순간이고, 날마다 축제의 축포가 터진다.

삶의 영원한 행복은 오직 이것이다. 날마다 유쾌한 파티!

설마 내 말을 의심하고 있는 것은 아니겠지? 하하!

18. 4만 5천 년의 여행

우리는 하늘을 나는 새처럼 자유롭게 살아가고 싶어 한다.

인간의 영원한 이상적인 꿈이자 SF 소설의 환상적인 로맨스와 같다.

그러나 새에게 물어보면, 새는 자신의 삶을 결코 동경하지 않는다.

가령, 줄기러기는 겨울을 보내기 위해서 1년에 두 번, 8400m에 이르는 히말라야산맥을 죽음을 불사하고 넘어야 한다.

난기류, 산소 부족, 착빙(icing), 영하 40도가 넘는 혹독한 추위와 눈보라 그리고 심장마비!

히말라야 죽음의 설산을 넘기 위해서 모든 줄기러기가 리더가 되는, 서로를 위한 배려와 사랑의 비행을 완성한다! 위대한 V자 협동 비행!

줄기러기의 이동 거리는 몽골에서 인도까지 8000km이다.

과연 누가 있어, 줄기러기처럼 죽음의 비행 같은 삶을 설마 꿈꾸겠는가?

인간은 겉으로만 보이는 피상적인 모습에 정신이 홀려, 진실을 제대로 보지 못하는 것은 아닐까?

우리는 보고 싶은 것만 보는 것에, 너무 함몰되어 있는 것은 아닐까?

태초 이후로 자신의 삶을 만족하면서 평생을 살다간 자는, 도대체 몇 명이나 될까?

또한 억울한 누명을 쓰고 한 맺힌 죽임을 당한 자는, 과연 얼마나 많을까?

여하튼 인간은 하늘을 날고 싶어 결국 비행기를 만들었다.

인간은 생각만 하면 무수한 시행착오 끝에, 결국 원하는 것을 무엇이든지 만들 수 있다!

즉 꿈을 현실로 실현시킬 수 있는 무한한 잠재력을 가진 존귀한 존재다.

왜냐하면 우리 각자는 측정할 수 없는 능력을 소유한 "우주 그 자체"이기 때문이다! 다이아몬드 결정체인 전무후무한 사람아!

그럼 인간의 영원한 꿈인 새처럼 하늘을 날고 있는데, 어째서 만족하지 못하는 것일까?

아직도 온 우주를 가 보지 못해서, 우주 여행을 꿈꾸고 있는가?

만약 운이 좋아서 우주 전체를 여행했다면, 그 다음은 도대체 무엇을 할 예정인가?

우리가 간절하게 원하는 곳에 가면, 우리가 진정으로 원하는 것을 과연 얻을 수 있을까?

이렇듯 인간의 욕망은 블랙홀의 수렁처럼, 영원히 끝을 알 수가 없다는 것이 또렷하게 보이는가?

자전거, 자동차, 비행기, 우주선 다음은 타임머신?

어째서 인간은 자신의 외부에서, 언제나 화려하고 아름다운 이상향의 꿈을 찾으려고 하는 것일까?

인류가 탄생한 이후로 변함없이 아직까지도, 미지의 외부 세계를 끊임없이 탐구하고 있다.

블랙홀의 끝에 있는 마법의 나라에 가고 싶은가?

아니면 화이트홀의 끝에 있는 생명의 호수에 가고 싶은가?

약 4만 5천 년 전부터 크로마뇽인(인류의 직접적 조상)의 위대한 모험은 시작되었다! 우주 정복의 꿈! 하하!

인류가 진화의 과정을 거쳐 탄생해서, 온 우주를 여행하며 아직까지도 행복과 만족을 찾지 못했다면, 불행하게도 인간은 영원히 행복하게 살 수가 없다!

이것은 너무나 당연한 추론이고 너무나 명백한 결말이다.

4만 5천 년 동안의 도전과 실패 그리고 방황의 결론!

그럼 우리는 4만년 넘게 다채로운 외부 세상에서 행복을 찾지 못했기 때문에, 이제는 역으로 알지 못하는 자신의 내부 세상에서 행복을 찾아야 하는 것은 아닐까?

자전거, 자동차, 기차, 유람선, 비행기, 우주선, 타임머신 등등 이것을 만들고자 하는 마음(탐욕)이 무엇인지 냉철하게 관찰하라.

결국 인간이 매혹적인 바깥세상에서 행복을 찾으려고 한다면, 영원히 행복을 찾을 수 없다고 위대한 현자들이 태초부터 끝없이 외쳐왔다!

4만 5천 년 동안! 너 자신을 알라! 나는 누구인가?

자신의 존재 자체를 규명하지도 못하는 자가, 온 우주에 펼쳐져 있는 천차만별의 기기묘묘한 존재들을 명확하게 설명한다는 것이 어떻게 가능하겠는가?

어째서 우리는 신비한 외부 세상만 보려고 하고, 자신의 불가사의한 내부 세상을 보려고 하지 않는 것일까?

화려한 빛깔이 반짝이는 우주의 유혹에 늘 탐험하려고 하면서,

순수한 마음이 평화로운 우주의 광명에 숲은 어째서 탐험하려고
하지 않는가?

자신의 내부 즉 마음속에 우주 전체가 존재한다는 사실을, 어째서
4만 5천 년 동안 여전히 믿지 않는가?

자신의 마음에 온 우주가 있다는 사실을, 어째서 애써 외면하는가?

아직도 온 우주를 떠돌아다니는 처량한 유목민 신세가 되고 싶
은가?

어째서 인류는 진실과 마주하기를 그토록 두려워하는 것일까?

인류는 4만 년 넘는 시간 동안 뗏목을 타고, 거친 파도 위를 항해
했다.

4만 5천 년을 마음껏 헤매고도 아직도 시간이 더 필요한가?

삼라만상의 영원한 주인공아, 자신의 내부(마음)를 탐험하라.

그리고 불타오르는 욕망 속에 감금된 불나방이여, 진실한 자신의
얼굴을 마주 보라!

우리는 지금까지 자유 속에서 살아오면서 얼마나 자유로웠는가?

아니면 지금까지 절제 속에서 살아오면서 오히려 자유로웠는가?

자유라는 이름 안에서 길을 잃고, 고통 속에서 살아온 것은 아닐까?

절제라는 이름 안에서 길을 찾고, 행복 속에서 살아온 것은 아닐까?

자유라는 표어의 왜곡된 자유 속에서 살아가지만, 진정한 자유는
없고 오직 문화의 구속과 통제 내에서 살아가는 것은 아닐까?

당신의 하루 일과를 보라. 아침에 일어나서 분주하게 출근하고,
시간에 쫓기며 일하다가 퇴근하면 피로에 지쳐서 파김치가 된다.

한 잔 술로 고단한 삶을 억지로 위로한다.

자유라는 이름으로 한 달 동안 회사를 위하여 일하며, 초라한 월급을 받는 것과 생명의 시간을 맞바꾸는 것이 자유로운 삶인가?

우리가 그토록 원하든 자유로운 삶이 고작 이것인가?

자유로운 삶을 사는 대가로, 과연 무엇을 받고 싶은가?

무한한 자유 속에서 갈 곳을 찾지 못해 길을 잃고, 외톨이처럼 생명이 흔들리며 철저하게 고뇌한 자는 안다.

자유라는 이름의 비극!

자유가 사람을 얼마나 치가 떨리도록 고독하게 만들고 절망케 하는지 모르고, 맹목적으로 자유를 위한 자유를 추종하는 집 없는 가련한 영혼들이다.

우리는 자유 안에서 도대체 얼마나 자유로웠는가?

그러나 절제라는 이름의 규정된 생활 속에서 살아가면, 진정한 절제 속에서 오히려 자유를 맛본다. 절제의 역설적 자유!

형식과 틀에 박혀 단조롭고 갑갑할 것 같지만, 익숙해지면 절제 속에서 의외의 놀라운 자유를 발견한다.

규칙적인 삶! 절제가 곧 자유!

불타는 욕망의 작은 세상을 통한 큰 행복과 자유 그리고 한없는 평화!

불타는 욕망의 큰 세상을 통한 큰 불행과 구속 그리고 끝없는 갈증!

자유를 넘어서면 자유는 없고, 절제 속에서 무한한 자유를 만끽한다.

자유라는 이름에는 자유가 없고, 절제라는 이름에는 절제가 없다.

단지 무의미한 명칭과 개념만 있을 뿐이다.

아무런 의미도 없는 텅 빈 사소한 말에, 우리는 너무 분개해 온 것은 아닐까?

자유는 자유가 아니고, 사랑은 사랑이 아니고, 통제는 통제가 아니고, 구속은 구속이 아니다. 사실은 모두 하나다.

그럼 자유와 절제는 도대체 무엇인가?

자유 속에서 자유라는 이름으로 고통과 구속을 받고, 절제 속에서 절제라는 이름으로 자유와 평화를 맛본다.

자유롭게 사는 것 같지만 사실은 착각의 고정된 틀 속에서, 인간이 만든 학습과 문화의 족쇄에 묶여 지겨운 반복의 일상을 끝없이 되풀이한다!

이것이 자유롭게 살아간다고 생각하는 무미건조한 인간의 비극적인 일생이자 진실이다!

그래서 우리는 언제나 다이내믹한 생기가 없이, 마치 죽은 사람처럼 살아가는 것이다!

망상하는 인간의 왜곡된 하루의 윤회가 곧 평생의 윤회로 이어진다!

그러나 절제된 삶을 사는 것 같지만 사실은 무형식의 자유로운 틀속에서, 신성한 자유를 일상생활 속에서 항상 새롭게 만끽한다.

규칙적인 삶이 제공하는 상쾌하고 투명한 길의 설레는 희극이 펼쳐져 있다. 상큼한 미소의 삶!

새는 하늘에서 자유롭게 행복해야 하고, 사람은 땅에서 지혜롭게 행복해야 한다.

새에게는 새의 길이 있고, 사람에게는 사람의 길이 있지만 결국은 하나다.

사실은 우주 전체가 하나의 길을 향해서 가고 있다.

눈부신 행복의 길!

각자 자신이 서 있는 곳에서 어느 것에도 흔들리지 않고, 걸리지 않는 사람이 진정한 자유와 절제, 행복과 반복을 아는 현명한 자다.

우주를 걷는 것이 기적이 아니라 대지를 걷는 것이 경이로운 기적임을 아는, "이 순간"에 깨어 있는 사람이 위대한 사람이다!

4만 5천 년 동안의 무수한 고뇌와 탐험의 결론에서 돌아와, 지구라는 별에서 구원의 땅을 밟고 서 있는 무한한 초인 크로마뇽인!

온 우주가 가는 모든 길은, 신성한 천국으로 연결된 찬란한 빛의 길!

정직, 신뢰, 사랑, 희망, 환희로 통하는 행복의 나라! 길 있는 길!

19. 산다는 것

2017년 1월 28일 설날이었다. 새벽 12시 30분경이다. 좀 피곤하다. 많은 친척들을 만났다.

특히 나이가 많은 친척들 즉 70, 80세 전후의 사람들을 보면 느끼는 바가 많다.

인간의 삶은 하나의 소꿉장난이구나 또는 꼭두각시놀음이구나 하는 것을 많이 느낀다. 은근히 씁쓸한 여운!

그들은 시간과 공간 속에서 서서히 죽어가면서도, 자식들과 자신이 가진 것들 즉 공허한 먼지 같은 것에 죽는 순간까지도 끝없이 연연한다.

마치 어린아이가 가지고 노는 장난감이 없다고, 투덜거리는 것으로 밖에 보이지 않는다.

나이가 많다는 것은, 과연 무엇을 함축하고 있는 것일까?

나이의 숫자가 많아질수록 단지 죽음에 가까이 가고 있다는 말일까?

어쨌든 이 순간, 사람은 생각과 의식의 동물이구나 하고 통감한다.

자신이 생각하는 망상에 갇혀서 즉 채울 수 없는 목마른 갈증의 고통 속에서 허우적거리며 살아가는 것이다.

언제나 배고픔에 굶주려 있는 애처롭게 길을 잃은 야수다.

하지만 불타오르는 갈증을 현명하게 해소할 방법을 불행하게도 모른다.

그들은 가족을 먹여 살리기 위하여, 앞만 보고 달려온 전설 속의 남루한 3륜 자동차와 같다.

마음을 쉬는 법을 배우지 못했기 때문에 잠시도 쉴 수가 없다.

이것은 모든 인류가 품고 있는, 태초 이래의 풀리지 않는 미로 속의 영원한 수수께끼다!

왜냐하면 우리는 삶을 매일 살아가면서, 인생이 무엇인지 모르고 평생을 살다가 죽는 것과 같다. 아~!

도대체 인생은 무엇이고, 마음을 쉬는 방법은 무엇일까?

한가롭게 쉬면 왠지 불안·초조하다. 인간의 알 수 없는 두려움!

이 미지의 두려움과 공포는, 과연 어느 곳에서 태어나는 것일까?

지금 "이 순간의 완전한 삶"은 어디에도 없다!

과거와 미래의 삶에 대한 생각뿐이다. 과거는 이미 지나갔고, 미래는 아직 도래하지 않았다.

눈부신 현재의 삶은 그 어디에도 없다. 우리는 현재의 삶을 언제나 죽여 버리고, 정말 바보 같은 삶을 산다. 보이는가?

우리가 원하는 세상이 영원히 오지 않는다는 사실을 잘 알면서도, 믿기가 싫기 때문에 일생 동안 불행은 계속된다. 역사의 반복적인 증명! 4만 5천 년 동안의 검증!

그래서 인간은 역설적으로 꿈과 희망을 간직하고 살아가는지도 모른다.

환상 속에만 존재하는 이상향의 유토피아를 꿈꾸는 인간의 비극!

우리는 지금 어느 시간의 삶을 살고 있을까?

과거, 현재, 미래의 시간 속에 살지 않는다면, 우리는 시체인가, 귀신인가, 외계인인가?

이것이 아니라면 어느 시간 속에서도 살 수 없는 시간의 그림자인가, 아니면 시간의 여신에게 추방을 당한 시간의 반역자인가?

주인공아, 지금 "이 순간"에 생생하게 깨어 있어라!

유령의 눈빛이 아닌 살아 숨 쉬는 자의 빛나는 눈빛으로, 활기차게 움직이는 세상을 바라보라.

아무튼 노인들은 과거의 아픈 기억을, 낡은 책장 속에서 끄집어내어 반복적으로 되새긴다.

아픈 기억을 되풀이하지 않기 위함이 아니라, 단지 현재의 자신을 괴롭히기 위한 바보 같은 행동을 죽는 순간까지 멈추지 않는다.

과거 속에 박제된 고통의 미라여!

또한 젊은이들은 오지도 않은 미래를 공상 속에서 모래성을 쌓아 올리며, 허망한 망상을 한껏 즐긴다. 미래 속에 감금된 덧없는 불꽃 축제여!

사람은 과거 속에서 죽고, 미래 속에서 죽기 때문에, 지금 현재의 "이 순간" 속에서 죽는 자를 볼 수가 없다!

지금 "이 순간"과 "현재"가 무엇인지 직시하라!

운 좋게 바라든 일이 이루어지면 좋겠지만, 과연 꿈을 이루는 자가 몇 명이나 되겠는가?

설혹 꿈을 이루었다고 해도 공허한 만족은 잠시뿐이다.

우리 속에 숨어 있는 굶주린 욕망과 욕심은 그 무엇으로도 채울 수가 없다! 이것은 자신의 꿈을 이루어 본 자들은 안다.

이런 이유로 마음을 쉬어야 하고, 비워야 하는 것이다.

불타는 욕망을 텅 비어 있음으로 전환하는 반전 드라마! 삶의 혁명!

나머지 꿈을 이루지 못한 자들에게는 실패의 아픔과 좌절만 있다. 이 하찮은 실패에 수감되어, 평생 동안 혼자서 패잔병처럼 아무도 모르게 괴로워하고 아파한다.

이 순간에 꿈을 이루지 못한 자는 괴로워하는 자신을 냉철하게 관찰하고, 꿈을 이룬 자는 만족해하는 자신을 섬세하게 관조하라.

도대체 무슨 차이가 있는가?

패잔병과 승자, 불만족과 만족 아니면 절망과 희망의 찬가?

자신의 내부를 바라보는 일을 게을리하는 자는, 그 무엇으로도 불 타오르는 욕망과 욕심을 채울 수 없음을 스스로 볼 것이다.

영원히 꺼지지 않는 지옥의 이글거리는 유황불!

어째서 구원의 소방차가 와서, 인간의 타오르는 불기둥을 끄지 못 하는 것일까?

더 나아가면, 성공과 실패, 즐거움과 괴로움, 충족과 결핍, 그대와 나, 과거와 미래가 없다는 것을 본다.

모든 것의 본질은 텅 비어 있고, 하나의 허상과 같은 꿈의 허물어 진 성벽만 있다는 것을 본다. 물안개가 피어오르는 마법의 성!

삶의 진실인 이것을 알기 위해서 우리는 수행을 한다. 마음 공부!

실상(본체·實相)은 형상이 없다(텅 비어 있다·無相)! 실상무상(實相 無相)!

이렇게 나아가면, 결국 모든 것은 텅 비어 있는 허상(환영)의 오로 라 세상이라는 것을 본다. 제상비상(諸相非相)!

눈앞에 보이지만 실체가 없는 상호 의존적인 작용이라는 것을 안다. 즉 독립적인 존재(실체)가 없다는 것을 본다. 색즉시공(色卽是空)!

"나"라는 허상적(가상적) 존재가 있지만, 나는 나 아닌 요소로 구성되어 있기에 "나"라는 독자적 실체는 어디에도 없다!

육체는 부패한 음식물의 찌꺼기! 나를 이루는 육체의 구성 요소인 음식물을 각자의 자리로 돌려보내면, 이 육신은 존재하지 않는다.

임시적으로 육신이 있지만, 음식물의 상호 작용에 의해서 나타난 가상적(영상적) 존재를, 거짓 자아(에고)가 있다고 착각하는 것이다.

그래야 에고의 정체성이 확립된다. 즉 에고가 살아남기 위한 천라지망과 같은 허상적(환영적) 장막이다. 왜곡된 비극의 전주곡!

거짓 자아가 만들어 놓은 늪 속에서 허우적거리며 평생을 살아가기 때문에, 자신이 육체 안에 갇힌 보잘것없는 동물로 죽는 것이다.

자신은 온 우주의 공간이자 모든 것이라는 사실을 잊지 말라!

이것을 알고 나면, 우리가 보는 모든 것은 오직 신비롭게도 그러할 뿐임을 알게 된다.

각자의 인연처에서 시절인연에 따라 살아가는 것이다.

일상생활에서 평상심으로 산다. 지극히 상식적인 삶!

자세하게 말하면, 오직 "이 순간"의 삶만 산다. 이것은 완전한 깨달음을 얻은 완벽한 도인이 살아가는 삶이다. "이 순간"에서 "이 순간"으로!

그러나 과정에 있는 수행자(학인)는 결코 시절인연에 얽매여서 안 되고, 불철주야 "모르는 놈(앎)"을 투철하게 밝혀야 한다.

모른다고 생각하는 앎(自性)이 도대체 무엇인가?

각자의 자리에서 자신의 마음(생각)을 잘 보살펴서, 오늘의 삶을 즐겁고 행복한 작은 축제로 만들어 보자. 이 순간의 환희!

산다는 것은 마음에 성스러운 평화를 품고, 얼굴에 신성한 미소를 머금고, "이 순간"에 역동적으로 깨어 있는 것이다!

정말 이것 말고는 없다. 이 순간의 기적!

4만 5천 년의 기나긴 암흑의 터널을 지나온 위대한 크로마뇽인이여, 이제는 정녕 믿을 수 있겠는가? 하하!

다른 각도에서, 중생의 삶과 부처의 삶을 대비해서 보자.

중생의 삶은 일생 동안 영화처럼 매일매일 순간순간의 삶을 찍기 때문에, 필름처럼 기록이 남고 경험이 축적되어 습관(업)이 된다!

이렇듯 경험론의 바탕 위에서 살아가기 때문에, 자신의 모든 행위에 대하여 자유로울 수가 없는 구속된 삶을 살아간다. 결자해지!

만약 과거의 아픈 경험에 얽매인다면, 반복적으로 과거의 선명한 기억에 사진을 보듯이 되새기면서, 자신을 끝없이 괴롭히며 살아간다.

과거의 행위에 대하여 그 누구도 자유로울 수 없다! 인과응보!

자신의 머릿속 깊은 곳에 저장되어 있는 생생한 필름처럼, 과거의 부끄러운 행동과 나쁜 짓을 삶에서 지울 수가 없다. 각인된 흉터!

과거의 좋은 행위와 나쁜 행위는 결국 지옥의 황제 염라대왕이 공정하게 평가할 날이 반드시 올 것이다. 자업자득!

그래서 삶이 괴로운 것이다. 반대의 삶도 이와 같다. 부디 착하게 살자.

부처의 삶도 일생 동안 영화처럼 매일매일 순간순간의 삶을 찍지만, 필름처럼 기록이 남지 않고 경험이 축적되지 않기 때문에, 아무런 흔적이 남지 않는다! 항상 새 필름과 같은 이 순간의 삶!

마치 부처가 지나온 발자국은 있지만, 부처의 마음속에 발자국이 없는 것과 같다. 길 없는 길! 마음 없는 마음!

또한 부처가 49년 동안 무수한 설법을 하고, 죽을 때 한마디도 말하지 않았다고 한 것과 같다!

이 말의 뜻을 모르는 자는, 불행하게도 영원히 부처의 이 순간의 삶을 알 수가 없다. 한계가 없는 부처의 삶!

부처는 괴로움과 번뇌가 없다. 즉 오직 "이 순간"만 살아가기 때문이다.

"이 순간" 속에는 중생이 이성적으로 생각하는 것은 완벽하게 없다!

편협한 이성적인 생각으로 무한한 부처의 삶을 헤아리지 말라.

필름 같은 과거의 삶도 아무런 흔적이 없기 때문에, 오직 백지장과 같을 뿐이다.

언제나 텅 비어 있는 새 필름과 같은 삶이 부처의 삶이다.

그래서 부처가 혼탁한 세상을 살아도, 어떠한 흔적도 남지 않는 것이다.

산다는 것은 마음에 무한한 빛의 평화를 품고, 얼굴에 달콤한 설탕 미소를 머금고, 지금 "이 순간"의 여기에서 유쾌한 마음으로 자신을 관조하는 것이다!

설마 아직도 의심하고 있는가? 하하!

20. 종이 한 장

내가 클래식 음악을 들어온 지도 언 30년의 세월이 되었다.

교향곡 한 곡을 연주하기 위해서 대략 100명 안팎에서, 많게는 1000명에 이르는 연주자가 한 곡을 연주한다.

TV에서 음악을 들을 때, 많은 인원이 연주하는 것을 보면 경외감 이랄까 묘한 감정이 와 닿는다.

내가 별생각 없이 습관적으로 클래식 음악을 들을 때, 그 음악을 연주하기 위하여 많은 이들의 노력이 숨어 있는 것이다. 오~!

우리가 사용하는 사소한 것조차도 그것이 내게 와서 내가 사용하 기까지는, 이름 모를 수많은 사람들의 아픔과 노고의 땀방울이 숨 겨져 있다!

이것은 내가 살아오면서 가장 뼈저리게 얻은 교훈 중의 하나다.

그래서 어떤 사소한 것조차도 소중히 하고 아끼려고 노력한다.

당연히 그대와 나도 이름 모를 수많은 사람들 중의 한 명이다. 하하!

각설하고, 우리는 불행하게도 하찮은 종이 한 장도, 영원히 없애 버릴 수가 없다!

그대가 종이 한 장을 영원히 없애버릴 수 있다고, 지금 생각할지 도 모르겠지만 엄청나게 과녁을 빗나갔다.

왜냐하면 종이를 태우는 순간, 연기는 대기 중으로 흡수되고, 열 기 또한 대기 중으로 흡수되어 다른 에너지로 단지 변화할 뿐이다.

재는 땅으로 돌아가서, 다른 생명체를 탄생시키는 구성 요소가 된다.

이 에너지는 다른 에너지의 일부가 되고, 또 다른 에너지의 구성 요소이자 그 자체가 된다.

우리가 이성적으로 알지는 못하지만, 모든 것은 원인(조건)과 결과의 동시적인 상호 의존적 관련성에 의해서 끝없이 순환하는 시스템이다.

눈앞에서 사라지는 것처럼 보일지 몰라도, 그것은 단지 그 무엇을 성장시키는 에너지원으로 잠시 내재되어 있을 뿐이다.

이렇듯 우주 전체의 모든 것은, 하나의 천라지망처럼 서로 연결되어 있다.

삼라만상은 서로 융합해서 작용하는 상즉상입(相卽相入)!

이 사실을 안다면, 우리는 여기에서 너무나 중요한 사실과 의문에 사로잡힐 수도 있다.

세상에 있는 모든 것은 어떤 것조차도 사라질 수 없기 때문에, 단지 그 무엇으로 변화할 수밖에 없다는 놀라운 사실이다!

그 무엇이든 영원히 없어지지 않고, 그저 다른 그 무엇으로 변화할 뿐이다.

하찮은 종이 한 장조차도 없앨 수 없는데, 자신이 죽는다고 자신의 본질(실체)이 과연 소멸될 수 있을까?

그대가 죽어버림으로써 세상에서 영원히 사라진다는 것은, 거의 모든 사람들이 생각하는 순수하고 어리석은 불멸의 미신이다!

우주 전체의 모든 것을, 하나의 상호 작용의 연결 관계로 바라보는 것은 "연기법(緣起法)"이다.

연기법은 방편적으로 설명하는 방법이지만, 자신의 육체뿐만 아

니라 세상의 실체(형태)가 있다고 생각하는 자들을, 쉽게 이해시
킬 수 있는 놀라운 혁명적인 설명 방식이다.

싯다르타 부처가 수행한 최후의 수행법!

결국 만물의 실체가 텅 비어 있음으로 귀착되는 것을 보여 준다!

종이는 종이 아닌 구성 요소로 이루어져 있기 때문에, 종이 그 자
체는 존재할 수가 없다. 눈앞에 보이는 종이는 단지 연기적(임시
적·일시적) 존재일 뿐이다.

"연기법"은 진리의 본체(色·實相·諸相)를 과정의 연결로 설명하지
만, 본질적으로 그 자체가 없다(비어 있다)는 것을 말한다!

텅 빈 공(空·無相·非相·Zero·Nothing)!

절대계(부처의 세계)에서 보면 방편이지만, 현실계(인간의 세계)
에서 보면 너무나 당연한 이치이다. 생태계의 연쇄적 사슬!

그럼 선(禪)의 통찰적 직관으로 바라보자.

종이(실체)는 눈앞에 있는 것처럼 보이지만, 절대계에서 보면 종
이는 없다(비어 있다).

종이의 실체(實相)는 있지만, 종이(형태)가 있다고 할 것이 없다.

종이가 없다(無相)! 비어 있다(空)! 실체는 모양이 없다(實相無相,
諸相非相, 色卽是空)!

이것을 꿰뚫어 보는 것이 선의 직관이고, 자신의 체험을 통해서
진실을 보고 확인해야 한다.

선(禪)은 망상적 논리가 아니라 통찰적 직관이다! 즉 선의 통찰적
직관은 번뇌와 망상이 소멸한 부처의 광명 지혜!

선의 지혜는 모든 이성적인 논리를 초월하여, 직관적으로 꿰뚫어

506 _ 화두의 심장에 검을 꽂아라

보는 광명의 혜안이다.

투명한 유리잔을 보듯이, 보면 바로 아는 부처의 진실한 눈동자!

진리를 아무리 자세하게 설명을 하려고 해도, 사실 진리를 섬세하게 현상계적으로 설명하는 것은 너무나 어렵다.

자신의 직접적인 체험이 없다면, 완전하게 이해한다는 것은 사실 영원히 불가능하다.

그러므로 형편없는 이성적인 지식과 사고로, 진리를 모자이크처럼 맞추지 말라! 소옥아, 알겠는가?

이 설명을 바탕으로 해서 자신이 불철주야 노력하다 보면, 불현듯 절대 진리의 실체를 체험함으로써, 진리와 완전하게 한바탕이 되는 것이다.

자신이 우주 전체! 우주 전체가 자신! 오직 하나의 진실한 세계!

어쨌든 말과 단어에 천착하지 말고, 말하려고 하는 의도를 왜곡 없이 잘 파악하여 절대 진리의 근원을 보기 바란다.

결론적으로 종이는 종이 아닌 요소로 구성되어 있다! 종이라고 할 것이 없다! 색즉시공(色卽是空)! 연기법!

종이는 없다! 현상계적으로 보면 종이는 있지만, 절대계적으로 보면 종이는 없다! 실상무상(實相無相)! 선(禪)!

21. 세월호- 천국을 향한 항해

"세월호 사건"은 한국 사회가 품고 있는, 총체적인 문제점의 한 단면을 극명하게 보여 주는 비극이다.

또 다시 이런 비극이 발생하지 않기 위해서, 국가는 시스템을 새롭게 정비해야 한다.

그리고 반드시 세월호의 진실을 규명하여, 두 번 다시 이런 최악의 불상사가 발생하지 않게 해야 한다.

만약 세월호의 진실을 밝히지 않는다면, 한국이란 국가는 국민을 위해서 존재할 가치가 없다.

정치인들에게 한마디 하자면, 국민의 상식선에서 국가의 모든 일을 처리하라. 만약 이렇게만 된다면, 인류 역사상 가장 위대한 정치인이 될 것이다.

각설하고, 세월호가 바다 속으로 침몰했는가?

아니다! 세월호는 천국을 향한 항해를 시작한 것이다.

당신의 아이가 죽었는가?

아니다! 잠시 지구에 소풍을 왔다가 천국으로 돌아간 것이다.

당신의 아내가 죽었는가?

아니다! 원래 있던 자리로 돌아간 것이다.

당신의 남편이 죽었는가?

아니다! 본래의 고향으로 돌아간 것이다.

이것은 소설이 아니라, 절대 세계의 진실을 말하고 있다!

절대계는 천국이며, 부처의 나라며, 만물이 탄생하는 근원지다.

누가 죽었는가? 무엇을 잃었는가? 결코 아니다!

누구도 죽을 수 없고, 그 무엇도 잃을 수 없다.

단지 "죽었다, 잃었다"라고 말하는 것은 당신의 어리석은 생각이다.

아니 사실은 당신이 생각하는 모든 것은 망상이다!

온 우주의 모든 것은 태어났다가 사라지는 것처럼 보일 뿐이다.

그러나 우주는 태어난 적이 없기 때문에 정녕 사라질 수도 없다.

불생불멸(不生不滅)! 그렇지 않은가?

아직도 당신은 태어났다고 생각하는가?

그럼 태어난 증거를 말해 보라.

꼬집으면 아프다는 것이 증거인가?

아니다! 꿈속에서 꼬집어도 아프다.

설마 꿈속의 일을 현실이라고 착각하는 것은 아닌가?

이렇듯 현실이 곧 꿈이고, 꿈이 곧 현실이다.

냉철하게 바라보면, 완벽하게 아무것도 없는 무(無)의 텅 빈 공간에서, 그 무엇도 생겨날 수가 없다.

우주 전체는 그대로 텅 비어 있는 공간 그 자체!

그럼 우주가 어떻게 탄생했을까?

설마 신(神)이 창조를 했다고 생각하는가? 결코 아니다!

완벽한 무의 텅 빈 영역에서, 과연 신은 어떻게 생겨났을까?

완벽한 무의 텅 빈 상태에서 아무것도, 어떤 것도 존재할 수가 없다!

그 무엇이 탄생하려고 하면 반드시 에너지원이 있어야 한다.

만약 신이 온 우주를 창조했다고 한다면, 인류 역사상 가장 완벽한 사기꾼이다! 절대 속지 말라!

그럼 신(神)은 어디에서, 어떻게 태어났을까?

사실 신이란 존재할 수가 없다. 단지 인간의 생각 속에 있는 상상의 환영이다. 곧 허상(虛像)이다.

인간 스스로 이상향의 신이라는 개념을 만들고 그 관념 속에 스스로 감금되어, 생뚱맞게 참회하는 어처구니없는 이것이 눈동자 없는 인간의 역사이다!

석고대죄(席藁待罪)를 자청하는 것! 즉 인간의 나약한 마음이 허망한 신과 종교를 창조한 것이다!

진정으로 독립적인 사람에게는 어떠한 것도 필요 없다!

자신이 곧 우주 전체이기 때문이다. 우주 전체가 곧 자신!

자신이 가는 길이 곧 큰길(大道)이다. 대도무문(大道無門)!

홀로 설산에서 고독한 소나무처럼 푸르고 푸르다.

독야청청(獨也靑靑)!

완벽한 무의 상태는 완벽하게 비어 있는 텅 빈 공간일 뿐이다!

모든 신은 깨달음(마음의 평화)을 이루기 위하여 창작한 애니메이션 주인공이다!

신이 사람을 창조한 것이 아니라, 현실 세계의 알 수 없는 현상을 해결하기 위하여, 사람이 신을 극적으로 창조했다!

이것이 온 우주, 삼라만상의 진실이다. 알겠는가?

그럼 내 눈앞에 파노라마처럼 펼쳐진 세상의 풍경은 도대체 무엇인가?

쉽게 말하면, 영화의 스크린(나·천국) 위에 투사되는 영상(허상)이다.

우리는 스크린의 영상이 진짜 존재하는 세상이라고 생각하며, 평생을 살다가 우여곡절이 많은 인생을 마감한다.

마치 한 편의 역동적인 영화의 주인공과 같은 삶이다.

그럼 이 영상(허상)은 왜 실제로 존재하는 것처럼 보이는가?

이것은 만물의 근원(자신·천국·부처의 세계)에서 일어나는 하나의 불가사의한 현상(환영)이다.

이것이 바로 우리가 생생하게 살아 숨 쉬고 있다고 생각하는 실체(허상)의 진정한 진실이다.

그럼 이런 신비한 현상(허상)의 근본 바탕(나·천국·自性)은 어째서 생겼는가?

이것은 아무도 모른다.

삼라만상의 영원한 주인공인 부처조차도 모른다!

비유하면, 지구를 소유한 주인이 지구의 모든 것을 지배하고 있지만, 지구 전체에서 발생하는 모든 일을 논리적으로 설명할 수 없는 것과 같다!

그렇기 때문에 오직 신비롭고 신비로울 뿐이다. 오직 모를 뿐!

오직 그러할 뿐! 단지 있는 그대로일 뿐!

그래서 우주 전체의 시작도 알 수 없고, 끝도 알 수 없는 것이다.

하지만 불행하게도 이 진실을 인류 역사상 정확하게 꿰뚫은 자는, 가히 없다고 해도 무방할 정도이다.

인류 역사상 과연 몇 명이나 되겠는가?

어쨌든 이것이 삼라만상의 불멸의 진실인 것은 틀림없는 사실이다.

허나 대부분의 사람들이 이 진실을 이해할 수 없으니, 다시 말하겠다.

누가 태어났는가? 누가 죽었는가? 무엇이 사라졌는가?

결코 아니다! 본래의 자리(천국)에서 잠시 왔다가, 본래의 자리(부처의 국토)로 돌아갔을 뿐이다. 온 우주의 모든 것이 마찬가지다.

그러니 누구도 죽은 적이 없다! 아니 누구도 죽을 수가 없다!

죽었다고 생각하는 것은 영화 속의 영상(허상)이 죽은 것이다.

영화가 끝나고 나면, 그때서야 비로소 명백하게 알게 된다.

영화 속에서 죽은 자는 영상이고, 스크린(자신·천국·본래면목)은 아무런 영향 없이 항상 그대로 있을 뿐이다.

본래의 고향(自性)에서 보면, 모든 것은 언제나 변함없이 그대로다.

결국 우주 전체가 제아무리 천지개벽을 하고 요동을 쳐도, 나(천국)는 아무런 변화 없이 늘지도 않고 줄지도 않고 영원히 그대로다(부증불감)!

세월호의 부모들이여, 당신의 아이는 이미 천국에서 천국의 생활을 마음껏 즐기고 있다.

당신의 아이가 부르는 목소리가 들리지 않는가?

들을 수 없다면, 대신 말해 주겠다.

당신의 아이가 낭랑한 목소리로 말한다. 경청하라!

엄마, 아빠, 저는 천국에서 너무나 행복하게 잘 지내고 있어요.

그러니 엄마, 아빠도 저를 잠시 잊고, 아름다운 지구에서 즐겁고 행복하게 사세요.

제 생각하면서 숨어서 울어도 천국에서 보면 모두 보여요.

그럼 저도 너무나 슬퍼요.

이제 눈물을 거두고 해맑은 미소를 지어세요.

일상으로 돌아가서 주위의 이웃들과 함께 사세요.

엄마, 아빠는 이제 정말로 강한 거인이 되었어요.

주변에서 힘들게 사는 아이들을 돌보아 주세요.

천국에서 보면, 그 아이가 바로 저에요.

엄마, 아빠의 아들, 딸이에요.

깜짝 놀랐죠. 하하! 이제 힘이 생기시죠.

강한 거인이 되었으니, 주변의 약한 이웃을 돌보며 즐겁게 사세요.

제가 천국에서 엄마, 아빠를 힘껏 응원할게요.

언제나 마음에 따스한 평화를 품고, 얼굴에 유쾌한 미소를 잃지 말고 행복하게 사세요.

엄마, 아빠 사랑해요. 힘내세요. 파이팅!

엄마, 아빠 잠시 후에 천국에서 만나요. 안녕.

이제 꿈속에서도 잊지 못하는 당신 아이의 목소리를 들었다.

그럼 사회의 어두운 곳을 밝히는 작은 등불이 되어, 행복하게 잘 살기를 진정으로 기원한다.

그립고 그리운 당신 아이를 다시 만났을 때, 당신의 멋진 삶을 주저리주저리 이야기해 주라!

그리고 "반야심경"을 공부하라. 그러면 당신의 아이, 아내, 남편뿐만 아니라 온 우주를 직접 만날 것이다.

온 우주의 모든 것을 사랑하는 것이 우리의 유일한 운명이다!

불행하지만, 하하! 또한 우리가 가야 할 유일한 길이다.

우주 전체와 마주 보면서 영원한 사랑을 달콤하게 속삭여라!

22. 나는 누구인가?

우리가 인생에서 중요하게 생각하는 것들이 정말 중요한 것일까?

설마 똥을 쥐고, 마치 황금을 가진 양 착각하는 것은 아닐까?

내가 있다고 생각하는데 만약 "내가 없다"면, 나는 과연 누구일까?

내가 수행을 하면서 가장 충격적인 말이, "나는 없다"이다!

"내"가 없다면, 과연 "나는 누구인가?", 도대체 "나는 무엇인가?"

과연 내 속에 무엇이 있어, 이렇게 속삭이며 의심을 가지는 것일까?

도대체 내 속에서 속삭이는 놈은 누구이고, 의심을 품는 놈은 무엇일까?

마음에서 가장 먼저 일어나는 생각은 "나"라는 개념이다.

"나"라는 개념이 생겨난 뒤에 다른 개념들이 생긴다.

이것은 거짓 자아가 정체성을 확립해 가는 과정이다. 즉 비극의 웅장한 서곡이다.

생각은 개념이다. "나"라는 생각(我相)도 개념이기 때문에, 공허한 육신은 없다.

에고가 "나"라는 육체를 기준으로 하는, 물거품 같은 자신이 있다고 단지 착각할 뿐이다.

또한 우리는 아상(我相 내가 있다는 생각)에 갇혀 자신의 허물은 보지 않고, 타인의 허물만 보고 시비하여 한시도 조용할 날이 없다.

여하튼 자기 자신이라고 생각하는 오욕칠정의 화신이자 부패한 음식의 찌꺼기인 육신을 남겨 두고 떠날 때, 우리가 중요하게 생각하는 것들이 과연 우리에게 무엇을 선물할 수 있을까?

죽음이 두려운 것은 죽은 뒤에 어떻게 되는지 몰라서이다.

그럼 죽을 때 의미 없는 것들이, 살아 있을 때 정말 의미가 있을까?

도대체 "나"라고 생각하는 구성 요소는 무엇일까?

아마도 우선 육신(음식물의 집합체・똥자루)이고, 다음은 가족, 아파트, 직업, 친구, 애인, 승용차, 신용카드 등등.

불행하게도 "나"와 이런 것들은 아무런 관계가 없다. 소옥아!

그럼 도대체 "나는 무엇인가?"

생각 정지, 판단 정지, 오직 모를 뿐이라는 마음(생각)이 일어나는 순간, "모르는 그 놈(앎)"을 직접 마주 본 것이다!

이 "모르는 놈"은 이성적인 사고가 아니라 이성의 멈춤이다!

난생 처음 낯선 자기 자신과 직접 대면하는 역사적인 순간이기 때문에, 이성적인 사고는 창백해진다. 섬뜩한 충격의 파문!

자세하게 바라보면, 내면의 텅 비어 있는 의식 공간이 느껴진다.

더 나아가면, 텅 비어 있지만 밝다면 밝고, 칠흑처럼 어둡다면 어두운 공간이 분명히 확인된다. 이것이 자신의 실체(自性)이다.

우리가 "모른다고 생각하는 그 놈(앎)"이 바로 자기 자신이다!

평생 함께 살아왔지만 "모르는 그것"은 여전히 내 앞에 있다.

어쩌면 대부분의 사람들이 거짓 자아(에고)에게 속아서, 영원히 만나고 싶지 않는지도 모른다. 24시간 부처와 어설픈 동거!

마치 아름답게 화장하고 치장한 여자는 좋아하지만, 민낯의 여자 그 자체는 마주보기 두려워하는지도 모른다.

이렇듯 우리는 내면의 진실 그 자체보다는, 시각적으로 화려한 아름다움에 너무나 매력을 느낀다. 황홀한 유혹의 덫!

인간은 진실 그대로 바라보는 것을 애써 외면하는 것은 아닐까?

하여튼 자기 자신과 항상 마주 보면서 "모르는 그 앎"을 왜 밝히려고 하지 않는 것일까?

이것은 삶의 방향이 기본적으로 완전하게 잘못되었음을 보여준다.

우리의 삶은 눈에 보이는 신기루(허상)를 쫓아가다가, 결국 오아시스를 찾지 못하고 타는 목마름 속에서 비참하게 죽는 꼴이다.

사랑, 행복, 천국을 찾지 못하고, 미움, 불행, 지옥 속에서 두려움에 떨며 살다가 한 많은 회한을 남기고 떠난다.

이런 한스러운 결말이 생기는 이유는 과연 무엇일까?

아마도 생각(마음)이 일어나는 장소를 몰라서가 아닐까?

생각을 통제할 수 있다면, 사랑, 행복, 희망, 환희, 천국의 나라로 갈 수 있지 않을까?

차분하게 눈을 감고 한계가 없는 자신의 내부를 관조하라!

마치 샘물이 솟아나듯이, 생각은 아무런 이유도 없이 저절로 생겨났다가 사라진다. 관조자의 관점!

가령 진언을 되뇌며 집중하고 있을 때, 생각이 어떤 근원도 없이 제멋대로 생성되었다가 바람과 같이 사라지는 것을 명확하게 확인한다.

이렇듯 바람과 같은 생각은 나의 의지와 아무런 상관없음이 명백하다!

과연 마음(생각)의 뿌리는 어디에 있기에 이토록 엉뚱한 생각 때문에, 순간순간 변덕스러운 표정을 지어야 하는 것일까?

너무나 당혹스럽고 부끄러운 순간에 문득문득 직면한다. 맙소사!

생각(마음)의 정체는 과연 무엇일까?

마치 구름과 같은 존재이다. 생각은 근본(이유) 없이 갑자기 구름처럼 생겨났다가, 어느 순간 흩어져서 사라지고 없다.

마음의 근원적인 바탕에서 연기 · 아지랑이처럼 저절로 발생하는 생각에는, 어떠한 상관관계적인 법칙은 존재하지 않는다!

생각 그 자체는 오직 텅 비어 있는 공(空)의 세계 그 자체이다!

그래서 신비롭고 신비로운 것이다. 오직 그러할 뿐이다.

그러나 우리는 이 생각 하나, 하나에 끌려 다니기 때문에, 마치 생각의 노예와 같다. 자유 의지가 없는 마네킹!

이것이 바로 인간의 근본적인 비극의 시작점이다.

이 비극의 근본 원인인 생각의 뿌리를 자르는 것이, 바로 행복의 시작이자 행복의 완성이다.

결국 자신의 생각(마음)을 관찰하는 것은 행복의 시작이요, 자신의 생각을 완전히 소멸시키는 것은 행복의 완성이다! 즉 부처의 나라에 도착한 것이다.

생각이 일어나면 행동을 하지 말고, 생각이 일어나는 장소를 직시하라!

생각이 태어나는 근본 바탕을 철저하게 관찰하라! 회광반조!

바로 "모르는 그 놈"을 직접 마주 보는 순간, 삼라만상의 모든 진실을 스스로 알게 될 것이다. 부처의 광명 지혜!

"모른다고 생각하는 그 앎"이 바로 "나"이고, 어떠한 한계도 없으며, 어떠한 그물에도 걸리지 않는, 온 우주의 모든 것이며, 삼계의 영원한 주인공이다.

그럼 나는 누구인가?

단지 있는 그대로일 뿐! 하하하!

23. 스펙트럼 빛깔의 꿈

출근을 하기 위해서 버스 정류장에서 버스를 기다린다.

눈앞에 보이는 여러 풍경들의 현란한 빛깔의 경이로움을 바라보고 있다.

투명한 빛살이 마치 눈처럼 부서지며, 형형색색으로 산산이 흩어지는 장면은 환상적인 빛에 파편의 멜로디와 같다.

사람들이 영상처럼 나의 앞을 아른거리며 지나간다.

차들이 허상처럼 나의 앞을 산들거리며 지나간다.

건물들이 빛깔처럼 나의 앞에 하늘거리며 서 있다.

마치 꿈과 희망을 주는 애니메이션의 세계에 있는 듯한 묘한 착시현상이 든다.

하지만 나는 살아 숨 쉬고 있고, 나머지 모두는 스펙트럼의 광채이다.

잡으려고 해도 잡을 수 없고, 집착하려고 해도 집착할 수 없다.

얻으려고 해도 얻을 수 없고, 가지려고 해도 가질 수 없다.

오직 이것을 바라보는 신령스러운 앎(自性)만 있을 뿐이다!

단지 빛깔의 입자가 바람결에 나폴나폴 날리는, 순간순간의 다채로운 광경을 한껏 즐길 뿐이다.

눈앞에서 많은 영상들이 각양각색으로 계속 바뀐다.

각각의 영상(허상)들을 보면, 그 영상은 자신의 일을 한다.

자신은 자유 의지를 가지고 하루를 계획하고 생각하며 보내지만,

영화의 영상은 자유 의지가 없는 배우이며, 그저 맡은 바 배역을

할 뿐이다.

영화배우에게 자유는 없다. 오직 망상만 꿈꾸고 있다.

단지 대본의 글자(생각)에 의해서 움직이는 꼭두각시 인형일 뿐이다.

영상들이 실바람을 타고 시시각각으로 분주하게 계속 바뀐다.

외형의 빛깔만 있는 텅 빈 사람이 투영처럼 아른아른 지나간다.

외형의 색채만 있는 텅 빈 차가 환영처럼 산들산들 지나간다.

외형의 광채만 있는 텅 빈 건물이 색상처럼 하늘하늘 서 있다.

마치 빛깔이 모자이크를 맞추어 잠시 형상화한 것처럼 사람, 차, 건물, 허공, 자연 등등 우주 전체의 모든 것이, 찬란한 입자의 조각처럼 배열되어 우아하게 나부낀다.

스테인드글라스를 통과해서 펼쳐지는 오색찬란한 신비로운 빛깔이 우주를 형상화하고, 세상을 형상화하고, 대자연을 형상화하고, 인간을 형상화하고, 마음을 형상화한다.

우주, 세상, 자연, 인간, 마음은 휘황찬란한 모자이크 조각 같은 허상의 세계로 역동적인 스펙트럼 빛깔의 꿈이다.

지나가는 사람을 불러서 이야기를 해 주고 싶지만, 이야기를 해 줄 수가 없다.

나는 그들의 행동을 보고 하는 말을 모두 듣지만, 그들은 나의 말을 들을 수가 없다.

지금 이 순간, 눈앞에 펼쳐진 생생한 파노라마 영상 속에서, 살아 있는 자는 오직 나 혼자뿐이다.

마치 관람석에서 단지 혼자 영화를 즐기고 있을 뿐, 나머지 모든 것은 영화의 영상 속에서 투사되는 다양한 빛깔일 뿐이다.

영상은 화려한 컬러처럼 활기차게 계속 빠르게 바뀐다.

영상 속에서 아기가 태어나고, 노인이 죽고, 자동차 사고가 일어나고, 복권에 당첨되어 벼락부자가 되고, 전쟁이 발발하고, 피난민들이 바다에서 몰살하고, 과학자는 블랙홀과 화이트홀의 신비를 추적한다.

사람들은 집착하며 가질 수 없는 것을 가지려고, 고통받는 것을 보면 가슴이 미어질 듯 아프다.

영상(허상)이 또 다른 영상을 하나라도 더 가지려고 하는 것을 보면, 허탈한 웃음밖에 나오지 않는다. 아련하게 쓰라린 여운!

만질 수도 없고, 가질 수도 없는 신기루(헛것)를 가지려고 하는, 영화(현실) 속의 배우(사람)가 오직 안타까울 뿐이다.

이상한 세계에 온 듯이, 비단 혼자만 절대 평화 속에 머물며 한가롭게 미소를 짓고 응시할 뿐이다.

나는 그들에게 무슨 말도 해 줄 수가 없다. 그들은 영화(현실) 속의 배우(사람)이지만, 투영되는 하나의 영상(환영)이다.

살아 있는 자와 영상의 광채는 대화가 불가능하다.

이것이 우리가 바라보는 현실 세계의 진실인데, 그 누가 있어 이 진실을 똑바로 직시하는 눈을 가진 자가 있겠는가?

하지만 눈앞에 펼쳐진 찬연한 빛깔 속의 무한한 공간은, 너무나 신비롭게 아름답고 황홀할 뿐이다.

마치 만물이 생동하는 봄이 오면, 각양각색의 화사한 꽃들이 만발한 것과 같다.

한 송이 꽃이 오묘하게 피어나는 것을 보듯이 불가사의할 뿐이다.

내가 기다리는 환영의 버스를 탈 수가 없다.

스펙트럼 색채의 영상은 일각일각 계속 바뀐다.

가야 할 곳도 없고, 해야 할 일도 없고, 오직 관조하면서 쉬는 것이, 나의 본분이자 진정한 일일 뿐이다!

외형의 색깔만 있는 텅 빈 버스의 영상 속으로 들어갈 수가 없다.

눈앞의 영상은 시시각각, 형형색색으로 계속 바뀐다.

눈앞에 펼쳐진 영화 속의 빛깔은 언제나 생생하게 살아서 움직인다.

그래서 영상의 배우가 스스로 존재한다고, 착각하는 모습이 정말 신기하고 재미있다.

정녕 불행하게도 꿈속에서 허망한 꿈을 꾸는 것과 같다.

너무나 분주하다. 쉴 수가 없다. 커피 한 잔의 여유도 없다.

영상의 배우는 언제나 무엇을 해야 한다는, 강박관념에 사로잡혀 있는 것처럼 보인다.

잠시도 쉬지 못하고, 생각하고, 고뇌하고, 무엇을 해야 할까 계속 고민에 빠져있다.

잠시라도 가만히 있으면, 마치 병이라도 생기는 듯이 초조하게 계속 움직인다.

가짜 자아(영상의 배우)는 잠시도 가만히 있지 못하는 위태로운 벼룩 같은 놈이다!

그래서 자신의 내부를 주시하는 명상(좌선)이 필요한 것이다.

생각의 멈춤! 이성의 정지! 판단의 보류! 여유의 미학! 시간의 소멸!

이제 더 이상 지체할 수가 없다.

외형의 스펙트럼 빛깔만 있는 신비스러운 텅 빈 버스를 탄다.

버스 안에는 여러 환영들이 보인다. 음악 소리도 들린다.

차 창밖으로 다채로운 영상들이 생동감 있게 빠르게 지나간다.

회사에 늦게 도착하여 지각이다. 아무런 문제가 없다.

나의 일은 오직 쉬고, 쉬는 것밖에 없는데, 삼라만상의 그 무엇도 나의 영원한 휴식을 깰 수가 없다! 절대 고요와 평화!

마음의 절대 평화 속에서 얼굴에 상큼한 미소를 머금고, 존재한다고 망상하는 분주한 빛깔들과 함께 나의 일을 한다.

하루가 가는 동안 모든 황홀한 빛깔들은, 역동적인 노을처럼 휘황찬란하게 고상한 춤을 지속적으로 춘다.

하루를 마무리하고 잠자리에 들어 하루를 회상하니, 마치 꿈속에서 하루를 보낸 것처럼 아무것도 남지 않는다. 투명한 바람의 꿈!

오직 "이 순간"의 연속만 영원히 이어지는, 우주 전체의 모습은 절묘하게 신성하고 불가사의할 뿐이다! 이 순간의 마법!

삼라만상의 모든 것을 함축하고 있는 "이 순간"에서 "이 순간"으로!

꿈속의 나비가 나인가 아니면 꿈속의 내가 나비인가?

꿈속에서 잘 배열된 스펙트럼 빛깔이 나인가 아니면 꿈속의 내가 스펙트럼 빛깔인가?

24. 산티아고 순례길- TV 등 다큐를 보며

핀란드, 러시아, 이탈리아, 포르투칼 등등 각지에서 산티아고로 가는 여러 갈랫길이 있다.

가장 잘 알려져 있는 "프랑스 길"은 프랑스 남부 국경인 생장 피에드포르에서 시작해, 피레네산맥을 넘어 100곳이 넘는 마을을 지나, 스페인 산티아고 데 콤포스텔라 대성당까지 이르는 800km가 넘는 순례를 위한 여정의 길이다.

가 보지 못한 길이라 조금은 두렵지만, 이 길이 무엇을 선사할지 몰라 설레기도 하는 미지의 길이다. 마치 알 수 없는 우리의 인생 길처럼.

과거에 이 길을 수행자들이 걸었지만, 지금은 지구인 모두가 각자의 생각과 영적인 성장을 위해서 걷는다.

세계 각국의 사람들이 길 위에서 자신의 길을 묻기 위해서, 자신이 선택하여 힘겨운 고행의 길을 가고 있다.

하루에 20km를 걸어도 족히 40일 이상 걸리는 대장정이다.

피레네산맥을 넘고, 곳곳에서 마주 보는 싱그러운 대자연의 풍경은 그야말로 풋풋하고 웅장한 장관이다.

여러 나라의 사람들이 다양한 생각을 가지고 이 길을 걷는다.

가령 혼자, 친구들과, 가족들과, 아버지와 딸, 어머니와 딸, 어머니의 죽음을 받아 드리기 위해, 시한부 인생을 사는 친구와 마지막 여행 등등 정작 놀라운 것은 시각장애인과 함께 걷는 친구이다.

이 길을 걷고 있는 자들의 공통된 마음은 무엇일까?

과연 무엇이 이들로 하여금 이 길을 걷게 하는 것일까?

텅 비어 있는 길에서 도대체 무엇을 찾고자, 목적지를 향하여 묵묵히 걸어가고 있는 것일까?

어쨌든 자신을 되돌아보는 소중한 시간인 것은 틀림없는 사실이다.

앞만 보고 헐떡이며 달려가는 자신에게, 느림의 미학(美學)과 반성의 통찰이 신선한 산들바람처럼 스며든다.

정신없이 분주한 사람들을 치유할 수 있는 사랑의 묘약은, 느림의 역설적 여유와 반성의 역설적 통찰이다!

정작 우리는 삶에 소중한 것을 잊고 살아온 것은 아닐까?

아니 어쩌면 우리는 삶에 소중한 것을 애써 외면하고, 뒤돌아선 것은 아닐까?

어쩌면 우리는 하찮은 물질에 중독되어, 자신의 순수한 영혼을 전혀 돌보지 않고 철저하게 방치시킨 것은 아닐까?

길은 어디에나 있고, 모든 길은 서로 연결된다.

설혹 바다를 만나더라도 또 다른 뱃길이 기다리고 있다.

어쩌면 모든 길은 자신의 마음으로 통하는지도 모른다.

세상사의 모든 것은 결과와 종착점에 있는 것이 아니다!

과정, 과정에 깨어 있지 못하다면, 우리는 마치 냉동된 물고기와 조금도 다르지 않다.

자신의 불타오르는 검은 욕심을 채우기 위해서, 욕망에 눈이 멀어 미친 듯이 질주하는 고독한 야생마일 뿐이다.

삶은 과정에 있지 결코 결말에 있지 않다! 과정은 하루의 나날이고, 결말은 죽음이다.

산티아고를 향한 길이나, 삶의 마지막을 향한 길이나 똑같다.

이렇기 때문에 우리는 결코 서둘러서 목표 지점에 도달해야 할 이유가 없다.

아무리 급하게 가 보아도, 결국 죽음이라는 최후의 관문만 당당하게 기다리고 있을 뿐이다.

순례자는 한곳에 머무는 자가 아니라, 목적지를 향해서 가야 하는 나그네다.

마치 우리의 삶이 죽음을 향해서 매일 가야 하듯이!

이제 명확하다. 삶은 과정에 있다! 우리가 마치 죽은 듯이 살기 때문에 미처 보지 못했다.

하지만 지금 이 순간에 눈동자를 크게 뜨고 주위를 바라본다면, 우리의 삶은 생생한 신비로움 그 자체이다.

위대한 순례자여, 걷는 한 걸음 한 걸음 매 순간 깨어 있어라!

물 위를 걷는 것이 기적이 아니라, 땅 위를 걷는 것이 기적이다!

봄이면 만물이 파릇파릇 생동하고, 여름이면 한 송이 꽃이 성장하고, 가을이면 낙엽들이 바람에 휘날리고, 겨울이면 눈사람과 함께 즐겁다.

이것이 곧 삶의 경이로움이며, 불가사의한 기적 그 자체이다.

이것을 아는 자는 이 순간과 하루의 나날이, 우주의 모든 것을 담고 있다는 사실을 아는 위대한 사람이다.

이것을 모르는 자는 아직 삶을 심도 깊게 살아보지 못한 사람이다.

티베트 순례길에 있는 자들은 모두 미소가 서려 있고, 너무나 밝고 행복한 표정이다.

하지만 산티아고 순례길에 있는 자들은, 대부분 그들의 아픔과 슬픔이 베여 나온다. 그래서 마음이 무겁다.

이 고뇌와 슬픔이, 종착점인 산티아고 데 콤포스텔라 대성당에서 모두 사랑과 행복으로 승화된다. 눈물의 카타르시스!

성당에 도착하여 한층 성숙한 자신을 바라보며, 자신과 싸운 자신을 응원하고 격려한다.

내면의 모든 어둠이 찬란한 빛으로 순결하게 정화된다.

알 수 없는 벅찬 감동과 감격이 오직 자신을 감쌀 뿐이다.

이 순간 깨어 있다면, 삶은 오직 지금 "이 순간"에 있음을 볼 것이다!

한편으로 보면, 산티아고 대성당에 성 야고보의 유해가 안치되어 있든, 예수의 해골이 있든, 마호메트의 해골이 있든, 부처의 해골이 있든, 무슨 의미가 있겠는가?

오직 구시대의 하찮은 먼지만 수북이 쌓여있는 찬란한 허상일 뿐이다.

이 생각과 허상 그리고 개념을 죽여라.

또한 산티아고의 길을 걷든, 티베트의 길을 걷든, 제주도 올레길을 걷든, 집 주위의 길을 걷든, 길은 오직 길일 뿐이며 모두 똑같다.

진정한 길은 자신의 마음속에 있다! 자신의 마음이 곧 성지이며, 마음속에 깨어 있는 자가 바로 성자이며, 신(神)이고 도착해야 할 곳이다!

이것을 알기 위해서 자신의 마음속에서 성지 순례를 시작하여, 한없는 길을 돌고 돌아서 결국 자신의 성스러운 마음속에 도착하는 것이다.

이것이 진정한 성지 순례다.

산티아고 대성당에 도착하여 자신을 돌아보고 반성하는 소중한 시간이었고, 참회의 눈물을 흘리고, 벅차오르는 행복과 사랑의 기도를 올렸다. 위대한 순례길의 종착점에 도착했다.

그러나 종착역은 언제나 새로운 시작을 의미한다!

자세하게 바라보면, 시작과 끝은 하나라는 것을 본다. 즉 시작이 곧 끝이고, 끝이 곧 시작이다. 시종일여(始終一如)!

더 나아가면, 삶과 죽음도 오직 하나임을 보게 된다. 즉 삶이 곧 죽음이고, 죽음이 곧 삶이다. 생사일여(生死一如)!

진실한 순례객이여, 진정한 성지 순례는 지금부터이다.

나는 도대체 어디로 가야 하는가?

가야 한다고 내 속에서 속삭이는 자는 과연 누구인가?

진정으로 가야 할 곳이 있는가?

언제나 사랑과 행복 속에 도착해 있었던 것은 아닐까?

날마다 구원의 땅인 천국에서, 유쾌하게 휘파람을 불며 살아온 것은 아닐까?

항상 깨어 있는 마음으로 자신을 빈틈없이 관조하라!

단지 내가 몰랐을 뿐이지 언제나 사랑과 행복 속에서 살고 있었고, 날마다 구원의 땅인 천국에서 즐겁게 노래를 부르며 살아왔다.

이것을 알기 위해서 우리는 길 위에서 길을 찾았고, 마음의 성지 즉 자신의 영원한 고향에 늘 머물고 있었음을 깨닫는다!

아직도 가야 할 곳이 있는 자는, 길 위에서 자신의 욕망과 욕심을 바라본 자다. 즉 거짓 자아에게 속고 있다.

이런 자는 영원한 성지에 도착하지 못하고, 타오르는 갈증과 배고 픔으로 살아가는 동안 내내 괴로울 것이다. 우주 전체가 불타는 길!

그러나 가야 할 곳이 없는 자는, 길 위에서 자신의 텅 비어 있음을 바라본 자다. 즉 진정한 자신을 만났다.

이런 자는 영원한 성지에 머물며, 언제나 사랑과 행복 그리고 평 화의 신성한 노래를 부를 것이다. 우주 전체가 투명한 길!

길 위에서 길을 묻는 자여, 자신의 마음속에 있는 길 없는 길을 따 라서 자신의 영원한 고향에 도착하라! 즉 진정한 자신을 마주 보라.

우주의 모든 길은 자신의 마음으로 통하고, 이 길은 모든 사람이 손에 손을 잡고 함께 가야 하는 유일한 길이다!

영원한 행복의 나라! 무한한 사랑의 국토! 한없는 평화의 제국!

이것이 진정한 성지 순례이며, 우주 전체의 모든 것이다.

25. 티베트의 성지 순례 1– TV 다큐를 보며

티베트여, 라싸로 가면서 오체투지하는 성지 순례를 하지 말라!
다큐를 볼 때마다 너무나 안타깝다.

티베트의 사람들이 라싸를 향해 가면서, 오체투지 성지 순례를 이
제는 제발 그만두게 하라.

설혹 라싸에 가 본들 무엇이 있겠는가?

포탈라 궁전을 향해 오체투지를 하면, 달라이 라마가 불멸의 천국
으로 보내 주는가?

아니면 설마 파드마삼바바를 직접 만난다는 것인가?

부처는 자기 내부에 있는데, 어째서 라싸를 향해 오체투지를 하며
고행을 위한 고행을 하게끔 하는가!

이런 고행은 신이 사는 성스러운 신전(육신)을 훼손하는 것이지,
수행이라 하기에 정말 부끄럽다. 신성 모독!

"모든 수행자는 자신을 등불로 삼고, 진리를 등불로 삼을 일이지,
타인을 등불로 삼지 말라!"는 싯다르타 부처의 사자후를 결코 잊
지 말라!

육신과 마음을 내려놓고 지금 이 순간에 쉬어라! 이 쉬는 곳이 바
로 라싸요, 자신의 성지요, 신들의 고향이다.

이 세상을 창조한 신은 없다! 굳이 신이 있다고 말해야 한다면,
우리 자신이 곧 신이다. 천상천하 유아독존(天上天下 唯我獨尊)!

티베트의 도인들이여, 그대들이 진정한 도인이라 할 수 있는가!

파드마삼바바가 가슴을 치며, 오직 목놓아 통곡할 뿐이다!

이 대성통곡이 어찌 티베트에만 국한되겠는가?

한국의 현실을 보더라도 티베트와 유사하지 않은가?

유명한 사찰에 가 보았자 진짜 부처는 없고, 그림자 부처만 있는 것과 무엇이 다르겠는가?

불교가 대중들을 위하여 아무리 많은 일을 한다고 해도, 진정한 선지식이 출현하지 않는다면 모든 것은 똥 막대기다!

왜냐하면 부처의 깨달음을 전하는 것이 아니라, 부처의 껍데기 즉 악마의 말만 전하기 때문이다. 갈가리 조각난 팔만대장경이여!

각 종교 단체마다 사람들을 위한 교화가 아닌 무늬만 종교인, 종교를 위한 종교일 뿐인 형국이다. 어쩌면 하나의 퍼포먼스이다.

목어, 운판, 법고, 범종을 치면, 마치 문화 행사처럼 대중들이 구경하는 꼴이다.

부처의 깨달음에 여운은 그 어디에서도 찾아볼 수가 없다.

산사 안의 불상을 비롯한 일주문, 사대천왕, 사리탑, 대웅전, 관음전 등등 부처의 영롱한 상징물이라기보다는 어쩌면 초라한 싯다르타의 회한의 눈물인지도 모른다.

싯다르타가 태어나 일곱 발자국을 가서 "천상천하 유아독존"을 지껄였을 때, 삼계의 제일검 운문이 한 방망이로 쳐죽여 개의 먹잇감으로 주어, 천하를 평온하게 했어야 하는데 천추의 한이 남는 장면이다.

이제 내가 신성한 살인도로 부처를 비롯한 역대 조사들을 모두 죽여서, 삼라만상을 영원히 태평케 하리!

오늘 모든 신들을 죽여, 신들의 시체를 굶주린 독수리와 까마귀들을 위하여 성대한 축제를 열 것이다. 조장(鳥葬)! 신들의 무덤!

모든 신들을 죽인 증표로, 휘황찬란한 오색 깃발을 온 우주로 날려 보내서 방방곡곡에 알릴 것이다!

부처는 자기 내부에 있지, 그 어떤 곳에도 숨어 있지 않으니 자신이 누구인가를 탐구하라! 이것을 밝히면 모든 것이 끝이 나고, 모든 것을 알 수 있다.

우주 전체의 모든 진실이 암흑의 먹구름을 뚫고, 찬란한 태양처럼 명백하게 나타나기 때문이다.

삼라만상의 영원한 주인은 오직 자기 자신이다!

자신이 곧 파드마삼바바요, 파드마삼바바가 곧 싯다르타요, 싯다르타가 곧 자신이다.

자신이 부처(우주 전체)라는 사실을 결코 잊지 말라.

26. 티베트의 성지 순례 2- TV 다큐를 보며

신을 만나기 위한 인간의 처절한 투쟁은 언제부터 시작되었을까?

신은 과연 어느 곳에 집을 짓고 살고 있을까?

정말 신이 있다면, 이제는 그를 만나고 싶다.

티베트인들의 신을 향한 경배는 정말 대단하다.

티베트의 상징이라고도 할 수 있는 오체투지!

오체투지는 자신을 최대한 낮추고, 신을 향한 최고의 숭배를 표하는 것이다.

티베트인들은 라싸를 향해서 오체투지하며, 라싸에 도착하는 것이 그들의 마지막 꿈이다.

대부분 오체투지하는 자와 수레에 여행 도구를 싣고 가는 자로 나뉜다. 교대로 오체투지를 하기도 한다.

보는 것만으로도 힘겨운 고행의 연속이다.

하지만 놀랍게도 그들의 표정은 너무나 밝고 평온하다.

마치 신을 만난 듯이. 내 마음까지도 평화로워진다.

티베트인들이여, 지금 "이 순간"을 회광반조(回光返照) 하라!

무한한 마음의 평화를 맛보는 놈(앎)이 과연 무엇인지 관조하고, 직시하고, 그대로 밝혀라!

이것이 진정한 오체투지이며, 라싸를 향한 순수한 마음이고, 신을 만나기 위한 최고 축복의 순간이다!

티베트여, 신을 만나기 위해서 하는 오체투지 속에는 결코 신이 없고, 라싸를 향해 가는 도중에도 결코 신은 없다.

티베트여, 이제 오체투지의 치명적인 중독과 라싸를 향한 맹목적인 중독에서 깨어나라! 상쾌한 해독제를 마셔라!

인간이 만든 어떠한 것에도, 결코 중독되지 말고 결코 속지 말라!

차라리 마니차를 하루 종일 돌리며, 지금 "이 순간"에 깨어 있는 것이 훨씬 더 위대한 선택이다.

그러면 마니차 속의 불교 경전이 직접, 절대 진리를 설법할 것이다! 관세음보살의 사자후인 도르륵 도르륵!

어쩌면 오체투지는 신을 향한 청정한 마음이 아니라, 신의 신전(육신)을 파괴하는 어리석은 행위인지도 모른다.

신을 만나기 위해서, 육신이 건강하면 건강할수록 더욱 더 좋다.

그러나 라싸를 향한 성지 순례, 오체투지, 마니차 돌리기, 만 배, 삼천 배 등등 자신의 신을 만나기 위한 허망한 방편일 뿐이다!

신은 자신의 마음속 깊은 곳에 살고 있지, 결코 다른 곳에 숨어서 살고 있는 것이 아니다!

"남에게서 찾는 일 절대 말지니, 나와는 아득히 멀어지리라!"고 일갈하는 동산선사의 사자후가 진정코 들리지 않는가?

자신의 마음속에서 신을 찾는 것이, 신에게 가까이 다가가는 가장 직접적인 방법이다! 수행의 지름길!

이것이 신을 향한 진실한 성지 순례요, 오체투지요, 라싸요, 만 배요, 삼천 배의 진정한 뜻이다.

과거에 쌓아놓은 잘못된 습관과 낡은 관습이 있다면, 신을 만나기 위하여 모두 버려라!

마음속에 무거운 짐이 있다면, 신을 만나는 것은 불가능하다.

만약 무거운 짐을 버릴 수 없다면, 모두 신에게 맡겨라.

그럼 신이 알아서 처리할 것이다.

이제 신을 만날 마음의 준비가 완전하게 되었다.

왜냐하면 신을 위하는 마음은 자신을 위하는 사랑이고, 자신을 위하는 마음은 이웃을 위하는 사랑이고, 이웃을 위하는 마음은 온 우주를 위하는 사랑의 마음이기 때문이다.

이 맑은 사랑의 마음이 바로 부처의 마음이고, 부처를 만나는 순간임을 결코 잊지 말라.

"주인공아, 깨어 있어라! 주인공아, 언제나 사람들에게 속지 말라!"라고 외치는 서암선사의 사자후를 결코 잊지 말라.

소옥아, 정신 차려라! 양귀비야, 자신의 부처를 마주 보라!

27. 티베트의 성지 순례 3- TV 다큐를 보며

세계 각지의 사람들이 티베트의 신 또는 자신이 믿는 절대 세계의 신(神)이 산다는 산을 향해서 간다.

건전한 육신을 가진 사람, 아픈 사람, 남녀노소 할 것 없이 저마다 굳건한 신념을 가지고 간다.

정말 놀라운 것은, 시바 신(파괴의 신)의 부름을 받고 간다는 노인은 동상으로 한쪽 다리를 잃고, 나머지 발도 동상에 걸려 발가락 2개를 자른 상황이다.

잘못되면 나머지 다리도 잘라야 하는 상황임에도, 시바 신을 만나기 위해서 너무나 위풍당당하게 간다.

어쩌면 자신의 믿음을 위하여 정말 위대한 행동인지도 모른다.

그러나 절대 진리(自性)에는 아무것도 없고, 텅 비어 있는 공간 그 자체인데, 시바 신은 도대체 어떻게 태어났을까?

우리가 이성적으로 알고 있는 모든 것은, 인간의 욕망적인 망상이 창조한 허상의 세계가 아닐까?

어쨌든 경이로운 것은 성지 순례를 가며 고달픈 고행을 하고 있지만, 모든 사람들의 얼굴에는 행복한 미소가 서려 있다. 정말 행복해 보여서 너무나 좋다.

또한 신에 대한 절대적인 복종과 헌신, 믿음과 사랑은 정말 위대하다.

신을 향한 복종, 헌신, 믿음, 사랑 등등 인간의 순수한 마음이다.

하지만 우리가 간과한 부분이 있다.

그것은 신(神)이 산다는 산을 도대체 어떻게 알았을까?

설마 신이 말을 해주었다는 것인가?

누군가 헛것을 보고 신이라고 착각한 것은 아닐까?

행여 누군가 자신의 음흉한 이익을 위하여, 유언비어를 퍼뜨린 것
은 아닐까?

정말 신이 있다면, 신을 만난 자는 왜 없을까?

신은 인간의 초조하고 불안한 마음이 만든 욕망의 개념이 아닐까?

정말 신이 있다면, 신은 왜 인간에게 처절한 고행을 원하는 걸까?

인간이 신을 만나러 가기 전에, 신이 먼저 인간을 만나러 오면 안
되는 이유가 있을까?

신은 정말 인간을 사랑하는 것일까 아니면 인간의 고행을 즐기는
것은 아닐까?

신을 만나기 위해서 하나뿐인 목숨을 바쳐야 한다면, 굳이 신을
만날 필요가 있을까?

불타는 애욕과 번뇌의 일생을 살았음에도 불구하고, 또 다시 욕망
으로 가득 찬 고통의 다음 생을 살고 싶은가?

모든 진리는 지금 "이 순간"에 있는데, 만약 다음 생(生 천국·극락)
이 없다면 어떻게 할까?

나약한 인간이 만든 허상의 개념에 속은 자신만, 어처구니없는 바
보가 되는 것은 아닐까?

이렇듯 우리의 마음속에서 무수한 의문들이 생겨날 수 있다.

여하튼 중요한 것은, 모든 것은 과정에 있는 것이지 결코 목적지
에 있는 것은 아니다!

신을 만나기 위해서 순간순간의 과정을 잃어버린다면, 신은 영원히 만날 수 없다.

사실 신이 산다는 산은, 깨달음을 얻기 위한 눈부신 방편이지 결코 진실이 아니다!

이미 몇 천 년 동안 신을 만난 자가 없다는 말은, 곧 공허한 신이 없다는 명백한 증거이다.

신을 만났다고 착각하는 자는, 자신의 간절한 마음이 만든 허상(환영)을 본 것일 뿐이다. 알겠는가?

모든 것은 오직 마음이 만들어 내는 것이다(一切唯心造)!

신은 무한한 자신의 내부에 있고, 자신이 곧 신이다!

신에 대한 절대적인 믿음과 사랑이 곧 자신의 신을 마주 보는 눈부신 순간이다!

이것을 사람들이 알지 못하니, 신이 산에 산다고 말한 것이다.

간절하고 절박한 심정으로 산을 오르다 보면, 자신의 신을 만나게 된다는 찬란한 방편(사랑의 만병통치약)이다.

사실 신(神)이란 절대 세계의 온 우주 공간이 텅 비어 있지만, 그곳에서 현상 세계의 모든 것(허상)이 탄생한다는 사실을 아는 자이다!

단지 이것이 신의 진정한 실체이다.

신이라고 하지만 단지 명칭이 신이며, 무엇이라고 불러도 좋다.

특히 선(禪)에서는 본래면목(自性)이라 부른다.

그럼 나는 무엇이라고 신(神)을 명명해 볼까?

신은 노예근성을 가진 불안한 하인이 마음대로 상상한, 인간의 완전한 정신(마음)을 병들게 하는 악성 바이러스!

결국 신은 삼라만상 어디에도 없고, 오직 자신의 한계 없는 마음
속에 신은 살고 있을 뿐이다! 곧 자신이 진정한 신이고, 삼라만상
의 모든 것을 품고 있다.

온 우주의 위대한 수행자들이여, 자기 자신이 신(自性)이라는 사실
을 영원히 잊지 말라!

6장 분류사 화두

분류사 화두는 "선문염송(禪門拈頌)"에서 수행자의 공부에 도움이 되고, 가장 어려운 화두들을 거의 빠짐없이 선별했다.

"벽암록(설두·원오)", "종용록(천동·만송)", "무문관(무문)", "경덕전 등록(도원)", "본지풍광(성철)" 등등 거의 모든 화두 책을 비교 분석하여, 수행자들이 화두의 실마리를 잡을 수 있고, 화두 공부의 전체적인 체계를 바로 세울 수 있게 분류하여 구성했다.

1~39번까지는 설명적 해설이다.

화두의 단서를 직접 잡을 수 있게 구체적으로 서술했다.

수행자의 바른 견해, 바른 마음가짐, 나아가야 할 바른 방향 그리고 절대 진리의 핵심이 무엇인지 명확하게 제시했다.

40~213번까지는 화두를 있는 그대로 직필로 설명한다.

화두는 전후사정을 감안할 필요 없이, 있는 그대로 보면 된다.

왜냐하면 화두는 진정한 부처를 가려내는 시험 문제이기 때문이다!

화두의 논점과 함정이 무엇인지, 한눈에 파악할 수 있게 간결하게 서술했다.

214~273번까지는 화두의 요점만 간결하게 평했다.

그리고 이 책에 실린 모든 화두에 대하여, 직접적 또는 간접적으로 모두 답을 했다.

이것은 향후 사이비들이 어설픈 화두 책을 쓰지 못하게, 원천적으로 봉쇄하고자 하는 나의 강력한 불멸의 의지다!

왜냐하면 잘못된 책을 읽고 수행자들이 망망대해를 표류하는 악순환의 고리를, 완벽하게 끊고자 하는 진실한 부처의 무한한 사랑과 자비다!

또한 이 책은 수행자가 분별 망상하는 것을 사전에 차단하고, 화두 공부의 옳은 방향으로 갈 수 있게 분명한 방향을 가리킨다.

특히 "15. 가장 어렵다고 알려진 화두"는 성철의 "본지풍광"에서, 가장 어렵다고 강조한 화두를 기본으로 해서 발췌했다.

화두에 관한 평(評)에서 전체적으로 평론을 했고, 문답에서 핵심적인 질문에 대하여 직접적으로 답을 했고, 송(頌)에서 시(詩)의 형식을 빌려 간결하게 답을 했다. 즉 화두에 대하여 대부분 답을 세 번 말한 것이다.

"선문염송"은 고려 후기 승려 혜심(1178~1234)이 편찬한, 한국 최초의 화두 모음집이다.

1463개의 화두로 구성되어 있고, 화두에 대한 염(拈), 송(頌), 착어(著語 화두에 대한 짧은 평), 법어 등등 채집하여 수록하고 있다.

1. 화두의 비밀을 오롯이 간직한 화두

1. 선문염송 1127칙 - 영운, 절강 지방의 쌀값

경청: 행각(行脚)이 큰일이니, 스승께서 방향을 가리켜 주십시오.

영운: 절강(浙江) 지방의 쌀값은 얼마인가?

경청: 만약 제가 아니었다면, 쌀값이라고 알아들었을 것입니다.

평: 쌀값을 물었는데 쌀값이 아니라면, 과연 무엇을 물었을까?

다시 보자, 쌀값은 얼마인가?

내가 아니었다면, 쌀값이라고 알아들었을 것이다.

도대체 무엇을 물었다는 말인가?

완전한 동문서답처럼 보인다. 하지만 경청의 대답이 핵심이다.

쌀값을 알아듣는 놈(앎)은 과연 무엇이며, 누구인가?

"모른다고 생각하는 앎(自性)"을 밝히는 것이 이 화두의 핵심이다!

화두는 우리가 알고 있는 글자의 외형적인 뜻과, 아무런 상관이

없다는 사실을 명확하게 보여 준다! 초월적인 단어(格外句)!

그러므로 일편단심 내 사랑 "소옥이"를 결코 잊어서는 안 된다!

그래야 착각에서 완전하게 벗어날 수 있다. 양귀비야, 알겠는가?

사람들은 대화를 할 때 상대방의 말뜻에 귀를 기울이기 때문에,

바로 말 속으로 들어가 버린다.

이것이 화두를 풀지 못하는 근본 원인이자, 중생의 업식(業識 습

관)이다.

그래서 선문답이 괴상한 동문서답처럼 보이는 이유다.

하지만 인간이 세상을 살아가기 위해서 즉, 생존을 위해서 어쩌면 필연적일 수밖에 없는지도 모른다.

그렇기 때문에 삶과 죽음을 초월해서, 저만치 있는 화두가 난공불락의 요새인 것처럼 보인다. 절대 세계의 언어!

생각으로 분별하여 알 수 없기 때문에, 화두와 하나가 되어야 한다! 아무리 이성으로 구별하여도 결국 생각의 범위 안이기 때문이다.

화두와 일심동체가 되면 생각의 뿌리가 끊기고, 생각마저 소멸한 곳에 도착하면 비로소 화두가 보인다. 통한의 360도 원점!

24시간 깨어 있어라! 24시간 빈틈없이 화두를 참구하라!

의심·생각·노력의 한계 지점(대무심지·大死)으로 가라!

위대한 사람아!

이 속에서 절대 진리의 실체로 가는 길이 반드시 열릴 것이다.

화두를 향한 길 없는 길이 길 있는 길이 되었다가, 결국 절대 세계에 도착하면 다시 길 없는 길이 될 것이다!

영운: 김해 지방의 쌀값은 얼마인가?

호천: 쌀 한 가마니 10만 원입니다.

호천은 평상심으로 대답을 했다. 만약 "쌀값!" 또는 "알아들었습니다!"라고 대답을 한다면, 경청의 대답과 같은 의도다.

핵심은 경청의 대답에서 실마리를 찾아야 한다.

송: 아득하게 펼쳐진 하늘에 구멍이 없는데

　　허공의 구멍 없는 피리를 누가 불 수 있으리.

　　용감한 꾀꼬리가 창공에 구멍을 뚫으면

　　그때 한 곡조 흥겹게 휘파람을 불러 주리.

*백장- 위산- 영운,　덕산- 설봉- 경청

2. 선문염송 1119칙- 경청, 빗방울 소리

경청: 문밖에 무슨 소리인가?

승려: 빗방울 소리입니다.

경청: 중생이 전도(顚倒)되어 자신을 잃고 사물을 쫓는구나.

승려: 화상은 어떻게 생각하십니까?

경청: 자신을 잃지 않는다.

승려: "자신을 잃지 않는다."는 것은 무슨 뜻입니까?

경청: 몸을 빼내는 것은 오히려 쉽지만, 몸을 벗어나서 말하기는

　　　어렵다.

평: "빗방울 소리"를 알아듣는 것이 핵심인데, 이것을 알지 못하면 절대 진리와 어긋난다.

그래서 "중생이 전도되어 자신을 잃고 사물을 쫓는구나."라는 대답으로 이어진다.

반대로 보면, 자신에게 집중하고 소리를 자신에게 가져오면 된다.

이근원통 수행법! 회광반조(回光返照)!

빗방울 소리를 아는 놈은 과연 누구이며, 무엇인가?

이곳에 이 화두의 비밀이 숨겨져 있다. 대부분의 화두가 그렇다.

본래면목 화두를 제외한, 나머지 화두가 여기에 속한다!

"자신을 잃지 않는다."는 것은 본래면목(진리) 자리에서 듣고 있는 것이다.

"빗방울 소리"를 따라가는 것이 아니라, "빗방울 소리를 알아듣는 앎"에 집중하고 있다!

이근원통 수행에 익숙해지면 쉽게 알 수가 있다.

"빗방울 소리"에 집중하면 비진리(非眞理)를 진리로, 진리를 비진리로 잘못 인식하게 된다.

이것은 일반인들의 업식(습관)이 깊어서 그렇다.

"몸을 빼내는 것"은 관조자(주시자)의 관점으로 보면 되고,

"몸을 벗어나는 것"은 "색즉시공(色卽是空)"의 관점이다.

관조자의 관점은 자신을 그대로 두고 몇 발 뒤에서, 자신의 마음과 행동을 제3자의 입장에서 관찰하는 것이다.

"색즉시공"은 형태(모양)가 곧 텅 비어 있다는 것인데, 절대 세계의 진리를 말하고 있다. 연기법으로 접근하면 쉽게 이해할 수 있다.

"반야심경"은 절대계의 진리를 간결하게 설명하는 최고의 경전이다!

수행자는 반드시 "반야심경"의 진리가, 온몸으로 체득될 때까지 수행을 해야 한다.

"반야심경"을 이해하지 못하는 자는 진리를 모르는 학인이다.

결론적으로 빗방울 소리를 알아듣는 앎(自性)에 집중하여 듣는 것!

"빗방울 소리"와 "경청의 말"을 알아듣는 앎은 도대체 무엇일까?
관세음보살, 관세음보살, 관세음보살의 이근원통(耳根圓通)!
관세음보살 소리를 듣는 자는 누구인가?

경청: 문밖에 무슨 소리인가?
호천: 빗방울 소리입니다.
경청: 중생이 전도되어 자신을 잃고 사물을 쫓는구나.
호천: 빗방울 소리가 잘 들립니다.

호천의 대답은 자신을 잃지 않고, 절대 세계의 근본 바탕(佛性)에
서 듣고 있다. 이렇게 되어야 진정한 진리에 부합하는 것이다.

송: 하늘 가득히 울려 퍼지는 대자연의 교향곡은
　　저녁 산을 휘감고 도는 구름의 끝자락을 잡고
　　붉게 물든 노을이 푸른 강산과 함께 연주하니
　　지나가던 기러기가 흥겨워서 추임새를 더하네.

*석두- 천황- 용담- 덕산- 설봉- 경청

3. 선문염송 130칙- 혜충, 시자를 세 번 부름
혜충국사가 하루는 시자를 불렀다.
혜충: 시자야!
시자: 예!

이렇게 세 번 부르니, 시자가 세 번을 "예!" 하고 대답했다.

혜충: 내가 너를 저버리는 줄 알았는데, 오히려 네가 나를 저버리
는구나.

평: 혜충이 무엇 때문에 시자를 세 번을 불렀을까?

무슨 일을 시키기 위해서 부른 것은 분명히 아니다.

이 속에 화두의 비밀이 오롯이 숨어 있다. 화두의 절규!

그럼 도대체 이유가 무엇일까?

자신을 부르면 부르는 소리를 알아듣고, 대답하는 것은 너무나
당연하다! 이것은 배워서 아는 것이 아니다.

그래서 개도 불성(佛性 부처가 될 수 있는 근본 성품)이 있는 것
이다.

개의 이름을 부르면, 개가 꼬리를 흔들며 달려온다. 멍멍!

진리는 단지 이것이다. 알아차림! 불멸의 아는 앎(본래면목)!

그럼 "알아차리는 놈" 또는 "아는 앎"은 과연 무엇인가?

시자야! 예! 이것이 진리의 모든 것이다. 이것이 이 화두의 비밀
이다.

혜충의 의도가 무엇인가를 밝히는 것이 핵심이다.

너무나 가깝게 있기 때문에 도리어 보지 못할 뿐이다. 악!

혜충: 시자야!

호천: 예!

혜충이 불러놓고, 아무런 말이 없이 가만히 있었다.

호천: 영감님! 힘을 아끼시죠.

혜충이 부른 이유가 무엇인지 알지만, 일을 시킬 것이 아니라면 평상심으로 하루를 보내면 된다.
그런데 무엇 때문에 부질없이 일을 만들어서, 평지풍파를 일으키느냐고 따진 것이다.
아무리 좋은 일도 아무 일 없는 것만 못하기 때문이다.
이 말뜻은 도인만 안다. 절대 세계의 진리이며, 막힘없는 침묵이다!
여하튼 혜충이 제자를 시험한 것이니, 스승의 자비에 고개를 숙여 감사할 뿐이다. 스승님, 감사합니다. 충성!

송: 로미오가 줄리엣을 세 번 부르니
     여인의 낭랑한 목소리가 들리네.
     그리운 연인은 서로 만나지 못해도
     목소리만 들어도 사랑이 샘솟네.

*승찬- 도신- 홍인- 혜능- 혜충- 탐원

4. 선문염송 1363칙- 천태, 본래의 몸

선객: 나타 태자가 살을 베어서 어머니에게 돌려주고, 뼈를 깎아
      서 아버지에게 돌려준 후, 연꽃 위에서 본래의 몸을 나타내
      어 어머니를 위해서 설법했다고 하는데,어떤 것이 태자의
      본래의 몸(本來身)입니까?

천태: 대중들이 그대의 질문을 듣고 있다.

선객: 그러면 대천세계(우주 전체)가 같은 진여(眞如)의 성품입니다.

천태: 어렴풋이 곡조 같아 들을 만하더니, 또 다시 바람에 날려 다른 곡조가 되었구나!

평: 질문에 대한 대답으로 "대중들이 그대의 질문을 듣고 있다."라는 이 문구가 핵심이다.

언뜻 보면 완전한 동문서답처럼 보이지만, 너무나 자세하게 말하고 있다.

본래의 몸을 물었는데, 어째서 사람들이 그대의 질문을 듣고 있다가 대답이 될 수 있을까?

이곳에 이 화두의 비밀이 있다. 천태의 이 문구에서 반드시 실마리를 찾아야 한다. 길 없는 주소를 찾아라! 마법의 열쇠!

절대 세계의 본래의 몸(法身)을 알고자 하는가?

살과 뼈를 본래 있던 곳으로 되돌려 주면, 스스로 보게 될 것이다.

살과 뼈를 어떻게 돌려줄 수 있을까? 이것이 문제로다.

만약 살과 뼈를 되돌려 준다면 나는 무엇일까?

무엇이 태어나기 전에 본래의 몸인가?

자신의 몸이다. 아니다! 부처의 몸이다. 아니다! 악마의 몸이다. 맞다!

만약 절대계로 가는 길 없는 길을 찾지 못한다면 어렴풋이 가는 길은 같지만, 자신의 부처를 만나지 못하고 자신의 악마를 만날 것이다.

호천: 어떤 것이 본래 몸입니까?

천태: 사람들이 그대의 질문을 듣고 있다.

호천: 하하! 당연하죠.

송:　빛바랜 그림 속의 수려한 정자에서

　　 흥겨운 풍악 소리 가득 울려 퍼지네.

　　 줄 없는 가야금의 아름다운 선율을

　　 그 누가 있어 알아들을 수 있으리.

*설봉- 현사- 나한- 법안- 천태- 영명

5. 선문염송 856칙- 운거의 유마경

운거: 그대가 외우는 것은 무슨 경전인가?

스님: "유마경(維摩經)"입니다.

운거: "유마경"을 물은 것이 아니라, 외우는 것이 무슨 경전이냐

　　　 말이다.

그 스님이 이때 깨쳤다.

평: 유마경을 읽는지 뻔히 알면서 물었다. 스승이 낚싯바늘을 던

졌다.

유마경을 읽는데 유마경을 물은 것이 아니라니, 그럼 무엇을 물은

것일까?

행여 유마거사? 불이법문(不二法門)? 불이문(不二門)? 오직 하나?

이것을 밝히는 것이 핵심이다.

"그대는 보지 못하였는가?

배울 것이 없는 할 일 없는 한가한 도인은

망상도 없애지 않고 참됨도 구하지 않네.

모든 번뇌(無明)의 진실한 성품(性品)이 바로 불성(佛性)이고

빛깔 같은 비어 있는 몸(幻化空身)이 바로 진리의 몸(法身)이네.

부처의 몸(法身)을 깨달으면 한 물건도 없고

본래 근원의 자신에 본성(自性)이 우주 전체(天眞佛)이네."

"유마경"의 문구가 정말 아름답다.

아~ 괴롭구나! "유마경"의 문구가 아니라 "증도가"의 문구다.

영가의 증도가(證道歌)!

이 화두는 보기에 따라서 상당히 어려운 대화일 수도 있다.

그것은 중생의 습관(업식)이 깊어서 그런 것이다.

어쨌든 진리(본래면목)를 명확하게 나타내는 화두다.

운거: 무슨 경전을 읽는가?

호천: "유마경"입니다.

운거: "유마경"을 물은 것이 아니라, 읽는 것이 무슨 경전이냐 말
    일세.

호천: "유마경!"

송: 지극히 미세한 차이가 생긴다면
천국과 지옥의 영원한 거리 차이네.
유황불의 지옥을 탈출하고 싶다면
천사의 신성한 나팔 소리를 들어라.

*동산- 운거- 동안, 홍인- 혜능- 영가

2. 화두를 설명한 예제

6. 선문염송 550칙- 자옥, 검은 바람

우적이 양양에 부임했을 때, 가혹한 형벌로 참혹하게 다스리고 거역하는 자는 모두 죽였다. "관음경"을 읽다가 의심나는 곳이 있어, 어느 날 자옥을 방문하여 물었다.

우적: 어째서 검은 바람이 불면, 배가 나찰(羅刹 악귀)의 귀신 나라로 날려서 떨어진다는 것은 무엇입니까?

자옥이 목소리를 높여 말하였다.

자옥: 우적, 형편없는 놈아! 이런 것을 물어서 무엇 하려는가?

우적은 듣고 크게 화를 내었다.

자옥: 이것이 바로 검은 바람이 불면, 배가 나찰의 귀신 나라로 날려서 떨어지는 것입니다.

우적은 느낀 바가 있었다.

평: 이 화두에 대하여 원오고불이 해설을 한 것을 보자.

"그대들은 말해 보라. 우적이 물었을 때, 자옥은 어째서 그렇게 대답을 했을까?

이것은 우적의 근본무명(根本無明 모든 번뇌의 근원)을 눈앞에 드러낸 것이다. 손쉽게 가르쳐 준 것이니 뛰어난 솜씨다.

만약 당시에 그러지 않았다면, 후에 그 말이 사라지고 없을 것이다. 자옥이 두 개로 쪼개었기 때문에, 그나마 납승의 숨결이 남아 있는 것이다. 우적을 위하여 정확하게 점검한 것은, 바로 적당한 손길로 어루만져 준 것이다.

대략 사람을 대하는 것에는 세 종류가 있다.

첫째, 사람을 위하는 것은, 단지 그에게 "우적, 형편없는 놈아! 이런 것을 물어서 무엇 하려는가?"라고 말하고, 다시 다른 방편은 없다.

도리와 이론이 없어서 말하기도 어렵다.

만약 이것을 바로 알아차리고 다시 분별하지 않는다면, "뜰 앞의 잣나무", "삼 세 근", "한입에 서강(西江)의 물을 다 마시면"의 화두와 조금도 차별이 없다.

그러므로 "들어도 돌아보지 않으면 바로 어긋난다. 분별하여 생각하면 어느 세월에 깨닫겠는가?"라고 하였으니, 단지 그대가 바로 알아차리면 되는 것이다.

둘째, 사람을 위한다면 쉽다. 오직 의문의 실마리를 불러일으키는 것이다.

가령 "우적, 형편없는 놈아! 이런 것을 물어서 무엇 하려는가?"라고 말하는 것은, 그의 근본무명을 나타내는 것이다. 그의 근본무명이 눈앞에 드러나면, 바로 지적하여 알게 하는 것이다.

셋째, 사람을 위한다면 진흙탕 속으로 들어가서, 되풀이하여 보충 설명을 하는 것이다.

예를 들면 "우적, 형편없는 놈아!"라는 말은 검은 바람을 일으켜 배를 날려버린 것이고, "우적이 화를 낸 것"은 나찰이 나타난 것이다.

자옥이 "이것이 바로 검은 바람이 불면, 배가 나찰의 귀신 나라로

날려서 떨어지는 것입니다."라고 말한 것은, 어찌 관세음보살이
나타난 것이 아니겠는가? 하고 설명하는 것과 같다.

이것은 풀밭에 들어가서 해설하는 것이다. 사람의 눈을 멀게 하
고, 달마의 자손을 모두 죽이는 것이다.

만약 진정한 납승이라면 즉시 제거하여 없애버릴 것이다.

어찌 듣지 못했는가? 오직 활구(活句)만 참구하고, 사구(死句)는
참구하지 말라. 활구에서 깨달으면 부처와 조사의 스승이 된다."

이 글을 보고 처음에는 놀랐다. 사이비와 인간의 탈을 쓴 악마가
아닌, "벽암록"의 검신(劍神) 원오가 한 말이기 때문이다.

화두를 이렇게 자세하게 설명을 하다니, 원오의 간절함이 느껴진다.

세 번째의 경우, 이것은 부처의 씨앗을 소멸시키는 것과 같다.

왜냐하면 진리의 본체는 논리적으로 설명하는 것이 불가능하기
때문이다!

예컨대 수박으로 비유하면, 녹색 껍질에 짙은 줄무늬가 있고,
속에는 빨간 알맹이가 있다. 먹으면 시원하고 달콤하다.

수박의 맛을 아무리 자세하게 설명을 해도, 상대방은 수박의 맛을
영원히 모른다. 오직 머릿속의 개념으로만 각인되어 있을 뿐이다.

이것은 진리를 아는 것이 아니라 망상을 아는 착각이다.

이것은 스승이 제자를 가르치는 일반적인 방식이다.

하지만 선(禪)은 수박의 빨간 알맹이를 바로 보여 주고 직접 먹여
준다.

너무나 직접적인 방법이기 때문에 오히려 어렵게 와 닿는 것이다!

가령, 질문을 하면 "악!"을 외치고, "몽둥이"로 때리고, "손가락"을 세우고, "망상 피우지 말라!"고 하고, "차나 마시게"라고 대답한다. 얼마나 완벽한 가르침인가! 이보다 더 자세하고 완전한 가르침은 없다!

이 가르침 속에 위대한 스승들의 자비와 피눈물이 배어 있음을 언제쯤 알겠는가! 주인공아, 24시간 항상 깨어 있어라!

선(禪)만큼 직접적이고 명확하고 완벽한 가르침은, 세상 어디에도 존재하지 않는다!

가장 위대한 가르침이지만 학인이 알지 못한다면, 세상에서 가장 희한한 코미디일 뿐이다. 팬터마임! 하하!

선(禪)은 우리가 태어나서 배워온 모든 학습된 지식과 문화로부터 해방되고 자유로워지는 것이다.

그래서 선의 직관은 일반적인 상식을 완전히 깨뜨려 버려서, 빗나간 화살처럼 마치 엉뚱한 동문서답처럼 보일 뿐이다.

그러나 모든 학습된 지식을 초월하지 못한다면, 결국 학습된 문화의 공허한 메아리 속에서 우리는 길을 잃고 헤매다가 무한한 고통을 맛볼 것이다.

우리의 본연에 실체를 바로 보지 못하여 기인하는, 인간의 망상에 의한 완벽한 비극이다.

그러므로 사람의 완전한 인간성 회복은 영원히 불가능하다.

"한입에 서강의 물을 다 마시면"의 화두는 선문염송 161칙이다.

방거사: 만법(萬法)과 친구로 하지 않는 자는 누구입니까?

마조: 그대가 한입에 서강(西江)의 물을 다 마시면 말해 주겠다.

방거사는 바로 깨달았다.

방거사: 만법과 친구로 하지 않는 자는 누구입니까?

호천: 없다.

"살아 있는 구절을 참구하고, 죽어 있는 구절을 참구하지 말라. 활구(活句)에서 깨달으면 영원히 막힘이 없을 것이요, 사구(死句)에서 깨달으면 자신도 구제하지 못한다."는 덕산선사의 사자후를 잊지 말라!

그럼 "활구"란 무엇인가?

활구는 전혀 의미가 통하지 않는 무의미한 말이다. 즉 말은 단지 소리일 뿐, 아무런 의미가 전혀 없는 무의어(無義語)이다!

동산선사의 정의를 보자.

"말 중에 뜻이 없으면 활구요, 말 중에 뜻이 있으면 사구다."

결국 활구(活句)는 살아 있는 법문, 살아 있는 말(구절), 의미가 없는 말이고, 사구(死句)는 죽은 법문, 죽은 말, 의미가 있는 말이다!

우적: 어째서 검은 바람이 불면, 배가 나찰(羅刹 악귀)의 귀신 나라로 날려서 떨어진다는 것은 무엇입니까?

호천: 광포한 바람의 소용돌이가 바다의 용오름 기둥을 세운다.

송: 수많은 사람의 피 맛을 본 흡혈귀는

　　검은 바람이 불면 자신을 돌아보라.

　　굶주린 저승의 악귀들이 바람을 타고

　　이승의 악인들을 단죄하기 위해서 오리.

*마조- 자옥- 우적, 오조- 원오- 대혜, 남악- 마조- 방거사,

　용담- 덕산- 암두, 운암- 동산- 조산

3. 화두를 생각으로 분별하는 잘못된 예제

7. 선문염송 1299칙- 법안, 병정 동자가 불을 구함

법안: 그대가 여기에 있은 지 얼마나 되는가?

감원: 3년입니다.

법안: 그대는 후배이거늘, 평소에 어째서 본분사(本分事 본래면목)

　　에 대하여 묻지 않는가?

감원: 제가 화상을 더 이상 속이지 못하겠군요.

　　이전에 청봉에 있을 때 편안함을 얻었습니다.

법안: 그대는 어떤 말에 의하여 깨달았는가?

감원: 언젠가 "어떤 것이 학인의 자기입니까?"하고 물었더니,

　　청봉이 "병정(丙丁) 동자가 불을 구하러 왔구나."라고 하였

　　습니다.

법안: 좋은 말이지만, 그대가 이해하지 못할까 걱정이다.

감원: 병정은 불에 속하고 불을 가지고 불을 구하는 것이니,

　　자기를 가지고 자기를 찾는 것과 같습니다.

법안: 예상대로 그대는 이해하지 못했다. 불법이 이와 같다면, 오

　　늘날까지 전해지지 않았을 것이다.

감원은 마음이 상해서 벌떡 일어나, 법안의 처소를 떠났다.

길을 가는 도중에 "그는 5백 대중의 선지식인데, 나에게 틀렸다고

말할 때는 반드시 이유가 있을 것이다."라고 생각하고,

다시 돌아와서 참회하고 물었다.

감원: 어떤 것이 학인의 자기입니까?

법안: 병정 동자가 불을 구하러 왔구나.

감원이 곧바로 크게 깨달았다.

평: 이 화두는 생각으로 헤아려서 잘못 알고 있는 것을 직접 보여
준다.

생각해서 알고 이성적으로 이해하는 것은, 지옥에서 악귀들과 함
께 살아가는 것이다. 요란하고 음산한 무당굿!

그러나 진리의 태양이 찬란하게 뜨면 지옥, 귀신, 생각, 이성, 문화
는 모두 소멸하고, 절대 진리만 오롯이 빛난다.

이렇듯 감원처럼 생각과 망상으로 알면, 어떻게 이성 밖의 일을
알 수 있겠는가?

생각으로 아무리 생각해 보았자, 결국 생각이라는 철옹성의 소용
돌이에 갇혀서 맴돌며 생각하는 것에 지나지 않는다. 착각 금지!

생각으로 생각을 절대 끊을 수가 없다. 이것도 생각이다. 하하!

화두는 절대 분석을 해서는 안 된다!

번뇌 망상이 소멸한 부처의 광명 지혜(自性)로, 화두를 직관적으로
바로 꿰뚫어서 진리의 실체를 아는 것이다!

화두는 어쭙잖은 설명을 바라는 것이 결코 아니다!

생각, 이성, 관념, 학습, 문화 등등 우리가 배워서 알고 있는 모든
것에 갇혀 있는 사람이, 생각으로 분별해서 아무리 생각해 보았
자, 결국 생각의 테두리 안에서 생각하는 것임을 명백하게 알아야
한다!

화두는 생각이 끊어진 곳 즉 생각으로 헤아릴 수 없는 곳까지 가

야, 비로소 화두의 본래 모습을 알 수가 있다! 절대 진리의 실체!
오조의 위대한 "소염시" 설법을 보자.

"소옥아, 소옥아 하고 자주 소옥이를 부르지만, 소옥에게 무슨 일
이 있어 그런 건 아니다. 다만 남 몰래 정든 님을 찾는 소리일 뿐
이다."

양귀비가 "소옥아"라고 부르지만 소옥이가 오는 것이 아니라, 상
상도 할 수 없는 안록산이 나타난다! 화두는 절대 세계의 암호!
유리잔처럼 산산이 깨어진 허망한 생각이여!

화두의 한 단면을 정확하게 설명하고 있다. 화두의 답이 이와 같다.
단어가 가진 사전적인 뜻과 100% 무관하다!

초월적인 단어(格外句)!

화두의 답은 너무나 가까운 곳에 있어 보이지 않거나, 아니면 완
전한 360도 뒤의 원점에 있다!

이것을 명명백백하게 안다면, 화두를 생각으로 헤아려서 알려는
사량 분별에서 완벽하게 벗어날 수 있다. 판단 정지! 이성 정지!

결단코 영원한 내 사랑 "소옥이"를 잊지 말라! "소옥이"를 잊는 순
간, 부처의 국토로 가는 모든 길은 완전히 소멸할 것이다!

곰곰이 생각해 보면 명확하게 알 수 있다. 착각 속에서 길을 잃고
헤매지 말라! 자신을 속이면 영원히 깨달을 수 없다!

화두를 뚫는 지름길은 화두를 분석하는 것이 아니라, 화두와 하나
가 되는 것 말고 달리 방법이 없다! 혼연일체(渾然一體)!

하루하루의 삶 자체가 화두가 되고, 화두 참구가 24시간 지속되는
속에서 스스로 알게 된다. 용맹정진(勇猛精進)!

결국 화두의 은산철벽을 산산조각 낼 수 있는 날이 반드시 올 것이다.

선(禪)은 자신의 체험을 순간순간 온몸으로 직접 보여 주는 것이다!

선은 설명을 요구하지 않는다. 설명을 하려는 순간 이미 죽은 말과 언어가 된다.

그래서 선문답은 생각과 언어의 한계를 넘어서 있다.

화두는 절대 세계의 신성한 소리! 불가사의한 말! 초월적인 단어!

자신의 체험을 지금 "이 순간"에 직접 보여 줄 수 없는 자는, 절대 진리와 아무런 관계가 없음을 명심해야 한다.

같은 말을 해도 스승은 되고, 제자는 안 된다.

이 차이는 과연 무엇일까?

법안은 시간과 공간이 없는 불생불멸(不生不滅)의 자리에서 보고 말하지만, 감원은 시간과 공간이 있는 생자필멸(生者必滅)의 자리에서 보고 말하는 차이다. 산 자와 죽은 자의 차이!

시간과 공간 속에서 살아가는 자들은, 화두의 본래 모습을 영원히 알 수가 없다. 오직 시간과 공간 속에서 서서히 죽어갈 뿐이다.

생사의 은산철벽인 화두를 뚫지 않고, 어떻게 절대 진리의 진짜 얼굴을 볼 수 있으랴!

자신이 참구하는 화두와 하나가 되어라! 물아일체(物我一體)!

반드시 부처가 되고 싶다면, 이 방법이 최고의 방법이다!

무식해 보이지만 다른 방법이 없다! 황소걸음으로 당당하게 걸어가라.

삼계의 영원한 주인공이 되는 길이, 결코 쉬울 것이라 생각하지
말라.

그렇기 때문에 화두는 난공불락의 철옹성처럼 보이는 것이다.

화두는 삼매 지옥이다! 결코 생각으로 분별하지 말라! 알겠는가?

감원: 어떤 것이 학인의 자기입니까?

호천: 허수아비가 참새를 잡았다.

감원: "허수아비가 참새를 잡았다."는 것은 무엇입니까?

호천: 참새가 허수아비를 잡았다.

감원이 크게 깨닫고 감사의 인사를 했다.

호천: 아니다!

감원: 어째서 아닙니까?

호천: 눈사람이 불을 끄는구나.

감원: 눈사람이 불을 켜는구나.

호천이 크게 웃으며 미소를 지었다.

송: 진리를 배우는 자가 진실을 외면하는 것은

　　허망한 생각을 모자이크처럼 맞추기 때문이네.

　　펼쳐진 절대 진리의 근원은 끝없이 아득한데

　　어리석은 자는 생각의 환영에 갇혀 고뇌하네.

*나한- 법안- 청량, 낙포- 청봉- 정중, 백운- 오조- 원오

4. 화두의 상징 "무"와 "부모미생전 본래면목"

8. 선문염송 417칙- 조주의 無

조주에게 어떤 스님이 물었다.

선객: 개에게도 불성(佛性 부처가 될 수 있는 근본 성품)이 있습니까?

조주: 있다(有).

선객: 있다면, 어째서 저런 가죽 부대 속에 들어갔습니까?

조주: 그가 알면서도 고의로 범했기 때문이다.

또 다른 스님이 물었다.

선객: 개에게도 불성이 있습니까?

조주: 없다(無).

선객: 일체 중생에게 모두 불성이 있는데, 개는 어째서 없습니까?

조주: 그 놈에겐 업식(業識 습관)이 있기 때문이다.

평: 조주의 "無"는 "있다, 없다, 안다, 모른다."의 개념의 아니다.

無의 외형적인 뜻, 우리가 알고 있는 개념적인 뜻과 아무런 상관이 없다. 전혀 무관하다. 이것은 모든 화두의 공통점이다.

그렇다면 "없다"는 이 말은, 과연 무엇을 말하는 것일까?

생각하고, 분별하고, 망상하여 아는 無는 결코 無가 아니다.

그리고 언어는 독립적인 실체성이 없기 때문에, 아무런 뜻이 없는 단지 소리일 뿐이다! 무의미한 소리! 절대 세계의 신비한 소리!

달리 방법이 있을 수 없다. 나의 모든 것이 오직 무지막지한 無와 하나가 되어야 한다. 일심동체(一心同體)!

그래야 철옹성의 無를 뚫고 지날 수 있다. 자신이 완전하게 無 그 자체가 되어야 한다. 혼연일체(渾然一體)!

"왜 無라고 했을까?"라는 의심 덩어리를 끊임없이 키워가는 것이다. 화두 참구의 기본이자 핵심이다. 즉 크게 믿는 마음(大信心), 크게 분한 마음(大憤心), 큰 의심(大疑心)이 삼위일체(三位一體)가 될 때, 비로소 진정한 화두 참구를 하는 것이다!

화두의 생명은 "의심"이다! 의심 없는 화두 참구는 이미 생명력을 잃은 것이다. 심장이 멈춘 시체!

화두를 꿰뚫는 가장 강력한 무기는 의심, 집중력 그리고 집요함!

無자 화두 참구시 "무, 무, 무"라고 되뇌는 것은 "염화두"이지, 결코 화두 참구가 아니다.

왜냐하면 의심이 결여되었기 때문이다.

無는 생각을 완전히 차단시켜 곧바로 진리로 안내하는 장점이 있다. 즉 화두 참구의 힘(추진력)이 강한 자에게는 최상의 수행 방법이다.

그러나 화두 참구의 힘이 약한 자에게는 無가 잡을 곳이 너무나 빈약하여, 스스로 지칠 수가 있다는 단점이 있다.

자신에게 가장 큰 의문을 일으키는 화두를 선택하는 것이 가장 좋다! 자기 주도적 학습!

자신이 불철주야 노력해서 스스로 부처가 되는 것이니, 남에게 의지하지 말라!

"남에게서 찾는 일 절대 말지니, 나와는 아득히 멀어지리라!"

"모든 수행자는 자신을 등불로 삼고, 진리를 등불로 삼을 일이지,

타인을 등불로 삼지 말라!"

어쨌든 24시간 화두 참구가 지속되면 조금씩 길은 열릴 것이다.

모든 생각과 의식이 사라지고 無와 하나가 될 때, 비로소 알게 된다.

생각의 사량 분별로 헤아리면 백 년이 아니라, 천 년을 참구해도 無를 뚫지 못한다. 모든 생각과 분별을 내려놓고 無와 하나가 되어라.

완전한 無 자체가 되어라. 물아일체(物我一體)!

모든 화두 참구가 그렇듯이 자신의 생명을 바쳐서라도, 반드시 뚫고야 말겠다는 간절하고, 절박하고, 강인한 마음이 없이 결코 뚫을 수가 없다.

수행자의 불멸의 의지!

문득 무(我空 수준)를 알았다고 해도 본래면목(法空 수준)을 뚫지 못한다면, 수행은 계속되어야 한다!

수행의 완전한 끝은 본래면목(절대 진리)을 확철하게 아는 것이다!

반드시 "부모미생전" 화두를 박살 내고 지나야 함을 수행자는 명심해야 한다! 이것이 수행의 완전한 끝(무상정각)이다. 견성성불!

돈오돈수!

그러면 평상심이 절대 진리가 된다.

무!

선객: 개는 부처가 될 수 있습니까?

호천: 멍멍!

송: 개에게 불성이 없다는 말에

　　진돗개가 조주를 물어뜯네.

　　고통을 못 참고 비명을 지르며

　　개에게 불성이 있다고 외치네.

*혜능- 남악- 마조- 남전- 조주- 광효

9. 선문염송 1133칙- 부상좌, 부모미생전 본래면목

상좌: 부모에게 태어나기 전에 콧구멍이 어디에 있습니까?

고산: 지금 태어났는데 콧구멍이 어디에 있습니까?

부상좌가 긍정하지 않았다.

상좌: 그대가 나에게 물으면, 내가 대답하겠습니다.

고산: 부모에게 태어나기 전에 콧구멍이 어디에 있습니까?

상좌: 단지 부채만 흔들었다.

평: "부모미생전 본래면목(父母未生前 本來面目)" 화두를 보면, 항상 향엄선사가 생각난다.

인류 역사상 가장 똑똑하다고 해도, 결국 이성적 사고의 틀 안에서 망상에 망상을 무한 제곱할 뿐이다. 공허한 착각의 제국!

그럼 이성이 생각할 수 없는, 이성 밖의 영역은 과연 무엇인가?

이 미지의 세계는 오직 위대한 부처만 아는 나라이다. 부처의 국토!

위대한 향엄도 "부모미생전"의 최후에 은산철벽을 넘지 못해서, 절치부심하는 처절한 수행 과정을 거쳤음을 결코 잊지 말라!

각설하고, "부모에게 태어나기 전에 나는 어디에 있었는가?"라는 대답으로, 부채를 흔드는 것이 과연 답이 될 수가 있을까?

반드시 스스로 확철하게 깨우쳐서 밝혀야 한다. 부처의 관문!

부상좌가 "부모에게 태어나기 전에 콧구멍이 어디에 있습니까?" 라고 물었을 때, 내라면 부상좌의 코를 힘차게 잡아서 비틀었을 텐데 정말 아쉽다. 하하!

허공에 피노키오의 긴 코가 있는데, 잡아서 비틀 자는 없는가?

부모에게 태어나기 전에 살았던 고향의 주소를 알지 못한다면, 절대 진리와 완전히 상관없음을 결코 잊어서는 안 된다! 결코 착각해서도 안 된다.

본래면목 화두를 대표하는 투톱 "부모미생전"과 "나는 누구인가" 는 같은 화두다. 이 은산철벽은 모든 은산철벽의 최후의 관문이다! 역대 조사들의 관문!

뚫고 지난다면, 바로 완전한 깨달음(내외명철)을 얻는다. 즉 자신이 부처다! 배울 것이 없는 할 일 없는 한가한 도인! 돈오돈수!

배울 것이 없다(絶學)! 수행할 것이 없다(絶修)! 깨달을 것이 없다(絶悟)!

반드시 최후의 관문을 산산이 조각내고, 화두의 심장에, 심장에 검을 꽂아야 한다!

화두의 답은 삼라만상을 철저하게 돌고 돌아서 360도 원점에 서면, 바로 그때 보일 것이다!

중생 때 바라보던, 바로 있는 그대로의 모습과 똑같다.

남자는 남자고 여자는 여자고, 강은 강이고 하늘은 하늘일 뿐!

이렇게만 된다면, 가는 곳마다 삼라만상의 영원한 주인공이다.

부모에게 태어나기 전에 살았던, 그리운 고향의 주소는 무엇인가?

고산: 부모에게 태어나기 전에 나는 어디에 있었는가?

호천: 조주 영감, 독이 든 조주의 차나 한 잔 주시오.

송: 황폐한 죽음의 땅이 새로운 생명의 땅이 되고

　　완전한 죽음의 끝이 영원한 생명의 시작이 되리.

　　뜨거운 땀과 노력 없이 결실을 맺을 수 없고

　　절박하게 애끊는 빛의 마음이 모든 것을 이루리.

*덕산- 설봉- 부상좌, 고산,　위산- 향엄- 대안

5. 위대한 스승들의 간절한 말씀

수행자가 화두의 전체적인 윤곽을 볼 수 있고, 진리의 핵심이 무엇인지 한눈에 파악할 수 있게 구성했다.

화두(진리)에 대한 전체적인 설명을 먼저 해서, 화두의 실마리를 잡을 수 있게 자세하게 서술했다.

그러니 수행자는 온 생명을 다해서 어떻게 해서든지 단서를 낚아채서, 화두의 심장부(본래면목 화두)로 곧장 파고들어 가서 화두의 심장에 검을 꽂아야 한다!

위대한 스승들의 간절한 한마디를 알기 위해서 글과 언어에 천착하지 말고, 스승이 말한 의미를 파악하는데 주력해야 한다!

결코 글과 언어 속에는 길이 없다. 절대 세계의 언어!

화두의 글, 언어, 행동은 생각의 영역 밖에 있는 격외구(格外句)다!

그렇기 때문에 아무리 생각으로 이해하려고 해 보아도, 결국 편협하고 왜곡된 생각과 이성의 울타리 안이다.

망상과 분별을 무한 제곱하여 쌓아올린 착각의 철옹성!

눈동자 없는 데카르트야, 명백하게 알겠는가?

어쩌면 화두는 스승이 던진 질문에 대답을 하는 것이 아니라,

그 질문의 함정을 산산이 부수고 살아서 나오는 것이다.

여하튼 위대한 스승들의 간절하고 절박한 한마디를 꿰뚫어 볼 수 있게, 두 눈을 크게 뜨고 온 마음을 다해서 노력하라.

그러면 반드시 열반(不生不滅)의 문 즉, 부처의 국토로 가는 길 없는 길을 찾을 것이다. 단지 이것뿐!

10. 선문염송 1431칙- 부대사, 부처와 어설픈 동거

부(傅) 대사가 말하였다.

: 밤마다 부처를 안고 자고, 아침마다 함께 일어난다.

　서나 앉으나 항상 서로 따르고, 말하거나 침묵하거나 같이 산다.

　털끝만큼도 서로 떠나지 않아서, 몸과 그림자가 서로 따르는

　것과 같다.

　부처님이 가신 곳을 알려고 하는가?

　단지 이 말소리가 그것이다.

평: 이렇게 위대한 설법이 있었다는 말인가! 너무나 간절하고 친

절하고 자세하다. 부대사의 사자후!

24시간을 언제나 함께 하면서도, 어째서 모르는 것일까?

모른다는 것이 오히려 하나의 신비한 기적 같은 일이다.

이렇게 자세하게, 완벽하게 설명을 하는데, 어째서 알지 못할까?

그것은 너무나 가깝게 있기 때문이다. 그래서 알 수가 없다.

사물에 눈을 대고 보면 무엇인지 알 수 없듯이. 악!

이러니 눈먼 당나귀 소리를 듣는 것은 너무나 당연하다. 하하!

"아는 만큼 보이고, 아는 만큼 행동하고, 아는 만큼 절제해야 한

다."는 말처럼 수행자에게 절제는 미덕이다.

"절제한다는 것"은 마음을 항상 관찰하고 있다는 것이기 때문에,

연기(허상)와 같은 생각의 환영에 끌려 다니지 않는다.

수행자여, 24시간 항상 깨어 있어라! 절대 사람들에게 속지 말라!

부대사가 피눈물을 흘리며, 간절한 노파심에서 마지막 문구까지

명명백백하게 밝혔다.

"단지 이 말소리가 그것이다!"

"이 말소리"는 부처의 말이고, 조사의 말이고, 꽃의 말이고, 새의 말이고, 바람의 말이다. 절대 세계의 신성한 소리!

허공과 바위의 말을 알아들 때, 부처님 가신 곳을 알게 되리.

유정설법(有情說法)! 무정설법(無情說法)! 불가사의한 말!

숲속을 날아다니는 참새가 과연 무슨 말을 했는가?

웅장한 폭포 소리가 도대체 무슨 말을 했을까?

부처와 어설픈 동거 생활을 끝내고, 자신의 진정한 부처와 영원히 함께 찬란하게 살아보자.

선객: 부처님 가신 곳을 알고 싶습니다.

호천: 부처의 사자후 삐악삐악!

송: 사랑하는 나의 여인아

　　조금 더 가까이 다가와서

　　달콤하게 속삭여 다오.

　　나를 영원히 사랑한다고.

*부대사: 傳大士, 497~569년, 양나라 거사, 양무제를 귀의시켜
　　　중국 불교 발전에 기여함.

11. 선문염송 28칙- 부처, 거문고의 맑은 소리

부처: 너는 집에 있을 때, 무슨 일을 했느냐?

사미: 거문고를 즐겨 탔습니다.

부처: 거문고 줄이 느슨하면 어떻더냐?

사미: 울리지 않습니다.

부처: 줄이 너무 팽팽하면 어떻더냐?

사미: 소리가 끊어집니다.

부처: 느슨함과 팽팽함이 알맞으면 어떻더냐?

사미: 맑은 음향이 고루 퍼집니다.

부처: 진리를 배우는 것도 또한 그렇다.

평: 거문고의 맑은 소리를 내기 위한 것이나, 진리를 배우기 위한 것은 같다.

절대 진리를 배우는 것은 마음(생각)이 느슨해서도 안 되고, 팽팽해서도 안 된다.

"느슨하다는 것"은 게으름과 바르지 못한 견해이다. 이것은 꾸준하게 독서를 하고 자신의 마음을 관찰하면, 바른 방향으로 갈 수가 있다.

앞선 벗들(부처와 조사)의 삶을 보면서 배우기 때문이다.

"팽팽하다는 것"은 육신을 고행시켜도 안 되고, 급하게 기(氣)를 끌어올려 상기병(上氣病)에 걸려서도 안 된다.

맑은 소리를 내기 위한 자연스러운 상태가 가장 좋다.

느긋하게 수행하면 깨달을 날을 기약할 수가 없고, 조급하게 수행하면 여러 가지 부작용으로 몸이 망가진다. 지속적인 깨어 있음을 유지하라.

서두름은 모든 일을 망치는 지름길이고, 게으름도 모든 일을 망치는 지름길이다.

항상 중도(中道 어느 쪽에도 치우치지 말고, 모든 것을 전체적으로 아우르는 마음)를 잊지 말라!

그렇기에 마음이 느슨하지도 않고 팽팽하지도 않은 가장 적당한 상태에서, 맑고 청아한 소리가 나듯이 연주하고 노래를 불러야 한다.

맑고 투명한 소리가 끊기지 않게, 마음의 음계를 잘 조율해야 한다.

또한 수행에 너무 집착해서도 안 되고, 그렇다고 화두를 잊고 산송장처럼 살아서도 안 된다.

24시간 낱낱이 깨어 있음을 유지하라. 수행의 과정이 이와 같다.

이렇게 되어야 순리대로 가는 것이고, 순조롭게 진리를 얻을 수 있다.

줄 끊어진 거문고를 연주할 수 있는 자는 과연 누구인가?

송: 애잔한 탱고의 선율이 울려 퍼지니
    청춘의 남녀가 정열적으로 춤추네.
    음악에 맞춰서 탱고가 끝이 나니
    박수 소리가 파도처럼 밀려오네.

*부처- 가섭- 아난- 우파국다- 제다가- 미차가

12. 선문염송 1014칙 - 운문, 호떡과 만두

운문이 대중에게 말하였다.

: 소리를 듣고 도(道 진리)를 깨닫고

　색(色 형태)을 보고 마음을 밝힌다고 하는데,

　어떤 것이 소리를 듣고 도를 깨닫고

　색(色 모양)을 보고 마음을 밝히는 것인가?

손을 들며 말하였다.

: 관세음보살이 돈을 가지고 와서 호떡을 샀구나!

손을 내리며 말하였다.

: 원래 만두였구나!

평: 운문의 설법이 너무나 자상하다. 마치 엄마가 어린아이에게 글을 가르치듯이.

눈물까지 겨운 간절한 마음을 담았다. 무한한 사랑과 자비!

그러나 수행자는 눈도 없고 귀도 없으니, 어쩌란 말인가!

이 설법에서 눈도 뜨고, 귀도 열어야 한다.

이렇게 자세하게 보여 주는데 알지 못한다면, 얼마나 안타깝겠는가?

"소리를 듣고 도를 깨우침"은 향엄이 "딱" 하는 대나무 소리에 도를 깨우친 것이고, "모양을 보고 도를 깨우침"은 영운이 복숭아꽃을 보고 도를 깨우친 것이다.

소리를 듣고 진리를 깨우치는 것은 이근원통이다!

이근원통은 아무리 강조해도 지나침이 없을 정도로, 수행법의 핵심 중의 핵심이다! 관세음보살의 끝없는 사랑!

형상을 보고 진리를 깨우치는 것은 안근원통인데, 상대적으로 알기가 어렵다.

그래서 안근보다는 이근원통이 주수행법이 되는 것이다.

손을 드는 것은 안근원통이요, 말하는 것은 이근원통이다.

이 설명은 수행법의 핵심 중의 하나이다. 반드시 이해하고 주수행법으로 정진해야 한다.

설혹 소리를 듣고 알고 눈으로 보아서 알았다고 하더라도, 본래면목을 알지 못한다면 진리와 무관하다! 명심해야 한다. 착각 금지!

눈동자 없는 까치가 깍깍거리며 쏜살같이 뛰어간다.

피자를 먹었을까 아니면 붕어빵을 먹었을까? 하하!

"반야심경" 소리가 들리는 곳으로 가니, "반야심경"을 암송하는 자가 아무도 보이지 않는다.

도대체 누가 "반야심경"을 읽은 것일까?

송: 아름드리 가로수 사이로 호젓이 걸어가니
    산새들이 흥겹게 평화의 노래를 부르네.
    홀연히 바람이 불고 먹구름이 몰려오니
    천둥의 섬광이 번쩍이며 대지에 꽂히네.

*설봉- 운문- 향림, 위산- 향엄, 영운

13. 선문염송 1211칙 – 안국, 문수·관음·보현의 문

안국선사가 대중에게 말하였다.

: 내가 여기에서 죽과 밥을 먹는 인연으로 형제들에게 말하는 것은, 영원히 변하지 않는 진리는 아니다.

요점을 이해하고자 한다면, 오히려 강산과 대지가 그대들에게 밝혀줄 것이다. 그 진리가 영원하고 또한 완전하다.

문수의 문으로 들어가는 자는, 모든 무위(無爲)의 법(一切無爲)과 흙, 나무, 기와, 자갈이 그대의 깨우침을 도울 것이다.

관음의 문으로 들어가는 자는, 모든 선악(善惡)의 소리와 나아가 두꺼비나 지렁이가 그대들에게 법을 말해 줄 것이다.

보현의 문으로 들어가는 자는, 걸음을 옮기지 않고 도착할 것이다. 내가 지금 세 가지 방편문(方便門)을 그대들에게 제시하였다.

마치 한 토막 부러진 젓가락으로 넓은 바다를 저어, 그 속에 사는 고기와 용들에게 물이 생명의 근원임을 알게 해 주는 것이다.

알겠는가?

지혜의 눈으로 명백하게 밝히지 않는다면, 그대 멋대로 온갖 재주를 부리더라도 완전하지 못할 것이다.

평: 문수의 문은 눈으로 진리를 아는 것(眼根圓通)이고,

관음의 문은 소리로 진리를 아는 것(耳根圓通)이고,

보현의 문은 뜻으로 진리를 아는 것(意根圓通)이다.

안국의 설법이 너무나 명확하고 명백하다. 이보다 더 자세할 수는 없다.

그러나 이 모든 것은 우리가 평소에 사용하고 있는 것이다.

그래서 항상 깨어 있는 자신을 바라보아야 한다. 마음 관찰!

허나 우리가 일상생활 속에서 항상 쓰고 있으면서도 알지 못하니, 눈먼 독수리가 맞다. 악!

연기법, 이근원통, 화두, 진언 등등 이것들이 무르익으면 자연히 길은 열릴 것이다. 길 없는 길! 시절인연(時節因緣)!

눈으로 알고, 소리로 알고, 뜻으로 아는 이것을 모두 초월해서, 완전한 절대계(부처의 국토)의 진리는 살아 숨 쉬고 있다.

바다에 빨대를 꽂아 바닷물을 모조리 마실 수 있는 때가 되면, 비로소 그때 진리가 무엇인지 알게 되리.

부처의 광명 지혜로 삼라만상의 두두물물을 명명백백하게 밝히지 못한다면, 그대가 온갖 신통묘용(神通妙用)을 부리더라도 겹겹의 은산철벽 앞에서 한 맺힌 백골만 남길 것이다.

송: 문수의 문은 꽃, 나무, 새, 바위, 허공이고

     관음의 문은 참새, 까치, 까마귀의 소리이고

     보현의 문은 걸어서 영원히 갈 수 없는 곳이네.

     세 개의 관문을 부수고 나면 무엇을 볼 수 있으리.

*천황- 용담- 덕산- 설봉- 현사- 안국

14. 선문염송 1328칙- 수산, 질문과 대답

수산이 대중에게 말하였다.

: 진리의 요점을 얻으려면, 절대 질문을 가지고 묻지 말라. 알겠
  는가?

　질문은 대답한 곳에 있고, 대답은 질문한 곳에 있다.

　그대가 만약 질문으로 질문한다면, 노승이 그대들의 발밑에 있다.

　그대가 만약 말을 하려고 하면, 진리를 깨달을 길이 없다.

그때 어떤 스님이 나와서 절을 하니, 수산이 후려쳤다.

평: 진정으로 진리를 알고 싶다면 질문을 아끼고, 의심의 덩어리
를 계속 키워가라! 이 과정에서 자신도 모르는 사이에, 진리에 조
금씩 접근하게 될 것이다.

"질문은 대답한 곳에 있고, 대답은 질문한 곳에 있다."는 문구가
너무나 자세하다.

이곳에서 반드시 뼈저리게 느껴야 한다. 왜인가?

질문과 대답이 일어나는 장소는 같다! 그 장소(진리)를 바라보라.

항상 깨어 있는 마음으로 자세하게 관찰하라. 회광반조(回光返照)!

그럼 생각이 일어나는 근원(自性)을 보게 될 것이다.

생각이 탄생하는 근본 바탕이 절대 진리의 본래 모습이다!

이것을 밝히면 수행은 완전하게 끝이 난다. 돈오돈수(頓悟頓修)!

그러나 망상 속에서 망상을 더해서 질문해 본들, 무슨 의미가 있
겠는가?

설혹 답을 알았다고 해도, 그 답은 자신의 답이 아니다.

아무리 생각을 곱해서 생각을 해 본들, 결국 협소하고 왜소한 생각과 이성의 공간 안이다. 끝없이 맴도는 생각의 혼돈상태!

진정으로 진리의 실체를 알고 싶다면, 의심의 덩어리를 계속 키워가라!

이 의심 덩어리(의단)가 극한에 가면, 스스로 터지든지 아니면 스스로 소멸할 것이다. 그때 절대 진리가 무엇인지 직접 보게 된다.

동서남북으로 꽉 막혀 있는, 시체 같은 수행자에게 무슨 한계가 있겠는가?

사통팔달로 모두 막혔기 때문에, 오히려 모든 길이 부처의 국토로 통한다.

학인: 진리가 무엇입니까?

호천: 질문한 곳에 대답이 있다.

학인: 어째서 질문한 곳에 대답이 있습니까?

호천: 그럼 어디에 있다는 말인가?

송:　생각이 일어나면 형상에 함몰되니

　　　마음을 모아서 내부를 보아야 하리.

　　　마음을 하나의 곳으로 응집하면

　　　한없이 비어있는 텅 빈 고요를 보리.

*남원- 풍혈- 수산- 분양- 자명- 양기

15. 선문염송 104칙 - 바라제, 불성의 작용

바라제 존자께 이견왕이 물었다.

이견: 어떤 것이 부처입니까?

존자: 성품(性品)을 본 사람이 부처입니다.

이견: 스님은 성품을 보았습니까?

존자: 저는 불성(佛性)을 보았습니다.

이견: 성품은 어디에 있습니까?

존자: 성품은 작용하는 데 있습니다.

이견: 어떤 작용이기에 나는 지금 보지 못합니까?

존자: 지금 작용하는 것을 보고 있지만, 대왕 스스로가 보지 않고
　　　있습니다.

이견: 나에게도 있습니까?

존자: 대왕께서 작용하신다면 이것 아님이 없고, 대왕께서 작용하
　　　시지 않는다면 바탕조차 보기 어렵습니다.

이견: 작용할 때는 몇 곳으로 나타납니까?

존자: 나타날 때는 여덟 곳이 있습니다.

이견: 여덟 곳으로 나타나는 것을 저에게 설명해 주십시오.

존자: 엄마 뱃속에 있으면 몸이라 하고, 세상에 있으면 사람이라
　　　하고, 눈에 있으면 본다 하고, 귀에 있으면 듣는다 하고, 코에
　　　있으면 냄새를 맡는다 하고, 혀에 있으면 말을 하고, 손에 있
　　　으면 잡고, 발에 있으면 걸어 다니고, 두루 나타나면 우주 전
　　　체에 퍼지고, 거두어들이면 하나의 티끌에 있습니다.

　　　아는 사람은 불성임을 아나, 모르는 사람은 정혼(精魂 죽은

사람의 영혼)이라 부릅니다.

왕이 듣고 마음을 바로 깨달았다.

평: 너무나 자세한 문답이다. 이보다 더 자세할 수는 없다.

이것을 알아듣는 앎은 무엇인가?

이것을 알아듣는 자는 과연 누구인가?

또한 이것을 모르는 자는 도대체 누구인가?

항상 이것과 함께 있기 때문에, 오히려 가까워서 알기가 너무나 어렵다.

바라제가 생명이 없는 자들에게 뜨거운 혈액을 황급히 수혈한다.

"작용하면 이것(自性) 아님이 없고, 작용하지 않는다면 근본 바탕 조차도 알 수가 없다."

태어나서 죽을 때까지 언제나 함께 있지만, 모른다는 것이 오직 신비스러울 뿐이다. 삼라만상의 영원한 수수께끼!

성품(불성)을 알지 못하면, 살아 있어도 죽은 시체와 같다.

왜냐하면 거짓 자아의 꼭두각시 인형처럼 살아가기 때문이다.

심장이 없고 빨간 피가 흐르지 않는, 쇼윈도 안의 창백한 마네킹!

주인공아, 정신 바짝 차려라! 빨리 잠에서 깨어나라!

꼭두각시 인형의 무쇠 실을 끊어라! 그리고 우주 전체와 하나가 되어라!

이견: 어떤 것이 부처입니까?

호천: 삼라만상 그대로가 부처입니다.

이견: 스님은 삼라만상 그 자체입니까?

호천: 제가 삼라만상이고, 삼라만상이 제 자신입니다.

송: 눈이 있으면 자연의 풋풋함을 보고

　　귀가 있으면 소리의 아우성을 듣네.

　　이것을 알지 못하는 미천한 자는

　　숨 쉬고 살아 있어도 죽은 영혼이네.

*바사사다- 불여밀다- 반야다라- 바라제, 달마

16. 선문염송 1425칙- 승조, 시끄러움과 고요함

승조(僧肇) 법사가 말하였다.

: 생(生)과 사(死)가 번갈아들고, 추위와 더위가 바뀐다.

　물건이 움직이는 것은 사람의 일반적인 감정이지만,

　나는 그렇지 않다고 생각한다.

　왜냐하면 "방광경"에 "법은 가고 옴이 없고,

　움직이고 바뀜이 없다."라고 하였다.

　움직이지 않는 작용을 찾는데,

　어떻게 시끄러움을 버리고 고요함을 찾겠는가?

　반드시 고요함 속에서 모든 시끄러움을 찾아라.

　반드시 고요함 속에서 모든 시끄러움을 찾으므로,

　비록 시끄럽지만 항상 고요하다.

　시끄러움을 버리지 않고 고요함을 찾으므로,

비록 고요함이 시끄러움을 떠나지 않는다.

그러면 시끄러움과 고요함이 애초에 다르지 않지만,

미혹한 사람은 다르다고 생각한다.

평: 너무나 명확한 설명이고 너무나 쉽다. 어째서 쉬운가?

시장에 가면 바로 알 수 있으니, 얼마나 쉬운가! 하하!

자신이 시끄럽다고 생각하면 시끄러운 것이고, 고요하다고 생각하면 고요한 것이다.

이렇듯 시끄러움과 고요함의 기준은 지극히 개인적인 관점이다.

그럼 진정한 시끄러움과 진정한 고요함은 무엇인가?

시끄러움의 끝으로 가면 갈수록 고요함을 만나고,

고요함의 끝으로 가면 갈수록 시끄러움을 만난다.

사실 시끄러움과 고요함은 쌍둥이 형제다. 곧 하나다.

부모가 같은데, 어떻게 시끄러움과 고요함을 구별할 수 있겠는가?

시끄러움이 곧 고요함이요, 고요함이 곧 시끄러움일 뿐이다.

시끄러움과 고요함을 분간하는 앎(의식)이 무엇인가를 보라.

더 나아가면, 오직 그러할 뿐이다. 아주 시끄러운 시장에 가서 마음을 비우고 차분히 들어보라. 그러면 쉽게 확인할 수가 있다.

시끄러움은 시끄러움이 아니고, 고요함은 고요함이 아니다.

시끄러움 속에는 시끄러움이 없고, 고요함 속에는 고요함이 없다.

단지 시끄러움과 고요함을 구별하는 앎(본래면목)만 있을 뿐이다.

그 아는 놈이 누구인가를 탐구하라! 이것이 진정한 수행이다.

하지만 결코 말 속에서 길을 찾으려고 해서는 안 된다.

말은 단지 소리일 뿐, 더 이상의 의미가 없다. 무의어(無義語)!
양귀비야! 말 속에서 뜻을 찾으려고 하는 순간, 시장의 모든 자들
이 하얀 해골로 변할 것이다.

수많은 사람이 있는 시장의 와자지껄한 시끄러움과 사람이 아무
도 없는 산사의 적막한 고요가, 하나라는 것을 아는 앎은 도대체
무엇인가?

송: 산사에서 눈을 감고 고요히 좌선을 하는데
　　소녀들의 속삭임이 천둥의 메아리로 울리네.
　　불상의 미소가 가냘프게 번지는 것을 바라보니
　　소녀들이 남기고 간 속삭임이 부처의 설법이네.

*승조 법사: 384~414년, 중국 위진 남북조 시대 스님,
　　　　　"조론(肇論)" 저술.

17. 선문염송 1426칙- 승조, 공(空)과 색(色)

승조(僧肇) 법사가 말하였다.

: 공(空)을 공이라 할 수 있으면 참 공(空)이 아니요,
　색(色)을 색이라 할 수 있으면 참 색(色)이 아니다.
　참 색(色)은 형상이 없고, 참 공(空)은 이름이 없다.
　이름이 없는 것은 이름의 아버지요,
　색(色)이 없는 것은 색(色)의 어머니다.
　만 가지 법의 근원이며, 하늘과 땅의 큰 시조이다.

평: 진정한 형태는 형상이 없고, 진정한 비어 있음은 비어 있음이 아니다.

비어 있음(空·無相·非相)이 모양(色·實相·諸相)을 나타내고 모양이 비어 있음을 나타낸다.

비어 있음은 오직 비어 있음이고 모양은 오직 모양일 뿐이다.

고로 비어 있음이 형체가 있음이요, 형체가 있음이 비어 있음과 같다.

색즉시공 공즉시색(色卽是空 空卽是色)! 실상무상(實相無相)!

완전한 깨달음(대원경지)은 삼라만상과 하나의 몸이 되는 것이다.

나와 남이 없고 모두가 한바탕이자 전체성이고 평등성일 뿐인데, "무아(無我)"라는 단어는 초라하기 짝이 없는 말이다.

얼핏 깨달은 자들이 "무아"라는 단어를 즐겨 쓰는 것을 알 수가 있다.

완전한 깨달음의 정의는 텅 비어 있지만 꽉 차 있고, 밝다면 아주 밝고 어둡다면 칠흑같이 어둡다. 시간과 공간이 없는 불생불멸의 자리이고 모든 것이 한바탕이다. 불이(不二)! 중도(中道)! 절대 평등! 구체적으로 설명하자면 끝도 한도 없다. 그리고 모두 설명을 할 수도 없다.

비유하면, 우주를 소유한 주인이 우주의 모든 것을 지배하고 있지만, 우주 전체에서 일어나는 모든 일을 자세하게 설명할 수 없는 것과 같다!

어쨌든 이것을 체득하지 못했다면, 깨달음과는 아무런 상관이 없다. 그것은 화두 책을 보면 바로 알 수가 있다. 생과 사의 심판관!

다른 사람들을 모두 속일 수는 있어도, 자신이 몰라서 막히는 부분을 어찌 속일 수 있으랴! 저승사자가 미소 짓고 기다릴 뿐이다.

시간과 공간 속에서 늙어가고, 죽음이 다가오는 것을 보면 스스로 잘 안다. 하하! 가소로운 헛것아!

그대의 시계는 잘 돌아가고 있는가 아니면 고장이 났는가?

진리의 실체 즉 삼라만상이 생겨나는 근본 바탕을, 무엇이라고 이름 지을 수 있겠는가?

편의상 신(神), 부처, 진리, 도(道), 깨달음, 불성, 진여, 성품, 참나, 진아, 주인공, 본래면목 등등으로 부를 뿐이다.

그러므로 진리는 진리가 아니고, 죽음은 죽음이 아니고, 부처는 부처가 아니다. 단지 이름이 진리요, 이름이 죽음이요, 이름이 부처다.

달리 말하면, 부처는 똥 막대기요, 녹슨 고철이요, 먹다가 남은 개 뼈다귀다.

송: 상쾌한 하늬바람이 스치고 지나가니

　　가로수가 하늘하늘 유연하게 춤을 추네.

　　대자연의 말 없는 무정설법에 감사하며

　　미소 지어 건강한 대자연에 화답하네.

18. 선문염송 676칙- 덕산, 부처도 없다

덕산이 대중에서 말하였다.

: 나의 견처는 그렇지 않다. 여기에는 부처도 없고, 법도 없다.

달마는 늙고 누린내 나는 오랑캐이고,

십지보살(十地菩薩)은 똥을 짊어진 놈이고,

등각·묘각(等覺·妙覺)은 파계한 범부이고,

보리·열반(菩提·涅槃)은 당나귀를 매는 말뚝이고,

십이분교(十二分敎)는 귀신의 상처 고름을 닦아내는 휴지이고,

사과삼현(四果三賢)과 초심십지(初心十地)는 오래된 무덤을

지키는 귀신이고 스스로 구제하지도 못하고,

부처는 늙은 오랑캐의 똥 막대기이다.

평: 완전한 진리를 아는 자에게 모든 것은 오직 찬란한 방편일 뿐이다!

절대계의 진리 속에는 그 어떠한 것도 있을 수가 없다! 즉 한 물건도 없다! 사람도 없다! 부처도 없다! 삼라만상도 없다!

그러나 대중들에게 설명을 하기 위해서, 부득불 감미로운 방편을 만들어 말한 것일 뿐이다. 사랑의 만병통치약 방편!

그런데 대중들은 이 방편이 진실인 양 알아듣기 때문에, 여기에서 많은 문제가 발생한다.

말을 말로써 이해하려고 하기 때문에 문제가 야기되지만, 본질을 파악하려고 한다면 아무런 문제는 없다.

말 속에는 결단코 진리가 존재할 수 없음을 명확하게 알아야 한다!

말은 절대 진리를 포장한 포장지일 뿐이다. 화려한 포장지 속에서 결코 진리를 찾지 말라.

매혹적으로 치장한 아름다운 여인의 진짜 얼굴을 보라!

부처와 조사가 속인 것이 아니라 진리의 실체를 제대로 파악하지 못하고, 이해가 부족했기 때문에 속았다고 생각하는 것이다.

부처가 "49년간 설법을 무수히 해놓고, 죽을 때 한마디도 하지 않았다."고 했다. 이 말을 이해하지 못하는 자는 팔만대장경을 모두 외우고 있다손 치더라도, 모두 악마의 말만 아는 것일 뿐이다.

언어의 쇠말뚝에 얽매여 벗어나지 못하는 자는 영원히 깨우칠 수가 없다.

글과 언어 속에서 불교의 정수를 찾으려고 하는 자는, 절대 진리의 이단아이자 반역자다!

절대 진리는 말 속에 있지 않고, 텅 빔과 꽉 차 있는 속에 있다.

그러니 말에 속지 말라. 또한 이 책의 말에도 속지 말라.

내가 하는 말도 진리를 설명하기 위해서, 어쩔 수 없이 포장지에 담아서 말하고 있을 뿐이다. 껍데기에 현혹되지 말고 진리의 진실이 무엇인가를 보라! 안록산아!

덕산의 방망이 맛은 참으로 달고 맛있다. 심술궂은 마귀할멈!

언제쯤 몽둥이의 무한한 자비를 알 수 있을까? 딱! 아야!

나의 견처는 우주 전체가 텅 비어 있어 아무것도 없다!

오직 화려한 빛깔의 끝없는 축제일 뿐! 스펙트럼 빛깔의 꿈!

삶은 단지 "이 순간"을 사는 것이다. "이 순간"을 산다는 이것만, 불멸의 진실이고 영원한 진리이다. 이 순간의 마법!

"이 순간"은 한없는 절대 세계의 시간과 공간을 함축하고 있다!

나머지는 오직 찬란한 방편일 뿐이다.

나는 지금 한국 사회에 살기 때문에, 한국 문화에 따라서 하루를 보낸다.

단지 이것만 진실이고, 나머지 모두는 신비로운 노을과 무지갯빛 같은 환영일 뿐이다.

부처도 없고 팔만대장경도 없다! 달마는 유흥지에서 취해 비틀거리는 알코올 중독의 취객이고, 조주는 옆집 개를 잡아먹는 개 도둑이고, 덕산은 몽둥이로 무조건 때리는 미친놈이고, 대혜는 오직 화두만 고집하는 사이코패스고, 열반(生死一如)은 집집마다 있는 숟가락과 젓가락이고, 팔만대장경은 온 우주를 떠돌아다니는 악마들의 추악한 유언비어이고, 부처는 모든 사람을 병들게 하는 치명적인 전염병 같은 악성 바이러스다!

또한 부처와 조사는 게이머이고, 수행자는 게임 속의 캐릭터이다.

게이머는 게임에 관심도 없고 승패에도 관심 없지만, 캐릭터에 관심은 있다.

그러나 캐릭터는 계속 능력을 끌어올려야 한다. 약한 캐릭터는 게임 속에서 죽는다.

수행은 게임 속의 캐릭터가 캐릭터라는 사실을 알고, 캐릭터가 게이머가 되는 것이다! 천지개벽! 이것이 곧 수행의 완성이다.

부처와 조사에게 불교라는 비천한 종교는 없다!

모든 깨달은 자에게 불교뿐만 아니라 어떠한 종교도 없다!

왜냐하면 자신이 곧 삼라만상의 모든 것이기 때문이다.

대도무문(大道無門)! 독야청청(獨也靑靑)!

송: 모든 것은 공허한 이름과 명칭일 뿐인데

어리석은 자들은 스스로를 얽어매네.

허망한 언어의 장벽을 뚫고 지나가면

허공처럼 트여 하얀 구름 한 점도 없네.

*천황- 용담- 덕산- 암두- 나산- 명초

19. 선문염송 900칙- 용아, 도를 배우는 것

용아가 대중에게 말하였다.

: 도를 배우는 것은 나무를 비벼 불을 일으키는 것과 같고,

연기가 나기 시작해도 그만두지 말라.

샛별이 나타날 때까지 기다려서,

집으로 돌아가야 비로소 도착하게 된다.

평: 나무를 비벼서 연기가 나면, 진리에 한 발을 디딘 것이다.

그러나 여기에서 멈춘다면, 불꽃이 활활 타는 것을 어찌 알겠는가?

반드시 불꽃을 일으켜서, 모든 것을 태워버려야 완전한 수행이 끝

이 난다! 견성성불! 돈오돈수!

하지만 수행자들이 연기를 보고, 진리라고 착각하는 경우가 허다

하니 경계하고 경계해야 한다.

마치 수박 겉을 핥고, 빨간 알맹이를 먹었다고 속이는 것과 같은

이치다. 이 지점에서 착각 도인이 탄생하는 것이다.

언제나 내가 있다는 것(我相)이 모든 비극의 원천이다!

선(禪)으로 말하자면, 무기(無記)의 경계에 빠져서 살아 있는 송장이 된 것이다. 이 지점에서 여러 가지 착시현상이 일어난다.

수행자여! 우리는 완전한 깨달음의 정의가 무엇인지 알고 있다.

그렇다면 완전한 깨달음을 정복하여 삼계의 주인공이 되어야 한다.

그런데 자기 자신을 속이고 주위를 속인다면, 그 누구라서 이런 자들을 구제할 수 있겠는가!

온 우주의 주인공이 되어야지, 그림자 부처가 되어서는 안 된다.

거짓 자아에게 속아서 종신형 꼭두각시 인형 계약을 맺지 말라!

위대한 수행자여, 자신의 독립 투쟁을 언제 시작할 계획인가?

언제쯤 내 속에 잠자고 있는, 자신의 부처를 해방시킬 수 있겠는가?

결국 진리를 체험하는 것은 종이를 완전히 태워 버리는 것과 같다.

그런 연후에 새벽 창공의 샛별을 보게 되면, 그 샛별은 2600년 전에 싯다르타가 바라보던 그 샛별임을 알게 될 것이다. 이렇게 되어야 모든 수행이 완전하다.

불타는 횃불을 찾던 절박한 방랑자가 하얀 연기까지 얻었구나.

악!

송: 우주 전체에 찬란한 빛은 가득하고
　　마음은 억겁의 세월 속에서 노니네.
　　빛깔과 그림자는 한없이 흘러가는데
　　나의 자리를 찾지 못해서 애달프네.

*석두– 약산– 운암– 동산– 용아– 보자

20. 선문염송 904칙- 용아, 스스로 깨달음

용아가 대중에게 말하였다.

: 강과 호수는 사람을 막을 마음은 없지만, 그때 사람들이 건너가
  지 못했기 때문에 강과 호수가 사람을 막은 것이 되었다.
  조사와 부처는 사람을 속일 마음은 없지만, 그때 사람들이 꿰뚫
  지 못했기 때문에 조사와 부처가 사람을 속인 것이 되었다.

선객: 어떻게 하면 조사와 부처에게 속지 않습니까?

용아: 반드시 스스로 깨달아야 한다.

평: 용아선사의 말을 명심해야 한다. 모든 잘못은 자기 자신에게
있다!

강과 호수를 건너지 못하는 것은 자신의 게으름 때문이고,

부처와 조사를 넘지 못하는 것은 자신의 자기 방치 때문이다.

반드시 스스로 깨달아서, 부처와 조사의 목을 모두 베어버려야
한다.

그래야 모든 후환을 없애는 것이고 곧 자신이 천상천하 유아독존
이 되는 것이다.

그런 후에 감히 허공과 우주, 부처와 조사 따위가, 어떻게 대자유
인의 앞길을 막을 수 있겠는가!

그대가 가는 길은 그대가 곧 길이고 대도(大道)이며, 삼라만상 모
든 곳으로 열려 있고 당당하게 걸어가면 된다.

"어느 곳에서나 주인이 된다면, 서 있는 곳마다 모두 참된 곳이다
(隨處作主 立處皆眞)!"

불행하게도 깨닫지 않으면, 진실과 방편을 구별할 수 있는 부처의 광명 지혜는 없다!

그래서 방편을 진실로 알고 열심히 수행하지만, 결과물이 나오지 않으니 부처와 조사를 욕하는 것이다.

이것은 수행자들이 말 속에서 진리를 찾다 보니, 궁극적인 본질이 무엇인가를 제대로 파악하지 못했기 때문이다.

그러니 하찮은 산맥과 바다가 가야 할 길을 막은 게 되는 것이다.

산맥이 나의 앞을 가로막으면, 터널을 뚫고 지나가면 된다.

또한 바다가 나의 앞을 가로막으면, 한 잔의 술잔에 가득 부어 원샷으로 마시면 그만이다. 하하!

현상계의 마지막 지점(大無心地, 大死)에서 절대계로 가는 다리가 없다고 해서, 어떻게 다리를 탓하겠는가! 다리 없는 다리를 놓고 건너면 되는 것이다. 불멸의 의지!

결국 부처와 조사의 말과 글에 얽매이지 말고 이것을 초월해야 한다.

이것은 모든 수행자들이 겪는 공통적인 과정이자 분모이니, 결코 슬퍼하거나 분개하지 말라.

삼계의 주인공이 되는 것이 쉽다면, 무엇하러 30년간 참구하겠는가!

온 우주에서 가장 어려운 것이, 삼라만상의 영원한 주인공이 되는 것이다.

반드시 스스로 깨달아서 모든 부처와 조사를 죽이고, 삼계를 모조리 불태워 버려야 한다!

그러면 삼라만상의 진실이 무엇인지, 스스로 명명백백하게 보게
될 것이다.

선객: 어떻게 하면 조사와 부처에게 속지 않습니까?
호천: 분서갱유(焚書坑儒).

송:　하얀 화선지에 그려진 애꾸눈 달마는
　　　파란 눈동자가 빛나는 더벅머리 미남.
　　　음흉한 달마에게 기원하는 소원성취는
　　　자신의 간절한 광명의 마음이 이루네.

*동산- 조산, 운거, 건봉, 소산, 용아

21. 선문염송 1025칙- 운문, 수행자의 병

운문대사가 대중에게 법문을 하였다.
: 명백하게 깨닫지 못하는 것에 두 가지 병이 있다.
　모든 것에 분명하지 못해서 눈앞에 사물이 있는 것이 하나다.
　모든 것이 공(空)이라는 사실을 꿰뚫고도,
　은은한 한 개의 사물이 있는 것 같아
　역시 명백하게 깨닫지 못한 것이다.
　또한 진리의 몸(法身)에도 두 가지 병이 있다.
　부처의 몸(法身)에 이르고도 법에 집착하여 잊지 못하면,
　자신의 견해가 아직도 마음에 남아 있어

진리의 몸에 집착하는 것이 하나다.

비록 꿰뚫더라도 놓아 버린다면 자세하게 점검할 수가 없어,

무슨 호흡의 기운이 남아 있겠는가?

이것 역시 병이다.

평: 이 법문을 보면 나의 과거가 떠오른다. 정확하게 모르겠지만 30대 중후반쯤, 눈앞에 투명한 막 같은 것이 있어 세상을 바라보면 항상 답답했다.

어떤 때는 머릿속의 뇌를 끄집어내어, 차디찬 얼음물에 씻고 싶다는 생각을 참 많이 했다.

세상을 바라보고 있어도, 깔끔하지 못함에서 오는 갑갑함이 마음속에 늘 있었다.

이 답답한 마음을 그 누가 알겠는가! 벙어리 냉가슴 앓듯이 미친놈처럼 오직 혼자서 괴로울 뿐이다. 오~ 회한의 세월이여!

"눈앞의 사물"과 "은은한 한 개의 사물"은 내가 경험한 "투명한 막"과 같은 것이다. 즉 산의 정상(구경각)으로 갈수록 범위가 좁아지기 때문에, 유사한 경험을 하게 된다!

아마도 이것은 수행의 최후의 지점으로 가고 있음을 나타내는 징후일 것이다. 즉 생각, 의심, 노력의 한계 지점(대무심지·大死)에 서서히 가까워지는 현상이지 싶다.

그리고 완전하게 죽어가는 과정이기도 하다. 산송장이 되는 지점!

한 번 더 강조하지만, 완전하게 죽은 자리(大死)에서 완전하게 살아나야 (大活), 완전한 깨달음을 얻는다!

우선 완전하게 죽는 것이 핵심이다! 완전하게 죽지 못하고 어설프게 살아난다면, 모든 부처의 말과 모든 화두를 꿰뚫을 수가 없다! 또한 견성성불과 돈오돈수도 모른다! 현상계의 마지막 지점(大死)을 모르기 때문에, 알 수도 없고 설명할 수도 없다!

완전하게 죽지 못하고 어설프게 살아난 사이비와 인간의 가면을 쓴 악마들은, 입으로는 부처의 흉내를 내지만 스스로를 속이고 있을 뿐이다. 간악한 마조의 오줌싸개들!

왜냐하면 모든 부처의 말과 화두를 알 수가 없기 때문이다.

특히 화두의 은산철벽을 지날 수가 없다. 하하! 망상하는 똥싸개야!

그래서 설명적인 책은 쓰지만, 화두 책을 쓰지 못하는 것이다.

설혹 화두 책을 쓰더라도 낮은 수준이며, 헛소리 같은 책이다.

한국에서 나온 화두 책 중에서, 성철의 "본지풍광"만 바른 책일 뿐이다!

나머지 모두 어처구니없는 헛소리 같은 책이다. 설혹 아니라고 하더라도 수행자에게 도움이 되지 않는다.

수행 과정에서 이 부분이 항상 궁금했다. 깨달았다고 하는 자들이, 어째서 화두 책을 쓰지 않을까 하는 의문이 항상 있었다.

어쨌든 사이비와 악마들에게 속아서 천추의 한을 남기지 말라!

이 책의 찬란한 빛이 삼라만상의 모든 곳을 그림자 없이 밝혀, 극악무도한 사이비와 악마들을 영원히 소멸시킬 것이다!

각설하고, 이 법문은 한 마디로, 완전한 깨달음(무심무념)을 얻지 못했기 때문에 나타나는 현상이다!

수행자여, 자신에게 진실하지 못하면 영원히 완전한 깨달음을 이룰 수가 없다! 자신을 속이지 말고, 모든 화두를 꿰뚫을 때까지 전전하라! 중중첩첩의 1700공안의 관문!

결국 수행자의 모든 병에 원인은 스스로를 기만하고 속이기 때문이다!

"모른다고 생각하는 그 놈(앎)"을 반드시 밝혀라!

자신이 깨우쳤다고 생각이 되면, 마땅히 "선문염송"을 읽어야 한다!

하나의 화두도 막히는 것이 없다면, 해탈지견에 의해서 스스로 부처라는 사실을 명백하게 안다!

그러나 스스로를 점검하지 않는다면 이것 역시 자신을 속이고, 에고에게 속는 추악한 악마의 종자일 뿐이다!

절대 진리를 확철하게 꿰뚫지 못했기 때문에 헛것이 보인다.

자신에게 조그마한 의문이 남아 있다면, 그 의문의 뿌리를 완전히 뽑아내야 한다.

자신이 참구하는 화두를 산산조각 내고 나면 알게 될 것이다.

모든 것, 사물과 소리조차도 계속적으로 비어가고 허하다가 마지막 순간, 찰나에 꽉 차는 시점이 온다. 모든 것이 한바탕이라는 것을!

깨닫기 전에는 항상 어느 한 곳이 허함을 느끼지만, 깨닫고 나면 그 허함은 꽉 참으로 채워진다.

그래서 영원한 배고픔이 사라지는 것이다.

드디어 깨달은 부처가 되었다. 그 순간 천지가 개벽함을 알 것이다.

내가 이성적으로 알고 있는 모든 것이 잘못되었음을 안다.

자기 자신이 본래면목에서 그냥 이유 없이 나타나는, 하나의 영상(허상)과 같은 존재라는 것을!

그래서 인생은 덧없는 꿈이자 즐거운 여행이다. 날마다 신나는 소풍!

그러나 자기 자신이 있다(我相)고 생각하는 순간, 영원한 중생의 비극이 시작되고 악몽의 꿈이 시작되는 지점이 바로 여기다.

우리가 보는 현상계(현실)는 모래성 위에 쌓아놓은 환상의 성이다. 공허한 사상누각(沙上樓閣)! 무상한 공중누각(空中樓閣)!

그런데 어리석은 인간들은 영화의 스크린(佛性) 위에서 일어나는 허상(환영)을, 하나라도 더 가지기 위해서 불타는 목마름 속에서 매일 살아간다.

있지도 않은 것을, 잡을 수도 없는 것을 더 가지려고 하는, 영상 위의 사람들이 살아가는 모습을 상상해 보라.

얼마나 어처구니없는 아이러니인가! 보이는가?

사막을 헤매다가 갈증이 극에 달했을 때, 신기루의 오아시스가 보일 것이다.

이 오아시스는 자신의 간절한 마음(생각)이 만든 욕망의 덫이다.

그곳에 가면 환영의 오아시스는 없고 끝없이 펼쳐진 사막뿐이다. 무한한 절망 속에서 서서히 다가오는, 자신의 처참한 죽음만 마주 볼 뿐이다. 마치 우리의 타는 듯한 목마른 삶과 같다. 생각, 욕망, 갈증, 배고픔, 허함은 고통이다.

한편으로 보면, 우리는 바닷물의 한 방울 물과 같은 존재이다.

바닷물에서 나와 각각 다른 모양으로 또 각기 다른 곳에서 살아가지만, 우리의 고향은 바다이기에 우리는 하나다. 불이(不二)! 중도(中道)! 일진법계(一眞法界)! 오직 하나! 절대 평등!

바다에서 나와서 강과 호수, 구름과 비, 나무와 꽃, 콘크리트와 바위, 사람과 개의 모습으로 살아가지만, 결국 바다가 고향인 것은 같다.

그래서 우리는 모든 것을 사랑해야 하고, 아니 사랑할 수밖에 없는 것이다.

따지고 보니 모든 것이 나의 몸이요, 모든 것이 바로 나이기 때문이다!

송: 절대 진리를 꿰뚫지 못하는 것은
　　진실한 자신을 속이기 때문이고
　　순수한 자신을 꿰뚫지 못하는 것은
　　거짓 자아에게 완전히 속기 때문이네.

*설봉- 운문- 쌍천- 덕산- 개선- 불인

22. 선문염송 1312칙- 수산주, 작은 그릇 소리

　　수(修) 산주(山主)가 송하였다.
　　불교는 작은 그릇 소리요
　　조사의 뜻은 잠꼬대이다.
　　잠꼬대와 작은 그릇 소리를
　　분명하게 잘 기억하라.

인적이 멀리 끊어진 곳에서

머리를 모아 이야기를 나눈다.

알면 매우 기특하고

모른다 해도 괜찮다.

평: 불교의 목탁 소리는 새들의 합창보다 못하고, 조사의 뜻은 술주정뱅이의 헛소리보다 못하다.

새들의 합창과 술주정뱅이의 헛소리를 분명하게 기억하라.

이것이 진리이기 때문이다. 이근원통(耳根圓通)!

사람들이 아무도 보이지 않는데, "반야심경"을 낭송하는 소리가 들린다.

알면 당연하고, 몰라도 당연하다.

알면 아는 앎이 진리이고, 모르면 모르는 앎이 진리이다!

"안다, 모른다."는 사실을 아는 놈은 도대체 무엇인가?

다시 말하면, 목탁 소리, 새들의 합창, 술주정뱅이의 헛소리, "반야심경" 소리, 사람들이 아무도 보이지 않는 것을 아는 앎이 분명하게 있다.

이것이 바로 자성(自性)이고, 자기 자신의 참모습이다.

본래면목을 아는 자가 부처이다. 부처가 진리를 알면 당연하고, 중생이 진리를 알면 부처가 된다. 하지만 몰라도 된다.

진리를 모른다면, 불행한 일이 생기지 않을까? 몰라도 괜찮다!

사는 동안 조금은 괴롭겠지만 즐길 수 있다면, 만사형통!

무엇보다도 후회를 남기는 삶을 살지 말라! 천추의 한을 남기지 말라!

이렇게 살 수만 있다면, 하찮은 부처와 조사 따위가 뭐 그리도 부럽겠는가?

태양이 떠오르니 아침이 밝아오고, 태양이 사라지니 어둠이 찾아온다.

이것을 모르는 자가 과연 누가 있겠는가!

그럼 그대는 보잘것없는 부처인가 아니면 위대한 범부인가?

모른다 해도 괜찮다! 오직 후회 없는 삶을 살아라!

눈먼 부처와 조사의 삶보다 후회 없는 삶이 더 위대하다!

송: 글씨 없는 경전을 보다가 잠시 졸았는데

　　　작은 그릇이 깨어지는 소리에 깨었네.

　　　귀 기우려 들어보니 주변은 고요하고

　　　나무아미타불이 아니라 도로아미타불이네.

*덕산- 설봉- 현사- 나한- 수산주(용제)

23. 선문염송 1355칙- 설두, 천 길 벼랑 끝

설두(雪竇)가 대중에게 법문하였다.

: 여러분은 진실하게 서로 도와주는 것을 알려고 하는가?

　다만 위로 우러러볼 것이 없고, 아래로 굽어볼 것이 끊어지면,

　자연히 불성(佛性)이 앞에 나타나서, 각자 천 길의 벼랑 끝에 서게 된다.

평: "벽암록(碧巖錄)"의 검신(劍神)다운 한마디다. 푸른 절벽의 끝 없는 벼랑 끝에 서면, 반드시 사악한 설두와 원오를 만날 것이다. 만나면 즉시 목을 베어라.

부처의 나라를 수호하는 사대천왕은 설두와 원오의 목을 가지고 오는 자만 통과시켜 주기 때문이다.

천 길 벼랑 끝에 서면, 최후의 관문만 남게 된다. 이 지점이 현상계 의 마지막 지점이다. 즉 수행의 99% 지점!

노력으로 다가갈 수 있는 최후의 종착역이다. 생각, 의심, 노력의 한계 지점(대무심지)이다!

이곳에서 절대계를 향한 "다리 없는 다리"를 지나야 하는데 너무 나 어렵다. 목숨을 걸지 않고서 결코 지날 수 없는, 부처의 관문임 을 명심해야 한다!

또한 거짓 자아의 천하무적 악마의 군대를 전멸시켜야, 절대계로 향한 길 없는 길을 볼 것이다.

거짓 자아의 백만 대군은 배수진을 치고 있다.

온갖 유혹적인 전술로 우리를 매혹시켜서, 절대 세계로 가는 길을 교묘하게 방해할 것이다.

절대계로 가면 에고는 죽기 때문에, 에고가 살아남기 위한 최후의 발악이다! 이곳에서 다양한 경계 체험을 하게 된다.

부처의 국토에 발을 디디는 순간, 악마의 백만 대군은 찰나에 소 멸한다.

왜냐하면 거짓 자아와 악마의 군대는 내 마음속에서 나타난 환영 (허상·영상)이기 때문이다.

거짓 자아, 악마, 은산철벽, 사랑과 증오, 삶과 죽음 등등 우리가 바라보는 모든 것이, 진리의 본래 바탕(佛性)에서 아무런 이유 없이 나타난 허상이라는 사실을 확철하게 아는 것이 완전한 깨달음이다!

나의 마음에서 우주 전체의 모든 것이 탄생한다는 사실을 명확하게 보게 된다!

부처의 나라에 도착하는 순간, 우주 전체의 모든 것과 하나가 된다. 삼라만상의 하나하나가 본래면목에서 나타나는 분신이자, 곧 내 자신이다.

이것을 통찰하여 체득하는 앎이 완전한 깨달음이다. 견성성불! 돈오돈수!

그러나 현상계의 마지막 지점에서 선지식의 도움이 너무나 절실하다.

만약 꼬인다면, 허송세월로 많은 시간을 낭비할지도 모른다.

최악의 시나리오는 백척간두(大死)에 서고도, 부처가 되지 못하고 중생으로 죽는 비극이다. 이런 불상사를 없애려면 바르게 가르치는 도인을 찾아가서, 절대계로 가는 안내를 받는 것이 현명하다.

황벽선사의 "선이 없는 것이 아니라, 선사가 없다."고 한 말을 되새기고, 되새겨야 한다! 사이비와 악마에게 속아서 천추의 한을 남기지 말라!

돌이켜보면, 나도 한 8년 가량의 시간을 허비하고 말았다. 하하!

송: 생각이 더 이상 다가갈 수 없는 곳에 도착하면

　　이것이 천 길의 벼랑 끝에 홀로 서는 것이네.

　　마음을 완전히 비우고 활인검과 하나가 되어

　　마지막 관문인 은산철벽을 베어야 끝이 나리.

*지문- 설두- 천의- 혜림- 장로- 자수

24. 선문염송 1358칙- 운개, 마음 아는 사람

운개가 대중에게 말하였다.

: 높음은 절정에만 있는 것이 아니고,

　부유함은 복되고 엄숙한 것에만 있는 것이 아니다.

　즐거움은 천당에만 있는 것이 아니고,

　괴로움은 지옥에만 있는 것이 아니다.

　서로 아는 사람은 천하에 가득하지만,

　마음 아는 사람은 과연 몇이나 되겠는가?

평: 높음은 산의 정상에 있고, 부유함은 착한 일을 많이 하면 생기고, 즐거움은 천국에만 있고, 괴로움은 지옥에만 있다.

이렇게 말한다면, 단지 5할만 알 뿐이다.

살아가다 보면, 즐거움과 괴로움은 언제나 교차한다. 즐거움이 괴로움이 되기도 하고, 괴로움이 즐거움이 되기도 한다.

그래서 즐거움은 오직 즐거움이고, 괴로움은 오직 괴로움일 뿐이다.

더 나아가면, 즐거움과 괴로움도 텅 비어 있다는 것을 본다.

그래서 즐거움이라고 할 즐거움이 없고, 괴로움이라고 할 괴로움
이 없다.

왜인가? 모든 것의 본질이 텅 비어 있기 때문이다. 비어 있기 때문
에 그 무엇으로도 채울 수가 없다.

하지만 중생들의 마음은 하나라도 더 소유하려고 하기 때문에, 이
지점에서 영원한 비극이 시작되는 것이다.

가진 자는 더 가지기 위해서, 없는 자는 조금 더 나아지기 위해서
앞만 보고 달린다. 마치 불의 황홀함에 도취되어 불 속으로 뛰어
드는 불나방처럼.

더 나아가면, 생각으로 더 이상 다가갈 수 없는 벽에 부딪히게 된다.

이 철옹성을 부수고 곧장 부처의 세계로 가면, 모든 것을 스스로
본다.

삶과 죽음, 부유함과 가난함, 높음과 낮음도 마찬가지다.

결국 모든 것이 텅 비어 있는 공(空·無相·非相)의 세계라는 것을 보
게 된다.

높음 속에 가면 높음은 없고, 부유함 속에 가면 부유함은 없고,

삶 속에 가면 삶은 없고, 죽음 속에 가면 죽음은 없고,

천국 속에 가면 천국은 없고, 지옥 속에 가면 지옥은 없다.

내가 원하는 곳에 가면, 내가 원하는 것은 완벽하게 없다!

왜인가? 우리가 눈으로 바라보는 모든 것의 실체가, 손으로 잡을
수 없는 텅 비어 있는 것이기 때문이다.

실상무상(實相無相)! 제상비상(諸相非相)!

이것을 가장 쉽게 이해하는 방법은 "연기법"이다.

눈앞에 빵이 있다. 빵을 구성하는 밀, 계란, 크림, 물, 불, 땅, 바람, 농부의 땀방울, 태양, 우주 등등 각자의 자리로 되돌려 보내면, 빵이라는 실체는 사라진다.

빵은 빵 아닌 요소로 구성되어 있다! 곧 색즉시공(色卽是空)!

빵의 실체는 연기적(임시적·가상적·영상적·허상적) 존재이다.

이 설명은 방편적인 설명 방법이다. 하지만 눈에 보이는 것이 실체라고 생각하는 자에게 너무나 유용한 설명 방법이다.

여하튼 진리를 알고 "이 순간"을 살아간다면, 삶과 죽음, 천국과 지옥, 부유함과 가난함, 높음과 낮음이 없고, 오직 같을 뿐이다.

진리의 본질은 한바탕인 평등성이기 때문이다. 절대 평등 안에는 선택하는 마음이 없기 때문에 오직 하나일 뿐이다. 불이(不二)!

이 진리를 아는 자가 인류 역사상 과연 몇이나 되겠는가?

운개: 마음 아는 사람은 과연 몇이나 되겠는가?

호천: 누가 마음을 모르는가?

송: 들꽃은 나를 보고 들꽃처럼 살라 하고
     참새는 나를 보고 참새처럼 살라 하고
     허공은 나를 보고 허공처럼 살라 하네.
     대자연과 마주 보고 빙그레 미소 짓네.

*설봉- 운문- 향림- 지문- 운개, 설두

25. 선문염송 1421칙- 원오, 온몸이 마음

원오가 대중에게 말하였다.

: 온몸이 눈이라 해도 볼 수가 없고, 온몸이 귀라 해도 들을 수가 없고, 온몸이 입이라 해도 말할 수가 없고, 온몸이 마음이라 해도 살펴볼 수 없다.

온몸은 그만두고, 만약 눈이 없다면 어떻게 보며, 귀가 없다면 어떻게 들으며, 입이 없다면 어떻게 말하며, 마음이 없다면 어떻게 살펴볼 수 있겠는가?

만약 여기서 하나의 길을 떼어 낸다면, 옛 부처와 함께 법회에 참여할 것이다. 말해 보라! 누구에게 배우는가?

평: 눈이 있어도 볼 수 없고, 귀가 있어도 들을 수 없고, 입이 있어도 말할 수 없고, 마음이 있어도 알 수 없다.

어째서 항상 사용하고 있으면서도 알지 못하는가?

눈이 없어도 보고, 귀가 없어도 듣고, 입이 없어도 말하고, 마음이 없어도 알 수 있다.

이것은 누구에게 배우는 것이 아니라, 단지 알 뿐이다! 불멸의 앎!

예를 들면, 소리를 알아듣는 앎은 그저 알아차릴 뿐이다.

보고, 듣고, 말하고, 마음(생각)을 알아도 진리는 알 수가 없다.

눈이 없고, 귀가 없고, 입이 없고, 마음이 없을 때, 비로소 절대 진리를 안다!

시중에 나와 있는 책들을 읽어 보면, 소리를 알아듣는 "이것"이 진리라고 말을 한다. 또한 "이것"이 진리라고도 한다.

물론 확철대오한 경지(내외명철)에서는 진리가 맞다.

그러나 단순히 알아듣는 "이것"은 진리와 아무런 상관이 없다.

단지 "이것"이 진리라고 한다면, "이것"은 아주 낮은 수준일 뿐이다.

방편적으로 하는 말이지, 궁극의 진리와는 천국과 지옥의 거리만큼 차이가 난다. 결코 착각해서는 안 된다. 소옥아!

예컨대, 누가 부르면 대답을 한다. 자세히 보면, 누가 부른다는 것을 분명히 "아는 앎"이 있다. 이것을 진리(自性)라고 부르는 것이다.

물론 확철한 경지(완전한 깨달음)에서는 맞다.

그러나 이것은 피상적으로 아는 것일 뿐이다. 수박의 겉을 핥고 나서 수박을 먹었다고 말하는 것과 같다. 헛된 허상아!

자신에게 지금, 시간이 없고, 공간이 없고, 불생불멸, 불구부정, 부증불감인지 확인해 보라!

이것이 가장 간단하게 진리를 알고, 모르고를 가르는 기준점이다.

시간과 공간 속에서 자신이 죽어가고 있다면, 자신을 속이지 말고 불철주야 노력하라.

진정한 수행자라면, 스스로의 수준을 잘 알 것이다.

그리고 책을 읽다가 모르는 벽에 부딪히면 반드시 밝혀야 한다!

이것이 진실한 수행자의 본분이다.

단지 "이것"을 아는 것이 진리(견성)라고 한다면, 대답을 해 보라.

옛 부처와 함께 배우는데, 스승의 이름이 무엇인가?

스승의 이름은 제쳐두고, 옛 부처는 누구인가?

이 질문에 대답을 할 수 있는 자는 스스로를 알 것이고, 대답을 할 수 없는 자는 스스로를 볼 것이다.

악! (큰 소리로 외침, 임제의 할!)

이 소리의 무게가 얼마인가? 모른다!

바로 "모르는 앎"이 진리이다! 이 "모르는 앎" 또는 "아는 앎"을 밝히지 못한다면, 진리와 아무런 상관이 없다!

진리의 핵심은 "모른다고 생각하는 이 놈의 정체"를 밝히는 것이다!

이 놈의 정체를 밝히지 못한다면, 결코 망상해서는 안 된다.

알겠는가? 꿈꾸고 있다는 것을! 망상하는 헛것아!

그래서 방편적으로 "오직 모를 뿐"이라고 말을 하는 것이다.

진리를 얼핏 본 얼치기들의 말 또는 어설픈 방편에 속아서, 칠흑 같은 밤길을 헤매는 방랑자가 되지 말기를 간절히 기원한다.

주인공아, 깨어 있어라! 언제나 마조의 오줌싸개들(我空)에게 속지 말라!

눈 있는 자와 봉사는 아름다운 강산을 보지 못하고,

귀 있는 자와 귀머거리는 웅장한 교향곡을 들을 수 없고,

입 있는 자와 벙어리는 자상한 돌하르방과 대화를 할 수가 없다.

이 문제를 해결하지 못한다면, 불법(佛法)은 소멸할 것이다.

원오: 옛 부처와 함께 법회에 참여하여, 누구에게 배우는가?

호천: 비바시불(毘婆尸佛).

송: 없다면 아무것도 없어 혼란스럽고

    있다면 무엇이든 있어 혼란스럽네.

    소리를 듣는다면 메아리가 아니고

    빛깔을 본다면 대자연이 아니네.

*오조- 원오- 호구- 응암- 밀암- 송원

26. 선문염송 364칙- 위산, 부처가 머무는 곳

앙산: 어떤 곳이 참부처가 머무는 곳입니까?

위산: 생각 있음과 생각 없음의 오묘함을 생각함으로써,

　　　신령스러운 불꽃의 끝없음을 돌이켜 생각하라.

　　　생각이 다하여 근원으로 돌아가면 성품(불성)과 형상이 늘

　　　머물고, 사물과 이치가 둘이 아니어서 참부처가 여여(如如)

　　　하다.

앙산은 이 말에 문득 깨달았다.

평: 어떤 문제에 부딪히게 되면, 마음(생각)이 혼란스럽고 안절부절못하는 그 자체에 끌려가지 말라.

반대로 마음과 생각이 혼란스러워하고, 어지러워하는 그 자리를 주의 깊게 바라보라. 회광반조!

자세히 바라보면, 혼란스러운 자리도 없고, 안절부절못하는 마음도 없다. 이 혼란스러운 마음은 본래 텅 비어 있고, 이것이 일어나는 경계(근원)도 본래 텅 비어 있다.

수행 과정에서 명심해야 할 것은, 경계(경계 체험)를 법(진리)으로 잘못 알아서는 안 된다!

경계 체험은 수행 과정에서 겪는 하나의 신비한 현상일 뿐이다.

절대 세계로 가는 과정에서, 마음이 순수해지면서 보게 되는 다채롭고 불가사의한 경험이다.

결코 집착해서는 안 된다. 그럼 길을 잃게 된다. 경계 체험은 진리

와 아무런 상관이 없다!

수행의 본질은 마음(생각)을 없애는(비우는) 것이지, 다른 곳에서 진리를 찾지 말라!

생각 있음과 생각 없음의 오묘함을 생각함으로써, 생각이 태어나는 근본 바탕(自性)을 밝히라는 것이 위산의 위대한 가르침이다!

이것을 투철하게 꿰뚫어 밝힌다면, 모든 수행은 끝이 난다.

돈오돈수!

너무나 간결하고, 진실하고, 직접적인 촌철살인 같은 한마디다.

"회광반조(回光返照)"는 빛을 돌이켜 반대로 비춘다는 말이지만, 본뜻은 보고, 듣고, 냄새 맡고, 맛보고, 움직이고, 생각하는 그 자체(性品)를 되돌아서 보라는 것이 핵심이다.

대상으로 향하는 마음을 돌이켜서, 마음(생각)이 일어나는 장소 즉 마음 자체(근원)를 되돌아보는 것이다.

이것은 본래면목(진리)을 바로 보기 위한, 선(禪)의 중요한 수행 방법 중의 하나이다. 회광반조!

이 과정에서 마음 자체와 대상물이 하나가 되는 순간이 온다.

이 순간에 시간과 공간이 없고, 주관과 객관이 없고, 거리감이 전혀 없는 주객 합일의 경험 등등 오직 하나가 되는 경험을 하게 된다.

이것은 깨달음의 한 부분을 본 것이다. 즉 진리를 얼핏 엿본 순간이다.

하지만 완전한 깨달음이 결코 아니다! 착각 금지!

이 이후에는 텅 빈 공(空)의 현상이 더욱 심화되어 감을 본다.

완전한 비어 있음으로 가는 과정이다. 실상무상(實相無相)!

더불어 세상을 있는 그대로 보기 위한 과정이기에, 바라보는 세상
의 만물이 너무나 투명하고 참신한 신비로움으로 보인다.

이것이 무르익어 가다 보면, 자신의 인연처에서 완전한 깨달음
(일진법계)의 순간이 온다.

앙산: 어떤 곳이 참부처가 머무는 곳입니까?

호천: 발길 닿는 곳마다 참부처를 만난다.

송: 3월의 상쾌한 아침

    살짝 움직이는 동백꽃.

    아~ 바람이 지났구나.

    진리의 눈부신 빛이여!

*백장- 위산- 앙산- 남탑- 파초- 흥양

27. 선문염송 144칙- 혜충, 무정의 수기

승려: 경전에는 유정(有情 생물·중생)이 부처가 되는 것만을 보았
    지, 무정(無情 무생물·우주)이 수기(受記 미래에 부처가 된다
    는 예언)를 받는 것은 보지 못했습니다.

    이제 현겁(賢劫 현재)의 천(千) 부처 가운데, 누가 무정의 부
    처입니까?

혜충: 마치 황태자가 아직 왕위를 받지 않았을 때 단지 하나의 몸
    뿐이지만, 왕위를 받은 뒤에는 국토가 모두 왕에게 속하는

것과 같다.

어찌 국토와 별개로 왕위를 받겠는가?

지금 유정이 수기를 받아 부처가 될 때 우주 전체(十方)의 국토가 모두 부처님의 몸인데, 어찌 따로 무정(無情)이 수기를 받는 일이 있겠는가?

평: 자신이 부처가 될 때 삼라만상 전체와 한바탕이 되는 것인데, 여기에 무엇이 있어 유정과 무정을 나누겠는가?

삼라만상 모든 것이 내 자신이고, 내 자신을 나타내는 각각의 다른 모양에 지나지 않는다. 즉 본래면목에서 함께 태어난 형제다.

마치 영화의 스크린 위에 나타나는 영상들이 우리가 지금 보는 세상이고, 우리 자신은 영화의 스크린과 같은 것이다.

그래서 영화의 스크린과 영상은 하나이며 같다.

그런데 영화의 스크린(본래면목)은 어떻게 생겼는지 아무도 모른다.

그래서 신비로운 것이다. 삼계의 주인장인 부처도 모른다.

그러나 영상은 저절로 이유 없이 나타난다. 정말 묘하고 묘한 것이다.

이것이 우리가 삶이라고 여기는 것에 대한 진정한 실체이고 진실이다.

이 순간 유정과 무정이라는 말은 정말 초라하다.

또한 유정설법과 무정설법이라는 말도 발붙이고 서 있을 곳이 없다.

오직 하나! 절대 평등! 불이(不二)! 중도(中道)!

모든 것은 허상이지만, 허상이 실체라는 사실을 확철하게 아는 것이 완전한 깨달음(일상삼매)이다.

그러니 우리는 지구라는 별에 여행을 온 여행객이니, 삶을 신나게 살고 여행을 즐기면 되는 것이다. 날마다 유쾌한 하루!

그리고 미래에 부처가 된다는 예언(수기) 같은 것은 없다!

오직 불철주야 노력해서 자신의 부처를 만나는 것이다.

"밝고 밝게 깨닫고 보면 한 물건도 없고, 사람도 없고, 부처도 없다."는 영가(증도가)의 말을 모르는가?

도대체 누가 있어, 도대체 무엇이 있어, 미래를 예언하여 맞출 수 있겠는가?

불교의 절대 진리는 생사일여, 무생법인, 불생불멸!

만약 미래의 예언과 윤회가 있다고 한다면, 불교의 사형 선고!

삼라만상의 모든 것은 오직 자신의 마음이 만든다! 이것이 진실이다.

만약 이런 예언이 있다고 하는 놈은, 100% 사이비이자 인두겁을 쓴 악마이니 결코 속지 말라!

부처는 자신의 존재가 무엇인지 아는 자다. 오직 이것뿐이다.

우주 전체의 모든 것이 어떻게 탄생했는지 아는 사람이 부처다!

번뇌 망상이 절멸하여 투명한 유리를 통해서, 온 우주를 바라보는 신성한 천리안을 가진 사람!

부처의 능력은 고뇌, 아픔, 고통이 소멸한 곳에서, 삼라만상을 있는 그대로 보는 자일 뿐이다. 더 이상도 더 이하도 아니다.

부처에게 초월적인 능력이 있을 것이라고, 마음대로 상상하지 말라!

한계 없는 망상 금지!

이것은 경전 소설가들이 쓴, 판타지 경전 소설의 부정적인 영향이
자 치명적인 폐해다!

부처는 오직 일 마친 사람이며, 부처는 오직 생각이 소멸한 사람
일 뿐이다. 오직 이것이 진실이다.

승려: 이제 현겁(賢劫 현재)의 천(千) 부처 가운데, 누가 무정의 부
　　　처입니까?

호천: 유정(有情)과 무정(無情)이 있다면, 내게 보여 주게.

송: 텅 비어 있음이 삼계의 무한한 아버지요
　　　꽉 차 있음이 삼계의 영원한 어머니네.
　　　절대계가 각양각색의 환영을 투사시키니
　　　현상계의 모양이 천차만별로 나뉘네.

*승찬- 도신- 홍인- 혜능- 혜충- 탐원

28. 선문염송 549칙- 천황, 진리를 보여 줌

용담: 제가 이곳에 온 이후, 아직 화상께서 마음의 가장 중요한 정
　　　수(心要)를 가리켜 보이시지 않았습니다.

천황: 그대가 이곳에 온 이후, 나는 그대에게 마음의 요체(心要)를
　　　가리켜 보이지 않은 적이 없다.

용담: 어느 곳에서 가리켜 보이셨습니까?

천황: 그대가 차를 가져오면 나는 마셨고, 그대가 밥을 가져오면

나는 먹었고, 그대가 인사를 하면 나는 손을 들어 화답했는데,

어디가 마음의 요체를 보여 주지 않았다는 말인가?

용담이 우두커니 생각하는 사이에 천황이 말했다.

천황: 본다면 바로 보아야지 생각하면 어긋난다!

용담이 바로 알아차렸다. 그리고 다시 물었다.

용담: 어떻게 보림(保任)해야 합니까?

천황: 성품에 맡겨 자재하게 노닐고, 인연 따라 놓고 비워라.

다만 범부의 마음을 없애면 될 뿐, 달리 성인의 견해는 없다.

평: 천황이 자상하게 마음의 요체를 낱낱이 밝혀서 순간순간 보여 주었는데, 용담이 아직 눈을 뜨지 못해서 보지 못한다.

진리는 숨기려고 해도 숨길 수가 없다. 우주 전체에 찬란하게 드러나 있기 때문이다.

모든 무정물조차도 매 순간 설법을 하고 있는데, 유정물이야 말할 필요가 없다. 삼라만상에 나타나 있는 모든 것들이 설법을 하고 있다. 무정설법! 유정설법!

사실 진리는 닦을 필요도 없고, 물어볼 필요도 없다!

그러나 아직 눈을 뜨지 못했기 때문에 진리를 묻고 있는 것이다.

진리는 생각을 넘어서, 생각이 다가갈 수 없는 곳에 자리를 잡고 있다.

사량 분별로 알고 생각을 해서 아는 것은 진리가 아니라고, 천황이 명확하게 말하고 있다! 생각하면 영원히 어긋난다!

생각으로 아무리 생각해 보아도, 결국 생각이라는 이성과 관념의

범위 안에서 생각하는 것에 지나지 않는다. 편협하고 왜곡된 이성적 사고를 벗어날 수가 없다.

생각하고 분별해서 알려고 한다면, 어느 세월에 깨닫겠는가?

진리를 본다면, 즉시 알아차리면 될 뿐이다. 불멸의 앎(自性)!

수행자는 이 부분을 확실하게 알아야 한다. 그래야 허망한 착각에 빠지지 않는다.

매 순간 깨어 있는 마음을 유지하라. 그 순간 바라보는 모든 것이 오직 진리 그대로이다. 다른 곳에 진리가 있다고 생각하지 말라.

진리는 바로 "이 순간"에 눈부시게 빛나고 있다! 이 순간의 마법!

천황과 용담의 대화는 평상심이 진리(道)임을 말하고 있다.

천황은 일상생활 그대로가 완전한 깨달음이라는 사실을 온몸으로 직접 보여 주었다!

차를 가져오면 차를 마시고, 밥을 가져오면 밥을 먹고, 절을 하면 합장하여 화답한다. 이것이 절대 진리의 찬란한 빛이다.

부처는 단지 일 마친 중생일 뿐이다. 달리 부처의 견해가 있을 수 없다.

범부의 생각이 완전하게 절멸되고 나면, 범부 그대로 일 없는 부처가 될 뿐이다!

성인이라든지 부처라든지 하는 특별한 견해 따위는 추호도 없다.

송: 낙동강 하구에서 무심으로 낚싯줄을 드리우고
     다채로운 노을을 평화롭게 마음껏 즐기는데
     낚싯대가 요동을 쳐서 힘차게 들어올리니
     무지갯빛 인어 공주가 살며시 윙크 하네.

*석두- 천황- 용담- 덕산- 설봉- 현사

29. 선문염송 270칙- 마조, 자기 집의 보물

마조: 어디에서 오는가?

대주: 월주 대운사에서 옵니다.

마조: 여기 와서 무엇을 하려는가?

대주: 불법(佛法)을 구하러 왔습니다.

마조: 자기 집의 보물은 돌아보지 않고, 집을 버려두고 어디를 다
　　　니는가?

　　　여기에는 한 물건도 없는데, 무슨 불법을 구한다는 것인가?

대주는 바로 절을 하고 물었다.

대주: 어떤 것이 자기 집의 보물입니까?

마조: 지금 나에게 묻는 것이 그대의 보배다.

　　　모든 것이 갖추어져서 조금도 모자람이 없고 마음대로 쓸
　　　수 있는데, 어째서 밖에서 찾고 구하는가?

대주는 그 말에 자신의 근본 마음이 알거나 깨달음에 있지 않음을
알고, 기뻐 뛰면서 감사의 절을 하였다.

평: 내용이 정말 의미심장하다. 모든 수행자들이 처음에는 보물을
밖에서 찾으려고, 수많은 나날을 헤매면서 하얗게 밤을 지새운다.
그러다가 문득 자신 속에 보물이 있다는 것을 알게 된다.
이때부터 진정한 수행의 시작이다.
남에게서 찾는 일 절대 말지니, 나와는 아득히 멀어지리라!
수행자가 공통적으로 이런 과정을 겪을 수밖에 없다는 것은 오직

아픔일 뿐이다. 이것은 결국 자신의 부처를 찾아가는 숨 막히는 고독한 투쟁이다. 사필귀정(事必歸正)!

그러나 아기가 기고, 걷고, 뛰어다니듯이 어쩔 수 없는 과정이다. 이 과정 속에서 수많은 좌절과 고통, 즐거움과 행복을 맛보면서 성숙해 가는 것이다. 즉 인격의 성숙 과정이기도 하다.

사람은 무엇보다도 인격적으로 성숙해야 한다. 그래야 주위 사람들과 더불어 살아갈 수 있기 때문이다.

본래면목(진리) 측면에서 보면, 삼계에는 어떠한 보물도 없다!

아무리 눈을 씻고 찾아보아도 그림자의 흔적조차도 없다. 즉 본래 한 물건도 없다(本來無一物)! 사람도 없다! 삼라만상도 없다!

절대 세계는 텅 비어 있는 공(空)의 영역!

아무것도 없는 무(無)의 국토!

오직 꽉 차 있는 비어 있음(空)을 신비스럽게 아는 앎(불성)만 있다.

공적영지(空寂靈知)! 진공묘유(眞空妙有)! 성성적적(惺惺寂寂)!

하지만 우주 전체에 어떠한 보물도 없다는 것을 아는 것이, 최고의 보물이며, 자신의 부처이며, 삼계의 주인공이다!

진리의 근원에 온갖 이성적인 것들이 없음을 철저하게 알면, 360도 돌고 돌아서 제자리에 다시 서게 된다. 회한의 원점!

번뇌와 망상이 완전하게 소멸하면 이상향의 세계가 펼쳐지는 것이 아니라, 중생 때 바라보던 바로 그 세상이다.

이 세상을 찬란한 지혜 광명으로 스스로 비추어 아는 것뿐이다.

이렇게 된다면, 꽃은 꽃이요 새는 새일 뿐이다.

다른 것은 아무것도 없고, 예전에 보던 단지 그것일 뿐이다.

지극히 상식적인 삶! 평상심이 도(道)!

송: 비밀의 황금에 보물섬을 찾기 위해서
   꽃 피는 부산항에서 힘차게 출항하네.
   삼계의 어느 곳에서도 못 찾고 낙심하여
   부산항으로 되돌아오니 황금산이 빛나네.

*남악- 마조- 대주, 백장, 서당, 남전

30. 선문염송 10칙- 부처, 사람의 수명

부처님이 여러 사문에게 물었다.

부처: 사람의 수명이 얼마나 될까?

사문: 며칠입니다.

부처: 너는 아직 도(道 진리)를 깨닫지 못했다.

다시 한 사문에게 물었다.

부처: 사람의 수명이 얼마나 될까?

사문: 밥 먹는 사이입니다.

부처: 너도 아직 이치를 깨닫지 못했다.

다시 한 사문에게 물었다.

부처: 사람의 수명이 얼마나 될까?

사문: 숨 한 번 쉬는 사이입니다.

부처: 그렇다. 네가 진리를 아는구나.

평: 인간 세상은 한순간의 꿈이요, 무상함과 허무함이다.

나이가 들어갈수록 더욱 허함을 느낀다. 왜냐하면 허함, 비어 있음은 우리 삶의 본질이기 때문이다. 오~ 인생의 덧없음이여!

이 텅 비어 있음을 과연 무엇으로 채울 수 있겠는가?

텅 비어 있음을 채우기 위하여 현실에서 많은 불상사가 발생한다.

우리는 인생이 길다고 생각하지만, 지나온 과거를 돌이켜보면 한순간의 꿈결처럼 느껴질 뿐이다.

순식간에 지나가 버리는 바람의 공허한 아들과 딸!

사람의 수명이 몇 십 년도 아닌, 호흡하는 사이에 있다고 하니 얼마나 허망한 것인가?

하루살이의 위대한 1일 천하와 무엇이 다르겠는가?

이렇게 우리에게 주어진 시간이 찰나인데, 어떻게 게으름을 피우고 시간을 낭비할 수 있겠는가?

지금 "이 순간"을 잡을 수 없다면, 끝없이 이어지는 "영원한 시간"을 잡을 수 없는 것과 같다! 이 순간의 영원!

"우물쭈물하다가 내 이렇게 될 줄 알았네."라고 한탄을 해서는 안 된다. 이 말은 버나드 쇼의 묘비에 적혀있는 글이다.

그리고 나의 심장에 항상 꽂혀있는 말이기도 했다. 시간은 생명수!

자기가 하고 싶은 일이 있다면 머뭇거리지 말고 곧장 가서 하라.

우리에게 주어진 시간이 결코 길지 않기 때문이다.

단 한 번뿐인 이번 생애를 결코 헛되이 보내지 말라! 알겠는가?

눈먼 깨달음보다 후회 없는 삶이 훨씬 더 위대하다.

그러나 여러 가지 상황으로 할 수 없다면, 자신에게 주어진 삶에

충실하면서 "이 순간"을 살아가면 된다. 결코 슬퍼하거나 노여워
하지 말라.

삶은 자신의 목표를 이루는 것이 아니라, 순간순간의 과정에 있다!

목표를 향해서 앞만 보고 가는 자는, 삶의 본질이 역동적인 과정
에 있다는 것을 모른다. 이 순간의 기적!

걸어가는 한 걸음 한 걸음마다 빈틈없이 깨어 있어라!

마치 부처와 조사가 걸어가듯이 위풍당당하게 살아가라!

자신의 주위를 자세하게 관찰하면, 바라보는 모든 것이 순간순간
눈부신 아름다움으로 살아있음을 외치고 있다는 사실을 볼 것이다.

설혹 목표를 이루었다손 치더라도 만족은 잠시뿐이다.

왜인가? 모든 본질은 공(空·無相·非相) 즉 비어 있기 때문이다.

우리가 살아가면서 집착하려고 해도 집착할 것이 정녕코 없다.

우리가 잡으려고 하는 것은 한낱 신기루(허상)에 지나지 않는다.

이 본질을 알고 살아간다면, 현명하게 삶을 즐기며 살아갈 수가
있다.

우리는 먼지 같은 물질을 소유하기 위해서 살아가는 것이 아니라,
단지 "존재 그 자체"로서 위대하게 살아가야 한다!

대부분의 사람들이 모두 현실의 벽에 부딪혀 절개를 꺾고 사는 상
황에서도, 천년의 푸른 소나무처럼 홀로 절개를 굳세게 지키고 살
아가라. 초연한 선비의 독야청청(獨也靑靑)!

이것이 삼라만상의 영원한 주인공의 장엄한 삶이다. 무소유(無所有)!

무소유는 소유하지 않는 것이 아니라, 최소한의 필수적인 것만 가
지고 살아간다는 말이다. 여행자의 배낭!

또한 어느 순간에 불현듯 죽음이 닥쳐오더라도 상큼한 미소를 지으며 죽을 수 있도록, 항상 의연하게 미련 없이, 후회 없는 삶을 유쾌하게 살아가라. 우주 전체의 모든 형제들이여.

꽃을 사랑하는 마음으로 자신을 사랑하고, 가족을 사랑하고, 이웃을 사랑하고, 모든 것을 사랑해야 한다.

삼라만상 모든 것이 하나이자 곧 내 자신이기 때문이다.

서로 사랑하며 즐겁게 보내기도 너무나 짧은 시간이다.

그런데 우리는 미워하고 질투하며, 일이 잘 풀리지 않는다고 괴로워하며, 금빛 같은 시간을 허비하고 있다. 시간은 생명이니 아끼고 아끼자!

빛으로 시간을 무한하게 나누어서 고요하게 사용하라!

삼계의 제일검 운문의 비전 절기인 분광검법(分光劍法)!

특히 수행자는 여러 가지 조건과 환경에 개의치 말고, 굴하지 말고, 게으름을 피우지 말라.

곧장 가서 깨달음을 이루고 영원한 자유와 생명을 얻어라.

사람의 수명이 숨 한 번 쉬는 사이라면, 우리는 과거, 현재, 미래의 어느 시간 속에서 숨을 쉬고 있을까?

부처: 사람의 수명이 얼마나 될까?

호천: 사람이 있다면 데려오게, 그때 말해 주겠네.

송: 숨을 상쾌하게 마시며

마음 없는 무한한 빛의 평화.

숨을 상쾌하게 내쉬며

얼굴 없는 달콤한 설탕 미소.

*부처- 목련, 라훌라, 우바리, 수보리, 사리불

31. 선문염송 121칙- 남악, 좌선과 벽돌

남악이 마조가 좌선을 익히는 일에 몰두하는 것을 보고,

하루는 벽돌을 가져와 암자 앞에서 갈기 시작하였다.

마조: 벽돌을 갈아서 무엇을 하려고 하십니까?

남악: 거울을 만들려고 하네.

마조: 벽돌을 갈아서 어떻게 거울을 만들 수 있겠습니까?

남악: 벽돌을 갈아서 거울을 만들지 못한다면, 좌선을 하여 어떻
   게 부처가 될 수 있겠는가?

마조: 어떻게 하여야 옳습니까?

남악: 비유하면, 소가 수레를 끄는데 수레가 앞으로 가지 않는다
   면, 소를 때려야 옳은가? 수레를 때려야 옳은가?

평: 수행은 앉아서 좌선하는 것이 아니라, 일상생활 속에서 깨어
있는 마음으로 자신을 치밀하게 관찰하는 것이다.

마음을 관찰하는 것, 일에 대한 완전한 몰입, 화두 참구는 똑같은
것이자, 똑같은 방편이다.

생각이 일어나는 지점과 생각의 근본 바탕(自性)을 관찰하라!

좌선을 하여 부처가 되려고 하면 악마가 되고, 조용한 곳만 찾아 다녀도 역시 악마가 된다.

선(禪)은 그 어떠한 것으로부터 갇혀 있는 것이 아니라, 자연스러 운 대자연의 순리이며 대자유다. 거침없는 사자후!

좌선을 하여 부처가 될 수 없다면, 벽돌을 갈아서 거울을 만들 수 없다.

이것은 스승과 제자의 줄탁동시(啐啄同時)를 보여주는 위대한 예 이다.

깨달음을 위한 수단들 즉 이근원통, 연기법, 화두, 진언, 염불, 좌 선, 호흡법 등등 모두 찬란한 방편일 뿐이다.

절대 세계의 깨달음 속에 이런 형식들 따위는 전혀 없다. 즉 한 물 건도 없다! 사람도 없다! 부처도 없다!

좌선의 본질은 앉는 것이 아니라, 마음(생각)의 움직임을 철두철 미하게 관조하는 것이다.

언제나 자신의 내면을 바라보며 24시간 깨어 있음을 유지하라!

이것이 진정한 수행의 핵심이다. 마음 관찰!

화두 참구와 좌선만 고집하는 것도 너무나 바보 같은 짓이다.

부처는 연기법(위빠사나)으로 깨우쳤다. 부처의 입장에서 본다면, 화두와 간화선은 단지 사이비일 뿐이다.

그러나 절대 진리를 알지도 못하는 까막눈들이 아직까지도 화두 참구가 최고라고 하고, 연기법으로 깨우칠 수 없다는 악마의 말을 여전히 하고 있다. 모든 깨달은 부처들이 통곡할 일이다.

불교가 인도에서 중국으로 넘어오는 과정에서, 돌이킬 수 없는 치명적인 오류를 범했다.

그것은 바로 연기법과 이근원통 수행법을 말살시킨 것이다!

이것은 중국과 한국의 바보 같은 스승들이, 화두만 강조하는 사이코패스적인 편견 때문이다.

또한 중도(中道 완전한 깨달음)에도 벗어나는 치졸하고 치명적인 정신병이다.

어느 한쪽으로 치우친다면, 중도(中道)의 깨달음에도 위배된다!

사실 스승이라고 부르기도 부끄러운 개자식들이다. 보이는가?

지나간 일은 어쩔 수가 없다. 그러니 지금이라도 바른 눈을 가진 자들이 바르게 지도하여, 확철대오한 도인이 나올 수 있게 길을 활짝 열어야 한다.

이 부분을 빨리 바로 잡지 않으면, 부처의 씨앗이 소멸될지도 모른다.

도인이 나오지 않는다면, 수행은 아무런 의미가 없다! 오직 악마의 소굴일 뿐이다. 차라리 마음을 쉬는 것이 백 배, 천 배 더 낫다.

선문에서도 세속에 확철한 거사가 있다면, 이제는 배울 것은 배워야 한다. 유마거사에게 부처의 제자들이 배우듯이.

그래야 불교 내부도 신선하게 정화가 되고, 객관적으로 투명하게 더욱 더 공고해질 것이다.

각설하고, 육신을 괴롭히는 것은 결코 현명한 수행이 아니다.

마음을 거울처럼 투명하게 하면 할수록, 진리와 가까워지니 마음을 부단히 닦아가자.

628 _ 화두의 심장에 검을꽂아라

그러는 과정에서 진리의 문(不生不滅)은 분명히 열릴 것이다.

진정한 수행자는 모든 고난과 역경을 극복하고, 벽돌을 갈아서 반드시 거울을 만들어야 한다!

또한 어떠한 장애와 난관을 초월하여, 모든 생각을 완전히 소멸시켜 기필코 부처가 되어야 한다!

그런 연후에 소가 끄는 수레가 앞으로 가지 않으면, 수레를 조각조각 부수어 버리고 불고기 햄버거를 맛있게 먹으면 그만이다.

하하!

결국 자신의 옛 거울을 산산이 조각낼 때, 그때 삼라만상의 있는 그대로에 진실과 마주 볼 것이다.

송: 벽돌을 갈아서 거울은 만드나

　　좌선을 하여도 부처는 못 되네.

　　소가 끄는 수레가 가지 않으면

　　채찍으로 바퀴를 힘껏 때려라.

*혜능- 남악- 마조- 백장- 장경- 대수

32. 선문염송 1160칙- 남원, 스승과 제자

남원: 남방(南方)에서는 한 개의 주장자를 어떻게 생각하는가?

풍혈: 기특하다고 생각합니다.

풍혈이 오히려 선사에게 물었다.

풍혈: 여기에서는 어떻게 생각합니까?

남원이 주장자를 가로로 잡았다.

남원: 주장자의 끝이 무생법인(無生法忍)이며, 그때는 스승도 보지
　　않는다.

평: 주장자의 끝이 불생불멸(不生不滅, 生死一如, 無生法忍, 니르바
나, 열반, 해탈)인지 알면, 그때 사이비 스승은 보지 않는다!

비로소 가짜가 소멸하고 진짜가 출현하는 순간이다.

이 순간 어떻게 사이비와 인간의 탈을 쓴 악마가 설 자리가 있겠
는가?

사이비와 악마들은 사람들을 속이는 재미로 직업 삼아 살아가지
만, 진짜 부처가 출현하는 순간 소멸된다. 헛된 그림자야!

"주인공아! 언제나 사람들에게 속지 말라!"는 서암선사의 사자후
를 결코 잊지 말라!

사이비 스승(我空)이 사이비 제자를 양성하는 악순환의 고리를 반
드시 끊어야 한다! 거짓으로 완전 무장한 불교 테러 집단!

이 악의 무한궤도를 끊지 못한다면, 불교의 미래는 암울한 블랙홀
이다.

불타오르는 눈동자를 가진 진정한 수행자여, 알겠는가?

불교의 정법을 수호하는 진짜 선지식(法空)이 출현하지 않는다면,
불교는 점차적으로 죽어갈 수밖에 없다.

왜냐하면 불교는 흉악무도한 악마의 소굴이기 때문이다.

불교가 살기 위해서 아무것도 필요 없다. 오직 단 한 명의 진짜 부
처의 출현 말고는 해결책이 전무하다!

그리고 곳곳에 산재해 있는 사이비 제자 양성소도 철폐시켜야 한다.

흥선대원군이 국민의 피를 빨아먹는 추악한 서원을 철폐시켰듯이!

반드시 이렇게 되어야만, 조사선(祖師禪)의 양심을 회복하는 것이다!

사이비 제자 양성소의 시초는 "마조의 오줌싸개(我空)"들이다!

마조 이놈을 진작에 족쳤어야 했는데, 천추의 한이 남는 장면이다.

"마조의 오줌싸개"들이 남용한 통행증 때문에, 선(禪)의 기강이 극도로 문란해졌다.

불멸호, "천 년의 항해"에서 사이비들의 씨를 완벽하게 제거할 것이다.

불교의 정법을 수호하는 불멸호 사대천왕의 직인만 인정할 것이다!

싯다르타의 물이 없어도 시들지 않는 연꽃을 가진 자,

독이 든 조주의 차를 마시고 살 수 있는 자,

부처의 목을 베어버린 피 묻은 운문의 살인도를 가진 자,

"백장야호"의 성주인 황벽의 직인이 찍힌 통행증을 가진 자만 인정한다!

그리고 불멸호 선장(好天)의 통행증을 받고자 하는 자는 "해탈지견 5관문"을 지나와야 한다.

이 다섯 장의 통행증은 온 우주를 소유할 수 있는 불멸의 통행증이다!

불멸호에서는 덕산과 임제의 통행증도 인정하지 않는다.

혹 인정받고 싶은 자가 있다면, 덕산의 "보이지 않는 몽둥이"를 가진 자와 임제의 "소리 없는 할"을 가진 자는 5할만 인정해 주겠다.

또한 설봉고불의 통행증으로 통과하려는 자는, 반드시 설봉의 뜨거운 심장을 가지고 오는 자만, 황벽의 직인이 찍힌 통행증을 받을 것이다.

빛의 수호자인 아호와 진조의 후예는 찬란한 빛이 바로 통행증이다. 빛의 전사는 언제나 환영한다. 오~ 사악한 살인귀들! 하하!

"백장야호"의 또 다른 성주, 위산의 통행증은 프리 패스(free pass)다.

나머지 놈들의 통행증은 절대로 용납할 수 없다. 이 모든 책임은 사이비 마조 때문이다.

견성이 곧 성불(견성성불)이요, 깨달음과 동시에 모든 수행을 완성한다(돈오돈수)는 말만 부처의 정법이다!!

배울 것, 수행할 것, 깨달을 것이 없다(絶學, 絶修, 絶悟)!!

나머지 모든 견해는 사이비들과 악마들의 사탕발림의 사견임을 명명백백하게 밝히고, 삼계의 심장에 호천의 핑크빛 코스모스 깃발을 꽂는다!

이제 간악무도한 사이비와 악마의 씨앗이 조금씩 소멸해 갈 것이다.

견성성불! 돈오돈수! 임전무퇴! 미션 파서블! 사필귀정! 만사형통!

"선지식을 만나기 어려움은, 마치 우담바라가 3천 년에 한 번 피어나는 것과 같다."는 임제선사의 사자후를 결코 잊지 말라!

또한 선(禪)의 위대한 말은, "견해가 스승과 같으면 스승의 덕을 반감하고, 견해가 스승보다 뛰어나야 스승의 가르침을 전해 줄 만하다."는 말이다.

위대한 선객이여, 스승에 가르침의 방편을 넘어, 더 뛰어난 설법을 펼쳐야 한다. 청출어람(靑出於藍)!

남원: 주장자의 끝이 활인검과 살인도인지 알면, 그때 사이비 스
　　　승은 보지 않는다!
호천: 마조의 오줌싸개들에게 팬티 기저귀를 입혀라! 하하하!

송: 가난한 스승은 제자에게
　　　아무것도 줄 것이 없고
　　　부유한 제자는 스승에게
　　　아무것도 받을 것이 없네.

*흥화- 남원- 풍혈- 수산- 섭현- 부산

33. 선문염송 1373칙- 천의, 그리운 산

천의가 삼산의 청을 받고, 처음 절에 와서 대중에게 말하였다.
: 20년 동안 이 산을 그리워했는데, 오늘 모이게 된 인연을 기뻐
　한다.
　산승이 이 산에 오기 전에, 몸은 이미 이 산에 와 있었다.
　와서 보니 삼산(杉山)이 오히려 산승의 몸 안에 있다.

평: 그리운 금강산에 가기 전에 몸은 이미 이 산에 와 있었고, 와
서 보니 금강산이 오히려 나의 몸 안에 있다.
그렇다면 금강산과 나는 언제부터 존재했을까?

일단 금강산은 제쳐두고, 나는 누구인가? 나는 무엇인가?

"나"라는 놈을 명확하게 규명하기 전에는 결코 뚫을 수 없는 화두다!

그리운 금강산을 찾기 위해서 처절하게 헤매다가 30년 만에 도착하니, 금강산이 이미 나의 마음속에 있었다. 돌고 돌아서 360도 원점!

나의 마음속에 태초부터 있었던 그리운 금강산을 바라보니, 30년간의 고달팠던 여정이 주마등처럼 지나간다. 오~ 회한의 세월이여!

태초가 시작되기 전이나 후나, 오직 한결같은 순간만 연속될 뿐이다.

즉 "이 순간"의 연속이다! "이 순간"에서 "이 순간"으로!

이 순간의 인생! 이 순간의 환희! 이 순간의 기적! 이 순간의 마법! 이 순간의 현재! 이 순간의 영원!

이것이 삼계의 진정한 진실인데, 그 누가 이해할 수 있겠는가?

부처의 법은 진정으로 어렵고 어렵다. 이것이 문제다.

이것을 모르는 자들은 오직 분주한 마음으로, 편안히 앉아서 쉴 여유가 없다. 알 수 없는 인생의 불안과 초조!

언제나 앞만 보고 달려가는 헐떡이는 경주마와 같다.

일생 동안 눈썹을 휘날리며 앞만 보고 달려가 본들, 과연 남는 게 무엇이 있겠는가?

결국 쪼글쪼글한 주름살과 흰 머리카락 그리고 알 수 없는 죽음만 기다리고 있을 뿐이다.

하지만 후회가 없다면, 멋지게 성공한 인생이다. 엄지척!

삶을 마무리하는 시점에서 지난 과거의 삶을 회상해 보면, 마치 꿈결같이 한순간에 지나가는 바람일 뿐이다.

바람은 한 곳에 안주할 수 없고, 그 무엇도 소유할 수 없다.

마치 우리의 인생이 공허한 바람과 같지 않을까?

존재하든, 존재하지 않든, 모든 것은 이미 나의 마음속에 있는 것은 아닐까?

욕망과 욕심이 눈을 가려서, 자신의 진실한 실체를 바로 보지 못하는 것은 아닐까?

인간은 아주 똑똑하다는 착각에 빠져서, 자기 자신을 속이고 있는 것은 아닐까?

인간은 자신이 누구인지도 모르면서 아무런 의미도 없이 태어나, 방황과 번뇌만 한껏 즐기다가 헛되이 사라지는 안쓰러운 영혼은 아닐까?

결국 자신이 원하는 곳에 가면, 자신이 진정으로 원하는 것은 그 어디에서도 찾을 수 없다!

어째서 찾을 수 없을까?

모든 것의 본질이 텅 비어 있기 때문이다. 이것을 빨리 깨닫지 못한다면, 살아가는 동안 내내 괴로움과 고통만 기뻐할 것이다.

자세히 바라보면, 괴로움과 아픔, 고통과 눈물의 씨앗은 자신의 내부에서 자라온 나무라는 사실을 본다.

이 비극의 나무에 물을 주고 키워온 것은, 바로 자신의 채워지지 않는 욕망들이 변화한 모든 것이 비료가 된 것이다. 결핍 요소!

하지만 이것들도 본질은 텅 비어 있다(空).

더 나아가면, 괴로움, 고통, 욕심, 비극을 깊이 관조하면, 괴로움은 괴로움이 아니고, 고통은 고통이 아니고, 욕심은 욕심이 아니고, 비극은 비극이 아니다.

이것은 번뇌 망상이 소멸한 광명 지혜의 직관적인 통찰이다. 선(禪)! 이것을 연기법으로 보면, 괴로움은 괴로움 아닌 요소로 이루어져 있기 때문에, 괴로움이라고 할 실체는 없다. 즉 괴로움의 본질은 비어 있는 것이다.

삼라만상 모든 것의 실체는 텅 비어 있다(色卽是空)! 실상무상(實相無相)!

내 눈앞에 존재하는 것처럼 보이지만, 연기적(임시적·가상적·환영적) 존재일 뿐이다.

그래서 우리 인간은 그 어떤 것도 소유할 수가 없다!

돈, 권력, 명예 등등 우주의 모든 것을 소유할 수 없음을 알 때, 비로소 인생의 새로운 지평이 활짝 펼쳐진다! 삶의 혁명!

사는 동안 가벼운 여행자처럼 최소한의 것을 가지고, 삶을 즐기며 주위를 돕고 사는 것이다.

이것이 무소유의 위대한 삶이다. 곧 천상천하 유아독존이다!

본론으로 와서, 그리운 금강산도 실체적 존재가 없는 텅 비어 있는 공(空)이요, 괴로움도 공이요, 돈도 공이요, 나도 공이요, 삼라만상도 공(空)이다! 형체가 없다(無相)!

그러나 텅 비어 있는 것이 곧 꽉 찬 실체(空卽是色)라는 사실을 아는 것이 완전한 깨달음(내외명철)이다!

금강산이 내고, 내가 금강산이다. 또한 내가 삼계 전체이고, 삼계 전체가 내가 된다(一卽多 多卽一). 일진법계(一眞法界)! 오직 하나!

한 명의 손오공(절대계)이 분신술을 펼치면 손오공의 분신(현상계)이 무한하게 나타나지만, 한 명의 손오공에서 무한한 분신이 생겨났다는 사실을 깨닫는 것이다.

이렇게만 된다면, 삼라만상에서 내 아닌 것은 아무것도 없다!

내가 모든 것이고, 모든 것이 내가 된다. 반드시 이렇게 되어야만, 모든 것을 마친 삼계의 진정한 영웅이다.

일체 만법은 하나로 돌아가는데, 그 하나는 어디로 돌아가는가?

형체 없는 빛깔아, 아직도 모르는가?

삼라만상의 영원한 주인공 앞에 펼쳐진 세상은, 하나의 아름다운 스펙트럼 빛깔의 꿈이다.

그 무엇도 소유할 수 없기 때문에, 언제나 쉬는 마음으로 우주 전체의 풍경을 즐길 뿐이다. 언제나 일 없는 사람!

휘황찬란한 빛깔이 만들어 내는 그야말로 찬란하고 아름다운 경치다.

스펙트럼 색채의 영원한 축제다. 말로 형언할 수가 없다. 악!

이것이 온 우주의 진실이라는 사실을, 인류 역사상 과연 몇 명이나 알았겠는가?

신비롭고 아름다운 지구라는 별에, 소풍을 온 천진난만한 아이처럼 즐겁게 오늘을 살아가자!

송: 그리운 금강산에 가기 전에

　　이미 몸과 마음은 가 있었고

　　그리운 금강산에 와서 보니

　　온 우주가 내 품속에 있네.

*지문- 설두- 천의- 문혜- 원풍- 원각

34. 선문염송 49칙- "능엄경" 구절

내가 보지 않을 때,

어째서 내가 "보지 않는 곳"을 보지 못하는가?

만약 내가 "보지 않는 곳"을 볼 수 있다면,

자연히 그것은 "보지 않는 형상"은 아닐 것이다.

만약 내가 "보지 않는 곳"을 볼 수 없다면,

자연히 "물건"은 아닐 것이다.

바로 그대 자신의 불성(佛性)이다.

평: 말이 상당히 어렵다. 쉽게 풀어서 보자.

부처가 아난에게 말하였다.

내가 사물을 보지 않을 때,

어째서 내가 "진리"를 보지 못하는가?

만약 내가 "깨달음"을 눈으로 볼 수 있다면,

분명히 그것은 "불성"이 아니다.

만약 내가 "본래면목"을 눈으로 볼 수 없다면,

분명히 눈으로 볼 수 있는 "모습(형체)"은 아니다.

바로 이것이 그대 자신의 성품(性品)이자 본래의 모습이다.

절대 진리의 본체(自性)를 명확하게 설명하고 있다.

부처의 설명을 알아듣는 앎은 도대체 무엇인가?

과연 무엇이 있어, 부처의 설법을 알아들을 수 있을까?

"능엄경"의 이 구절은 벽암록 94칙, 종용록 88칙에도 실려 있다.

"벽암록"에서 설두가 "능엄경"의 이 부분만 인용한 것은 탁월한 안목이다.

화두란 바로 이런 것이라는 실체를 명백하게 보여 준다.

특히 두 번째 구절이 애매하여, 설명하기가 결코 녹록지 않다.

모르는 자는 착시현상을 일으켜, 설두의 천라지망에 바로 걸려든다.

하지만 전체적으로 보면 본래면목을 설명하고 있다.

고로 도인에게는 너무나 쉬운 문구이지만, 학인에게는 넘을 수 없는 은산철벽이다. 겹겹의 넘사벽!

"열반경"에서, "제행무상(諸行無常) 시생멸법(是生滅法) 생멸멸이(生滅滅已) 적멸위락(寂滅爲樂)"의 뜻은, "세상의 변하는 모든 것은 덧없고, 이것은 생겨나고 사라지는 이치이다. 태어나고 죽음이 소멸하고 나면, 열반의 기쁨을 누릴 것이다."는 것이다.

"금강경"에서, "범소유상(凡所有相) 개시허망(皆是虛妄) 약견제상비상(若見諸相非相) 즉견여래(卽見如來)"의 뜻은, "모든 형상 있는 것은 모두 허망하니, 만약 모든 형상 있는 것이 형상 아닌 것인지 알면, 즉시 여래(부처)를 본다."는 것이다.

"반야심경"에서, "색불이공(色不異空) 공불이색(空不異色)

색즉시공(色卽是空) 공즉시색(空卽是色)"의 뜻은,

"형상이 비어 있음과 다르지 않고, 비어 있음이 모양과 다르지 않으며, 형상이 곧 비어 있음이고, 비어 있음이 곧 모양이다."는 것이다.

"능엄경", "열반경", "금강경"보다 "반야심경"의 문구가 진리를 더욱 더 잘 설명하고 있다.

"반야심경"은 깨달음의 핵심을 담은 경전이다!

그리고 "반야심경"은 현상 세계가 아닌 절대 세계 즉 부처의 나라에 대한 설명이기 때문에, 완전한 깨달음(무상정각)을 얻지 않고 이해한다는 것은 불가능하다!

자신이 "반야심경"을 실현할 수 없다면, 진리와 무관하다.

"반야심경"의 핵심 문구인 "불생불멸, 불구부정, 부증불감"을 반드시 체득해야만 진정한 도인이다!

그래야 삼라만상의 모든 것에 막힘이 생기지 않는다.

또한 3대 선시(禪詩)인 "신심명(승찬), 증도가(영가), 대승찬(지공)"은 각도를 달리하면서 바라본, "반야심경"의 위대한 해설서이기 때문에 평소에 열심히 읽어야 한다!

진리를 얼핏 본 자들이 감히 진정한 진리의 본체를, 어찌 명확하게 말할 수 있으랴!

진리의 진정한 실체는 눈으로 보는 것이 아니라, 마음 없는 마음으로 보아야 한다.

눈에 대하여 좀 더 구체적으로 보자.

눈으로 보는 모든 것은 눈이라는 감각기관을 통해서 바라본다.

그러나 모든 사물을 바라보는 눈 그 자체를 볼 수는 없다.

그렇다고 눈이 없는 것은 결코 아니다.

눈을 실체(사물)화시켜 볼 수는 없지만 보이는 대상물 특히, 사물을 보지 않더라도 이 모든 것은 눈의 존재를 분명하게 드러내고 있다.

이 순간 아무것도 보지 않아도, 아무것도 보지 않는 앎은 분명히 있다!

더 나아가면, 보이는 사물이 그대로 눈 그 자체라는 것을 본다.

대상물 즉 바라보는 모든 것과 별개로 눈 자체가 존재할 수는 없다.

바라보는 앎과 모든 바깥세상이 하나라는 것을 본다.

결국 바라보는 것은 눈이라는 감각기관을 통해서, 자성(自性)이 보는 것이다!

이 순간에 시간과 공간은 사라지고 없고, 나와 외부 세상은 하나가 된다(주객 합일)!

모든 것은 바라보는 그 자체이다. 불멸의 앎(佛性)!

또한 귀로 듣는 모든 소리는 귀라는 감각기관을 통해서 듣는다.

이것도 결국 듣는 것은 귀라는 감각기관을 통해서, 자성(自性)이 듣는 것이다!

이 순간 모든 소리를 알아듣는 그 자체가 된다.

불멸의 아는 앎(性品)!

깨닫고 나면, 소리가 귀로 들리지 않음을 명백하게 알게 된다!

보고, 듣고, 냄새 맡고, 맛보고, 움직이고, 지각하는 것도 결국은 본래면목이다!

특히 모든 대상을 지각하는 마음(의식)도 마찬가지다.

마음 자체를 사물화시켜 볼 수는 없지만 기쁨과 슬픔, 감동과 아픔, 평화와 분노, 희망과 절망, 사랑과 증오 등등 순간순간 느끼는 앎이, 마음(眞如)의 존재를 명백하게 증명하고 있다.

만약 마음속에서 아무것도 일어나지 않는다면, 아무것도 일어나지 않는다는 것을 분명히 알고 있는 그 무엇(앎)이 있다.

이것이 바로 본래면목(신, 불성, 성품, 진여, 자성, 참나, 진아, 주인공, 중도, 법공, 진리의 근본 바탕)이다!

생각과 분별이 태어나는 근원을 명확하게 바라볼 때, 이제까지 이성적으로 알아 왔던 모든 것이 잘못된 것임을 직감한다.

언어의 길이 끊어지고 즉 생각과 관념의 틀을 부수고 나면, 마음은 더 이상 갈 곳이 없어진다.

그래서 깨달음의 순간을 천지개벽에 비유를 많이 하는 것이다.

그렇게 찾아 헤매던 대상이, 바로 자기 자신이었다는 사실을 철저하게 깨닫는다! 이것이 완전한 깨달음(해인삼매)이다.

눈을 보려고 하는 것은 바로 눈 그 자체이고, 마음(생각)으로 알려고 하는 것은 바로 마음(自性) 그 자체이다.

자신이 원래부터 부처(우주 전체)였는데, 이것을 알기 위해서 수행을 한다는 것이 얼마나 어처구니없는 역설인가! 유정(有情)의 비극!

한편으로 이것은 삼라만상의 신비 중의 신비일 뿐이다. 불가사의!

자신이 가진 모든 의문이 시작하는 지점을 출발하여 30년간 돌고 돌아서, 종착역에 도착하고 보니 시작점과 도착점이 같다는 것을 본다. 통한과 회한의 360도 원점(原點)!

그 순간 모든 의문이 소멸하고, 절대 세계의 본래 바탕(진리)과 하나가 되는 것이다. 꽃은 오직 꽃이요 새는 오직 새요, 나는 오직 나요 너는 오직 너일 뿐!

그러나 절대 진리의 실체는 오직 하나임을 완전하게 아는 앎!

평상심이 도(道 진리)! 일상생활이 그대로 절대 세계! 불생불멸!

송: 살을 베는 칼바람과 하얀 만년설의 나라,

　　붉은 꽃비 흩날리는 세상은 어디에 있을까.

　　천 년을 끊임없이 방황하며 찾았건만

　　아침에 한 잔의 물을 마시며 마주 보네.

35. 선문염송 726칙 - 조주, 크게 죽은 사람

조주: 크게 죽은 사람(大死)이 다시 살아날 때는 어떤가?

투자: 밤길을 가지 말고, 날이 밝거든 오시오.

조주: 달마의 수염이 붉다더니, 여기에 수염 붉은 달마가 있구나.

평: 조주가 대사대활(大死大活)을 물었다. 크게 죽은 자는 반드시 크게 살아나야 수행이 완전히 끝난다. 견성성불! 돈오돈수!

크게 죽지 못한 사람은 무기의 경계에 빠져 그곳에 안주하고 있다.

무기(無記)는 근심 걱정이 없고 평화 속에서 늘 머물며, 모든 것은 순리대로 돌아간다는 마음으로 사는 자다.

거짓 자아가 가짜 평화로 만든, 악성 바이러스 같은 망상의 늪! 불치병!

그러나 어떤 경계에 부딪히면, 이 평화는 산산이 조각나지만 곧 평화를 찾는다.

그래서 이 무기의 경계를 깨달음이라고 대부분 착각을 한다.

무기를 마계의 경계라고도 한다. 무기가 얼마나 빠져나오기 어려운 곳인가를 명확하게 보여 주는 단어가 "마계(魔界)"다. 곧 악마의 세계다.

수행자는 이 부분을 명확하게 인지하고 있어야, 헛된 시간의 낭비를 막을 수 있다.

이곳에서 무수한 불치병의 착각 도인이 양성되는 것이다. 똥싸개야!

무기 단계는 마치 얼치기, 마조의 오줌싸개, 사이비, 악마들을 찍어내는 플라스틱 공장과 같은 망상과 착각의 세계다. 하하!

그러나 책을 보면 곳곳에서 막히는 것을 잘 알면서도 자신을 속이고, 거짓 자아에게 끌려 다니는 노예 생활을 쉽게 청산하지 못한다.

무기에서 맛보는 거짓 평화는 너무나 달콤한 솜사탕이기 때문이다.

이것은 사악한 거짓 자아가 진리의 본질로 다가가는 것을 막기 위해서 유혹하는 미인계와 유사하다.

부처의 국토에 가면 에고가 죽기 때문에, 가짜 자아가 스스로를 방어하기 위해서 결사 항전하는 생존전략이다.

이렇기 때문에 거짓 자아를 죽이기 위해서 자신의 목숨을 걸어야 한다.

최후의 결투에서 단칼에 가짜 자아의 목을 베어야 한다.

만약 에고에게 패한다면, 거짓 자아의 참혹한 식민 지배를 영원히 벗어날 수가 없다. 안록산아! 혁명을 성공하라!

내 속에 잠자고 있는 초인(부처)을 언제쯤 해방시킬 수 있을까?

하지만 마음을 고쳐먹고 거짓 평화를 지나서, 진정한 깨달음의 길로 나아가야 한다. 진실한 수행자의 길!

이때 화두의 말을 뚜렷이 의심하여 의심이 지속되는 속에서, 자신의 마음과 일체의 움직임을 철두철미하게 느끼고 점검해야 한다.

이렇게 완전하게 깨어 있는 마음 없이, 결코 깨달음의 세계로 갈 수가 없다.

현상계의 마지막 지점(대무심지·大死)을 지나 절대계로 나아가야 한다.

결국 완전하게 죽은 자가 완전하게 살아날 때(完死完活), 천지가 개벽을 한다.

내가 이성적으로 알고 있던 모든 것이, 망상과 착각으로 잘못 알고 있었음을 명명백백하게 보게 된다! 부처의 광명 지혜!

무엇보다 중요한 것은, 완전하게 죽은 자리에서 완전하게 살아나는 것이 핵심이다!

"완전하게 죽은 자리"는 생각, 의심, 노력의 최후에 한계 지점이다.

그야말로 인간이 할 수 있는 모든 것의 철저한 한계 상황이다.

완전하게 죽지 못하고 어설프게 죽은 자리에서 어설프게 살아나면, 사이비와 인간의 가면을 쓴 악마의 종자가 된다!

왜냐하면 "견성성불"과 "돈오돈수"를 모르기 때문이다. 하하!

사이비와 악마들은 잘못된 것임을 직감하지만, 가짜 자아의 추악한 유혹에 빠져 완전한 사이비와 악마의 종자가 되고 만다.

이 순간 대혜처럼 자신을 속이지 않는 강인한 마음만 있다면, 다시 부처의 길로 갈 수 있다. 수행자는 명심하고 명심해야 한다.

마치 신성한 부처를 찾다가, 흉악한 악마가 되어버리기 때문이다.

절대 세계의 징표인 시간과 공간을 초월하고, 불생불멸, 불구부정, 부증불감이 되어, 삼계의 영원한 주인공이 되어야 한다.

그렇게도 찾아 헤매던 부처가 스스로 되어, 부처로서 매일의 나날을 평상심으로 살아가는 것이다. 이 순간의 기적!

만물이 역동적으로 생생하게 살아 움직임을 즐기면서!

생각만 해도 온몸에 100만 볼트의 전율이 느껴지지 않는가?

하루 속히 절대계로 와서 활발하게 100%의 에너지를 발휘하며, 유쾌하게 미소를 짓고 살아가자. 악!

배울 것이 없는 할 일 없는 한가한 도인(絶學無爲閑道人)!

더 이상 배울 것도 없고, 더 이상 수행할 것도 없고, 더 이상 깨달을 것도 없다(絶學, 絶修, 絶悟)!

덧붙이면, "대사대활"과 "완사완활"의 작은 개념 차이가 달에 도착하려다가, 화성에 도착하는 엄청난 결과를 초래할 수도 있다.

과거는 이미 지나갔다. 이제 "대사대활"이라는 단어는 폐기하고, "완사완활"이라는 단어를 사용해야 한다.

그래야 수행 과정에서 애매한 부분을 제거하고, 완전하게 깔끔한 개념이 정립된다.

언제까지 싯다르타 부처와 중국 조사들의 그림자만 쫓아갈 생각인가?

불교가 대중으로부터 자꾸 멀어지는 가장 중요한 요인 중에 하나가 난해한 "용어" 때문이다.

또한 부처의 그림자를 입은 사이비와 인두겁을 쓴 악마들이 설법 아닌 설법을 하여, 오히려 대중에게 역효과를 유발한다.

눈먼 박쥐가 눈먼 자들을 이끌고, 유황불이 불타는 지옥으로 가는 꼴이다. 삼라만상의 모든 부처가 피를 토하며 통곡할 뿐이다.

이 안타까운 현실을 어떻게 해야 바로 잡을 수 있을까?

방법은 하나다. 자신의 수행 수준을 높여, 바른 정법을 가르치는 스승을 찾아갈 수밖에 없다!

결국 사이비와 악마들은 어느 시대나 있기 때문에, 확철대오한 선사와 부처의 가르침에 의지해서 수행할 수밖에 없다!

진실한 수행자여, 부디 부처를 구하다가 악마는 되지 말라!

부처의 정법은 오직 견성성불(見性成佛)! 돈오돈수(頓悟頓修)!

조주: 크게 죽은 사람이 다시 살아날 때는 어떤가?

호천: 이미 화장(火葬)이 끝났습니다.

송: 완전하게 죽은 자는 살아 있는 송장이고

완전하게 살아나야 진정한 부처라네.

아득한 영겁 세월의 무명을 뚫고 지나가면

만물이 생생하게 생동하는 참모습을 보리.

*남전- 조주- 광효,   단하- 취미- 투자

6. 도, 부처, 불법, 조사의 뜻

무엇이 도인가, 부처인가, 불법인가, 조사의 뜻인가?

이 질문들은 진리의 본질이 무엇인가를 직접 묻고 있다.

한마디로 요약하면, "진리는 무엇인가?"

바로 진리의 핵심을 물었기 때문에, 스승들도 짧게 대답을 한다.

그래야 진리를 한눈에 바로 알 수 있기 때문이다.

하나의 질문에 여러 가지 대답을 보면서 느껴야 한다!

반드시 실마리를 찾아야 한다! 주인공아, 잠에서 깨어나라!

스승들의 대답을 보면, 본분사(本分事 본래면목)에서 대답을 한

경우도 있고, 그때 상황에 맞게 평상심으로 대답한 경우도 있다.

또한 동문서답의 말도 안 되는 헛소리로 대답한 경우도 있다.

이것은 진리를 언어와 문자로 이해하려는, 잘못된 중생의 습관을

봉쇄하기 위한 스승의 자상한 몽둥이다.

스승님, 제발 살살 때려 주세요. 아야! 아야!

동산과 협산의 의미심장한 말에서 힌트를 찾아야 한다.

동산은 "말 중에 뜻이 있으면 사구(死句)요, 말 중에 뜻이 없으면

활구(活句)다.", 협산은 "노승은 20년 동안 무의어(無義語 활구)를

말했다."라고 했다.

위대한 빛의 전사 동산과 협산이, 전혀 의미가 통하지 않는 헛소

리만 했다는 뜻은 과연 무엇일까?

이곳에 깊이도 측정하기 어려울 만큼의 깊은 뜻을 찾아라.

언어와 문자 속에 길이 없으니, 말의 의도가 무엇인지 파악하는데

주력하라! 양귀비야!

말에 아무런 뜻이 없다. 말은 단지 소리다! 소옥아!

결국 활구(活句)는 진짜 부처들의 생생하게 살아 있는 법문, 살아 있는 말(구절), 의미가 없는 말이고, 사구(死句)는 사이비와 악마들의 달콤한 죽은 법문, 죽은 말, 의미가 있는 말이다!

자신이 느끼지 못한다면 위대한 부처도 어쩔 수 없다.

소를 냇가에 끌고 갈 수는 있지만, 억지로 물을 먹일 수는 없다.

36. 무엇이 도(道)입니까?

문: 어떤 것이 도(道 진리)입니까?

답: 1. 아주 좋은 산이다. (흥선, 299칙)

2. 손으로 위와 아래를 가리켰다. (약산, 335칙)

3. 무심(無心)이 도(道)다. (위산, 359칙)

4. 평상심이 도(道)다. (남전, 407칙)

5. 담장 밖의 것이다. (조주, 476칙)

6. 마른 나무 속에서 용(龍)이 운다. (향엄, 601칙)

7. 햇빛이 눈부시고, 허공 만리에 구름 한 조각 없다.

　 (협산, 712칙)

8. 한 글자를 뚫고 나오는 것이다. (운문, 1072칙)

9. 얻었다(得). (운문, 1102칙)

10. 쓸데없는 수레와 말(車馬)의 자취다. (박암, 1167칙)

11. 눈 밝은 사람이 우물에 빠진다. (파릉, 1222칙)

12. 오봉루(五鳳樓) 앞의 것이다. (풍혈, 1253칙)

13. 밟아도 성을 내지 않는다. (자명, 1384칙)

14. 이름 없는 것이 도(道)다. (하택, 하택록)

15. 어디 감히, 어디 감히. (조주, 조주록)

16. 말해도 얻지 못한다. (조주, 조주록)

17. 도가 무슨 물건이기에 수행하려 하는가? (황벽, 황벽록)

18. 그대는 지금 무엇을 보고 있는가? (임제, 임제록)

19. 일곱 번 엎어지고, 여덟 번 자빠지는 것이다.

(운문, 운문록)

20. 가거라. (운문, 운문록)

21. 조심해서 가라. (흥복, 경덕전등록)

22. 오고 가는데 막힘이 없다. (제용, 경덕전등록)

23. 넓은 곳은 넓고, 좁은 곳은 좁다. (대승, 경덕전등록)

24. 산문(山門)에서 보인다. (취암, 경덕전등록)

25. 가거라, 가! 10만 리나 멀다. (정법, 경덕전등록)

26. 수레가 구르고 말이 밟는다. (곡은, 경덕전등록)

27. 돌아온 소가 멀리 있는 개울가를 찾아간다.

　　(동산, 경덕전등록)

28. 산꼭대기에 잉어가 뛰어놀고, 바다 밑에선 먼지가 인다.

　　(경산, 경덕전등록)

37. 무엇이 부처입니까?

문: 어떤 것이 부처입니까?

답: 1. 성품을 본 사람이 부처다. (바라제, 104칙)

2. 마음이 곧 부처다. (마조, 160칙)

3. 내가 지금 그대에게 말해도, 그대가 믿지 않을 것 같구나.

　(귀종, 257칙)

4. 대웅전 안에 있는 것이다. (조주, 432칙)

5. 이 지위에는 손님도 없고 주인도 없다. (협산, 720칙)

6. 어째서 소산의 늙은이에 대해 묻지 않는가? (소산, 874칙)

7. 똥 닦는 막대기. (운문, 1078칙)

8. 삼 세 근(麻三斤). (동산, 1230칙)

9. 평지에서 높은 언덕을 바라본다. (조횡, 1239칙)

10. 내려왔다(降). (명교, 1243칙)

11. 장림산 밑의 대나무 채찍이다. (풍혈, 1250칙)

12. 금빛 모래가의 마씨 신랑의 처다. (풍혈, 1251칙)

13. 어떤 것이 부처가 아닌가? (풍혈, 1252칙)

14. 짚신이 해지니 맨발로 달린다. (지문, 1283칙)

15. 신부는 나귀를 타고, 시어머니가 나귀를 끈다.
    (수산, 1320칙)

16. 사부대중이 둘러쌌다. (설두, 1354칙)

17. 물은 높은 언덕에서 흘러내린다. (자명, 1386칙)

18. 톱으로 저울추를 켠다. (대우, 1390칙)

19. 갈대 싹이 무릎을 뚫는다. (법화, 1391칙)

20. 세 발 가진 당나귀가 재빨리 걷는다. (양기, 1403칙)

21. 동정호(洞庭湖)에는 지붕이 없다. (도오, 1405칙)

22. 살찌는 것은 입으로 들어온다. (오조, 1416칙)

23. 가슴을 드러내고 발을 벗었다. (오조, 1417칙)

24. 입이 재앙의 문이다(口是禍門). (원오, 1420칙)

25. 그대는 누군가? (백장, 백장록)

26. 마음이 곧 부처이고, 마음이 없는 것이 곧 도(道)다.
    (황벽, 황벽록)

27. 네가 부처인가? (조주, 조주록)

28. 자네는 무엇인가? (조주, 조주록)

29. 어느 것이 부처가 아니라고 의심하는가? 지적해 보게.
    (대주, 제방문인참문어록)

30. 맑은 연못에 얼굴을 대할 수 있는 것, 그것이 부처가 아니
    고 무엇이겠는가. (대주, 제방문인참문어록)

31. 부처님의 이름을 함부로 들먹이지 말라. (설봉, 설봉록)

32. 불법(法林)에 천자(天子)의 지위는 없다. (설봉, 설봉록)

33. 잠꼬대는 해서 무엇을 하려는가? (설봉, 설봉록)

34. 지옥과 축생이다. (현사, 현사록)

35. 나무토막을 조각해 부처를 이룰 수는 없다. (운거, 오등회원)

36. 사거리다. (임계, 오등회원)

37. 병정동자가 와서 불을 구하는구나. (백조, 경덕전등록)

38. 무엇이 불법(佛法)의 큰 뜻입니까?

문: 어떤 것이 불법의 큰 뜻(大意)입니까?

답: 1. 문수당 안에 많은 보살이다. (혜충, 145칙)

   2. 여릉의 쌀값은 얼마인가? (청원, 148칙)

   3. 당나귀의 일이 아직 끝나지 않았는데, 말이 해야 할 일이 다가
      왔다. (영운, 592칙)

   4. 바로 후려쳤다. (황벽, 607칙)

   5. 악! (임제, 619칙)

   6. 모든 악은 짓지 말고, 모든 선을 받들어 행하라. (조과, 748칙)

7. 멱살을 쥐었다. (임제, 767칙)

8. 곽산선사가 곧바로 절을 한다. (곽산, 924칙)

9. 눈이 외로운 봉우리를 덮어도 봉우리는 희지 않고, 비가 석
   순에 떨어지면 죽순이 솟아나야 한다. (낙포, 955칙)

10. 달 속의 기린이 북두칠성을 본다. (운문, 1051칙)

11. 초왕(楚王)의 성 옆에 여수(汝水)가 동쪽으로 흐른다.
    (수산, 1321칙)

12. 나는 작은 뜻(小意)을 가지고 그대에게 대답하지 않겠다.
    (수산, 1324칙)

13. 여기서 성 안까지는 7리(里)다. (낭야, 1380칙)

14. 한 이랑의 땅에 뱀이 세 마리, 쥐가 아홉 마리다.
    (자명, 1385칙)

15. 마음에 법이 없음을 알면 곧 불법이다. (달마, 달마록)

16. 불자(拂子)를 세웠다. (임제, 임제록)

17. 예배하는 일이다. (조주, 조주록)

18. 자네 이름이 무엇인가? (조주, 조주록)

19. 도랑과 골짜기를 꽉 메웠다. (조산, 조산록)

20. 뱀 대가리에 뿔이 났다. (호구, 경덕전등록)

21. 봄날에 닭이 우는 것이다. (석상, 경덕전등록)

22. 금년에는 서리가 일찍 내려, 메밀 수확을 못했다.
    (향엄, 경덕전등록)

23. 봄이 오니 풀이 스스로 푸르다. (운문, 경덕전등록)

24. 디딜방아를 찧는다. (임양, 경덕전등록)

25. 동정호의 파도가 하늘 높이 일고 있다. (석상, 오등회원)

26. 황하에 물 한 방울 없고, 화산이 모두 평지다.
   (천복, 경덕전등록)

27. 10년 동안 숯장사를 하는데, 저울 눈금을 볼 줄 모른다.
   (흑안, 경덕전등록)

28. 우물 가운데서 빨간 불꽃이 일고, 태양 속에 물방울이
   떠다닌다. (나한, 경덕전등록)

29. 허공에 쇠로 만든 배(鐵船)가 지나가고, 산꼭대기에 파도가
   하늘 높이 인다. (늑담, 경덕전등록)

30. 목마가 고삐도 없이 울며 바람 소리처럼 달리고, 등에 뿔난
   진흙소가 채찍에 아파한다. (풍혈, 경덕전등록)

39. 무엇이 조사가 서쪽에서 오신 뜻입니까?

문: 어떤 것이 조사가 서쪽에서 오신 뜻입니까?
답: 1. 가까이 오게. 너에게 말해 주겠다. (마조, 168칙)
  2. 기둥에게 물어보라. (석두, 173칙)
  3. 서쪽에서 오신 데는 뜻이 없다. (대매, 267칙)
  4. 한 개의 관에 두 개의 주검이다. (염관, 267칙)
  5. 마조가 수료의 가슴을 걷어차서 쓰러뜨렸다. (마조, 273칙)
  6. 뜰 앞의 잣나무. (조주, 421칙)
  7. 마침 노승이 발을 씻고 있다네. (조주, 450칙)
  8. 한 해가 저무는데, 지폐를 태우지 않는다. (조주, 461칙)

9. 우리 안에서 소를 잃었구나. (조주, 473칙)

10. 앞니(판때기 이빨)에 털이 나는 것이다(版齒生毛).

   (조주, 475칙)

11. 이빨을 딱딱 부딪쳤다. (석상, 563칙)

12. 접목할 시기에 우물 바닥에 사과나무를 심어라.

   (영운, 595칙)

13. 닭을 놀라게 하는 물소의 뿔과 아주 비슷하다. (동산, 700칙)

14. 찻숟가락을 들어 보였다. (역촌, 769칙)

15. 개울이 깊으니 표주박 자루가 길다. (암주, 801칙)

16. 울타리를 잡고, 세 번 흔들었다. (설봉, 814칙)

17. 조사의 뜻은 없다. (용아, 894칙)

18. 나에게 방석을 건네 다오. (임제, 894칙)

19. 골짜기의 물이 거꾸로 흐르게 되면, 너에게 말해 주마.

   (동산, 895칙)

20. 돌 거북이 말하게 되면, 너에게 말해 주겠다. (용아, 902칙)

21. 신(神) 앞의 술상이다. (현자, 922칙)

22. 염소 수레를 달 밝은 밤에 민다. (청간, 929칙)

23. 산의 푸른 기운 둘러싸인 곳에 솟은 산봉우리를 감추고, 밝은 달빛이 비칠 때 푸른 연못에 그림자가 없다. (낙포, 952칙)

24. 한 푼어치도 안 된다. (보복, 972칙)

25. 대낮에 산 구경하는 것이다. (운문, 1023칙)

26. 절은 하지 않고 다시 어느 때를 기다리는가? (현오, 1149칙)

27. 벽 위에 마른 소나무를 그려 놓으니, 꿀벌들이 와서 다투어

꽃가루를 모으는구나. (영안, 1205칙)

28. 오래 앉아 있었더니 피곤하구나. (향림, 1225칙)

29. 함부로 말하지 말라. (양산, 1269칙)

30. 철문(鐵門)의 길이 험하다. (덕산, 1286칙)

31. 푸른 비단 부채에서 시원한 바람이 많이 분다.

　(분주, 1335칙)

32. 평지에 백골 무더기가 일어났다. (부산, 1337칙)

33. 대나무 장대 끝에 붉은 깃발이 빛난다. (광혜, 1346칙)

34. 동쪽도 아니요, 서쪽도 아니다. (도제, 1393칙)

35. 포대(布袋)를 던지고 두 손을 모아 공손히 서 있었다.

　(포대, 1447칙)

36. 바로 지금은 무슨 뜻인가? (마조, 마조록)

37. 동쪽 벽에 표주박을 걸어 놓은 지 얼마나 지났을까?

　(조주, 조주록)

38. 상다리(床脚)다. (조주, 조주록)

39. 조사라고 부르지 않아도 아직 미치지 못한다. (조주, 조주록)

40. 왜 절에 와서 나를 욕하는가? (조주, 조주록)

41. 어디에서 그 소식을 들었는가? (조주, 조주록)

42. 만약 뜻이 있었다면, 자신조차도 구제할 수 없다.

　(임제, 임제록)

43. 등롱(燈籠 등기구)이 아주 좋구나. (위산, 위산록)

44. 손가락으로 동그라미를 그리고, 그 안에 불(佛)자를 썼다.

　(앙산, 앙산록)

45. 물소 뿔 같은 것이다. (동산, 동산록)

46. 화상아! 그대가 뒷날 띠풀집을 짓고 제자들을 맞이할 때, 홀연히 누가 질문하면 어떻게 대답하겠는가? (동산, 동산록)

47. 푸른 하늘에 밝은 해가 떴는데, 잠꼬대는 해서 무엇을 하려는가? (설봉, 설봉록)

48. 그대의 뜻은 지금 어떤가? (설봉, 설봉록)

49. 나는 본래 민현의 인혜 마을 사람이다. (현사, 현사록)

50. 그대는 아버지를 아는가? (현사, 현사록)

51. 말할 것이 없다. (운문, 운문록)

52. 길다란 선상에 죽도 있고 밥도 있다. (운문, 운문록)

53. 강산과 들판(山河大地)이다. (운문, 운문록)

54. 한 가지도 물어서는 안 된다. (운문, 운문록)

55. 한 치나 자란 거북의 털이 7근이다. (호구, 경덕전등록)

56. 5남 2녀다. (남원, 오등회원)

57. 3년에 한 번씩 윤달이 든다. (천목, 오등회원)

58. 불자를 들어 세웠다. (천룡, 경덕전등록)

59. 어떤 것이 조사가 서쪽에서 오신 뜻이 아닌가? (안국, 조당집)

60. 쇠소 위의 모기다. (초경, 경덕전등록)

61. 나무 말이 연기처럼 달려가고, 돌 사람이 쫓아가나 미치질 못한다. (임양, 경덕전등록)

62. 어찌하여 자기의 뜻을 묻지 않는가? (혜안, 경덕전등록)

63. 아무도 없을 때 말해 주겠다. (취미, 직지심경)

결론, 위대한 앞선 벗들이 뒤의 벗들을 위하여 자세히 말을 하였다.

그저 고개를 숙여 깊이 감사할 뿐이다. 감사!

"진리가 무엇인가?"라는 질문에, 각자의 인연에 따라서 구구절절

하게 바로 보여 주었다. 이보다 더 자세할 수는 없다.

그런데 우리가 위대한 스승들의 간절한 말을 알아듣지 못한다면,

눈먼 악어임에 틀림없다. 악어의 눈물!

주인공아, 정신 바짝 차려라! 무슨 말인지 반드시 밝혀야 한다.

자신의 소중한 생명을 바쳐서 생사의 화두를 꿰뚫을 마음이 없는

자는, 이 순간 추호도 망설이지 말고 바로 이 책을 쓰레기통에

버려라!

왜냐하면 단지 시간 낭비일 뿐이기 때문이다. 하하!

갑자기 조주가 내게 한마디 해 보라고 한다. 어쩌나!

조주의 성스러운 살인도가 칼집에서 흐느껴 울고 있다.

이참에 "마조의 오줌싸개(我空)"가 아니라는 것을 밝혀야겠다.

아니 삼라만상의 진짜 주인(法空)이라는 것을 보여 주어야겠다.

악!

조주: 진리는 무엇입니까?

호천: 진리!

조주: 무엇이 도(道)입니까?

호천: 도레미의 도!

조주: 무엇이 부처입니까?

호천: 싯다르타라고 말하지 말라.

조주: 무엇이 불법의 큰 뜻입니까?

호천: 봄이 오면 꽃이 피고, 가을 오면 단풍 피네.

조주: 무엇이 조사가 서쪽에서 오신 뜻입니까?

호천: 달마!

송: 바람을 마음에 간직하면 나는 바람이 되고

　　달빛을 마음에 새겨 두면 나는 달빛이 되고

　　사랑을 마음에 조각하면 나는 사랑이 되고

　　눈물을 마음에 담아 두면 나는 눈물이 되네.

7. 귀가 있으면 들어라!

지금부터 본격적으로 거두절미하고 화두를 직필로 설명한다.

화두의 실체가 무엇이고 함정이 무엇인지, 바로 알 수 있게 화두의 핵심을 간결하게 서술했다.

화두의 글, 언어, 행동 등등 인간의 모든 것을 초월해 있는 격외구이기 때문에, 있는 그대로 받아 드렸어는 결단코 안 된다.

화두의 초월적인 단어(格外句)는 아무런 뜻이 없고, 단지 말소리일 뿐이다! 불립문자(不立文字)!

화두는 외형상 인간 세계의 언어 구조 체계를 빌리고 있지만, 실제는 부처 세계의 언어 구조 체계를 갖추고 있는 불가사의한 신성의 소리다!

스승이 말한 언어 속에 내포되어 있는 의도가 무엇인지 파악하는 데 주력해야 한다.

한 번 더 강조하지만 글, 언어, 행동에는 결단코 길이 없다!

소옥아, 정신 바짝 차려라! 글·언어·행동에 속아서 길을 잃었어는 절대 안 된다. 절대 세계의 신비한 글·언어·행동!

그렇다고 화두의 글·언어·행동이 진리를 벗어났다고도 생각해서는 안 된다. 절대 세계의 비밀스러운 암호!

위대한 스승들은 언제나 진리를 있는 그대로, 명백하게 보여 주고 있다는 사실을 반드시 기억하라! 직지인심(直指人心)!

위대한 수행자여, 영원한 내 사랑 "소옥이"를 결코 잊지 말라!

아무리 큰 소리로 "소옥이"를 불러도, "소옥이"는 영원히 오지 않는다.

상상도 할 수 없는 "안록산"이 나타난다. 초인아, 알겠는가?

이 상황의 단면이 바로 화두의 답과 같다. 돌고 돌아서 360도 원점!

만약 "소옥이"를 잊는 순간, 부처의 국토로 가는 모든 길을 영영 볼 수 없을 것이다!

소옥아, 양귀비야, 안록산아, 명월아, 관세음보살아!

귀종의 솥뚜껑 소리에 맞추어 한바탕 신명나게 놀아보자. 얼쑤!

명월아, 관세음보살의 술잔이 비었구나! 흥겨운 풍악을 울려라!

Let's go dancing!

40. 선문염송 259칙- 귀종, 솥뚜껑 소리

스님: 초심자는 어떻게 해야 들어갈 곳을 찾겠습니까?

귀종이 부젓가락으로 솥뚜껑을 세 번 두드렸다.

귀종: 들리는가?

스님: 들립니다.

귀종: 나는 왜 들리지 않지?

귀종이 다시 세 번 두드렸다.

귀종: 들리는가?

스님: 들리지 않습니다.

귀종: 나는 어째서 들리지?

스님이 말이 없자 말하였다.

귀종: 관음의 오묘한 지혜의 힘이 세상의 고통을 구제할 수 있다.

평: 엄마가 어린아이에게 글자를 가르치고, 숫자를 가르치듯이 자
상하다. 가, 나, 다, 라..., 1, 2, 3, 4..., A, B, C, D....

솥뚜껑을 세 번 두드렸는데, 어째서 듣지 못하는 것일까?

귀가 없는 귀머거리일까?

다시 솥뚜껑을 세 번 두드렸는데, 어째서 들은 것일까?

귀머거리는 아니다. 그럼 바보인가?

위대한 부처의 후예가 바보일리는 없다. 선지식아!

그대는 듣지 못했는가?

법문은 귀로 들으면 잘못 듣는 것이라고 했다.

그럼 어디로 들어야 할까?

귀를 막고 눈으로 듣자. 그러면 들릴 것이다.

"듣는 것"과 "듣지 못하는 것"은 똑같다. 왜냐하면 소리가 있으면 소리가 있다는 것을 아는 앎이 있고, 소리가 없으면 소리가 없다는 것을 아는 앎(본래면목)이 있기 때문이다.

지나가던 관세음보살이 합장하며 말을 한다. 관세음보살!

이 소리를 알아듣는 자는 과연 누구인가?

위대한 관세음보살의 이근원통 수행법을 너무나 자세하게 설명하고 있다.

내 목소리가 들리는가? 귀 먹은 당나귀는 아니군. 하하!

귀종이 부젓가락으로 솥뚜껑을 세 번 두드렸다.

귀종: 들리는가?

호천: 들립니다.

귀종: 나는 왜 들리지 않지?

호천: 귀머거리야!

귀종: 관세음보살의 신성한 지혜의 힘이, 온 우주의 모든 고통과 절망을 평화와 광명으로 바꾼다.

호천: 이근원통(耳根圓通)!

송: 손오공이 여의봉을 땅에 꽂으니

　　산천초목의 막혔던 귀가 뚫리네.

　　여의봉이 하늘로 솟으며 진동하니

　　귀로 들을 수 없고 눈으로 듣네.

*혜능- 남악- 마조- 귀종- 고안- 말산

41. 선문염송 997칙- 현사, 제비 소리가 진리

현사가 법당에 올랐다가 제비 소리를 듣고 말하였다.

: 실상(實相)을 깊이 이야기하고 법의 요체를 잘 설명하였다.

곧장 자리에서 내려왔다.

평: 간결하고 완벽한 법문이다! 너무나 자세하고 세밀하다.

진리의 실체를 바로 가리켜 보여 준다. 직지인심(直指人心)!

너무나 직접적이고, 뜨겁고, 강렬하기 때문에, 오히려 너무나 엉뚱하게 와 닿을 뿐이다. 과녁에 명중한 빗나간 화살!

일반적인 상식을 완전히 파괴시켜 버리는 선의 직관적인 통찰!

선(禪)의 가장 위대한 설명 방법이다.

이보다 더 자세할 수는 없다. 부처의 설법이 까마귀의 노랫소리이다.

이것을 알아듣지 못한다고 해서, 어찌 부처와 조사를 탓할 수 있으랴!

눈이 있어도 보지 못하고, 귀가 있어도 듣지 못하고, 입이 있어도 먹지 못하는 자신의 게으름을 탓해야 한다.

깨닫기 전에는 날카로운 눈이 없는 독수리요, 섬세한 귀가 없는 호랑이요, 감미로운 입이 없는 공룡과 같다.

밥을 먹여 주고 소화까지 시켜주는데, 어째서 모를 수 있을까?

모른다는 것이 마치 하나의 신비한 기적일 뿐이다.

24시간 언제나 부처(自性)와 함께 살면서, 부처가 어느 곳에 있는지 몰라서 찾고 있다. 오호통재라!

너무나 가까이 있어, 역설적으로 너무나 알기가 어려운 깨달음이여!
현사의 한마디에 삼라만상의 모든 것이 침묵을 지킨다. 침묵!
진정한 스승이 침묵을 지킬 때, 부처의 국토에 대한 모든 진리를
천둥소리처럼 울부짖고 있다는 사실을 결코 잊지 말라! 달변의
침묵!
제비가 봄소식을 전하고 가니, 모든 부처가 목소리를 잃었다.
과연 부처는 무엇으로 설법을 할까?

호천이 법당에 올랐다가 제비 소리를 듣고 말하였다.
: 제비 부처가 유정설법을 외치는구나! 지지배배!
  아니 사모님~, 사모님~! 맙소사! 하하하!

송: 투명한 소리는 소리가 청아함이요
    둔탁한 소리는 소리가 혼탁함이네.
    소리의 사라진 소리를 보고 싶다면
    마음이 사라진 마음으로 보아야 하네.

*설봉- 현사- 나한- 법안- 천태- 영명

42. 선문염송 1430칙- 부대사, 금강경 강의

부 대사가 양 무제의 청을 받고 "금강경"을 강의할 때,
자리에 앉아서 책상을 크게 한 번 치고 내려오니,
무제가 어리둥절해 하자 지공이 물었다.

지공: 폐하께서 아시겠습니까?

무제: 모르겠습니다.

지공: 대사의 "금강경(金剛經)" 강의가 끝났습니다.

평: "금강경 강의를 알겠습니까?"라고 물으니, "모르겠습니다."라고 대답했을 때, "모르는 것이 좋습니다."라고 답해야 하는데, 아쉽다.

그런데 "금강경 강의가 끝났다."라고 상세하게 설명을 한다.

그러나 글자 속에서 길을 찾는 자는 영원히 알 수가 없다.

죽은 글자 속에 있는 사람이, 어떻게 살아있는 자의 말을 알아들을 수 있겠는가?

절대 진리는 글자 속에 있지 않음을 명확하게 보여 준다!

그리고 진리는 말로 표현할 수도 없고 전할 수도 없다.

책상을 한 번 치고 "금강경" 강의가 끝났다고 하니, 그 누가 이해할 수 있겠는가?

부대사가 "금강경"의 책장을 열어 보기나 했는가?

갈가리 찢어지고 산산이 흩어져 버린 판타지 소설 "금강경"이여!

언어의 길이 끊어진 그곳을 아는 자만 볼 것이다. 천둥의 침묵!

그럼 책상을 크게 한 번 친 것이, 어째서 "금강경" 강의를 마친 것일까?

도대체 부대사는 무슨 말을 했는가?

나는 도저히 모르겠으니, 그대가 한 번 말해 보게?

눈동자 없는 그대도 역시 모르는가?

탕! 책상을 크게 한 번 치고, 주인공아!

어째서 "팔만대장경" 강의가 끝났다고 말하지 못하는가!

송: 부대사가 책상을 크게 한 번 치니

　　책상에 금이 가고 소리가 없네.

　　어설픈 "금강경"의 위대한 설법인

　　소리 없는 소리의 천둥 설법이네.

*부대사: 傳大士, 497~569년, 양나라 거사, 양무제를 귀의시켜

　　　　중국 불교 발전에 기여함.

*지　공: 誌公, 금릉보지(金陵寶誌), 418~514년, 중국 위진 남북조

　　　　시대 스님, "대승찬" 지음. 승찬의 "신심명", 영가의 "증도

　　　　가"와 함께 3대 선시.

*양무제: 梁武帝, 양나라 초대 황제, 재위 502~549년,

　　　　불교 사상의 황금 시대.

43. 선문염송 992칙- 현사, 시냇물 소리

경청: 학인이 총림에 막 왔으니, 선사께서 들어갈 길을 가르쳐

　　　주십시오.

현사: 숨겨진 산골짜기 시냇물 소리를 들었는가?

경청: 들었습니다.

현사: 그곳으로 들어가게.

경청은 여기에서 들어갈 곳을 알았다.

평: 시냇물 소리에는 들어갈 곳이 없는데, 어디로 들어간다는 것일까?

시냇가로 가서 수영을 하라는 말일까?

시냇물을 지나고, 강을 지나서, 바다로 가라는 말인가? 아서라~!

시냇물 소리를 듣고 따라가면 시냇물을 만나고, 강물 소리를 듣고 따라가면 강물을 만나고, 파도 소리를 듣고 따라가면 바다를 만난다.

현사가 곧바로 진리를 가리켜 보여 준다. 이보다 더 자세할 수는 없다.

시냇물 소리를 들으면 꽃과 새들의 소리도 듣고, 꽃과 새들의 소리를 들으면 대자연의 모든 소리도 듣는다.

바로 이것이 무정설법(無情說法)을 알아듣는 시발점이다.

이렇게만 된다면, 모든 새들이 나의 눈동자가 되어 삼계 전체를 모두 보여 줄 것이다.

작열하는 태양의 햇살이 핵분열하는 여름에는, 파도 소리를 들으며 윈드서핑을 타는 것이 제격이다.

역동적인 파도 소리로, 살아 있음을 생생하게 외치는 에메랄드빛 바다로 가자! 쏴~아!

잠깐! 무사히 갔다 올 수 있게 관세음보살에게 기도를 하자.

목탁이 깨어진 도로아미타불!

경청: 선사께서 진리로 들어가는 길을 가르쳐 주십시오.

호천: 빨, 주, 노, 초, 파, 남, 보!

송: 촛불 한 개를 들고 행진하는 자들의

　　침묵 속에서 천둥의 외침을 듣고

　　광장에 모인 사람들의 외침 속에서

　　소리 없는 장엄한 말씀을 듣네.

*설봉- 현사, 경청, 운문, 장경, 고산

44. 선문염송 1054칙- 운문의 종소리

공양을 알리는 종소리가 들렸을 때, 운문이 대중에게 말하였다.

: 세계가 이렇게 넓은데, 어째서 종소리가 나면 칠조가사를 입는가?

평: 소나기 소리가 시원하게 들리고, 폭포 소리가 장엄하게 들린다.
또한 야구장의 환호 소리는 파도타기 응원으로 이어지고, 축구장
의 침묵 소리는 야유 소리로 번진다. 우~!

배가 고프면 꼬르륵 소리가 들리고, 종소리가 나면 옷을 입는다.
종소리가 아침을 먹으라고 재촉한다. 위대한 부처의 제자이니, 당
당한 위의를 갖추고 공양을 하는 것이 당연하다.

너무나 당연한데, 다른 뜻이 있을 수가 없다. 오직 그러할 뿐!

종소리는 오직 종소리일 뿐이고, 강산은 오직 강산일 뿐이다.

또한 소리 없는 소리가 진짜 소리요, 모양 없는 모양이 진짜 모양
이다.

그럼 소리 없는 소리는 무엇이고, 형상 없는 형상은 무엇인가?

바람의 언덕에 가면, 바람 소리가 웅장하게 말을 한다.

670 _ 화두의 심장에 검을꽂아라

종소리가 나면, 옷을 벗고 편히 쉬어라.
온 우주가 이렇게 작은데, 어째서 거대한 자신을 보지 못하는가?
아무짝에도 쓸모없는 난쟁이가 되어 버린, 한계 없는 외눈박이 거
인이여!

공양을 알리는 종소리가 들렸을 때, 호천이 대중에게 말하였다.
: 숟가락과 젓가락을 들어라.

송: 바람이 지난 후의 고요한 바람은
    바람 없는 바람이 휘몰아치네.
    바람의 제국에선 바람도 쉬는데
    철문을 나서면 회오리로 변하네.

*설봉- 운문- 쌍천- 오조- 늑담- 육왕

45. 선문염송 989칙- 현사, 무쇠 화로 소리
인도에서 성명(聲明) 삼장이 왕에게 왔는데,
대왕이 현사에게 시험해 주기를 청하였다.
현사가 구리 부젓가락으로 무쇠 화로를 두드렸다.
현사: 이것은 무슨 소리인가?
삼장: 구리와 무쇠 소리입니다.
(법등: 화상의 질문을 들었습니다.)
현사: 대왕께서 외국인에게 속지 마십시오.

삼장: 대답이 없었다.

(법등: 오히려 화상께서 대왕을 속입니다.)

평: 현사가 구리 부젓가락으로 무쇠 화로를 두드리고 물으니, 구리와 무쇠 소리라고 대답을 한다.

얼마나 터무니없이 엉터리 같은 대답인가. 하하!

눈먼 여우가 인도에서 중국까지 어떻게 왔을까?

대왕이시여, 모든 종교는 악의 근원이니, 어떤 종교에도 속지 마십시오! 특히 극악무도한 부처와 조사를 조심하십시오!

이 순간 현사가 간파했다. 그리고 모든 것이 명백하게 밝혀진다.

진정한 수행자라면 사이비를 구별하는 안목을 갖추어야 한다.

수행자는 자신을 속이지 말고, 자신에게 진실하고 당당해야 한다.

우선 인격을 갖추지 않고, 어떻게 수행자라 할 수 있겠는가?

단지 수행자의 탈을 쓴 악마의 첩자에 지나지 않음을 명심해야 한다.

그래야 삼계의 협객으로서 위풍당당할 수가 있다. 빛의 전사!

살인귀 집단의 두목인 꽃미남 현사의 전광석화 월광검(月光劍)에, 악마에게 영혼을 팔아버린 삼장의 목이 찰나에 떨어진다.

숭고한 죽음의 전주곡!

사악한 현사가 합장을 하고 고요하게 속삭인다. 성불(成佛)하소서!

현사의 질문에 대한 답으로, 법등의 대답이 답이 될 수 있을까?

피상적으로 보면, 완전한 동문서답이다. 30방을 피할 수가 없다.

그러나 법등의 대답은 화두의 비밀을 풀 수 있는, 마법의 열쇠가 숨겨져 있다.

두 개의 귀를 활짝 열고, 귀로 보아라! 4. 선문염송 1363칙과 같다.

현사가 구리 부젓가락으로 무쇠 화로를 두드렸다.

현사: 이것은 무슨 소리인가?

(법등: 화상의 질문을 들었습니다.)

호천: 영감님, 잘 들립니다. 하하!

송: 검으로 무쇠 종을 베어버리니

　　종소리가 소리 없이 절규하네.

　　산사에 부처의 깨달음은 없고

　　교회에 예수의 구원은 없네.

*현사- 나한- 법안- 청량- 운거- 영은

46. 선문염송 671칙- 덕산, 뭐라고, 뭐라고?

시자: 옛날의 모든 성인(聖人)은 어디로 갔습니까?

덕산: 뭐라고, 뭐라고?

시자: 나는 용마(龍馬)를 점치려고 했는데, 절름발이 자라가
　　　나타났구나.

덕산은 바로 그만두었다.

다음 날 덕산이 목욕을 하고 나오니, 곽시자가 차를 대접하였다.

덕산이 곽시자의 등을 한 번 쓰다듬고 말했다.

덕산: 어제의 공안(公案)은 어떻게 생각하느냐?

시자: 이 늙은이가 이제야 겨우 눈을 뜨는구나.

덕산은 다시 그만두었다.

평: 곽시자의 기개가 위풍당당하고, 너무나 재미있고 우스운 화두다. 하하!

곽시자가 덕산의 황금 주장자를 꺾어버리고 물으니, 천하의 용맹하던 덕산이 영원한 젊음을 잃고 순식간에 치매 노인이 되어 버렸다.

물어도 알아듣지 못하고, 입이 있어도 말을 못한다.

노망이 들어서 한다는 소리가 고작 "뭐라고, 뭐라고?" 할 뿐이다.

영락없이 번개를 잃어버린 몰락한 제우스 꼴이다.

곽시자가 용마를 그렸는데, 용마가 세 발의 당나귀를 낳았다.

용마가 어떻게 당나귀를 낳을 수 있을까?

또한 어째서 다리가 세 개일까?

"모든 성인들이 어디로 갔는가?"는 반드시 밝혀야 한다!

싯다르타 부처가 사는 곳, 하늘을 나는 말인 페가수스가 사는 곳, 독이 든 조주의 차를 재배하는 곳을 찾아야 한다.

이것이 진정한 수행자의 본분이다.

그리고 황금 용마를 타고 현상 세계를 초월하여, 순식간에 깨달음의 절대 세계에 도착해야 한다.

시자: 옛날의 모든 성인은 어디로 갔습니까?

호천: 고향에서 함께 살고 있다.

시자: 나는 용마를 점치려고 했는데, 절름발이 자라가 나타났구나.

호천: 자라 용봉탕을 끓여라.

송: 용의 눈에 파란 눈동자를 살짝 찍으니

　　화선지를 뚫고 나와 하늘로 승천하네.

　　푸른 창공에 갑자기 구름이 모이더니

　　번개가 치고 천둥이 웅장하게 울리네.

*천황- 용담- 덕산- 설봉- 장경- 초경

47. 선문염송 1332칙- 수산, 부처님의 음성

선객: 어떤 것이 부처님 음성(梵音)의 모습입니까?

수산: 당나귀 울음소리와 개 짖는 소리다.

평: 부처님의 음성과 당나귀의 울음소리, 개 짖는 소리가, 어째서 같다는 것일까?

부처는 고통과 절망을 소멸시키는 설법을 할 수 있지만, 당나귀와 개는 설법을 할 수 없다.

부처는 신성한 목소리로 노래를 부를 수도 있지만, 입이 없는 당나귀와 개는 노래를 부를 수도 없다.

그렇다고 상대방에게 속시원하게 말도 못한다.

입 다문 당나귀와 멍멍아, 내게 한마디만 해줄 수 없겠니?

당나귀와 개의 노랫소리를 알아들을 때, 그때 비로소 부처의 사자후(獅子吼)를 듣게 될 것이다.

그리고 유정설법(有情說法)이 무엇인지도 알게 될 것이다.

고양이가 잊어버린 호랑이의 전설을 생각하며 "야옹!" 하고 포효하니, 진돗개가 잊어버린 사자의 전설을 생각하며 "멍멍!" 하고 포효한다.

까마귀가 하늘과 땅에 황제의 귀환 소식을 "까악!" 하고 전하니, 온 우주의 유정(有情 중생·생물)과 무정(無情 무생물·우주)이 일제히 위대한 합창을 부르며 축하한다.

역시 부처와 조사의 성스러운 음성이 맞구나.

선객: 어떤 것이 부처님 음성의 모습입니까?

호천: 소프라노의 낭랑한 천상의 목소리.

송: 부처의 맑고 투명한 목소리는

　　삼계 전체에 가득 펴져 있는데

　　아무리 듣고도 알지를 못하니

　　용감한 토끼와 거북이가 짖는구나.

*남원- 풍혈- 수산- 분양- 흥교- 운봉

48. 선문염송 1379칙- 낭야, 산하와 대지

장수: 맑으며 깨끗하고 본래 그대로의 자연(淸淨本然)인데, 어째서

676 _ 화두의 심장에 검을 꽂아라

갑자기 강산(山河)과 대지가 생겼습니까?

낭야: 소리를 높여, 청정 본연(淸淨本然)한데, 어째서 갑자기 산하
　　　(山河)와 대지가 생겼는가?

장수 좌주가 그 말에 크게 깨달았다.

평: 백양산에 올라서 김해평야와 낙동강을 자세히 보라.

너무나 아름다운 풍경에 무릉도원 속에 있다는 것을 만끽한다.

태초 이래로 강산과 평야는 자기의 자리를 말없이 지키고 있다.

억겁 세월 동안 아무런 문제가 없고, 이보다 더 좋을 수는 없다.

그런데 학인이 자신의 다리를 보면서, 언제부터 다리가 있었는지
모른다.

언제부터 내 다리가 있었을까?

당연히 부모에게 태어나기 전부터이다. 악!

그럼 강과 산은 언제 태어났는가?

강과 산은 부모가 있는가?

만약 부모가 없다면, 강과 산은 어떻게 태어났을까?

무지갯빛 석양이 물들기 시작하니, 낙동강의 새의 무리가 웅장하
게 비상하면서 목청껏 노을 찬가를 부른다.

모든 부처의 위대한 설법이다. 유정설법! 무정설법!

이렇게 대자연이 명확하게 답을 주고 있는데, 어째서 모를 수 있
을까?

모른다는 것이 오직 신비한 하나의 기적일 뿐이다. 불가사의!

코끼리의 귀가 없는 초인아, 그래도 모르겠는가?

그렇다면 강과 산, 대지를 마음껏 걸어 다니면서 직접 물어보라.

들꽃을 만나면 들꽃에게 묻고, 고목을 만나면 고목에게 묻고, 강산을 만나면 강산에게 물어라.

그대들은 도대체 언제 태어났는가?

그러면 삼천리 금수강산이 상냥하게 대답을 해 줄 것이다.

푸른 산은 천년 전이나 천년 후나, 옛날이나 지금이나 일 없이 산새들과 유쾌한 노래를 부른다.

또한 변함없이 흘러가는 강물은 일 없이 인어공주와 즐겁게 파도의 물살을 가른다.

꽃이 피면 삼라만상이 태어나고, 꽃이 지면 삼라만상이 사라진다.

장수: 어째서 갑자기 강과 산이 생겼습니까?

호천: 강은 물따라 흘러가고, 산은 나무따라 흘러간다.

송: 나무는 나무요 구름은 구름이고

　　대지는 대지요 하늘은 하늘이네.

　　어째서 갑자기 강과 산이 생겼을까?

　　어째서 갑자기 나와 너가 생겼는가!

*수산- 분양- 낭야- 장수, 정혜, 해인

49. 선문염송 1365칙- 백장의 세 마디

백장도상이 어떤 때는 상당하여 대중이 모이면, "차를 마셔라!" 하고 즉시 자리를 떠났다.

또 어떤 때는 상당하여 대중이 모이면, "잘 가시오!" 하고 즉시 자리를 떠났다.

또 어떤 때는 상당하여 대중이 모이면, "쉬시오!" 하고 즉시 자리를 떠났다.

나중에 스스로 송 하나를 지었는데, 이 세 가지 인연을 노래한 것이다.

> 백장에게 세 가지 비결 있으니
> 차를 마셔라, 잘 가시오, 쉬시오라네.
> 바로 근본을 알아서 깨달아도
> 그대가 아직 깨닫지 못했다고 단정하리.

평: 차를 마셔라, 잘 가시오, 쉬시오! 이 세 마디에는 당연히 아무런 뜻이 없다! 뜻이 있다면, 화두가 아니다! 절대 세계의 언어!

그럼 백장이 말한 의도는 과연 무엇일까?

설혹 알았다고 하더라도 완전한 깨달음과는 무관하다. 왜인가?

백척간두(大死)에서 아직 한 발을 더 내딛어야 하기 때문이다.

영혼이 없는 수행자여, 알겠는가?

까마득한 낭떠러지 앞(대무심지)에 홀로 서면 반드시 알게 된다.

수행자는 스스로를 속이면, 영원히 깨달을 수 없다! 명심하라!

진실한 수행자는 현상계의 끝자락(大死)에서 곧장 절대계로 갈 것이다.

시절인연이 무르익도록 기다리지 말라! 그러면 내일 죽을 것이다!

시간을 쪼개서 아껴 써라. 시간은 생명이다! 허송세월을 보내지
말라!

시절인연도 없고, 상근기도 없고, 하근기도 없다!

시절인연은 자신이 만드는 것이다! 상근기는 진정으로 부처가 되
고자 고군분투하는 자이고, 하근기는 그저 부처의 흉내만 내는 악
마의 종자일 뿐이다!

수행자의 불멸의 의지로 상근기가 되어, 부처의 국토로 가는 시절
인연의 문을 직접 만들어라! 그리고 그 문으로 들어가라!

위대한 선객이여, 24시간 항상 깨어 있어라!

향긋한 차를 마셨다면, 각자의 처소에 가서 편히 쉬어라!

차를 마신 자는 과연 누구이며, 쉬는 자는 도대체 무엇인가?

그리고 반드시 화두의 심장에 검을 꽂아라! 화두의 심장!

명월아! 대동강 강가에서 술이라도 한 잔 하자꾸나.

아차! 명월이가 아니라 소옥이구나. 하하!

바람을 피워서는 안 되지. 일편단심 내 사랑 소옥아!

송: 차를 마셔도 항상 목이 마르고

　　길을 잘 가도 언제나 헤매고

　　쉬어도 왠지 개운치 않네.

　　허나 깨달음은 여기에 있네.

*법안- 백장, 귀종, 숭수, 청량, 천태

50. 선문염송 1413칙- 오조의 굽힌다

오조법연 선사가 늘 외쳤다.

오조: 굽힌다, 굽힌다(屈, 屈)!

스님: 무엇을 굽힙니까?

오조: 지금 굽히지 않는다면, 다시 어느 때를 기다리겠는가?

평: 법연은 인사성이 밝은 아주 모범적인 대도인이다.

그러나 서로 만나면 머리를 숙여 인사하는 것은 당연한데,

굳이 "굽힌다, 굽힌다!"고 항상 말할 필요가 있는가?

그리고 대답을 보면 "지금 굽히지 않는다면, 언제 다시

굽히겠는가?"라고 하니, 함정의 덫이 명백하다.

선사들의 말에 결코 현혹되어서는 안 되니, 본질을 파악하라!

당연히 "굽힌다!"는 말과 아무런 관련이 없다.

관계가 있다면, 화두가 아니다. 초월적인 단어(格外句)!

화두의 초월적인 단어(격외구)는 사전적인 뜻과 100% 관계가 없고, 단지 말소리일 뿐이다! 절대 세계의 신성한 소리!

꼬부랑 할머니는 항상 허리를 굽히고 사는데, 무슨 헛소리인가.

위대한 선사라면 아픈 자를 치료는 하지 못할망정 약을 올리다니.

악!

위대한 부처는 의사 중의 왕이라고 하더니, 말짱 헛소리군. 사기꾼아!

허준이여, 세상의 모든 꼬부랑 할머니의 허리를 꼿꼿하게 펴도록

하시오. 허리를 펴라! 그리고 반듯하게 걸어라!

삼계의 영원한 주인공답게 가는 곳마다 공룡의 발자국을 새겨라.

의사 중의 제왕은 부처가 아니라 동의보감(東醫寶鑑)!

오조: 굽힌다, 굽힌다!

호천: 안녕하세요.

오조: 지금 굽히지 않는다면, 다시 어느 때를 기다리겠는가?

호천: 나중에 다시 만나요.

송: 흰 머리카락의 꼬부랑 할머니는 언제나

   허리를 굽히고 지팡이를 짚고 살아가네.

   꼿꼿이 허리를 펴고 반듯하게 걸어라.

   주인공답게 가는 곳마다 사자후를 외쳐라.

*허준: 1539~1615년, 조선의 의학자, "동의보감" 저술.

*오조- 개복- 월암- 대홍- 월림- 무문

51. 선문염송 1267칙- 양산, 하늘과 땅의 북소리

승려: 어떤 것이 공겁 이전(空劫 以前 본래면목)의 일입니까?

양산: 하늘과 땅의 북을 치지만, 그때 사람들은 들어도 듣지 못한다.

평: 허공을 두드리면 소리가 없고, 실로폰을 치면 소리가 울린다.

전국 노래자랑의 딩동댕!

허공을 두드려 소리를 낼 수 있는 자는, 허공의 목을 베어버린 전설 속의 살인귀다.

과연 누가 있어, 푸른 창공을 두드려 소리를 나게 할 수 있겠는가?

허공을 두드릴 수도 없고, 소리를 내지도 못하는데, 과연 누가 있어 허공의 소리를 듣겠는가?

허공을 북처럼 마음대로 칠 수 있는 자는, 이미 삼라만상이 쌀 한 톨만 하다는 사실을 아는 자다. 즉 전설 속의 빛의 전사다.

어떻게 해야 하늘과 땅을 북으로 만들 수 있을까?

무한한 하늘과 땅을 북으로 만들 수 있는, 설계도를 가진 자가 있는가?

가까운 산사에 가서 마음껏 북을 두드려라!

그렇다고 낙랑 공주처럼 자명고를 찢지는 말라. 찢어진 북은 소리가 없다. 둥둥!

그럼 호동 왕자처럼 평생을 통곡할 것이다.

한편, 한 해의 농사가 풍년이고 보니, 농부들은 절로 어깨춤이 추어진다.

사물놀이패의 흥겨운 소리가 들리지 않는가? 니나노오~!

아뿔싸! 귀가 있어도 귀로 들을 수 없다. 어쩌지?

귀 없는 토끼에게 물어볼까?

승려: 어떤 것이 공겁 이전(空劫 以前 본래면목)의 일입니까?

호천: 누구 있는가?

송: 망치로 두드려 대지에 구멍을 뚫으니

　　지옥의 고통 소리가 울려 퍼지고

　　화살을 쏘아 하늘에 구멍을 뚫으니

　　천국의 웃음소리가 울려 퍼지네.

*동안- 양산- 대양- 투자- 부용- 단하

52. 선문염송 238칙- 남전, 병 속의 거위

육긍: 옛사람이 병 속에 거위 한 마리를 키웠는데, 거위가 점점

　　자라서 병에서 나올 수가 없게 되었습니다.

　　병을 깰 수도 없고 거위를 죽일 수도 없으니, 어떻게 해야

　　거위를 꺼낼 수 있겠습니까?

남전: 대부!

육긍: 예!

남전: 나왔다!

평: 이 "병중아(甁中鵝)"라는 화두는, 이성과 생각으로 절대 진리

를 알 수 없음을 명확하게 보여 준다.

병을 깨지도 않고, 거위를 다치게 하지도 않고, 도대체 어떻게 병

속의 거위를 꺼낼 수 있을까?

이성과 생각으로 도저히 넘을 수 없는 은산철벽의 철옹성이다.

선정 지옥! 생기발랄한 삶과 호흡 없는 죽음의 관문!

인류 역사상 가장 똑똑한 뉴턴, 아인슈타인, 호킹 등등 위대한

과학자들이, 과연 병 속의 거위를 산 채로 꺼낼 수 있을까?

이성과 생각으로 천 년이 아니라 만 년을 생각해도, 영원히 답을 찾을 수 없는 정체불명의 죽음에 미로 같은 수수께끼일 뿐이다.

결국 백골의 애절한 절규만 사방으로 울리다가 사라진다. 악~!

이성과 생각으로는 고작 병을 깨든가 아니면, 거위를 죽인 채로 꺼낼 수밖에 없다. 그렇지 않은가?

병 속에 갇힌 거위 한 마리도 꺼내지 못하는데, 어떻게 모든 중생을 구제할 수 있겠는가?

싯다르타 부처가 출현한 이후 2600년이 다 되어가는 시점에서도, 구제해야 하는 중생이 아직도 남아 있다는 것은, 불교가 영원히 모든 중생을 구제할 수 없다는 말이다!

2600년 동안 무수한 시행착오와 지겨운 반복의 명백한 결론!

결국 불교에서 외치는 모든 중생을 구제해야 한다는 말은, 한낱 공염불 같은 부도 수표일 뿐이다. 보이스 피싱 사기!

차라리 사회 복지를 포기하고, 개인 복지에 충실하는 것이 현명한 선택은 아닐까?

아무튼 무엇보다도 우선 자신을 먼저 구제한 후에, 모든 중생을 구제할 수 있다면 그때 구제하라!

각설하고, 이 화두의 본질은 "대부, 예, 나왔다!"라는 단지 이것뿐이다!

이성과 생각으로 분별하여 헤아리지 말라! 생각하면 빗나간다!

그러면 영원히 병 속의 거위를 구출할 수가 없다.

자세하게 보면, 병 속에 갇힌 것은 거위가 아니라, 육긍대부 자신의 왜곡된 생각이다!

번뇌와 망상 속에 있는 허망한 육신을 구제하기가 너무나 어렵다.

"대부!" 하고 부르는 순간 삼라만상의 모든 것은 산산이 조각나고, "예!" 하고 대답하는 "이 순간"에, 이미 진리 그 자체(본래면목)와 하나가 되었다.

이 순간, 어떻게 하잘것없는 병 속에 갇힌 거위 신세가 될 수 있겠는가?

이미 온 우주와 한바탕이 되어버린 삼계의 영원한 주인공일 뿐이다.

남전이 노파심에서 "나왔다!" 하고, 사족까지 붙여 중생심과 분별심을 완전히 소멸시켜 버렸다. 알겠는가?

언어의 마술사다운 신성한 한마디로, 거위뿐만 아니라 삼라만상의 모든 중생을 구제했다. 역시 왕노사(王老師 남전)다.

선(禪)은 깨달음을 온몸으로 "이 순간"에 직접 보여주는 것이다!

바닷물에 빠져 생사를 오락가락하는 자에게, 부처의 하찮은 설법은 아무런 의미가 없다.

단지 구명조끼 하나를 던져주면 그만이다.

이 순간에 무슨 헛소리 같은 말이 필요하겠는가?

이것이 바로 선(禪)이고 대자유며, 부처의 무한한 사랑이다.

그나마 왕노사가 눈먼 조사선의 체면을 간신히 지켰다.

그대는 아직도 병 속에 있는가 아니면, 병을 초월해서 나왔는가?

반드시 알을 깨고 나와서, 파란 허공으로 승천하는 절대 세계의 청룡이 되어야 한다.

나의 온몸이 입이라고 해도, 나는 능력이 부족하여 모두 설명할 수 없다. 모르겠다. 음~! 미안하구먼! ㅜㅜ!

덧붙이면, 눈먼 마조의 오줌싸개들이, 화두는 "발상의 전환"이라는 악마의 말을 하고 있다.

모든 깨달은 자들이 피를 토하고 대성통곡할 일이다.

"발상과 의식의 전환"은 즉 허망한 생각의 전환을 말한다.

화두는 생각과 이성의 영역 밖에 있는데, 감히 어떻게 생각으로 헤아려서 화두를 알 수 있겠는가?

사이비와 악마들아, 생각의 울타리 안에서 제아무리 생각해 보아도, 결국 이성의 감옥을 탈출할 수는 없다!

눈동자 없는 데카르트가 왔구나! 생각의 한없는 망상의 무한 제곱!

자신이 망가져서 사이비와 악마가 되는 것은 어쩔 수가 없지만, 다른 사람까지 망가지게 해서는 안 된다! 천벌을 받을 것이다.

곧 무간지옥에서 지금까지 연체된 미납금 고지서에, 할증료까지 부과하여 도착할 것이다. 결자해지! 축하한다! 하하!

아무튼 오직 가소롭고 역겨울 뿐이다.

벌써 끝없는 내 사랑 "소옥이"를 잊었는가?

"소옥이"를 잊거나 악마의 말에 귀를 기울인다면, 바로 그 순간 부처의 국토로 가는 모든 길은 소멸할 것이다! 호천의 사자후!

주인공아, 깨어 있어라! 인간의 탈을 쓴 사이비에게 절대 속지 말라!

육긍: 거위가 자라서 병에 꽉 찼습니다. 병을 깰 수도 없고 거위를 죽일 수도 없으니, 어떻게 해야 거위를 꺼낼 수 있겠습니까?

호천: 점점 작아진다.

육긍: 그대로 있습니다.

호천: 거위야!

송: 슬픈 사연으로 하늘빛 천국을 흐리지 말고
　　불타는 인생은 덧없는 꿈이니 여행을 즐겨라.
　　죽은 사람처럼 암흑의 태양에 징을 치며
　　무덤을 향한 신성한 장송곡을 부르지 말라.

*남전- 육긍, 장사, 자호, 수유, 감지

53. 선문염송 1436칙- 문수, 전삼삼 후삼삼

문수: 요즘 어디서 떠나 왔는가?

무착: 남방(南方)에서 왔습니다.

문수: 남방의 불법은 어떻게 유지되는가?

무착: 말법의 비구는 계율을 지키는 이가 적습니다.

문수: 대중은 얼마나 되는가?

무착: 어느 절은 3백, 어느 절은 5백 명 정도 됩니다.

무착이 반문하였다.

무착: 여기서는 어떻게 유지됩니까?

문수: 범부와 성인이 함께 살고, 용과 뱀이 섞였다.

무착: 대중은 얼마나 됩니까?

문수: 전삼삼 후삼삼(前三三 後三三).

평: 어느 시대나 정법 시대이고, 어느 시대나 말법 시대이다.

정법 시대나 말법 시대가 따로 있는 것이 아니라, 자신의 마음먹기에 따라서 단지 규정될 뿐이다! 일체유심조!

어느 시대나 수행자 중에서 계율을 지키는 자는 드물다.

그래서 부처가 "계율을 등불 삼아서 가라."고 가르쳤는데,

나중에 부처를 만나면 어떻게 어쭙잖은 변명을 할 것인가?

그건 그렇고, 청량산에는 천사와 악마가 함께 살고, 토끼와 거북이가 함께 살며, 아마도 대중은 3백에서 5백 명 사이일 것이다.

그런데 무착이 "대중은 얼마나 됩니까?"라고 물으니,

문수가 "전삼삼 후삼삼"이라고 절묘하게 대답을 한다.

"前三三 後三三"은 마치 사라진 고대 문자의 암호와 같다.

어떻게 해야 해독할 수 있을까?

과연 대중은 얼마나 될까?

그러나 어처구니없게도 "전삼삼 후삼삼"을 모르는 극악무도한 까막눈들이, 대중의 숫자가 3+3, 3×3, 6×6, 9×9 등등 이라고 말을 한다.

모든 부처가 피를 토하고 통곡할 일이다. 오호통재라!

이런 사이비와 악마의 군대에게 절대 속지 말라! 주인공아, 정신차려라!

이런 숫자와 관련이 있다면, 화두가 아니다! 착각 금지!

중생의 망상과 착각은 자유이지만 꿈에서 깨어나라! 졸고 있는 헛것아!

"모른다고 생각하는 그 놈"을 안다고 자신을 속이지 말라! 이 사기

꾼아!

영원한 내 사랑 "소옥이"를 잊지 말라! 안록산아! 양귀비야!

"부르다가 내가 죽을 이름이여!" 소옥아!

화두의 언어는 절대 세계의 불가사의한 말이다! 비밀의 수수께끼!

그러니 거짓 자아에게 속아서 졸렬하고 편협한 이성으로, 화두의
언어를 모자이크처럼 짜 맞추지 말라!

아~ 정말 모르겠다. 청량산에 가서 문수에게 직접 물어보아야겠다.

맙소사! 청량산 가는 길이 막힌 지 오래되었지, 이럴 어쩌나!

"앞이 3·3, 뒤가 3·3"인데, 앞과 뒤는 어디이며, 중간은 어디일까?

입을 다물고 혀를 놀리지 말고, 말할 수 있다면 한마디 해 보라?

무착: 여기서는 어떻게 유지됩니까?

호천: 수평선과 지평선이 서로 그리워한다.

무착: 대중은 얼마나 됩니까?

호천: 좌청룡 우백호(左靑龍 右白虎).

송: 백조와 까마귀가 함께 살고

　　파계승과 기생이 함께 사네.

　　삼각산의 인구를 조사하니

　　앞산은 33명 뒷산은 99명.

54. 선문염송 1325칙- 수산, 작은 소리

선객: 모든 부처님들이 모두 이 경전에서 나왔다고 하는데, 어떤

것이 이 경전입니까?

수산: 작은 소리로, 작은 소리로!

선객: 어떻게 알아야 합니까?

수산: 절대로 더럽힐 수 없다.

평: 모든 사람들은 어머니를 통해서 태어나는데, 어째서 책에서 부처가 나온다는 것일까?

질문부터 의미심장한 것 같기도 하며, 한편으로 엉뚱하기도 하다.

인간의 망상과 생각은 끊임없이 퍼내도, 끊임없이 샘솟는 샘물과 같다.

이 허망한 생각들이 태어나는 장소는 과연 어디일까?

언제쯤 이 마음을 쉬고 일 없는 중생이 될 수 있을까?

모든 부처가 어떤 경전에서 나왔냐고 물었을 때, "싯다르타의 어머니 마야 부인의 뱃속에서 나왔다."라고 대답을 했어야 하는데 아쉽다.

그러나 수산은 아무것도 모르기에, 다른 사람들이 들을까 봐서 작은 소리로 말하라고 한다.

그래도 양심은 있어 부끄러운 줄은 아는구나. 하하!

정말이지 조사선의 체면이 말이 아니다. 부끄럽구나, 눈먼 조사선이여!

하지만 작은 소리로 부르는 것은 절대 더럽힐 수가 없다.

반드시 절대 더럽힐 수 없는 곳을 밝혀야 한다! 불구부정(不垢不淨)!

이것이 수행자의 기본적인 본분이며, 가야 할 길이다. My way!

영원히 오염되지 않는 청정 지역은 절대 세계 즉 부처의 나라다.

우주 전체에 퍼져 있는 부처의 영토에, 어떻게 도착할 수 있을까?

수행자여, 작은 소리로 천국의 노래를 불러라!

노랫소리가 작아서 안 들린다. 큰 소리로 불러라!

선객: 모든 부처님들이 나온 경전은, 무슨 경전입니까?

호천: 반야심경(般若心經).

선객: 어떻게 알아야 합니까?

호천: 불생불멸(不生不滅).

송: 천상의 아름다운 평화에 노래는

     작은 목소리로 낭랑하게 부르네.

     지옥 노랫소리의 고통에 파문은

     부처의 나라를 고요히 정화시키네.

*풍혈- 수산- 분양- 자명- 황룡- 회당

55. 선문염송 740칙- 투자, 황금 닭의 울음

선객: 황금 닭이 울기 전에는 어떻습니까?

투자: 그 소리가 없다.

선객: 운 뒤에는 어떻습니까?

투자: 각자 시간을 안다.

평: 일단은 황금 닭을 찾아야 한다. 산 넘고 물 건너서 30년 동안 찾았는데, 황금 닭을 찾지 못했다.

신화 속의 황금 닭이 정말 있는 것일까?

만약 황금 닭이 없다면, 어떻게 울 수 있을까?

닭의 모가지를 비틀고 나면, 과연 새벽이 올 수 있을까?

황금 닭을 찾아 3천 만리를 헤매도 못 찾았는데, 어쩌나!

어쨌든 황금 닭이 울기 전에도 고요하고, 운 뒤에도 고요하다.

삼계는 본래 고요한 아침의 나라인데, 어디에서 닭 우는 소리를 듣겠는가!

설마 불량한 병아리가 "삐악삐악" 하고 우는 것은 아니겠지. 하하!

이 나라에서 모든 이가 말 없는 침묵으로 대화를 나누기에, 언제나 고요한 평화만 지속될 뿐이다. 거침없는 침묵!

고요한 아침의 나라로 가고 싶은가?

그럼 수화(手話)를 배워라. 하하! 사실 고요한 아침의 나라는 없다.

그래도 정히 가고 싶다면 알려주지. 곧장 시장으로 가라.

그럼 장닭이 우렁차게 말해 줄 것이다. 파닥파닥 파다닭!

선객: 황금 닭이 울기 전에는 어떻습니까?

호천: 고요하다.

선객: 운 뒤에는 어떻습니까?

호천: 꼬끼오~!

송: 고요한 새벽의 나라에서

　장닭은 목놓아 울지 않고

　신성한 저녁의 나라에서

　매미가 목청껏 노래 부르네.

*혜능- 청원- 석두- 단하- 취미- 투자

56. 선문염송 1030칙- 운문, 밀달리고 밀달리지

운문이 대중에게 말하였다.

: 오늘 하안거의 절반이 지났다. 돌 부딪히는 곳을 한마디로 말해

　보라.

대중들이 말이 없자, 스스로 대신 말하였다.

: 밀달리고(密怛哩孤) 밀달리지(密怛哩智)!

다시 말하였다.

: "밀달리고 밀달리지"의 뜻이 무엇인가?

스스로 대신 말하였다.

: 부람(部㘑)!

평: "밀달리고"는 모든 부처의 지혜이고, "밀달리지"는 문수의 지

혜이다.

또한 밀달리고, 밀달리지, 부람은 모두 진언(眞言)이다.

하안거의 절반이 지났으니, 반마디를 못한다면 밥값을 돌려다오.

돌 부딪히는 곳은 제쳐두고, 돌을 나의 손바닥 위에 올려 보라!

조약돌인가, 호박돌인가 아니면 자수정인가?

묻기만 하면, 주둥이가 있어도 말을 못하는구나.

그 주둥이로 어찌 그리도 잘 먹는가! 하하!

"밀달리고 밀달리지"가 무엇인가?

정녕 모른다면 경마장로 가라.

천리마와 거북이가 바람을 가르며 쏜살같이 뛰어간다.

마치 바람 소리가 회오리 태풍과 같다. 용호상박(龍虎相搏)!

호천: 하안거의 절반이 지났다. 살아 있는 자가 있다면 말해 보라.

대중들이 말이 없자, 스스로 말한다.

: 말달리고 말달리지!

 "말달리고 말달리지"의 뜻이 무엇인가?

스스로 대신 말한다.

: 당나귀!

송: 죽어서 무정한 바위가 되면

    세월과 바람에 밀려 밀려가다

    장엄한 천둥 속의 번개를 맞아

    소리 없이 두 쪽을 깨어지리.

*운문- 쌍천- 오조- 늑담- 구봉- 대매

57. 선문염송 1081칙- 운문, 감(鑒)과 이(咦)

운문이 어느 날 어떤 스님을 돌아보고 말하였다.

: 감(鑒: 비추어 보다)!

스님이 대답하려고 망설이자 바로 말하였다.

: 이(咦: 크게 부르는 소리)!

덕산이 "돌아볼 고(顧)"자를 떼어버리고, "추고송(抽顧頌)"이라고

하였다.

평: 운문이 "감(鑒)"과 "이(咦)"라고 말한다면, 나는 "생(生)"과 "사

(死)"라고 말하겠다.

괴롭구나! 내가 말하고도 무슨 말인지 모르겠다. 아~!

말을 하려고 하면 끝까지 말해라. 감히, 중간에 끊지 말고 헷갈리

잖아.

무식한 혜능의 조사선이라, 역시 예의를 아는 놈이 없구나.

노인을 공경하지 않는 자들에게 곤장을 100대 쳐야 한다.

한국은 예부터 동방의 예의지국(禮儀之國)이라는 것을 모르는가?

산사를 불태우고, 예절 학교에 가서 예절 교육을 배워라.

버르장머리 없는 놈들. 쯧쯧! 지리산 청학동으로 가라!

운문은 절름발이 살인귀라서 예절을 모르지만, 덕산은 고고한 선

비라서 예절이 바르다.

"고(顧)"자를 떼어버리고 "추고송"이라고 부른다며 상세하게 가르

쳐준다.

마치 엄마가 아이에게 글자를 가르치듯이. 사랑과 질투!

"추고송"이 무엇인가? 아직도 모르는가?

그럼 진정의 송을 보자.

> 운문의 추고송에는　(雲門抽顧)
> 본래 이유가 있네　(自有來由).
> 한 점도 오지 않으니 (一點不來)
> 쉬고 쉬고 또 쉬어라 (休休休休).

이 송을 보니 진정선사의 구구절절한 간절함이 느껴진다.

유독 눈에 띄는 부분이 "휴(休)"자를 4개 쓴 부분이다.

"휴"자에 무슨 깊은 뜻이 있다는 것인가?

어째서 무지막지하게 "휴"자를 4개나 썼을까? 휴~!

"쉬고 쉬고 또 쉬어라."고 해서, 무기(無記)에 빠져 쉬는 것이 아니다!

또한 묵조선(黙照禪)을 하라는 것이 아니다! 묵조선은 무기에 빠질 우려가 너무나 높다! 수행자는 경계하고 경계해야 한다.

그럼 무엇을 말하는 것일까?

쉬는 속에서 누가 쉬는지를 참구하라는 말이다!

"의심"이 없는 수행은 결코 수행이 아니다! 착각 금지!

또한 "의심"이 없는 수행법으로 완전한 깨달음(대원경지)을 영원히 이룰 수도 없음을 뼈에 각인시켜라!

이것을 알지 못한다면, 진정은 오늘도 관음전 뒤편에서 소리 없이 눈물을 흘릴 것이다. 뚝뚝!

결론적으로 운문의 "감"과 "이", 호천의 "생"과 "사", 진정의 "휴휴
휴휴"라는 무의미한 단어가 말하고 싶은 것은 과연 무엇일까?
덕산의 "돌아볼 고!" 회광반조! 관세음보살! 악!

송: 무식한 조사선의 문중에는
　　무례한 자들이 많구나.
　　감히, 감히
　　중간에 말을 끊다니.

*운문- 덕산- 문수,　황룡- 진정- 담당

58. 선문염송 394칙- 황벽, 불상의 이름

배상국이 불상 하나를 들고 와서, 황벽 앞에 무릎을 꿇었다.
배휴: 선사께서 이름을 지어 주십시오.
황벽: 배휴!
배휴: 예!
황벽: 이름을 다 지었소.
배휴: 절을 하고, 이름을 지어 주셔서 고맙습니다.

평: 말도 못하는 바보 같은 불상의 이름은 도대체 무엇인가?
황벽이 과연 무슨 이름을 지어 주었는가?
설마 불상의 이름이 배휴는 아니겠지. 하하!
배휴! 예! 이름을 다 지었소. 아리송~!

배휴! 예! 하고 대답한 자신이 부처라는 말인가?

도대체 엉큼한 불상의 이름이 무엇인가?

왠지 황벽과 배휴의 속임수에 속는 기분이다. 힘!

철옹성의 성주 황벽과 위산은 초연한 선비라서 언제나 진실만 말
한다.

그러나 말귀를 못 알아듣는 조주와 운문 영감은 항상 동문서답의
헛소리만 한다. 제발 보청기를 꺼라.

이유야 어떻든 간에, 오직 모르는 자신의 게으름만 탓할 뿐이다.

나는 모르겠으니 그대가 답을 알려 주게. 그대도 모르는가?

한스러움에 분노가 치솟아 오르고, 절로 눈물이 샘솟는다.

산송장아!

마음을 차분히 가라앉히고, 진언을 외워서 마음의 평화를 찾자.

관세음보살, 관세음보살, 관세음보살!

배상국이 불상 하나를 들고 와서, 호천 앞에 앉았다.

배휴: 선사께서 불상의 이름을 지어 주십시오.

호천: 이름!

송: 말도 못하는 꼭두각시 불상을 보고

　　일 없이 3천 배를 해서 무엇 하리.

　　부처의 흉내를 내는 음흉한 불상은

　　3천 배의 뜻도 모르는 한심한 바보.

*백장- 황벽- 배휴, 오석, 목주, 임제

59. 암두와 소산, "말후구" 검객의 망신

선객(禪客) 소산이 암두선사를 만나러 오자, 앉은 자리에서 자는 체했다. 소산은 할 수 없다는 듯이 암두의 팔을 흔들어 깨웠다.

암두: 뭐냐?

소산: 스님, 더 주무세요.

암두는 크게 웃었다.

암두: 내가 30년 동안 말타기를 익혀왔는데, 오늘 낮에 당나귀 발에 차이다니!

평: 무자비한 지옥 전사 암두가 눈먼 선객을 맛보기 위하여, 해골의 절규가 울려 퍼지는 죽음의 천라지망을 펼쳤다.

과연 눈동자 없는 수행자가 죽음의 칼날로 가득 찬, 피비린내 진동하는 인드라망을 뚫고 살아나올 수 있을까?

사악한 살인귀가 시퍼런 살인도를 뽑으니, 온 우주가 침묵 속에서 두려움에 떨고 있다. 후덜덜!

그 순간, 소산이 모든 부처를 죽인 피가 어려 있는 찬란한 활인검으로, 일검(一劍)에 천라지망을 소멸시켜 버린다.

"스님, 더 주무세요."라는 한마디에 "말후구(末後句)"의 위대한 검객이 똥통에 처박히는 장면이다. 하하하!

너무나 극적이고 눈이 부시게 휘황찬란한 화두다.

소산의 재치와 기개는 가히 삼계의 제일검에 솜씨다. 소산은 부처의 옷을 훔쳐 입은 간악한 악마가 아니라 전설 속의 빛의 전사다.

외눈박이 암두가 절름발이 당나귀를 30년 동안 타다가 비로소 오늘, 불타오르는 눈동자를 가진 천리마의 주인공에게 차여 꼬꾸라지는 현장이다. 하하!

진정한 선객이라면, 위대한 "말후구"의 검객 암두를 단칼에 죽일 수 있어야 한다. 이렇게 되어야만, 진정한 삼라만상의 영원한 주인장이 되는 것이다.

악마의 옷에 부처의 황금빛을 도금한 짝퉁 옷을 입은 추악한 헛것들아, 자신의 깨어 있는 마음을 속이지 말고, 악귀에게 영혼을 팔지 말고, 완전한 깨달음(천인사불)을 얻어라.

그리고 신성한 빛의 전사인 소산과 암두의 목을 베어라.

모든 개념을 죽여라! 모든 인간적인 것을 죽여라! 눈으로 보는 모든 현상 세계를 죽여라!

그럼 자연스럽게 절대 세계(부처의 나라)로 가는, 길 없는 길이 보일 것이다.

화두의 걸작 중에서 최고봉이다. 하하!

호천이 암두선사를 만나러 오자, 앉은 자리에서 자는 체했다.

호천: 주모!

암두: 뭐냐?

호천: 돼지국밥 한 그릇!

암두는 크게 웃었다.

암두: 내가 30년 동안 말타기를 익혀왔는데, 오늘 낮에 당나귀 발에 차이다니!

호천: 주모, 동동주 한 병 추가!

송: 모자이크 같은 빛깔의 인생이 산산이 조각나면

　　깨어진 만큼 날갯짓하며 푸른 창공으로 비상하리.

　　조각난 빛의 다채로운 파편은 정열의 자유이고

　　빛깔의 퍼즐을 다시 맞추는 것은 불멸의 의지리.

*덕산- 암두- 나산, 운암- 동산- 소산 or 덕성- 협산- 소산

60. 선문염송 1137칙- 고산, 기침과 감기 소리

고산이 대중에게 말하였다.

: 고산의 문하에서는 기침을 하면 안 된다.

그때 어떤 스님이 나와서 기침 소리를 한 번 내었다.

고산: 무엇을 하는가?

스님: 감기입니다.

고산: 감기라면 괜찮다.

평: 기침을 해서는 안 된다고 하니, 정말 인정도 없고 무례하군.

생리적인 현상까지 어떻게 막아버리라는 것인가?

설마 여기에 무슨 깊은 뜻이라도 있다는 것일까?

기침은 안 된다고 하면서, 어떻게 감기는 된다는 것일까?

그럼 연거푸 재채기를 요란스럽게 해도 괜찮을까?

고산은 사이비 의사임에 틀림없다. 돌팔이 사기꾼아!

기침이 나면 감기에 걸린 것이고, 감기에 걸리면 기침이 나오는

것이다. 기침과 감기는 불가분의 관계다.

감기약을 먹었더니, 머리가 띵하고 잠만 온다. 콜록콜록!

그러나 고산의 기침 소리는 천둥 속의 번개와 같다.

은산철벽도 순식간에 허물어지니, 가히 두려운 존재이다.

감기에 걸렸을 때, 사악한 고산의 눈을 피해서 쌍화차를 마셔라!

각설하고, 이 화두의 본질이 무엇인지 아직도 파악하지 못했는가?

"선문염송" 중에서 가장 재미가 있고 기발한 화두이다.

화두 중의 최고의 걸작이다. 이 놈을 보면 언제나 웃음을 참을 수가 없다. 하하하!

기침은 안 되니 감기에 걸리고, 방귀는 안 되니 트림으로 나오네.

꺼~억!

송: 기침 소리는 안 되고

감기 소리는 된다네.

똥개가 보고 미소 짓네.

에이치, 에이치!

*석두- 천황- 용담- 덕산- 설봉- 고산

61. 선문염송 1223칙- 파릉, 노망이 들었구나

선객: 어떤 것이 동쪽과 서쪽에서 비밀히 전한 것입니까?

파릉: 그것은 "신심명(信心銘)"에서 말한 것이 아닌가?

선객: "참동계(參同契)"에 있는 말입니다.

파릉: 내가 요즈음 노망이 들었구나.

평: 삼계의 대도인이 어떻게 "신심명"과 "참동계"를 모르겠는가?

그럼 "신심명"과 "참동계"는 무엇인가? 말해 보라.

양쪽 콧구멍이 막혀서 마음이 답답하다. 아~ 괴롭구나!

어째서 "증도가"와 "대승찬"이라고 말하지 못하는가!

그대도 벌써 치매에 노망이 들었는가? 하하!

주인공아, 정신 차려라! 24시간 언제나 깨어 있어라!

화두 중의 최고의 걸작이다. 위대한 스승이 자신의 부끄러움도 내려놓고 말을 한다.

그러나 눈먼 수행자는 알 수가 없으니, 그저 피눈물만 흐를 뿐이다. 주르륵주르륵!

오늘 파릉선사를 위해서 연회를 열 것이니, 마음껏 마시고 즐겨라!

파릉은 노망으로 치매이기에 먹지도 못하니, 좋고 좋구나.

정신이 오락가락하는 파릉은 어느 요양원에 있는가?

여봐라, 풍악을 울려라! 나는 한 잔 술에 취해서 배꼽 잡고 웃고 있다.

벌써 나도 노망이 들었는가? 하하!

진리는 찬란한 태양처럼 언제나 드러나 있기 때문에, 비밀은 있을 수 없고 단지 "비밀"만 있을 뿐이다!

온 우주에 파노라마처럼 펼쳐져 있는 다이내믹한 절대 진리를, 어떻게 숨기고 왜곡할 수 있겠는가! 불멸의 돈오돈수!

그리고 "반야심경"의 위대한 해설서가 "신심명(승찬)", "증도가(영가)", "대승찬"이니, 평소에 열심히 공부하여 진리의 본질을 파악해야 한다!

지공의 "대승찬(大乘贊)" 첫 문구를 보자.

큰 진리는 항상 눈앞에 있지만   (大道常在目前)

눈앞에 있어도 보기는 어렵네.   (雖在目前難覩)

진리의 진실한 모습을 깨닫고자 한다면 (若欲悟道眞體)

소리, 형상, 언어를 벗어나지 말라.   (莫除聲色言語)

선객: 어떤 것이 동쪽과 서쪽에서 비밀히 전한 것입니까?

호천: 비밀이라서 절대 말할 수 없다.

선객: 제발 비밀을 가르쳐 주십시오.

호천: 까먹었다.

송: 동쪽에게 은밀히 비밀을 전하고

    서쪽에게 은밀히 비밀을 전하네.

    東西가 만나서 이야기를 하니

    동서만 모르고 모두가 아는구나.

*천황- 용담- 덕산- 설봉- 운문- 파릉

62. 선문염송 779칙- 백장, 알았으면 됐어요

백장: 그대여, 물을 일이 있는데 물어도 되겠는가?

상좌: 말이 없어 좋았는데, 무엇 하러 말도 되지 않는 소리를 하십
     니까?

백장: 안남(安南)을 얻고 새북(塞北)을 또 걱정한다.

활 상좌(암두)가 가슴팍을 활짝 열었다.

상좌: 이렇습니까, 이렇지 않습니까?

백장: 얽어매기 어렵구나, 얽어매기 어려워.

상좌: 알았으면 됐습니다. 알았으면 됐어요.

평: 삼라만상을 손아귀에 쥔 "백장야호"의 주인장이, 괜히 일 없이 심심해서 천하의 암두를 찝쩍댄다. 눈먼 백장이 호되게 당하겠구나. 상대도 알아보지 못하는 사팔뜨기 당나귀야!

암두가 "말이 없어 좋았는데, 무엇하러 말도 되지 않는 소리를 하십니까?"라고 하며 일검(一劍)에 백장을 해치운다.

백장은 그래도 미련이 남아서 "안남(安南)을 얻고 새북(塞北)을 또 걱정한다."라며 헛소리를 지껄인다.

눈동자 없는 백장을 바로 후려쳤다면, 깔끔하게 마무리가 되는 것인데 단지 아쉬울 뿐이다. 정당한 몽둥이의 응징!

그 순간 암두가 가슴팍을 활짝 열고, "이렇습니까, 이렇지 않습니까?" 하니, "얽어매기 어렵구나, 얽어매기 어려워." 하니, "알았으면 됐습니다. 알았으면 됐어요."라고 대답한다. 하하하!

정말 우습지 않은가? 너무나 찬란하고 재미있는 화두다.

미끼도 없는 낚싯바늘을 던져서 고래를 잡으려는 낚시꾼이, 오히려 굶주린 상어에게 잡아먹히는 장면이다. 하하!

숭고한 백장은 스승의 임무에 충실했고, 고결한 암두는 제자로서 스승의 은혜에 보답했다. 결초보은(結草報恩)!

반드시 이렇게 되어야만 모든 것이 완전해지는 것이다. 위대한 스승의 자비에 고개 숙여, 진정으로 감사를 표할 뿐이다. 감사!

강과 산을 얻고 하늘과 바다를 얻지 못할까 걱정하고 걱정한다.

이 말을 모른다면 백장의 무자비한 살인도에 영원히 죽을 것이고, 이 말을 안다면 암두의 자애로운 활인검으로 영원히 살 것이다.

눈·귀·코·입·몸·뜻을 모르는 그대여, 아직도 모르겠는가?

다시 말하겠다. 어차피 이렇게 말을 하나 저렇게 말을 하나, 말도 안 되는 헛소리인 것은 변함이 없다. 하하!

강과 산, 하늘과 바다를 얻고, 태양과 블랙홀을 얻지 못할까 애태우고 애태운다.

백장의 사랑스러운 살인도에는 부처의 녹색 피가 서려 있고, 암두의 증오스러운 활인검에는 악귀의 노란 피가 배여 있다.

알았으면 된 것이고, 몰랐으면 붉은 낚싯바늘에 꿰인 것이다.

마른 오징어야! 젖은 노가리야! 싱거운 짬뽕아!

천길 절벽 위에 파도가 찰랑찰랑 춤을 추고, 사막의 모래를 가르며 전기가오리가 질풍처럼 비행한다.

모든 것은 오직 마음이 지어내는 것이다(一切唯心造)!

진실한 수행자여, 이번 생애에 깨닫지 못할까 노심초사하지 말고, 지금 "이 순간"에 완전하게 깨어 있어라! 이 순간의 기적!

이것이 진정한 깨달음으로 가는 완벽한 지름길이다.

백장: 그대여, 물을 일이 있는데 물어도 되겠는가?

호천: 아무리 좋은 일도 아무 일 없는 것보다 못합니다.

백장: 안남(安南)을 얻고 새북(塞北)을 또 걱정한다.

호천: 방하착(放下着 내려놓아라)!

백장: 얽어매기 어렵구나, 얽어매기 어려워.

호천: 평지풍파는 속수무책이라!

송: 창공의 새소리 허공으로 신성하게 울려 퍼지고
    계곡의 물소리 강산으로 성스럽게 울려 퍼지네.
    대자연의 웅장하고 깨끗한 빛에 향기의 파문은
    내 마음을 씻어주는 따스한 봄바람의 손길이네.

*마조- 백장- 고령,   덕산- 암두- 서암

63. 선문염송 677칙- 덕산, 아야, 아야!

덕산이 몸이 아프자, 어떤 스님이 물었다.

선객: 병들지 않는 사람도 있습니까?

덕산: 있다.

선객: 어떻게 해야 병들지 않는 사람입니까?

덕산: 아야, 아야!

평: 몽둥이 하나로 천하를 호령하던 포악한 덕산이 번개도 빼앗기고 영원한 젊음도 빼앗겨, 초라한 노인이 되더니 결국은 병에 걸려 앓는구나.

부처도 죽고, 달마도 죽고, 덕산도 죽는다. 오~ 덧없는 삶이여!

육신은 즐거움과 괴로움, 건강함과 병듦, 삶과 죽음의 근본이다.

즉 생로병사의 요체이다. 이것을 보고 싯다르타가 출가를 했다.

하지만 이것은 영화관에서 보는 영상에 불과하다.

스크린이 본래면목이라면 영상(허상)은 우리의 삶이다.

영상에서는 부처를 비롯한 모든 성인들이 죽지만, 영화가 끝나고 나면 영상은 하나의 투사된 환영(허상)임을 안다.

스크린(自性)은 항상 그대로, 그 자리에 있다(不增不減).

마치 한 편의 영화가, 한 개인의 우여곡절 깊은 역동적인 생생한 삶과 같다.

모든 것이 너무나 생생하게 살아서 움직이기 때문에, 모든 사람들이 속을 수밖에 없다. 정말 신비로운 일이며 기적 같은 일이다.

이것이 곧 중생의 찬란한 비극이 시작되는 최초의 시발점이다.

과연 이런 현상 즉 삶의 진실한 실체를 어떻게 설명해야, 다채로운 빛깔 같은 사람들이 쉽게 이해할 수 있을까?

아~ 생각하노니, 진리의 진정한 근본(眞如)을 꿰뚫기가 너무나 어렵고 어렵다. 정녕 이것이 문제다. 빌어먹을!

그러나 스크린은 아무런 영향도 받지 않고, 언제나 변함없이 그대로 있을 뿐이다. 이것이 본래면목의 진정한 모습(不生不滅)이고, 우리 각자의 자신이다.

삶은 언제나 죽음을 동반한다. 즉 삶과 죽음은 하나이고 같은 것이다.

생사일여(生死一如, 不生不滅, 열반)!

이것을 그 누가 알겠는가?

본론으로 돌아와서, 그럼 덕산의 병명은 무엇인가?

간암인가, 폐암인가 아니면 치매인가, 노망인가?

나이가 들면 허망하게 쪼글쪼글해진 육신은 병들기 마련이다.

또한 삼라만상의 모든 것이 죽을 때가 되면 병이 생긴다.

그래도 병에 걸리고 싶지 않다면, 방법은 하나다.

덕산처럼 "아야, 아야!"를 크게 외쳐라.

그러면 금강불괴(金剛不壞)가 될 것이다. 하하!

아직도 간파하지 못했는가?

덕산의 몽둥이를 받아라! 딱! 아야! 제발 살살 때려 주세요!

이 화두도 화두 중의 걸작이다. 하하!

선객: 병들지 않는 사람도 있습니까?

호천: 없다.

선객: 어떻게 해야 병들지 않는 사람입니까?

호천: 이빨 빠진 해골.

송: 덕산의 몽둥이를 맞아도

    아야, 아야!

    병을 앓는 사람도

    아야, 아야!

*천황- 용담- 덕산- 암두- 나산- 명초

8. 눈이 있으면 보라!

64. 선문염송 355칙- 백장, 화로의 불씨

위산이 어느 날 백장을 모시고 서 있었다.

백장: 누구냐?

위산: 영우입니다.

백장: 화로를 휘저어 보라. 불씨가 있는가?

위산이 휘저어 보았다.

위산: 불씨가 없습니다.

백장이 몸소 일어나 화로를 깊이 헤쳐서, 작은 불씨를 찾아내어 들어 보였다.

백장: 이것은 불씨가 아니냐?

위산이 깨닫고 절을 하며 감사드렸다.

백장: 이것은 잠시의 갈림길일 뿐이다. 경전에 "불성의 이치를 알 고자 한다면, 마땅히 시절인연을 살펴라."고 하였으니, 시절이 이르면 그 이치가 저절로 드러난다.

평: 수행자는 절대 시절인연을 기다리지 말라! 곧장 가서 깨달음을 이루어야 한다.

시절인연이란 말에 수행자가 결코 나태해져서 안 된다.

시절인연이란 자신이 밤낮을 가리지 않고 노력해서, 스스로 만드는 것이다! 일체유심조!

시절인연이란 때가 따로 있는 것이 맹세코 아니다! 알겠는가?

시절인연이란 결국 방편이고 진실은 아니다! 명심해야 한다.

빨간 사과가 익으면 저절로 떨어지지만, 허나 익기가 너무나 어렵다.

그러면 빨리 익을 수 있는 조건들을 만들면 된다!

연기법, 이근원통으로 무기(無記)까지 고속으로 가서, 무기에서 화두를 잡아 끝을 보는 것이다! 호천(好天)의 지론!

성급한 이들은 풋사과를 먹고 사과를 이야기하니, 안타까운 심정 이루 형언할 수가 없다.

반드시 뉴턴의 빨간 사과를 먹어야, 수행이 완전하게 끝이 난다!

백장이 말한 "시절인연"은 깨달음이 무르익었을 때, 스스로 깨닫게 된다는 말이다. 즉 사과가 익었을 때, 스승이 제자에게 깨달을 수 있는 방편을 제시한다.

결국 빨간 사과를 직접 먹어야 수행이 완전무결하게 완성된다.

하루하루 수행해 가지 않는다면, 어떻게 깨달음을 얻을 수 있겠는가!

시절인연은 없다! 불철주야 노력해서 시절인연을 만들어라!

우주 전체의 모든 것은 자신의 마음이 만드는 것이다!

허상(꿈)의 세계를 살아가면서 자신이 공상하는 대로, 원 없이 상상하고 꿈꿀 수 있어 너무나 좋다. 사상누각(沙上樓閣)!

욕심, 욕망, 망상을 원하는 만큼 마음껏 집착할 수 있지만, 태양의 찬란한 빛이 비추는 아침이 되면, 오직 초라한 자신과 대면할 뿐이다. 호접몽(胡蝶夢)!

중생의 끝없는 착각은 자유이지만, 착각 금지! 생각 정지! 판단 정지!

이 순간 나는 무엇이며, 나는 누구인가를 직접 마주 보라?

그리고 "하루 일하지 않으면, 하루 먹지 않는다(一日不作 一日不食)."는 백장선사의 사자후가 맑은 하늘에 천둥처럼 장엄하게 울린다.

이 말에 당당할 수 있는 자, 그 누구인가?

언제쯤 "백장야호"를 산산이 조각내고, 따뜻한 밥 한 공기를 먹을 수 있을까?

철옹성의 한없는 높이를 가늠조차 할 수 없다! 24시간 깨어 있어라!

화로 속에 빨간 불씨가 있고, 바다 속에 하얀 고래가 있고, 설산의 정상에 고독한 한 마리 독수리가 있다.

이것을 아는 자는 누구이며 또한 모르는 자는 누구인가?

송: 고뇌가 칠흑 같은 번뇌의 장막을 헤치고 지나

　　더 이상 갈 수 없는 마음의 밑바닥에 이르면

　　생각의 덩어리로 융합된 흑장미는 산산조각 나고

　　찬란하게 빛을 발하는 한 송이 백합을 마주 보리.

*백장- 위산- 경산, 앙산, 향엄, 영운

65. 선문염송 1154칙- 남원, 상근기와 하근기

선객: 해와 달이 바뀌고 추위와 더위가 교차하는데, 추위와 더위에 상관하지 않는 사람이 있습니까?

남원: 붉은 비단을 이마에 두르고, 수놓은 치마를 허리에 두른다.

선객: 上上의 근기라면 지금 바로 알겠지만, 中下의 근기들은 어떻게 알 수 있습니까?

남원: 숯 더미 속에 몸을 숨겨라.

평: 상근기와 하근기는 남원의 말에 속아서, 숯 더미 속에 몸을 숨기지 말라.

만약 부패한 음식물의 찌꺼기인 육신을 숨긴다면, 바비큐 통구이가 될 것이다. 하하!

상, 하의 근기가 따로 있는 것이 결코 아니다! 명심해야 한다.

상근기, 하근기, 시절인연 이런 말은 방편이다! 방편에 속아서는 절대 안 된다.

상근기는 진정으로 부처가 되고자 철두철미하게 노력하는 자이고, 하근기는 그저 부처의 흉내만 내고 게으름을 피우는 자이다!

자신이 반드시 부처를 이루고자, 하루하루 빈틈없이 수행해 가는 자는 上上의 근기다.

이렇게만 된다면, 곧 부처를 이루고 삼라만상의 주인공이 될 것이다.

그러나 부처의 그림자만 보고 따라가는 자는, 영원히 자신의 부처를 만나지 못할 것이다.

부처는 게으른 자와 천적 관계이자 원수 관계이기 때문이다!

상근기는 부처가 되고자 간절하고 절박한 마음으로 24시간 수행하는 자다. 자신이 부처가 되고자 하는 마음이 강하면 강할수록

(상근기), 모든 어려움과 역경을 극복하는 최강의 힘이 된다!

이 순간 어찌 가짜 자아의 간악한 유혹에 흔들릴 틈이 있겠는가!

불멸의 수행자여, 곧장 부처의 국토로 가라!

완전하게 깨어 있는 마음이 바다에 이르면, 그때 비로소 자신의 부처를 만나게 될 것이다.

위대한 선객이여, 하루 빨리 오라! 그대를 위하여 영원한 만찬을 준비해 놓았다.

그러나 하근기는 자신을 방치하고 속이는 사이비와 악마의 종자일 뿐이다. 가는 곳마다 똥 냄새를 풍기고, 빈 깡통처럼 주위를 괴롭힌다.

아무짝에도 쓸모없는 오직 헛된 똥자루일 뿐이다. 똥 막대기야!

함부로 시주물을 축내지 말라! 밥값을 제곱으로 갚아야 할 날이 반드시 올 것이다. 염라대왕의 정의로운 지옥의 철퇴!

시주자의 피와 땀이 배여 있는 눈물의 밥이다! 인과응보!

만약 자신의 잘못을 반성하고 개과천선한다면, 부처의 나라로 가는 길은 다시 열릴 것이다. 24시간 마음을 냉철하게 밝혀라.

수행자여, 수행은 아주 쉽다. "모른다고 생각하는 그 놈(앎)"의 정체만 밝히면 된다! 이것이 삼라만상의 모든 것이고 각자의 부처다.

불타오르는 눈동자를 가진 절박한 상근기여, 하얀 머리띠를 조여매고 한입에 해와 달을 삼켜라!

그리고 숯 더미 속에서 자신의 부처를 찾아라!

학인: 추위와 더위에 상관하지 않는 사람이 있습니까?

호천: 추울 땐 모닥불을 피우고, 더울 땐 에어컨을 켜라.

학인: 상근기는 바로 알겠지만, 하근기는 어떻게 알아야 합니까?

호천: 주인공아! 빈틈없이 25시간 깨어 있어라!

송:　상근기는 부처의 위대한 자손이고

　　　하근기는 악마의 위대한 자손이네.

　　　상근기는 자신의 부처를 만나지만

　　　하근기는 자신의 악마를 마주보네.

*흥화- 남원- 풍혈- 수산- 곡은- 금산

66. 선문염송 1305칙- 나한, 주장자를 세움

용제(수산주)가 세 번 산에 가서 나한을 뵈었다.

용제: 제가 화상을 뵙기 위해서 정주에서 왔습니다.

　　　　온갖 고생을 다 겪고 무수한 산을 지나왔으니,

　　　　어느 곳을 향해서 갈 수 있습니까?

나한: 무수한 산을 다 지나왔으니 해롭지 않다.

용제가 깨닫지 못하고, 밤이 되어 침상 앞에서 시중을 들었다.

용제: 제가 백 겁(劫), 천 생(生)에 화상과 어긋났는데, 지금 또 다

　　　　시 화상의 몸이 불편하십니다.

나한이 일어나서 주장자를 들어 얼굴 앞에 세웠다.

나한: 이것만은 배반하지 않는다.

그러자 용제가 이것 때문에 깨달았다.

평: 수행자의 숨 막히는 간절함과 처절함이 느껴진다. 진리를 향해서 불철주야 노력하면, 반드시 진리의 문(不生不滅)은 열린다!

두드려라! 그러면 문은 열릴 것이다! 정신력 갑(甲)!

정신을 한 곳으로 집중하면 무슨 일이든지 이룰 수 있다 (精神一到 何事不成)! Oh~ no! 정신일도 항상 불만! 하하!

이 불타오르는 정열적인 불만으로 과연 무엇을 할 것인가?

위대한 초인이여, 은산철벽의 목을 단숨에 베어라!

한 맺힌 설봉이 투자선사에게 묻기 위해 산을 세 번 오르고, 동산선사에게 묻기 위해 산을 아홉 번 올랐다! 정녕 눈물겨운 피나는 노력이다. 불굴의 의지!

이런 간절함과 절박함이 없다면, 어떻게 억겁 세월의 철옹성을 산산이 조각낼 수 있겠는가! 파부침주(破釜沈舟)! 임전무퇴(臨戰無退)!

부처의 위대한 상근기이며, 시절인연이 저절로 무르익어 간다!

상근기, 하근기, 시절인연 그리고 삼라만상의 모든 것은 오직 자신이 스스로 만드는 것이다! 일체유심조(一切唯心造)!

명확하게 기억하라! 이 말은 방편이 아니라 불멸의 진실이다!

그러나 "백 겁(劫), 천 생(生)"은 방편이다!

이번 생애가 처음이자 마지막이다! 절대 진리는 "이 순간"에 있다!

지금 "이 순간"은 "영원한 시간"을 함축하고 있다! 이 순간의 마법!

가령, 태평양의 한 방울 물이 태평양 전체를 함축하고 있는 것과 같다.

사실 시간은 없다. 이 순간, 이 순간만 영원히 이어질 뿐이다!

"이 순간"이 이대로 절대이고, 절대 세계가 이대로 "이 순간"의 현재이다! 이 순간의 영원!

또한 "이 순간"이 이대로 불멸이고, 불생불멸이 이대로 "이 순간"의 모든 우주 전체이다! 이것이 진실이다. 알겠는가?

세세연년 영원한 수행을 외치는 지옥의 흡혈귀에게 절대 속지 말라!

진정한 수행자여, 나의 형제여, 알겠는가!

그러나 요즘 수행자들은 어떻는가?

예나 이제나 현실에 안주하여 깨달음을 바라고 있으니,

그저 안타까운 심정뿐이다.

악마의 위대한 상근기이며, 시절인연이 저절로 소멸해 간다!

우리의 삶은 한순간의 덧없는 바람인데, 어째서 시간을 아끼지 않는가?

시간이 생명수라는 사실을 모르는 바보인가?

순식간에 갈가리 흩어져 버리는, 무상한 바람의 아들과 딸이여!

죽음이 임박했을 때, 아무리 후회하고 통곡해 본들 무슨 소용이 있으랴!

오직 저승사자만 즐거워하고 축하할 뿐이다.

부처의 흉내를 내는 악마의 씨앗들이여, 내게 짚신 값을 돌려다오!

헛되이 태어나서 헛되이 사라지는 가련한 똥싸개는 되지 말라!

위대한 초인이여, 24시간 완전하게 깨어 있어라!

그대가 절대 세계로 오기 위한 다리 없는 다리를 이미 만들어 놓았다.

두 눈을 크게 뜨고, 하루 속히 찾아서 오라.

삼계의 심장에 꽂혀 있는, 활인검(活人劍)의 찬란한 빛을 쫓아서 오라.

그리고 우주의 심장에 꽂혀 있는, 모든 것을 살리는 검(劍)을 뽑아라!

위대한 선객이여, 마침내 나한과 용제의 불멸에 주장자를 찾았구나!

불생불멸의 검(劍)인 살인도(殺人刀)와 활인검(活人劍)!

용제: 온갖 고생을 다 겪고 무수한 산을 지나왔으니,
　　　어느 곳을 향해서 갈 수 있습니까?

호천: 파란 바다를 두 발로 건너고, 하얀 산맥을 가볍게 넘어라.

송: 진리를 찾아서 헤매는 절박한 방랑자
　　깊은 강을 지나고 거친 숲을 지나네.
　　삼계를 하염없이 떠돌던 나그네가
　　결국 해골 깃발의 해적선을 만나네.

*설봉- 현사- 나한- 법안, 용제(수산주)

67. 선문염송 1015칙- 운문, 나뭇잎이 질 때

선객: 나무가 시들고 잎이 질 때는 어떻습니까?

운문: 온몸이 가을바람에 드러난다.

평: 나무가 시들고 잎이 질 때 어떤지 묻지 말고, 그 순간을 자세

하게 관찰하라. 선(禪)의 직관적인 통찰!

목마른 자가 우물을 파는 것이니, 남에게 도움을 청하지 말라.

"수행자는 자신을 등불로 삼고, 타인을 등불로 삼지 말라!"

절세가인의 일생을 한 편의 영화라고 가정하고, 시간을 빨리 돌리면 어떻게 될까?

태어나서 죽는 것은 한순간일 뿐이다. 아름다움을 유지하는 시간도 찰나이다. 어쩌면 이 순간에 "부처가 똥 막대기"라는 사실을 알아차릴 수도 있다.

그러나 남자들은 똥 막대기 같은 예쁜 여자를 좋아한다. 하하!

눈이 없는데, 아름다움과 추함을 어떻게 구별할까?

그저 신비로울 뿐이다. 사실 우리가 본다고 하지만, 실제 자신의 욕망과 허상을 보는 것이다. 망상 금지!

그것은 육신이 자신이라는 엄청난 착각에서 비롯되었다는 사실을 모른다.

사람은 사람 아닌 요소로 구성되어 있다! 육신은 우리 자신이 아니다.

육신은 단지 내가 먹은 음식물의 집합체일 뿐이다. 아삭아삭 김치야!

이 음식물을 각자의 자리로 돌려보낸다면, 이 육신은 유지할 수가 없다.

우리는 육신을 가지고 있지만, 육신이라고 할 실체가 전혀 없다.

단지 눈앞에 보인다고 착각하지만, 연기적(임시적·가상적·환영적) 존재일 뿐이다(色卽是空).

악취를 풍기는 부패한 음식물의 찌꺼기야, 알겠는가?

결국 텅 비어 있는 것이 곧 실체가 되는 것이다(空即是色)!

실상(實相·형상)이 무상(無相·형체 없음)! 제상(諸相)이 비상(非相)!

이것을 꿰뚫지 못한다면, 중생의 비극은 일생 동안 지속된다.

마치 신기루를 좇아서 헤매는 정신병자처럼, 오아시스를 찾지 못하고 애절하게 죽어가는 것이다. 몽유병 환자!

우리가 바라보는 세상은 매트릭스 공간이자 스펙트럼의 빛깔이다.

볼 수도 없고 잡을 수도 없다. 이것을 완전하게 꿰뚫어 아는 것이 완전한 깨달음(무심무념)이다.

나무가 시들고 잎이 완전하게 떨어지면, 비로소 가짜가 사라지고 진짜가 나타난다!

학인: 나무가 시들고 잎이 질 때는 어떻습니까?

호천: 낙엽이 바람결에 날려 호랑나비가 된다.

송: 어여쁜 여인이 화장을 지우니

　　주근깨 피부가 흉하게 보이네.

　　허상이 완전히 소멸해 사라지면

　　진실의 완전한 실체가 드러나네.

*설봉- 운문- 쌍천- 덕산- 개선- 불인

68. 선문염송 1414칙 - 오조의 손

오조가 손을 펴고, 어떤 스님에게 물었다.

: 어째서 손이라고 부르는가?

평: 손을 보고 손이라 하지, 그럼 발이라 할 수 있겠는가!

검은 선글라스를 낀 눈먼 당나귀야, 선글라스를 벗고 눈을 떠라!

법연이 간절함으로 이렇게 직접 온몸으로 보여 주어도 알지 못하니, 그저 피눈물이 앞을 가릴 뿐이다. 목마의 빨간 뿔!

눈이 있어도 "있는 그대로"를 볼 수가 없다! 눈먼 독수리여, 눈을 떠라!

그것은 학습된 문화와 교육, 이성과 관념 때문이다.

이 모든 것을 벗어나서 볼 때, 그때 진리가 보일 것이다.

하루하루의 나날에서 즐겁게 수행을 해나가면, 결국 볼 것이다!

다른 한편으로 보면, 너무나 재미있고 우스운 화두다. 하하!

지나가는 사람을 보고, 어째서 사람이라 부르는가?

졸고 있는 헛것아! 너는 사람이 아니다! 허상이다! 하하!

내가 살아 숨 쉬고 있는 인간이 아니라면, 나는 과연 무엇인가?

꿈꾸고 있는 부처여, 망상하는 빛깔아! 알겠는가?

만약 살아서 존재하는 인간이라고 생각한다면, 살아 있는 자의 말을 한마디 외쳐 보라?

영원한 대자유인이여, 하루 속히 꿈에서 깨어나라.

그리고 삼라만상의 당당한 주인장이 되어라!

천 년 세월의 말뚝에 매인 푸른 용이여, 한 많은 쇠사슬을 끊고 지금 바로 푸른 창공으로 승천하라.

청룡의 해묵은 하얀 비늘이 햇빛을 받아, 허공에서 바람을 타고 반짝반짝 휘날린다.

오조: 어째서 손이라고 부르는가?

호천: 손금을 보니, 위대한 선사가 되겠구나!

송: 추악한 양손을 활짝 펴고

　　어째서 발이라 하는가?

　　눈이 있어도 보지 못하니

　　돌 여자가 피눈물을 흘리네.

*양기- 백운- 오조- 불안- 죽암- 승정

69. 선문염송 991칙- 현사, 진리의 몸(法身)

현사가 약을 잘못 먹어 온몸이 붉게 헐었다. 어떤 스님이 물었다.

승려: 어떤 것이 견고한 법신입니까?

현사: 고름이 방울방울 떨어지는 것이다.

평: 견고한 법신은 "고름이 방울방울 떨어지는 것이다."라고 대답을 했다.

얼마나 명확하게 엉터리 같은 대답인가?

삼라만상이 산산이 흩어져도, 청정한 법신(본래면목)은 항상 그대로 있다. 부증불감(不增不減)!

삼계가 곧 법신인데, 환영의 세상이 태어나기 전부터 있었고, 세상이 사라진 후에도 법신은 변함없이 그대로 있다(不生不滅). "고름이 방울방울 떨어지는 것"은 법신이 아니라 육신이다. 어차피 공허한 육신은 시간과 공간 속에서 소멸하기 마련이다. 바람처럼 찰나에 사라지는 생자필멸(生者必滅)!

그렇다면 어째서 현사는 법신을 물었는데, 색신(色身)에 대한 답을 했을까?

우리가 이것을 모른다면, 현사는 눈동자에서 눈물을 방울방울 떨어뜨릴 것이다. 이 법문은 너무나 찬란하고 극적인 화두다!

외형적으로 쉬워 보이지만, 일상생활 그대로가 진리로 체득되지 않으면 알 수가 없는 깊은 법문이다. 최상승의 법문!

현사는 평상심으로 대답을 했다. 선(禪)은 있는 그대로 직접 온몸으로 보여 주는 것이고, 선은 바로 이것이다.

너무나 명확하기 때문에 오히려 어렵게 보일 뿐이다. 오호통재라! 봄비가 지나고 나니, 분홍 빛깔 벚꽃이 모두 떨어졌다.

오~ 진리의 찬란한 순간이여!

승려: 어떤 것이 견고한 법신입니까?

호천: 전쟁으로 부모를 잃고, 소녀가 하염없이 눈물을 흘린다.

송: 황금 백제의 핏빛 어린 최후의 날
　　하얀 꽃잎보다 어여쁜 삼천 궁녀가
　　낙화암에서 붉은 꽃잎으로 흩어지니
　　파란 하늘이 삼천 개의 눈물이구나.

*현사- 나한- 법안- 청량- 운거- 영은

70. 선문염송 570칙- 앙산, 반달 모양

앙산에게 어느 날 인도 승려가 찾아왔을 때, 땅 위에 반달 모양을 그렸다. 승려는 가까이 다가와 동그라미(圓相)를 그리고, 발로 비벼서 지워버렸다.

앙산이 양손을 펴 보이자, 승려는 소매를 떨치고 나가면서 말하였다.

승려: 이 땅에 소석가(少釋迦)가 세상에 나타났구나.

평: 앙산이 반달을 보여 주자, 승려가 보름달을 보여 준다.

살아 숨 쉬는 선객이 왔구나!

그러나 앙산이 양손을 펴자, 말문이 막혀 꼬리만 남기고 도망친다.

역시 살아 있는 송장이구나! 아니 도마뱀이군!

앙산이 양손을 폈을 때, 승려가 손바닥으로 바로 덮어야 한다.

그리고 누구 손이 더 큰지 맞추어 보아야 하는데, 역량이 부족하다.

이것이 아니라면, 악수를 청해야 옳았다. 애꾸눈 하이에나야!

언제쯤 살아 있는 선객을 만날 지 기약이 없다.

30년간 기나긴 기다림으로, 눈이 멀어 버린 애달픈 조사선이여!

앙산은 뒷산에 걸려있는 보름달을 보며, 위대한 조사선을 부활시킬 초인을 간절하게 기다리며 눈물을 흘린다.

반달이 인고의 세월을 채워 보름달이 되듯이, 철없는 동자승이 우여곡절을 초월하여 위대한 선사가 된다.

인도 놈이 중국에 와서 소석가(작은 부처)인 아난을 찾으니, 어찌 찾을 수 있겠는가?

역시 바보 같은 선객이다. 아난은 인도 사람이니 인도 사람끼리 친하게 지내라. 중국 사람은 관심이 없다. 힘!

정말 조사선의 성주인 앙산은 작은 부처인 아난이 윤회를 하여, 다시 태어난 화신(化身)인가?

알 수가 없어 항상 궁금하다. 하하!

말할 수 있는 자가 있다면, 한마디 해 보라?

그럼 내가 감정해 주리라.

선객: 앙산은 소석가인 아난이 윤회하여, 다시 태어난 화신입니까?

호천: 주인공아, 정신 차려라!

송: 눈 덮인 광활한 광야를 걸어갈 때

　　결코 발자국을 남겨서는 안 되리.

　　나그네는 밤이 되면 쉴 곳을 찾고

　　장좌불와 하는 자는 잠 못 이루네.

*위산- 앙산- 서탑,　가섭- 아난- 우파국다

71. 선문염송 590칙- 영운, 복숭아꽃 오도송

영운이 위산에 있을 때, 복숭아꽃을 보고서 진리를 깨닫고 게송을 지었다.

> 30년 동안 검을 찾아온 나그네
> 몇 번이나 낙엽 지고 새싹이 돋았는가.
> 한 번 복숭아꽃을 본 후로
> 지금까지 다시는 의심하지 않네.

이 게송을 위산에게 말하였다.

위산: 인연을 따라 깨달으면, 영원히 물러나거나 잃어버리지 않는다. 스스로 잘 보호하여 간직하라.

평: 우주 전체를 떠돌며 30년 동안 처절하게 검을 찾아온 3류 무사가, 복숭아꽃 속에 숨겨진 절대계의 명검을 발견한다.

30년간 사용한 무딘 녹슨 검을 버리고, 시퍼런 칼날이 영원하게 살아있는 살인도와 활인검의 쌍검을 차고 온 천하를 평정시킨다.

복숭아꽃 속에 숨겨진 명검은 눈으로 볼 수 없는 무형검(無形劍)이다.

이 무형검을 과연 그 누가 있어 잡을 수가 있겠는가?

눈이 없어 보지도 못하고, 손이 없어 잡지도 못한다.

무형검을 볼 수 있는 눈이 갖추어지면, 그때 비로소 영운의 향기로운 복숭아검을 보리라.

설혹 부처와 조사라고 해도, 검신(劍神) 영운 앞에서는 한낱 그림자 같은 환영일 뿐이다.

삼라만상 모든 것이 환영(허상)인데, 과연 무엇이 있어 영운의 정의로운 살인도를 막을 수 있겠는가?

사실 전설 속의 살인귀들은 검을 사용하지 않고, 모든 것을 죽인다.

살인귀 그 자체가 내뿜는 찬란한 광채 때문에, 모든 것이 저절로 소멸할 뿐이다. 즉 광명의 수호자인 빛의 전사다.

청산유수처럼 말 잘하는 앵무새가 되어서는 영원히 깨닫지 못한다.

진리를 흉내 내는 사이비 수행자들이, 감히 복숭아꽃 향기라도 맡아 보았겠는가?

그렇다고 섣불리 탐스러운 복숭아를 한입에 먹지 말라.

만약 먹는다면 바로 죽을 것이다. 하하! 복숭아 자체가 곧 독이기 때문이다.

수행자는 반드시 스스로 깨달아야 한다. 조사의 관문!

그럼 위산이 "깨달으면 영원히 잃어버리지 않는다."라고 말했는데, 영원히 잃어버리지 않는다면, 어째서 잘 보호해서 간직해야 하는 것일까?

돈오돈수는 깨달음과 동시에 모든 수행을 마치는 것이다! 즉 더 이상 배울 것도 없고, 더 이상 수행할 것도 없고, 더 이상 깨달을 것도 없다(絶學, 絶修, 絶悟)!

이것이 부처와 조사들의 명명백백한 정법이다. 절대 진리의 정수!

아무리 생각해도 말의 모순 같은데, 그대는 어떻게 생각하는가?

절대 세계의 이 관문을, 과연 그 누가 있어 말할 수 있겠는가?

영운처럼 30년 동안 애절하게 절대 세계의 명검을 찾다 보면, 결국 자신의 인연처에서 발견할 것이다.

개나리를 보면 개나리검이요, 태양을 보면 태양검이요, 단풍을 보면 단풍검이요, 눈을 보면 눈꽃검이다.

자신의 인연처에서 얻은 이 검은, 눈으로 볼 수 없는 불생불멸의 검이다!

선객: 스스로 완전하게 깨달으면, 영원히 물러나거나 잃어버리지
　　　않습니다.
　　　무엇을 스스로 잘 보호하여 간직해야 합니까?
호천: 평상심이 진리(道)!

송:　때가 되면 복숭아나무에 복숭아가 열리는데
　　　손오공이 천도복숭아를 훔쳐서 맛있게 먹네.
　　　30년 동안 농사를 짓고 구경만 하던 농부가
　　　복숭아를 맛보고 영원한 불로장생이 되었네.

*혜능- 남악- 마조- 백장- 위산- 영운

72. 선문염송 665칙- 용담, 촛불을 끄다

덕산이 용담에 있을 때 입실하였는데, 밤이 깊어지자 용담이 말
했다.
: 이제 내려가게.
덕산이 자중하고 주렴을 걷고 나오니, 밖은 칠흑같이 어두워서 고
개를 돌려 말하였다.
: 스님 밖이 칠흑처럼 어둡습니다.
용담이 초에 불을 붙여 건네주었다.
덕산이 받으려고 하자, 용담이 훅 불어서 촛불을 꺼 버렸다.

덕산이 자신도 모르게 말하였다.

: 지금부터 다시는 천하 노화상들의 말씀을 의심하지 않겠습니다.

다음 날 용담(龍潭)이 법당에 올라 말하였다.

: 이 가운데 한 사내가 있는데, 어금니는 칼 나무 같고 입은 피를 담은 동이 같다. 한 방망이를 때려도 돌아보지 않으니, 훗날 외로운 산봉우리 정상에서 나의 도(道)를 세울 것이다.

덕산이 이윽고 소초(疏鈔)를 가지고 법당 앞에 놓고 횃불을 들고 말하였다.

: 온갖 현묘한 말솜씨를 다 부리더라도, 하나의 털을 무한한 허공 속에 날리는 것과 같다. 세상의 모든 재주를 다 부리더라도, 한 방울의 물을 큰 바다에 던지는 것과 같다.

"금강경소초"를 불태우고 절을 하고 물러났다.

평: 팔만대장경을 모두 외워 본들, 진리와 무슨 관계가 있겠는가?

"금강경"에 "과거의 마음도 얻을 수 없고, 현재의 마음도 얻을 수 없고, 미래의 마음도 얻을 수 없다."고 했다.

그럼 우리는 지금, 무슨 마음으로 살아가는 것일까?

"이 떡은 과거, 현재, 미래의 배고픔 중에서, 어느 배고픔으로 먹겠는가?"라는 질문에 말문이 막혔다.

덕산이 막혔던 이 질문은 반드시 밝혀야 하고, 밝힌다면 바로 덕산을 보리라! "금강경"과 덕산의 관문!

하찮은 "금강경"의 껍데기만 핥아오던 덕산이 노파의 떡도 먹지 못한다.

덕산과 대혜의 깨달은 기연은 깨달음의 만고의 표준이다.

"금강경"에는 그림자 부처만 있을 뿐, 진짜 부처는 "금강경"에 없다!

그러나 진리를 모르는 자들은 어설픈 "금강경"이, 모두 진실인 것
으로 알고 있으니 그저 안타까울 뿐이다.

눈먼 킹콩아, 눈을 뜨기 전에는 진실과 방편을 구별할 수가 없다.

덕산도 "금강경"의 방편만 핥아오다가 노파의 떡도 먹지 못하고,
망신만 참혹하게 당하고 용담으로 간 것이다.

진리를 노래하는 추악한 앵무새야! 원숭이야! 알겠는가?

경전에 중독되지 말라! 부처와 조사에게 중독되지 말라! 스스로
우상을 만들지 말라! 이 놈들은 만나면 반드시 죽여야 할, 간악무
도한 악마의 그림자일 뿐이다!

불교 경전 중에서 불멸의 "반야심경"만 빼고, 모든 경전을 불태워
서 검은 재로 만들어라!

왜냐하면 "반야심경"만 순수하게 진리의 정수를 말했고, 나머지
경전은 경전 소설가들이 허구적인 비유를 너무나 많이 가미하여
쓴, 찬란한 경전 소설일 뿐이다.

조미료를 너무 많이 넣어, 음식 본연의 맛을 상쇄시킨 것은 치명
적인 결함이다. 판타지 경전 소설!

하지만 이것은 과학이 발달하지 못하여, 어쩔 수 없이 비유적으로
설명할 수밖에 없었던 것도 엄연한 사실이다. 시대적 한계!

여하튼 온 우주의 모든 지식을 안다고 해도, 영원한 시간 속에 존
재하지도 않는 그림자의 한 점에 불과하다!

대혜는 자신을 속이지 않는 진실한 마음이 있었기에, 담당이 죽자

원오에게 가서 진정한 진리를 완성한 것이다.

두 명의 위대한 스승이 어떻게 절대 진리를 이루었는지 명확하게 알고 있어야 한다.

그래야 삼계를 떠도는 "들여우 정령(精靈)"이 안 될 것이다.

수박의 껍질만 핥지 말고, 빨간 알맹이를 먹어라.

과거, 현재, 미래의 갈증 중에서, 어떤 목마른 갈증으로 먹겠는가?

말할 수 없다면, 오늘부터 굶어라!

굶주리고 굶주리다 보면, 굶주림의 끝자락에서 모든 것을 비울 것이다.

그 순간 덕산의 꺼지지 않는 영원한 촛불을 마주 보며 미소 지으리.

위대한 수행자여, 과거·현재·미래를 한꺼번에 잡아서, 우주 전체를 소멸시켜 버려라!

호천이 촛불을 받으려고 하자, 용담이 훅 불어서 촛불을 꺼 버렸다.

호천: 영감님, 장난하지 말고 라이터 주시죠.

송: 캄캄한 어둠을 무찌르던 빛의 촛불 전사가
     암흑 전사의 검에 최후를 마치는 순간,
     촛불 전사의 검은 피가 샘솟는 것을 보고
     드디어 눈을 뜨고 복수의 주장자를 잡네.

*천황– 용담– 덕산– 설봉– 현사– 나한

73. 선문염송 760칙 - 흥화, 할과 허공의 글

흥화와 함께 공부했던 스님이 법당에 오르는 것을 보자,

흥화가 "악!" 하니, 스님도 "악!" 하였다.

흥화가 다시 "악!" 하니, 스님도 다시 "악!" 하였다.

흥화가 앞으로 가까이 가서 방망이를 잡자, 스님이 또 "악!" 하였다.

흥화: 그대들은 보라. 이 눈먼 놈이 여전히 주인 노릇을 하고 있다.

스님이 망설이자, 흥화가 바로 때려서 법당 밖으로 내쫓았다.

시자: 조금 전에 온 스님이 무엇이라 말해, 화상의 노여움을 샀습
　　　니까?

흥화: 그가 조금 전에 왔을 때, 방편도 있고, 진실도 있고, 비춤도
　　　있고, 활용도 있었다.

　　　내가 손을 들어 그의 얼굴 앞에 한 획을 긋자, 여기에 와서
　　　전혀 활용을 하지 못했다.

　　　이런 봉사 같은 놈을 때리지 않으면, 다시 어느 때를 기다리
　　　겠느냐?

평: 아무리 잔재주를 부리고 앵무새의 흉내를 내어보지만, 삼계의
주인공에 눈을 속일 수는 없다.

모든 것을 흉내 내어도, 허공에 글을 쓰니 읽을 수가 없다.

바로 이때 주인공과 노예의 신분이 밝혀진다.

과연 허공에 어떻게 글자를 새길 수 있을까?

파란 하늘에 구름으로 글자를 쓸까?

설혹 새겼다면, 어떻게 읽을 수 있을까?

참으로 어렵고 어렵다. 아는 자가 있다면 한마디 해 보라?

무식한 혜능의 후예이니, 글자를 못 읽는 것은 이해한다.

그렇다면 허공 속의 글을, 스마트폰의 사진기로 찍어서 가지고 오라?

눈으로 읽을 수 없고, 손으로 읽을 수 없고, 마음으로 읽어야 한다.

그렇다고 직지심경의 금속 활자를 훔쳐서 가져오지는 말라. 하하!

삼계의 소리꾼 "임제의 글"보다 "흥화의 글"이 더욱 더 무섭다.

무지한 까막눈의 선객이 언제쯤 유치원을 졸업하고, 글자를 읽을 수 있을까?

언제쯤 모든 중생을 불타는 집에서 구제할 수 있을까?

허공이 화선지요 구름이 붓인데, 어째서 글자를 쓰지 못하는가?

ㅈ, ㅇ, ㄱ, ㄹ, ㅣ, ㅗ, ㅡ, ㅏ.

지옥으로 가라!

흥화가 호천 가까이 와서 방망이를 잡았다.

호천: 눈먼 흥화가 투수의 포크볼을 받아쳐서, 장외 홈런을 치겠
　　　구나.

송: 심장도 없이 움직이는 가련한 송장이
　　감히 삼계의 주인공 행세를 하는구나.
　　허공의 하찮은 글을 읽을 수가 없어
　　천둥의 번개를 맞아 천벌을 받는구나.

*황벽- 임제- 삼성, 관계, 위부, 흥화

74. 선문염송 918칙- 건봉, 열반의 문

선객: 우주 전체의 부처님께서 하나의 길이 열반(涅槃)의 문이라
　　　고 하셨는데, 그 길은 어디에 있습니까?

건봉이 주장자로 한 획을 그었다.

건봉: 여기에 있다.

스님이 이것을 운문에게 말하니 부채를 들었다.

운문: 부채가 삼십삼천(三十三天 도리천)으로 뛰어 올라가서 제석
　　　천(인드라)의 콧구멍을 찌르고, 동해의 잉어를 한 방망이 때
　　　리니 비가 물동이를 뒤집은 듯이 쏟아진다. 알겠는가, 알겠
　　　는가?

평: 싯다르타가 걸어서 열반으로 들어간 문은 어디에 있을까?

건봉은 "여기에 있다"고 했지만, 확실히 여기에는 없다.

그럼 인도에 가서 "열반의 문"을 찾아야 하는가?

이미 2500년 전에 사라져 버려서 찾을 수도 없다.

그리고 사방에 방향이 없으니, 인도로 갈 수도 없다. 악!

어쩔 수 없이 서해의 고래를 한 마리 잡아서, 한 잔 술로 쓰라린
가슴을 달래어야 한다. 취기가 올라오니 그리운 고향에 가고 싶다.

부모 형제가 있고 친구들과 함께 뛰어놀던, 코스모스가 피어 있는
곳으로!

그러나 고향 가는 길을 잊어버렸으니 갈 수도 없다.

운문처럼 도리천으로 가서 인드라의 콧구멍을 아무리 찔러도 붉
은 코피만 흘러나오고, 제주도의 다금바리를 잡아서 아무리 배를
채워도, 마음의 고향으로 가는 길을 찾을 수가 없다.

역시 동문서답의 영감인 운문과 조주는 도저히 구제가 불가능한 정신병자다. 알겠는가?

진리를 찾으면 고향 가는 길이 저절로 열리지만, 말(글)을 쫓으면 타향에서 서럽게 뜨거운 눈물만 흘린다.

오~ 한 맺힌 화두 30년이여! 소름 돋는 절규만 남기는구나!

과연 "열반(不生不滅)의 문"은 어디에 있을까?

여기에 없다! 이것이 "열반의 문"이다.

만약 모르겠다면, 부도탑 속에서 찬란히 빛을 발하는 타락한 부처의 진신 사리를 보라. 그래도 모르겠는가?

그럼 조주고불이 동서남북에 만들어 놓은, 폐허가 되어버린 네 개의 황금 성을 찾아서 가라. 그래도 모르겠는가?

그럼 전설 속의 살인귀가 사통팔달에 꽂아 놓은, 모든 부처를 죽인 피가 흐르는 찬란한 살인도를 찾아서 가라. 이제는 알겠는가?

선객: 우주 전체의 부처님께서 하나의 길이 열반(涅槃)의 문이라
　　　고 하셨는데, 그 길은 어디에 있습니까?

호천: 미소의 풍류객은 대로행(大路行)!

송: 　열반의 문으로 가는 가시밭길이

　　　지진으로 파괴된 지 오래인데

　　　아무런 소식을 듣지 못한 자는

　　　애태우며 아득한 세월을 낚네.

*운암- 동산- 건봉, 　설봉- 운문- 향림

75. 선문염송 987칙- 현사, 백지 세 장

현사가 어떤 스님을 시켜 설봉에게 서신을 보냈는데,

설봉이 법당에 올라 뜯어보니 백지 석 장이었다.

설봉: 알겠는가?

스님: 모르겠습니다.

설봉: 군자는 아주 멀리 있어도 가풍이 같다.

스님이 돌아와서 현사에게 말하였다.

현사: 산문 노인이 어긋난 것을 모르는구나.

평: 눈 없는 봉사 둘이서 주위의 모든 사람들을 속이는 꼴을 보니,

그저 웃음이 절로 나온다. 눈먼 점박이 팬더야!

조사선에 이렇게 똥칠을 하는 것을 보니, 그저 부끄러울 뿐이다.

사시안 조사선이여, 오직 한스러울 뿐이다.

무식한 혜능이라면 이해할 수 있지만, 설봉고불은 글을 읽을 수

있는데, 어째서 읽지 못했을까?

벌써 치매에 노안인가?

그렇다면 설봉 영감, 돋보기안경을 쓰시오.

군자는 아주 멀리 떨어져 있으면, 무소식이 희소식이다.

만약 죽었다면, 축하의 파란 엽서가 왔을 것이기 때문이다.

아~ 괴롭구나! 또 다시 불화살이 과녁을 빗나가는구나.

눈동자 없는 설봉과 현사가 서로 저만치 어긋난 것을 모른다.

도대체 무엇이 저만큼 어긋나고 빗나간 것일까?

자객은 치사하게 잠자는 자를 죽이지만, 협객은 당당하게 살아 숨

쉬는 자를 죽인다. 상냥한 살인 미소!

사악한 살인귀 집단의 두목인 삿갓을 쓴 설봉의 창포검(菖蒲劍)과 꽃미남 현사의 월광검(月光劍)이 펼치는 흔적 없는 피바람의 협공을 조심하라. 죽음의 윙크!

자칫 한눈을 파는 사이에, 백지 세 장이 핏빛 세 장이 될 수 있다.

호천이 법당에 올라 서신을 뜯어보니, 백지 석 장이었다.

호천: 청단, 홍단, 초단! 아니 피박이구나! 하하!

송: 사랑하는 나의 여인아

  사랑한다는 말을 전하지 못해

  지우고 지우다 보니

  백지에 마음을 실어서 전하네.

*설봉- 현사- 나한- 법안- 천태- 영명

76. 선문염송 1006칙- 운문, 주장자가 변한 용

운문선사가 주장자를 들고 대중에게 말하였다.

: 주장자가 변하여 용이 되어, 하늘과 땅을 모두 삼켜버렸다.

 산과 강, 대지를 어디서 얻을까?

평: 주장자는 나무인데, 어떻게 살아 숨 쉬는 용으로 변할 수 있을까?

738 _ 화두의 심장에 검을꽂아라

용이 삼라만상을 모두 먹어 버렸다면, 부처의 씨앗인 연꽃 한 송이를 어디에서 볼 수 있겠는가?

또한 주장자, 용, 연꽃은 도대체 무엇인가?

모른다고 말하지 말라. 그대는 이미 알고 있다.

주장자는 주장자일 뿐이요, 용은 용일 뿐이요, 연꽃은 연꽃일 뿐이다.

죽음이 임박한 초인아, 아직도 모르는가?

각양각색의 마천루에 기류를 타고 항공모함이 순항하고, 깊은 바다 속을 심장이 없는 얼룩말이 번개같이 질주한다.

아~ 내가 말을 하고도 도대체 무슨 말인지 모르겠다. 하하!

청룡이 하늘과 땅 그리고 강과 산을 남김없이 먹어 버렸다면, 이것들은 과연 어디에 있을까?

눈먼 지렁이야, 아직도 모르는가?

청룡의 뱃속!

송: 주장자가 변하여 용을 잡아먹고
    용이 하늘, 땅, 강산을 잡아먹네.
    용이 변하여 황금 주장자가 되니
    오륙도의 심장에 발톱을 숨기네.

*운문- 향림- 지문- 설두- 천의- 장로

77. 선문염송 1007칙 - 운문, 발우 속의 밥

선객: 어떤 것이 진진삼매(塵塵三昧)입니까?

운문: 발우 속의 밥이요, 물통 속의 물이다.

평: "진진삼매"는 "화엄경"에서 말한 삼매(禪定)이고, 우주의 모든 것을 빨아들이는 삼매이다.

그리고 "화엄경"에서 일심법계(一心法界)와 해인삼매(海印三昧)를 부처의 완전한 깨달음으로 표현하고 있다.

삼매란 육신이 있다는 것을 전혀 느끼지 못하고, 오직 의식 속에 머무는 것이다.

살인귀 운문이 발우 속의 밥을 먹여 주고, 물통 속의 물을 먹여 준다.

한순간에 영원한 배고픔이 사라지고 평화 속에 머문다.

이제 밥값을 내놓을 차례다. 굶주린 아귀야!

어설픈 농부 운문이, 벼를 재배하는 곳은 어디인가?

김해평야의 황금 들녘은 아니니, 빨리 말해라!

하하! 배부름이 곧 사라지면 또 다시 걸인이 되어, 밥을 구걸하러 김해평야를 헤매겠구나.

벼가 누렇게 익은 황금 들녘에서, 머리를 처박고 굶주려 죽을 놈아! 정신 차려라!

아무리 배가 고파도 철불(鐵佛)을 씹어 먹지는 말라. 알겠는가?

틀니를 해야 한다. 하하!

밥통 속에서 굶주려 죽고, 물통 속에서 목말라 죽는 가련한 영혼아!

살고 싶다면 빨리 가서, 운문의 발우 속의 밥을 먹어라.
삼계의 제일검 운문이여, 도대체 어디에 계십니까?

선객: 어떤 것이 진진삼매(塵塵三昧)입니까?
호천: 대붕새가 하늘로 비상하니, 허공에 은빛 깃털이 휘날린다.

송: 구멍 난 발우 속에는 녹두가 없고
　　구멍 난 물통 속에는 우유가 없네.
　　굶주림에 지치고 지쳐서 눈을 뜨니
　　해인삼매의 바다 속에 홀로 있네.

*설봉- 운문- 덕산- 문수- 동산- 불일

78. 선문염송 1008칙- 운문, 고불과 기둥의 연애

운문: 옛 부처(古佛)와 기둥이 사귀니, 몇 번째 기틀인가?
스스로 대신 말하였다.
운문: 남산에 구름이 생기니, 북산에 비가 내린다.

평: 스님이 수녀를 보고 뜨거운 눈빛을 보내어서는 안 된다.
이것이 곧 고불(古佛)과 기둥이 사귀는 것이다.
스님과 수녀의 연애도 안 되고, 고불과 기둥의 연애도 안 된다.
이것은 불륜의 시작이고 결국은 사생아를 낳는다.
스님을 아버지라고 부를 수도 없고, 수녀를 어머니라고 부를 수도 없다.

결국 동산에서 눈물을 흘리고, 서산에서 목놓아 운다.

또한 천국에서 즐겁게 노래를 부르고, 지옥에서 육신이 갈가리 찢어지는 고통을 맛본다.

악! 비명을 지르면서 눈을 뜨고 보니, 모든 것이 꿈이다.

현실이 꿈이고 꿈이 현실이 되고 보니, 모든 것이 혼란스럽다.

정신을 차리고 뒷산에 올라가서 일출을 바라보니, 붉은 태양이 서서히 하얀 구름을 뚫고 푸른 창공으로 솟아오른다.

갑자기 동해에서 태양이 사라지니, 불현듯 서해에서 둥근달이 나타난다.

동해와 서해, 태양과 둥근달의 은밀한 사랑에 몸짓일까?

학인: 옛 부처와 기둥의 연애는, 몇 번째 기틀입니까?

호천: 불륜.

학인: 어째서 불륜입니까?

호천: 홍길동.

송: 금빛 물결 낙동강이 산을 보며 윙크하니

　　앉아 있던 금정산이 강을 보며 미소 짓네.

　　반짝이는 강물 속으로 산이 다이빙을 하니

　　강과 산이 하나요 황홀한 불륜의 시작이네.

*설봉- 운문- 쌍천- 오조- 늑담- 육왕

79. 선문염송 1128칙- 취암의 눈썹

취암이 하안거가 끝나는 날 대중에게 말하였다.

: 여름 한철 형제들을 위하여 말을 해 주었는데,

 취암의 눈썹이 남아 있는 것이 보이는가?

보복: 도둑이 제 발을 저린다.

장경: 생겨났다.

운문: 관문(關)이다.

평: 너무나 명확하고 재미가 있으면서도 웃음이 절로 나오는 화두다.

이 화두를 보면, 일반 대중은 눈먼 당나귀가 맞다는 사실을 자명하게 알 수가 있다. 귀신이 곡할 노릇!

"눈먼 당나귀"라는 표현이 정말 절묘하고 오묘하다. 하하!

언제쯤 말뚝의 쇠사슬에 묶인 이무기가 눈을 뜨고, 파란 허공으로 승천하여 붉은 용이 될 수 있을까?

돈키호테의 절름발이 당나귀는 지금 어디에서 쉬고 있을까?

설마 경마장에서 관우의 적토마와 경주를 하는 것은 아니겠지. 하하!

각설하고, 당연히 눈썹과 이 화두는 아무런 연관성이 없다!

눈썹은 단지 매개체일 뿐이다. 일편단심 내 사랑 소옥아!

모든 화두의 글, 언어, 몸짓은 인간의 이성적인 사고 영역 밖에 있는 초월적인 단어(격외구)다. 절대 세계의 신비한 소리!

그러니 함부로 조잡한 생각으로 절대 진리를 모자이크처럼 짜 맞추지 말라. 갈가리 흩어진 이성의 파편 조각이여!

그럼 무엇 때문에 취암은 눈썹이 있다는 것을 바보처럼 말할까?

정말 무시해도 유분수가 있다. 젠장할!

눈, 코, 입이 없는 사람이, 세상에 어디에 있겠는가?

눈썹이 없는 문둥병 환자라는 것을 알리기 위함일까?

도대체 정체를 알 수가 없으니 오직 괴로울 뿐이다. 빌어먹을!

그러나 화두 속에 답이 찬란하게 빛을 발하고 있는데, 어째서 보지 못하는가?

질문 속에 답이 있고, 답 속에 질문이 있다!

이것은 중생의 업식(습관) 즉 우리가 배운 모든 것은, 진리의 반대편에 있는 학습에 의한 결과물이다.

생각, 이성, 관념, 관습, 문화로 이루어진 종합적인 학습에 의해, 관념을 그대로 판 찍어서 학교를 졸업하기 때문이다.

자세히 보면, 공산품과 하나도 다르지 않음을 알 수가 있다.

빨간 볼펜아! 노란 스마트폰아! 검은 스포츠카야!

이렇게 사회가 돌아가다 보니 눈에 보이는 현실 세계가, 마치 전체인 것처럼 아는 것은 어쩌면 불행하지만 당연한 결과이다.

백과사전아!

진리는 우리가 배워온 내용을 초월하여 있는 것이기에, 안다는 것이 결코 녹록지 않다. 백과사전의 모든 글자를 지워라!

그러나 절대 진리는 항상 자신이 있는 곳에 있다. 360도의 원점!

우리는 반드시 이 험한 길을 가야만 한다. 인간성의 완전한 회복은 수행을 통해서 열매를 맺고, 그 열매를 먹어야만 알 수가 있다.

인내는 쓰라린 독처럼 쓰고, 열매는 달콤한 솜사탕처럼 달다.

어쩌면 그전까지는 불행하게도 거짓말일 수밖에 없다. 플라스틱아!

가령 "반야심경"의 "색즉시공, 공즉시색, 불생불멸, 불구부정, 부
증불감"을 그 누가 이해할 수 있겠는가?

아무튼 보복, 장경, 운문의 답은 아쉽지만 99점이다.

그럼 100점짜리 정답은 도대체 무엇인가?

날카로운 면도기를 취암에게 주면 바로 100점이다. 보이는가?

달마는 수염이 없는 내시고, 취암은 눈썹이 없는 문둥병 환자다!

취암: 취암의 눈썹이 남아 있는 것이 보이는가?

호천: 검은 상복을 입은 비구니.

송: 반짝반짝 대머리 달마에게 수염이 없는데

　　어찌 취암에게 마스카라 속눈썹이 있으랴.

　　비단 같은 수염도 없고 눈썹도 없으니

　　아리따운 미소를 가진 절세가인이 맞구나.

*설봉- 취암, 보복, 장경, 운문, 부상좌

80. 선문염송 1173칙- 동안, 금 닭과 옥토끼

선객: 어떤 것이 화상의 가풍(家風)입니까?

동안: 금 닭은 알을 품고 은하수로 돌아가고, 옥토끼는 새끼를 배
　　고 자미궁(紫微宮 밤하늘)으로 들어간다.

선객: 갑자기 손님이 찾아오면, 무엇으로 대접합니까?

도비: 금 과일은 이른 아침에 원숭이가 따갔고, 옥꽃은 저녁 늦게 봉황이 물어온다.

평: 금 닭이 없는데 어떻게 알을 품을까?

달에는 토끼가 살지 않는데, 어떻게 토끼를 만날까?

원숭이가 곡식을 모두 먹어버리면, 사람들은 무엇을 먹을 수 있을까?

백조가 꽃을 물고 가버리면, 꿀벌들은 어떻게 되겠는가?

모두 각자의 맡은 본분이 있으니, 나는 구경을 해야겠다.

대자연의 순환 체계는 마치 불가사의한 큐브 조각의 회전과 같다.

조주 영감, 독이 든 조주의 차나 한 잔 주시오!

금 닭은 금 닭을 낳고, 옥토끼는 옥토끼를 낳고, 백조는 백조를 낳는다.

금 과일을 원숭이가 아침에 먹고 가니, 봉황은 아침을 굶는다.

봉황이 천 년을 굶더라도 어찌 좁쌀을 먹을 수 있으리.

나도 아침을 먹어야겠다. 아차! 나는 원래 아침을 안 먹지.

아침을 굶은 지가 벌써 30년째구나. 음~!

아침 대신, 차이코프스키의 "백조의 호수"를 들으며 백조와 놀아볼까.

선객: 어떤 것이 화상의 가풍입니까?

호천: 물 한 잔.

746 _ 화두의 심장에 검을꽂아라

선객: 갑자기 손님이 찾아오면, 무엇으로 대접합니까?
호천: 술 한 잔.

송: 내가 흥겹게 부르는 노래는
     정녕 나도 알 수가 없네.
     파란 하늘을 우러러보니
     해와 달이 뜨겁게 키스하네.

*동산- 운거- 동안도비- 동안관지- 양산- 대양

81. 선문염송 1175칙- 동안, 울지 않는 매미

승려: 어떤 것이 가는 사람입니까?
동안: 울지 않는 매미가 마른 나무를 안고, 끝까지 울면서 고개도
      돌리지 않는다.
승려: 어떤 것이 되돌아오는 사람입니까?
동안: 갈대꽃이 불 속에서 피어나니, 봄이 왔지만 마치 가을 같다.
승려: 어떤 것이 오지도 않고, 가지도 않는 사람입니까?
상찰: 돌 양(石羊)이 돌 호랑이(石虎)를 만나면, 만나자마자 곧 헤
      어진다.

평: 우리 인생사는 갈 때 가지 못해서 시련을 겪고, 올 때 오지 못
해서 낭패를 본다. 인간의 욕심과 욕망 때문이다.
갈 때 가고 올 때 온다면 순리에 맞는 것이니, 무슨 문제가 있겠
는가?

가지도 않고 오지도 않을 때, 과연 무슨 시절의 인연인가?

매미가 맴맴맴 노래하지 않고, 여름이 왔지만 함박눈이 내리고,

돌로 변한 여신과 사랑을 속삭일 수 있을까?

또한 돌 여자(石女)가 어떻게 아이를 낳았을까?

돌 여자가 쌍둥이를 낳았다면, 아버지는 도대체 누구인가?

양과 호랑이가 만나면 헤어지기 전에, 호랑이의 뱃속에 이미 양이 있다.

이것은 과연 무슨 조화인가?

위대한 선객이여, 두 눈동자를 크게 뜨고 자세하게 보라!

승려: 어떤 것이 가는 사람입니까?

호천: 뒷모습.

승려: 어떤 것이 되돌아오는 사람입니까?

호천: 앞모습.

승려: 어떤 것이 오지도 않고, 가지도 않는 사람입니까?

호천: 좌선.

송: 가는 사람은

　　 사랑하는 여인에게 가고

　　 오는 사람은

　　 꽃 피는 고향으로 오네.

*석두- 약산- 운암- 동산- 운거- 동안상찰

82. 선문염송 1219칙- 파릉, 은 주발에 담긴 눈

선객: 어떤 것이 제바종(提婆宗)입니까?

파릉: 은(銀) 주발에 담긴 눈(雪)이다.

평: "제바종"은 15조 애꾸눈 가나제바존자 때 크게 번창했다.

"제바종"을 물으니, "은 주발에 담긴 눈"이라고 대답을 한다.

하얀 눈꽃이 소리 없이 펑펑 피는 날, 은색 피부의 눈여인과 낭만적인 데이트를 즐기며 뽀얀 눈길을 걸어보라.

파릉은 풍류를 모르는 자다. 뒷산에 올라 산새들과 이야기하며 은 주발에 술을 가득 따라 한 잔 들이키고, 닭다리를 한입 뜯으면 정말 좋으련만.

지금 이곳이 무릉도원이 아니라면, 어디가 천국이겠는가?

명월아, 계영배(械盈杯) 술잔이 비었다. 술을 가득 따라 다오.

열정의 치어리더여, 선녀의 수려한 춤을 보여 다오.

선객: 어떤 것이 "제바종"입니까?

호천: 번뇌와 고통 속에서 한 송이 코스모스가 핀다.

맙소사! 다시 묻게, 다시 답하겠네.

선객: 어떤 것이 "제바종"입니까?

호천: 애꾸눈 악마.

송: 파릇파릇 파릉은 풍류를 몰라

　은 주발에 눈을 가득 담았네.

　오늘같이 하염없이 눈이 내리면

　눈사람과 함께 술잔을 기울이네.

*설봉- 운문- 파릉,　용수- 가나제바- 라후라다

83. 선문염송 1220칙- 파릉, 산호 가지의 달

선객: 어떤 것이 취모검(吹毛劍 예리한 검)입니까?

파릉: 산호(珊瑚) 가지마다 달을 버티고 있다.

평: 사람을 죽이는 칼은 한 명의 사람도 죽이지 못하고,

사람을 살리는 검은 한 명의 사람도 살리지 못한다.

살인도는 살인도가 아니고, 활인검은 활인검이 아니다.

천하의 명검으로도 형상이 없는 마음을 벨 수는 없다.

그렇다고 뒷산에 걸려있는 보름달도 벨 수가 없다.

이미 뽑은 검인데 어쩌란 말인가?

강호 제일검의 체면이 말이 아니군. 음~!

아무도 보는 이가 없으니, 단감이나 깎아서 먹어야겠다. 허허!

이렇게 아름다운 달빛이 은은한 밤에는 한 잔 술이 제격이지.

나와 달 그리고 대자연이 함께 술을 마시니, 유토피아가 따로 없

구나.

내가 달이고, 달이 대자연이고, 대자연이 바로 나로구나!

선객: 어떤 것이 취모검입니까?

호천: 관우의 청룡언월도(靑龍偃月刀).

송: 창백한 달빛 검법을 펼치는 빛의 전사가

　　하얀 꽃비 흩날리는 청명한 둥근달 밤에

　　아득한 허공으로 날아올라 검을 가르니

　　달이 두 조각나고 둥근 그림자만 남았네.

*운문- 향림, 덕산, 동산, 쌍천, 파릉

84. 선문염송 1274칙- 명초, 꼬리 없는 호랑이

명초: 호랑이가 새끼 일곱 마리를 낳으면, 어느 것이 꼬리가
　　　없습니까?

나산: 일곱째 것이 꼬리가 없다.

평: 모든 화두는 철옹성의 성벽으로 둘러싸여 있다. 피상적으로
보아서는 화두의 진실이 무엇인지 결코 알 수가 없다!

이 생사의 은산철벽을 허물고 들어가서 직접 보아야 한다.

스승은 철옹성의 철문을 열 수 있는 마법의 열쇠를 주지만, 결국
자신이 열고 들어가야 끝이 난다.

그리고 화두 최후의 관문으로, 본래면목의 은산철벽을 산산이 조
각내어야 함을 절대 잊어서는 안 된다! 부처와 조사의 관문!

이 화두는 너무나 명확하고 재미가 있는 화두이다. 하하!

호랑이가 새끼 일곱 마리를 낳았는데, 어째서 일곱째가 꼬리가 없

을까?

설마 일곱 번째 놈이 돌연변이라는 말인가?

생각 속에 갇혀 있는 자는 영원히 알 수가 없다.

생각으로 제아무리 생각해 보아도 어차피 생각의 영역 안이다.

생각이 정지하고, 이성이 정지하고, 판단이 정지할 때 보일 것이다.

"모른다고 생각하는 놈(앎)"의 정체는 과연 무엇인가?

이 화두는 화두의 특징을 명백하게 보여 주는, 죽음의 블랙홀 같
은 수수께끼다. UFO! 나산이 모든 사람들을 속이고 있다.

도대체 어떻게 해야 속지 않을까?

반드시 스스로 확철하게 깨우치는 길 말고는 다른 방법이 없다.

눈동자를 악마에게 팔아 버린 사람들을 위해서 진실을 말해 주겠다.

당연히 첫 번째가 꼬리가 없고, 일곱 번째는 꼬리가 있다.

나산의 말이 옳은가, 호천의 말이 옳은가?

반드시 밝혀서 속이는 놈은 단두대에 올려서 목을 쳐야 한다.

그러면 해적선의 검은 해골이 진실을 말해 줄 것이다.

명초: 호랑이가 새끼 일곱 마리를 낳으면, 어느 것이 꼬리가 없습
　　　니까?

호천: 주작의 불타는 깃털.

송: 머리도 없고 꼬리도 없는데
　　어디에서 꼬리를 찾을 수 있으리.
　　꼬리 없는 호랑이가 평범하니
　　어흥, 첫째가 꼬리가 없구나.

*천황- 용담- 덕산- 암두- 나산- 명초

85. 선문염송 1281칙- 지문, 연꽃과 연잎

선객: 연꽃이 물속에서 나오지 않았을 때는 어떻습니까?

지문: 연꽃.

선객: 연꽃이 물에서 나온 뒤에는 어떻습니까?

지문: 연잎.

평: 손에 불을 가지고 있으면서도 불을 찾고 있으니, 그저 안타까울 뿐이다. 질문도 한심하고 대답도 엉터리다.

연꽃은 물속에 있을 때나, 물 밖에 있을 때나, 어차피 연꽃이다!

그런데 물 밖에 나왔다고 해서, 어째서 연잎이 될 수가 있겠는가?

조사선이 지문에 와서야, 비로소 사이비임이 명백하게 밝혀지는 순간이다.

즉시 체포하여 혹세무민한 죄를 물어서 부관참시해야 한다.

그러면 하얀 해골이 굴러다니면서 진실을 말할 것이다. 악!

그러나 아무리 생각해도 조금은 이상하다.

삼계의 제일검(운문)에 후예가 사이비일리는 없다.

그리고 지문의 제자는 설두다. 설두는 "벽암록"의 검신(劍神)이다.

뭔가 이상하다. 도대체 함정이 무엇인가?

연꽃이 맞는가, 연잎이 맞는가 아니면 잣나무가 맞는가?

더러운 진흙 속에서 진홍빛 모란꽃이 천만 송이 피었다.

선객: 연꽃이 물속에서 나오지 않았을 때는 어떻습니까?

호천: 물.

선객: 연꽃이 물에서 나온 뒤에는 어떻습니까?

호천: 청개구리.

송: 햇살의 계단을 밟고 지상으로 내려와

　　대지에 피어 있는 백장미를 들어올리네.

　　무지개의 음계를 밟고 천상으로 올라가

　　하늘에 피어 있는 흑장미를 들어올리네.

*향림- 지문- 설두- 천의- 원통- 불국

86. 선문염송 1386칙- 자명, 폭포수의 하강

승려: 어떤 것이 부처입니까?

자명: 물은 높은 언덕에서 흘러내린다.

그리고 송하였다.

　　　물이 높은 언덕에서 흘러내리는 것이 매우 기이한데

　　　선객들은 알지 못해서 눈이 마비되었네.

　　　만약 흙탕물의 구절을 끝내 밝히지 못한다면

　　　등(燈)과 거리의 가로수 기둥이 즐거워하며 웃으리.

평: 물이 위에서 아래로 흘러내리는 것은 당연한데, 도대체 뭐가 기이하다는 것인가?

역시 무식한 혜능의 후예라 중력도 모른다는 것인가?

그러나 등기구(燈)와 거리의 가로수가 웃는다고 하니, 이것은 뭔가 특이한 것 같다.

그나마 눈먼 조사선의 체면을 가까스로 세우는군. 음~!

지진이 발생하여 느닷없이 쓰나미가 덮쳐오면, 거리의 모든 가로수를 수장시킨다.

이때 과연 가로수가 웃을 수 있을까?

이때 가로수가 박장대소하고 웃는다면, 정말 기묘한 현상이다.

아마 지구상의 모든 사람들이 기절할 것이다. 아니 기절하는 것이 아니라, 쓰나미에 휩쓸려 모든 지구인들이 수장될 것이다.

비로소 쓰나미가 물방울 하나에서 시작되었음을 안다.

그러나 안타깝게도 이미 지옥에 도착한 후다.

염라대왕이 철통같이 지키는 지옥에서 탈옥은 불가능하다.

물 위를 걷는 것이 기적이 아니라, 땅 위를 걷는 것이 위대한 기적이다.

물 위를 걷는 자는 아직도 꿈속에서, 허망한 꿈을 꾸고 있는 빛깔 같은 헛것이다.

그러나 땅 위를 걷는 자는 꿈에서 깨어 "이 순간"을 살아 숨 쉬며, 온 우주를 마음에 품은 무한한 초인이다. 이 순간의 환희!

비로소 이때 가로수들과 함께 손뼉을 치며 파안대소할 것이다.

물은 위에서 아래로 흐르고, 시냇물은 바다로 흘러간다.

불타는 사막을 헤매는 목마른 자가 바닷물을 모조리 마셔 버린다.

끝끝내 사라진 바닷물의 존재를 규명하지 못한다면, 영원히 눈동자 없는 새우의 노예 신분을 벗어날 수가 없다.

승려: 어떤 것이 부처입니까?
호천: 도, 레, 미, 파, 솔, 라, 시, 도!

송: 번개 같은 소나기가 찰나에 지나고 나니
　　무지개가 천국으로 신성한 다리를 펼치네.
　　음악 분수대의 화려한 불빛 쇼가 시작되니
　　한 마리 물새가 별빛 밤하늘로 비상하네.

*자명- 양기- 백운- 오조- 남당- 곽원

87. 선문염송 1446칙- 습득의 진짜 성
습득이 어느 날 마당을 쓰는데 주지가 물었다.
주지: 그대는 풍간이 주워 와서 습득(拾得)이라 하는데,
　　　그대의 진짜 성은 무엇인가?
습득: 빗자루를 내려놓고, 두 손을 모아 서 있었다.
주지: 그대의 진짜 성은 무엇인가?
습득: 빗자루를 들고 가 버렸다.
한산이 멀리서 보고 울었다.
한산: 아이고, 아이고!
습득: 왜 그러십니까?
한산: 동쪽 집의 사람이 죽으니, 서쪽 집의 사람이 슬프게 운다.

두 사람이 울었다, 웃었다 하면서 갔다.

평: "진짜 성이 무엇인가?"라는 질문은 너무나 어렵다.

나는 "김씨"이다. 그런데 나의 진정한 성이 "김씨"일까? 아니다.

그럼 나의 본래의 이름은 무엇인가? 모른다.

"모르는 이 놈"을 반드시 밝혀야 수행이 끝이 난다!

"모르는 이 놈"을 밝히지 못한 자는 아직 과정에 있을 뿐이다. 학인!

자신을 속인다면 영원히 깨닫지 못한다! 알겠는가?

주지가 "진짜 성이 무엇인가?"라고 물었을 때, 습득이 "빗자루를 내려놓고, 두 손을 모아 서 있는 것"이 대답이 될 수 있을까?

만약 내라면, 습득의 빗자루를 바로 걷어차 버렸을 것이다. 하하!

한편, 한산과 습득이 울었다, 웃었다 하니, 마음이 아주 혼란스럽다.

한산과 습득의 조울증의 원인을 밝히지 못한다면, 전염병이 돌아 모두 정신병자가 될 것이다.

병원에 가서 진료를 받게 하고, 언덕 위의 하얀 집에 입원시켜라.

동쪽 집의 눈먼 주지가 죽으니, 서쪽 집의 한산과 습득이 안타까워서 곡을 하는구나. 아이가~, 아이가~!

성과 이름도 모르고, 기쁨과 슬픔도 모르고, 삶과 죽음도 모르고, 천국과 지옥도 모른다. "모른다는 것"이 정말 좋고 좋구나!

그럼 "모른다."고 아는 놈(앎)은 도대체 누구인가?

아이고, 아이고! 절망의 통곡 소리가 우주 전체를 울음바다로 만드는구나!

주지: 그대의 진짜 성은 무엇인가?

호천: 모른다.

주지: 그대의 진짜 성은 무엇인가?

호천: 김씨!

송: 나의 진짜 성이 무엇인지

　　나는 정녕 정녕코 모르네.

　　아무리 울고 웃어보았자

　　그 누가 가르쳐 주겠는가.

*한산·습득: 중국 당나라, 선승, 천태산 국청사 일대에서 은거함,

　　　　　　풍간의 제자로 전해짐.

88. 선문염송 1079칙- 운문, 모든 경전의 가르침

운문: 오늘은 장작을 나르는가?

스님: 그렇습니다.

운문: 옛사람은 말하기를 "한 법도 보지 않는 것이, 바로 그대의

　　　눈동자다."라고 하였다.

이어서 장작 나르는 곳에서 장작 하나를 던졌다.

운문: 모든 경전의 가르침(一大藏教)이 단지 이것을 말하는 것이다.

평: 모든 경전의 가르침은 마음도 아니고, 물건도 아니고, 부처도

아니다.

그럼 도대체 무엇인가?

오직 "모르는 그 앎"을 밝히는 것이다! 절대 세계의 관문!

악!

이 소리의 무게가 얼마인가?

모른다. 그럼 "모른다고 생각하는 그 놈(앎)의 정체"를 밝혀라!

이것이 바로 모든 경전의 가르침이자, 각자의 부처다!

팔만대장경의 가르침은 그림자 부처가 말한, 그림자의 잠꼬대 소리다. 곧 극악무도한 사이비와 악마의 소리다.

그럼 진짜 부처의 가르침은 무엇인가?

운문이 장작 하나를 던지면서 온몸으로 직접 보여 준다.

이것이 조사선의 정수다.

이렇게도 명확하게 모든 경전의 가르침을 드러내어 보여 주는데, 알지 못한다면 눈동자를 야차에게 저당잡힌 독수리가 맞다.

그렇다면 그대의 눈동자가 하는 일은 도대체 무엇인가?

"보는 것"이라고 말하지 말라. 이것 또한 눈먼 당나귀의 말이다.

진리를 아는 자가 경전을 읽으면 모두 불결한 악마의 말이고,

진리를 모르는 자가 경전을 읽으면 모두 순결한 부처의 말이다!

경전의 방편에 속아서 글 속에서 길을 찾지 말라.

경전 속에서 길을 찾는 자는 절대 진리의 뜻을 알 수가 없고, 그렇다고 경전 밖에서 길을 찾는 자는 오직 악마의 씨앗일 뿐이다.

불교를 이성적인 문자와 언어로 알려는 자는, 체험하여 깨우치는 절대 진리의 배신자이며 역적이다!

중도(中道)! 불이(不二)! 오직 하나! 일진법계(一眞法界)!

수행자여, 하루 속히 종착역에 도착하여, 진실한 눈을 갖추어라.

단지 있는 그대로를 바라보는 삼계의 대도사!

번뇌와 망상이 모두 소멸한 부처의 광명 지혜!

운문: 한 법도 보지 않는 것이, 바로 그대의 눈동자다.

호천: 바람에 산산이 흩어지는 망상의 아들과 딸.

송: 청초한 눈동자의 수녀를 보고

　　　타락한 스님이 합장을 하네.

　　　수녀가 추악한 불경을 읽고

　　　스님이 성스러운 성경을 읽네.

*운문- 쌍천- 오조- 늑담- 구봉- 대매

89. 선문염송 1192칙- 파초의 주장자

파초가 대중에게 말하였다.

: 그대에게 주장자가 있으면 내가 그대에게 주장자를 주고,

　그대에게 주장자가 없으면 내가 그대에게 주장자를 빼앗으리.

평: 주장자도 모르는 파초는 참 한심한 놈이다.

주장자가 있는 자에게 주장자를 주어 본들, 무슨 이익이 있겠는가?

또한 주장자가 없는 자에게, 어떻게 주장자를 빼앗을 수 있겠는가?

부러진 나뭇조각을 주어도 의미가 없고 설혹 빼앗는다고 해도,

어차피 화로 속으로 들어갈 것이니 매한가지다.

연수목을 선물로 받아도 사용할 수가 없고, 도둑처럼 다이아몬드 반지를 훔쳐도 작물이라서 팔 수도 없다.

하여튼 아무짝에도 쓸모없는 지팡이를 받아서, 도대체 어느 곳에 사용할 수 있겠는가?

차라리 뒤뜰에 지팡이를 꽂아서 감태나무가 된다면 용머리 주장자를 만들고, 비자나무가 되어 만약 벼락을 맞는다면 바둑판을 만들고, 잣나무가 된다면 수정과의 잣이나 맛볼까?

각설하고, 파초가 주장자로 이렇게 명확하게 후려치는데, 천 년 동안 맞은 자가 아무도 없다고 하니 신기하고 신비롭다.

주장자로 후려친 자는 분명히 있는데, 어째서 맞은 자가 없을까?

혹시 맞은 자는 오감이 없는 로봇인가?

이것도 아니라면, 파초는 "없는 주장자"로 후려쳤다는 것인가?

"있는 주장자"도 보지 못하는데, 어찌 "없는 주장자"를 볼 수 있겠는가!

가마솥에 저녁밥을 지어야 하니, 주장자를 불쏘시개로 사용해야겠다.

그럼 "있는 주장자"가 불타버리고 "없는 주장자"가 되는 것이다.

송: 그대에게 주장자가 있다면

　　있는 주장자를 주고

　　그대에게 주장자가 없다면

　　없는 주장자를 주리.

*백장- 위산- 앙산- 남탑- 파초- 계철

90. 선문염송 1338칙- 분양의 사자

분양이 말하였다.

: 분양의 문하에는 서하(西河)의 사자가 문턱에 앉아 있어,

  누구든지 오기만 하면 물어 죽인다.

  어떤 방편을 써야 분양의 문으로 들어와서,

  분양의 사람을 볼 수 있겠는가?

평: 답이 너무 쉽다. 애꾸눈 사자에게 썩은 고기 한 덩어리를 던져 주면 그만이다. 일사천리(一瀉千里)!

그럼 분양의 허술한 문턱을 넘어, 허공의 문 없는 철문을 보면 된다.

그리고 공간 이동을 하여 순식간에 절대 세계에 도착하여, 삼라만상과 마주 보고 미소를 지으면 수행이 완성된다.

그러나 서하의 사자는 "살아 숨 쉬는 자"와 "죽은 자"를 구별해서, "죽은 자"만 잡아먹는 아주 현명한 사자다.

분양의 문하에서 분양만 살아남고, 나머지 모두 사자의 밥이 되었다.

"죽은 자"는 함부로 분양의 근처에서 서성거려서는 안 된다.

불현듯 사자가 나타나서 그대를 잡아먹을 것이다. 눈먼 선객의 무덤!

서하의 사자가 지키는 관문을 지나려고 하면, 심장이 뛰고 붉은 피가 흐르는 자만 지날 수가 있다.

분양의 입구에 가면, 황금 스핑크스가 그대에게 질문을 할 것이다. 여기에 대답하지 못한다면, 바로 굶주린 사자의 저녁 식사감이 된다.

"살아 있다면, 살아 있는 자의 말을 한마디 해 보라?"

송: 모두가 꿈을 꾸는 깊은 새벽에
　　피곤한 부처도 꾸벅 졸고 있는데
　　빨간 십자가의 성스러운 불빛이
　　암흑의 세상을 빛으로 구원하네.

*수산- 분양- 낭야, 법화, 흥교, 자명

91. 선문염송 409칙- 조주, 진주의 큰 무

선객: 화상께서 남전을 직접 만났다는데 사실입니까?
조주: 진주에서 큰 무가 난다.

평: 참 재미있는 화두다. 조주의 스승이 남전인데, "남전을 만난 적이 있는가?"라고 묻는다.
내라면 "매일 인사를 드렸지."라고 말했을 텐데.
역시 삼계의 풍류객답게 사람들의 생각을 산산이 조각낸다.
조주 영감은 말만 하면 동문서답이다. 하하!
혹시 말귀를 못 알아들어서 헛소리를 하는 것은 아닐까?
어쨌든 동문서답의 영감 때문에, 얼마나 많은 수행자가 시공을 초월하여 애달프게 시달렸던가?

오~ 동문서답의 영감이여, 제발 보청기를 껴라.

사악한 운문 너도 마찬가지다. 초록은 동색(草綠同色)! 하하!

파란 유니폼을 입은 절름발이 황소가 거침없는 드리블로 수비수를 제치고, 강력한 슈팅을 날려 결승골을 넣었다.

여하튼 진주에 호박이 나는지, 수박이 나는지 나는 모른다.

그러나 구포에 가면, 구포 국수가 최고의 별미다.

이야기가 나온 김에 출출한데 구포시장에 가서, 구포 국수 한 그릇을 하고 와야겠다.

젊은 날 친구들과의 아련한 추억이 서려 있는 하얀 국수!

선객: 화상께서 남전을 직접 만났다는데 사실입니까?

호천: 매일 기생집에서 함께 술을 마셨지.

송: 남전이 밭에 무를 심었는데

    조주가 몰래 맛있게 먹네.

    남전이 무를 먹으려 찾으니

    조주가 당근을 주면서 말 없네.

*남전- 수유, 자호, 감지, 장사, 조주

92. 선문염송 687칙- 동산, 풀 없는 곳

동산이 대중에게 말하였다.

: 형제들이여, 초가을, 여름 끝자락에서 동쪽으로 가고 서쪽으로
가되, 곧장 만리에 한 치의 풀도 없는 곳으로 가야 된다.
　만리에 한 치의 풀도 없는 곳에 어떻게 가는가?
나중에 어떤 사람이 석상에게 이 이야기를 하였다.
석상: 문을 나서면 그대로 풀밭이다.
동산이 이 말을 전해 들었다.
동산: 당나라에 그런 이가 몇이나 될까?
대양: 설사 문을 나서지 않았다고 하더라도, 풀이 무성하다.

평: 사하라의 황량한 사막에 가도 풀은 있고, 시베리아의 끝없는
눈밭에 가도 풀은 있고, 태평양의 깊은 심해 속으로 가도 풀은 있다.
신비롭게도 풀이 없을 것 같은 장소에서도 풀은 자라고 있다.
그러나 숲속으로 들어가면 산새들과 나무는 있는데, 아무리 찾아
도 풀을 볼 수가 없다.
과연 어디로 가야 녹색 풀을 볼 수가 있을까?
아무리 생각해도 이상하다. 미로 속의 수수께끼!
설마 대자연의 반역자들이 아무도 몰래 제초제를 뿌렸을까?
역시 눈동자 없는 토끼인가?
토끼가 좋아하는 행운의 네 잎 클로버를 찾아라!
"만리에 한 치의 풀도 없는 곳에 어떻게 가는가?"라는 질문에, 석
상이 "문을 나서면 그대로 풀밭이다."라는 대답이 답이 될 수 있
을까?
아무리 보아도 완전하게 빗나간 동문서답처럼 보일 뿐이다.

그러나 석상의 대답은 최고의 명답 중에 하나다.

머나 먼 곳으로 갈 필요 없이, 동네 뒷산에 올라서 "동산의 없는 풀"을 찾아라! 동충하초(冬蟲夏草)!

정녕 찾을 수가 없다면, 풀의 친구들인 산새와 나무들에게 물어 보라.

그럼 아주 상냥하게 대답을 해줄 것이다. 잡초!

학인: 만리에 한 치의 풀도 없는 곳에 어떻게 갑니까?

호천: 풀을 뽑고 그 자리에 앉아라.

송: 머나먼 만리에 한 치의 풀도 없는 곳에
　　쉬지 않고 가면 겨울에는 도착하리.
　　가시밭 같은 무성한 수풀이 울창해도
　　억센 풀을 베고 한 그루 소나무를 심으리.

*운암- 동산- 조산, 도오- 석상- 구봉, 양산- 대양- 투자

93. 선문염송 16칙- 부처, 침묵과 말의 채찍

外道: 말 있음도 묻지 않고, 말 없음(침묵)도 묻지 않겠습니다.

세존: 침묵으로 일관함.

외도: 세존께서 대자대비하여 제 어리석음의 구름을 걷고, 저를
　　　깨달음에 들게 하셨습니다.

외도가 물러가고 난 뒤에 아난이 부처님께 물었다.

아난: 외도가 무엇을 증득했기에 깨달음에 들었다고 합니까?

세존: 훌륭한 말은 채찍의 그림자만 보아도 달리는 것과 같다.

평: 말하지도 말고 침묵을 지키지도 말고, 대답을 하라고 하니 도망칠 곳이 없다. 사면초가(四面楚歌)!

동서남북의 모든 성문이 닫혔으니, 어떻게 빠져나갈 수 있을까?

싯다르타가 진리의 수호자라면, 삼라만상의 그 무엇도 장애물이 되지 않는다.

하지만 사이비 수행자라면 철옹성의 바다에 갇혀, 광포한 파도에 휩쓸려 정처 없이 표류하다가 굶주린 상어의 밥이 될 것이다.

예상대로 부처는 말을 못하는구나. 부끄럽구나, 눈먼 여래선이여!

그러나 불타는 눈동자를 가진 바라문의 대답이 걸작이다.

꿈보다 해몽으로 가여운 부처를 구제하는구나. 주객의 전도!

외도가 깨달은 것이 아니라 오히려 부처가 깨달은 꼴이다.

아무튼 바라문이 무엇을 깨달았다는 것인가?

심히 궁금한 아난이 날카롭게 질문한다.

예상대로 부처의 대답은 역시 동문서답이다.

훌륭한 야생마는 스스로 잘 달리는데, 무슨 채찍이 필요하겠는가!

눈먼 깨달음이여! 애처로운 불교여! 사이비 교주여!

빨간 뿔이 난 유니콘은 구름을 가르고 천상으로 돌아가고,

관우의 적토마는 오늘도 청룡언월도로 창술을 연마한다. 히히힝!

애처로운 부처를 위하여 변호할 자는 아무도 없는가?

부처는 침묵을 지킨 것이 아니라, 말 없는 소리가 천둥소리처럼

우주 전체에 가득 울려 퍼졌다! 쩌러렁!

어째서 이렇게 말하는 자가 아무도 없는가?

아난: 외도가 무엇을 증득했기에 깨달음에 들었다고 합니까?

호천: 단지 모르는 그 놈을 알았을 뿐이다.

송: 바라문이 침묵이 무엇이냐고 물으니

　　부처가 간신히 대답을 하네 맙소사!

　　아난이 어리둥절해하며 물어보니

　　말 그림을 그렸는데 마차를 빼먹었구나.

*부처- 사리불, 목건련, 수보리, 라훌라, 가섭

94. 선문염송 1018칙- 운문의 수미산

선객: 학인이 한 생각을 일으키지 않아도 허물이 있습니까?

운문: 수미산(須彌山)!

평: 한 생각도 일으키지 않은 것이, 허물이라는 것을 어찌 모르는가?

한 생각도 일으키지 않은 이것이 바로 한 생각을 일으킨 것이다.

하늘과 땅을 향해 솟은 고뇌의 수정 기둥이, 하늘과 땅을 촘촘하게 바치고 서 있다. 싸늘한 오싹!

우주 전체가 고통의 울부짖음으로 아비규환이다. 비명 소리의 여운이 그대로 전해진다. 섬뜩한 전율!

이미 천국과 지옥만큼의 거리 차이가 생겼다.

한 생각도 일으키지 않았을 때 북극 바다 속의 빙하가 잠겨있는 것이고, 한 생각을 일으킴과 동시에 드디어 빙하가 초록 모습을 드러낸다.

냉철하게 바라보면, 한 생각이 이미 있었음을 알 수가 있다.

그럼 생각의 나무는 과연 어디에 있는 것일까?

그곳을 알아야 생각의 뿌리를 즉시 베어버릴 수가 있다.

자신의 마음에 근원을 섬세하게 바라보라!

생각은 아무런 이유도 없이 아지랑이가 아스라이 피어오르듯이, 순식간에 생겨나고 찰나적으로 사라진다.

만물의 근본 바탕(본래면목)에서 영상처럼 나타나고, 저절로 사라지는 허상들이 오직 신비로울 뿐이다. 스펙트럼 빛깔의 축제!

제멋대로의 법칙! 정신병자의 조울증 법칙! 결코 장단을 맞추지 말라!

육신과 마음(생각)은 허상의 아름다운 모자이크 같은 불가사의한 환상의 입자일 뿐이다.

불꽃의 황홀함에 도취되어 불꽃 속으로 뛰어드는 불나방이 되지 말라.

생각의 노예가 되지 말라! 거짓 자아와 종신형 노예 계약을 맺지 말라!

이렇게 생각이 탄생하는 근원지(自性)를 보게 될 것이다.

생각의 근원을 마주 보는 순간, 생각은 산산이 조각나서 사라진다.

이렇게만 된다면 한 생각을 일으키지 않으면, 오직 있는 그대로의
모습을 보게 된다. 부처의 순수한 심미안!
이 순간의 기적! "이 순간"에서 "이 순간"으로!
더 나아가면, 단지 그러할 뿐임을 알게 된다.

선객: 학인이 한 생각을 일으키지 않아도 허물이 있습니까?
호천: 달무리(Moon halo).

송: 공허한 한 생각을 일으키지 않으면
　　 무한한 수미산이 한적한 공원이요
　　 허망한 한 생각을 살짝 일으키면
　　 삼계가 불타는 번뇌의 수미산이네.

*덕산- 설봉- 운문- 동산- 남악- 천복

95. 선문염송 224칙- 혜충, 초상화의 뒷면

혜충: 어디서 오는가?
남전: 강서에서 왔습니다.
혜충: 마조의 초상화는 가지고 왔는가?
남전이 합장하고 가까이 다가갔다.
남전: 이것뿐입니다.
혜충: 뒷면은?
남전은 소매를 떨치며 곧장 가버렸다.

평: "마조의 초상화는 가지고 왔는가?"라고 물으니, 합장하고 "이것뿐입니다."라고 대답한다. 나쁘지 않다.

그러나 내라면, "사이비 마조의 초상화를 이미 화장(火葬)했습니다."라고 대답을 했을 텐데 아쉽다.

그 순간, 눈먼 혜충 영감이 날카로운 질문을 던진다.

"초상화의 뒷면은?", 하하!

천하의 왕노사(王老師 남전)가 순간 말문이 막혀서, 재빠르게 36계 줄행랑을 친다.

설마 이것이 대답은 아니겠지?

어째서 남전은 초상화의 뒷면을 보여주지 못했을까?

초상화의 뒷면에는 마조의 추악하게 일그러진 얼굴이 없어서일까?

과연 언어의 마술사인 남전의 능력이 이것밖에 안 된다면, 봉사인 조사선은 영원히 눈을 뜰 수가 없다.

혜충의 기상천외한 재치에, 남전이 악취 풍기는 오물통에 처박히는 장면이다. 하하!

만약 내라면, "초상화의 뒷면은?" 하고 물었을 때, 사이비 혜충을 바로 후려쳤을 것이다. 하하! 알겠는가?

이 화두를 볼 때마다 너무나 우습다. 사팔뜨기 혜충과 절름발이 남전의 어설픈 코미디다.

혜충 영감의 장난이 지나쳤다. 하하! 그래서 남전이 말할 가치가 없어서 무시하고 나간 것이다. 알겠는가?

천하의 남전이니까 답이 되는 것이다. 만약 눈먼 놈이 꽁무니를 뺐다면, 몽둥이 30방은 족히 맞아야 한다.

그러나 학인은 스승의 어떠한 질문에도 대답을 할 수 있어야 한다.

설혹 스승의 질문이 지나치거나, 너무나 자세하게 물었다고 해도
반드시 대답을 해야 한다.

왜냐하면 이것은 스승의 자비이기 때문이다. 끝없는 제자 사랑!

진정한 스승은 제자를 순간순간 점검해야 할 의무가 있고, 제자는
스승의 질문에 반드시 대답해야 할 의무가 있다.

이것이 바로 진정한 스승과 제자의 모습이다. 줄탁동시(啐啄同時)!

혜충: 어디서 오는가?

호천: 마법의 성에서 왔습니다.

혜충: 마조의 초상화는 가지고 왔는가?

호천: 미소를 짓는다.

혜충: 초상화의 뒷면은?

호천: 뒤돌아선다.

송: 천 년을 기다려 만나는 그리운 연인처럼

　　 광명과 암흑은 환상적인 노을 속에서

　　 불타는 눈동자로 바라보며 사랑을 느끼고

　　 석양의 정원에서 이별의 삼바를 춤추네.

*혜능- 혜충- 탐원,　마조- 남전- 장사

96. 선문염송 193칙- 삼각, 벼·보리·콩

선객: 무엇이 삼보(三寶)입니까?

삼각: 벼, 보리, 콩!

선객: 저는 모르겠습니다.

삼각: 대중이여, 즐겁게 받들어 지녀라!

평: 삼보는 불(佛), 법(法), 승(僧)인데, 어째서 벼, 보리, 콩일까?

불이 벼고, 법이 보리고, 승이 콩일까 아니면 이 반대일까?

만약 불, 법, 승이 벼, 보리, 콩이라면, 개다리, 소다리, 닭다리도 되겠군. 하하!

화두 참구는 이렇게 생각으로 분별하면, 절대로 안 된다는 것을 잘 알고 있다. 양귀비야!

오직 화두와 하나가 되어야만, 삶과 죽음의 관문을 지날 수 있다.

삼보가 어째서 벼, 보리, 콩인지 알고 싶은가?

음~ 몰라서 미안하구먼! 침묵의 감, 사과, 바나나!

불·법·승은 오직 마음(佛性)이다. 불도 마음이고, 법도 마음이고, 승도 마음이다. 삼위일체(三位一體)!

삼보는 하나이면서 세 개이고, 세 개이면서 하나이다. 불이(不二)!

또한 벼·보리·콩도 세 개이지만 하나이다. 왜인가?

마음에서 나타난 각각의 모양이지만, 근본 바탕(性品)은 같기 때문이다.

모두 형제다. 오직 한바탕! 일즉다 다즉일(一卽多 多卽一)!

쌀에 보리와 콩을 넣고 가마솥에 불을 지피면, 아주 맛있는 잡곡밥이 완성된다. only one! 일진법계(一眞法界)!

수행자는 불, 법, 승에 귀의하면 안 되고, 반드시 벼, 보리, 콩에 귀의해야 절대 진리를 맛볼 것이다.

배가 부르니 날마다 좋은 날이다. 아니 날마다 괴로운 날이다. 알
쏭달쏭!

이 화두도 걸작 중의 하나다. 하하!

아직도 모르는 사람들이여, 괴롭게 받들어 지녀라!

선객: 무엇이 삼보(三寶)입니까?

호천: 마조의 오줌싸개, 사이비, 악마!

선객: 저는 모르겠습니다.

호천: 골프공, 야구공, 축구공!

송: 삼보가 무엇인지 모른다면

　　밭 가는 농부에게 물어보게.

　　농부가 쉽게 말해 주리.

　　화장실의 똥을 퍼내라!

*도신- 홍인- 혜능- 남악- 마조- 삼각

97. 선문염송 481칙- 조주, 안장 없는 당나귀

어떤 수재(秀才)가 조주에게 하직 인사를 올렸다.

수재: 오래도록 여기 머물면서 스승을 번거롭게 해 드렸으나, 은
　　혜를 갚을 길이 없습니다. 한 마리 당나귀가 되면 와서 스승
　　님께 은혜를 갚겠습니다.

조주: 노승더러 어디에서 안장을 구하라는 말인가?

수재: 말이 막혔다.

평: 바보 같은 놈! 당나귀가 되기 전에 지금, 이 순간에 스승에게 해묵은 빚을 갚아라.

지금, 여기에서 빚을 청산하지 못한다면, 영원히 절름발이 당나귀가 되어 빚을 갚아야 한다.

사악한 영감탱이! 제자를 영원히 당나귀로 만들고, 부려먹는 것도 모자라서 안장까지 구해 오라고 한다.

이 장면을 보니, 영락없이 제자는 당나귀이고 조주는 안장이다.

이 순간에 당나귀의 울음소리를 내면 몽둥이로 물씬 맞으리.

빗나간 동문서답이다! 모든 연출은 끝났다.

안장 없는 야생마여, 아직도 간파하지 못했는가?

화두의 걸작이다. 정말 우습지 않은가? 하하하!

안장 없는 당나귀는 어떻게 되었을까? 비명횡사(非命橫死)!

삼계의 풍류객답게 한 곡조 멋지게 읊는구나!

하지만 그 누가 있어, 살인귀 중의 살인귀인 조주의 성스러운 노래를 알아들을 수 있으랴?

천리마여, 언제쯤 검은 눈가리개를 태워 버리고, 광활한 초원을 마음껏 질주할 수 있겠는가?

이 장면을 다시 재현해 보자.

수재: 당나귀가 되면 그때 스승님께 은혜를 갚겠습니다.

조주: 노승더러 어디에서 안장을 구하라는 말인가?

호천: 등을 내밀며, 타시죠.

그리고 수재의 등에 올라타서, 이랴, 이랴! 달려라!

송: 스승에게 묵은 빚을 갚지 못하면

　　당나귀가 되어 빚을 갚아야 하네.

　　고삐 있는 당나귀가 되어 돌아올 때

　　안장 없는 당나귀는 되지 말게.

*혜능- 남악- 마조- 남전- 조주- 광효

98. 선문염송 316칙- 방거사, 천만다행

방거사가 조리를 팔러 다니다가 발을 헛디뎌 다리 아래로 떨어졌다.

딸 영조가 보자마자 자기도 아버지 옆에 쓰러졌다.

방거사: 너는 왜 그러느냐?

영조: 아버지가 넘어진 것을 보고 도와 드리려구요.

방거사: 아무도 본 사람이 없는 게 다행이다.

평: 발을 헛디뎌 다리 아래로 떨어졌을 때, 딸이 보자마자 방거사

옆에 쓰러진다. 하하!

"너는 왜 그러느냐?" 하고 물으니, "떨어져서 다친 아버지를

도와준다."라고 대답한다.

도대체 영조가 무엇을 도와준 것일까?

아무리 보아도 딸이 도와준 것은 아무것도 없는 것 같다.

어여쁜 영조의 품행을 보니, 2% 부족한 팔푼이가 틀림없다. 하하!

그래도 눈먼 방거사는 부끄러운 줄을 아는 것을 보니 조금 낫다.

구푼이!

팔푼이와 구푼이를 아무리 더해 보았자, 어차피 정상인은 되기 어렵다.

아무도 본 사람이 없는 것이 천만다행이다. 하하하!

마치 아버지 심봉사의 눈을 뜨게 하기 위하여, 인당수에 몸을 던진 심청이와 같은 지극한 효심이다.

이 사실을 눈동자가 없는 방거사가 어찌 알겠는가! 하하!

영조의 재기발랄한 재치를 그 누가 당할 수 있으랴.

눈도 없고, 귀도 없고, 코도 없는 낙타가 알 수 있을까?

구푼이 방거사가 선불장(選佛場 부처를 뽑는 장소)에서 급제를 했다고 큰소리를 치더니, 알고 보니 백지로 답안을 제출했구나. 하하!

백지에 마음을 담았으니, 백지가 곧 장원급제라네.

방거사는 초라한 낙방거사가 되고, 영조는 당당한 장원이 되어 왕관을 쓰는구나.

경국지색(傾國之色)의 여왕 폐하 만만세!

송: 아득한 하늘에 붉은 구름 꽃이 가득 피었고

　　마음은 억겁 세월의 모진 고난을 초월하네.

　　현란한 빛깔이 천 갈래로 흩어져서 소멸하니

　　마음의 만 갈래 번뇌가 찬란한 빛으로 번지네.

*마조- 방거사, 반산, 대매, 서당, 백장

99. 선문염송 673칙- 덕산, 축생(畜生)의 최후

덕산이 어느 날 인사하러 오는 승려를 보고, 바로 문을 닫았다.

승려가 곧 문을 두드렸다.

덕산: 누군가?

승려: 사자 새끼입니다.

덕산이 문을 열자, 승려가 절을 했다.

덕산이 얼른 목 위에 올라탔다.

덕산: 이 축생아, 어디를 왔다 갔다 돌아다니느냐?

평: 황금털 똥개가 집을 잃고 떠돌면, 똥개를 노리는 자들이 많다.

특히 멍멍탕을 즐기는 무리의 눈에 띄면, 황금털 똥개의 운명은

그것으로 최후가 된다.

개다리를 맛있게 먹고 한 무더기 똥을 싸니, 이것이 무엇인가?

이 똥을 똥개라고 불러야 하는가, 똥이라고 불러야 하는가,

아니면 사람이라고 불러야 하는가?

멍멍탕의 개다리가 되고 싶지 않다면, 황금털 똥개는 시절이 무르

익을 때까지 울타리 안에서 24시간 노력을 해야 한다. 용맹정진

(勇猛精進)!

비로소 빨간 사과가 떨어질 때 즉 황금털 사자가 되었을 때,

울타리를 박차고 삼계의 심장부로 곧장 가서, 모든 부처와 조사의

목을 베어야 한다. 모든 개념을 죽여라!

그래야 온 우주를 초월한 영원한 자유인이 될 수 있다.

어쨌든 비명횡사한 축생에게 심심한 애도를 표할 뿐이다.

축생, 인간 그리고 삼라만상의 모든 것이 언제쯤 열반에 들 수 있을까?

과연 언제쯤 삶과 죽음이 하나(生死一如, 不生不滅)가 될까?

한적한 시골 길가에 분홍 빛깔 코스모스가 바람결에 하늘거린다.

화두의 걸작이다. 하하!

호천: 누군가?

승려: 사자 새끼입니다.

호천: 군침이 도는 햄버거구나!

송: 축생이 울타리 안에서 편히 쉴 것이지
   울타리 밖에서 길을 잃고 헤매는구나.
   주인 없는 축생을 숯불에 바비큐 하여
   굶주린 배를 마음껏 채우고 묵념하네.

*천황- 용담- 덕산- 설봉- 장경- 보자

9. 불타는 짚신

100. 선문염송 207칙- 남전, 고양이를 죽임

남전이 어느 날 동당(東堂)과 서당(西堂)의 대중들이 고양이 때문에 싸우는 것을 보고, 고양이를 잡아서 들었다.

남전: 대중들아, 제대로 말하면 살려 줄 것이고, 제대로 말하지 못하면 베어 버리겠다.

대중 속에 대답하는 이가 아무도 없자,

(법진: 도둑이 도둑의 물건을 훔치는구나 하면서, 바로 뺨을 한 대 때려야 했다.)

남전은 고양이를 베어 두 동강을 내었다. 나중에 이 이야기를 하면서 조주에게 물었다.

조주: 짚신을 벗어 머리 위에 이고 나갔다.

남전: 그대가 있었더라면, 분명히 고양이를 살릴 수 있었을 것이다.

평: 예나 이제나 바보 같은 선객들이, 고양이 한 마리도 구하지 못하는구나. 밥값을 돌려다오! 식충아!

고양이조차도 구하지 못하는데, 어찌 고통 속의 중생들을 구제할 수 있겠는가?

아니 먼저 망상하는 자신부터 구제할 수 있다면 구제하라?

남전이 고양이를 죽이고, 조주가 짚신으로 고양이를 살린다.

짚신이 고양이를 대신하는 것이라 생각하면, 엄청난 착각이다.

망상 금지! 생각 정지! 판단 보류!

이 화두는 수행자가 가장 많이 착각하는 화두 중의 하나다!

중생의 생각과 분별은 자유이지만 오직 망상일 뿐이다! 알겠는가?

우리 자신이 모든 망상의 근원이라는 사실을 결코 잊지 말라!

언제나 내가 있다는 것(我相)이 모든 비극의 원천이다!

고양이와 짚신은 아무런 관계가 없다! 관계가 있다면 화두가 아니다.

고양이와 짚신은 "남전참묘(南泉斬猫)"에 쓰이는 소재일 뿐이다.

소재가 결코 주제가 될 수 없음을 명확하게 알아야 한다!

화두는 단어의 고유한 뜻과 아무런 상관이 없다!

이성을 초월한 언어!

그래서 생각으로 지나갈 수 없는 중중첩첩의 은산철벽이다.

이성으로 깰 수 없는 한 맺힌 해골의 철옹성!

생각으로 화두를 분별하고 헤아리려고 하지 말라.

망상하는 빛깔아!

생각을 하는 순간 완벽하게, 100% 틀렸다는 것을 분명히 알아야
한다!

영원한 내 사랑 "소옥이"를 결코 잊지 말라! 착각 금지!

만약 "소옥이"를 잊는다면, 그 순간 부처의 국토로 가는 모든 길은
영원히 소멸할 것이다!

눈도 없고, 귀도 없고, 입도 없는 수행자여, 알겠는가?

그럼 짚신이 어떻게 고양이를 살린다는 것일까?

죽은 자는 신비한 요술로도 살릴 수가 없는데, 어떻게 살릴까?

죽은 고양이를 도깨비 방망이로 때리면 살아날까?

짚신을 머리 위에 올린다고, 죽은 고양이가 살아날 수 있을까?

이런 형편없는 실력으로, 어떻게 현 없는 바이올린을 켤 수 있겠는가?

아무런 의미도 없는 천도재와 49재를 지내볼까?

맙소사! 고양이가 통곡하는 것이 아니라 짚신이 통곡할 것이다. 하하!

차라리 짚신을 태워서 죽은 고양이의 영혼을 위로하는 것이 낫다.

남전은 살생유택(殺生有擇)을 모르니, 검으로 남전의 목을 베어 죗값을 엄중하게 물어라.

조주는 천상의 옥새인 짚신을 훔쳐서 사라졌으니, 수배령을 내려 도둑을 잡아라.

아무런 잘못이 없는 고양이를 죽인, 흡혈귀 남전과 눈먼 선객들은 도대체 어디로 갔을까?

또한 어린 고양이는 과연 어디에서 무엇이 되었을까?

남전이 고양이를 베어 죽이고 물었다.

남전: 어떻게 하면 고양이를 살릴 수 있겠는가?

호천: 담배에 불을 붙인다.

송: 남전은 소중한 생명을 헛되이 죽이고
    조주는 하찮은 짚신을 훔쳐 도주하네.
    남전의 비정한 살인도는 고양이를 죽이고
    조주의 신비한 활인검은 짚신을 살리네.

*마조- 남전- 조주, 천의- 혜림- 법진

101. 선문염송 103칙- 달마의 짚신

달마대사께서 열반에 드시어 웅이산에 장사를 지냈다.

3년 뒤에 위나라의 송운이 서역에 사신으로 갔다가, 돌아오는 길에 총령에서 달마를 만났다.

손에 짚신 한 짝을 들고 나는 듯이 가시는데, 송운이 여쭈었다.

송운: 대사님 어디로 가십니까?

달마: 인도로 간다.

송운이 돌아와서 이 일을 자세히 아뢰었다. 황제의 명령으로 탑을 열어보니, 텅 빈 관에는 가죽 신발 한 짝만 남아 있었다.

평: 사악한 달마는 인도에서 무수한 사람들을 혹세무민하더니 그것도 모자라서, 이제 중국으로 와서 중국 사람들을 혹세무민하려고 한다.

하지만 인도의 짝사랑하는 여인을 잊지 못해, 날마다 그리움의 눈물로 밤을 하얗게 지새운다.

소림사(少林寺)에서 9년 동안 온갖 악행을 도모했지만, 불행하게도 모두 실패로 끝이 난다.

치매인 달마가 마음을 전하러 중국에 왔다고 하는데, 어떻게 마음을 전할 수 있겠는가?

악취 풍기는 마음이 눈에 보이는 무슨 물건인가?

사이비 여래선에 속아서는 절대 안 된다. 오직 조사선!

소심한 달마가 중국에서 뜻을 이루지 못하자, 분한 마음에 중국의 보배인 황금 짚신을 하나 훔쳐서 황급히 달아난다.

결국 야반도주하다 총령에서 송운을 만나, 자신의 죄를 뉘우치고
훔친 황금 짚신을 한 짝 건네준다.

하지만 관을 열어 짚신을 맞추어 보니 짝이 다르다.

도대체 어떻게 된 일인가?

황금 짚신이 진짜인가 아니면 녹슨 짚신이 진짜인가?

선객: 어째서 텅 빈 관에는 가죽 신발 한 짝만 남아 있습니까?

호천: 도굴당했군.

송: 사랑하는 여인에게 선물하려고

    유리 구두를 몰래 가져가네.

    달마가 하나의 검을 훔쳐 갔으니

    죗값으로 관에 검을 꽂아라.

*사자- 바사사다- 불여밀다- 반야다라- 달마

102. 선문염송 848칙- 대수, 거북 등 위의 짚신

대수의 암자 곁에 거북이 한 마리가 있었는데, 어떤 스님이 물었다.

학인: 모든 중생은 가죽으로 뼈를 둘러쌌는데,

    저 중생은 어째서 뼈로 가죽을 둘러쌌습니까?

대수: 짚신을 벗어 거북의 등 위에 올려놓았다.

학인: 아무 말이 없었다.

평: 사람의 생각은 끝이 없고 한이 없다. 끝없이 샘솟는 것이 곧 망상이고 마음만 바쁠 뿐이다.

언제쯤 모든 망상을 죽이고, 일 없는 중생(부처)이 되어 쉴 수 있을지 기약이 없다. 오~ 회한의 세월이여!

질문 자체가 상당히 기발하고 절묘하다.

그렇게 궁금하다면, 거북에게 직접 물어보는 것이 좋다. 험!

혹시 청개구리의 자식이 아니냐고? 하하!

사람의 말도 못 알아듣는데, 거북이의 말을 알아들을 수가 있을까?

거북의 외모에 대해서 물었는데, 어째서 대답을 하지 않고 거북의 등 위에 짚신을 올려놓았을까?

설마 말문이 막혀서 팬터마임을 한 것일까?

아뿔싸! 자칫하다간 짚신의 무게 때문에 거북이가 죽을지도 모른다.

대수의 살인도가 거북이를 죽이려고 하니, 빨리 거북이를 구해라!

거북의 심장에 꽂혀 있는 검은, 아침 햇살을 받으면 찬란히 빛을 발한다.

전설 속의 살인귀들은 자신의 분신인 그림자를 이용해서, 모든 것을 죽이기에 아무런 흔적도 남기지 않는다. 부디 착하게 살자.

거북이의 한 맺힌 원수를 갚기 위해서, 무패의 해신(海神) 이순신 장군이 거북선과 거북이를 훈련시킨다.

23전 23연승! 13척의 배로 133척의 배를 이긴 불타는 명량(鳴梁)!

불멸의 지존 Mr. Lee는 과연 어떤 전략을 세우고 있을까?

검은 선글라스를 낀 눈먼 거북이가 망원경을 보며, 거북선을 운전하는 것은 아닐까?

용감한 거북이는 용처럼 입에서 불을 내뿜을 수 있을까?

학인: 거북이는 어째서 뼈로 가죽을 둘러쌌습니까?
대수: 짚신을 벗어 거북의 등 위에 올려놓았다.
호천: 태평양의 홀로 남은 섬이구나.

송: 찬란한 용궁에 사는 신령한 거북이가
     오랜만에 정다운 토끼를 만나러 가네.
     동물의 왕국 만찬 시간에 늦어지니
     토끼가 짚신을 신고 거북이와 뛰네.

*남악- 마조- 백장- 장경- 대수, 영수

103. 선문염송 1074칙- 운문의 짚신
운문: 어느 곳에서 오는가?
선객: 강서(江西)에서 왔습니다.
운문: 얼마나 많은 짚신을 신어서 해지게 했는가?
선객: 대답이 없었다.

평: 거리에서 시인을 만나면 한 잔 술로 풍류를 즐기고,
한밤중에 자객을 만나면 목숨을 걸고 검으로 베어야 하고, 가는
곳마다 삼계의 제일검을 만나면 모든 것에 축복을 선사할 것이다.
운문은 시인인가, 자객인가 아니면 삼계의 제일검(第一劍)인가?

시인이라면 투명한 술잔에 풍류를 가득 부어줄 것이고, 자객이라면 살기가 서려 있는 시퍼런 검날을 목에 겨눌 것이고, 삼계의 제일검이라면 우주 전체를 팔열 지옥의 고통에서 구원할 것이다.

시인과 제일검이라면 만나서 좋겠지만, 자객이라면 짚신을 벗고 황급히 뛰어서 경찰서로 피해야 한다.

그림자 부처를 쫓아다니는 자는 살아서 짚신 값을 갚지 못한다면, 죽어서 반드시 짚신 값을 제곱으로 갚을 날이 올 것이다. 인과응보!

죽음의 사신인 자객은 고결한 수녀를 보고 정의로운 검을 뽑아서는 안 되고, 반드시 게으른 선승을 보고 공명정대한 검을 뽑아야 한다.

나태한 선객을 아무리 많이 죽여도, 업(業·카르마)이 쌓이지 않기 때문이다.

천상의 집행자 흡혈귀는 피맛도 보고 대가도 받으니, 일석이조!

날개 달린 빨간 하이힐을 신고, 사뿐히 걸어서 실크로드를 따라가 볼까?

덧붙이면, 한 맺힌 설봉은 투자산에 세 번, 동산에 아홉 번 오르면서, 무수한 짚신을 떨어뜨렸지만 결국 짚신 값을 했다!

위대한 설봉이여, 게으른 놈들에게 한마디 해 주시오!

불타는 짚신! 불타는 사람! 불타는 우주! 불타는 마음!

운문: 어느 곳에서 오는가?

호천: 지옥에서 왔습니다.

운문: 얼마나 많은 짚신을 신어서 해지게 했는가?

호천: 항상 맨발입니다.

송: 30년 동안 불타는 길을 걸어오면서
    얼마나 많은 짚신을 태워서 버렸는가.
    타다만 짚신의 하얀 연기를 바라보니
    가뭇없이 사라지는 것이 나의 생명이네.

*설봉- 운문- 향림- 지문- 설두- 천의

104. 선문염송 1283칙- 지문, 짚신과 맨발

승려: 어떤 것이 부처입니까?

지문: 짚신이 해지니, 맨발로 달린다.

승려: 어떤 것이 부처의 깨달음(向上事)입니까?

지문: 주장자 위로 해와 달이 솟아오른다.

평: 흙먼지를 일으키며 부질없이 짚신을 해어지게 하지 말라.

짚신이 닳아서 없어지면 맨발로 가시밭길을 걸어야 한다.

피투성이인 발바닥으로 대지에 붉은 낙인을 찍으니 결코 나쁘지 않다.

도대체 무슨 환상적인 추상화를 그렸는가?

설마 불타는 발자국 그림은 아니겠지. 하하!

주장자 위로 해와 달이 솟아오르면, 맨발로 걸어서 어떻게 해와 달까지 가겠는가?

해와 달까지 걸어서 갈 수 없으니, 축지법을 배워라!

축지법을 배울 수 없다면, 바람을 가르며 먼지를 일으키는 방랑자가 되지 말라.

차라리 그 자리에 앉아서 10년간 말없이 참구하라.

망부석이 하늘을 짓눌리는 듯한 번개의 무게로.

그렇다고 아무도 몰래 숨어서, 우주선을 만들지는 말라. 하하!

해와 달에 사는 토끼와 거북이는 낡은 짚신을 신고, 오늘도 경주를 할까?

해에서 경주를 할까 아니면 달에서 경주를 할까?

우주선을 타고 직접 용쟁호투의 경기를 관람하러 가 볼까?

승려: 어떤 것이 부처입니까?

호천: 부처.

승려: 어떤 것이 부처의 깨달음입니까?

호천: 깨달음.

송: 낡은 짚신이 닳아서 발가락이 나오니

　　뽀얀 눈길을 걸어가다 동상이 걸렸네.

　　해와 달에 썩은 주장자를 꽂아 놓고

　　집으로 돌아오니 빨간 석류가 열렸네.

*지문- 설두- 천의- 혜림- 법운- 묘담

105. 선문염송 1125칙- 경청의 짚신 값

경청이 승당 앞에서 직접 종을 쳤다.

경청: 현사가 말한 것이다. 현사가 말한 것이다.

스님: 현사가 무엇을 말했습니까?

경청: 일원상(一圓相 동그라미)을 그렸다.

스님: 만약 오래 참구한 사람이 아니라면, 어떻게 이것을 알겠습니까?

경청: 나에게 짚신 값을 돌려다오.

평: 경청은 이런 눈먼 당나귀 같은 놈을, 어째서 죽도록 매질을 하지 않았을까?

짚신 값은 제쳐두고, 밥값을 곱빼기로 받아야 한다. 목숨값!

이런 눈먼 코뿔소만 있다면, 조사선은 영원히 눈을 뜰 수가 없다.

위대한 선객이여, 현사를 죽이고 동그라미를 파괴할 때, 신었던 신발은 하얀 고무신인가 아니면 까만 고무신인가?

설마 방수도 안 되는 낡은 짚신을 신었다면, 그대는 외눈박이 하얀 송골매다. 하하!

현사가 말한 것이 아니다. 결코 운문이 말한 것이 아니다.

그럼 도대체 누가 말을 했는가?

오~ 괴롭구나, 눈먼 암두여, 눈먼 설봉이여, 눈먼 덕산이여!

우리는 진실한 눈동자를 은행에 담보로 잡고, 순수한 영혼을 암거래한 악마가 맞다.

오래 참선한 자가 깨닫지 못하는 것은, 간절함과 절박함이 부족하거나, 수행 방법이 잘못되었거나, 아니면 게으름 탓이다! 자기 방치!
여하튼 자신에게 일어나는 모든 책임은 오직 자신의 몫이다!
누구도 원망하고 탓할 수 없으니 그야말로 금상첨화다!
우주 전체의 모든 것은 오직 자신이 스스로 만드는 것이다!
모든 잘못은 자신에게 있고, 자신을 태만 속에 방치한 당연한 대가다!
이런 자에게 반드시 짚신 값을 제곱으로 되돌려 받아야 한다.
게으른 수행자들이여, 어떻게 경청에게 짚신 값을 갚을 것인가?
하찮은 목숨 하나로 모든 빚을 청산할 것이라는, 감미로운 망상은 꿈에도 꾸지 말라! 똥싸개야, 알겠는가?
수행의 핵심은 자신이 얼마나 부처가 되고 싶어 하는가에 달려 있다!
부처가 되고 싶을수록 간절함과 절박함이 강력한 채찍이 되어, 절대 진리의 문으로 자신을 인도할 것이다!
어떠한 어려움도 극복하고 초월하는 최강의 무기가 된다.
어찌 감히 나태함 속에 자신의 초인적인 영혼을 매몰시키겠는가?
삼라만상의 주인공아, 정신 차려라! 하루 빨리 꿈에서 깨어나라!
이런 진정한 수행자의 짚신은 바람을 가르고 걸어가기에, 닳아서 없어지지 않고 항상 그대로다.
게으른 짚신의 목을 베어버린, 붉은 피가 흐르는 살인도의 값은 얼마인가?

경청: 현사가 말한 것이다. 현사가 말한 것이다.

호천: 현사가 무엇을 말했습니까?

경청: 허공에 동그라미를 그렸다.

호천: 불타는 태양이 사라졌다.

송: 성당에서 들려오는 종소리를 듣고
 하얀 화선지에 채색화로 그리네.
 그림자 없는 소나무를 그려 놓으니
 암흑의 먹구름이 서서히 몰려오네.

*덕산- 설봉- 경청, 현사, 운문, 장경

10. 부러진 손가락

106. 선문염송 552칙- 구지의 손가락

구지화상은 질문을 받기만 하면, 단지 손가락 하나를 세웠다.

화상이 세상을 떠날 때가 되어 대중에게 말하였다.

: 나는 천룡(天龍)에게 한 손가락 선(一指頭禪)을 얻고, 일생 동안 사용하고도 다 쓰지 못하였다.

말을 마치고 숨을 거두었다.

평: 구지가 "부처가 하지 않은 말은 무엇입니까?"라고 물으니, 천룡이 말문이 막혀서 얼떨결에 손가락 하나를 세운 것인데, 구지는 바보처럼 평생을 손가락만 세웠다. 공허한 메아리야!

세상의 그 누가 다섯 손가락을 모르겠는가?

남의 흉내만 내는 가련한 영혼아! 부러진 손가락아!

구지의 흉내를 내며 아무리 손가락을 세워 본들, 진리와 무슨 관계가 있겠는가?

눈먼 자가 길을 나서니, 나머지 눈먼 자들이 불타는 유황불의 지옥으로 따라가는 것과 같다. 군맹무상(群盲撫象)!

구지는 주둥이가 있어도 말도 못하는 벙어리 같은 놈이다.

수화(手話)를 배우려면 제대로 배울 것이지, 고작 손가락 하나 세우는 것만 간신히 배웠다.

선(禪)의 역사상 구지만큼 돌머리도 없다. 하하! 무식한 혜능의 후예여! 애처로운 헛것아!

구지가 손가락을 세운 것은, 조사들의 얼굴에 똥칠한 것이다.

그러나 똥칠한 조사들의 얼굴을 알아보는 이가 없으니 이럴 어쩌랴!

이것은 일지선(一指禪)이 아니라 똥빛선이고 그림자선이다.

삼계 전체가 똥 냄새로 가득한데, 어떻게 똥 냄새를 없앨까?

손가락 하나를 세우면 똥 냄새가 사라질까? 아이카~!

선(禪)은 자신의 체험을 순간순간 온몸으로 직접 보여 주는 것이다!

결코 흉내 바둑을 두지 말라! 사악한 그림자야!

구지의 손가락에 결코 속아서는 안 된다. 손가락을 모두 분질러 버려라! 그리고 물어라.

손가락을 다섯 개 세우고, 이것이 무엇인가?

그러나 부처의 팔만대장경이 구지의 손가락 하나에 있음을, 그 누가 알 수 있겠는가?

싯다르타의 똥이 묻은 팔만대장경을 손가락 하나로 뚫으면,

그때 비로소 구지의 황금 손가락을 볼 것이다. 엄지척 이모티콘!

손가락 없는 자가 어떻게 줄 없는 통기타를 칠 수 있을까?

부처가 하지 않은 말은 과연 무엇일까?

아무도 보는 이가 없으니 나도 손가락을 세워 볼까? 아서라~!

구지: 부처가 하지 않은 말은 무엇입니까?

호천: 아마겟돈(Armageddon)!

송: 평생을 손가락에 깁스를 하고 살면서
　　얼마나 갑갑하고 말도 하고 싶었을까.
　　이제 죽을 때가 되었으니 깁스를 풀고
　　손가락도 움직이고 말도 편하게 하게.

*혜능- 남악- 마조- 대매- 천룡- 구지

107. 선문염송 32칙- 망명의 손가락

문수가 부처님들이 모이신 곳에 이르니 부처님들이 각자 본래의
처소로 돌아가는데, 오직 한 여자가 세존 가까이 앉아서 삼매(三
昧, 禪定)에 들어 있었다. 문수가 세존께 여쭈었다.

문수: 어찌하여 이 여자는 세존 가까이 앉아 있는데, 저는 그러지
　　　못합니까?

세존: 이 여자를 삼매에서 깨워서 직접 물어보라.

문수가 여자를 세 바퀴 돌고 손가락을 한 번 튕기고, 범천에 이르
기까지 그의 신통력을 다하였으나, 여인을 선정(禪定)에서 나오게
하지 못하였다.

세존: 수백 수천의 문수라도 여자를 선정에서 나오게 할 수는 없다.
　　　아래쪽으로 42항하사 국토를 지나면 망명보살이 있으니,
　　　능히 선정에서 나오게 할 것이다.

그러자 잠깐 사이에 망명보살이 땅에서 솟아올라 세존께 절을 하
니, 세존께서 여인을 선정에서 나오게 하도록 명하셨다.

망명이 손가락을 한 번 튕기자, 여자가 드디어 선정에서 나왔다.

평: 삼매는 육신을 전혀 느끼지 않고, 오직 의식만 오롯이 느끼는 상태다. 즉 오직 의식 속에 머무는 것이다.

문수는 자신의 능력을 뽐내다가 망신을 당하고, 망명은 자신의 능력을 겸손하게 드러낸다.

문수는 칠불(七佛 과거 세상에 출현한 일곱 부처)의 스승이고, 망명은 초지(初地) 보살이다.

어째서 위대한 문수는 여인을 깨우지 못하고, 망명은 능력이 없는데 어째서 여인을 깨울 수 있었을까?

또한 망명은 어떻게 땅에서 솟아나 올 수 있었을까?

게다가 진리는 불생불멸(不生不滅, 生死一如)인데, 어째서 과거 세상에 일곱 부처가 태어난 것일까?

참 이해하기 어려운 부분이다. 이 화두는 함정이 깊다.

고로 수행자는 반드시 밝혀야 한다. 그래야 삼계의 주인공이 될 수 있다.

굳이 이유를 찾자면, 문수는 마음을 움직여서 마음을 썼기에 진리와 어긋났고, 망명은 마음을 움직이지 않고 마음을 썼기에 진리와 일치한 것이다. 단지 이것뿐이다! 부동심(不動心)! 없는 마음!

그래도 모르겠다면 해운대로 가라. 해변가의 모래알 수만큼 많은 부처와 조사가 술에 취해서 풍류를 즐기고 있을 것이다.

파란 파라솔을 찾아서, 보랏빛 비키니를 입은 여인에게 물어라.

그 여인이 미소를 지으며 상냥하게 가르쳐 줄 것이다.

하지만 어설프게 그 여인을 세 바퀴 돌거나, 엉뚱하게 손가락을 세우거나, 아름다운 금발 여인의 얼굴을 훔쳐본다면, 바로 그 순간 덧없는 육신이 파도 소리에 흩어질 것이니 각별히 조심하라!
판도라의 상자가 자칫 메두사의 저주로 변할 수도 있다.

문수: 어찌하여 이 여자는 호천 가까이 앉아 있는데, 저는 그러지
    못합니까?
호천: 이 여인은 의문이 없지만, 그대는 의문이 있다.

송: 깨어 있는 선정에 들면 삼계 전체가
    자신과 한바탕이 되어 완전한데
    누구라서 깨어나게 할 수 있으리.
    마음 없는 마음의 미소면 충분하네.

*부처- 사리불, 아나율, 목련, 가섭, 아난

108. 선문염송 2칙- 부처의 손가락

세존께서 태어나셨을 때, 일곱 걸음을 걷고 사방을 둘러보신 뒤,
한 손으로 하늘을 가리키고, 한 손으로 땅을 가리켰다.
세존: 하늘 위와 하늘 아래에서 오직 나 홀로 존귀하다
    (天上天下 唯我獨尊).
운문: 내가 그때 보았다면 한 방망이로 때려 죽여, 개에게 배불리
    먹여 천하를 태평하게 하였을 것이다.

평: 태어나자마자 어떻게 일곱 걸음을 걸어갔을까?

족보에 먹물도 마르지 않은 핏덩어리 같은 어린 것의 품행을 보니, 독살스러운 악마의 씨앗이 자명하다.

이러니 49년 동안 삼계의 모든 자들이, 재앙 속에서 핍박을 받은 것이다.

이 삼천대천세계(우주 전체)의 1300년간의 피비린내 나는 절망의 통곡 소리를, 일검(一劍)에 구제한 위대한 검객이 있다.

바로 찬란한 빛의 전사 운문이 단칼에 사악한 부처의 목을 베고 모든 악마들을 죽여, 1300년간의 노예 생활과 희망이 소멸한 고통 속에서 모든 중생을 구제했다.

그리고 온 우주의 영원한 평화와 행복의 등불을 밝혔다.

운문이 아니었다면, 지금까지도 피비린내 진동하는 비명의 박해 속에서 대성통곡했으리.

이로부터 운문은 "삼계의 제일검"이라 칭송을 받았다.

그러나 내가 그때 있었다면, 석가를 비롯한 모든 석가족을 멸했을 것이다.

그건 그렇고, 하늘도 없고 땅도 없는데, 어디에서 나를 만날 것인가?

과연 누가 있어, 손가락으로 하늘을 가리키고 땅을 가리킨다는 것인가?

설혹 손가락으로 하늘과 땅을 가리켜 본들, 무슨 의미가 있겠는가?

이것은 악마들이 붉은 깃발을 들고 푸닥거리하는 것에 지나지 않는다.

싯다르타는 49년 동안 세상을 혹세무민한 반역죄로 종신형을 선고 받고, 오늘도 무간지옥에서 살가죽을 벗기는 고통을 참지 못하고 울부짖고 있다.

산사의 악마에 씨앗들이여, 싯다르타가 큰 소리로 울부짖는 고통의 절규가 들리는가?

인과응보! 우주의 모든 것이여, 부디 착하게 살자.

사필귀정(事必歸正)!

행여 석고대죄(席藁待罪)를 자청하여, 사면 받을 생각은 결코 하지 말라!

불교의 진리는 눈에는 눈, 코에는 코, 이에는 이, 목숨에는 목숨!

천상천하 유아독존(天上天下 唯我獨尊)의 뜻을 "하늘 위와 하늘 아래에서 오직 나 홀로 존귀하다."라고 해석하면, 이것은 악마의 말이다!

즉 글자의 말뚝에 묶인 한 맺힌 눈먼 유학자의 신세와 같다.

바른 해석은 "우주 전체에서 모든 존재들이 각자 존귀하다."는 말이다.

달리 표현하면, 삼라만상에서 모든 존재들이 각자 신(神)이라는 뜻이다.

이렇게 해석하는 것이 정확한 표현이고, 진리에 부합하는 것이다.

세존께서 태어나셨을 때, 일곱 걸음을 걷고 사방을 둘러보신 뒤, 한 손으로 하늘을 가리키고, 한 손으로 땅을 가리켰다.

세존: 하늘 위와 하늘 아래에서 오직 나 홀로 존귀하다

호천: 아가야, 하늘도 없고 땅도 없고 나도 없단다.

송: 순수한 부처가 태어나기 전에는

　　하얀 연꽃이 꽃을 피우지 않고

　　타락한 부처가 태어난 후에는

　　검은 연꽃이 활짝 꽃을 피우네.

*부처- 가섭- 아난,　설봉- 운문- 향림

109. 선문염송 24칙- 노모의 열 손가락

성(城) 동쪽에 사는 노모는 부처님과 같은 세상에 태어났으나,

부처님을 뵙고자 하지 않았다.

늘 부처님께서 오시는 것을 보면 얼른 피했다.

머리를 돌리고 얼굴을 숙였으나 피하지 못하였다.

손으로 얼굴을 가려도 열 손가락에서 모두 부처님이 보였다.

평: 노파와 부처는 같은 동네에 살지만 서로 만날 수가 없다.

공정한 노파는 혹세무민하는 부처를 증오하기 때문에 항상 피해

다닌다.

추악한 부처라는 이름만 들어도 두렵고, 온몸에 소름이 끼치기도

한다.

부처를 피하기 위해 동분서주하지만, 가는 곳마다 부처가 서 있다.

사악한 부처가 분신술을 펼쳐서 끊임없이 노파를 괴롭힌다.

끈질기고 집요한 스토커(stalker)!

행여 악스러운 부처가 순결한 노파를 짝사랑하는 것은 아닐까?

결국 악귀의 씨앗인 부처를 피할 수가 없어 두 손으로 얼굴을 가렸더니, 열 손가락에 부처가 보이지 않아서 안도의 한숨을 내쉰다.

정의의 여신은 어째서 검은 눈가리개를 하고 있을까?

여신의 녹슨 검과 한쪽으로 치우친 저울은, 과연 어디에 사용하는 것일까?

생각 없는 마음의 고요한 평화, 얼굴 없는 마음의 핑크빛 미소.

선객: 손으로 얼굴을 가렸는데, 어째서 열 손가락에서 모두 부처님이 보였습니까?

호천: 손으로 얼굴을 가려보게. 부처가 보이는가?

송: 미인은 눈부신 천상에서 살아가고

부처는 암흑의 지옥에서 살아가네.

만나지 못해 그리움이 눈물 되어

달을 바라보니 부처가 미소 짓네.

*부처- 우바리, 부루나, 수보리, 가전연, 라훌라

110. 선문염송 78칙- 독룡과 손가락

소승 비사론(小乘 毘沙論)에서 말하였다.

: 어떤 마을에 독룡(毒龍)이 살았는데, 오백 존자가 항복시키러 갔다가 뜻을 이루지 못하였다.

나중에 어떤 존자가 손가락을 한 번 튕기니, 독룡이 바로 항복하였다.

평: 욕심이 많았던 자가 죽어서 탐욕스러운 독룡이 되었다.

죽어서조차도 욕심을 버리지 못해서 주변을 쑥대밭으로 만든다.

이 업보를 어떻게 감당하려고 이러는지 걱정이 앞선다.

곧 염라대왕의 지옥 철퇴가 내려질 것이다. 빨리 집행하라.

각설하고, 500존자는 모든 신통력을 다했지만 항복시키지 못했는데, 어째서 방랑 중인 한 존자가 독룡을 항복시켰을까?

한 존자가 나머지 존자보다 능력이 뛰어난 것은 아니다.

그럼 이유가 도대체 무엇인가?

살인도와 활인검을 자유자재로 쓰는 전설의 검객이라는 말인가?

아니다. 그럼 어떻게 보석에 눈먼 독룡을 항복시켰을까?

정말 궁금한 대목이다. 손가락을 한 번 튕겨볼까. 헐~!

굶주린 용과 이무기가 욕심 많은 자들을 잡아먹어 배를 가득 채우고, 하늘로 승천하니 반짝반짝 은비늘이 휘날린다.

선객: 어떤 존자가 손가락을 한 번 튕기니, 어째서 독룡이 바로 항복 하였습니까?

호천: 손가락으로 독룡의 뿔을 때리니, 독룡이 쌍코피를 흘린다.

송: 검은 욕망이 많았던 자가 죽으면

　　죽어서도 마음을 비우지 못하네.

　　나쁜 짓으로 욕망을 가득 채우지만

　　한순간의 바람처럼 태산이 사라지네.

111. 선문염송 1288칙- 나한의 두 손가락

법안이 소수와 함께 행각하다가 지장에게 도착하였다.

셋이 불을 피우다가, 조공(肇公)의 말에 "하늘과 땅이 나와 같은 근원이다."라고 언급했다.

나한: 강산과 대지가 자신과 같은가, 다른가?

법안: 같습니다.

나한이 두 손가락을 세워 자세히 보았다.

나한: 두 개구나.

그리고 일어나서 가버렸다.

평: 하늘과 땅이 어떻게 태어났으며, 나는 어떻게 태어났는가?

하늘과 땅의 부모는 도대체 누구인가?

또한 나의 부모는 아버지와 어머니가 맞는가?

진정 어렵고 어렵다. 이것을 밝히면 화두 공부가 완전히 끝이 난다.

견성성불! 돈오돈수! 배울 것이 없는 할 일 없는 한가한 도인!

정말 하늘과 땅, 강산과 내가 형제라는 말인가?

확철하게 깨우치기 전까지는 결코 알 수가 없는 최후의 은산철벽이다.

"강산과 내가 같은가?"라고 물으니, "같다"라고 대답한다.

이미 문답이 끝이 났는데, 나한이 두 손가락을 세워 보더니

"두 개구나" 하고 가버린다. 좀 이상하다.

괜히 긁어서 부스럼을 만든 이유가 무엇일까?

어쨌든 나한이 갈 때, "도둑은 등을 보이면 화살을 맞는다."라고

했어야 하는데, 법안의 기개가 아쉬운 장면이다.

나한: 강산과 대지가 자신과 같은가, 다른가?

호천: 같습니다.

나한이 두 손가락을 세워 자세히 보았다.

호천: Victory!

송: 나의 몸은 아득한 태초의 하늘과 땅이고

　　나의 생명은 끝없는 태초의 강과 산이네.

　　하늘에 박은 루비 기둥은 우뚝 솟아 있고

　　땅에 박은 금강 기둥은 흔적이 가뭇없네.

*설봉- 현사- 나한- 법안- 천태- 영명

11. 방법은 다르지만 비슷한 뜻을 가진 화두

112. 선문염송 633칙- 임제의 할(喝)

임제는 스님이 문으로 들어오는 것을 볼 때마다, 할을 하였다.

평: 임제는 목구멍이 막혔는데, 어째서 외칠 수 있었을까?

악!

깜짝이야! 귀가 있으니, 조용하게 말하세요. 아주 작은 목소리로!

임제의 "할"은 확철하게 깨우치기 전에는 무엇인지 결코 알 수 없다.

임제의 일 할(一喝)은 삼계 전체에 가득히 울려 퍼져 있는데, 아는 자가 아무도 없다.

어째서 알아듣는 자가 아무도 없다는 것인가?

온 우주의 모든 사람들이 귀가 없는 귀머거리인가?

신기하고 신비롭다. 악! 귀 없는 코끼리인가?

임제의 "소리 없는 할"을 알아야 삼계의 주인공이 될 수 있다.

"임제의 할"은 삼라만상이 생기기 이전에 절대 세계의 소리다!

귀로 들을 수도 없고, 눈으로 볼 수도 없고, 마음 없는 마음으로 들어야 한다. 침묵의 할(喝)!

임제의 무생법인에 사자후를 과연 누가 있어 들을 수 있겠는가?

"소리 있는 할"도 듣지 못하는데, 어찌 "소리 없는 할"을 들을 수 있으랴.

아~ 언제쯤 악(喝)의 투명한 동양화의 여백을 들을 수 있을까?

흉악한 앵무새가 되어 "임제의 할"을 결코 비방하지 말라.

임제의 비밀요원인 007의 소리 없는 총알에 죽으리.

삼계의 소리꾼 "임제의 할"은 무엇인가?

악, 악, 악!

귀가 없는 하얀 토끼야, 그래도 모르겠는가?

임제의 할은 관세음보살의 악!이요, 이근원통의 악!이다.

송: 일 할(一喝)에 산천초목이 요동치고

　　일 할에 우주 전체가 침묵하네.

　　일 할을 외치고 삼계를 활보하니

　　가는 곳마다 당당한 주인공이네.

*혜능- 남악- 마조- 백장- 황벽- 임제

113. 선문염송 672칙- 덕산의 방망이(棒)

덕산은 스님이 문으로 들어오는 것을 보기만 하면, 방망이로 때렸다.

평: 덕산은 손이 없는데, 어떻게 학인들을 후려쳤을까?

딱!

아야! 방망이를 내려놓고, 사이좋게 지냅시다.

제자를 사랑하라는 말도 모릅니까?

덕산의 "방"은 확철하게 깨우치기 전에는 무엇인지 결코 알 수 없다.

덕산의 한 몽둥이 후려침에, 삼계 전체가 유리 파편처럼 조각조각 흩어진다.

온 우주를 아무리 찾으려고 해도 영원히 찾을 수가 없다.

우주 전체가 산산이 부서져서 소멸했다면, 지금 서로 바라보는 그대와 나는 도대체 무엇인가?

덕산의 "보이지 않는 방망이"를 보아야 삼라만상의 주인공이 된다.

"덕산의 방"은 우주가 창조되기 이전에, 만물이 생겨나는 근원의 심장에 꽂혀 있는 불멸의 검이다!

손으로 잡을 수 없고, 발로 잡을 수 없고, 생각 없는 근원에서 무심으로 잡아야 한다. 무형의 방(棒)!

덕산의 불생불멸에 검을 과연 누가 있어 잡을 수 있겠는가?

"보이는 방망이"의 맛도 모르는데, 어찌 "보이지 않는 방망이"의 맛을 알 수 있으랴.

오~ 언제쯤 방망이의 무한한 자비를 볼 수 있을까?

엉큼한 원숭이처럼 함부로 "덕산의 방"을 흉내 내지 말라.

덕산의 행동대장인 제우스의 번개를 맞아 죽으리.

삼계의 무법자 "덕산의 방"은 무엇인가?

제발 살살 때려 주세요. 딱! 아야! 아야!

눈동자 없는 노란 병아리야, 그래도 모르겠는가?

덕산의 방망이는 도깨비의 방망이요, 안근원통의 방망이다!

송: 한 방에 삼라만상이 산산조각 나고

　　한 방에 우주 전체가 숨을 멎었네.

　　한 방망이 후려치고 삼계를 걸어가니

　　우주 전체가 나의 길이요 나의 몸이네.

*용담- 덕산- 설봉- 운문- 쌍천- 오조

114. 선문염송 841칙- 암두의 쉬!

암두는 누가 무엇을 물으면, 단지 "쉬!"라고 한마디 하였다.

평: 암두는 주둥이가 없는데, 어떻게 말을 했을까?

쉬!

못 알아듣겠다. 큰소리로 말해라! 뭐라고, 뭐라고?

"쉬!"는 어린 유아들에게 오줌을 누라고 알리는 신호다.

유아가 아닌데, 어째서 오줌을 누라고 강요하는가?

민주주의의 기본인 헌법에 보장된 "신체의 자유"도 모르는가?

무식한 혜능의 후예여, 학교에 가서 제발 땡땡이치지 말고 열심히

공부하자. 국민의 기본적인 권리!

약을 올려도 유분수가 있지. 암두는 무례하기 그지없는 놈이군.

몰라서 묻는데 대답을 해주면 될 것이지, 말을 하지 말라니.

원~참!

여하튼 물음 속에 대답이 있고, 대답 속에 물음이 있다!

왜인가? 질문과 대답이 생겨나는 장소는 같기 때문이다!

생각(마음)이 태어나는 장소를 곧바로 직시하라!

회광반조(回光返照)!

암두의 이 간절함을 언제쯤 알 수 있을까?

위대한 말후구(末後句)의 검객 암두가 검을 뽑았는가, 뽑지 않았는가?

눈먼 참새들아, 귀를 쫑긋 세워라! 쉬~!

동그란 눈동자를 가진 수리부엉이야, 그래도 모르겠는가?

그렇다면 분위기 전환을 위하여 노래를 한 곡조 불러라.

수리 수리 마하수리 수수리 사바하! 부엉부엉!

호천은 누가 무엇을 물으면, 단지 한마디 하였다.

: 귀만 열고, 눈과 입은 닫아라!

송: 암두야,

　　주둥이 닥치고 "쉬!"

　　아가야,

　　응가 해야지 "응!"

*천황- 용담- 덕산- 암두- 나산- 명초

115. 선문염송 284칙- 분주, 망상 피우지 말라!

분주선사는 학인들이 질문할 때마다 대부분 이렇게 대답하였다.

: 망상 피우지 말라!

평: "망상을 하지 말라!"는 말은 생각이 일어나는 근본 바탕(본래 면목)을 바라보라는 것이다. 회광반조!

생각이 일어나는 근원을 알지 못하면, 매일 일어나서 잠 잘 때까지 망상 속에서 헤매다가 하루를 보낸다. 꿈꾸는 헛것아!

즉 거짓 자아의 노예로 하루를 끌려 다닌다. 참혹한 식민 지배!

마음속에서 일어나는 하나의 생각이, 내 마음인 것으로 착각하여 행동하기 때문이다. 망상하는 캐릭터야!

그렇기에 하는 일마다 모든 것이 망상이고, 이것도 모자라서 꿈 속에서도 망상을 더한다. 망상의 끝없는 제곱!

24시간을 망상에 망상을 곱해서 하루를 보내니, 언제쯤 쉴 날을 기약할 수 있겠는가? 애처로운 영혼아!

육신이 내가 아님에도 불구하고 나이가 들어서 몸이 조금만 아프면, 죽음을 두려워하니 그저 안타까울 뿐이다. 부디 착하게 살자!

살아서는 24시간을 망상 속에서 날마다 윤회의 파티를 즐기고, 죽어서는 삼계를 떠돌면서 윤회를 할 것이니, 피눈물만 앞을 가릴 뿐이다. 돌고 도는 혼백아! "이 순간"에 깨어 있어라!

과연 누가 있어, 과연 무엇이 있어 윤회를 하는가?

윤회를 한다고 생각하는 놈(앎)은 도대체 무엇인가?

생각이 일어나는 시작점을 알아내는 것이 수행의 핵심이다!

생각이 태어나는 장소로 가까이 갈수록 진리의 문은 가까워진다.

생각이 탄생하는 출발점에 도착하면, 30년 동안 애타게 찾아 헤매던 부처가 자기 자신임을 비로소 보게 될 것이다. 회광반조!

그리고 지난 과거를 되돌아보면, 그저 미소만 지어질 것이다.

망상을 하지 말고, 망상을 자세히 바라보라! 눈먼 데카르트야!
그러면 망상이 영상과 같은 허상(빛깔)임을 분명히 보게 될 것이다.
더 나아가면, 삼라만상의 모든 것이 근본 바탕(自性)에서 일어나는
아지랑이와 같은 텅 비어 있는 영상(허상)인 것도 볼 것이다.
그리고 삼계가 한바탕인 것을 아는 순간, 바로 그대가 부처다!
삼계의 영원한 주인공이자 대자유인이다. 번뇌 즉 보리!

호천은 학인들이 질문할 때마다 대부분 이렇게 대답하였다.
: 악! (큰 소리로 외침·임제의 할!)
  이 소리의 무게가 얼마인가?
  모른다고 생각하는 이 놈(앎)의 정체를 밝혀라!

송: 망상을 일으키는 나무를 찾아서
    가차없이 망상의 뿌리를 베어라.
    헛된 망상을 일으키지 않으면
    이대로 여여한 부처의 마음이네.

*도신- 홍인- 혜능- 남악- 마조- 분주

116. 선문염송 1181칙- 화산, 북을 칠 줄 아는구나!
화산(禾山)이 대중에게 말하였다.
: 익혀서 배우는 것을 문(聞)이라 하고, 배움을 끊는 것을 인(隣)이
  라 하며, 이 두 가지를 뛰어넘는 자를 진(眞)이라 한다.

승려: 어떤 것이 진리(眞)입니까?

화산: 북을 칠 줄 아는구나.

승려: 어떤 것이 절대적 진리(眞諦)입니까?

화산: 북을 칠 줄 아는구나.

승려: 마음이 곧 부처인 것을 묻지 않겠지만,

　　　 어떤 것이 마음도 아니고 부처도 아닌 것입니까?

화산: 북을 칠 줄 아는구나.

승려: 깨달은 자(向上人)가 오면 어떻게 접대하십니까?

화산: 북을 칠 줄 아는구나.

평: 화산은 24시간 쉬지도 않고 북을 친다. 우주 전체에 울려 퍼지는 죽음의 북소리가 목을 조여오기 때문에 언제나 죽음처럼 고요하다.

묵언의 아우성! 침묵의 외침! 소리 없는 비명!

마치 삼라만상이 화산의 북 속에 있는 것 같다.

죽음의 사신인 화산의 북소리를 어떻게 피할 수가 있을까?

둥둥둥! 한 번만 들으면 심장이 찢어져서 곧 죽는다.

선(善)한 자나 악(惡)한 자나 가리지 않고 듣는 자는 모두 죽는다.

어째서 선한 자도 죽는 것일까?

지옥 전사는 선악을 가리지 않기 때문이다. 옥석구분(玉石俱焚)!

북소리가 사방팔방에서 들여오기에, 아무리 귀를 막아도 너무나 생생하게 들린다.

주위의 사람들이 피를 토하며 죽어 간다. 죽음의 공포!

도대체 어떻게 해야 살 수가 있을까?

둥둥둥! 절체절명의 순간 천사들의 신성한 나팔 소리가 들려온다.

아~ 살았구나.

지옥 전사에게 아무런 말도 통하지 않는다. 무조건 일방통행이다.

그래서 너무나 용감하다. 천하무적! 대적 불가!

이 용맹한 전사를 어떻게 죽일 수 있을까?

그가 잠자는 틈을 노리는 수밖에 없다. 정말 가능할까?

화산은 24시간 자지도 않고 북을 치는데, 도대체 잠은 언제 자는가?

화산의 죽음에 북을 칼로 찢어버리고, 반드시 물어라!

북을 칠 줄 아세요?

화산의 지옥에 북소리가 사리지고 나니, 관세음보살의 천국에 북소리가 들여온다. 둥둥둥!

선객: 어떤 것이 진리입니까?

호천: 바람의 메아리 같은 징을 친다.

선객: 어떤 것이 절대적 진리입니까?

호천: 구름의 발자국 같은 북을 친다.

선객: 어떤 것이 마음도 아니고 부처도 아닌 것입니까?

호천: 천둥의 울림 같은 꽹과리를 친다.

선객: 깨달은 자가 오면 어떻게 접대하십니까?

호천: 비의 여운 같은 장구를 친다.

송: 지옥 전사인 화산의 북소리에는

　　 유황불의 고통과 독이 서려 있어

　　 선한 자나 악한 자나 모조리

　　 듣는 자들은 피를 토하고 죽네.

*석두- 약산- 도오- 석상- 구봉- 화산

117. 선문염송 863칙- 운거와 흥화, 하필과 불필

운거가 대중에게 말하였다.

: 노승이 20년 전에 삼봉암에 있을 때였다.

　흥화가 와서 "방편으로 하나의 질문을 물어서, 풀 그림자로 삼을

　때는 어떻습니까?"라고 하기에, 노승은 그때 근기가 둔하고 생각

　도 느려서 말하지 못했으나, 그의 질문이 특이하여 감히 잊어버

　리지 못하였다.

　그가 말하기를, "생각건대 암주가 대답하지 못하면, 절하고 물러

　가는 것만 못하다."라고 했는데, 지금 생각해 보니 그때 "하필(何

　必)!"이라는 말을 하지 못했다.

나중에 화주가 위부에 갔더니 흥화가 물었다.

흥화: 산중의 화상께서 삼봉암에 있을 때, 노승이 질문한 적이 있

　　　는데 대답을 하지 못했다.

　　　지금은 대답할 수 있겠는가?

화주가 앞의 이야기를 해 주었다.

흥화: 운거는 20년 만에 겨우 "하필(何必)!"이라는 말을 했구나.

　　　흥화라면 그렇지 않다.

　　　어째서 "불필(不必)!"이라고 말하지 않는가?

평: 보잘것없는 흥화가 "풀 그림자"를 운운할 때 바로 풀을 베어버리고, 눈먼 흥화를 후려쳐야 하는데 오직 아쉬울 뿐이다.

흥화가 엉터리 질문을 했는데, 20년 후에 겨우 "하필!"이라고 대답한 것을 보니 그저 부끄러울 뿐이다.

또한 "하필!"이란 말에 "불필!"이라고 화답하니, 부끄러워서 숨을 곳도 찾지 못할 지경이다.

사시안 당나귀 둘이서 노래를 부르는데, 한 놈은 지옥 찬가를 부르고 한 놈은 천국 찬가를 부르는 꼴이다. 불협화음!

조사선의 체면이 그야말로 똥이 되는 장면이다. 오직 한탄스러울 뿐이다. 젠장할!

흥화가 터무니없는 질문을 했을 때 바로 불타오르는 용광로에 처넣어서 녹여버렸다면, 조사선의 위엄을 찾을 수 있었을 텐데 오직 비통할 뿐이다. 염병할!

서로 말이 통하지 않으면 싸우지 말고, 샤프로 차분하게 종이에 쓰라.

사랑싸움은 만연필로 빨간 편지를 쓰는 것이다.

하필, 불필 그리고 연필!

흥화: 방편으로 하나의 질문을 물어서, 풀 그림자로 삼을 때는 어떻습니까?

호천: 갑을병정(甲乙丙丁)!

송: 하필(何必)은 어쨌든 하필이요
     불필(不必)은 어쨌든 불필이네.
     하필과 불필을 모두 태우면
     숯불 속에서 하얀 분필을 보리.

*동산- 운거- 동안,   임제- 흥화- 남원

118. 선문염송 1236칙- 천복의 막이다!

승려: 어떤 것이 천복(薦福)의 경계입니까?

천복: 막(莫: ~하지 마시오)이다.

승려: 어떤 것이 그 경계 속의 사람입니까?

천복: 막(莫)이다.

승려: 듣건대 스님께서 오랫동안 주머니 속에 보물을 간직하고 계
      시다던데, 오늘 이 자리에서 잠시 빌려주십시오.

천복: 막(莫)이다.

승려: 화상께서 어떻게 방편이 없으십니까?

천복: 막(莫)이다.

승려: 대선지식(大善知識)은 무엇으로 사람들을 위하십니까?

천복: 막(莫)이다.

승려: 그러면 질문이 있으면 대답이 있는 것입니다.

천복: 막(莫)이다.

평: 위대한 선지식이 어째서 이렇게 방편이 없을 수 있을까?

혀가 짧은 것은 알고 있지만, 말을 하려고 하면 끝까지 해라.

코카콜라를 "꼬아꼬아"라고 말한다면, 그 누가 알겠는가?

이렇게 후학을 지도한다면, 곧 부처의 씨앗은 소멸될 것이다.

하지만 분명히 깊은 뜻이 있겠지?

아차! 깊은 뜻이 있다면, 화두가 아니다. 소옥아!

그럼 아무런 뜻도 없다는 것인가?

아~ 생각하노니, 모든 것이 뒤죽박죽이구나! 혼수상태!

화두의 언어는 이성을 초월한 단어(격외구), 불가사의한 비밀의
암호 그리고 절대 세계의 신비한 소리!

행여 천복의 보물 상자를 준다고 해도, 감히 손이나 댈 수 있겠
는가?

게다가 방금 막차가 떠났으니, 집까지 걸어서 가야 한다. 아...!

천복의 막차가 떠나고 나니, 천국과 지옥으로 가는 길이 똑같다.

옥황상제를 만나러 갈까 아니면 염라대왕을 만나러 갈까?

그럼 "막이다"는 무엇인가?

말후구(末後句 완전한 깨달음)!

선객: 어떤 것이 호천(好天)의 경계입니까?

호천: 글쎄요.

선객: 대선지식은 무엇으로 사람들을 위하십니까?

호천: 글쎄요.

선객: 질문이 있으면 대답이 있는 것입니다.

호천: 글쎄요.

아뿔싸! 다시 묻게, 다시 답하겠네.

선객: 어떤 것이 호천(好天)의 경계입니까?

호천: 호천!

선객: 어떤 것이 그 경계 속의 사람입니까?

호천: 사람!

선객: 오랫동안 주머니 속에 보물을 간직하고 계시다던데,
　　　오늘 이 자리에서 잠시 빌려주십시오.

호천: 보물!

선객: 화상께서 어떻게 방편이 없으십니까?

호천: 방편!

선객: 대선지식(大善知識)은 무엇으로 사람들을 위하십니까?

호천: 대선지식!

선객: 질문이 있으면 대답이 있는 것입니다.

호천: 대답!

송: 말을 하려고 하면 반드시
　　 상대가 알 수 있게 말하게.
　　 막, 막차가
　　 방금 지옥으로 떠났다고.

*덕산- 설봉- 운문- 동산- 남악- 천복

12. 동형 반복

119. 선문염송 846칙- 대수와 수산주, 겁화(劫火)

선객: 겁화(劫火)가 활활 타서 온 세계가 모두 무너진다고 하는데,
　　　이것도 무너집니까?

대수: 무너진다.

선객: 그렇다면 무너지는 것을 따라가겠습니다.

대수: 무너지는 것을 따라간다.

그 스님이 수산주에게 똑같이 물었다.

선객: 겁화가 활활 타서 온 세계가 모두 무너진다고 하는데,
　　　이것도 무너집니까?

수산: 무너지지 않는다.

선객: 어째서 무너지지 않습니까?

수산: 대천세계(大千世界 우주 전체)와 같기 때문이다.

평: 겁화(劫火)는 세상이 파멸할 때 일어나는 큰불이다. 묵시록!
그러나 절대 세계의 세 가지 특징은 생겨나지도 않고 없어지지도
않고(不生不滅), 더럽지도 않고 깨끗하지도 않고(不垢不淨),
늘지도 않고 줄지도 않는 것(不增不減)이다.
도대체 무엇이 있어 우주 전체를 소멸시킨다는 것일까?
과연 우주 전체를 파멸시킬 만큼, 큰불을 일으킬 수 있는 자는 누
구인가?
또한 이 불을 끌 수 있는 자는 과연 누구인가?

갑자기 소변이 마려우니, 오줌을 누어 겁화를 꺼야겠다. 험험!

각설하고, 대수를 따라가면 지옥으로 갈 것이고, 수산주를 따라가면 천국으로 갈 것이다.

도대체 누구의 말이 맞는가?

겁화가 활활 타서 삼계가 사라진다면, 지금 마주 보는 그대와 나는 누구인가?

겁화가 활활 타서 삼계가 그대로라면, 지금 마주 보는 그대와 나는 무엇인가?

삼라만상이 사라진다고 해서 모든 것이 사라지는 것은 아니다.

가짜가 사라질 때 비로소 진짜가 나타난다.

현상계(중생의 세계)의 허상이 완전히 소멸할 때, 비로소 절대계(부처의 세계)의 완전한 진실이 드러난다.

아무리 보아도 한 놈은 속이고 있다. 누가 속이는가?

반드시 알아내서 혹세무민한 대가를 물어야 한다.

진리를 왜곡시키는 사이비와 악마들에게 자비는 없다.

오직 참수뿐이다. 능지처참!

자비가 곧 무자비요, 무자비가 곧 자비다. 악!

그건 그렇고 삼계가 없어지는가, 없어지지 않는가를 아는 자는 누구인가?

탐진치(貪·瞋·癡 욕심·분노·어리석음: 삼독三毒)와 이성적인 분별이 만나면, 핵분열을 하여 핵폭탄이 연쇄적으로 터진다.

그래서 온 우주가 집집마다 불타는 집이 되는 것이다.

진리의 본질이 텅 비어 있다(空·無相·非相)는 사실을 알지 못하기 때문에, 발생하는 중생의 우매한 비극이다!

삼계가 모두 불타기 전에, 바람의 끝을 잡고 불을 꺼야겠다.

선객: 겁화(劫火)가 활활 타서 온 세계가 모두 무너진다고 하는데,

이것도 무너집니까?

호천: 부증불감(不增不減)!

송: 형형색색의 세계가 태어나기 전에 이미

알 수 없는 삼계의 근본 생명은 있었네.

다양한 세계가 불타서 모두 소멸해도

무한한 삼계의 근본 생명은 영원하리.

*백장- 장경- 대수, 현사- 나한- 수산주

120. 선문염송 532칙- 도오, 온몸이 손과 눈

운암: 대비보살은 그렇게 많은 손과 눈으로 무엇을 합니까?

도오: 사람이 밤중에 손으로 등 뒤의 목침을 더듬는 것과 같다.

운암: 나는 알았소.

도오: 어떻게 알았는가?

운암: 몸 전체가 손과 눈이지요.

도오: 말하기는 빨리 말했으나, 겨우 8할만 말하였다.

운암: 사형은 어떻게 생각하시오?

도오: 온몸이 손과 눈이다.

평: 대비보살(관세음보살)의 천 개의 손과 눈을 모든 사람들이 가지고 있으나, 알지 못해서 사용하지 못할 뿐이다.

이 많은 손과 눈으로 도대체 무엇을 할까?

손은 밥 먹을 때 숟가락을 잡고, 술 마실 때 술잔을 잡고, 운전할 때 핸들을 잡는다.

눈은 꽃을 보고, 숲을 보고, 자연을 보고, 우주를 보고, 삼라만상을 본다.

천 개의 손과 눈이 오히려 부족하다. 손오공에게 분신술을 배워야겠다.

미스터 손(손오공)! 어디에 있는가?

"몸 전체가 손과 눈"이라는 말과 "온몸이 손과 눈"이라는 말은 같은 말이다.

그런데 운암도 같은 말을 했는데, 어째서 운암은 8할은 맞고 2할은 틀렸을까?

맞춘 8할은 무엇이고, 틀린 2할은 무엇일까?

만약 대비보살의 999번째 손과 악수를 하면 자연스럽게 알게 된다.

자세히 관찰하면, 손바닥에 번호를 적어 놓았으니, 두 눈을 크게 뜨고 찾아보라.

두 개의 눈이 마치 관세음보살의 천 개의 손과 눈이 되어, 암흑의 어둠을 밝혀서 지혜의 광명으로 인도할 것이다.

운암: 대비보살은 그렇게 많은 손과 눈으로 무엇을 합니까?

호천: 카지노에서 포커 게임을 즐긴다.

송: 몸 전체가 손과 눈이기도 하고
　　온몸이 발과 귀이기도 하네.
　　찬란한 한낮에 길을 찾기 위하여
　　횃불을 밝히는 것이 진리의 빛.

*청원- 석두- 약산- 도오, 운암, 덕성

121. 선문염송 436칙- 조주, 주먹을 세움

조주가 어떤 암주를 찾아가서 말하였다.

조주: 계신가, 계신가?

암주가 주먹을 세웠다.

조주: 물이 얕아, 배를 댈 수가 없구나.

그리고 가 버렸다. 다시 어떤 암주를 찾아가서 말하였다.

조주: 계신가, 계신가?

암주 역시 주먹을 세웠다.

조주: 놓을 줄도 알고 뺏을 줄도 알고, 죽일 줄도 알고 살릴 줄도
　　　아는구나.

그리고 절을 하고 떠났다.

평: 조주가 암주를 찾아가니 암주가 주먹을 세워, 배를 정박할 곳
이 없다.

다른 암주를 찾아가니 역시 암주가 주먹을 세워, 배를 정박할 수
가 없어 결국 말없이 떠난다.

"있는가?"라고 물으니, 주먹을 세운다.

그런데 조주의 대답이 다르다. 어째서 대답이 다를까?

이것은 명백한 천라지망의 죽음에 덫이 틀림없다. 조심조심!

삼계의 풍류객답게 노래를 한 소절 불렀는데, 무슨 말인지 도통 알 수가 없다.

혹시 암주에게 무슨 잘못이 있는 것은 아닐까?

아무리 보아도 암주에게는 잘못이 전혀 없다.

그럼 조주가 괜히 긁어서 문제를 만들었다는 것인가?

여하튼 배를 정박할 수도 없고, 암자를 버리고 떠날 수도 없다.

배를 정박하지 않으면 쉴 수도 없고, 암자를 버리지 않으면 자유인이 될 수도 없다.

도대체 이 난관을 어떻게 해결해야 할까?

나그네가 쉴 곳을 찾지 못하면, 여러 곳을 배회하며 통한의 눈물을 흘리는 법이다. 코스모스가 피는 그리운 고향이여!

또한 자유인이 암자를 버리지 않으면, 쇠말뚝의 사슬에 매인 욕망의 백곰과 같다. 쇠사슬을 끊어라.

오늘은 허공의 달과 별을 마주 보고, 달과 별 그리고 우주를 노래하는 마음으로 잠을 청해야 한다. 온 우주를 이불로 덮고서, 오~!

천하의 조주가 부산항의 모퉁이에서, 배를 정박하지 못해 서럽게 눈물을 흘리는구나.

아~! 나의 스승이여, 기쁨의 시를 들어 보시오.

이별의 뱃고동 소리가 흐느껴 울고

사랑하는 님을 실은 배는 가물가물.

부둣가에서 하염없이 눈물을 흘리지만

하얀 갈매기와 즐거운 무심한 등대.

호천: 계신가, 계신가?

암주 역시 주먹을 세웠다.

호천: 무덤 앞에 선 하얀 드레스를 입은 신부여!

송: 암주가 있는 주먹을 세우니

　　 호화 유람선은 정박할 수 없고

　　 암주가 없는 주먹을 세우니

　　 나룻배는 한가롭게 정박하네.

*남악- 마조- 남전- 조주- 다복, 광효

122. 선문염송 1121칙- 경청과 명교, 새해 초의 불법

선객: 새해 초에도 불법(佛法)이 있습니까?

경청: 있다.

선객: 어떤 것이 새해 초의 불법입니까?

경청: 새해 복 많이 받으세요.

선객: 스승의 답변에 감사드립니다.

경청: 경청이 오늘 손해를 보았다.

또 어떤 승려가 명교에게 물었다.

선객: 새해 초에도 불법(佛法)이 있습니까?

명교: 없다.

선객: 해마다 좋은 해이고 날마다 좋은 날인데,

　　　무엇 때문에 없다고 하십니까?

명교: 장씨 노인이 술을 마시는데, 이씨 노인이 취하는구나.

선객: 영감님께선 용두사미(龍頭蛇尾)로군요.

명교: 명교가 오늘 손해를 보았다.

평: 새해 초에는 반드시 불법이 있다. 자업자득(自業自得)!

평소에 착한 일을 많이 한 자는 옥황상제가 한 해의 상을 내릴 것

이고, 평소에 나쁜 일을 많이 한 자는 염라대왕이 한 해의 벌을 내

릴 것이다.

그래서 날마다 좋은 날인 자도 있고, 날마다 나쁜 날인 자도 있다.

콩 심은데 콩 나고, 팥 심은데 팥이 나니 당연한 이치이다.

그 누구도 탓을 할 수 없으니, 새해 초의 불법은 명확하다. 상과 벌!

경청은 "있다"고 했으니 맞고, 명교는 "없다"고 했으니 틀렸다.

경청은 날마다 즐겁게 노래를 부를 것이고, 명교는 날마다 통곡을

할 것이다. 맞는가?

혹시 "있다, 없다!"는 말에 매몰되어 버린 것은 아니겠지?

조주의 무지막지한 "無"를 모르는가?

"있다, 없다, 안다, 모른다!"는 말에 결코 현혹되거나 속아서는 안

된다!

오늘 손해는 호천이 보았군. 빌어먹을! 금상첨화(錦上添花)!
어차피 손해를 본 김에 조금 더 손해를 보자. 부도 수표!
경청의 "있다"는 대답은 평상심의 차원에서 말한 것이고,
명교의 "없다"는 대답은 본래면목의 차원에서 말한 것이다.
염병할! 오늘 장사는 완전히 망했군! 공염불! 하하!

선객: 새해 초에도 불법(佛法)이 있습니까?
호천: 수평선에서 솟아오르는 이글거리는 태양을 보라.

송: 새해 초에 불법이 있다면
　　날마다 절망이 가득한 날이고
　　새해 초에 불법이 없다면
　　날마다 희망이 가득한 날이네.

*덕산- 설봉- 경청, 설봉- 운문- 명교

123. 선문염송 588칙- 동사, 사문의 길

앙산: 하나의 길을 따라서 저쪽으로 지나갈 수 있겠습니까?
동사: 사문(沙門)에게 이 한 길이 아니라면, 다른 길이 있겠는가?
앙산이 말없이 있자, 동사가 오히려 물었다.
동사: 하나의 길을 따라서 저쪽으로 지나갈 수 있겠는가?
앙산: 사문에게 이 한 길이 아니라면, 다른 길이 있겠습니까?
동사: 오직 이것뿐이다.

앙산: 대당(大唐)의 천자(天子)는 성이 분명히 김씨입니다.

평: "하나의 길을 따라서 저쪽으로 지나갈 수 있겠는가?"라는 질문은 진정 어렵다.

일방통행의 외길이라면 쉽지만, 곳곳에서 갈림길이 함정을 파고 매복해 있다.

수행자를 유혹하는 요소들은 무수히 많다. 황홀한 환영의 관문!

여자, 돈, 명예, 권력, 욕망....... 허상의 꽃이 불타는 욕망의 바람을 타고, 온 우주로 흩날리는구나! 이런 맙소사!

이 쾌락적인 요인들을 어떻게 극복할 것인가?

사문(沙門 스님)에게 오직 이 한 길뿐이다. 열반으로 가는 길!

열반(不生不滅)으로 가는 길이 도대체 어디에 있는가?

"오직 이것뿐"이라고 하니, "당나라 천자의 성이 김씨"라고 말한다.

정말 한심한 대화다. 국사 공부를 다시 해라!

열반(無生法忍)으로 가는 길은 결코 "이것"이 아니고, 당나라 천자의 성은 "이씨"이다.

역시 무식한 혜능의 후예라 그런지 구제불능이다.

그건 그렇고, 과연 열반(生死一如)의 문은 어디에 있는 것일까?

빨리, 빨리 말해라! 오직 "저것"뿐이고, 당나라 천자의 성은 "하씨"이다.

틀렸다! 다시 참구하라.

수행자에게 이 한 길뿐이지만, 교차로에서 진정한 수행자가 가려질 것이다.

교활한 악마와 사이비들은 염라대왕이 기다리는 지옥의 문으로 갈 것이고, 참된 수행자는 조주고불이 기다리는 열반의 문으로 갈 것이다.

지옥의 문은 어디에 있고, 열반의 문은 도대체 어디에 있는가?

죽기 전에 반드시 찾아야 한다. 찾지 못하면, 무조건 지옥행 특급 열차를 타야 한다.

호천: 하나의 길을 따라서 저쪽으로 지나갈 수 있겠는가?

앙산: 사문에게 이 한 길이 아니라면, 다른 길이 있겠습니까?

호천: 고속도로 인터체인지에서 헤매지 말라.

송: 동서남북으로 길은 항상 열려 있지만

　　정말 가야 할 방향이 없어 좋구나.

　　수행자가 가야 할 하나의 진실한 길은

　　고요한 평화의 향기가 충만한 나라네.

*남악- 마조- 동사,   위산- 앙산- 곽산

124. 선문염송 507칙- 감지, 마음 심(心)

감지 거사에게 어떤 암주가 와서 물건을 보시하라고 했다.

감지: 바로 말하면 보시하겠습니다.

　　마음 심(心)자를 쓰고, 이게 무슨 글자입니까?

암주: 심(心)자입니다.

감지가 자기 아내에게 물었다.

아내: 심(心)자예요.

감지: 내 아내도 암주가 될 만하구나.

스님이 말이 없자, 감지 역시 보시하지 않았다.

평: 감지가 마음 심(心)자를 썼을 때 암주가 법 보시에 감사하며, 오히려 재물 보시를 했어야 하는데 주객이 전도되었다.

그러나 감지의 속임수에 암주가 제대로 걸려들었다. 눈먼 장닭아! 올가미에 걸리면 탈출구가 없기에 반드시 죽는다. 삼계탕아!

심(心)자가 거대한 암흑의 그림자가 되어 모든 것을 삼켜버리니, 광명의 빛이 있는 곳을 빨리 찾아야 한다.

그래야 죽음의 함정에서 빠져나갈 수 있다. 생과 사의 절체절명에 갈림길!

마음 심(心)자를 보고 무엇이라고 읽어야, 재물 보시를 받을 수 있을까?

암주와 아내가 같이 "마음 심(心)"이라고 읽었는데, 어째서 암주는 암주가 될 수 없고, 아내는 암주가 될 수 있을까?

저승길이 저기 보이는 중생아, 아직도 모르는가?

나도 "마음 심(心)"자라고 읽는데 영락없이 죽겠군.

죽을 사(死)!

감지: 마음 심(心)자를 쓰고, 이게 무슨 글자입니까?

호천: 세종대왕의 한글.

송: 마음 심자가 칠흑의 블랙홀이 되어
온 우주의 모든 것을 빨아들이네.
살고 싶다면 반대편의 빛에 출구인
광명의 화이트홀을 찾아서 뛰어라.

*홍인- 혜능- 남악- 마조- 남전- 감지

125. 선문염송 653칙- 목주, 유식론과 꿀떡

목주: "유식론(唯識論)"을 강의할 수 있는가?

승정: 네, 소년 때 글을 좀 읽었습니다.

목주가 꿀떡을 집어서 두 조각으로 나누고 말하였다.

목주: 너는 어떻게 생각하느냐?

승정이 말이 없었다.

목주: 꿀떡이라고 말해야 옳은가?
　　　꿀떡이 아니라고 말해야 옳은가?

승정: 꿀떡이라고 말하지 않을 수 없습니다.

목주가 다시 사미를 불렀다.

목주: 너는 이것을 무엇이라고 부르겠느냐?

사미: 꿀떡입니다.

목주: 너도 "유식론"을 강의할 수 있겠구나.

평: 어릴 때 글자를 배웠으니, 당연히 "유식론"을 강의할 수 있다.
그런데 꿀떡을 두 조각으로 나누니, 어째서 벙어리가 되었을까?

"유식론"에는 꿀떡 두 조각이 나오지 않는가?

아니면 아직도 꿀떡이 입 속에 있는 것인가? 험!

꿀떡을 꿀떡이라고 부르지 않으면, 도대체 무엇이라고 명명해야 할까?

선(禪)의 전형적인 질문 방식이다.

선은 어째서 모든 퇴로를 봉쇄하고, 이런 극단적인 질문 형식으로 묻는 것일까?

과연 무슨 깊은 뜻이 숨어 있는 것일까?

한 인간을 한계 상황으로 몰아넣고, 역설적으로 자아를 깨닫게 하는 실존주의 철학과 유사하다. 신을 죽여 버린 니체!

오늘도 손해를 보며 장사를 해야 옳은가, 안 해야 옳은가?

수행자여, 오직 생각을 차단시키기 위한 부처의 한없는 사랑이다.

생각 없음이 부처의 마음이고, 진리는 생각하면 바로 빗나가기 때문이다. 알겠는가?

지금 이 순간 생각이 없다면 짜라투스트라여, 그대는 무엇인가?

"모른다고 생각하는 앎"을 직시하고, 바로 진리의 정체를 밝혀라!

사미는 꿀떡을 먹고 사기중천이니, "유식론" 강의는 일사천리다.

유는 "유식론"의 유요, 식은 "유식론"의 식요, 논은 "유식론"의 논이다.

"유식론" 강의 끝!

그러나 강의 내용이 아무것도 기억나지 않는다. 이번 시험도 역시 낙제구나. 모범 답안은 백지!

목주의 사이비 "유식론" 강의이니, 당연히 낙제가 장원이라네.

하하!

암행어사 출도(出道)요!

목주: "유식론(唯識論)"을 강의할 수 있는가?

호천: 만법유식(萬法唯識)!

송: 꿀떡을 두 조각으로 나누면

    말없이 집어서 먹으면 되고

    유식론 강의 내용을 물으면

    아~ 달콤하고 맛있다.

*남악- 마조- 백장- 황벽- 목주- 진조

126. 선문염송 882칙- 조산, 우물이 당나귀를 봄

조산: 부처의 진짜 법신은 허공과 같아서 물건에 상응하여 모습을

    나타내니, 마치 물속의 달과 같다.

    어떤 것이 상응하는 이치를 말하는 것인가?

상좌: 당나귀가 우물을 엿보는 것과 같습니다.

조산: 말은 대단하지만, 단지 8할을 말하였다.

상좌: 화상께서는 어떻습니까?

조산: 우물이 당나귀를 엿보는 것과 같다.

평: 부처의 법신은 본래면목(眞如)이기에, 삼계 전체가 부처의 몸

이다.

그런데 무슨 물건이 있어 모습을 나타내겠는가?

"밝고 밝게 깨닫고 보면, 한 물건도 없고, 사람도 없고, 부처도 없다!"

또한 우주 전체가 진리의 몸(法身)인데, 어떻게 볼 수 있겠는가?

눈(眼)이 눈을 보지 못하는 것과 같다.

"당나귀가 우물을 엿보는 것"과 "우물이 당나귀를 엿보는 것"은 같은 말이다.

선문답은 결코 말장난을 하는 것이 아니다. 조사의 관문!

그럼 상좌와 조산의 말에 차이는 도대체 무엇인가?

상좌는 삶과 죽음이 있는 생자필멸(生者必滅)의 자리에서 보고 말하지만, 조산은 삶과 죽음이 없는 불생불멸(不生不滅)의 자리에서 보고 말하는 차이다! 요원한 영겁 세월의 시간에 거리!

선문답은 생각의 반대편에 있는 절대 진리를 점검하는 과정이다.

마음 밖의 찬란한 광명 지혜!

그러나 이성과 관념의 망상에 갇혀 있는 날개 꺾인 박쥐들이, 동문서답을 하는 것이라고 매도하니 오직 안타까울 뿐이다. 똥싸개야!

이것은 부처와 조사를 부정하는 것임을 어찌 모르는가!

각설하고, 당나귀가 우물을 보는가, 우물이 당나귀를 보는가?

또한 당나귀와 우물이 서로 마주 볼 때는 과연 무슨 조화인가?

천 리를 달려온 적토마는 말없이 우물을 들이킨다.

진실한 8할이 적토마이고 거짓의 2할이 당나귀이다.

다른 한편으로 순수한 8할이 달빛이고 비루한 2할이 우물이다.

만약 우물 속에 달이 떠 있다면, 과연 누가 달을 건질 수 있겠는가?

아~ 정신이 오락가락하니, 달 주위를 행성이 도는구나.

둥근달 청명한 밤에 아무도 몰래 악마가 우물을 들여다보니,

부처가 미소를 짓고 있어 깜짝 놀란다.

또한 칠흑같이 어두운 그믐밤에 아무도 몰래 부처가 우물을

들여다보니, 악마가 환영하며 축하하니 화들짝 놀란다.

우물에 나타난 모습이 우리의 진실한 마음일까?

아니면 보고 싶은 것만 보는 나의 욕망일까?

항우의 오추마, 관우의 적토마 그리고 돈키호테의 당나귀가 경마

장에서 경주를 하면 과연 누가 이길까?

조산: 부처의 진짜 법신은 허공과 같아서 물건에 상응하여 모습을

　　　나타내니, 마치 물속의 달과 같다.

　　　어떤 것이 상응하는 이치를 말하는 것인가?

호천: 백설 공주의 마법에 거울.

송:　청명한 달빛이 은은하게 비치면

　　　아름다운 달빛 찬가를 부르네.

　　　청아한 목소리의 투명한 파문은

　　　8할이 늑대 울음소리의 여운이네.

*석두- 약산- 운암- 동산- 조산- 녹문

127. 선문염송 986칙- 현사, 원을 하나 그림

현사가 고산이 오는 것을 보고 원을 하나 그려 보였다.

고산: 어떤 사람도 여기서 벗어나지 못합니다.

현사: 네가 당나귀의 태와 말의 뱃속에서 살 방도를 찾는 것을 분명히 알았다.

고산: 화상은 어떠십니까?

현사: 어떤 사람도 여기서 벗어나지 못한다.

고산: 화상은 그렇게 말하면 되는데, 저는 어째서 안 됩니까?

현사: 나는 되지만 너는 안 된다.

평: 현사가 글을 몰라서 허공에 원을 하나 그리니, 읽을 수 있는 자가 아무도 없구나.

글을 쓴 자도 무슨 글자인지 모르는데, 어떻게 타인이 읽을 수 있겠는가?

원을 하나 그려 놓으니, 원이 죽음의 삼매 지옥으로 변한다.

이 은산철벽의 철옹성을 어떻게 벗어날 수 있을까?

벗어나지 못한다면, 하얀 해골의 무덤이 된다. 아~!

같은 음식을 먹고, 같은 사물을 바라보고, 함께 이야기를 나누어도, 산 자와 죽은 자의 거리만큼 차이가 난다.

또한 24시간을 똑같이 생활하며 살아도, 광명의 지혜와 암흑의 무명(無明 근본적인 번뇌) 속에서 하루를 보내는 차이다.

무한한 시간을 함축한 "이 순간"의 완전한 삶을 모르기 때문에, 번뇌와 망상 속에서 한 곳에 안주하지 못하는 처량한 유목민 신세가 되고 만다.

"이 순간"의 비극이 "영원한 시간"의 비극으로 아득하게 펼쳐진다!

단순하게 보면, 현사는 시간과 공간이 없는 불생불멸의 자리에서 살아가고, 고산은 시공이 있는 생멸법의 자리에서 살아간다.

현사와 고산의 차이는 영원한 억겁 세월의 시공에 차이와 같다.

그 누가 있어, 이 차이를 볼 수 있겠는가?

그러니 빛의 전사 현사는 되고, 3류 무사 고산은 안 되는 것이다.

이것은 삼계의 영원한 주인공만 알 수가 있다.

감히 노예 따위가 어찌 주인공의 삶을 상상이나 할 수 있겠는가!

마음 밖의 삶, 생각이 멈추고 소멸한 삶, 그 누가 있어 알겠는가?

월광검법으로 단련된 현사의 몸은 달빛이 서려 있어 빈틈이 없다.

달빛의 전사인 현사고불을 과연 어디에서 만날 수 있겠는가?

현사가 호천이 오는 것을 보고 원을 하나 그려 보였다.

호천: 칠판의 글자를 지우개로 지워라.

송: 하나의 원을 허공에 그려 놓으니

　　올가미로 변해서 목을 조여 오네.

　　조여 오는 올가미의 죽음에 비수가

　　지금 심장을 뚫고 지나가 버렸네.

*덕산- 설봉- 장경, 현사, 운문, 고산

128. 선문염송 1199칙- 보자, 진여불성

선객: 어떤 것이 진여불성(眞如佛性 본래면목)입니까?

보자: 누구에게 없는가?

나중에 어떤 선객이 정과에게 물었다.

선객: 어떤 것이 진여불성입니까?

정과: 누구에게 있는가?

그 선객은 여기에서 깨달았다.

평: 삼라만상 자체가 온통 깨달음을 외치고 있다! 절대 진리!

유정(有情 생물·중생)과 무정(無情 무생물·우주)의 위대한 합창을,

어째서 듣지도 못하고 보지도 못하는가?

깨달음이 없다고 한다면, 깨달음과 우주 전체가 한바탕이기 때문에 깨달음이 없다. 불이(不二)!

깨달음이 있다고 한다면, 깨달음이 있다고 아는 놈(앎)이 있기 때문에 깨달음이 있다. 자성(自性)!

수행자여, 있다, 없다는 말에 결코 속아서는 안 된다.

치매를 앓는 조주의 "무(無)"자를 모르는가?

"있다, 없다, 안다, 모른다."라는 단어의 사전(辭典)적인 뜻과 화두는 완벽하게 무관하다! 초월적인 단어(格外句)! 알겠는가?

벌써 영원한 내 사랑 "소옥이"를 버리고, 양귀비와 사랑에 빠졌는가?

있을 땐 오직 있고, 없을 땐 오직 없다. 있을 땐 무엇이든 있어 더욱 혼란스럽고, 없을 땐 아무것도 없어 더욱 혼란스럽다.

그럼 있는 것도 아니고, 없는 것도 아닌 것은 무엇인가?

또한 있는 것의 중간은 과연 어디이고, 없는 것의 시작과 마지막

은 도대체 어디일까?

안록산아, 정신 차려라! 일편단심 내 사랑 소옥아!

불성(佛性)의 양극단을 모두 취했으니, 깨닫는 것이 당연하다.

중도(中道)! 깨달음의 시기가 오면 결코 놓쳤어는 안 된다.

시절인연!

그런데 선객은 도대체 무엇을 깨달은 것일까?

정말 궁금하다. 너무나 안타깝지만 오리무중(五里霧中)이다.

젠장! 된장! 고추장!

나는 끝끝내 모르겠으니, 그대가 말해 주시오?

선객: 어떤 것이 진여불성(眞如佛性)입니까?

호천: 아가씨, 소주 한 병!

송: 간결한 한마디 말로 진실을 전하니

　　오히려 이해하기 너무나 어렵네.

　　눈부시게 빛나는 진리의 말씀은

　　순수한 마음으로 들을 수 있네.

*석두- 약산- 운암- 동산- 용아- 보자

13. 위대한 스승들의 노심초사(勞心焦思)

위대한 스승들의 간절한 노심초사에 절로 눈물이 방울방울 맺힌다. 스승이 제자를 생각하는 마음이 얼마나 간절하고 절박했으면 자신의 부끄러움도 제쳐두고, 제자를 깨우쳐 주기 위해서 24시간 절치부심하고 있다. 오매불망(寤寐不忘)!

죽는 순간까지도 생명 없는 제자를 위하여 최후의 사자후를 외치는데, 어째서 마지막 한마디를 모른다는 말인가?

가령 금우의 "보살들아, 밥 먹으러 오너라!", 자호의 "도둑이야!", 석공의 "화살을 보라!", 서암의 "언제나 사람들에게 속지 말라!", 천황의 "즐겁다와 괴롭다!" 등등.

그리고 질문을 하면, 임제는 "악!" 하고 외치고, 덕산은 "몽둥이"로 때리고, 암두는 "쉬!" 하고 한마디 하고, 구지는 "손가락"을 세우고, 조주는 "차나 마시게."라고 대답을 한다.

하지만 위대한 부처들이 왜 이렇게 엉뚱해 보이는 장면들을 미친 놈처럼 계속 연출을 했을까?

위대한 선사들이 과연 무엇을 보여 주고자 이런 팬터마임을 한 것일까?

위대한 초인들이 생각하는 통렬한 노림수는 과연 무엇일까?

우리가 이것을 알지 못한다면, 눈먼 당나귀임에 틀림없다.

아~ 생각하노니, 피눈물이 저절로 샘솟아서 눈이 멀 지경이다.

위대한 스승들의 무한한 자비에 저절로 고개가 숙여진다. 충성!

선(禪)은 깨달음을 온몸으로 직접 "이 순간"에 보여주는 것이다!

너무나 생생하고, 너무나 뜨겁고, 너무나 직접적이기 때문에, 오히려 생뚱맞게 보일 뿐이다. 연목구어(緣木求魚)!

위대한 스승들이 보여 주는 모든 행위는 어쩌면 너무나 역설적이다!

그래서 도리어 어렵게 보인다.

그러나 "이 순간"에 모든 초점을 맞추고 완전하게 깨어 있다면, 반드시 화두의 비밀에 열쇠를 찾을 것이다. 회한의 360도 원점!

소옥아! 정신 차려라! 수행자여, 부디 꿈에서 깨어나라!

소옥아! 생각으로 분별하지 말라! 모두 꿈속의 망상이다!

또한 우리 자신이 모든 망상의 뿌리이며, 망상 그 자체이다!

왜곡된 생각으로 완전 무장한 망상의 무한 제곱! 알겠는가?

온 우주를 정처 없이 돌고 도는 빛깔아, 보이는가?

본래면목으로 바로 들어가는 길을 사람들이 모르기 때문에, 끝없는 업식(業識·습관)의 바다에서 회오리 폭풍에 휩쓸려 표류한다.

배의 바닥에 구멍이 뚫려 바닷물이 펑펑 샘솟고, 남루한 돛대가 꺾여 버린 절체절명의 참혹한 난파선!

진리는 이성으로 알 수 있는 시간과 공간을 초월해서 있다. 악!

화두의 초월적인 단어(격외구)는 우주 공간을 초월한 말이기 때문에, 있는 그대로 받아 드리지 말고 반드시 의도를 파악해야 한다!

그래야 말 속에서 길을 잃고 헤매지 않는다. 양귀비야, 알겠는가?

여하튼 눈을 완전히 뜨기 전에는 알 수가 없으니 애절하고 원통하다.

모든 부처들이 누구나 이런 과정을 거쳐 갔으니 어쩔 수가 없구나!

수행자들이여! 불철주야로 달려서 속히 종착역에 도착해야 한다.
전후좌우를 돌아보지 말고, 곧장 깨달음의 세계인 절대계로 가야
한다.

그리고 위대한 스승들께 감사의 인사를 드려야 한다.

결초보은(結草報恩)! 백골난망(白骨難忘)! 충성!

조사(祖師)의 문 없는 문을 보고, 새의 길 없는 길을 보게 되면 스
스로 알게 될 것이다.

조사의 관문은 허물어진 성벽의 녹슨 철문이요, 새의 현묘한 길은
대붕새가 지나간 흔적이다.

오늘 모든 위대한 스승들을 위하여 성대한 연회를 열 것이니, 모
든 자들은 마음껏 먹고 마셔라.

그리고 지금 "이 순간"에, 반 푼어치도 안 되는 절대 진리를 깨우
쳐라!

명월아!

129. 선문염송 281칙- 금우, 밥 먹으러 오너라!

금우화상은 식사 때마다 스스로 밥을 들고 승당 앞에 가서, 춤을 추고 깔깔 웃으면서 말하였다.

: 보살들아, 밥 먹으러 오너라!

평: 춤추고 노래하는 것은 금우의 분신이다. 진짜 금우는 아무런 움직임이 없다. 부동심(不動心)! 일 없는 도인!

금우가 30년 동안 아침, 저녁으로 이렇게 지극 정성으로 밥까지 먹여 주고 있다.

그리고 지친 수행자들을 위해서 특별 공연까지 하고 있다.

춤추는 무희도 되고, 깔깔 웃는 피에로도 되고 정말 눈물겹구나.

미친놈처럼 혼자서 북을 치고 장구를 치면서, 진리를 온몸으로 직접 보여주고 있는데 아는 자가 아무도 없구나. 애꾸눈 아귀야!

금우가 사물놀이패로 한바탕 신명나게 놀 때, 어째서 바이올린의 현을 울리며 유쾌하게 동참하지 못하는가?

금우의 밥 속에는 피눈물이 서려 있어, 살아 숨 쉬는 자가 먹으면 모두 죽는다.

30년 동안 피눈물이 든 밥을 먹고도 죽지 않은 것은, 살아 있는 송장이기 때문이다. 가여운 들여우 영혼아!

심장도 없고 붉은 피도 흐르지 않기 때문에 죽지 않은 것이다. 헛것아!

그러나 완전하게 죽은 자는 반드시 완전하게 살아나야 하는 법이다.

하지만 이것을 어찌 탓하랴!

부처의 길은 까마득한 억겁의 시공을 뚫고 지나야 하는 길이기에,
이 육신이 산산이 조각나야 그때 비로소 알 수 있으리.

오직 금우의 간절함이 온 우주의 곳곳을 밝히는 등불이 되어,
24시간 찬란한 빛을 밝히고 있다. 절대 세계의 광명!

하지만 이 등불을 보고 삼계의 종착역에 도착하는 자가 없으니,
오직 통곡할 뿐이다. 졸고 있는 영혼아! 영상아!

수행자들이여, 밥을 먹었으면 금우의 밥그릇을 씻어라. 그리고 쉬
어라!

오~ 언제쯤 금우에게 밥값을 지불하고, 편히 마음을 쉴 수 있겠
는가?

빚이 있는 자는 이자의 무한 제곱 때문에, 언제나 불안·초조하여
영원히 쉴 수가 없다.

금우의 철밥통을 산산이 박살 낸 자가 있다면, 한마디 해 보라?

금우: 보살들아, 밥 먹으러 오너라!

호천: 오늘은 복날인데, 삼계탕입니까?

송: 금우의 간절한 노심초사의 분신술은

　　무희로 춤추고 광대로 깔깔 웃네.

　　금우의 갸륵한 밥 한 그릇을 비우고

　　텅 빈 밥통을 메고 허공 숲을 거니네.

*도신- 홍인- 혜능- 남악- 마조- 금우

130. 선문염송 500칙- 자호, 도둑이야!

어느 날 밤에 자호가 소리를 질렀다.

자호: 도둑이야!

대중이 모두 놀라서 달려왔다.

자호는 뒷줄로 가서 스님 한 명을 붙잡고 외쳤다.

자호: 유나야, 잡았다!

스님: 저는 아닙니다.

자호: 맞기는 맞는데, 네가 긍정하지 않을 뿐이다.

평: 스승이 제자를 생각하는 마음이 얼마나 간절했으면 자신의 부끄러움도 마다하지 않고, 제자를 깨우쳐 주기 위해서 한밤중에도 설법을 하는구나! 25시간!

자호선사가 말없이 흘리는 이 피눈물의 간절함을, 그 누가 볼 수 있을까?

각골난망(刻骨難忘)! 분골쇄신(粉骨碎身)! 필승!

꿈속에서 꿈꾸고 있는 부처들이여, 어서 꿈에서 깨어나라! 악!

각설하고, 명탐정 자호 형사가 여러 날을 매복하여 밤을 지새운다.

그러던 어느 날, 도둑을 붙잡아 즉시 체포하여 수갑을 채운다.

그리고 취조를 하는데, 도둑이 결백을 주장하지만 자호는 자백을 강요한다.

도둑이 한사코 결백을 주장하니, 결국 고문을 시작한다.

변호인의 조력 받을 권리를 인정하고, 적법 절차를 지켜라!

고문의 비명 소리가 산천초목을 두려움에 떨게 한다. 소리 있는 침묵!

아무런 증거도 없이 자백을 강요하기 때문이다.

이것은 무죄 추정의 원칙에 위반된다.

도둑은 반드시 잡아야 하는데, 자호가 잡은 도둑은 도둑이 아니다.

도대체 자호는 무엇 때문에, 이런 엉터리 같은 연극을 꾸민 것일까?

아~ 생각하노니, 제자를 향한 스승의 절박함과 간절함이 만든 찬란한 눈물의 코미디다.

과연 그 누가 있어, 이 코미디의 진실을 볼 수 있겠는가?

진짜 도둑을 잡아라. 도둑이 담벼락을 넘고 있다. 도둑을 잡아라!

이 화두는 화두의 비밀이 오롯이 숨어 있다.

자호: 유나야, 도둑을 잡았다!

호천: 저는 아닙니다.

자호: 맞기는 맞는데, 네가 긍정하지 않을 뿐이다.

호천: 그렇게 되나요? 하하!

송: 모두가 꿈꾸며 자는 한밤중에

　　일 없이 혼자서 도둑을 잡았네.

　　엉뚱한 도둑을 잡기는 잡았으나

　　아무런 증거도 없이 취조하네.

*홍인- 혜능- 남악- 마조- 남전- 자호

131. 선문염송 1455칙- 비전, 사기 접시

비전 암주가 암자에 산 지 30년 동안, 오직 사기 접시 하나만
사용하였다. 어느 날 어떤 스님이 깨뜨려 버렸다.
암주가 매일 사기 접시를 찾아, 그 스님이 이것저것 사서 변상했다.
암주는 받는 대로 모두 던져버렸다.
비전: 이것은 필요 없고, 나의 본래의 것을 돌려주시오!

평: 스승이 자신의 부끄러움도 내려놓고 제자를 위해서 노심초사
하며 애쓰거늘, 어째서 모른다는 말인가!
부처와 역대 조사들이 말없이 피눈물을 흘리는 것이 보이지도 않
는가!
스승의 간절한 연극을 제자가 언제쯤 알 수 있을까?
마음을 쓰며 애를 태우는 노승의 한 맺힌 한마디를, 어째서 모르
는가?
위대한 스승의 마음은 오직 하나뿐이다. 제자가 절대 진리를 꿰뚫
어 불생불멸이 되어, 영원한 자유인이 되는 것이다.
각설하고, 암주가 사기 접시를 찾지만, 정말 깨진 사기 접시를 찾
는 것일까?
설혹 깨진 사기 접시와 똑같은 것을 주더라도, 비전은 당연히 깰
것이다.
그럼 암주가 원하는 접시는 과연 무엇일까?
진정으로 접시를 원하는 것일까?
사기 접시의 운명은 언젠가는 깨어지는 것이다.

어떻게 해야 접시 값을 변상하고, 암주에게 술 한 잔을 받아 마실 수 있을까?

이것이 본래의 것입니다. 비전이 또 다시 깨어버린다. 와장창!

사기 접시의 하얀 나비가 날아가 버리니 접시가 깨어지고,

꽃 피는 봄날이 되니 나비가 돌아와서 본래의 접시가 된다.

비전: 이것은 필요 없고, 나의 본래의 것을 돌려주시오!

호천: 암주!

송: 30년 동안 일편단심으로 사랑하던

　　나의 영원한 연인 사기 접시여!

　　그대의 한 맺힌 복수를 위하여

　　오늘도 처절하게 검법을 익힌다오.

132. 선문염송 509칙- 기림, 한 자루 목검

기림화상은 항상 한 자루 목검(木劍)을 지니고 다녔는데, 스스로 항마검(降魔劍)이라고 항상 말하였다.

그리고 날마다 "문수와 보현이 모두 악마가 되었구나."라고 말하였다.

어떤 스님이 와서 절을 하면 말한다.

기림: 악마가 왔구나.

그리고 목검을 몇 번 이리저리 휘두르고, 곧장 방장실로 돌아간다.

이렇게 하기를 12년이 지나서 목검을 치웠는데, 그때 어떤 스님이

물었다.

선객: 12년 전에는 무엇 때문에 악마를 항복시켰습니까?

기림: 도둑은 가난한 집을 털지 않는다.

선객: 12년 후에는 무엇 때문에 악마를 항복시키지 않습니까?

기림: 도둑은 가난한 집을 털지 않는다.

평: 한 자루 목검(木劍)이, 어떻게 악마를 항복시키는 검이 될 수 있을까?

목검으로 추악한 악마의 목을 벨 수 있는가?

만약 악마를 죽일 수 없다면, 어째서 악마들은 검날이 없는 목검을 두려워하는 것일까?

기림의 항마검은 속도가 느려서 악마의 옷깃도 스치지 못한다.

12년간 헛발질하고 나니, 악마가 자신보다 고수임을 알고 검을 꺾는다.

기림은 악마를 항복시킨 것이 아니라 항상 패하였다.

사랑의 패잔병!

그렇기 때문에 도둑임에도 불구하고 도둑질을 못한 것이다.

언제쯤 사악한 악마들을 항복시키고, 부잣집의 금고 속에 있는 금괴를 훔칠 수 있을까?

정의의 악마가 부잣집 앞을 지키고 있는데, 어떻게 집을 털겠는가?

형편없는 도둑은 자기 집도 털지 못한다.

12년간의 모든 계획이 허망하게 물거품처럼 끝나는 순간이다.

아궁이에 회한의 목검을 넣고 불을 태운다. 목검이 불타는 모습은 정말 황홀하고 아름답다.

흉악무도한 모든 악마를 죽이고, 언제쯤 항마검을 지옥의 심장에 꽂을 수 있겠는가?

악! 대마왕의 심장에 꽂혀 있는 목검은 도대체 누구의 검일까?

천 년이 지난 지금도 아는 자가 아무도 없구나.

전설이 되어 버린 목검만 천 년이 지난 오늘도, 말없이 찬란하게 빛을 밝히고 있을 뿐이다.

학인: 12년 전에는 무엇 때문에 악마를 항복시켰습니까?

호천: 악마들이 삼계의 정법을 불태운다.

학인: 12년 후에는 무엇 때문에 악마를 항복시키지 않습니까?

호천: 악마들이 삼계의 정법을 수호한다.

송: 문수와 보현은 악마의 끄나풀이라
    부처의 정법을 왜곡하고 불태우네.
    악마들이 신성의 영지에 침입하면
    목검으로 목을 베어 정법을 수호하네.

*혜능- 남악- 마조- 영태- 기림, 비마암

133. 선문염송 508칙- 비마암, 천사의 나무 집게

비마암화상은 항상 나무 집게 하나를 들고 다녔다. 스님이 찾아와서 절을 하면, 나무 집게로 목덜미를 집고 말하였다.

: 어떤 악마가 너를 출가하게 만들었으며, 어떤 악마가 너를 행각
하게 만들었는가?

대답해도 집어서 죽일 것이요, 대답하지 못해도 집어서 죽일
것이다. 빨리 말해라, 빨리 말해라!

그때 곽산이 와서 비마암의 품속으로 뛰어들었는데, 등을 세 번
문질러 주었다.

곽산은 몸을 빼내고 손사래를 치며 말하였다.

: 3천리 밖에서 나를 속였구나.

평: 악마가 이미 싯다르타를 유혹해서 출가시켰고, 행각도 시켰다.

싯다르타는 부처의 씨앗이 아니라 악마의 씨앗임이 자명하다.

부처를 비롯한 모든 조사들이 악마의 첩자임이 명백하게 밝혀지
는 순간이다. 마피아와 손을 잡은 여래선과 조사선!

사실 모든 것은 악마들이 만든 것이다. 왜냐하면 본래면목을 확철
하게 깨우치기 전에는, 모든 것이 악마의 소유이기 때문이다.

삼라만상의 소유권에 주인은 부처인가, 악마인가?

대답해도 죽일 것이요, 대답하지 못해도 죽일 것이다.

그러니 천천히 말해도 된다. 천천히 말해도 돼! 하하!

정녕 이 순간에 살 수 있는 방법이 없다는 말인가?

비마암이 오대산 입구에서 공정하게 입장료를 징수하니, 부조리
한 악마들의 출입이 봉쇄되었다.

어느 날 어여쁜 여인이 품속에 안기며, 3만리 밖에 있는 빛의 음악
이 울려 퍼지는 나라로 신혼여행을 가자고 재촉한다.

이루어질 수 없는 사랑이고, 가까이 하기엔 너무 먼 나라이다.

나무 집게로 목을 집으면, 악마의 머리가 달랑 떨어져 바로 죽는다.

이 순간, 어떤 악마가 있어 출가시키고, 행각시키고, 수행시키는가?

대답할 틈도 없다. 불행하게도 이미 고향인 지옥에 돌아온 후다.

비마암이 악마의 나무 집게로 목을 집기 전에, 기회는 이 순간밖에 없다. 살고 싶으면 두 눈을 크게 뜨고, 단 한 번의 기회를 노려라!

비마: 어떤 악마가 너를 출가하게 만들었으며, 어떤 악마가 너를

　　　행각하게 만들었는가?

호천: 타락한 부처와 음흉한 조사(祖師)!

송:　천사의 나무 집게 수호자인 비마암이

　　　간악한 악마의 목을 집고 추궁하네.

　　　악마가 아리따운 여인으로 변신하니

　　　영원히 사랑한다고 달콤하게 속삭이네.

*마조- 영태- 비마암,　위산- 앙산- 곽산

134. 선문염송 278칙- 식공, 화살을 봐라!

석공은 법당에 오르면 활을 당기고 "할!" 하고 말하였다.

: 화살을 봐라!

이렇게 30년 동안 계속했다. 어느 날 삼평이 듣고 법좌 앞으로 곧바로 가서 가슴을 활짝 열어 제쳤다. 석공이 바로 활을 내려 놓

았다.

삼평: 이것은 사람을 죽이는 화살인데, 어떤 것이 사람을 살리는
　　　화살입니까?

석공이 활시위를 세 번 튕기자, 삼평이 바로 절을 하였다.

석공: 30년 동안 한 번 활을 당겨 두 번 화살을 쏘았는데, 오늘에
　　　야 겨우 반쪽짜리 성인을 쏘았다.

나중에 이 이야기를 했더니 대전이 말하였다.

: 이미 사람을 살리는 화살이라면, 어째서 활시위에서 분별했을까?

삼평이 대답이 없었다.

대전: 30년 뒤에 사람들이 이 이야기를 말하려고 해도 어렵다.

　

평: 30년 동안 화살을 쏘고도, 과녁에 한 번도 맞추지 못하는구나.

이런 형편없는 석궁이 또 어디에 있겠는가?

한심하게도 석공이 쏜 화살에, 삼평이 과녁을 옮겨 억지로 모서리
를 맞은 꼴이다.

그래도 부끄러운 줄은 알아서 "반쪽짜리 성인"이라고 말한다.

그건 그렇고, 석공은 활과 인연이 없는 것이 자명한데,

어째서 30년 동안 바보처럼 활과 화살을 메고 있었을까?

아~ 생각하노니, 위대한 스승들의 간절한 마음을 어찌 알 수 있
으랴!

오매불망 사랑하는 님만 그리워하고 그리워할 뿐이다.

한 맺힌 향엄, 설봉, 수산주의 애절한 피눈물을 모르는 게으른 악
마들이, 어떻게 감히 상상이나 할 수 있겠는가?

석공은 원래 전설 속의 신궁(神弓)인데 삼평이 왔을 때,

어째서 한 발에 명중시키지 못하고 반쪽만 맞추었을까?

화살촉이 빨갛게 녹이 슬어서 빗나간 것일까?

아니면 30년 동안 연습을 게을리했기 때문일까?

어쨌든 모든 정황은 보니, 30년간 쏜 화살만 아깝게 되었다.

헛화살!

화살 하나가 시공의 근원을 향하여 날아가고 있다. 백발백중!

과연 시간과 공간의 심장을 명중시킬 수 있을까?

거시적으로 보면, 투우사(석공)가 빨간 천을 이리저리 휘두르면서

황소(삼평)를 흥분시키는 것과 같다.

삼평이 빨간 천을 향하여 두 개의 뿔로 들이받았지만, 석공과

삼평에게 아무런 이득이 없다.

재주는 석공과 삼평이 부리고, 황금 동전은 대전이 챙긴 꼴이다.

손 없는 투우사와 뿔 없는 황소의 형편없는 코미디다. 하하!

삼평: 이것은 사람을 죽이는 화살인데, 어떤 것이 사람을 살리는

　　　화살입니까?

호천: 마법의 활인검(活人劍).

대전: 이미 사람을 살리는 화살이라면, 어째서 활시위에서 분별했

　　　을까?

호천: 잔인한 살인도(殺人刀).

송: 30년 동안의 애절한 기다림이여,

　　살아 숨 쉬는 자를 만나기 어렵네.

　　석공의 살인도는 한날이 녹슬었고

　　대전의 활인검은 양날이 시퍼렇네.

*남악- 마조- 석공,　석두- 대전- 삼평

135. 무문관 12칙- 서암의 주인공아!

서암이 날마다 스스로 부르고, 스스로 대답을 하였다.

"주인공아!", "예!"

"깨어 있어라!", "예!"

"언제나 사람들에게 속지 말라!", "예, 예!"

평: 날마다 스스로 부르고, 스스로 대답하는 것을 보니 미친놈이 틀림없다.

주인공아, 정신 차려라! 주인공아, 망상을 산산이 조각내어라!

만약 미친놈이 아니고 위대한 도인이라면, 과연 깊은 뜻은 무엇일까?

만약 뜻이 있다면, 우리는 어째서 알지 못하는 것일까?

진리를 숨기고, 감추고, 없애려고 해도, 언제나 찬란하게 드러나 있다.

우주 전체가 진리 그 자체인데, 어떻게 감출 수 있겠는가?

비밀은 없고, 단지 "비밀"만 있을 뿐이다! 알겠는가?

주인공은 가는 곳마다 허공에 발자국을 새기고, 가는 곳마다 주인공을 만나고, 언제나 삼계의 주인공들과 함께 노래를 부른다.

그럼 삼라만상의 영원한 주인공들이, 합창으로 함께 부른 노래 제목은 과연 무엇인가?

서암의 간절한 사물놀이패의 신명나는 미친 공연을 아는 자가 없다면, 피를 토하며 그대를 애타게 부를 것이다.

소옥아, 제발 정신 차려라! 양귀비야, 부디 꿈에서 깨어나라!

서암이 우리를 부르는 메아리는 삼계 가득히 지금도 울리고 있다.

안록산아! 언제나 사이비와 악마에게 속지 말고, 24시간 깨어 있어라!

특히 부처의 옷을 입은 악마의 선봉장을 조심하라! 도깨비 부처!

마음이 잠들지 않고 빈틈없이 깨어 있다면, 모든 망상과 꿈은 저절로 사라지고 한결같은 마음뿐이다. "이 순간"의 기적!

마음을 알면 진리는 있는 그대로인데, 수행자는 화두를 뚫지 못해서 밤을 하얗게 지새운다. 어리석은 장좌불와(長坐不臥)여!

위대한 초인아, 언제나 사악한 악마들에게 속지 말라!

"말후구(末後句)"의 위대한 검객의 후예가 "말후구"를 외친 것인가, 외치지 않은 것인가?

도대체 "말후구"는 무엇인가?

마조의 오줌싸개, 사이비, 악마에게 속지 말라!

아~ 괴롭구나, "말후구"의 검객 암두여! 주인공아, 25시간 깨어 있어라!

서암: 주인공아, 깨어 있어라! 언제나 사람들에게 속지 말라!

호천: 미친놈아, 시끄럽다! 개아가리 닥쳐라!

송: 국민의 목소리는 하늘의 목소리인데

　　그 누가 있어 감히 거역할 수 있으리.

　　암흑의 폭풍우가 거세게 휘몰아쳐도

　　수 천만 개의 촛불이 세상을 밝히리.

*천황- 용담- 덕산- 암두- 서암, 나산

136. 선문염송 351칙- 천황, 즐겁다와 괴롭다!

천황이 평소에 늘 "즐겁다, 즐겁다!"를 외치더니, 입적할 때쯤 병으로 누워 있으면서 이렇게 소리를 질렀다.

천황: 괴롭다, 괴롭다! 원주야, 먹을 술 좀 가져다 다오. 먹을

　　고기 좀 가져다 다오. 염라대왕이 나를 잡으러 온다.

원주: 화상께서 평소에 늘 "즐겁다!"고 하시더니, 지금은 왜 "괴롭

　　다!"고 소리를 지르십니까?

천황: 말해 보라. 그때가 옳으냐, 지금이 옳으냐?

원주: 아무 말이 없었다.

천황: 베개를 밀어내고 곧 입적하였다.

평: 위대한 선사는 사는 동안 일체 중생을 제도하며, 후학을 지도
한다.

천황은 삼계의 대도사인데, 어째서 염라대왕이 잡으러 올까?

설마 아무도 몰래 여염집 여인과 놀아나고, 유곽을 출입했기 때문일까?

그래서 평소에 "즐겁다, 즐겁다!"고 외친 것일까?

그러다가 죽을 때가 되니, 과거의 나쁜 짓 때문에 "괴롭다, 괴롭다!"고 말한 것일까?

아... 그건 천황 개인의 일이고, 나와는 무관하다.

어쨌든 사실이 무엇인지 모르겠지만, 인과 법칙은 명확하다.

악(惡) 추적 미사일 같은 명중의 명중!

부디 착하게 살자! 남의 눈에 눈물을 흘리게 하면, 나의 눈에 피눈물을 흘려야 하는 날이 반드시 온다. 시절인연!

나는 이 화두의 본질을 몰라서 오직 괴로울 뿐이다. 괴롭다, 괴로워!

염라대왕을 마주 보는 부처야, 아직도 모르는가?

한편으로 보면, 너무나 우스운 설법이면서, 너무나 가슴이 시리고 뭉클한 감동적인 최후의 말씀이다!

왜냐하면 온 우주를 소유한 영원한 제왕이 고향으로 돌아가는 마지막 순간까지도, 눈먼 중생을 얼마나 사랑했으면 절대 진리를 이렇게 외치고 외치겠는가!

분골쇄신! 각골난망! 결초보은! 오매불망! 충성! 필승!

언제쯤 위대한 부처들의 한 맺힌 사자후를 알아들을 수 있겠는가?

오늘도 부처의 나라에서 삼계의 불멸에 영웅들이, 우리를 간절하게 부르고 있다! 들리는가?

위대한 슈퍼맨이여, 자신의 하찮은 육신을 벗어버리고, 우주 전체와 하나가 되어라! 중도(中道)! 일진법계(一眞法界)!

즐거움은 즐거움이 아니고 괴로움은 괴로움이 아니다.

그럼 즐거움과 괴로움은 도대체 무엇인가?

즐거움! 괴로움!

레이더의 귀가 없는 선지식아, 이제는 알겠는가?

천황: "즐겁다!"고 할 때가 옳은가, "괴롭다!"고 할 때가 옳은가?

호천: "즐겁다!"고 할 때도 옳고, "괴롭다!"고 할 때도 옳습니다.

　　　그건 그렇고, 지옥행 특급열차가 도착하였습니다. 오르시죠.

천황: 그래. 잘 있게. 천국행인가?

호천: 아니요! 지옥행입니다.

천황: 고맙네.

송:　사는 동안 나쁜 일을 많이 한 자는

　　　염라대왕이 명부를 보고서 축하하고

　　　사는 동안 착한 일을 많이 한 자는

　　　옥황상제가 명부를 보고서 시비하네.

*도신- 홍인- 혜능- 청원- 석두- 천황

14. 한눈에 답이 보이지 않은 화두

한 번에 답이 명확하게 잘 보이지 않는 화두!

확철하게 깨닫고도 중생의 무명(無明 근본적인 번뇌)이 깊어서, 한눈에 잘 보이지 않는다. 즉 상당히 어려운 화두다.

한눈에 답이 보이지 않는 화두는 보림 생활(1년~1년 반 정도)이 끝날쯤, 모두 한눈에 들어온다.

그리고 미소를 짓는다. 귀여운 놈들, 하하!

내가 깨닫고 난 후에 "선문염송"을 읽는 중에, 생각을 요구했던 화두를 "한눈에 답이 보이지 않는 화두"에 거의 모두 실었다.

30%정도다. 이곳에 빠진 화두는 "진조감승"뿐이다.

완전한 깨달음(일상삼매)은 본래면목(진리의 근본 바탕) 화두를 아는 것이기 때문에, 본래면목 화두는 너무나 쉽다.

자성(自性)을 확철하게 깨우쳤다면, 곰곰이 생각하면 알 수가 있다.

모르려고 해도 모를 수가 없다.

왜냐하면 모든 번뇌와 망상이 완벽하게 사멸한 부처의 광명 지혜로, 삼라만상을 투명한 유리잔 보듯이 환히 보기 때문이다!

만약 아리송하거나 모르는 화두가 있다면, 아직도 배울 것이 남아 있는 학인일 뿐이다!

절대 진리는 견성성불! 돈오돈수! 절학무위한도인! 불이법!

완전한 깨달음(내외명철)은 모든 화두를 꿰뚫는 것이다!

진리의 어떠한 부분에도 막힘이 없어야 한다!

진짜 부처에게 하찮은 화두 따위는 없다!

"이 순간"에 자신의 순수한 자아를 외면하거나 속이지 말라! 알겠는가?

화두의 진정한 본체는 본래면목 화두다! 이것이 진정한 진리다.

본래면목 화두의 불멸에 투톱은 "나는 누구인가?"와 "부모미생전 본래면목"으로 압축된다!

목숨을 걸고 반드시 죽여야 할 마계의 최후에 대마왕들이다.

마지막 결투에서 기필코 승자가 되어야 부처가 된다! 알겠는가?

문득 몇몇 화두들을 알았다고 해도 본래면목을 모른다면, 진리와 아무런 상관이 없음을 명확하게 알아야 한다. 착각 금지!

이것은 화두 책을 읽어 보면 바로 확인할 수 있다. 즉 난공불락의 본래면목에 철옹성을 깰 수가 없다는 사실을 스스로 확인한다.

그러나 사이비들은 "이 순간" 간사한 악마들과 종신형 노예 계약을 맺는다. 즉 간악무도한 야차에게 순수한 영혼을 팔아 버린다.

진정한 자아가 진리를 완전하게 모른다는 사실을 알면서도, 자신을 속이면서 악마의 영원한 하수인이 된다. 타락한 두 얼굴의 사탄아!

해골로 성을 쌓아올린 철옹성의 화두들이, 가소롭게 악마들을 조롱하고 비웃는다. 똥만 싸는 똥싸개야!

삼계의 영원한 주인공아, 자신을 속이지 말고 25시간 완전하게 깨어있는 자신을 마주 보라!

이런 이유 때문에 위대한 부처들이 자신을 속이면, 자신을 영원히 구제하지 못한다고 강조하고 강조한 것이다.

대표적으로 향엄, 덕산, 대혜선사의 깨달은 기연은 만고의 표준이다!

진정한 수행자여, 자신을 속이면 영원히 완전한 깨달음(무상정각)을 얻을 수가 없다! 즉 부처의 모든 말을 이해할 수가 없다.

결국 수행자가 화두를 꿰뚫지 못하는 것은 자신을 속이기 때문이고, 자신을 꿰뚫지 못하는 것은 거짓 자아와 추악한 타협을 하기 때문이다! 수행자의 영원한 치명적인 병이다. 악성 바이러스!

그러므로 자신(我相)을 완벽하게 죽여야, 삼라만상의 전체인 법계(法界·부처)가 될 수 있다!

향엄, 덕산, 설봉, 수산주, 대혜 등등 모든 위대한 부처들이 걸어갔던 한 맺힌 과정을 결코 잊지 말라! 각골난망(刻骨難忘)!

부디 마조의 오줌싸개(我空), 사이비, 인간의 탈을 쓴 악마의 종자가 되어서는 안 된다. 그럼 자신도 영원히 구제하지 못한다.

수행자의 진정한 목표는 "본래면목" 화두를 산산이 조각내는 것이다!

반드시 "덕산탁발", "아호의 인절미", "진조감승", "백장야호", "혜능의 불사선악"의 난공불락의 은산철벽을 지나야 함을, 꿈속에서도 기억해야 한다. 오직 전진만 있을 뿐이다.

수행자여, 날마다 천국이니 날마다 즐겁게 수행하자.

반드시 본래면목 화두(法空)의 삼매 지옥을 완전하게 산산이 박살내고, 진정한 빛의 전사인 삼라만상의 영원한 주인이 되어라!

위대한 초인아, 반드시 화두의 심장에, 심장에 검을 꽂아라!

참고로 "15. 가장 어렵다고 알려진 화두"는 성철선사의 "본지풍광"에서, 가장 어렵다고 강조한 화두를 기본으로 해서 발췌했다.

137. 선문염송 600칙- 향엄상수(香嚴上樹)

향엄(香嚴)이 대중에게 말하였다.

: 가령 어떤 사람이 나무에 올라가서 입으로 나뭇가지를 물고, 손
  으로 가지를 잡지 않고, 발로 가지를 밟지 않고 있다.

  그때 나무 밑에서 어떤 사람이 "조사가 서쪽에서 온 뜻"을 물었
  다고 가정하자.

  대답을 하지 않으면 질문에 답하지 못한 것이고,

  대답을 한다면 떨어져 목숨을 잃을 것이다.

  이러한 순간에 어떻게 해야 옳겠는가?

그때 호두상좌가 나와서 물었다.

: 나무 위의 일은 묻지 않겠습니다. 아직 나무에 올라가지 않았을 때,
  어떤 상황인지 화상께서 말씀해 주십시오.

향엄은 "하하!" 하고 크게 웃었다.

평: 향엄은 마계의 대마왕이다. 앞마당에 마계의 지옥 나무 한 그
루를 심어놓고, 나무에 죽음의 덫을 파서 악랄한 질문을 던진다.

나무 위에 올라가면 쉽게 답을 알 수가 있지만, 나뭇가지를 물고
있기에 대답을 할 수가 없다.

대답을 하는 순간 바로, 천 길 벼랑 아래로 떨어져 죽는다.

그렇다고 내려올 수도 없다.

이러지도 못하고 저러지도 못하고, 영락없이 나무에 매달려 죽을
운명이다. 사면초가(四面楚歌)!

호두가 나무에 오를 차례가 되자, 갑자기 대마왕의 급소를 찌른다.

나무 위에서는 쉽게 답을 알 수가 있지만 말을 할 수가 없고, 나무 밑에서는 답을 알 수가 없음을 눈치채고 되물었다.

"아직 나무에 올라가지 않았을 때, 어떤 상황인지 화상께서 말씀 해 주십시오."라고 대답을 재촉한다. 제자의 역습!

순간 향엄이 호두의 질문에 말문이 막혀, 크게 웃으면서 위기를 가까스로 모면한다.

그 순간 대마왕의 징표인 황금 송곳니가 영롱하게 빛난다.

대마왕이 설치한 마계의 미로는 들어가는 입구는 있지만, 나오는 출구는 모두 소멸하고 없다.

바보 같은 선객들이 향엄의 간특한 속임수에 속아서 모두 죽어 간다.

미로의 통로마다 백골의 한 맺힌 절규만 메아리칠 뿐, 완벽한 죽 음의 길이다.

저 멀리서 천사들의 경건한 레퀴엠만 아스라이 전해진다.

과연 입구만 있고 출구가 사라진 해골의 미로를, 어떻게 빠져나올 수 있겠는가?

나도 향엄처럼 말문이 막혔으니, 크게 웃을 수밖에 달리 도리가 없다. 하하!

향엄처럼 뛰어난 수재도 "부모미생전 본래면목"의 철옹성에 갇혀, 피눈물을 흘린 사실을 결코 잊어서는 안 된다.

사악한 향엄의 지옥 블랙홀을 통과하여, 망자들의 영혼이 울부짖 는 하얀 해골의 터널을 지나온 자가 있는가?

만약 있다면, 염라대왕에게 뺏어 온 지옥의 횃불을 들어라!

호두: 아직 나무에 올라가지 않았을 때, 어떤 상황인지 화상께서
　　　말씀해 주십시오.
호천: 신발끈을 다시 묶게.

송: 바다에 파도가 없고 강산에 형상이 없고
　　대로에 대지가 없고 구름에 허공이 없네.
　　신비로운 소리가 울려 퍼지면 눈으로 알고
　　우주의 다채로운 빛깔이 번지면 귀로 보네.

*마조- 백장- 위산- 향엄- 대안, 승복

138. 선문염송 616칙- 임제, 손님과 주인

임제의 회상에 양당(兩堂)의 수좌가 있는데, 어느 날 서로 보고 동
시에 할(喝)을 외쳤다. 어떤 승려가 이 일을 선사에게 물었다.
선객: 손님과 주인이 있는지 모르겠습니다.
임제: 손님과 주인이 분명하다.

평: 서로 보자마자 동시에 철천지원수를 보듯 "악!"하고 외쳤다.
도대체 누가 주인이고, 누가 손님인가?
정말 알 수가 없다. 참으로 어렵고 어렵다. 파천황의 사건!
그러나 임제의 대답은 너무나 명확하고 명확하다.
당연히 아는 자는 주인이자 삼라만상의 영원한 주인공이고, 모르
는 자는 손님이자 허깨비 꼭두각시 인형이다. 당연지사!
그런데 이것을 어떻게 가려낼 수 있다는 말인가?

딱! 무쇠 망치가 머리를 강타하니, 오직 우주 전체가 괴로울 뿐이다.

아~! 한숨만 나는군. 허허!

또 다시 한 많은 해골만 남기고, 바람결에 갈가리 흩어져야 하는가?

혹 손님과 주인이 없는 것은 아닐까?

임제가 손님과 주인이 뚜렷하다고 했으니, 이것을 밝히면 임제를 보리라. 중중첩첩의 조사의 관문!

아직도 모르겠다면 "임제의 할"을 외쳐라. 그러면 알게 될 것이다.

삼계의 소리꾼 임제여, 구슬픈 가락으로 낭랑하게 판소리를 한 곡조 읊어 보시오. 진양조!

온 우주를 방랑하는 집시야, 그래도 모르겠는가?

그렇다면 임제가 우리를 속인 것이다. 임제를 마음껏 욕해라!

이 사기꾼아! 목소리만 큰 무식한 놈아!

수좌가 서로 보고, 동시에 "악!"을 외쳤다. 어떤 선객이 물었다.

선객: 손님과 주인이 있습니까?

호천: 악!

송: 삼계 전체가 눈부신 손님이고

   삼계 전체가 찬란한 주인이네.

   성스러운 손님과 주인이 없으니

   신성한 손님과 주인이 명백하네.

*황벽– 임제– 흥화– 남원– 풍혈– 수산

139. 선문염송 598칙- 향엄과 앙산, 여래선과 조사선

향엄이 송하였다.

> 작년의 가난은 가난이 아니었고
> 금년의 가난이 비로소 가난이네.
> 작년에는 송곳 꽂을 땅이 없었는데
> 금년에는 송곳조차도 없구나.

계송을 듣고 앙산이 말하였다.

앙산: 여래선(如來禪)은 사형이 알았다고 인정하겠지만,
　　　조사선(祖師禪)은 꿈에도 보지 못했습니다.

향엄이 다시 계송을 읊었다.

> 나에게 하나의 기틀이 있어
> 눈을 깜빡여 그것을 드러내네.
> 만약 알지 못하는 사람이 있다면
> 다시 사미를 불러 보리라.

앙산: 기쁩니다. 사형이 조사선을 알았군요.

평: 앙산의 비정한 살인도가 소나기처럼 휘몰아치니, 향엄의 살가운 활인검이 간신히 방어를 한다. 잠시 침묵이 적막처럼 흐른다.
송곳과 사미는 이미 반쪽으로 나뉜 후다.
앙산의 저주스러운 살인도는 제몫을 했지만, 향엄의 거룩한 활인검은 송곳과 사미를 구하지 못했다.
그 순간 앙산이 피 묻은 살인도를 대지에 꽂고, 사형이 조사선을 알았다고 말한다.

도대체 이것이 어떻게 된 일인가?

앙산이 승자이고 향엄이 패자인 것이 확실한데, 어떻게 조사선을 안다는 것일까?

이것을 보니 조사선도 형편없는 것이 분명하다.

조사선의 수준이 이 정도인데, 여래선이야 말할 가치가 없다.

앙산의 웅장한 조사선은 송곳을 죽이고, 향엄의 궁상맞은 여래선은 사미를 구하지 못했다.

둘 다 아니다! 그럼 진실은 무엇인가?

이것은 조사선도 아니고 여래선도 아니다.

까마득한 억겁 세월의 허공에 박혀 있는 신성한 말뚝선이다.

이 말뚝을 허공에서 빼내고 나면 스스로 알게 된다.

그런데 허공에 말뚝을 어떻게 박지? 아이가~!

여래선, 조사선 그리고 말뚝선을 반드시 밝혀야 한다.

그래야 삼계의 협객으로서 당당할 수가 있다. 빛의 전사!

가난한 자는 상대적 빈곤에 의해서 날마다 가난해지고, 아무리 눈을 깜빡여도 사람들이 모르기 때문에 눈병만 생길 뿐이다. 하하!

"조사선"은 앙산이 만든 단어다. 여래선, 조사선, 묵조선, 간화선은 같은 말이다.

시대가 흐름에 따라서 방법론적으로 각자의 특색이 있을 뿐이다.

여래선은 수준이 낮고, 조사선은 수준이 높다고 분별하지 말라.

여래선과 조사선을 분별하는 앎(自性)은 도대체 무엇인가?

과연 무엇이 있어, 조사선과 간화선을 구별하는 것일까?

만약 생각으로 헤아리는 순간 앙산의 살인도에 목이 떨어진다.

화두는 모든 것이 은밀한 함정이다! 생각을 가진 자는 지나갈 수 없는 죽음의 지뢰밭일 뿐이다. 유황불이 활활 타오르는 선정(삼매) 지옥!

화두의 초월적인 단어(격외구)는 절대 세계의 출입문을 수호하는, 생과 사의 공명정대한 심판관이다!

망상에 빠진 생각 부처가, 어떻게 감히 무자비한 은산철벽의 화두를 지날 수 있겠는가?

진정한 수행자는 "모르는 그 놈(앎)"을 무조건 밝히면 그만이다!

오직 이것뿐이다. 알겠는가?

앙산이 "조사선"을 운운할 때 향엄이 바로 후려쳤다면, 아무런 일 없이 평화로웠을 것인데 단지 아쉬울 뿐이다.

소심한 향엄이 제대로 응징을 하지 못했기 때문에, 대범한 앙산이 지금도 활보하고 있다.

또한 "조사선"이란 단어를 처음 들었는데, 어째서 향엄은 질문을 하지 않았을까?

향엄이 "무엇이 조사선인가?"라고 묻지 않은 것은, 이 화두가 가진 심오한 함정이자 답을 내포하고 있다.

천 년이 넘게 눈먼 똥개들을 쉬지 못하게, 과제물을 남긴 향엄과 앙산은 전설 속의 살인귀가 맞다. 분광검법(分光劍法)!

역시 "백장야호"의 성주 후손다운 천하제일의 솜씨다.

앙산: 여래선(如來禪)은 사형이 알았다고 인정하겠지만,

　　　조사선(祖師禪)은 꿈에도 보지 못했습니다.

호천: 여래선은 여래선이 아니고, 조사선은 조사선이 아니다.

송: 작년의 가난이나 지금의 가난이나 한결같고
　　눈을 깜빡여서 어린 사미를 불러 무엇 하리.
　　이것은 조사선도 아니고 여래선도 아니니
　　허공에 말뚝을 박아서 말뚝선을 참구하라.

*위산- 향엄, 앙산, 경산, 영운, 미호

140. 선문염송 1378칙- 낭야와 법화의 법거랑

낭야: 요즘 어디에서 떠나 왔는가?

법화: 절중에서 왔습니다.

낭야: 배로 왔는가, 육지로 왔는가?

법화: 배로 왔습니다.

낭야: 배는 어디에 있는가?

법화: 배는 발밑에 있습니다.

낭야: 길을 거치지 않는 한 구절은 어떻게 말하는가?

법화: 제멋대로 엉터리로 말하는 장로가 삼(麻)과 조(粟)같이 많
　　　구나!

그리고 소매를 흔들면서 가버렸다.

낭야가 시자에게 물었다.

낭야: 그 스님이 누구냐?

시자: 거(擧) 스님입니다.

낭야가 뒤쫓아 가서 객실 앞을 지나는 것을 보았다.

낭야: 거 사숙이 아니십니까?

　　조금 전의 잘못을 용서하십시오.

법화: 악!

　　장로는 언제 분양에 갔었는가?

낭야: 그때입니다.

법화: 내가 절중에서 일찍부터 그대의 명성을 들었는데,

　　알고 보니 견해가 이 정도밖에 안 되는구나.

　　어떻게 이름을 천하에 떠들썩하게 얻었소?

낭야: 절을 하면서, 저의 잘못입니다.

평: 낭야와 법화의 법거량에서 누가 이기고, 누가 졌는가?

표면적인 승패와는 아무런 상관이 없다. 이 화두는 처음부터 끝까지 지뢰밭이라서, 발을 잘못 디디면 바로 폭발해서 죽는다.

지금도 화두를 모르는 자들이 곳곳에서, 눈먼 부처와 조사를 팔아서 장사를 하고 있다.

하지만 스스로 속이지 못함을 어쩌겠는가! 하하!

예나 이제나 바보 같은 선객들의 시체가, 해변가의 모래알처럼 끝없이 펼쳐져 있다.

수행자는 진실해야 하는데 자신을 속이고 있으니, 그 누가 구제할 수 있으랴! 자신을 속이고 남을 속이는 자는 이에 맞는 보답을 받으리.

수행자여! 먼저 인격을 갖추자. 인과응보(因果應報)!

각설하고, 낭야의 질문이 좀 지나친 면은 있으나, 그냥 대답을 하면 아무런 일도 아닌 것 같기도 하다.

그리고 법화의 행동도 좀 지나친 면이 있는 것 같기도 하고, 어쩌면 당연한 것 같기도 하다. 아이고, 머리야!

손님이 주인이 되고, 주인이 손님이 되어버렸으니, 모든 것이 혼돈 속의 뒤죽박죽이다.

어떻게 이 문제를 해결해야 하는가? 결자해지(結者解之)!

예나 이제나 극악무도한 사이비와 악마들은 삼과 조같이 많다!

하지만 사이비와 악마들이 손바닥으로, 어떻게 무한한 하늘을 가릴 수 있겠는가?

자신을 속이지 못해서 좋고 좋구나! 하하!

오직 시간과 공간 속에서 서서히 죽어가고 있는, 하찮은 자신을 바라볼 뿐이다. 생자필멸(生者必滅)!

여하튼 두 눈을 크게 뜨고, 부처의 옷을 입은 마조의 오줌싸개(我空), 사이비, 인두겁을 쓴 악마들에게 속지 말라!

낭야가 "배는 어디에 있는가?"라고 물으니, 법화가 "배는 발밑에 있다."라고 말한다.

그럼 법화의 대답이 정답이라는 말인가?

그리고 법화가 "낭야는 언제 분양에 갔었는가?"라고 물으니, 낭야가 "그때입니다."라고 대답을 한다. 낭야의 대답이 이해가 되지 않는다.

그렇다면 "그때"는 과연 언제, 어느 날을 말하는 것일까?

마조의 오줌싸개(我空), 사이비, 악마들아, 대답을 해 보라?

하하! 그 누가 있어 대답을 할 수 있겠는가?

또한 "선(禪)이 없는 것이 아니라 선사가 없다."는 황벽의 말을 영원히 잊지 말라! 알겠는가?

눈먼 선객의 시체가 바닷물의 물방울처럼 한없이 쌓여있다.

무덤의 성에 주인은 없는데, 백골의 뼈만 앙상하게 인산인해(人山人海)!

부처를 구하다가 악마가 되어버린 애절한 영혼들이여, 지금은 어디에서 무엇을 하고 있는가? 악!

사통팔달로 꽉 막혀있는 송장 같은 선객에게, 어찌 한계가 있겠는가?

오늘은 지옥에 가서 염라대왕이 팔대지옥(八大地獄)을 잘 관리하고 있는지, 살생부와 비교하며 원칙대로 감사를 해야겠다.

아직도 모른다면, 법화의 배를 타고 폭풍우가 휘몰아치는 태평양을 항해하는 수밖에 다른 길이 없다. 풍전등화(風前燈火)!

운이 좋다면 상냥한 돌고래가 말을 해줄 것이고, 운이 나쁘다면 굶주린 상어의 밥이 될 것이다. 행운을 빈다.

낭야: 요즘 어디에서 떠나 왔는가?

호천: 블랙홀의 끝에 있는 해골의 성에서 왔습니다.

낭야: 은하철도로 왔는가, 타임머신으로 왔는가?

호천: 타임머신으로 왔습니다.

낭야: 타임머신은 어디에 있는가?

호천: 주차장에 있습니다.

낭야: 길을 거치지 않는 한 구절은 어떻게 말하는가?

호천: 길 없는 길!

그리고 호천이 큰 소리로, "마조의 오줌싸개가 마구 짖는구나!"

하고, 크게 웃으며 가버렸다. 하하하!

법화: 장로는 언제 분양에 갔었는가?

호천: 2999년 5월 5일 어린이날입니다.

송: 산길 따라 높은 정상으로 가고

　　 강물 따라 넓은 바다로 가네.

　　 밤이 되어 산정에서 길을 잃고

　　 낮이 되어 바다에서 길을 찾네.

*수산- 분양- 낭야, 법화, 흥교, 자명

141. 무문관 35칙- 오조, 영혼과 육체

오조가 학인에게 물었다.

: 천녀(倩女)는 영혼과 육체가 분리되었다.

　어느 것이 진짜인가?

평: 삼라만상의 모든 것은 영혼과 육체가 있다. 설마?

당연히 사람에게도 영혼과 육체가 있다. 진짜?

그럼 강과 산에게도 영혼과 육체가 있는가?

눈에 보이는 것이 육체인 것은 알겠는데, 강과 산의 영혼은 어디에 있는가?

산송장아, 반드시 밝혀야 한다. 공허한 꿈을 꾸는 부처여!

천녀의 영혼이 진짜인가 아니면 육체가 진짜인가?

영혼과 육체가 모두 진짜인가 아니면 영혼과 육체가 모두 가짜인가?

진정 어렵고 어렵다. 절세가인 천녀야!

너의 거짓 없는 순수한 정체가 무엇이냐?

침묵을 지키니 정말 답답하구나. 말을 해 다오. 헛된 년아!

아리따운 여인은 이미 텅 비어 있음(空)으로 흩어졌는데, 그리워하는 남자는 아직도 뜨거운 눈물을 흘린다. 회자정리(會者定離)!

사랑은 아무리 지독해도 한순간 스쳐 가는 불기둥 같은 바람이고, 애절한 사랑이 떠난 후에는 공허한 메아리의 여운만 맴도는 바람이다.

땅, 물, 불, 바람(四大 육신)으로 흩어지기 전에 나는 무엇이며, 흩어진 후에 나는 무엇인가?

이것을 밝히지 못한다면, 천녀처럼 영겁의 시간을 관할하는 무심한 집행자에게 영혼과 육체를 모두 빼앗길 것이다.

그럼 나는 누구인가?

오조: 천녀는 영혼과 육체가 분리되었다. 어느 것이 진짜인가?

호천: 모두 헛것이다.

송: 하나의 허공 화살이 시공을 가르며

영혼의 심장과 육체의 심장을 꿰뚫고

철벽의 돌 여자에 혈관도 관통하여

생명 없는 천녀의 심장을 뛰게 하네.

*백운- 오조- 원오- 대혜- 졸암- 묘봉

142. 선문염송 569칙- 앙산, 작은 부처

앙산(仰山)이 어느 날 문득 보니, 인도의 승려가 허공을 날아와서 절을 하고 앞에 섰다.

앙산: 최근에 어디를 떠나 왔는가?

승려: 아침에 인도를 떠났습니다.

앙산: 무엇 때문에 그렇게 늦었는가?

승려: 산 구경을 하고 물 구경을 했습니다.

앙산: 신통묘용(神通妙用)은 스님에게 있지만,

불법(佛法)은 노승(老僧)에게 돌려주어야 한다.

승려: 특별히 중국에 와서 문수에게 예배드리려고 했는데,

오히려 소석가(小釋迦 작은 부처)를 만났습니다.

그리고 인도의 패엽(貝葉 불경)을 꺼내 앙산에게 주고, 절을 하고 난 뒤에 구름을 타고 허공으로 솟아올라 가버렸다.

평: 인도의 선객은 손오공이 아닌데, 어떻게 구름을 타고 올 수 있을까?

손오공이 승려로 변신한 것일까, 손오공의 구름의 훔친 것일까, 아니면 진짜 손오공이 있다는 말인가?

아이고~ 머릿속이 혼미하다. 오리알기리알. 하하!

이렇게 초월적인 능력을 가진 자가, 어째서 앙산을 작은 부처라고 부르는가?

소석가는 아난의 별명인데, 역시 앙산은 아난의 응신(應身)이라는 것인가?

언제나 궁금했지만 진실을 몰라, 모든 것이 뒤죽박죽이고 혼수상태다.

철의 장막으로 이루어진 이 화두를 어떻게 밝혀야 하는가?

설마 앙산과 인도 승려가 짜고, 모든 사람들을 속이는 것은 아니겠지!

어쨌든 진정한 수행자라면, 이 화두를 산산이 부수고 지나가야 한다.

화두는 진짜 부처를 가려내는 시험 문제다!

무엇이든 만나는 대로 무조건 박살 내어야 한다. 하나라도 초전박살 내지 못한다면, 진리와 아무런 상관이 없다.

단지 진리를 노래하는 추악한 사이비와 악마의 종자일 뿐이다.

앵무새의 흉내를 내지 말라.

이 화두는 완벽한 지뢰밭으로 구성되어 있다. 한 발을 잘못 디디면 이 육신은 갈가리 조각난다. 생각으로 지날 수 없는 난공불락의 철옹성이란 바로 이것이다. 여러 겹의 은산철벽!

어설픈 잔재주는 인도 선객에게 있지만, 절대 진리의 정수는 조사선의 성주 앙산에게 있다!

그럼 앙산에게 있는 진리의 실체는 과연 무엇인가?

앙산은 진짜 아난이 윤회를 하여 나타난 화신(化身)이란 말인가?

이 진실을 명명백백하게 밝히지 못한다면, 단지 구천을 떠도는 한 많은 혼백일 뿐이다.

아~ 모르겠다. 모를 때는 마음을 비우고, 지리산으로 가는 것이 상책이다. 지리산 정상의 천왕봉에서 하늘의 구름을 불러서 타고, 인도 선객을 만나서 직접 물어보아야겠다.

선객: 앙산은 진짜 아난이 윤회하여, 다시 태어난 화신입니까?

호천: 조사선(祖師禪)!

송: 손오공의 근두운을 훔친 인도 승려가

　　달마가 간 길을 따라 중국으로 가네.

　　길 없는 허공을 지나서 도착하니

　　손오공이 여의봉을 쥐고 미소 짓네.

*위산- 앙산- 남탑,　가섭- 아난- 우파국다

143. 선문염송 516칙- 보화의 죽음

어느 날 보화가 거리에 나가서 사람들에게 장삼을 시주하라고 하였다. 사람들이 모두 장삼을 주었으나, 보화는 다 필요 없다고 하였다.

이 말을 전해들은 임제가 원주에게 관 하나를 사도록 시켰다.

보화가 돌아오니, 임제가 말하였다.

: 내가 자네에게 주려고 장삼을 마련하였네.

보화가 얼른 짊어지고 거리를 돌면서 외쳤다.

: 임제가 나에게 장삼을 마련해 주었다. 나는 오늘 동문으로 가서
　세상을 떠날 것이다.

거리의 사람들이 다투어 쫓아가서 보았다. 그러자 말하였다.

보화: 오늘은 아니다. 내일 남문으로 가서 세상을 떠날 것이다.

3일 동안 이렇게 하니, 사람들이 아무도 믿지 않았다.

4일째 아무도 따라와서 보지 않아, 홀로 북문 밖으로 나가서 스스
로 관 속에 들어가 온몸을 벗어났다.

평: 보화는 살아서 국민들을 혹세무민하더니, 죽는 순간까지도 회
개를 하지 않는다.

하지만 인과법칙은 빗나가는 법이 없어 백발백중이다. 유도탄!

관 안에 누운 자가, 어떻게 관에 못을 박을 수가 있을까?

보화의 수의는 무게가 얼마나 될까?

보화의 눈밖에 벗어나면 바로 관 속에 처넣어서, 못을 박아버리니
사악한 살인귀가 맞다. 이 미친놈을 피해서 다녀라.

평소에 미친 짓만 하더니 죽을 때가 되어, 그래도 지옥에 가기는
두려워서 애타게 조주의 사대문을 찾는구나.

부패한 음식물의 찌꺼기야! 천국행 표는 이미 매진이고, 지옥행
표만 남아 있을 뿐이다.

보화는 조주의 "열반(無生法忍)의 문"을 찾기 위해서 동서남북으

로 분주히 뛰어다녔지만, 결국 찬란한 "열반의 문"을 찾지 못하고 북문에서 쓸쓸히 홀로 죽는다.

가련하고 불쌍한 영혼이여, 어째서 참회를 하지 않는가?

그러나 하나의 눈을 가진 임제는 라이벌이 죽은 것을 기뻐하며, 유곽에서 섹시한 기생들과 삼바를 춤추며 흥겹다.

어쩌면 관을 짜서 나무 코트를 입는 날이, 인생 최고의 축제 날이 아닐까?

어차피 살아 본들 살아남은 자의 기쁨과 환희는 없고, 슬픔과 고뇌만 있는 것은 아닐까?

아~ 생각하노니, 인생은 정말 오묘하고 야릇한 한순간의 꿈이구나.

여하튼 저승사자를 만나고 싶은 자는 만나고, 염라대왕을 만나고 싶지 않은 자는 만나지 말라.

관에 누워도 죽은지 모르는 한 맺힌 영혼은 과연 누구인가?

도대체 몇 천 년을 살아야, 한순간의 바람 같은 덧없는 삶에서 자유로워 질 수 있겠는가?

보화: 내게 장삼을 시주하시오.

호천: 근조 화환(謹弔花環)을 받게.

송: 동문으로 가니 해가 보여 흉조고
　　서문으로 가니 달이 보여 길조네.
　　남문으로 가니 저승길이 막혔고
　　북문으로 가니 조주가 손짓하네.

*마조- 반산- 보화, 황벽- 임제- 삼성

144. 선문염송 279칙- 중읍과 앙산, 원숭아!

앙산: 어떤 것이 불성(佛性)입니까?

중읍: 내가 그대에게 비유를 들겠다. 가령 방 하나에 여섯 개의
　　　창문이 있고, 그 안에 원숭이 한 마리를 두고, 밖에서 어떤
　　　사람이 "원숭아!" 하고 부르면 원숭이는 즉시 대답한다.
　　　이와 같이 여섯 창문에서 모두 부르면 모두 대답한다.

앙산: 안에 있는 원숭이가 잠을 잘 때는 어떻게 합니까?

중읍이 선상에서 내려와 앙산을 붙잡고 말하였다.

중읍: 원숭아, 내가 너와 만났구나!

평: 여섯 개의 창문은 철벽이라 밖에서 아무리 소리쳐 불러도 소
리가 들리지 않는데, 어떻게 대답을 한다는 것일까?

설혹 대답을 한다고 해도 밖에서 알아들을 수 있을까?

안이 보이지 않는 철벽인데, 잠을 자는지 어떻게 알 수 있을까?

정말 원숭이가 잠을 자고 있다면, 어떻게 깨울 수 있을까?

그런데 중읍은 원숭이와 만났다고 했다.

도대체 어떻게 잠을 자는 원숭이를 깨운 것일까?

심히 의심이 가는 대목이다. 창문은 난공불락의 겹겹에 은산철벽
이라 부수고 들어갈 수도 없다.

코를 골면서 자고 있는 원숭이를 과연 어떻게 깨울까?

깨어날 때까지 기다리면, 문을 열어 줄까?

혹시 죽었다면, 영원히 천국으로 가는 문을 열 수가 없다. 맙소사!
인간의 초조·불안하고, 끝없이 샘솟는 생각의 비관·절망이 오히려
죽음을 향한 비수가 된다.

회광반조(回光返照)! 도대체 생각이 어디에서 생겨나는지 바라보라!
판단 정지! 수행자여, 문을 두드려라! 그러면 바로 열릴 것이다!

여섯 개의 창문에서 모두 부르면 모두 대답하는 것을 보니, 손오
공이 분신술을 펼친 것이 틀림없다.

손오공! 문을 열어다오. 친구가 왔다! 자네가 가장 좋아하는 바나
나를 사왔다.

저팔계, 사오정은 어디에 있니?

눈으로 본다고 하면 눈동자 없는 봉사요, 귀로 듣는다고 하면 귀
없는 귀머거리요, 입으로 말한다고 하면 입과 혀가 없는 벙어리다.

작열하는 태양 속에서 한 송이 하얀 눈꽃을 볼 수 있고, 깊은 산골
짜기에서 메아리가 사라져도 메아리를 들을 수 있고, 입과 혀가
없어도 유창하게 말할 수 있어야 절대 진리를 아는 것이다.

나머지 헛것들은 할 일 없이 진리를 흉내 내는 원숭이일 뿐이다.

생명이 없는 그림자 침팬지야! 오랑우탄아! 고릴라야! 킹콩아!

마치 옆집 개가 짖으니 괜히 따라서 짖는 눈먼 똥개들, 멍멍탕들!
삼계탕들! 오리탕들! 하하!

주인공아, 악마의 군대에게 절대 속지 말라! 24시간 항상 깨어 있
어라!

원숭아! 싱싱하게 잘 익은 노란 바나나를 맛있게 먹어라.

그대의 주둥이는 어디에 있는가?

앙산: 방 안에 있는 원숭이가 잠을 잘 때는 어떻게 합니까?

호천: 똑, 똑, 똑! 창문을 두드리게.

송: 하염 하염없이 눈이 내리는 날

　　한적한 초가집을 눈이 덮쳤네.

　　사랑하는 여인이 애타게 부르지만

　　눈으로 막혀 문을 열 수가 없네.

*남악- 마조- 중읍,　위산- 앙산- 서탑

145. 선문염송 131칙- 혜충, 본래 모습의 부처님

선객: 무엇이 본래 모습의 부처님(本身盧舍那)입니까?

혜충: 나에게 물병을 건네주게.

승려가 물병을 가지고 왔다.

혜충: 원래 있던 자리에 다시 가져다 놓게.

선객: 무엇이 본래 모습의 부처님입니까?

혜충: 옛 부처(古佛)가 지나가 버린 지 오래되었네.

운문: 아무런 흔적도 없다.

평: 가고 오고, 앉고 서고, 눕고 일어나고 하는 자는 과연 누구인가?

자신이 부처라는 사실을 알면서도, 진정으로 깨닫기가 어렵다.

왜인가? 너무나 가깝게 있고 너무나 익숙하기 때문에, 그래서 더

욱 더 알기가 어려운 것이다. 귀신이 곡할 노릇!

태어나서 지금까지 변함없는 부처인데, 거짓 자아가 눈앞을 가려 놓으니 마치 봉사와 같은 삶을 사는 것이다. 하얀 지팡이야!

부처와 어설픈 동거 생활을 끝내고, 언제쯤 자신의 부처와 마주 보며 사랑을 속삭일 수 있는 날이 오겠는가?

진정한 부처이지만 깨어나기 전까지는, 에고의 속박에 끌려 다니는 비천한 종놈에 지나지 않는다. 참혹한 식민 지배 45년이여!

얼마나 아이러니한가! 부처가 악마의 종놈으로 노예 생활을 하고 핍박 받으며 산다는 것은, 신비로운 하나의 기적 같은 일이다.

이것은 삼천대천세계(우주 전체)의 신비 중의 신비이다. 불가사의!

어째서 이런 신비롭고, 말도 안 되는 어처구니없는 일이 벌어지는 것일까?

그것은 순수하게 태어나서 성장하는 과정에서, 욕망과 욕심으로 마음이 병들기 때문이다. 모든 유정(有情)의 비극!

모든 불행의 원인은 인간의 끝없는 욕망!

삼계의 모든 자들이여, 타오르는 불꽃같은 욕망은 결코 채울 수가 없다.

역설적으로 마음을 비우고 비워서, 그 비워 있음을 그대로 유지하라.

그러면 꼭 찰 것이다.

이것이 곧 자신의 부처이고, 우주 전체의 모든 것이다. 오직 하나!

자신이 물병을 가져오고 있던 자리에 다시 가져다 놓았는데, 어째서 모를까?

"옛 부처가 지나가 버린 지 오래되었네."라는 대답은 걸작이다.

진리는 "이 순간"에 있다! 다른 순간에서 절대 찾지 말라.

깨진 물병아! 지금 "이 순간" 그대는 어느 곳에 있는가?

깨진 물병 조각의 파편에서, 자신의 실체를 찾지 말라!

360도 돌아서 원점에 서면, 중생 때 바라보던 바로 그것과 똑같다.

화두의 답은 삼라만상을 돌고 돌아서 360도 원점에 서면, 바로 그 때 보일 것이다! 단지 있는 그대로의 모습으로!

선객: 무엇이 본래 모습의 부처님입니까?

호천: 태양에서 부처의 얼음 조각상을 세운다.

선객: 무엇이 본래 모습의 부처님입니까?

호천: 지금 의심하는 그 놈이 부처님이다.

송: 앉으나 서나 누우나 말하나

　　 자신의 부처를 보지 못하네.

　　 저기 감로주를 가져다주게

　　 그대가 삼계의 부처님이네.

*혜능- 혜충- 탐원,　설봉- 운문- 쌍천

146. 선문염송 568칙- 앙산, 여산의 오로봉

앙산: 최근에 어느 곳을 떠나 왔는가?

승려: 여산에서 왔습니다.

앙산: 오로봉에 가 본 적이 있는가?

6 장 분류사 화두 _ 885

승려: 가 본 적이 없습니다.

앙산: 그대는 산 구경을 다녀 본 적이 없군.

운문: 이 말은 모두 자비 때문에 수풀 속으로 들어간 이야기다.

평: 여산에 살았는데, 어째서 산 구경을 다니지 않았다고 엉뚱한 질문을 하는 것일까?

꼭 산의 정상에 가야만 산 구경을 하는 것일까?

여산의 오로봉에는 그 무엇이 숨겨져 있다는 것일까?

아니면 여산의 수호자인 산신령을 만나야 한다는 말일까?

어쨌든 모든 산의 정상은 똑같다. 오솔길로 올라가면서 산 구경도 한껏 즐기고, 정상에 서면 파란 창공과 뭉게구름을 마주한다.

또한 높은 산에 가면, 산봉우리들과 어깨를 나란히 하고 선다.

앙산의 자취를 찾을 수 없는 질문에 말문이 막혔으니, 동네 뒷산에 올라서 답을 찾아야겠다.

오솔길을 따라가니 꽃과 나무들이 자기 자리를 지키고 있고, 산새들은 바람을 타고 즐겁게 노래한다.

정상에서 둘러보니 풋풋한 김해평야와 반짝이는 낙동강은 변함없이 고요하게 평화를 속삭인다.

아무리 사방을 둘러보아도 앙산의 질문에 답을 찾을 수가 없다.

벙어리 냉가슴을 앓듯이 쓰라린 가슴만 쓸어내린다. 빌어먹을!

산 속에 있으면서도, 어째서 산 구경을 하지 못하는 것일까?

역시 눈먼 토끼이며, 눈동자 없는 솔개란 말인가?

아무리 답을 찾아보아도 답을 알 수가 없어, 한스러움에 마음이

천 갈래 만 갈래로 찢어질 뿐이다.

구름 속에 숨어 있던 태양이 갑자기 햇살을 비추니, 순간 눈이 감긴다. 아~ 답을 알았다. 이것이구나!

답이 무엇인가? 빨리 말해라. 빨리! 조각난 태양아!

운문의 평을 보면, 마치 달빛이 그윽한 봄날, 황야에서 숨 막히는 결투 장면이 연상된다.

앙산은 조사선의 살인귀 두목이고, 운문은 삼계의 제일검이다.

과연 누구의 목이 먼저 떨어질까?

설마 동귀어진(同歸於盡)은 아니겠지. 하하!

앙산: 오로봉에 가 본 적이 있는가?

호천: 가 본 적이 있습니다.

앙산: 그대는 산 구경을 다녀 본 적이 없군.

호천: 어느 곳이나 노란 단풍입니다.

송: 장엄한 지리산 자락에 살면서도
　　고독한 정상의 천왕봉을 모르네.
　　새벽녘 지리산 정상에 홀로 서면
　　푸른 하늘이 미소 짓고 윙크하네.

*위산- 앙산- 곽산,　설봉- 운문- 파릉

147. 선문염송 830칙- 암두, 노파의 아기

암두가 한양에서 뱃사공 노릇을 할 때, 양쪽에다 목판 하나씩을
걸어 놓고, "강을 건너려는 사람은 목판을 치시오."라고 써 놓았다.
어느 날 한 노파가 아기 하나를 안고 와서, 목판을 쳐서 강을
건너려고 하였다. 암두가 초가집에서 돛대로 춤을 추면서 나왔다.

노파: 노를 바치고, 돛대로 춤을 추는 것은 잠시 멈추고, 말해 보
　　　시오!
　　　이 노파의 손에 있는 아기는 어디에서 왔는가?

암두가 노로 노파를 후려쳤다.

노파: 내가 일곱 아이를 낳아 여섯 놈까지 마음 아는 사람을 만나
　　　지 못했는데, 이 한 놈도 역시 얻지 못했구나!

그리고 아기를 강물에 던져버렸다.

낭야: 적을 속이는 자는 망한다.

평: "말후구"로 삼라만상을 혹세무민하던 암두가 절에서 쫓겨나
더니, 이제는 노파의 변변찮은 질문에 말문이 막혀서 홧김에 노로
후려친다.
녹슨 검을 기방에 저당잡힌 3류 무사여!
그러나 아기는 어디에서 왔을까? 정녕 어렵고 어렵다.
일곱 아이를 모두 수장시켰으니, 이 죄를 어떻게 감당해야 할까?
이 중에 설마 미래의 부처가 있었던 것은 정말 아니겠지?
암두가 삼계의 주인공이라면 일곱 아이를 모두 살릴 수 있겠지만,
아니라면 자신도 곧장 지옥행이다.
유황불이 이글거리는 지옥에서 염라대왕이 회심의 미소 지을 뿐

이다. 판관의 정의로운 미소!

아무리 목판을 쳐도, 아무리 춤을 추어도, 아무리 노파를 때려도, 답을 찾지 못하는 가련한 암두!

역시 양팔 없는 암두는 형편없는 뱃사공임에 틀림없다.

암두와 노파를 어떻게 지옥으로 보낼 것이며, 일곱 아이는 어떻게 살려야 하겠는가?

끝끝내 해답을 찾을 수가 없으니, 강가에서 목메어 울 뿐이다.

오~ 서러운 화두 참구 30년이여! 백골의 회한만 남기는구나!

위대한 뱃사공 덕성은 강에서 협산이라는 월척을 낚았는데,

엉터리 뱃사공 암두는 손 안의 물고기조차도 놓치는구나.

위대한 말후구(末後句)의 검객 암두여, 어째서 검을 뽑지 않는가?

검 없는 뱃사공 덕성은 노라도 뽑았는데, 괴롭구나. 암두여!

결국 일곱 아이를 살리지 못하여 암두와 노파는 살인죄 공범으로, 지옥행 특급열차를 타고 방금 지옥으로 떠났다.

낭야가 "적을 속이는 자는 망한다."고 했는데, 누가 아군이고 누가 적군인가?

주범과 공범은 알겠는데, 아군과 적군은 정말 모르겠다.

오~ 뼛속까지 파고드는 화두의 잔인한 살인도 앞에, 또 다시 무릎을 꿇어야 하는가?

아~ 언제쯤 한 맺힌 화두의 심장에, 심장에 검을 꽂을 수 있을까?

한 척의 나룻배가 태평양을 표류하다가 결국 좌초하여 난파선이 된다.

간신히 무인도에 상륙하기는 하였으나, 어떻게 구조요청을 할 것

인가?

전설 속의 대나무 피리인 만파식적(萬波息笛)을 불면, 하늘과 바다의 청룡이 나타나서 구출해 줄까?

하지만 누가 있어, 구멍 없는 만파식적을 불 수 있겠는가?

노파: 노파의 손에 있는 아기는 어디에서 왔는가?

호천: 엄마.

노파: 내가 일곱 아이를 낳아 여섯 놈까지 마음 아는 사람을 만나
　　　지 못했는데, 이 한 놈도 역시 얻지 못했구나!

그리고 아기를 강물에 던져버렸다.

호천: 하얀 원피스를 입은 마를린 먼로.

낭야: 적을 속이는 자는 망한다.

호천: 소총을 든 동자승.

송:　난파선의 마지막 돛대마저 노파가 꺾어버렸으니
　　　이제 이름 없는 무인도를 탈출할 방법이 없네.
　　　불을 피워 하늘 높이 연기를 솟아오르게 하고
　　　강물 속으로 던져버린 아기는 반드시 살려야 하네.

*덕산- 암두- 서암, 분양- 낭야- 정혜, 약산- 덕성- 협산

148. 선문염송 890칙- 조산, 술 석 잔

청예: 청예가 외롭고 가난하니, 스님께서 구제해 주십시오.

조산: 청예 스님아, 가까이 오너라.

스님이 가까이 다가왔다.

조산: 천주의 백씨네 술 석 잔이, 아직도 입술을 적시지 않았다고
하는구나.

평: 부처의 후예가 외롭고 가난하다고 하니 정말 불쌍한 놈이다.

눈이 있다면 주위를 둘러보라. 삼천리 금수강산이 모두 나의 친구
이고, 대자연이 모두 나의 양식이다.

아직 깨닫지 못했기 때문에 끝없이 허기를 느끼는 것이다.

과연 텅 비어 있는 마음의 배고픔을 무엇으로 채울 것인가?

마음도 가난하고, 재산도 없고, 아내도 없으니, 외로운 심정 이루
형언할 수가 없다.

죽은 후에 우주 전체를 얻어 본들, 살아 있을 때 한바탕 유쾌하게
웃는 것보다 못하다. 이 순간의 마법!

자신의 신세를 아무리 한탄하고 목놓아 울어 본들 무엇 하리.

구슬픈 노랫가락이 삼라만상을 눈물의 바다로 만들 뿐이다.

더욱 더 초라함을 가중시킬 뿐이니, 남자답게 술이나 마시고 잊
어라.

술 한 통을 비우고도 술을 마시지 않았다고, 당당하게 오리발을
내민다. 아직도 목을 축이지 않았다고 하니, 술 도둑이 맞구나.

차라리 모든 것을 털어버리고, 나그네가 즐겁게 여행을 하듯이 콧
노래를 부르며 여행을 떠나라.

마치 안드로메다 은하에서 외계인이 지구에 여행을 온 것처럼.

"그대 발길이 머무는 곳에~, 숨결이 느껴진 곳에~, 내 마음 머물게 하여 주오~"

청예: 청예가 외롭고 가난하니, 스님께서 구제해 주십시오.
호천: 아침밥은 먹었는가?
청예: 예, 먹었습니다.
호천: 배가 부르구나.

송: 공허한 마음이 외롭고 가난한 자는
　　아무리 먹어도 먹어도 배가 고프네.
　　고픈 배를 독한 술로 가득 채우고
　　취한 후에 천국의 휘파람을 부르네.

*석두- 약산- 운암- 동산- 조산- 금봉

149. 선문염송 993칙- 현사, 나 때문에 그대에게 절함

현사가 새로 온 스님이 절하는 것을 보고 말하였다.
: 나 때문에 그대에게 절을 하게 되었구나.

평: 눈먼 현사는 어째서 맞절을 하지 않았을까?
처음 만나면 서로 인사하는 것은 인지상정이다.
제자를 사랑하지 않는군. 나쁜 영감탱이!
그건 그렇고, 말도 못하는 바보 같은 불상을 보고, 3천 배 해서 무슨 이득이 있겠는가! 오직 육신을 편히 쉬는 게 낫다.

수행은 육신을 혹사시키는 것이 결코 아니다! 양귀비야, 깨어 있어라!

육신은 내 자신이 아닌데, 혹사시켜서 무엇 하겠는가?

단기간에 몇 번 정도 육신을 괴롭히는 것은 정신적인 무장을 위해서 괜찮으나, 더 이상 육신을 학대하지 말라!

절은 108배면 충분하다. 절대 3천 배를 하지 말라. 명심하길 바란다.

육신은 신이 살아가는 신전이다. 함부로 신전을 훼손시키지 말라.

절을 하는 목적은 깨어 있는 자신을 마주 보기 위한 찬란한 방편이다!

절을 하고 있는 자는 과연 누구인가?

이런 의문과 깨어있는 마음 없이 하는 절은 정말 무의미하다. 악!

명월아, 정신 차려라! 언제나 사람들에게 속지 말라!

수행은 자신의 마음을 한치도 틈을 주지 않고, 채찍으로 끊임없이 후려치는 것이다.

24시간 잠도 자지 말고 때리고 때려라. 이것이 진정한 수행의 핵심이다. 부처의 위대한 후손인 상근기!

이렇게 자신의 마음을 투철하게 밝혀간다면, 곧 진리의 문은 열릴 것이다. 불멸의 의지!

불상에게 절을 하는 것은 곧 자신에게 절을 하는 것이다.

또한 온 우주를 향한 무한한 사랑과 자비의 표출이다. 하심(下心)!

침묵을 지키는 불상의 말을 언제쯤 알아들을 수 있을까? 악!

현사에게 절을 하면 알게 된다. 청산유수의 침묵!

그러나 현사를 어디에서 만날 수 있겠는가?

부처는 딱히 머무는 국토가 없는데, 어느 곳에서 달빛 왕국의 황제인 현사고불을 만나겠는가?

아직도 과거·현재·미래의 부처를 만나는 장소를 모르는가?

부처가 머무는 나라가 없다면, 가는 곳마다 부처를 만날 수밖에 없다!

이제는 알겠는가?

호천이 새로 온 스님이 절하는 것을 보고 말하였다.

: 하늘은 스스로 돕는 자를 돕는다.

송: 낯선 스승과 제자가 맞절을 하고

　　서로가 우렁차게 할을 울부짖네.

　　번쩍 천둥소리가 화답이라도 하듯이

　　불현듯 소나기가 세차게 휘몰아치네.

*용담- 덕산- 설봉- 현사- 나한- 수산주

150. 선문염송 1073칙- 운문, 글 읽는 사람

선객: 어떤 것이 화상의 가풍(家風)입니까?

운문: 문밖에서 글 읽는 사람이 알려 줄 것이다.

평: 문밖에서 글 읽는 소리가 들여 나가서 사람을 찾아보니, 아무도 보이지 않는다.

도대체 사람이 없는데, 누구에게 물어보아야 하나?

귀가 어두운 운문에게 또 속았군. 허허!

그러나 이 순간을 자세하게 보라. 회광반조(回光返照)!

과연 글 읽는 소리를 들은 자는 누구인가?

무엇이 들었으며, 무엇이 가죽 부대(육신)를 문밖까지 운전하고 갔는가?

빨리 말해라! 똥싸개야! 생각하면 영원히 어긋난다! 알겠는가?

운문은 삼계의 제일검이라, 전광석화처럼 쾌검이다.

그 누구도 그의 검을 피할 수가 없다. 그의 검을 피하지 못하면, 이 육신은 산산조각 나고 비명 소리도 없이 찰나에 죽는다.

또한 전설 속의 살인귀들은 선악을 가리지도 않는다.

어째서 선과 악을 가리지도 않고 무조건 죽일까?

설마 선악이 없다는 것일까?

만약 선과 악이 없다면, 부처도 없고, 마음도 없고, 삼라만상의 모든 것이 없다는 것인가?

그럼 지금 여기에 있는 위풍당당한 나는 누구일까?

반드시 스스로 깨우쳐서 밝혀야 한다. 망상하는 물건아!

파란 선글라스를 낀 눈먼 백곰이 투수의 강속구를 받아쳐, 9회 말 2아웃에 끝내기 역전 만루 홈런을 날린다. 기적의 대역전승!

우선 운문의 무자비한 살인도부터 피하는 것이 상책이다.

오~ 피에 굶주린 살인귀, 운문이여!

선객: 어떤 것이 화상의 가풍(家風)입니까?

호천: 잔이 비었네.

선객: "잔이 비었네."라는 말은 무슨 뜻입니까?

호천: 다 마셨는가?

송: 산 너머 저 멀리서 들려오는

　　성당의 청아한 저녁 종소리.

　　타락한 부처님께 예배드리고

　　무심으로 되뇌는 빛바랜 진언.

*운문- 향림- 지문- 설두- 천의- 문혜

151. 선문염송 1139칙- 아호의 인절미

아호가 어느 날 손을 씻은 후에 식당에 가지 않고, 방장으로 돌아가 잠이 들었다. 식사가 끝난 뒤 지사가 왔다.

지사: 화상께서 왜 식당에 오시지 않았습니까?

아호: 장원(莊園)에서 인절미를 먹고 왔네.

저녁에 장주(莊主)가 왔다.

장주: 오늘 화상께서 장원에 오셔서, 인절미를 드셔서 감사합니다.

평: 미궁의 인절미 사건으로 완전 범죄다. 도둑들이 서로 입과 손발을 맞추었다.

흔적도 찾을 수 없고 증거도 찾을 수 없는데, 어떻게 범인을 잡을 수 있을까?

심증은 가는데 물증이 전혀 없다. 어떻게 하지?

한 명의 억울한 자가 있어서도 안 되니, 반드시 범인을 잡아야 한다.

아~ 미로 속을 핑글핑글 헤매는, 완벽한 생과 사의 수수께끼 같은 전대미문의 사건이다.

수많은 경찰과 검사가 현장에 있었음에도 불구하고, 범인을 잡을 수가 없다니 한심하고 한심하다. 허허!

현행범으로 체포해서 무조건 아호와 장주를 잡아서 족쳐야 할까?

고문을 해서 자백 받을 생각은 추호도 하지 말라. 증거 재판주의!

자세히 보면, 특별한 내용이 아무것도 없다.

너무나 당연한 이야기인 것 같은데, 도대체 무슨 불가사의한 비밀이 숨겨져 있을까?

너무나 완벽한 대화 내용이기 때문에, 약점이 전혀 없는 구중궁궐(九重宮闕)로 방비한 철옹성 중의 철옹성이다!

어려운 화두들이 가진 공통점이다. 참으로 어렵고 어렵다.

아호와 장주의 피 묻은 살인도의 협공에 비명 소리도 없이, 바보 같은 선객들의 시체만 쌓이는구나. 빨리 살인자를 잡아라.

아리따운 꽃은 웃어도 소리가 없고, 창공의 새는 울어도 눈물이 없다.

그럼 꽃은 언제 유쾌하게 소리 내어 웃으며, 새는 언제 구슬프게 눈물을 흘리는가?

덧붙이면, "선문염송" 중에서 가장 특이한 화두다!

대화 내용이 너무나 완벽하기 때문에, 무엇을 묻고 있는지 도무지 알 수가 없다! 화두의 미증유(未曾有) 사건!

"진조감승"이 완전한 동문서답의 은산철벽이라면, "아호의 인절미"는 빈틈이 없는 완벽한 정법의 은산철벽이다! 이 둘은 극과 극인 상극이다!

"진조감승"과 "아호의 인절미"를 말할 수 있는 자가, 과연 그 누가 있겠는가?

만약 있다면 말해 보라! 그럼 내가 감정해 주리라!

지사: 화상께서 왜 식당에 오시지 않았습니까?

호천: 장원(莊園)에서 인절미를 먹고 왔네.

저녁에 장주(莊主)가 왔다.

장주: 오늘 화상께서 장원에 오셔서, 인절미를 드셔서 감사합니다.

호천: 오히려 내가 고맙네.

송: 쫀득하고 달콤한 인절미를 먹고 나니
     영원한 배고픔이 순식간에 사라지네.
     장주가 오히려 감사의 인사를 드리니
     아호가 맛있게 잘 먹었다고 답례하네.

*덕산- 설봉- 아호 or 남악- 마조- 아호

152. 선문염송 1294칙- 법안, 일득일실

법안이 어떤 스님이 찾아오는 것을 보고 손으로 발(簾)을 가리키니, 그때 두 스님이 동시에 발을 걷었다.

법안: 하나는 얻었고, 하나는 잃었다(一得一失).

평: 두 명이 동시에 발을 걷어 올렸는데, 어째서 한 명은 얻고 한
명은 잃었을까?

얻었다면 함께 얻고, 잃었다면 함께 잃어야 하는데, 왜일까?

바로 눈앞에서 법안이 두 사람을 죽이는데, 아무런 증거를 찾을
수가 없다.

현장에서 명탐정조차도 고개를 숙이고 범인을 검거하지 못한다.

어떻게 해야 범인을 잡아서 철창 속에 처넣을 것인가?

마치 무형 무취의 가스로 독살하는 장면과 같다. 히틀러?

시체는 두 구가 있는데, 살인자가 없다. 완전 범죄?

법안의 무형 무취에 검법은 가히 삼계의 제일검과 같다.

어쩔 수가 없다. 현장에 세 명이 있었는데 두 명이 죽었으니,

나머지 한 명이 범인임에 틀림없다.

무조건 경찰서로 압송하고 나서 취조하자. 일단은 수갑을 채우자.

철컥! 범인은 무조건 독살스러운 법안이니 정히 안 되면, 고문을
하는 수밖에 다른 길이 없다.

독재 정권에서 "무죄 추정의 원칙"은 존재하지 않는다.

물 고문을 할까 아니면 전기 고문을 할까?

고문의 비명 소리는 언제나 들어도 유쾌한 노랫가락이다.

호천이 어떤 스님이 찾아오는 것을 보고 손으로 발(簾)을 가리키

니, 그때 두 스님이 동시에 발을 걷었다.

호천: 금강산 일만 이천봉이구나.

송: 한아름 얻은 것은 과연 무엇이고

　　한가득 잃은 것은 정녕 무엇인가.

　　아무리 둘러봐도 삼계는 그대로인데

　　공허한 메아리만 허공으로 사라지네.

*설봉- 현사- 나한- 법안- 천태- 영명

153. 선문염송 1291칙- 법안, 한 방울 물

선객: 어떤 것이 조원(曹源)의 한 방울 물입니까?

법안: 그것이 조원의 한 방울 물이다.

평: 이슬이 수증기가 되고, 수증기가 구름이 되고, 구름이 빗물이 되고, 물방울이 시냇물이 되고, 시냇물이 강물이 되고, 결국 강물이 바다가 된다.

이슬, 수증기, 구름, 빗물, 시냇물, 폭포수, 강물이 결국 바다와 같다! 모두 바다와 형제다. 하지만 형상이 제각각일 뿐이다.

한 방울의 물이 바다를 이루고, 바다가 한 방울의 물속에 농축되어 있다! 하나가 전체이고, 전체가 하나이다(一卽多 多卽一).

한 명의 손오공이 분신술을 펼치면 손오공의 분신이 무한하게 생겨나지만, 한 명의 손오공에서 무한한 분신이 나타났다는 사실을 깨닫는 것이다.

또한 한 방물의 물은 흘러서, 폭포에 이르러 아래로 떨어진다.

떨어지는 장엄한 폭포 소리를 듣고 청노루가 깨우쳤다고 하니, 무정설법을 알았음에 틀림없다.

폭포가 청노루에게 과연 무슨 말을 하였을까?

사람의 말도 알아듣지 못하는데, 바위의 말을 어떻게 알아들을 수 있겠는가?

바다로 간 한 방울의 물이 광포한 파도가 되어, 삼계의 모든 것을 휩쓸고 지나간다. 절망의 눈물!

파도는 우리가 보는 현실 세계이고, 심해(深海)는 우리가 보려는 절대 세계이다.

파도의 변화는 변덕스러운 인간의 마음이고, 심해의 무심(無心)은 평화로운 부처의 마음이다.

폭포가 떨어지는 것은 파도이고, 폭포 속의 한 방울에 물은 심해의 근원이다.

부처의 모든 진리는 생각(마음)을 완전하게 소멸시키는 것이다!

아무런 마음이 없는 자에게, 진리는 고작 한 잔의 물과 같다.

목이 마르다면, 즉시 물을 마시고 갈증을 해소시켜라. 아~!

진리는 단지 이것이고, 그대가 바로 우주 전체의 소유주다. 하하!

모든 법은 하나로 돌아가는데, 하나는 어디로 돌아가는가?

바다!

학인: 어떤 것이 조원의 한 방울 물입니까?

호천: 목이 말라서 마셨네.

송: 투명한 조원의 한 방울 물이
　　억겁 세월의 바위를 관통하네.
　　작은 구멍으로 들여다보니
　　법안의 눈동자가 광채를 발하네.

*현사- 나한- 법안- 청량- 운거- 영은

154. 선문염송 1292칙- 법안, 책 제목

학인: 어떤 것이 학인의 한 권의 경전입니까?

법안: 제목이 매우 분명하다.

평: 책 읽기는 너무나 중요하다. 책을 보면서 모르는 부분을 조금씩 밝혀가는 것이 진정한 수행이다.

"하루라도 책을 읽지 않으면, 입안에 가시가 돋힌다!"

책은 앞선 인류가 미래의 세대를 위하여, 인생을 선물하는 가장 중요한 마법의 지도와 같다!

독서를 꾸준히 하면, 모르는 부분은 또 다른 모르는 부분을 낳는다.

비유하면, 진리의 그물망을 촘촘히 좁혀가는 단계이다.

독서의 끝자락에 이르면, 책과 사고로 해결되지 않는 유리벽을 반드시 만나게 된다!

이 순간에 화두를 잡는 것이 최상의 시기라고 확신한다!

화두 참구를 해도 중요한 책 몇 권은 꾸준히 읽어야 한다.

왜인가? 자신의 게으름과 나태함을 채찍질하기 위해서다.

박산의 참선경어(參禪警語)! 덕산의 몽둥이! 임제의 악!

화두 삼매에 이를 때까지 독서는 계속되어야 한다!

화두 삼매란 잠을 자고 깨어나는데 시간과 공간의 틈이 생기지 않거나, 나와 모든 세상이 하나가 되는 경험(주객합일)이다.

화두 삼매에 이른 뒤에는 목숨을 걸고, 최후의 관문까지 곧장 가서 완전한 깨달음(대원경지)을 이루어야 한다.

각설하고, 학인이 읽어야 할 책 제목은 분명하지만, 무슨 책인지 찾지를 못해서 읽지 못한다.

도서관의 모든 책 제목을 보았지만 찾을 수가 없다. 어쩌지?

과연 책 제목이 무엇일까?

제목이 분명하다고 해 놓고, 어째서 책 제목을 말하지 않았을까?

설마 제목 없는 책이요, 글자 없는 경전이라는 말인가?

전설 속으로 전해지는 부처만 읽는다는 백지 경전!

경전에 글자가 없다면, 학인들은 무엇을 배울 수 있겠는가?

왠지 표독한 법안에게 속는 기분이다. 음~!

과연 어떻게 해야 속지 않을까?

일단 흥분을 가라앉히고 마음의 평화를 찾기 위해서, "이 순간"을 찬란하게 깨어있는 진언을 외우자. "이 순간"의 신성한 기적!

"지극한 진리(道)는 어렵지 않음이요, 오직 선택함을 꺼릴 뿐이니, 미워하고 사랑하지 않으면, 통연히 명백하다."

아~ 책 제목을 알았다!

학인: 어떤 것이 학인의 한 권의 경전입니까?

호천: 백지경(白紙經).

송: 읽어야 할 책은 무수히 많은데

　　어찌 제목을 모두 말할 수 있으리.

　　게으른 싯다르타는 책을 읽지 않고

　　무식한 혜능은 책을 읽을 수 없네.

*나한- 법안- 귀종, 숭수, 청량, 천태

155. 선문염송 1302칙- 법안, 스님의 안목

법안: 배로 왔는가, 육지로 왔는가?

상좌: 배로 왔습니다.

법안: 배는 어디에 있는가?

상좌: 배는 강에 있습니다.

각(覺) 상좌가 물러간 후, 법안이 곁의 스님에게 물었다.

법안: 그대가 말해 보라.

　　　조금 전의 그 스님이 안목이 있는가, 없는가?

평: 배를 타고 왔다면, 하얀 갈매기들의 노래와 거친 파도 소리를
들으며 왔을 것이다.

또한 대지를 걸어서 왔다면, 꽃과 나무, 새와 바람의 신성한 합창
을 들으며 왔을 것이다.

내라면, 갈매기들이 부른 노래와 새와 바람이 함께 부른 노래 제목을 물었을 것이다.

형편없는 법안이 물을 줄도 모르는구나. 부끄럽구나, 조사선이여!

심장이 없는 그대가 말해 보라.

갈매기가 Z기류를 타고 흥겹게 부른 노래는 무엇인가?

그대도 역시 빨간 혈액이 없어 안목이 없구나. 빨리 수혈을 받아라.

아~ 변변찮은 조사선이 언제쯤 눈을 뜨겠는가?

오~ 언제쯤 살아 숨 쉬는 선객을 만날 수 있을까?

배가 강에 있다고 했을 때 후려쳐야 했는데, 어째서 도둑이 지나가고 나서 총을 쏘는 것일까?

정말 배가 강에 있기 때문일까?

우물쭈물하다가 도둑을 놓쳤다. 이럴 어쩌나!

독수리의 날카로운 눈이 있는 그대가 말해 보라.

그 스님이 정말 배로 왔는가?

입을 다물고 말할 수 있다면, 한마디 해 보라. 헛된 그림자야!

조금 늦었지만 이제라도 총을 쏘아 도둑을 잡자. 탕탕!

코끼리의 섬세한 귀가 있는 그대가 말해 보라.

도둑을 잡았는가 아니면 놓쳤는가?

법안: 배로 왔는가, 육지로 왔는가?

상좌: 잠수함으로 왔습니다.

법안: 잠수함은 어디에 있는가?

상좌: 부산항에 있습니다.

상좌가 물러간 후, 법안이 호천에게 물었다.

법안: 조금 전의 그 스님이 안목이 있는가, 없는가?

호천: 화두의 심장에 검을 꽂아라.

송: 남루한 나룻배로 길을 왔다면

　　거친 바다에 하얀 파도가 남고

　　당당하게 걸어서 길을 왔다면

　　대지에 선명한 발자국이 남네.

*설봉- 현사- 나한- 법안- 승수- 천동

156. 선문염송 390칙- 황벽, 선사가 없다!

황벽(黃檗)이 대중에게 설법하였다.

: 그대들은 모두 술 찌꺼기를 처먹는 놈들이다.

　그렇게 행각해서야 어디에서 오늘을 맞이하겠는가?

　이 큰 당나라에 선사(禪師)가 없음을 아는가?

선객: 지금 곳곳에서 사람들을 가르치고, 대중을 이끄는 자들은
　　　무엇입니까?

황벽: 선(禪)이 없다고 말한 것이 아니라, 선사가 없다고 말했을 뿐
　　　이다.

평: 모든 곳에서 예나 이제나 마조의 오줌싸개, 사이비, 악마들이
눈동자 없는 사람들을 속이고 있는 것을 어떻게 막을 수 있을까?

자신도 구제하지 못한 타락한 놈들이 아상(我相)에 갇혀, 곳곳에서 추악한 스승 노릇을 한다!

부처와 역대 조사들이 오직 피를 토할 뿐이다. 거짓으로 완벽하게 무장하고, 아름답게 화장한 독살스러운 불교여!

자신을 속이는 악마는 그 누구도 구제하지 못한다. 부패한 허상아! 악마에게 순결한 영혼을 팔아버린 불쌍한 영혼아! 돌고 도는 헛것아!

타인의 눈에 눈물을 흘리게 하면, 자신은 피눈물을 흘릴 날이 반드시 올 것이다. 인과응보! 자업자득! 결자해지! 사필귀정!

어쨌든 악독한 사이비를 구별하는 안목을 갖춘다면, 사이비에게 속는 일은 없을 것이다.

평등한 마음으로 밝고 건전하게 가르치는 스승을 찾아라.

그는 있는 그대로의 모습을 보여줄 것이고, 밀실 행정은 결코 하지 않는다.

진정한 스승은 자신의 마음속에 있다는 사실을 결코 잊지 말라!

우주의 모든 것 속에서 스승을 볼 수 있도록 노력하라.

"남에게서 찾는 일 절대 말지니, 나와는 아득히 멀어지리라!"

"모든 수행자는 자신을 등불로 삼고, 진리를 등불로 삼을 일이지, 타인을 등불로 삼지 말라!"는 싯다르타 부처의 사자후를 영원히 잊지 말라! 절대 진리의 선구자에 간절한 가르침!

무엇보다도 우선, "돈오점수"를 조금이라도 옹호하거나 "본래면목 화두"를 말하지 않는 자는, 100% 추악한 악마이니 절대 속지 말라!

불타는 눈동자를 가진 진실한 수행자여, 한 맺힌 한마디를 알겠는가?

이것만으로도 사이비를 구별하는 축복의 특효약이 될 것이다.

다른 사람들의 말을 쫓아가서는 영원히 진리를 알 수가 없다.

술을 마시려면 자신이 직접 마셔야 한다.

그래야 취기가 어떻게 올라오며, 어떻게 취해 가는지 분명하게 알 수가 있다. 진리를 배우는 과정이 이와 같다.

악취만 풍기는 썩은 음식물의 찌꺼기야, 보이는가?

선(禪)도 없고 선사도 없다. 절대계의 진리를 표현하기 위한, 오직 방편만 완벽하게 빛을 발하고 있을 뿐이다.

방편에 속아서 길을 잃고 헤매는 미아가 되지 말기를 열렬히, 절실하게 바랄 뿐이다.

여하튼 "선(禪)이 없는 것이 아니라, 선사가 없다!"는 말에 가슴이 천 갈래 만 갈래로 미어질 뿐이다.

위대한 황벽선사가 영혼을 태우며 보여 주는 소신공양(燒身供養)!

어느 시대이든 진짜 선사를 만나기는 너무나 어렵다. 결초보은(結草報恩)! 만약 진정한 도인을 만난다면 영원한 축복이다.

마음이 잠들지 않고 항상 깨어 있다면, 진짜 부처를 만날 것이다.

삼라만상의 영원한 주인공아, 25시간 깨어 있어라!

그러나 거의 모두 진리를 노래하는, 간악한 눈먼 앵무새에 지나지 않는다.

지금 한국과 중국에 진짜 선사가 과연 한 명이라도 있는지, 심히 의문스러울 뿐이다.

일본의 불교는 이미 끝없는 나락으로 추락한 지 오래고, 동남아의 불교는 단지 마조의 오줌싸개(我空) 수준일 뿐이다!

일본 불교에서 화두를 몇 개 안다는 식으로 말하는 것은, 극악무도한 악마와 타락한 밀거래를 하는 것이다! 사탄아!

또한 동남아 불교는 화두를 모르기 때문에, 마조의 오줌싸개 수준을 영원히 벗어날 수가 없다! 기저귀야!

과연 누가 있어, 감히 "덕산탁발", "아호의 인절미", "진조감승", "백장야호", "혜능의 불사선악"에 대하여 당당하게 말할 수 있겠는가?

"선지식 만나기 어려움은, 마치 우담바라가 3천 년에 한 번 피어나는 것과 같다."는 임제선사의 사자후를 결코 잊지 말라!

만약 "백장야호"의 성주가 있다면, 한마디 외쳐 보라!

형제여, 만나서 술이라도 한 잔 하자! 악!

조사선의 최초의 양심 선언은 불멸의 황벽(黃檗)! 조사선의 심장!

조사선의 두 번째 양심 선언은 불멸의 호천(好天)! 조사선의 수호자!

조사선의 유일한 내부 고발자! 진실한 조사선의 알 권리 보장!

조사선의 양심 수호! 조사선의 명예로운 양심 회복!

선객: 지금 곳곳에서 사람들을 가르치고, 대중을 이끄는 자들은 무엇입니까?

호천: 마조의 오줌싸개, 사이비, 악마들이다!

　　　마조의 오줌싸개를 만나면, 반드시 팬티 기저귀 세트를 한 아름 선물하라! 하하하!

송: 사악한 천사는 악마의 노래를 위대하게 부르고
　　순수한 악마는 천사의 노래를 경건하게 부르네.
　　천사와 악마가 어긋난 불협화음으로 합창하니
　　신성한 악마禪은 있고 타락한 천사禪은 없네.

*백장- 황벽- 임제- 흥화- 남원- 풍혈

157. 선문염송 1234칙- 심 상좌, 그물에 걸린 잉어

심, 명 두 상좌가 어부의 그물에서 잉어 한 마리가 빠져나가는 것을 보았다.

심 상좌: 명(明) 형, 날쌔군요. 꼭 납승과 같습니다.

명 상좌: 그렇지만 애초에 그물에 걸리지 않은 것만 하겠습니까?

심 상좌: 그대는 깨닫지 못했구나.

명 상좌는 한밤중이 되어서 비로소 깨달았다.

평: "한밤중이 되어서 비로소 깨달았다."고 하는데, 도대체 무엇을 깨달았을까?

낮에 본 잉어가 무엇을 말해 주었다는 것일까?

아니면 한밤중에 초승달과 보름달이 답을 가르쳐 주었다는 것일까?

도무지 밑도 없고 끝도 없는 생뚱맞은 깨달음 같다. 하하!

그물에 걸린 잉어가 지옥에서 탈출할 때, 모든 것을 간파해야 한다.

이 순간 알지 못하면, 앞으로 30년 동안 잠 못 이루는 처절한 밤이 될 것이다.

자세히 보면, 이 화두에 특별한 내용이 어떤 것도 없다.

어쩌서 이렇다고 할 내용이 없을까?

평범한 대화의 포장지 속에 알맹이가 없는 느낌이다.

과연 이 화두에 드리워진 함정의 올가미는 무엇일까?

도저히 나는 모르겠으니, 그대가 말해 보게?

"……", 그대도 역시 모르는구나.

수행자는 "모르는 이 놈"을 반드시 밝혀야 한다! 알겠는가?

모름이 모름을 낳고 또 다시 모름을 낳는다. 모른다는 것이 아주 명확해서 좋고 좋구나.

어쩌서 모른다는 것이 명확한데, 좋다는 것인가?

오직 답답할 뿐, 오직 모를 뿐, 오직 그러할 뿐, 오직 있는 그대로 일 뿐! 하하! 정말 알고 싶은가?

어쩌서 "답답하게 생각하는 그 무엇"을 바로 직시하지 못하는가?

마치 위대한 암두와 한 맺힌 설봉을 보는 것 같다.

어쭙잖은 "말후구(末後句 완전한 깨달음)"가 무엇인가?

안이비설신의(眼·耳·鼻·舌·身·意)가 없는 수행자여, 아직도 모르는 가?

아~ 괴롭구나, 설봉이여!

어부의 그물에서 잉어 한 마리가 빠져나가는 것을 보았다.

상좌: 호천 형, 날쌔군요. 꼭 납승과 같습니다.

호천: 마치 빨간 스포츠카 같군요.

송: 활발한 낮에는 해의 빛이 찬란하고

　평온한 밤에는 달의 빛이 은은하네.

　낮에는 소리 없는 대화로 시끄럽고

　밤에는 꿈 없는 잠을 자니 고요하네.

*용담- 덕산- 설봉- 운문- 봉선심, 청량명.

158. 선문염송 393칙- 황벽, 초상화 속의 고승

황벽이 대중을 흩어 보내고 홍주의 개원사에 있을 때였다.

어느 날 배상국이 절에 오더니, 벽에 걸려 있는 초상화를 보고 원주에게 물었다.

배휴: 벽에 걸려 있는 이것은 무엇입니까?

원주: 고승입니다.

배휴: 초상화는 볼만한데, 고승은 어디에 계시오?

원주가 대답을 하지 못했다.

배휴: 여기에 선승은 없습니까?

원주: 희운이라는 상좌가 한 사람 있는데, 자못 선승으로 보입니다.

배상국이 황벽을 불러 앞의 일을 말해 주었다.

황벽: 한 번 물어보시오.

배휴: 초상화는 볼만한데, 고승은 어디에 계시오?

황벽: 상공!

배휴: 예!

황벽: 어디에 계시오?

배상국은 이 말에 종지를 깨쳤다.

평: "초상화 속의 고승은 어디에 있는가?"는 반드시 밝혀야 한다. 이것을 밝히지 않고서는 삼계의 영원한 주인공이 될 수가 없다. 천년 전의 바람은 여전한데, 천년 전의 고승은 과연 어디에 있을까? 옛날의 모든 부처와 모든 깨달은 자들은, 지금 어디에서 무엇을 할까?

부처는 딱히 머무는 국토가 없는데, 어디에서 부처를 만날 수 있을까?

설혹 만난다고 하더라도, 부처를 알아볼 수 있을까?

불멸호의 수호자인 철옹성의 성주 황벽선사의 눈부신 이목구비를 말해 보라?

만약 밝히지 못한다면 시간과 공간 속에서, 병든 나무처럼 휘청거리다가 결국 염라대왕을 만날 것이다. 망상하는 산송장아!

과거·현재·미래가 없는데, 어느 시간의 부처를 만나고 싶은가?

빨리 말해라! 너덜너덜한 초상화의 입이 없는 색깔아!

황벽이 배휴를 부르니, 배휴가 고승이 되었다.

어째서 배휴가 초상화 속의 고승이 되었을까?

배휴! 예! 어디에 계시오? 종지를 깨쳤다.

도대체 고승이 어디에 있다는 것인가?

나는 끝끝내 모르겠으니, 그대가 대답을 해 보게. 하하!

역시 똑똑한 그대도 모르는구나. 종이 속에 박제된 사진아!

입이 있어도 말도 못하는 낡은 초상화 속의 애처로운 그림이여!

그렇다고 타임머신을 타고, 초상화 속으로 색채 여행을 떠나지는 말라. 하하!

악! 초상화 속의 그림이 숨도 쉬고, 말도 하는군.

다채로운 빛깔의 향연인 애니메이션 세상인가?

프로타고라스, 소크라테스, 디오게네스, 스피노자, 쇼펜하우어와 맥주를 마시며, 유쾌한 대화를 나누어 볼까?

눈먼 오리끼리 꽥꽥거리며 있어 보았자, 결국은 보글보글 끓는 오리탕 신세다. 하잘것없는 땡추야!

배휴: 초상화는 볼만한데, 고승은 어디에 계시오?

호천: 초상화 속에 있군요.

배휴: 헛소리 그만하시오!

호천: 고승!

배상국은 이 말에 종지를 깨쳤다.

송: 퇴색한 그림 속에 감금된 고승은
    아무리 소리쳐 불러도 대답이 없네.
    빛바랜 그림 속의 초라한 주인공이여,
    정녕 내게 한 마디만 말해 주오.

*백장- 황벽- 배휴, 오석, 목주, 임제

914 _ 화두의 심장에 검을꽂아라

159. 선문염송 1034칙- 운문, 동산이 물 위로 간다

선객: 무엇이 모든 부처가 나온 곳입니까?

운문: 동쪽 산이 물 위로 간다.

평: 모든 부처가 태어나서 타락한 동산(東山)에서 목욕재계를 하고, 49년간 추악한 설법을 하기 위하여 머나먼 곳으로 여행을 떠난다.

그러나 동쪽이 어디이고, 동쪽 산이 어디에 있는가?

여기가 동쪽인가, 아니면 저기가 동쪽인가?

아무리 찾아 헤매도 동쪽을 찾을 수가 없다. 어쩌나!

나침반의 바늘은 뱅글뱅글 돌 뿐, 방향을 가리키지 못한다.

또한 내비게이션과 슈퍼컴퓨터도 방향을 찾지 못해서, 모든 산과 북극점 · 남극점에게 묻고 있다.

설혹 푸른 산과 북극점 · 남극점이 동쪽 방향을 말해 주어도 나침반, 내비게이션, 슈퍼컴퓨터가 산과 양 극점의 말을 알아들을 수 있을까?

북극점과 남극점에 고독한 영웅처럼 홀로 서면, 어떠한 방향도 없다!

머나먼 이국땅에서 갈 곳을 찾지 못한다면, 어느 이름 없는 모퉁이에서 뜨겁게 차가운 눈물을 방울방울 흘리는 법이다.

길 잃은 나그네가 방향을 찾기 위하여 간절하게 허공을 바라보니, 동서남북이 모두 손에 손을 잡고 있다. 중도(中道)!

악! 방향이 없어서 좋구나. 모든 방면이 동쪽이구나!

내가 가는 길이 곧 동쪽이구나. 큰길에는 문이 없다(大道無門). 하하!
왜냐하면 큰길이 곧 우주 전체이기 때문이다. 오직 하나!
깨달음에 이성적인 여러 가지가 없음을 확철하게 알면, 꽃은 꽃이요
돌은 돌이요 새는 새일 뿐이다. 단지 있는 그대로! 평상심!
물이 동산 위로 간다. 폭포수가 힘차게 떨어지면서 햇살과 살짝
입 맞추니, 무지개가 무정설법을 속삭인다.
빨, 주, 노, 초, 파, 남, 보!

선객: 무엇이 모든 부처가 나온 곳입니까?
호천: 빨간 면사포를 쓴 남녀가 뜨겁게 키스한다.

송: 동쪽이 없거늘 어디가 동쪽인가
    가야 할 방향이 없어 정말 좋구나.
    서쪽 산이 바다를 향해 출항하니
    하얀 갈매기가 춤추며 노래하네.

*설봉- 운문- 덕산- 문수- 동산- 불일

160. 선문염송 1230칙- 동산, 삼 세 근

선객: 어떤 것이 부처입니까?
동산: 삼 세 근(麻三斤).

평: 부처에게 옷 한 벌을 지어 주었는데, 무게가 삼 세 근(1.8kg)인

노란 수의(壽衣)이다.

이 옷을 입는 자는 모두가 즉사하니, 삼 세 근으로 만든 수의의 옷 색깔을 아는 자가 아무도 없다.

함부로 신성하고 성스러운 수의를 입으려고 하지 말라.

살아 숨 쉬는 자는 바로 해골로 변하기 때문이다. 신비한 장송곡!

이럴 수도 없고 저럴 수도 없는 "삼 한 근"의 불타오르는 철옹성에 갇혀, 통구이로 죽을 생각을 하니 한스러움에 붉은 피가 마구 끓어 오른다.

진리의 근본 바탕(본래면목)에 인간적인 모든 것이 아무것도 없음을 완전하게 알 때, 비로소 "삼 두 근"이 무엇인지 볼 것이다.

생각해서 알고 이성적으로 헤아려서 아는 것은, 진리와 아무런 상관이 없음을 은산철벽의 "삼 세 근"이 명확하게 보여 준다.

생각 정지! 오직 답답할 뿐! 이 순간 창백해진 이성의 초라한 몰골을 마주 보라! 혼수상태인 사람아!

거짓의 사량 분별을 단번에 소멸시키는, 동산의 붉은 수의를 입고 화장터로 가라. 지옥으로 가는 고속도로!

관을 눈앞에 보고도 죽을 수 없는 한 많은 영혼은 도대체 누구인가?

타오르는 불꽃 속에서 허망한 육신이, 재로 변해가는 것을 냉철하게 보라.

하얀 해골의 빛나는 눈동자 속에 어려 있는, 한 맺힌 슬픔을 직시하라.

그 순간 절대 진리의 본질을 알게 될 것이다.

하지만 한스럽게도 지옥에 도착한 후다. 지옥에서 탈옥은 불가능하다.

삼 세 근의 하얀 수의를 입은 부처가 하염없이 눈물을 흘리고 있다.

삼 세 근으로 만든 수의는 붉은 색깔인가 아니면 하얀 색깔인가?

모른다고 말하지 말라. 빨리 말해라!

선객: 어떤 것이 부처입니까?

호천: 아직도 모르는가?

송: 부처의 무게가 궁금하여 달아보니

　　　삼 세 근과 정확하게 일치하네.

　　　소리의 무게가 궁금하여 달아보니

　　　삼 세 근과 비슷하게 빗나가네.

*덕산- 설봉- 운문- 동산- 남악- 천복

15. 가장 어렵다고 알려진 화두

161. 선문염송 668칙- 덕산탁발(德山托鉢)

덕산이 어느 날 식사 시간이 늦어지자 스스로 발우를 들고 법당에 갔는데, 설봉이 보고 말하였다.

설봉: 이 늙은이가 아직 종도 치지 않고 북도 울리지 않았는데, 발
　　　우를 들고 어디로 가는가?

덕산은 머리를 숙이고 방장실로 바로 돌아갔다.

설봉이 암두에게 이 이야기를 하였다.

암두: 보잘것없는 덕산이 말후구(末後句)를 모르는구나.

덕산이 이 이야기를 듣고, 시자에게 암두를 방장실로 오도록 하였다. 암두가 오자 덕산이 말하였다.

덕산: 네가 나를 긍정하지 않는 것이냐?

그러자 암두는 은밀히 그 뜻을 알려 주었다.

덕산이 다음 날 대중에게 설법하는데 평소와 같지 않았다.

암두가 승당 앞에 와서 박수를 치며 크게 웃고 말하였다.

암두: 기쁘다. 늙은이가 말후구를 알았구나. 이후로 천하의 사람
　　　들이 어떻게 하지 못할 것이다. 그러나 단지 3년뿐이다.

과연 3년 후에 덕산선사가 죽었다.

평: 화두 중에서 가장 어렵다고 알려진 화두!

선문에서 천년 동안의 수수께끼로 전해지는 화두!

"덕산탁발"의 네 가지 어려운 부분을 보자.

1. 설봉의 한마디에 어째서 덕산이 머리를 숙이고 방장실로 돌아
   갔을까?
   설봉의 질문이 어려워서 대답할 능력이 없어서일까?

2. "말후구(末後句 완전한 깨달음)"는 무엇인가?
   "말후구"도 모르면서 어떻게 위대한 조사가 되었을까?
   선문에서 "임제의 할"과 "덕산의 방"은 양대 산맥인데,
   도대체 어떻게 된 것인가?

3. 암두가 덕산에게 은밀하게 무슨 말을 하였을까?
   특히 세 번째 질문은, 생각 속에 갇혀 있는 자들은 영원히 알 수
   가 없다. 생과 사의 미로!
   암두가 덕산에게 한 말을 1300년이 지난 이 시점에서, 그 누가
   알 수 있으랴! 정녕 어렵고 어렵다.

4. 덕산이 "3년" 후에 죽는다고 예언한 것은 무엇인가?
   3년 후에 덕산이 죽는다는 것을 어떻게 알았을까?
   암두가 천안통(天眼通 모든 것을 꿰뚫어 환히 볼 수 있는 능력)
   이 있다면, 덕산보다 더 위대한 도인이라는 말인가?

"덕산탁발"은 첩첩산중에서 길을 잃고 헤매는데, 밤은 깊어 오고
호랑이와 늑대의 울음소리가 사방에서 울려 퍼지니, 어찌할 바를
모르는 순간과 같다. 혼비백산(魂飛魄散)!
어쩌면 바보 같은 선객은 두려움과 공포 때문에, 이미 죽었는지도
모른다. 하하!
초인아, 어느 순간이든 정신 바짝 차려라! 주인공아, 24시간
완전하게 깨어 있어라! 하늘이 무너져도 솟아날 구멍은 있다!

갑자기 한 맺힌 설봉이 내게 답을 말하라고 한다. 이런 맙소사!

설봉: 덕산이 머리를 숙이고 방장실로 돌아간 뜻은 무엇입니까?
호천: 구름에 달 가듯이 가는 나그네.
설봉: "말후구"가 무슨 뜻입니까?
호천: 봄부터 소쩍새는 그렇게 울었나 보다.
설봉: 암두가 덕산에게 은밀히 무슨 말을 했습니까?
호천: 세사에 시달려도 번뇌는 별빛이라.
설봉: 덕산이 3년 후에 죽는다고 예언한 것은 무슨 뜻입니까?
호천: 부르다가 내가 죽을 이름이여.

"덕산탁발"은 본래면목 화두가 아님에도 불구하고, 선문에서 천년 동안의 수수께끼로 전해진다는 것은 정말 이해하기가 어렵다.
불가사의한 미스터리!
추론해 보면, 선문에서도 그만큼 확철하게 깨우친 도인이 드물었다는 명명백백한 방증이다!
외부적으로는 "완전한 깨달음(구경각·法空)"을 외치지만, 사실은 "마조의 오줌싸개들(我空)"만 비밀리에 양성해 왔다는 사실을 극명하게 보여 준다!
선(禪)의 부끄러운 역사적 진실이자 왜곡된 자화상이다.
그러나 그 누구도 말하지 않는다. 역시 가재는 게 편이다.
오직 철옹성의 성주 황벽선사만 "마조의 오줌싸개"라고, 순결한 사자후를 외쳤을 뿐이다! 양심의 자유! 내부 고발자!

불멸호의 사대천왕답게 간신히 조사선의 숭고한 생명은 지켰다!

오직 부끄러울 뿐이다. 간악한 사이비 조사선이여!

거짓으로 완전 무장한 테러 집단 같은 악의 축인 불교여!

무엇보다도 우선, 불교 자체부터 자신에게 진실해야 한다.

견성성불! 돈오돈수! 배울 것이 없는 할 일 없는 한가한 도인!

"모든 중생을 구제할 것이다."라는 사이비 구호를 이제는 외치지 말라! 악마의 종자여!

먼저 자기 자신을 구제한 후에, 그때 비로소 중생을 구제할 수 있다면 구제하라!

자신도 불타는 집에서 구제하지 못한 주제에, 그 누구를 구제할 수 있겠는가?

타락한 부처야! 타락한 불교야! 타락한 종교야!

거짓으로 사방을 완전하게 방비한 사생아인 불교에게 결코 속지 말라! 위대한 사람아! 불타오르는 눈동자를 가진 진실한 수행자여!

본래면목(진리의 근본 바탕)을 확철하게 뚫고 나면, 화두라는 것은 없다! 삼계가 찬란한 빛으로 눈이 부셔 그림자 따위는 아예 없다.

오직 방편만 휘황찬란하게 있을 뿐인데, 어째서 헤맨다는 것인가!

결국 생각의 뿌리가 완전히 끊기지 않아서, 헛것이 보이는 것과 같은 이치이다. 헛것이 허상을 마주 보는 환영의 세계!

진리를 확철하게 알고 나면, 삼라만상 모든 것이 내 자신과 한바탕이자 전체성이기 때문에, 아무리 모르려고 해도 모를 수가 없다! 오직 하나!

"덕산탁발"은 무(無)자 화두의 종합적인 확장판에 지나지 않는다.

그 이상도 그 이하도 아니다. "덕산탁발"의 진실은 이것이다.

"덕산탁발"이 천년 동안의 수수께끼라면, "진조감승"은 동문서답의 완벽한 은산철벽이고, "백장야호"는 이중의 은산철벽으로 둘러싸인 철옹성인데, 이것을 어떻게 뚫고 지나갈 수 있겠는가?

"덕산탁발"의 천년 동안의 말뚝에 묶인 눈먼 독수리의 한 맺힌 쇠사슬을 끊고, 푸른 창공을 향하여 힘차게 비상해야 한다.

진실한 수행자들이여, 날마다 즐겁게 수행을 하자! 파이팅!

바르고, 정확하고, 건전한 깨달음을 얻자. 견성성불! 돈오돈수!

더 이상 배울 것도 없고, 더 이상 수행할 것도 없고, 더 이상 깨달을 것도 없다(絶學, 絶修, 絶悟)!

그리고 완전한 깨달음을 얻고 인간성을 완전하게 회복하여, 삼계의 위대한 삶을 역동적으로 생생하게 살아보자. 필승!

송: 풍경 소리도 없고 나팔 소리도 없는데
　　괴이한 장난으로 사람들을 속이네.
　　비빔밥 속에 세 명의 도둑을 넣고
　　고추장과 비비는데 3년이 걸리는구나.
　　짜장면 곱빼기를 먹은 것이 말후구요
　　청국장을 먹지 못한 것이 최초구라네.
　　지나가는 어린 참새가 이 광경을 보고
　　미소 지으며 노래하네, 바보 삼 형제여.

*천황- 용담- 덕산- 암두, 설봉, 감담

162. 선문염송 845칙 - 진조감승(陳操勘僧)

진조(陳操) 상서(尙書)가 어느 날 여러 관원들과 누각에 올랐을 때, 승려 몇 명이 지나가는 것을 보았다. 그때 한 관원이 말했다.

관원: 오는 사람들은 모두 행각하는 스님입니다.

진조: 아니오.

관원: 아닌 줄 어떻게 압니까?

진조: 가까이 오면 감정해 주겠네.

잠시 후에 그 스님들이 누각 밑으로 오자, 진조가 불렀다.

진조: 스님!

스님들이 모두 고개를 들어 바라보자, 진조가 관원에게 말했다.

진조: 그래도 믿지 못하겠는가?

평: "선문염송" 중에서, 본문 자체가 이해되지 않는 것 중에서 가장 어려운 화두이다!

생각에 갇혀 있는 자에게는 오직 이상할 뿐이다. 이성으로 넘을 수 없는 삶과 죽음의 은산철벽이 바로 이것이다! 삼매 지옥!

무엇을 묻는지도 모르는데, 어떻게 대답을 할 수 있겠는가? 하하!

진조의 비수 같은 한마디에 모두가 죽어서 나가는구나.

"살아 숨 쉬는 자"가 있다면, "죽었다"고 한마디를 외쳐 보라!

죽은 자가 어떻게 말을 할 수 있으며, 그 누가 들을 수 있을까?

앙굴마라는 999명을 죽였지만, 진조는 삼계의 모든 사람들을 죽였다.

진조의 냉혹한 살인도는 피를 먹고 사는 마검이기에, 언제나 감미로운 피에 굶주려 있다.

진조는 떠돌아다니는 행각승을 보고 검객이라 부른다.

필시 방랑 검객 중에는 살인자가 있음에 틀림없다.

살고 싶다면 숨지 말고 당당하게 거리를 활보하라.

그래야 죽음의 사신인 진조의 피를 먹고 사는, 무자비한 살인도의 눈을 피할 수가 있다.

인간 백정! 살인귀 중의 살인귀! 빛의 전사에 수호자!

한편으로 보면, 진조는 사슴을 가리켜 말이라고 부른다(지록위마).

사슴을 가리켜 사슴이라고 말하는 자를 모두 죽이는 것과 같다.

그럼 어린이들에게 꿈과 희망을 주는, 산타 영감의 썰매를 끄는 루돌프 사슴은 순록인가, 당나귀인가?

"진조감승"은 동문서답의 완전한 은산철벽인데, 이것을 아는 자가 있다면 말해 보라.

그럼 내가 감정해 주리라. 지록위마(指鹿爲馬)!

관원: 오는 사람들은 모두 행각하는 스님입니다.

진조: 아니오.

관원: 아닌 줄 어떻게 압니까?

진조: 가까이 오면 감정해 주겠네.

잠시 후에 그 스님들이 누각 밑으로 오자, 진조가 불렀다.

진조: 스님!

스님들이 모두 고개를 들어 바라보자, 진조가 관원에게 말했다.

진조: 그래도 믿지 못하겠는가?

호천: 파계승이군.

송: 경복궁에서 화려한 연회를 여니
　　어여쁜 무희들의 춤사위가 아름답고
　　바이올린의 맑은 소리에 신명나니
　　지금 취하지 않으면 언제 취하리.

*남악- 마조- 백장- 황벽- 목주- 진조

163. 선문염송 184칙- 백장야호(百丈野狐)

백장이 매일 법당에 올라 설법을 하면, 항상 한 노인이 법문을 듣다가 대중이 흩어지면 가곤 하였다. 어느 날 가지 않고 있기에 물었다.

백장: 서 있는 사람은 누구인가?

노인: 저는 과거 가섭불 때, 이 산에서 주지로 살았습니다. 어떤 학인이 "크게 수행한 사람도 인과(因果)에 떨어집니까?"라고 묻기에, "인과에 떨어지지 않는다."라고 대답을 하였는데, 오백 생을 여우의 몸으로 살았습니다.
　　지금 스님께 부탁드리니, 제 대신 일전어(一轉語 깨닫게 하는 한마디)를 말씀해 주십시오.

백장: 물어보시오.

노인: 크게 수행한 사람도 인과에 떨어집니까?

백장: 인과에 어둡지 않다(不昧因果).

노인이 이 말에 크게 깨닫고, 하직 인사를 하면서 말하였다.

노인: 저는 이제 여우의 몸에서 벗어났습니다. 산 뒤에 시체가 있
　　 으니, 스님이 죽었을 때의 법식에 따라 화장시켜 주십시오.

백장은 유나를 시켜 종을 쳐서 대중에게 알리고, 식사 후에 함께
죽은 스님을 화장한다고 말하였다. 대중들은 그 내용을 자세히 알
지 못했는데, 만참(晩參 저녁에 별도로 여는 법회)에서 백장이 앞
의 인연을 이야기해 주었다.

황벽: 옛사람은 한마디를 잘못 대답하여 오백 생을 여우의 몸으로
　　 살았는데, 한마디 한마디를 잘못 말하지 않을 때는 무엇이
　　 됩니까?

백장: 가까이 오게. 말해 주겠다.

황벽이 다가가서 백장의 뺨을 한 대 때렸다. 백장이 껄껄 웃으면
서 말했다.

백장: 달마의 수염은 붉다고 알았는데, 여기 붉은 수염의 달마가
　　 있구나.

이때 위산은 백장 문하에서 전좌(典座 음식을 만드는 소임)를 맡
고 있었는데, 사마두타가 이 공안을 듣고 위산에게 물었다.

사마: 전좌는 어떻게 생각합니까?

위산: 문짝을 세 번 흔들었다.

사마: 매우 거친 사람이군.

위산: 불법은 그런 도리가 아닙니다.

평: "백장야호"는 이중의 은산철벽으로 막혀 있다. 하나의 철벽도

뚫지 못하는데, 어떻게 이중의 철벽을 통과할 수 있겠는가!

"크게 수행한 사람도 인과에 떨어집니까?"라고 물었을 때, 백장이 "인과에 어둡지 않다."라고 하면, 바로 후려쳐야 한다.

이 순간에 알지 못하면, "백장야호"는 모르는 것이다.

그래서 백장의 잘못을 알고, 황벽이 정당하게 응징한 것이다.

마치 백장이 철옹성을 쌓아놓으니, 무례한 황벽이 허물어버린 모양새다.

또한 원오의 "벽암록"을 대혜가 불태워버린 것과 같다.

역시 위대한 스승 밑에 위대한 제자로구나. 청출어람(靑出於藍)!

이 화두는 확철하게 깨우치지 않으면, 결코 알 수 없는 본래면목 화두의 최고봉이다!

"백장야호"는 학인 점검용으로 최고의 화두 중의 화두다!

아무리 선지식이라 해도, "백장야호"에 대한 견해를 확실히 밝혀야 한다!

그래야 진정한 선지식으로 인정받을 수 있음을 스스로 알 것이다!

"백장야호"에 대해서 견해를 밝히지 않는 자는 진리를 모르는 자다!

이런 간악한 사이비에게 속아서, 시간을 허비하는 일이 없도록 각별히 조심하라.

또한 단 한 번뿐인 일생을 낭비하는 천추의 한을 남기지 말라.

왜냐하면 "백장야호"는 이중의 은산철벽 구조이기 때문이다.

완전한 깨달음(무상정각)을 이루지 않고서는 영원히 알 수도 없고, 통과할 수도 없는 위대한 부처의 살인도가 바로 "백장야호"다!

극악무도한 사이비와 악마들을 모두 죽일 수 있는, 조사선의 완벽한 살인도가 "진조감승"과 "백장야호"라는 사실을 영원히 잊어서는 안 된다!

그리고 "아호의 인절미", "진조감승", "백장야호", "혜능의 불사선악"을 죽이지 않고, 삼라만상의 영원한 주인공이 될 수 없음을 명확하게 알아야 한다!

불타오르는 눈동자를 가진 진정한 수행자여, 알겠는가?

위대한 부처를 가려낼 수 있게, 온 우주를 암흑의 블랙홀로 만든 출연진에게 경의를 표한다. 단결!

삼계의 지배자 혜능, 백장, 황벽, 위산, 진조, 아호는 부처 중의 부처다!

은은한 황금의 불꽃이 서려 있는 찬란한 빛의 전사!

허망한 이성과 생각으로 절대 진리를 분별하고 헤아리지 말라.

절대 세계와 불법은 그런 도리가 아니다! 하하!

노인: 크게 수행한 사람도 인과에 떨어집니까?

호천: 인과응보(因果應報)!

황벽: 옛사람은 한마디를 잘못 대답하여 오백 생을 여우의 몸으로 살았는데, 한마디 한마디를 잘못 말하지 않을 때는 무엇이 됩니까?

호천: 단지 그 사람!

송: 원인과 결과는 철천지 원수인데

　　만나면 칼부림으로 피를 흘리네.

　　부처를 구하는 모든 수행자들은

　　인과의 회오리 속에서 통곡하리.

*마조- 백장- 고령, 장경, 위산, 황벽

164 선문염송 429칙- 조주, 발우를 씻어라!

학인: 학인이 방금 총림에 들어왔으니, 한 말씀 해 주십시오.

조주: 죽은 먹었는가?

학인: 먹었습니다.

조주: 발우를 씻어라.

스님이 환하게 깨달았다.

평: 화두 중에서 가장 화두 같지 않은 화두!

너무나 쉽게 보여서 이미 아는 듯한 화두!

모든 수행자들이 가장 크게 착각하는 화두!

그러나 이것은 표면적으로 볼 때, 단지 그렇게 보일 뿐이다.

이 화두는 "평상심이 도(道 진리)" 즉 일상생활 그대로가 절대

진리임을 말하고 있다. 확철하게 깨우치기 전에는, 이 화두의 본

질이 무엇인지 결코 알 수가 없다. 알겠는가?

피상적으로 보면 모든 사람의 행동은 같다.

대중은 시간과 공간 속에서 매일매일 죽어가면서(生者必滅) 죽음

의 밥을 먹지만, 도인은 시간과 공간이 없고 삶과 죽음이 없는 곳 (生死一如)에서 이 순간의 밥을 먹는다.

이것은 시공이 있는 현상계(중생의 세계)와 시공이 없는 절대계 (부처의 세계) 사이의 거리다. 즉 두께도 가늠할 수 없는 요원한 억겁 세월에 시공의 차이가 있는 것이다.

눈먼 중생의 거침없는 착각은 자유이지만 착각 금지!

세상을 살아가면서 자신이 원하는 대로 할 수 있어 너무나 좋다.

집착하려고 하면 원 없이 집착할 수 있고, 비우려고 하면 원 없이 비울 수 있고, 불행하려고 하면 원 없이 불행할 수 있고,

행복하려고 하면 원 없이 행복할 수 있고, 생각하려고 하면 원 없이 생각할 수 있고, 망상하려고 하면 원 없이 망상할 수 있어

금상첨화(錦上添花)다! 하하!

그러나 자신에게서 비롯된 것은 반드시 자신에게로 돌아가서 상쇄된다.

그러므로 누구도 원망할 수가 없어 너무나 좋다. 불멸의 인과응보!

목이 마르면 물을 마시고, 비가 오면 우산을 쓰는 것은 너무나 당연하다. 이것은 평상심이 진리로 체득된 도인만이 가능한 일이다.

하지만 대중은 목이 마를 때 욕망과 환상의 물을 마시고, 비가 오면 탐욕과 환영의 우산을 쓴다.

"발우를 씻어라"는 난공불락의 최후에 철옹성인 본래면목 화두다!

만약 중중첩첩의 철옹성을 함락시킨 자가 있다면, 성주의 목을 베어 성문 위에 걸어라.

그리고 조주의 이목구비를 말해 보라? 그럼 내가 감정해 주리라.

이 화두를 잘못 알고 있는 자들이 너무나 많아서 질문을 하겠다.

입이 없는데, 어떻게 밥을 먹을 것인가?

손이 없는데, 어떻게 밥그릇을 씻을 것인가?

밥을 먹고 나니 밥그릇이 사라져 없는데, 어떻게 밥그릇을 씻을까?

"조주의 없는 밥그릇"을 씻고, 저녁에 "없는 밥그릇"에 밥을 가득 담아 먹고 난 후라면 스스로 알 것이다.

그러나 "없는 밥그릇"에 밥을 담을 수도 없고, 먹지도 못한 자라면 결코 착각해서는 안 된다. 망상 금지!

"조주의 밥그릇"은 "시간과 공간 속에 없는 절대 세계의 밥그릇"임을 분명히 알아야 한다!

만약 아는 자가 있다면, 내 손바닥 위에 "조주의 없는 밥그릇"을 올려 보라?

이제야 조주고불의 무형에 밥그릇이 무엇인지 알았는가?

밥을 먹고 밥그릇 씻는 것이 당연한데, 무슨 호들갑인가!

밥을 먹고 물도 마셨으니, 이빨이나 닦아라! 그리고 출근해라!

오늘 아침은 마라도, 점심은 서울, 저녁은 신의주에서, 불멸호의 수호신들과 함께 유쾌한 만찬을 즐겨야겠다.

이 화두는 보기는 너무나 쉬워도, 알기는 너무나 어려운 은산철벽의 궁극에 수호 신장임을 결코 잊지 말라.

학인: 학인이 방금 총림에 들어왔으니, 한 말씀 해 주십시오.

호천: 내 목소리가 들리는가?

학인: 예.

호천: 목소리를 알아듣는 앎이 무엇인지 참구하라!

송: 한 잔의 술잔에 온 우주를 가득 부어
　　붉은 빛깔 노을처럼 한입에 마시면
　　불타오르는 갈증이 순식간에 해소되어
　　미소의 풍류객은 천상의 노래를 부르네.

*혜능- 남악- 마조- 남전- 조주- 광효

165. 선문염송 110칙- 혜능, 바람과 깃발
6조 혜능대사가 인종법사의 회하(會下)에 있을 때, 두 명의 승려가 기다란 장대 위에 달린 깃발을 보고 다투는 것을 보았다.
한 명은 "바람이 움직인다."고 말하고, 다른 한 명은 "깃발이 움직인다."고 말한다.
혜능: 바람이 움직이는 것도 아니고, 깃발이 움직이는 것도 아니다.
　　　그대의 마음이 움직이는 것이다.
두 승려는 깜짝 놀랐다.

평: 바람이 움직이는 것도 아니고, 깃발이 움직이는 것도 아니다.
그렇다고 마음이 움직이는 것은 더욱 아닌데, 무식한 혜능이 알지도 못하면서 헛소리를 한다.
흰 것은 종이요 검은 것은 글씨다. 팔만대장경 끝! 하하!
글자도 모르는 산골 촌놈이, 어찌 감히 부처의 조사선(祖師禪)을 알 수 있겠는가?

치매를 앓던 홍인이 급한 마음에 어설픈 조사선을 전하면서, 그야말로 조사선의 수난 시대가 활짝 열린 것이다.

눈먼 조사선의 눈을 뜨게 할 진정한 선객이 나타나서, 찬란하던 시대의 조사선을 다시 부활시켜야 한다. 간화선이 아닌 조사선!

그건 그렇고, 도대체 무엇을 "마음(생각)"이라고 하는가?

마음을 보여줄 수 있는 자가 아무도 없는가?

마음이 움직이는 것인가, 움직이지 않는 것인가?

마음은 진리의 근원인데, 어떻게 근본이 가고 올 수 있겠는가?

무식한 혜능의 후예여, 마음을 아는 자가 있다면 한마디 해 보라?

마음을 아무리 찾아도 찾을 수 없는 곳에서, 마음을 쉬어야 한다!

마음 없는 곳에서 결국 알았다면, 즉시 온 우주와 한바탕이 되어라.

큰 작용이 눈앞에 펼쳐지면 망상하고 분별하는 인간의 모든 것이 소멸하고, 자신이 바로 삼라만상의 근본 바탕(自性)이 된다.

반드시 이렇게 되어야만 완전한 깨달음(일상삼매)이다.

오직 하나! 불이(不二)! 중도(中道)! 일진법계(一眞法界)!

바람이 자면 깃발도 자고, 깃발이 자면 마음도 잔다.

제갈공명이 동남풍을 기다려, 적벽(赤壁)에서 빨간 꽃을 피운 사실을 모르는가? 피의 장미 축제!

무적함대 돛단배 한 척이, 적진의 함대를 괴멸시키며 유유히 순항한다.

이것을 아는 자는 곧 마음이 움직이는 것이다. 하하!

한 명은 "바람이 움직인다."고 말하고, 다른 한 명은 "깃발이 움직인다."고 말한다.

호천: 바람이 불면 깃발이 휘날리고, 바람이 쉬면 깃발도 쉰다.

송: 바람의 나라엔 바람이 없고

　　깃발의 나라엔 깃발이 없고

　　마음의 나라엔 마음이 없네.

　　부처는 어디쯤 가고 있을까.

*달마- 혜가- 승찬- 도신- 홍인- 혜능

166. 선문염송 421칙- 조주, 뜰 앞의 잣나무

선객: 어떤 것이 조사가 서쪽에서 오신 뜻입니까?

조주: 뜰 앞의 잣나무.

선객: 화상께서 바깥 사물(境界)로 사람을 가르치지 마십시오.

조주: 나는 바깥 사물로 사람을 가르치지 않는다.

선객: 어떤 것이 조사가 서쪽에서 오신 뜻입니까?

조주: 뜰 앞의 잣나무.

법안이 각철자에게 물었다.

법안: 조주에게 "뜰 앞의 잣나무" 화두가 있다는데, 사실입니까?

광효: 돌아가신 스승께 그런 말씀은 없습니다.

법안: 지금 세상에는, 어떤 스님이 조주에게 "조사가 서쪽에서 온 뜻은 무엇입니까?" 하고 묻자, 조주는 "뜰 앞의 잣나무!"라

고 대답했다는 말이 전해지는데, 어째서 없다고 하십니까?

광효: 돌아가신 스승을 비방하지 마십시오. 돌아가신 스승은 그런
　　　말씀을 하시지 않았습니다.

평: 달마가 중국으로 온 뜻을 아직도 모르는가?

130여 세의 인도의 할 일 없는 노인이, 중국에서 무슨 일을 했는
지 보면 금방 알 수 있다.

달마가 마음을 전했다고 하는데, 마음을 어떻게 전할 수 있겠는가?

달마의 마음을 받은 자가 있다면, 즉시 달마의 심장을 보여 주게?

간악무도한 달마의 말에 부디 속지 말라.

조주의 잣나무보다 각철자의 잣나무가 훨씬 더 어렵다.

조주의 잣나무는 "있는 잣나무"이고, 각철자의 잣나무는 "없는 잣
나무"이다. "있는 잣나무"도 보지 못하는데, 어찌 "없는 잣나무"를
볼 수 있으랴!

그리고 오조의 "두 그루 잣나무"를 보자.

"조사가 서쪽에서 온 뜻은 무엇입니까?", "뜰 앞의 잣나무! 이렇게
알면 옳지 않다.", "조사가 서쪽에서 온 뜻은 무엇입니까?", "뜰 앞
의 잣나무! 이렇게 알아야 비로소 옳다."

도대체 법연의 잣나무는 또 무엇인가?

있는 잣나무, 두 그루 잣나무 그리고 없는 잣나무! 첩첩산중!

나는 모르겠다. 수정과의 잣이나 먹어야겠다. 아~ 맛있다.

설혹 조주의 잣나무와 오조의 두 그루 잣나무를 알았다고 해도,
절대 진리와 아무런 상관이 없다! 착각 금지! 알겠는가?

반드시 빛의 전사 광효의 "없는 잣나무"를 밝혀야 한다!

광효는 전설 속의 살인귀다. 눈에 보이는 것은 무조건 죽인다.

사악한 광효의 자비 없는 살인도를 피할 길이 없다. 악!

전체적으로 보면, 뜰 앞의 잣나무 그늘 밑에서, 조주가 술에 취해서 낮잠을 잔다.

그런데 각철자가 잣나무를 베어버려 그늘이 사라지니, 조주는 그늘을 찾아 애타게 헤맨다.

훗날 법연이 식목일 날, 다시 두 그루의 잣나무를 심는 장면이다.

삼계의 풍류객인 조주선사여, 후학을 위해서 답을 가르쳐 주세요.

내일 우주의 종말이 오면, 한 송이 백합을 심게. 그러면 반드시 잣나무의 실체를 알걸세.

알겠는가? 하하! 모르겠다면 내가 말해 주지.

뜰 앞의 소나무에 천만 송이 꽃이 하얗게 피었는데, 보지 못하는 눈동자 없는 애처로운 수행자여!

선객: 어떤 것이 조사가 서쪽에서 오신 뜻입니까?

호천: 심심해서!

송: 황폐한 뒤뜰의 야위고 푸른 소나무에
　　말뚝을 박아서 하얀 토끼를 키우는데
　　잣나무의 유언비어가 세상을 혼란케 하니
　　야윈 소나무를 패어서 토끼탕을 끓여라.

*남전- 조주- 광효, 나한- 법안- 청량, 법연- 원오- 대혜

167. 선문염송 932칙- 구봉불긍(九峯不肯)

구봉이 석상 문하에서 시자로 있을 때였다. 석상이 입적한 후에
대중이 큰방의 수좌에게 주지 자리를 잇게 하려고 했지만, 구봉은
긍정하지 않았다.

구봉: 내가 물어볼 때까지 기다려라. 만약 돌아가신 스승의 뜻을
　　　알면 스승과 같이 시봉하겠다.

조금 후에 구봉이 수좌에게 물었다.

구봉: 돌아가신 스승께서 "쉬어라, 쉬어라! 한 생각이 만년을 가
　　　고, 차가운 재와 마른 나무같이 가며, 한 가닥 흰 명주다."라
　　　고 하셨는데, 말해 보시오. 무슨 일을 밝히신 겁니까?

수좌: 모든 것이 평등하다는 것(一色邊事)을 밝힌 것이다.

구봉: 그렇다면 돌아가신 스승의 뜻을 아직 모르는 것이다.

수좌: 자네는 나를 긍정하지 않는가? 향을 가져오게.

수좌가 향을 피웠다.

수좌: 내가 만약 돌아가신 스승의 뜻을 알지 못한다면, 향 연기가
　　　일어나는 곳에서 생사를 벗어나지 못할 것이다.

향 연기가 일어나자마자 바로 앉아서 숨을 거두니, 구봉이 그의
등을 두드렸다.

구봉: 앉아서 벗어나고 서서 죽는 일(坐脫立亡)은 없지 않지만, 돌
　　　아가신 스승의 뜻은 꿈에도 보지 못했다.

평: 구봉의 질문에 수좌처럼 대답을 하면, 외눈박이 조사선은 영
원히 눈을 뜨지 못한다. 이 놈은 밥만 축낸 밥살인자일 뿐이다.
시주자의 피와 땀이 배여 있는 눈물의 밥! 이 흡혈귀야, 시주자의

피를 그만 빨아먹고 즉시 지옥으로 가라!

음흉한 밥살인자가 어떻게 정의로운 경찰이 될 수 있겠는가?

향을 피우고 운 좋게 죽었지만, 진리와는 아무런 상관이 없다.

이 화두의 함정을 꿰뚫기가 결코 녹록지 않다. 겹겹의 철옹성!

쉬어 가도 한 생각이 만 년이요, 놀다 가도 한 생각이 만 년이다.

한 생각이 일어나면 칠흑의 블랙홀처럼 모든 것을 빨아들이니, 그 래서 마음을 쉬어야 한다.

아무리 좋은 일도, 아무 일이 없는 것보다 못하다. 쉬어라!

마른 나무가 붉은 비단으로 변한 것을 알지 못한다면, 향을 피우 고 생사를 벗어나더라도 진리의 본질과는 무관하다.

화려한 무당들의 푸닥거리 같은 좌탈입망이, 완전한 깨달음 (내외 명철)과 무슨 관계가 있으랴!

오직 가소로울 뿐이다. 마치 정신병자가 칼춤을 추는 것과 같다.

암흑의 악마에게 영혼을 팔아버린 놈아, 제발 상식적으로 살아라.

단지 염라대왕만 회심의 미소 지을 뿐이다. 헛되고 헛된 똥싸개야!

외형적으로 보면 수좌가 구봉보다 도력이 높아 보이는데, 도대체 어떻게 된 것인가?

마치 암두가 덕산의 죽음을 예언한 것과 같은 심오한 함정이다.

이 죽음의 천라지망을 뚫고, 그 누가 살아서 나올 수 있겠는가?

바보 같은 선객이 향을 피우고 다행히 생사를 벗어나는 것 같았지 만, 과연 어디로 갔을까?

결국 인드라망의 칼날을 피하지 못하고, 허망한 영혼과 육신이 갈 가리 찢겨 산산이 흩어졌다. 구천을 돌고 도는 악귀야!

한 개의 향만 아깝게 되었다. 읍참마속(泣斬馬謖)! 악!

바보 같은 선객이여, 착각하지 말라! 자신을 속이지 말라!

타락한 사탄아, 허공에 무덤을 만들고 묘비를 세웠다면, 어째서 신성한 참회의 유언을 새기지 않는가?

"자신을 속이지 말자! 타인을 속이지 말자! 정직하게 살자!"

그럼 내가 그대의 허망한 영혼을 위하여, 축하의 진혼곡을 불러 주리라!

"성불하세요! 성불하세요! 부디 부처가 되세요!"

그럼 과연 진리의 정수는 무엇인가?

"모르는 그 마음"을 확철하게 낱낱이 밝히는 것이다!

생각 정지! 이성 정지! 판단 정지! 오직 모를 뿐! 오직 답답할 뿐!

"모른다고 생각하는 놈"은 도대체 누구인가?

구봉: 돌아가신 스승께서 "쉬어라, 쉬어라! 한 생각이 만년을 가고, 차가운 재와 마른 나무같이 가며, 한 가닥 흰 명주다."라고 하셨는데, 무슨 뜻인가?

호천: 설산의 정상에서 봉화가 활활 타오른다.

송: 수미산 정상을 향해 쉬지 말고 오르고

선녀가 옷깃을 열며 유혹해도 지나가라.

가는 도중에 좌탈입망한 선승을 지나서

정상에 서면 조사들의 무덤을 보리라.

*석두- 약산- 도오- 석상- 구봉- 화산

168. 선문염송 758칙- 홍화와 극빈의 법거량

홍화: 그대는 오래지 않아 대중을 이끄는 스승이 될 것이다.

극빈: 그 처소에 들어가지 않겠습니다.

홍화: 알고 들어가지 않는 것인가, 모르고 들어가지 않는 것인가?

극빈: 모두 아닙니다.

홍화가 방망이를 잡으니, 극빈이 망설이고 주저하기에 때렸다.

홍화: 극빈이 법 싸움에 졌으니, 벌금 5관을 내어 대중공양을 차려라.

다음날 공양 때, 직접 종을 쳤다.

홍화: 극빈 유나가 법 싸움에 졌으니, 밥을 먹을 수 없다.

그리고 절 밖으로 쫓아내 버렸다.

평: 극빈이 스승이 되기가 싫다고 하는데, 어째서 홍화는 제자에게 강요와 협박을 하는 것일까?

평안 감사도 자기가 싫으면 그만이다. 협박 금지! 강요죄!

또한 법거량에서 졌으니 대중공양을 차리고, 먹지도 못하게 하고 매정하게 쫓아냈다. 똥개도 밥 먹을 때는 건들이지 않는다고 하는데 너무 냉혹하다. 토사구팽(兎死狗烹)!

내용을 가만히 보면, 홍화가 스스로 긁어서 부스럼을 만든 꼴이다. 극빈은 아무런 잘못이 없는데, 홍화가 강압에 의한 자백을 강요하니 모든 문제가 야기되었다. 적법 절차를 지켜라! 미란다 원칙!

하잘것없는 홍화가 방망이를 잡았을 때, 극빈이 바로 홍화를 후려

6 장 분류사 화두 _ 941

쳐야 하는데 오직 안타까울 뿐이다. 정당방위!

어쨌든 피상적으로 볼 때 별다른 문제는 없어 보인다.

이것이 바로 어려운 화두가 가진 함정이 심오해서 그렇다.

은산철벽 내부에는 무수한 함정과 기관 장치가 숨겨져 있다.

생각을 가진 자는 생과 사의 철옹성 근처만 가도, 육신이 갈가리 찢겨 죽는다. 절대 세계의 방어막!

과연 누가 있어 칼의 산과 검의 강을 지나서, 추남인 흥화와 미남 인 극빈을 마주 보겠는가?

마법의 황금 동전으로 철옹성의 철문을 열 수 있을까?

하하! 근처에 가면 불화살의 먹이가 될 것이다. 통구이! 난공불락!

흥화와 극빈의 모든 연출은 끝났다. 답이 무엇인지 말해 보라?

죄를 지은 자는 마음이 불안하여 잠 못 이루고, 타인을 도운 자는 마음이 흐뭇하여 편안하게 잠을 잔다.

이 밤을 하얗게 지새우는 자는 과연 누구인가?

흥화: 그 처소에 알고 들어가지 않는가, 모르고 들어가지 않는가?

호천: 역량이 부족합니다.

흥화가 방망이를 잡으니, 호천이 바로 흥화를 후려쳤다.

호천: 위법성 조각 사유(違法性阻却事由)!

송: 불법을 전하는 악마가 될 수 없기에

사이비 산사를 태우고 허공을 바라보네.

극빈이 흥화의 주장자를 불태워 없애니

삼계의 악마선이 영원히 자취를 감추네.

*위법성 조각 사유: 형식상 범죄 행위나 불법 행위의 요건을 갖추
고 있지만, 범죄나 위법으로 인정하지 않는 경우.
*흥화- 남원- 풍혈- 수산- 섭현- 부산

169. 선문염송 321칙- 단하, 목불을 태움

단하가 혜림사를 지나갈 때, 혹독한 추위를 만났다.

마침 법당 안의 목불을 보고 가져다 불을 때니, 원주가 우연히 보
고 꾸짖었다.

원주: 어째서 목불(木佛)로 불을 태우시오?

단하가 주장자로 재를 뒤적이면서 말하였다.

단하: 불에 태워 사리(舍利)를 얻으려고 하오.

원주: 목불에 무슨 사리가 있겠소?

단하: 사리가 없다면, 양쪽의 불상도 가져와서 태워야겠군.

원주는 나중에 눈썹과 수염이 빠졌다.

평: 목불(木佛)을 태워버린 단하는 악마의 씨앗이고, 불법을 수호
한 원주는 부처의 씨앗이다.

그런데 어째서 재앙이 원주에게로 갔을까?

단하가 목불을 태워서 사리를 얻는다고 하니, 목불에서 사리가

나왔을까?

아뿔싸! 설마 목불에서 정말 사리가 나왔다는 것인가?

만약 목불에서 사리가 나왔다면, 목불은 몇 년간 수행을 하였을까?

눈썹과 수염이 빠져 문둥병에 걸려야 하는 것은 극악무도한 단하

인데, 어째서 원주일까?

여하튼 이것은 인과법칙이 명백하게 빗나갔음에 틀림없다.

잘못된 판결은 반드시 바로 잡아서, 억울한 피해자가 한 명도 없
도록 공정한 판결을 내려야 한다. 재심 청구! 정의 사회 구현!

그러나 법전을 펼쳐보니 글자가 한 자도 없다. 이럴 어쩌나!

어쩔 수 없이 판례에 의거해서 판결한다.

단하는 목불을 죽인 살인자이므로 효수하여 죗값을 물을 것이고,
원주는 목불을 살리려고 하였으므로 금란가사를 하사한다.

불행과 행복은 들어오는 문이 없고, 사람이 스스로 재앙과 행운을
만들 뿐이다!

콩 심은데 콩 나고, 팥 심은데 팥이 난다. 인과응보!

우주 전체의 모든 것은 자신의 마음이 만드는 것이다!

원주: 어째서 목불(木佛)로 불을 태우시오?

단하: 목불을 태워 사리(舍利)를 얻으려고 하오.

호천: 부도탑은 이미 준비되었오.

송: 부처도 얼어가는 산사의 한겨울에

　　불상과 마주하니 삼매도 결빙되네.

　　추위에 떨고 있는 목불이 가련하여

　　목불을 다비하니 진신사리가 빛나네.

*혜능- 청원- 석두- 단하- 취미- 투자

170. 선문염송 169칙- 마조, 일면불 월면불

마조가 편찮을 때, 원주가 물었다.

원주: 화상이시여, 요즘 법체가 어떠하십니까?

마조: 일면불 월면불(日面佛 月面佛).

평: 일면불 월면불은 "불명경"에 나오는 부처의 이름이다.

일면불은 1800년을 사는 장수 부처이고, 월면불은 하루를 사는 단명 부처이다.

그러나 부처의 이름이 가진 뜻과 화두는 당연히 무관하다. 안록 산아!

모든 화두들이 표면적으로 가진 단어의 뜻과 아무런 상관이 없다.

화두 참구하는 수행자는 영원한 내 사랑 "소옥이"를 결코 잊지 말라!

그래야 칠흑 같은 어둠을 밝히는 하나의 등불이 될 것이다.

만약 내 사랑 "소옥이"를 잊는다면, 그 순간 불생불멸로 가는 모든 길이 사라지고 자신의 창백한 백골과 마주 볼 것이다! 양귀비야!

각설하고, 건강이 어떻냐고 물으니, "일면불 월면불"이라고 대답 한다.

간악한 마조의 깊은 뜻은 과연 무엇일까?

설마 일면불과 월면불이 사랑에 빠진 것은 아닐까?

하루를 사랑하고 1800년 동안 기나긴 기다림으로, 눈이 멀어버린 한스럽고 한스러운 사랑이여!

1800년 후에 가슴이 시린 간절한 내 사랑을 다시 만난다면, 마음이 사멸해 버린 그리운 내 사랑을 알아볼 수 있을까?

단 하루 만에 영원한 사랑을 어떻게 완성할 수 있었을까?

견우와 직녀가 1년에 한 번 만나는 것보다, 더 구구절절하고 애절한 사랑이여!

이것이 아니라면, 마조는 1800년을 살고 싶은 것일까 아니면 단 하루를 살고 싶은 것일까?

사이비 제자 양성소의 부패한 교주여, 하루만 살아라! 허무 천하!

"일면불 월면불"을 남기고 악랄한 마조가 죽으니 지금도 전염병을 치료하지 못해, 삼계 전체에 해골과 시체 썩는 냄새로 진동한다.

전염병 확산을 막기 위해서, 시체를 모두 불태워라!

전염병으로 죽어간 한 맺힌 영혼을 위하여, 아무런 의미도 없는 천도재와 49재를 지내야 할까?

목탁을 두드리고, 염불을 외워라! 졸고 있는 놈아!

원주: 화상이시여, 요즘 법체가 어떠하십니까?

호천: 하루살이의 1일 천하.

송: 눈부신 해를 마주 보면 일면불이요

　　청명한 달을 마주 보면 월면불이네.

　　낮에 분홍 빛깔 철쭉꽃을 꺾지 말게

　　밤에 노래하는 작은 새가 운다네.

*홍인- 혜능- 남악- 마조- 서당- 건주

171. 선문염송 412칙- 조주감파(趙州勘婆)

조주선사가 사는 오대산으로 가는 길에 한 노파가 있었다.

무릇 스님들이 물었다.

스님: 오대산은 어디로 갑니까?

노파: 곧장 가시오.

스님이 서너 걸음 걸어가면, 노파는 말하였다.

: 멀쩡한 스님이 또 저렇게 가는구나.

나중에 어떤 스님이 조주에게 이 이야기를 하였다.

조주: 기다려 보아라. 내가 너희들을 대신해서 노파를 시험해 보
　　겠다.

조주가 다음 날 가서 똑같이 물었더니, 노파 역시 똑같이 대답하
였다. 조주가 돌아와서 대중에게 말하였다.

: 내가 너희들을 위해 노파를 완전히 간파했다.

평: 오대산 가는 길을 물으니, 똑바로 가라고 한다.

그래서 몇 걸음을 걸어가면, 또 저렇게 가는구나 하고 비꼰다.

조주가 가도 마찬가지다. 묻고, 답하고, 비아냥거린다. 동형 반복!

그러나 뜬금없이 조주가 간파했다고 한다. 이 사기꾼아!

도대체 무엇을 알아냈다는 것일까?

아무리 보아도 조주가 알아낸 것은 아무것도 없는 것 같다.

조주가 알았다는 것은 거짓말이고, 실제로 노파가 조주를 알아낸
것은 아닐까?

도대체 누가 누구를 간파했다는 것인가?

6 장 분류사 화두 _ 947

아~ 오리무중이다. 아는 자가 있다면, 큰소리로 한 번 외쳐 보라. 정녕 나는 모르겠다. 염병할!

어쩌면 바람둥이 조주가 노파에게 혹시 흑심이 있는 것은 아닐까?

삼계의 풍류객이지만 노파 앞에서는 작은 거인이구나.

조주고불이라 불린다더니, 형편없이 노파에게 망신만 당한 꼴이다.

오대산 노파의 한마디에 바보 같은 선객의 시체가 인산인해를 이루지만, 관세음보살의 화신인 요염한 노파를 알아보는 자가 아무도 없구나.

아~ 눈먼 불교여! 부끄럽구나, 눈동자 없는 조사선이여!

표독한 조주의 말에 결코 속아서는 안 된다. 아무짝에도 쓸모없는 가엾고 불쌍한 물건아!

조주가 노파를 완전히 간파한 것이 아니라, 노파에게 완전히 당했다!

관세음보살에게 완전히 속았다!

오대산 가는 길은 똑바른 대로가 아니라, 굽이굽이 굽은 오솔길이다. 당당하게 곧장 가라!

호천: 오대산은 어디로 갑니까?

노파: 곧장 가시오.

호천이 서너 걸음 걸어가니 말하였다.

노파: 멀쩡한 스님이 또 저렇게 가는구나.

호천: 내 사랑 굿바이~!

송: 오대산 가는 길이 막힌 지 오래인데

　　노파는 곧장 가라고 무조건 속이네.

　　막힌 길을 열기 위해 조주가 갔으나

　　당당하게 가고는 영영 소식이 없네.

*남악- 마조- 남전- 조주- 다복, 광효

172. 선문염송 1463칙- 파자소암(婆子燒菴)

옛날에 어떤 노파가 한 암주(庵主)를 20년 동안 공양했는데,

항상 딸을 시켜 밥을 보내어 시중들게 하였다.

어느 날 딸에게 암주를 끌어안고 묻게 하였다.

딸: 젊은 여자에게 안긴 기분이 어떻습니까?

암주: 마른 나무가 찬 바위에 의지하니, 한겨울에 따뜻한 기운이

　　　 없구나.

딸이 돌아와서 노파에게 그대로 말하였다.

노파: 내가 20년 동안 저런 속인 놈(俗漢)을 공양했구나!

그리고 암주를 내쫓고, 암자를 불태워 버렸다.

평: "선문염송"의 마지막 화두다. 역시 마지막답게 함정이 심오해

서 너무나 좋다.

아리따운 아가씨가 안았을 때, 암주의 대답이 그럴듯하나 과녁을

완전히 빗나갔다. 빗나간 총알아!

진리에는 시간과 공간이 없고 지금 이 순간만 영원한데, 아직 사

악한 암주는 그곳에 도달하지 못했다. "이 순간"의 기적!

그래서 노파가 안목이 있었기에, 사이비 선객을 쫓아낸 것은 당연한 수순이다. 일벌백계(一罰百戒)!

암주는 20년 동안 암자에서 과연 무엇을 했을까?

결과를 보니, 불을 보듯 뻔하다. 위대한 악마의 상근기임에 틀림없다.

악귀에게 영혼을 팔아버리고, 부처의 옷을 훔쳐서 입은 추악한 사탄의 앞잡이다. 암흑의 박쥐!

시절인연이 소멸해 버렸으니, 어떻게 부처의 나라로 갈 수 있겠는가?

과연 개과천선(改過遷善) 할 수 있을까?

20년 동안 시주자의 피와 땀이 배여 있는 밥만 축내고 잠만 자던 게으른 선승은, 암자에서 쫓겨나서 지옥의 수호자 염라대왕의 최후에 심판을 기다린다. 정의로운 인과응보! 20년 동안의 업보!

노파의 공명정대한 판결에 하늘이 감동하여, 무지개빛 꽃길을 열어 평화롭게 미소를 짓고 있는 부처와 마주 본다. 모나리자의 미소!

과연 어떻게 대답을 해야 쫓겨나지 않을 것이며, 노파가 암자를 불태운 이유는 무엇일까?

아무리 보아도 암자를 태워버린 노파의 행동은 지나친 감이 있다.

여하튼 이유를 밝히지 못한다면, 암주, 암자와 함께 정의로운 저승사자를 만나러 갈 것이다.

도대체 암자의 죄명은 무엇일까?

처녀: 젊은 여자에게 안긴 기분이 어떻습니까?

호천: 아~ 좋다!

노파가 암자를 불태우는 것을 보고,

호천: 소방차를 불러라!

송: 20년 동안 애태우며 시봉하던 미녀가

한겨울에 떨고 있는 암주를 포용하네.

이루어질 수 없는 불기둥이 솟아오르니

노파가 놀라며 눈 폭풍을 휘몰아치네.

173. 선문염송 919칙- 건봉, 진리의 몸(法身)

건봉이 대중에게 말하였다.

: 부처의 몸(法身)에는 세 가지 병과 두 가지 빛이 있는데,

하나하나 꿰뚫어야 편안하게 앉을 수 있다.

비록 이렇지만 비춤과 작용이 동시일 때,

향상일규(向上一竅 완전한 깨달음)가 있음을 알아야 한다.

운문이 대중 가운데서 나왔다.

운문: 암자 안에 있는 사람이, 어째서 암자 밖의 일을 보지 못합
니까?

건봉이 껄껄 크게 웃었다.

운문: 여전히 학인의 의심은 남아 있습니다.

건봉: 그대는 무슨 마음을 쓰는가?

운문: 화상께서 자세히 알고 계신 줄 알았습니다.

건봉: 바로 이렇게 해야 편안하게 앉을 수 있다.

운문: 예, 예!

평: 확철하게 깨우치지 않으면, 착시현상으로 여러 가지 헛것이 보인다.

이것은 생각의 뿌리를 완전히 뽑아내지 못해서 생기는 현상이다.

수행자의 모든 병은 자신을 속이기 때문에 발생한다!

자신에게 진실하다면, "모르는 그 놈(앎)"을 낱낱이 명명백백하게 밝혀 막히는 곳이 어디에도 없다. 투명한 우주 전체!

만약 이렇게 된다면, 삼라만상 어디에도 갈 수 있고 모든 부처와 역대 조사를 만날 수 있다. 과거·현재·미래는 하나!

수행자여, 거짓 자아에게 속아서 실에 달랑달랑 매달린 꼭두각시 인형은 되지 말라! 생명 없는 마네킹!

악귀는 우리의 달콤한 피를 모두 빨아먹고 나면, 헌신짝처럼 아무런 미련 없이 버릴 것이다. 감탄고토(甘呑苦吐)! 죽음!

수행자는 자신에게 진정으로 진실해야 완전한 깨달음(무심무념)을 얻을 수 있다. 가령 향엄, 덕산, 설봉, 수산주, 대혜, 월암, 송원 선사의 깨달은 기연을 꿈속에서도 잊어서는 안 된다.

그렇기 때문에 투철하게 절대 진리를 빈틈없이 꿰뚫어야 한다.

헛것을 보는 자들은 스스로가 알면서도 스스로를 속이기 때문에, 병을 고칠 수가 없는 불치병이 된다. 악성 바이러스야!

화두 책을 보면 금방 알 수 있지만, 거짓 자아(에고)에게 속아서 끌려 다니는 것이다. 보이는가?

잠을 자는 자는 깨울 수 있지만, 잠을 자는 체하는 자는 절대로 깨울 수가 없다.

확철대오한 도인은 진리의 어떤 부분에도 막히지 않는, 만사형통의 삼계의 영원한 주인공이다. 번뇌 망상이 사멸한 부처의 광명 지혜!

그러나 착각 도인은 곳곳에서 막히는 것을 알면서도, 아상(我相)에 감금되어 자신을 속이고 있다. 한마디로 구제불능이다. 헛것아!

시간과 공간 속에서 죽어가는 자신을 보면서도 정신을 차리지 못하니, 오직 안타까울 뿐이다. 돌고 도는 가련한 영혼아!

무엇보다 수행자는 자신에게 진실해야 한다! 알겠는가?

그래야 완전한 깨달음(반야삼매)을 얻을 수 있다. 대혜선사의 예는 만고의 모범이다.

불타오르는 눈동자를 가진 진실한 수행자여, "모르는 그 놈"을 완전히 밝힐 때까지 멈추지 말고 전진하라! 황소걸음으로!

각설하고, 암자 안의 사람이 암자 밖의 일을 모르는 것은 너무나 당연한데, 사악한 운문이 검은 연기를 피우고 있다.

민중의 역적인 눈물의 최루탄! 물대포! 고무탄!

건봉과 운문의 연막작전에 빠져서 길을 잃어서는 결코 안 된다.

빨리 암자의 문을 열고 밖으로 대피하라. 열반의 문을 찾아라!

시간이 없다. 늦으면 질식사한다. 빨리 피해라.

열반(無生法忍)의 문을 찾지 못했다고, 태종대의 자살 바위에서 번지 점프는 하지 말라! 절대 진리를 향하여 step by step!

또한 운문이 "여전히 학인의 의심은 남아 있습니다."라고 물으니,

건봉이 "그대는 무슨 마음을 쓰는가?"라고 대답한다.

과연 운문의 질문에 건봉의 대답이 답이 될 수 있을까?

아무리 보아도 동문서답의 빗나간 화살처럼 보인다. 방향 착오!

망상하고 분별하는 그대는 어떻게 생각하는가?

위대한 초인아, 과녁을 빗나간 불화살을 잡아서 바로 꺾어 버려라!

짙은 연기 속에서 하얀 면사포를 쓴 여인이여, 면사포를 벗어라!

운문: 암자 안의 사람이, 어째서 암자 밖의 일을 보지 못합니까?

호천: 대문을 활짝 열어라!

운문: 여전히 학인의 의심은 남아 있습니다.

호천: 아직도?

운문: 화상께서 자세히 알고 계신 줄 알았습니다.

호천: 알았으면 일 없는 사람이지. 하하!

송: 주인이 떠나고 폐허인 암자에

　　산새가 날아와 즐겁게 노니네.

　　암자 안에서 이렇게 흥겨운데

　　암자 밖을 생각해서 무엇 하리.

*운암- 동산- 건봉,　설봉- 운문- 동산

174. 선문염송 761칙- 흥화와 민덕의 할(喝)!

흥화가 대중에게 말하였다.

: 오늘 이러쿵저러쿵 하지 말고 단도직입적으로 물으니, 내가 그
대들을 위하여 증명하겠다.

민덕장로가 대중에서 나와 절을 하고, 일어나서 "악!"을 외치자,

흥화: 악!

민덕: 악!

흥화: 악!

민덕이 절을 하고 대중으로 돌아갔다.

흥화: 조금 전에 그 사람이 만약 다른 사람이라면, 삼십 방망이에
　　서 한 방망이도 뺄 수가 없을 것이다. 무슨 까닭인가?
　　　민덕의 한 "할!"이 한 "할!"의 작용을 하지 못하는 것을 알기
　　때문이다.

평: "할!"이 "할!"의 작용을 하지 못한다."는 것을 분명히 밝혀야
한다!

"악!"이 "악!"이 아니라면, 도대체 무엇일까?

민덕의 "할!"은 죽은 자도 살리는 "할!"이요, 흥화의 "할!"은 산 자
도 죽이는 "할!"이다.

신비한 부적과 진언은 마치 저승사자와 같아서, 살아 숨 쉬는 자
에게 무용지물이다.

민덕이 "악!" 하고 외치니, 흥화가 "악!" 하고 화답한다.

마치 돌림 노래나 합창 같다. 폭풍 같은 휘모리장단!

다른 한편으로 보면, 미친놈 둘이 누가 목소리가 큰지 싸우는 것
같다.

역시 목소리만 큰 무식한 임제의 후손은 역시 무식하다.

무지는 블랙홀로 가는 의문의 암흑에 세계요, 지혜는 화이트홀로 가는 지식의 광명에 세계다.

수행자여, 제발 무식한 혜능, 구지, 임제, 흥화 같은 놈의 흉내를 내지 말라. 알겠는가? 악!

"산산이 부서진 이름이여, 허공 중에 헤어진 이름이여!"

허공 속으로 사라진 "할"의 정체를 자세히 규명하라.

사라진 놈이 주인인가, 손님인가?

오늘은 어쩌고저쩌고 시부리지 말고 개아가리 닥쳐라!

이것이 그대들을 위하여 절대 진리를 증명한 것이다. 보이는가?

"한 "할!"이 한 "할!"의 작용을 하지 못하는 것"은 곧 "소리 없는 할"을 말한다. 침묵의 악!

귀로 듣는 "소리 있는 할"도 듣지 못하는데, 마음으로 듣는 "소리 없는 할"을 어떻게 들을 수 있겠는가?

만약 "소리 없는 할"을 들을 수 있다면, 그때 비로소 "구멍 없는 피리"를 불 수 있을 것이다. 나는 피리 부는 사나이!

한적한 정자에 앉아, 구멍 없는 피리로 "이 순간"을 찬란히 노래하리.

"나는 피리 부는 사나이~, 바람따라 가는 떠돌이~, 멋진 피리 하나 들고 다닌다~"

흥화: 한 "할!"이 한 "할!"의 작용을 하지 못하는 것은 무엇인가?

호천: 묵비권(黙祕權)!

송: 거두절미하고 말하지 않으면 늦기에
　　 우물쭈물하다가 벼락에 맞아 죽으리.
　　 민덕이 흥화의 할을 산산이 흩어버리니
　　 삼라만상에서 조사선을 찾을 길이 없네.

*흥화- 남원- 풍혈- 수산- 곡은- 금산

175. 선문염송 72칙- 앙굴산난(殃崛産難)

앙굴마라 존자가 발우를 들고 어느 집 앞에 이르니,
부인이 마침 출산의 어려움을 겪고 있었다.

장자: 부처님의 제자여, 스님은 지극한 성인이니 마땅히 무슨 법
　　　 을 써서 난산을 구해 주십시오.

존자: 저는 도에 들어온 지 얼마 되지 않아서, 이런 법을 알지 못
　　　 합니다. 세존께 여쭈어서 다시 와 알려 드리겠습니다.

돌아가서 부처님께 자세히 아뢰었다.

부처: 너는 속히 가서 "나는 성현의 법을 따르고부터 여지껏 살생
　　　 하지 않았다."라고 말하라.

존자가 부처님 말씀을 장자에게 가서 말을 하니, 부인은 이 말을
듣고 곧 순산하였다.

평: 천고의 연쇄 살인마는 반드시 능지처참하여 죗값을 물어야 하
는데, 어째서 부처는 제자로 삼았을까?
혹시 간악한 부당 거래가 있는 것은 아닐까?

앙굴마라는 이미 999명을 죽였다. 부처의 법을 따르고 아직 살생을 하지 않았다고 말한다는 것이, 얼마나 뻔뻔하고 철면피 같은 말인가!

이것은 부처가 살인자의 죄를 방조하는 것이다. 살인 방조죄!

구천을 떠도는 999명의 한 맺힌 영혼을 어떻게 구제할 것인가?

설마 아무런 의미도 없는 49재와 천도재를 지내서, 갈음하려는 것은 아니겠지?

설혹 산모와 아기를 구했다고 해도, 과거의 죄가 없어지는 것은 결코 아니다. 목숨에는 목숨! 인과응보!

죗값을 어떻게 해야 탕감 받을 수 있을까?

정녕 산모와 아기를 살린 것일까 아니면 부처를 죽일 수가 없어, 산모와 아기를 죽인 것은 아닐까?

행여 1001명을 죽이고, 불로장생(不老長生)이 된 것은 아니겠지?

죄가 있는 자는 밤마다 잠 못 이루는 불면의 밤이 될 것이고, 바르게 사는 자는 밤마다 달콤한 숙면의 밤이 될 것이다.

불치병으로 죽어가는 자에게 부처의 어설픈 설법은 무용지물이다. 이 순간에 팔만대장경의 하찮은 글자들이, 무슨 도움을 줄 수 있겠는가?

단지 치료를 해 주고 약을 주면 그만이다. 이것이 선(禪)이고, 진리의 마음이고, 지금 "이 순간"에 진리를 온몸으로 실현하는 것이다.

그건 그렇고, 어쨌든 부처가 살인마를 제자로 삼았다는 것은, 만고의 귀감이 될 만한 일이다. 부처의 위대한 힘이 아니었다면, 지금도 살아서 그대의 목숨을 노릴 것이다.

부처의 덕은 찬란한 태양과 같고, 중생의 덕은 향기로운 꽃과 같다.
불법이 곧 세간법(世間法)이요, 세간법이 곧 불법이다. 오직 하나!
앙굴마라의 후예인 연쇄 살인자들은 선한 자나 악한 자나 가리지
않고, 무조건 죽이니 부디 몸조심하라.

장자: 부처님의 제자여, 무슨 법을 써서 난산을 구해 주십시오.
앙굴: 저는 이런 법을 알지 못하니, 호천께 여쭈어서 다시 와
　　　알려 드리겠습니다.
호천: 아직도 죽여야 할 악인이 많구나.
존자가 호천의 말씀을 전하니, 부인은 이 말을 듣고 즉시 쌍둥이
를 낳았다.

송:　천고의 핏빛 연쇄 살인마가
　　　부처의 우량 씨앗이 되었네.
　　　산모가 두려워서 출산을 못하니
　　　살인마가 참회의 진언을 외우네.

*부처- 가섭- 아난- 우파국다- 제다가- 미차가

176. 선문염송 759칙- 홍화, 시골 재(齋)
학인: 사방과 팔면에서 올 때 어떻습니까?
홍화: 중간을 친다.
학인이 절을 했다.

흥화: 내가 어제 시골 재(齋)에 갔다가 오는 길에, 갑자기 폭풍과
　　　소나기를 만나서 옛 사당에 들어가서 피하였다.

평: 사통팔달에서 일이 닥쳐올 때, 중간을 쳐 본들 어찌 막을 수
있겠는가?
위와 아래로 고난과 역경이 누수처럼 나의 심장으로 침투할 것이다.
술에 취한 흥화가 헛소리를 한다는 것을 알겠는가?
조사선이여, 부끄럽구나! 안쓰러운 눈먼 깨달음이여!
시골 축제에 가서 아무도 몰래 동네의 과부를 만나고 오는 길에,
하늘이 분노하여 갑자기 폭풍우를 휘몰아친다.
폭풍우를 피하기 위해서 사당으로 들어갔는데, 귀신을 만나 옥신
각신하다가 자신의 죄를 귀신들에게 뒤집어씌운다.
낡은 사당 안에서 억울한 귀신과 바람둥이 흥화가 서로 싸운다.
귀신과 함께 유쾌하게 춤추고, 노래를 부르니 한바탕 멋진 풍류
로다. 멍멍이와 야옹이의 개판 5분 전!
말없이 바라보던 거미줄에 얽힌 빛바랜 불상은 조용히 눈을 감는다.
진흙탕같이 싸우고 밖으로 나오니, 하늘은 스모그 없이 해맑고 둥
근 태양은 따스한 햇볕을 비춘다. 초미세먼지 주의보!
저 멀리 참회라도 하듯이 무지개가 지옥과 천국을 연결한다.

학인: 사방과 팔면에서 올 때 어떻게 합니까?
호천: 멈추어라.
학인이 절을 했다.

호천: 고요하구나.

송: 아무도 몰래 시골 주막에 가서
      술과 개고기를 마음껏 먹었네.
      술에 취해 비틀거리며 배회하다
      유곽에 들러 기생들과 흥겹네.

*흥화- 남원- 풍혈- 수산- 분양- 법화

177. 선문염송 164칙- 마조, 머리가 희고 머리가 검다

선객: 사구(四句 분별)를 떠나고 백비(百非 온갖 종류의 분별)를 끊
      고서, 서쪽에서 온 뜻을 바로 보여 주십시오.

마조: 내가 오늘은 그럴 기분이 아니니, 그대는 서당에게 가서 물
      어보라.

그 승려가 서당에게 가서 물으니, 손으로 머리를 만지면서 말했다.

서당: 오늘 나는 머리가 아파서 그대에게 말해 줄 수가 없다.

      그대는 백장 사형에게 가서 물어보라.

그 승려가 다시 백장에게 가서 물었다.

백장: 나는 그것에 대하여 아는 것이 전혀 없다.

그 승려가 돌아와 마조에게 이러한 일을 이야기했다.

마조: 서당의 머리는 희고, 백장의 머리는 검구나.

평: 평소에 아는 척하며 주둥이를 잘도 놀리더니, 질문만 하면 벙

어리가 되는구나!

추악한 두 얼굴의 사탄아! 그럼 수화(手話)라도 제대로 배워라!

고작 한다는 소리가 모순투성이인 흑백논리로구나.

"검은 고양이든 흰 고양이든 쥐만 잘 잡으면 된다."

부끄럽구나, 조사선이여! 역시 사이비 제자 양성소의 원흉답구나!

중도(中道)를 공부하라! 검은색도 아니고, 흰색도 아니고, 회색도 아니다!

그럼 중도는 무슨 색깔인가?

선객의 물음에 대하여, 서당과 백장이 이미 완벽한 대답을 한 것은 아닐까?

사통팔달로 꽉 막힌 그대는 도대체 어떻게 생각하는가?

그건 그렇고, 소년은 머리카락이 검고, 노인은 머리카락이 희다.

소년은 개구쟁이처럼 뛰어놀고, 노인은 지팡이를 짚고 걷는다.

옛날의 꿈 많은 소년이 하나의 꿈도 이루지 못하고, 이제는 백발의 노인이 되었다. 인생이 한순간의 꿈결같이 파노라마 사진처럼 지나간다. 아~ 덧없는 인생이여!

우물쭈물하다가 내 이렇게 될 줄 진작에 알았건만, 한스러움에 가슴만 미어지고 찢어진다.

그렇다고 시곗바늘을 되돌릴 수도 없다. 오~ 회한의 시간이여!

"내가 헛되이 보낸 오늘은, 어제 죽어간 자가 그토록 바라던 내일이다!"라는 한마디가 비수처럼 나의 심장에 꽂힌다!

오~ 애절한 화두 참구 30년이여! 가련한 백골만 남기는구나!

죽을 날만 기다리는 이 시점에서 한없이 통곡을 해서 무엇 하리.

염라대왕 만날 날만 기다리니, 과거의 나쁜 짓 때문에 두려움이
앞서 그저 눈물만 흐른다. 사필귀정(事必歸正)!
참회의 촛불을 밝히고, 간절히 "이 순간"을 위하여 기도해야 한다.
오직 이것뿐!

그 승려가 돌아와 호천에게 서당과 백장의 일을 이야기했다.
호천: 서당은 뇌출혈이고, 백장은 심장마비다.

송: 서당과 백장이 내기 바둑을 두는데
　　서당이 흑돌이고 백장이 백돌이네.
　　마조가 지옥에서 돌아와 바라보니
　　서당은 대머리고 백장은 장발이네.

*마조- 백장, 서당, 남전, 반산, 대주

178. 선문염송 411칙- 조주, 차나 마시게

조주가 어떤 스님에게 물었다.
조주: 여기에 온 적이 있는가?
선객: 온 적이 있습니다.
조주: 차나 마시게.
또 다른 스님에게 물었다.
조주: 여기에 온 적이 있는가?
선객: 온 적이 없습니다.

조주: 차나 마시게.

원주: 어째서 온 적이 있다고 해도 "차나 마시게" 하시고, 온 적이
　　　없다고 해도 "차나 마시게" 하십니까?

조주: 원주야!

원주: 예!

조주: 차나 마시게.

평: 초라한 관음원에 온 적이 있든 없든, 무조건 독이 든 조주의
차를 권한다.

순진한 선객이 아무것도 모르고, 차 한 잔을 마시고 소리 없이 죽
어 간다.

관음원 뒤편에는 시체가 산더미처럼 썩어가고 해골이 굴려다녀
도, 피에 굶주린 드라큘라 조주는 더욱 더 달콤한 피를 원하고 있다.

독이 든 조주의 차를 마시고 살 수 있다면, 기꺼이 가득 부어 주
리라!

독이 든 조주의 차를 마시고 살 수 없다면, 괴롭게 살아서 무엇
하리!

원주야! 독이 든 조주의 차를 모두 가져오시게.

이 차를 모두 마시고 살면 살 것이요, 죽으면 죽으리라.

독살스러운 조주는 바보 같은 선객들을 이렇게 속여서, 오늘도 신
선한 피의 차를 한껏 즐기고 있다. 마치 간악무도한 사이비 교주
와 같다.

삼계 전체가 조주의 차 한 잔으로 피바다를 이루니, 그저 눈물이

앞을 가릴 뿐이다. 찻잔 속의 한 방울 독!

대마왕 흡혈귀 조주가 내게도 독이 든 조주의 차를 권한다.

잠깐만, 영감님! 저는 차를 싫어하니, 감로주와 함께 아리따운 기생을 불러 주세요!

이것이 퇴마사의 진언이다!

조주: 여기에 온 적이 있는가?

호천: 온 적이 없습니다.

조주: 차나 마시게.

호천: 실론티는 없습니까?

송: 관음원에 온 적이 있든 없든

　　 독이 든 조주의 차만 권하네.

　　 차를 마시고 모두 저승으로 가니

　　 그 누가 차 맛의 풍미를 말하랴.

*남전- 자호, 수유, 감지, 장사, 조주

179. 선문염송 789칙- 설봉, 남산의 독사

설봉이 대중에게 법문을 하였다.

: 남산에 한 마리 독사가 있으니, 그대들은 각별히 주의하라.

장경이 나와서 말하였다.

: 오늘 방안에서 많은 사람들이 생명을 잃었다.

운문은 주장자를 설봉의 얼굴 앞으로 던지면서 무서운 시늉을 하였다. 그 후 어떤 스님이 현사에게 이 이야기를 하였다.

현사: 모름지기 장경 형이라야 된다. 그러나 나는 그렇지 않다.

스님: 스님은 어떻게 하겠습니까?

현사: 남산이라 말해 무엇 하겠는가?

평: 설봉이 지옥에서 가지고 온 생명의 향기가 없는 독사 한 마리를, 아무도 몰래 남산에 풀어 놓았다.

부처의 흉내를 내는 원숭이 같은 선승들이 독사에 물려, 파닥파닥 떨다가 소리도 없이 비명횡사한다.

독사는 숲을 헤치고 돌아다녀도 아무런 흔적도 남기지 않는다.

단지 시체에서 발견되는 상처는 두 개의 이빨 자국뿐이다.

어떻게 해야 지옥 독사를 찾아서 죽일 수 있겠는가?

그러나 잔인한 설봉은 죽음의 비명 소리를 한껏 즐기면서, 오늘도 유쾌하게 살고 있다. 룰루랄라~!

남산에 독사 한 마리가 있으니, 모두 조심하라. 자객 경보!

남산에서 나와도 머리가 보이지 않고, 남산으로 들어가도 머리가 보이지 않는다. 역시 지옥의 독사는 신출귀몰하다.

설마 지옥 독사는 표독한 삼각형 머리가 없는 것은 아닐까?

불현듯 나타나 사이비 수행자만 물어 죽이니, 모두 몸조심하라.

설봉이 정의로운 독사 한 마리를 풀어놓으니, 눈먼 똥개들이 독사에 물려 모두 죽어 나간다.

여하튼 장경과 운문의 대답은 98점이고, 현사의 대답은 99점이다.

그럼 100점의 정답은 무엇인가?

아는 자가 있다면, 한마디 해 보라! 아무짝에도 쓸모없는 똥자루야!

설봉고불이 독사를 한 마리 풀어놓았을 때, 바로 설봉을 후려치는 것이 완전한 100점이다!

알아들은 자가 있다면, 한마디 해 보라! 빛깔처럼 부서지는 헛것아!

설봉의 집안에는 전설 속의 살인귀들이 즐비하다. 무자비한 살수 집단!

악랄한 살인귀 집단의 두목인 하얀 삿갓을 쓴, 설봉의 자비 없는 창포검(菖蒲劍)을 항상 조심하라.

독사에게 물리면 몸만 죽지만, 전설 속의 살인귀의 검에 베이면 영혼까지 죽는다.

부디 착하게 살아서 죽음의 침묵을 몰고 다니는, 살인귀를 만나는 일이 없도록 각별히 주의하라!

설봉: 남산에 한 마리 독사가 있으니, 그대들은 각별히 주의하라.

호천: 피리 소리에 춤추는 코브라.

송: 유황불을 머금은 독사 한 마리가

천국의 평화를 산산이 조각내네.

어리석은 선승이 불에 타 죽어가니

용감한 동자승이 발로 밟아 죽이네.

*덕산- 설봉- 장경, 현사, 운문, 고산

180. 선문염송 408칙- 조주, 만법귀일 일귀하처

선객: 일체 만법은 하나로 돌아가는데, 하나는 어디로 돌아갑니까? (萬法歸一 一歸何處)

조주: 내가 청주에 있을 때 베옷 한 벌을 지었는데, 무게가 일곱 근이었다.

평: 일체 만법은 하나로 돌아가는데, 그 하나는 어디로 돌아가는가?

참 쉽다. 당연히 자기 자신이다.

그럼 나는 누구라는 말인가?

정말 어렵고 어렵다. 나는 누구인가? Who am I?

이것을 반드시 밝혀야 삼계의 당당한 주인공이 된다. 빛의 전사!

하지만 조주의 대답은 완전한 동문서답이다. 악스러운 조주와 운문은 언제나 우리를 실망시키는 적이 없다. 젠장! 하하!

공허한 인간의 생각을 산산이 조각낸다. 마치 일곱 근(4.2kg)의 무쇠 망치가 되어, 나의 머리를 강타한다. 딱!

이마에는 붉은 피가 흐르고, 눈앞에는 달 주위를 별들이 뱅글뱅글 돌고 있다.

아무런 생각이 없다. 이성의 멈춤! 생각의 멈춤! 오직 그러할 뿐!

마음 밖의 앎! 이 순간을 회광반조 하라!

"모르는 그 놈(앎)"이 과연 무엇인가?

도대체 무엇이 모른다고 생각하는 것일까?

조주의 일곱 근의 무쇠 망치에 또 맞지 않으려면, 빨리 말하라!

만법귀일 일귀하처! 그래도 모르겠는가?

그럼 조주의 일곱 근의 베옷을 벗고 빨리 도망쳐라! 36계 줄행랑!
독살스러운 살인귀의 검은 바보 같은 선객의 붉은 피를 항상 먹고
싶어 한다. 게으른 선승의 달콤한 적혈구!
시간과 공간을 초월하여 얼마나 많은 수행자가 애절하게 시달리
고, 한탄하며 죽어가고, 한 맺힌 백골로 사라졌던가?
부처의 거룩한 활인검은 없고 부처의 비정한 살인도만 무자비하
게 휘두르는, 피에 굶주린 인간 백정 조주와 운문이여!
성스러운 살인 청부업은 언제쯤 끝이 나는가?

선객: 일체 만법은 하나로 돌아가는데, 하나는 어디로 돌아갑니까?
호천: 베토벤 교향곡 9번 "합창"을 들려주게.

송: 악마의 은행을 털어 옷 한 벌을 샀는데
　　옷의 무게를 아는 사람이 아무도 없네.
　　부처의 금란가사 한 벌이 장물이라
　　저울이 장물임을 알고 숫자를 지웠네.

*남전- 조주- 광효,　설봉- 운문- 파릉

181. 선문염송 1027칙- 운문, 구구는 팔십일

선객: 무엇이 최초의 한 구절(最初一句)입니까?
운문: 구구는 팔십일($9 \times 9 = 81$).
선객: 무엇이 향상일로(向上一路)입니까?

운문: 구구는 팔십일.

선객: 이자(以字)도 되지 않고 팔자(八字)도 아니라면,

　　　이것은 무슨 글자인지 모르겠습니다.

운문: 구구는 팔십일.

평: 최초의 일구, 최초의 한마디 말(最初句), 마지막 한마디 말(末後句), 향상일로, 향상일규는 모두 완전한 깨달음을 말한다. 법공, 구경각!

삼삼은 구요, 구구는 팔십일이니, 더 이상 말하지 말라.

유치원에 가면 어린아이들조차도 모두 알고 있다.

부끄럽구나, 수행자여! 정말 부끄럽구나, 무식한 혜능의 후예여!

눈망울 똘망똘망한 어린아이들에게 묻고 배워라.

뿔난 도깨비가 무식하면 신비한 부적도 통하지 않는다. 연금술사!

삼계의 풍류객 조주의 말을 모르는가?

"일곱 살 먹은 아이라도 나보다 나은 이는 내가 그에게 물을 것이고, 백 살 먹은 노인이라도 나보다 못한 이는 내가 그를 가르칠 것이다."

수행자가 유치원생보다 못하다면, 어떻게 중생을 제도할 수 있겠는가?

팔만대장경을 모두 태워 버리고, 열심히 구구단을 외우자!

삼삼은 팔, 칠칠은 사십팔! 맞다! 다시 외워라!

가냘프고 애처로운 초승달이 결국 둥근 보름달이 되듯이, 눈망울 초롱초롱한 동자승이 결국 위대한 선사가 되었다.

선객: 무엇이 최초의 한 구절입니까?

호천: A.

선객: 무엇이 완전한 깨달음(묘각)입니까?

호천: B.

선객: 이자(以字)와 팔자(八字)가 아니라면, 무슨 글자입니까?

호천: C.

송: 삼삼은 삼천리 금수강산이요

    구구는 오골계의 삼계탕이네.

    최초의 한 구절을 묻는다면

    "장닭의 꼬끼오"라고 말하리.

*설봉- 운문- 쌍천- 오조- 늑담- 육왕

182. 선문염송 1078칙- 운문, 똥 막대기

학인: 어떤 것이 부처입니까?

운문: 마른 똥 막대기.

평: 운문이 어느 가을날 은행나무 밑에 똥을 한 무더기 누고 사라지니, 삼계 전체가 똥 냄새로 숨을 쉴 수가 없게 되었다.

애꿎은 은행나무가 모든 누명을 덮어쓰고, 가을이면 공공의 적이 된다.

가을이면 운문은 완전 범죄에 대한 통쾌함으로, 늘 콧노래를 부르며 즐겁다. 사뿐사뿐, 찰랑찰랑!

똥 냄새를 피할 수도 없고, 그렇다고 숨을 쉬지 않을 수도 없다.

어떻게 해야 우주 전체의 똥을 치울 수가 있을까?

똥장군을 지고 똥 막대기를 짚고, 아무리 치워도 그대로이다.

똥 냄새 때문에 정신이 혼미하여 오니, 곧 죽을 것 같다. 험!

운문이 은행나무로 몸을 나투어서, 황금빛의 눈부신 은행 열매로 말을 한다.

지금도 청아한 가을이면, 어느 곳에서나 운문의 황금빛 똥 막대기 전설은 생생하게 살아 있음을 외친다. 똥!

산맥의 가파른 파도를 타고 거북선이 여유 있게 항진하고, 광활한 초원의 풀밭을 가르며 눈면 당나귀의 무리가 질풍처럼 돌진한다.

"똥 막대기"가 무엇인지 이제는 알았는가?

형상 없는 빛깔아, 아직도 모르는가?

어쩌지~! 콧구멍이 막힌 놈아! 나팔꽃 향기를 맡아라!

그리고 화장실에 가서 똥을 한 무더기 시원하게 누고 나면 알걸세. 하하! 변비 조심! 치질 조심! 음~!

학인: 어떤 것이 부처입니까?

호천: 꼬마 펭귄 뽀로로.

송: 청명한 가을이면 노란 빛깔 은행잎이 바람에

　　나폴나폴 날아서 허공의 금빛 나비가 되네.

　　마음이 가난한 자에게 눈부신 행복을 주고

　　가을이면 온다는 약속으로 열매를 남기네.

*운문- 쌍천- 오조- 늑담- 구봉- 대매

183. 선문염송 639칙- 목주, 판때기 짊어진 놈

목주가 어떤 승려를 불렀다.

목주: 대덕(大德)이여!

승려가 머리를 돌리자 말하였다.

목주: 판때기 짊어진 놈(擔板漢)이구나.

평: 눈동자 없는 그대가 판때기를 짊어지고 가 보게.

"스님"하고 부르니, "예" 하고 대답한다.

역시 판때기 없는 놈이구나! 이것으로 모든 연출은 끝났다.

그럼 주연 배우는 누구이며, 엑스트라는 누구인가?

이 화두 역시 판때기와는 아무런 관계가 없다. 판단 정지!

판때기와 상관이 있다면 화두가 아니다! 이성 정지! 착각 금지!

만약 "소옥이"를 꿈속에서라도 잊는다면, 부처의 나라로 가는 모든 길은 소멸할 것이다!

> 이 몸이 죽고 죽어 일백 번 고쳐 죽어도
>
> 소옥이를 향한 일편단심은 변하지 않으리!

그럼 목주의 말은 도대체 무슨 뜻일까?

모르는 것은 어쩔 수가 없다. 일단은 배가 고프니 판때기를 쪼개어서 불을 지피고, 가마솥에 있는 꽥꽥거리던 오리는 그의 몸이다.

그럼 오리의 진짜 영혼은 어디로 갔을까?

안록산아, 말해 보라. 예상한 대로 모르는구나.

역시 판때기 없는 놈이구나! 하하!

그렇다고 광안대교에서 황령산을 바라보며, 일곱 바퀴 반을 돌고 다이빙은 하지 말라. 풍덩!

심장이 없는 수행자여, 아직도 모르는가?

진존숙(陣尊宿 목주)은 철옹성의 성주 아들이며, 빛의 전사의 아버지다.

역시 뱀의 머리에 용의 꼬리를 가진 놈이구나. 사두용미(蛇頭龍尾)!

호천: 대덕(大德)이여!

승려가 머리를 돌리자 말하였다.

호천: 다홍치마를 벗은 놈이구나.

송: 천 길 절벽의 통나무 외다리 위에서

　　 수줍은 어린 소녀가 가냘픈 손으로

　　 건반 없는 그랜드 피아노를 연주하네.

　　 도레미파솔라시도, 도시라솔파미레도~.

*남악- 마조- 백장- 황벽- 목주- 진조

184. 선문염송 1022칙- 운문의 호떡

선객: 어떤 것이 부처를 초월하고 조사를 뛰어넘는 말입니까?

운문: 호떡.

평: "부처와 조사를 초월한 말이 무엇인가?"라고 물으니, "호떡"이
라고 대답하여 사람들의 논리적인 사고를 산산이 조각낸다.

어째서 "호떡"이 부처와 조사를 초월한 말일까?

무정물(無情物 무생물·허공)이 유정물(有情物 중생·생물)보다 낫다
는 말일까?

역시 삼계의 제일검다운 살인귀의 솜씨에 찬탄이 절로 나온다.

이 일을 밝히기 위해서 며칠을 굶었더니, 하나뿐인 눈동자가 튀어
나올 정도로 배가 너무 고프다.

모를 때는 직접 호떡을 먹어보는 수밖에 달리 도리가 없다.

호떡을 먹고 이 일을 반드시 밝혀야겠다.

호떡을 먹고 나니 너무나 맛있어 탄성이 절로 나온다.

아~ 달고 아삭아삭하게 맛있다!

이것이 끝인데, 어째서 부처와 조사를 초월한 말일까?

설마 동문서답의 영감이 또 헛소리를 지껄였다는 말인가?

하얀 선글라스를 낀 쌍꺼풀 수술을 한 돌고래가 빨간 스포츠카를
운전하고, 바다의 파도 위를 쏜살같이 질주한다. 째~앵~!

아~ 어렵고 어렵다. 모를 때는 가부좌를 틀고 참구할 수밖에 없다.

오~ 지랄 같은 살인귀의 호떡이여! 매운 떡볶이여!

선객: 어떤 것이 부처를 초월하고 조사를 뛰어넘는 말입니까?

호천: 죽여라!

송: 진리를 찾아 헤매는 처절한 나그네

　　장자불와로 밤을 하얗게 지새우네.

　　굶주림에 지쳐 호떡 가게를 지나다가

　　개고기를 뜯고 맛있다고 탄성하네.

*설봉- 운문- 쌍천- 덕산- 개선- 불인

185. 선문염송 1091칙- 운문의 찌른다

학인: 오랫동안 비가 내리고, 개이지 않을 때는 어떻습니까?

운문: 찌른다(箚)!

평: 장마철에 비가 계속 오는 것은 자연의 이치인데, 부산스럽게 무슨 호들갑인가!

한 달 동안 태양을 보지 못했다고, 벌써 우울증이라도 걸렸는가?

그렇다고 한 달 내내 비가 오지는 않는다.

잠시 개일 때, 구름을 뚫고 태양이 햇살을 지상에 내리 꽂는 순간을 주의 깊게 보라. 이것이 이 화두의 최고의 답이다.

그런데 운문이 "찌른다."라고 답을 했으니, 틀렸다는 것을 알겠는가?

도대체 무엇을 "찌른다."는 것일까?

아무리 찌르려고 해도, 찌를 것이 아무것도 없다!

그렇다고 푸른 허공의 콧구멍을 찌를 수 있겠는가?

만약 허공의 콧구멍을 찌른다면, 허공의 콧구멍은 어디에 있는가?

976 _ 화두의 심장에 검을꽂아라

어쩔 수 없이 손가락으로 운문의 콧구멍을 찌르니, 쌍코피가 붉게 흘러내린다. 꿩 대신 닭!

아프다고 비명을 지른다. 사기꾼 주제에 엄살이 심하군.

운문이 소름 끼치게 비명 소리를 질렀다고 말하지도 말고, 숨 막히는 묵언 속에서 거침없이 주둥이를 나불거렸다고 말하지도 말라.

여기에서 알았다고 해도, 이미 목이 떨어진 후다. 똥 막대기야!

죽은 시체가 어떻게 깨달을 수 있겠는가?

빙글빙글 굴러다니는 한 맺힌 해골이, 평화롭게 지옥의 찬가를 부른다.

염라대왕이시여, 부디 자비를 베푸소서. 사랑을 베푸소서.

치! 어림도 없는 소리! 불멸의 결자해지(結者解之)!

학인: 오랫동안 비가 내리고, 개이지 않을 때는 어떻습니까?

호천: 습하다(濕)!

송: 혼탁한 암흑의 세상을 수호하는
    무한한 삼계의 제일검 운문이여,
    우울한 장마철의 목을 베고서
    상큼한 태양의 찬가를 부르네.

*설봉- 운문- 덕산- 문수- 동산- 불일

186. 선문염송 1037칙 - 운문의 드러났다

선객: 부모를 죽이면 부처님 앞에서 참회하지만, 부처와 조사를
　　　죽이면 어느 곳에서 참회합니까?

운문: 드러났다(露)!

평: 삼라만상의 영원한 주인공인 부처와 조사를 죽이면, 천상의
수호신들이 반드시 살인자를 잡는다.

그래서 사건의 전말이 모두 드러난다. 당연지사(當然之事)!

당연히 "노(露)!"는 "드러났다"는 말이고, "살인자를 잡았다."는 말
이다.

한편으로 사건의 진실이 드러나서 살인자를 잡았으나, 도리어 모
든 것이 숨어 버렸다.

그 사이에 살인자는 연기처럼 도망쳐 버렸다. 이럴 어쩌나!

빨리 살인자를 잡아서 정당한 죗값을 물어라. 졸고 있는 놈아!

그러면 모든 것이 확연하게 밝혀질 것이다. 명명백백!

그런데 살인자가 도망간 곳을 모르니 어떻게 잡을 것인가?

아~ 이것이 문제다. 역시 형편없는 놈이군.

전국의 CCTV를 모두 검색하여, 살인자가 숨어 있는 곳을 기필코
색출해야 한다.

검은 선글라스를 낀 눈먼 늑대의 무리를 이끄는, 불타는 눈동자를
가진 하얀 진돗개가 사자후를 포효한다. 멍멍!

암행어사 박문수 없는가? 셜록 홈즈 없는가? 명탐정 코난 없는가?

눈에는 눈, 코에는 코, 이에는 이, 목숨에는 목숨!

이것이 불교의 진정한 순리다! 부디 착하게 살자!
살인자는 반드시 참수시켜야 한다. 정의로운 인과응보!

선객: 부처와 조사를 죽이면, 어느 곳에서 참회합니까?
호천: NO!

송: 모든 부모와 이웃을 죽이면
　　부처와 조사에게 참회해서 좋고,
　　모든 부처와 조사를 죽이면
　　자수하여 광명을 찾아서 좋네.

*운문- 파릉, 쌍천, 덕산, 동산, 향림

16. 본래면목(本來面目 진리의 근본 바탕)

187. 무문관 23칙- 혜능, 선과 악을 생각하지 말라

육조는 혜명 상좌가 대유령까지 쫓아오는 것을 보고,

가사와 발우(衣鉢)를 바위 위에 올려놓았다.

육조: 이 가사는 믿음의 상징이니, 어찌 힘으로 빼앗을 수 있겠는
    가? 그대에게 맡기니 가지고 가게.

혜명이 들어 올리려고 하지만 산처럼 움직이지 않는다.

주저하고 두려움에 떨었다.

혜명: 법을 구하러 온 것이지 가사 때문이 아닙니다.

    원컨대 행자께서 깨달음을 보여 주십시오.

육조: 선(善)도 생각하지 말고 악(惡)도 생각하지 말라.

    바로 이럴 때, 어떤 것이 혜명의 본래면목(本來面目)인가?

혜명이 곧 크게 깨닫고 온몸이 땀에 흠뻑 젖었다.

눈물을 흘리면서 절을 하였다.

혜명: 방금 말한 비밀의 말과 비밀의 뜻 외에, 또 다른 뜻이 있습니까?

육조: 내가 지금 그대에게 말한 것은 비밀이 아니네. 그대가 스스
    로 본래면목을 돌이켜보면, 비밀은 오히려 그대 자신에게
    있네.

혜명: 저는 황매산에서 대중과 함께 수행했지만, 아직 본래면목을
    깨닫지 못했습니다.

    지금 깨달음에 이르는 길을 가르쳐 주시니, 마치 물을 마시
    고 차고 따뜻함을 알듯이 스스로 아는 것과 같습니다.

    이제 행자는 저의 스승이십니다.

육조: 그렇다면 나와 그대는 함께 홍인대사를 스승으로 모시게 되었네. 스스로 얻은 경지를 잘 지켜 가도록 하게.

평: 부처의 위대한 후손이 아무리 급박해도 그렇지, 진리를 직접적으로 가르쳐 주다니 형편없군. 정녕 위기에 처했다면, 빛의 수호자인 사대천왕을 소환해서 경호를 시키면 될 것을. 아~!

그러나 혜능이 마음을 직접 가리켜, 불성(佛性)을 보게 하여 부처가 되는 것을 바로 보여 주었다. 그나마 조사선의 체면은 지켰다.

직지인심(直指人心)! 견성성불(見性成佛)! 돈오돈수(頓悟頓修)!

"불사선악(不思善惡)"의 네 가지 어려운 곳을 보자.

1. 혜명은 어째서 가사와 발우를 들어 올리지 못했을까?

2. 선(善)도 생각하지 말고 악(惡)도 생각하지 말라.

　 지금 이 순간, 본래면목(진리)은 무엇일까?

3. 스스로 본래면목을 알면, 비밀은 오히려 자신에게 있다.

　 그럼 비밀은 무엇일까?

4. 스스로 깨달은 경지를 잘 지켜 가라.

　 완전한 깨달음(구경각)은 수행의 완성과 동시에 수행을 마치는 것이다! 돈오돈수(頓悟頓修)! 절학무위한도인(絶學無爲閑道人)!

　 더 이상 배울 것이 없다, 더 이상 수행할 것이 없다, 더 이상 깨달을 것이 없다(絶學, 絶修, 絶悟)!

　 그렇다면 도대체 무엇을 잘 보호하고 지켜야 하는 것일까?

이 네 개의 관문을 모두 뚫고 지나야, 진리의 근본 바탕(본래면목)이 무엇인지 확철하게 알 수 있다.

아뇩다라삼먁삼보리(최상의 깨달음)!

그럼 선과 악(good and evil)은 도대체 무엇인가?

선이다, 악이다 하는 것은 허망한 생각이 만들어 낸 완벽한 분별 망상이다!

왜냐하면 인간 그 자체가 완전한 망상으로 이루어진, 스펙트럼 환영의 완전체이기 때문이다!

그러므로 인간에게서 비롯되는 모든 것은, 망상의 무한 제곱으로 탄생하는 황홀한 허상이기 때문에, 무슨 말할 가치가 있겠는가?

선(善) 속에는 선이 없고, 악(惡) 속에는 악이 없다.

삼라만상은 오직 텅 비어 있는 공(空)이다! 단지 우주 전체를 지켜 보는 완전한 앎(自性)만 있을 뿐이다! 만법유식(萬法唯識)!

이것을 가리켜 신·부처·불성·자성·진여·성품·본래면목 등등으로 명명하고 부르는 것이다.

완전한 깨달음(일상삼매)을 얻고 나면, 진정코 신비한 비밀은 자기 자신에게 있다!

이 불가사의한 비밀을 어떻게 말로 표현할 수 있겠는가?

삼계의 모든 것은 오직 신비롭고 환상적인 환영(허상)의 세계임을, 그 누가 이해하겠는가?

본래면목에서 나타나는 한바탕의 영상(허상)과 실체를, 어떻게 설명할 수 있겠는가?

마치 말로 형언할 수 없는 형형색색의 저녁노을을 보는 것과 같다.

태양과 먼지가 만들어 내는, 우주 최고의 화려한 쇼는 정녕 실체가 없다. 아무것도 없는 완벽한 무(無)의 공간!

황홀한 노을은 노을 아닌 구성 요소로 연결되어 있다!

삼라만상은 서로 대립하지 않고 융합해서 작용하며, 무한하게 밀접한 관계를 유지하는 상즉상입(相卽相入)!

파란 하늘은 진짜 자아(自性)이고, 저녁노을은 거짓 자아(에고)이다. 석양의 형언할 수 없는 채색화의 아름다움은, 그 무엇으로도 표현할 수가 없다. 임제의 악!

그러나 이것은 가짜 자아의 욕망에 의해서 펼쳐진, 생생하게 살아 숨 쉬는 역동적인 파노라마 풍경이다.

오색찬란한 색채의 노을이 사라지고 나면, 진정한 자아인 허공은 언제나 변함없이 그대로 있다.

노을은 우리가 삶이라고 생각하는 현실이지만, 영상(연기·구름·빛깔) 같은 것이라서 진정한 본체는 존재할 수가 없다.

노을의 신비로운 다채로움에 정신이 팔려 있을 때, 불행하게도 우리는 진짜 자아(하늘)를 보지 못한다.

이렇듯 거짓 자아는 언제나 욕망의 외부 세상만 보려 하고, 자신의 순수한 내부 세상인 하늘을 보려 하지 않는다.

이것은 눈부신 중생의 비극이고, 천차만별의 상대적인 비교가 잉태하여 태어나는 생생한 고통의 삶에 현장이다. 삼계는 불타는 집!

결국 우리는 이 세상이 진짜 존재하는 것이라고 믿는, 에고의 간악무도한 현혹술에 빠져 있다.

그래서 무한하고 영원한 거인의 초월적인 삶을 사는 것이 아니라, 초라하고 볼품없는 육신의 감옥에 갇힌 저주받은 난쟁이의 삶을 노예처럼 살다가 죽는다.

4만 5천 년 동안 살아온 크로마뇽인이여, 정신 바짝 차려라!

25시간 완전하게 깨어 있어라!

거짓 자아가 우주 전체에 쳐놓은 저주의 그물망 속에서, 태어나자마자 서서히 죽어가는 가련하고 애처로운 헛것일 뿐이다.

또한 우리의 삶은 찬란한 빛깔 스펙트럼의 허상 속에 있는 무한한 매트릭스 공간이다. 이렇듯 우리가 알고 있는 실체는, 실체가 아닌 허상에 지나지 않는다.

현상계에서 실체로 보는 모든 것이 절대계의 환영(허상)임을, 어떻게 이해시킬 수 있을까? 아~ 진정코 어렵고 어렵다.

색즉시공(色卽是空)! 형상 있는 것이 곧 텅 비어 있는 것이다.

즉 육신이 있는 것 같지만 육신이라고 할 실체는 없다!

육신의 구성 요소(음식물의 집합체)를 각자의 자리로 되돌려 보내면, 육신이라고 할 본체는 사라진다. 실상무상(實相無相)! 제상비상(諸相非相)! 곧 육신은 연기적(임시적·가상적·영상적·허상적) 존재이다.

결국 사람은 사람 아닌 요소로 구성되어 있다! 연기법(緣起法).

부처의 법은 결코 아무나 알 수가 없다. 정녕 이것이 문제로다!

반드시 스스로 깨달아서, 부처가 되어 확인하는 수밖에 달리 방법이 없다.

선객: 혜명은 어째서 가사와 발우를 들어 올리지 못했습니까?

호천: 얼굴을 가린 나의 신부여.

선객: 선(善)도 생각하지 말고 악(惡)도 생각하지 말라.

지금 이 순간, 본래면목(佛性)은 무엇입니까?

호천: 죽는 날까지 하늘을 우러러, 한 점 부끄럼이 없기를.

선객: 본래면목을 알면 비밀은 자신에게 있는데, 비밀은 무엇입니까?

호천: 아름다운 이 세상 소풍 끝내는 날.

선객: 완전한 깨달음(法空)은 영원히 배울 것도 없고 잃어버리는 것이 아니라면, 무엇을 잘 보호하고 지켜야 합니까?

호천: 내 마음의 어딘 듯 한 편에 끝없는, 강물이 흐르네.

송: 정녕 善은 선이 아니고 惡은 악이 아닌데
    진정 어디에서 善과 惡을 찾을 수 있으리.
    본래면목은 삼계 전체에 펼쳐져 있는데
    신비로운 佛性을 누가 설명할 수 있으리.

*혜능- 하택, 영가, 혜충, 청원, 남악

188. 선문염송 683칙- 남전, 마조의 제삿날

동산이 행각을 나서 처음으로 남전을 만났는데,

마침 마조의 제삿날이 되어 제사를 준비하였다.

이때 남전이 질문을 하였다.

남전: 내일 마조의 제삿날인데, 마조대사가 오시겠는가?

아무도 대답이 없자, 동산이 대답하였다.

동산: 도반이 있으면 올 것입니다.

남전: 이 사람이 비록 뒷사람이지만 매우 다듬을 만하다.

동산: 화상께서 양민을 천민으로 억압하지 마십시오.

평: 태양의 위대한 후손인 동산이, 사이비 제자 양성소의 천민에게 탄압을 당하는구나. 언론·출판의 자유를 보장하라!

"비록 뒤에 태어난 사람이지만 매우 다듬을 만하다."라고 말했을 때, 남전을 바로 후려쳐야 했는데 아쉽다.

만약 내라면, "나는 완제품이다."하며 바로 후려쳤을 것이다. 하하!

사실 이 몽둥이는 사이비 마조가 맞아야 하는 것인데, 스승을 잘못 만난 죄로 남전이 맞는 것이다.

타락한 조상이 자신의 죗값을 갚지 못하고 죽으면, 당연히 후손이 죗값을 치러야 한다. 스승과 제자의 필연적인 연좌제(連坐制)!

추악한 법맥의 인과응보! 선(禪)의 기강 확립!

악마의 선봉장인 사이비 제자 양성소의 원흉인 마조의 제사를 지내는 것을 보니, 천하의 남전도 눈먼 놈이 틀림없다.

악마의 끄나풀과 연관된 놈은 무조건 지옥으로 간다. 사필귀정!

삼라만상을 혹세무민한 정신적인 집단 학살로 종신형을 선고 받고, 팔열지옥(八熱地獄)을 차례대로 돌아가면서, 형언할 수 없는 고통을 맛보며 울부짖고 있다. 자업자득!

그러나 싯다르타, 달마, 혜능, 마조, 남전의 표정을 보니, 너무나 평화로워 보인다.

이놈 야차야, 형벌이 약하다. 고문의 수위를 최대로 끌어올려라!

야차가 큰 쇠창을 유황불에 달구어, 죄인의 눈, 코, 입, 항문, 몸을

꿰어서 공중으로 던진다. 아비지옥에서 퍼져 나가는 고통의
울부짖음이 산천초목을 공포에 떨게 한다. 공포!

삼라만상의 모든 것들이여, 제발 타인을 속이지 말고 부디 정직하
고 착하게 살자. 결자해지!

각설하고, 위대한 삼계의 주인공이 언제 태어나고, 죽은 적이 있
는가?

삼라만상의 대도인은 시간과 공간을 초월하여, 영원한 육신을 가
지고 있는데 어떻게 죽을 수 있겠는가?

온 우주가 무한한 주인공의 영혼과 육체인데, 과연 죽을 수 있을까?

쌀 한 톨보다 작은 삼천대천세계(우주 전체)를 손아귀에 쥐고 있
는 불멸의 초인이, 과연 죽는다는 것이 가능할까?

"반야심경"의 "불생불멸, 불구부정, 부증불감"도 모르는가?

불행하게도 죽고 싶어도 죽을 수가 없다. 이것이 주인공의 운명
이다.

아차! 그대는 죽는다고? 그럼 안 죽으면 되지!

사실 영원한 생명도 괴로운 일이네. 하하!

돌고 도는 끝없는 인생이여, 이제는 정녕 지겹구나! 쉬어야겠다!

남전: 내일 마조의 제삿날인데, 마조대사가 오시겠는가?

호천: 현고학생부군신위(顯考學生府君神位)!

남전: 이 사람이 비록 뒷사람이지만, 매우 다듬을 만하다.

호천: 만사형통(萬事亨通)!

송: 삼계가 내 마음속에 가득 차 있는데

　　삶과 죽음의 하찮은 그림자는 없네.

　　시간과 공간도 없는 불생불멸이 되어

　　텅 비어 있지만 꽉 차 있는 집에 머무네.

*마조- 남전- 장사,　운암- 동산- 청림

189. 선문염송 1461칙- 행자, 부처에게 침을 뱉다

옛날에 어떤 행자가 법사를 따라 불전(佛殿)에 들어갔는데,

행자가 불상(佛像)을 향해 침을 뱉었다.

법사: 행자가 버릇이 없구나. 어째서 부처님께 침을 뱉는가?

행자: 부처님 없는 곳을 가르쳐 주시면, 그곳에 침을 뱉겠습니다.

법사: 대답이 없었다.

평: 아무런 뜻도 모르고 부처의 말만 되뇌던 앵무새 같은 법사가,

예의 바른 행자에게 호되게 당하는구나. 아~ 괴롭구나. 덕산이여!

사이비 법사는 산사에서 과연 무엇을 배웠을까?

오직 한스러울 뿐이다. 주둥이가 있어도 말도 못하는 그림자 부처

여, 아니 악마의 스파이여!

무간지옥의 철창 속에서, 오늘도 싯다르타가 소리 없이 구슬프게

울부짖고 있다.

나의 제자들은 결단코 자신을 속이지도 말고, 세상을 혹세무민하

지도 말라! 싯다르타 부처의 때늦은 참회의 눈물!

행자는 진리를 얼핏 보았으나, 아직 확철하게 알지 못한다.

그것은 그의 거친 행동에 잘 나타나 있다.

그러나 행자가 던진 "부처가 없는 곳은 어디인가?"라는 질문은,

참으로 어렵고 어렵다. 인간계 최후의 은산철벽!

우주 전체가 부처의 화신인데, 부처가 없는 곳은 도대체 어디일까?

수행자는 반드시 밝혀야 자신이 부처가 될 수 있다.

법사와 행자의 이 장면은, 마치 집주인이 오히려 도둑이 된 꼴이다.

눈먼 조사선이 피범벅이 되는 순간이다. 부끄럽구나, 조사선이여!

또한 사각의 링에서 KO 펀치를 맞은 장면이다. 머피의 법칙!

오~ 분하고 억울하구나. 악마의 교주 싯다르타여!

"조사선"의 위대한 성주 앙산이여, 눈먼 조사선의 눈을 뜨게 하라!

마치 위대한 앙산과 한 맺힌 향엄을 보는 것 같다.

도대체 하찮은 "조사선(祖師禪)"은 무엇인가?

색성향미촉법(色·聲·香·味·觸·法)을 모르는 수행자여, 아직도 모르는가?

아~ 쓰라리구나. 선사조(禪師祖)!

행자: 부처님 없는 곳을 가르쳐 주시면, 그곳에 침을 뱉겠습니다.

호천: 한 대 후려치고, 그대가 부처다!

송: 시가를 피우는 하얀 삿갓을 쓴 나그네가

　　담뱃재를 부처의 불결한 손바닥에 터네.

　　끝없는 우주 전체를 아무리 둘러보아도

　　불상의 엉큼한 손바닥만 찬란히 빛나네.

*용담- 덕산- 암두, 위산- 앙산, 향엄

190. 선문염송 468칙- 조주, 사대와 오온

조주: 아직 세계가 있기 전에 먼저 성품(性品)이 있었다.

　　세계가 무너질 때 이 성품은 무너지지 않는다.

스님: 어떤 것이 성품(佛性)입니까?

조주: 사대와 오온(육신)이다.

스님: 이것 역시 무너지는 것입니다. 어떤 것이 성품입니까?

조주: 오온과 사대이다.

평: 덧없는 육신이 진리하고 하니, 무슨 뚱딴지같은 말인가?

법신(法身 부처·진리의 몸)이 진리라고 하면 이해할 수 있겠는데.

조주가 삼계의 모든 것을 박살 내고 있다.

불타오르는 욕망의 덩어리, 부패한 음식물의 찌꺼기, 똥자루, 가죽

부대, 오욕칠정의 화신인 육체가, 어째서 절대 진리의 본체인가?

우리가 생명으로 알고 있는 이 몸은, 얼마나 허망한 것인가!

육체가 죽으면 땅·물·불·바람(地·水·火·風: 四大)으로 흩어져, 삼계

에서 흔적도 없이 사라질 것이다.

또한 태어나고 죽는 모든 것을 구성하는 색·수·상·행·식(色·受·想·

行·識: 五蘊)도 같은 운명이다. 색은 육신, 수·상·행·식은 마음 작용.

헛되이 태어나서 헛되이 흩어지는 애처로운 영혼이 되지 말라.

부질없는 메아리처럼 울리다가 소멸하는 헛것아!

이 공허한 육신을 위해서, 우리는 얼마나 많은 시간과 노력을 들

여서 꾸미고 가꾸는가?

허무한 육신은 죽을 때까지 좋은 것만 해달라고 계속 조를 것이다.

자신의 마음속에서 일어나는 에고(가짜 자아)의 말에 속지 말라.

차라리 산속의 배고픈 새들과 가난한 이웃에게, 밥 한 그릇을 선물하자.

이것이 모든 생명에 대한 사랑이고 부처의 마음이다.

우주 전체의 모든 것을 사랑하라! 이것이 우리의 유일한 운명이자, 가야 할 유일한 길이다! 불행하게도!

We are friends! We are the world! We are the universe!

진리가 무상한 육신이라는 말은, 조주가 평상심이 진리임을 밝힌 것이다.

어째서 사대와 오온(육신)이 본질(진리)이란 말인가?

확철하게 깨닫지 않고서는, 영원히 알 수 없는 최상승의 위대한 법문이다.

사대와 오온이 배가 고프다고 조르니, 저녁을 먹자. 꼬르륵~!

조주 영감, 밥이나 먹읍시다. 저녁을 먹고 나니, 고단했던 하루의 피로가 밀려온다. 독이 든 조주의 차나 한 잔 마시고 쉬자.

이것이 절대 진리의 근원임을 그 누가 알 수 있으랴!

평상심이 도(道)! 너무나 상식적인 삶!

스님: 어떤 것이 성품(佛性)입니까?

호천: 사랑(love).

스님: 이것 역시 무너지는 것입니다. 어떤 것이 성품입니까?

호천: 절망(despair).

송: 영원한 절대계의 시작도 알 수가 없고
　　영원한 절대계의 종말도 알 수가 없네.
　　현상계에 태어난 덧없는 육신은 죽지만
　　절대계에 태어난 불멸의 육신은 영원하리.

*남악- 마조- 남전- 조주- 광효, 다복

191. 선문염송 407칙- 남전, 평상심이 도(道)

조주: 어떤 것이 도(道 진리)입니까?

남전: 평상심(平常心)이 도다.

조주: 그것을 향하여 나아가야 합니까?

남전: 나아가려 하면 곧바로 어긋난다.

조주: 나아가려 하지 않으면, 어떻게 깨달음의 길(道)인지 알 수 있
　　　습니까?

남전: 깨달음의 길(道)은 안다(知), 모른다(不知)를 벗어나 있다.
　　　안다고 하면 허망한 깨달음이요, 모른다고 하면 무기(無記)
　　　이다.
　　　만약 의심하지 않는 도(道)를 진실로 통달하면,
　　　거대한 허공과 같아서 텅 비어 있고 탁 트여 있다.
　　　어찌 억지로 시비를 일으키겠는가?

조주는 이 말을 듣자마자 크게 깨달았다.

평: 깨달은 후에 일상의 나날을 생각이 완전하게 소멸한 무심무념

(無心無念·해탈)으로 살아가는 것이다. 즉 일상생활 그대로가 진리다.
일상생활을 하면서 완전한 깨달음(대원경지)을 온몸으로 직접 보여 주고, 생생하게 살아 움직이면서 절대 진리를 실현하는 것이다.
이것이 "평상심이 도"다. 진리의 최상승의 단계!
여름은 덥고 겨울은 춥고, 피곤하면 쉬고 배가 고프면 밥을 먹는다.
지극히 상식적인 삶이고, 결코 모난 삶이 아니다!
이것이 완전한 깨달음(내외명철)이라는 사실을, 그 누가 알겠는가?
마음이 절대 평화와 언제나 하나이기에, 삼라만상이 오직 고요할 뿐이다.
달리 표현하면, 삼계 전체가 내 자신이기 때문에, 완벽하게 흔들림 없는 마음이다. 이 속에서 "이 순간"의 삶을 산다!
온 우주의 모든 것을 함축하고 있는 "이 순간"에서 "이 순간"으로!
이 순간의 마법!
사실 설명을 하자니 그렇지, "이 순간"의 삶을 산다는 것조차도 없다!
마음을 초월한 삶! 단지 이 순간의 연속!
"이 순간" 속에는 인간이 생각하는 모든 것 즉, 시간과 공간, 삶과 죽음 따위의 하찮은 먼지들은 없다.
오직 생생하게 살아 숨 쉬는, 역동적인 빛의 눈부신 이 순간에 연속만 있다. 이 순간의 영원!
또한 마음(생각)이 없기 때문에 오직 담담할 뿐이거나, 오직 있는 그대로 바라볼 뿐이다. 그림자의 흔적이 없는 무이행(無二行)!
이렇게 살아간다면, 모든 것은 단지 그러할 뿐이다! 즉 각자의 시절 인연을 따라서 그렇게 살아간다. 이것이 바로 "평상심이 진리"인 것이다.

선(禪)에서 완전한 깨달음(무상정각)을 상징하는 가장 위대한 문구다.

절대 진리의 실체에 대한 남전의 설명은 너무나 명쾌하고 완벽하다. 역시 언어의 마술사인 왕노사(王老師 남전)다운 한마디다.

수행 당시에, 이 화두가 진리의 본질을 말한다는 사실을 직감적으로 알았다. 그래서 마르고 닳도록 읽었다.

하지만 불행하게도 알 수가 없었다. 이성과 생각의 틀 속에 갇힌 자는 영원히 상상조차 할 수도 없다.

절대 진리는 까마득한 억겁 세월의 은산철벽!

아무리 생각으로 분별해 보아도, 결국 생각의 영역과 공간 안이기 때문이다. 망상의 무한 제곱! 눈동자 없는 데카르트 신세!

이렇듯 이성의 한계 밖에 있는 절대 진리의 본질을, 어떻게 생각으로 알 수 있겠는가?

무한한 허공으로 들어가는 찬란한 문이 분명히 있는데, 어째서 찾지 못하는가?

자신이 직접 본래면목의 얼굴을 보아야, 영원히 쉴 수가 있다!

봄에는 파릇파릇 새 생명이 돋아나서 신비롭고, 여름에는 폭발하는 태양의 불꽃 축제가 아름답고, 가을에는 나무들의 단풍 무도회가 화려하고, 겨울에는 사철나무의 푸른 절개가 변함없다.

이루 형언할 수 없는 완벽한 미모의 여신이 내게 키스를 해주었다. 여신의 이목구비를 말하라. 그러면 내가 감정해 주리라!

조주: 어떤 것이 도(道)입니까?

호천: 수녀와 창녀.

송: 내 마음은 파란 허공의 바다요

　　나룻배를 저어 구름 폭포를 지나

　　향긋한 꽃이 피는 곳으로 오면

　　코스모스 천만 송이를 선사하리.

*마조- 남전- 자호, 수유, 감지, 육긍대부

192. 선문염송 723칙- 석제, 본분의 일(本分事)

석제가 어느 날 시자가 발우를 들고, 식당에 가는 것을 보고 시자를 불렀다. 시자가 대답을 하자 물었다.

석제: 어디 가는가?

시자: 식당에 공양하러 갑니다.

석제: 내 어찌 그대가 식당에 공양하러 가는 것을 모르겠는가?

시자: 그 밖에 무엇을 말씀드려야 합니까?

석제: 나는 그대에게 본분의 일(本分事 본래면목)을 물었을 뿐이다.

시자: 본분의 일을 물으셨다면, 식당에 가서 밥을 먹는 일입니다.

석제: 과연 나의 시자가 틀림없구나.

평: 목이 마르면 술을 마시고, 배가 고프면 라면을 먹는다.

또한 날이 추우면 불을 피우고, 피곤하면 잠을 청한다.

고요가 감도는 도서관의 열람실에서, 적막을 깨는 배꼽 자명종의
울림!

"꼬르륵 소리"가 들리면 밥 먹을 시간이다.

너무나 당연한 것인데, 무슨 질문이 필요하겠는가?

석제가 괜히 일 없이 시자를 얽어매려고 해 보았으나, 스승의 함
정을 무사히 피해서 빠져나간다.

하지만 시자는 소심한 놈이다. 진정한 선객이라면 질문이 없어서
좋았는데 하면서, 바로 스승을 후려쳐야 완전한 답을 하는 것이다.
시자의 기개가 아쉬운 장면이다.

본분의 일은 물을 수도 없고, 대답할 수도 없다. 오직 그러할 뿐
이다.

단지 있는 그대로의 모습을 마주 보는 앎(自性)! 마음 없이 바라보
는 부처의 광명 지혜!

사람은 사람이요, 강산은 강산이요, 우주는 우주일 뿐!

일을 마친 자는 각자가 머무는 자리에서, 일반적인 문화와 상식에
따라서 살아갈 뿐이다.

부처의 한계 없는 삶을 일반인들이 상상도 할 수 없기 때문에, 사
람들의 눈높이에 맞추어서 평범하게 하루를 살아간다. 일 없는 삶!

빨간 신호등을 보면 서고, 파란 신호등을 보면 지나간다.

또한 도서관에서 말없이 정숙하고, 야구장에서 열정적으로 환호
한다. 침묵과 파도타기 응원!

단지 이것이 본분의 일(일상삼매)이다. 알겠는가?

고독한 백양산 정상에 올라, 싱그러운 김해평야를 바라본다.

황금 들녘이라 반짝반짝 아름다운데, 농부들의 땀방울은 근심으로 시름한다.

송: 이슬처럼 청아하고 순수한 사람의 삶은
　　향기에 물들지 않는 공기 같은 소풍.
　　세상에서 자라지만 혼탁함에도 물들지 않고
　　깨끗함에도 물들지 않는 당당한 여행.

*혜능- 남악- 마조- 남전- 수유- 석제

193. 선문염송 435칙- 조주, 놓아 버리게

엄양: 한 물건도 가져오지 않을 때는 어떻습니까?

조주: 놓아 버리게(放下着).

엄양: 한 물건도 가지고 오지 않았는데, 무엇을 놓아 버립니까?

조주: 그렇다면 짊어지고 가게.

엄양존자가 크게 깨쳤다.

평: 한 물건도 가져오지 않았다면, 무슨 질문이 필요하겠는가?
한 물건도 가져오지 않았다는 것은, 삼계의 모든 것을 짊어지고 왔다는 것임을 어찌 모르는가?
이미 산 자와 죽은 자의 거리만큼 차이가 벌어졌다. 산송장아!
한 물건도 가지고 오지 않아도 돌아갈 때, 양쪽 어깨가 무겁게 짊어지고 가야 함을 어찌 모르는가?

삼계를 아무리 둘러봐도 물건이라고 할 것을 찾을 수가 없는데, 도대체 무슨 물건을 가지고 왔을까?

그 물건은 외면하는 세상에 냉혹하게 짓눌려 버리고, 번뇌와 좌절 속에 묶여 버린 자신의 무거운 마음일 것이다.

내려놓아라(放下着)!

그러니 내려놓던가 아니면 다시 짊어져야 하는데, 마음을 어떻게 해야 짊어질 수 있을까?

만약 마음이 물건이라면, 과연 마음은 어느 곳에 있을까?

마음을 내려놓으려고 해도 내려놓을 수도 없고, 짊어지려고 해도 짊어질 수도 없다. 절망의 지옥 같은 터널! 희망 지수 제로!

갈 수도 없고 안 갈 수도 없고, 한스러움에 그저 피눈물만 흐른다.

수행자여, 이 순간 한 물건(분별·번뇌·고통)을 보라! 이 물건은 태초 이전부터 자신의 것이다.

어째서 자신의 소유물을 알지 못하는가?

한 물건(사랑·미움, 희망·절망, 부처·중생, 삶·죽음, 이분법)을 놓아라! 한 물건을 쉬어라! 한 물건을 죽여라! 모든 생각을 죽여라!

"본래 하나의 물건도 없다(本來無一物)!"는 혜능의 말을 모르는가?

"밝고 밝게 깨닫고 보면, 한 물건도 없고, 사람도 없고, 부처도 없다!"는 영가의 말을 아직도 모르는가?

이 순간 그대는 무엇이며, 어느 곳에 있는가?

삼라만상 전체가 텅 비어 있으면서도 꽉 차 있다.

말로 표현할 수 없는 놀랍도록 신비로운 아름다움이다.

예나 이제나 강산은 변함없이 푸르지만, 옛사람은 짐을 지고 모두 어디로 갔을까?

산으로 난 오솔길에 핀, 이름 모를 하얀 들꽃이 바람결에 하늘거
린다.

엄양: 한 물건도 가져오지 않을 때는 어떻습니까?

호천: 일 많은 사람이지.

엄양: 한 물건도 가지고 오지 않았는데, 어째서 일 많은 사람입
　　　니까?

호천: 오늘 철야를 해야겠군.

송:　내려놓을 아무런 물건도 없고

　　　짊어질 어떠한 물건도 없다네.

　　　일 없는 선객은 산사를 태우고

　　　기생과 즐거운 여행을 떠나네.

*마조- 남전- 조주- 엄양, 다복, 광효

194. 선문염송 431칙- 조주, 부처가 곧 번뇌

조주가 대중에게 설법하였다.

: 이 일은 마치 밝은 구슬이 손바닥에 있는 것과 같아서, 오랑캐가
오면 오랑캐가 나타나고 한인(漢人)이 오면 한인이 나타난다.
노승은 한 줄기의 풀을 잡고 장육금신(丈六金身 부처의 몸)처럼
사용하고, 장육금신을 잡고서 한 줄기의 풀처럼 사용한다.

부처가 곧 번뇌요, 번뇌가 곧 부처다.

이때 어떤 스님이 물었다.

스님: 부처님은 누구의 번뇌입니까?

조주: 모든 사람의 번뇌다.

스님: 어떻게 하면 피할 수 있겠습니까?

조주: 피해서 무엇을 하려는가?

평: 거울에 비친 나의 모습은 결코 내가 아니다!

그 놈은 나의 그림자인 거짓 자아(에고)이다. 즉 빛깔의 허상!

진짜 자아(부처)는 거짓 자아의 깊은 심연에 참혹하게 감금되어 있다.

수행은 가짜 자아 속에서 마법의 독약을 마시고, 끝없이 잠자고 있는 진짜 자아(自性)를 흔들어 깨우는 것이다.

과연 언제쯤 내 속에 잠자고 있는 부처를 해방시킬 수 있을까?

거울에 비친 그림자의 환영(허상)을 보지 말고, 거울을 산산이 부수고 진짜 자아를 마주 보라. 삼계의 영원한 초인아!

부처가 곧 번뇌요, 번뇌가 곧 부처다!

어째서 번뇌가 부처일 수 있는가?

번뇌는 탐진치(貪·瞋·癡 욕심·성냄·어리석음: 삼독三毒)다.

108 번뇌!

수행자의 목표는 절대 고요와 평화이다. 무념무상(無念無想)!

모든 번뇌와 망상의 세계를 소멸시켜 버린 아브락사스(Abraxas)!

확철하게 깨닫지 않고서는 부처가 어째서 번뇌인지 알 수가 없다.

곧 번뇌 즉 보리(菩提 깨달음)다. 깨달음(부처)이 곧 번뇌다!

수행의 결론이 번뇌라니, 도저히 이해가 되지 않는 말처럼 보인다.

다르게 표현하면, 깨달음(부처)이 곧 평상심이라는 말이다.

부처가 평상심으로 일상생활을 하는데, 어찌 작은 번뇌가 없을 수 있겠는가?

또한 변화무쌍한 인간의 세상에서 더불어 사는데, 어떻게 번뇌·고통을 피할 수 있겠는가?

자신을 둘러싸고 있는 부모 형제, 친구들 그리고 사회 구성원들과 함께 동시대의 사회현상에 부대끼면서 살아가는데, 부처라고 작은 번뇌가 없을 수는 없다.

그리고 사람들을 향한 무한한 사랑과 연민으로, 인간적인 부처의 고뇌도 양어깨의 무게가 무겁다.

부처가 살아가면서 바라보는 현실의 무수히 많은 사회 문제들에 대해서, 어찌 방관자가 될 수 있겠는가?

부처도 한때는 나약한 인간이었기에, 인간에 대한 연민의 정을 어떻게 끊을 수가 있겠는가?

그렇기 때문에 대중들을 위해서 끝없이 행복의 설법을 하는 것이다.

또한 수행은 휴일이 없고, 부처의 설법도 휴일이 없다.

365일 번뇌와 고통을 소멸시키고, 행복과 환희를 전하기 위해서 매일 희망의 종을 치고 있다.

온 우주에 가득 찬 영원한 희망의 종소리를, 어째서 듣지 못하는가?

부처의 인간적인 작은 번뇌는, 번뇌이면서 동시에 번뇌가 아니다!

오직 그러할 뿐! 단지 있는 그대로일 뿐!

도인이 번뇌를 겪는 것처럼 보이는 것은 피상적으로 보는 것이다. 번뇌·고통·절망·비극·죽음이 정녕 실체가 없이 텅 비어 있는 공(空)이라는 사실을 알기 때문에, 이런 하찮은 빛깔들은 대도사의 광명 지혜 앞에서 영원히 소멸하고 만다.

부처는 우주 전체가 자신의 몸이기 때문에, 자신이 있는 위치에서 절대 평화와 늘 함께 하면서 일상적인 일들을 할 뿐이다.

부처가 곧 번뇌라는 말은 부처가 곧 평상심으로 살아간다는 말이다.

깨달음은 모든 사람의 번뇌이고, 치료가 불가능한 불치병이다.

깨달음을 애써 찾지만 않는다면, 번뇌일 것도 없으니 평상심이다.

스님: 부처님은 누구의 번뇌입니까?

호천: 우주 전체의 모든 것이 번뇌와 고통이다.

스님: 어떻게 하면 피할 수 있겠습니까?

호천: 누구도 피할 수 없다.

송: 잠자는 법신은 꿈에서 깨어나지 못하고
　　허망한 육신의 철창에 갇혀 핍박을 받네.
　　번뇌의 열쇠로 부처의 마음을 열어 보니
　　분별의 지옥에 갇혀 소리 없이 울부짖네.

195. 선문염송 434칙- 조주, 네 명의 부처

조주가 대중에게 설법하였다.

: 금 부처는 용광로를 건너지 못하고,

　나무 부처는 불을 건너지 못하고,

　진흙 부처는 물을 건너지 못하고,

　진짜 부처는 자신의 안에 앉아 있다.

평: 금은 용광로에서 녹고, 나무는 불에서 타고, 진흙은 물에서 녹는다. 참부처는 영원히 자신의 안에 있다. 아니 자신이 곧 참부처다. 과연 우리 몸의 어디에 있는 것일까?

설마 피부 경계선 안쪽에 있다고 생각하는 것은 아니겠지? 헛것아!

참부처를 반드시 만나야 수행이 완전하게 끝이 난다. 견성성불!

생각 부처가 화두를 지나지 못한다고 해서, 어찌 겹겹의 하얀 해골의 철옹성을 탓하랴. 산송장아!

청산유수처럼 말 잘하는 자도 삶과 죽음의 수호신인 화두 앞에서는, 모두 아가리 닥친 벙어리가 된다. 사기꾼아!

추악한 앵무새의 흉내를 내는 자들은, 화두의 정의로운 살인도를 피해갈 수가 없다. 천만다행! 조사선의 완벽한 방어벽!

거짓 자아에게 속아 그림자 부처를 보고 와서, 마치 진짜 부처를 만난 것처럼 말을 한다. 너 자신을 알라!

삼계의 모든 황금 부처들이 붉은 피를 토하고 대성통곡할 일이다.

"백장야호"의 오백 생을 산 들여우 영혼아!

수행자여, 결코 순결한 자신의 영혼을 속이지 말라! 자신을 속이면 부처도 영원히 구제할 수가 없다. 거울을 보라!

반드시 스스로 본래면목 화두를 꿰뚫어서, 모든 공부를 명명백백하게 마쳐야 한다! 1700 공안을 죽여라! 돈오돈수!

그전까지는 모두 악마의 종자일 뿐이다. 똥 막대기야!

불생불멸의 문을 불철주야 찾다 보면, 눈에 보이지 않는 동서남북의 불타오르는 철문을 분명하게 바라볼 것이다. 거대한 초인이여! 그 문으로 들어가서 생과 사의 모든 은산철벽을 산산이 박살 내어라!

트로이의 목마를 이용하는 것은 탁월한 선택이다. 엄지척!

황금 부처, 나무 부처, 진흙 부처, 그림자 부처, 가짜 부처, 거짓 부처, 생각 부처, 욕망 부처, 진짜 부처, 싯다르타 부처, 달마 조사, 조주고불 등등 만나는 대로 가차 없이 모든 부처를 죽여라! 모든 개념을 죽여라! 모든 생각을 죽여라!

모든 부처를 죽이고 나면, 비로소 자신의 부처와 대면할 것이다.

이 순간 마법에서 깨어난 순수한 아기처럼, 고요한 새벽의 나라를 바라볼 것이다. 위대한 수행자여!

모든 부처를 죽이고 가져온, 온기가 식지 않은 화두의 심장을 나의 손바닥에 올려 보라?

송: 소금 부처는 바다를 지나지 못하고

　　구름 부처는 허공을 지나지 못하고

　　생각 부처는 화두를 지나고 못하고

　　진짜 부처는 삼라만상 어디에도 없네.

196. 선문염송 371칙 - 위산, 본체와 작용

위산이 찻잎을 따다가 앙산에게 말했다.

위산: 종일 찻잎을 따도 그대의 소리만 들리고 그대의 모습은 볼
　　　수가 없으니, 그대의 본래 모습을 보여 다오.

앙산이 차나무를 한 번 흔들었다.

위산: 그대는 작용만 얻었고, 본체는 얻지 못했다.

앙산: 화상께서는 어떠하십니까?

위산이 말없이 있었다.

앙산: 화상께서는 본체만 얻었고, 작용은 얻지 못하셨습니다.

위산: 그대를 서른 방 때리겠다.

평: 모든 것은 본체(본질)와 작용(활용)으로 이루어져 있다.

예를 들면, 호수의 본체는 물이지만, 돌멩이를 던지면 물살이 일
어나는 파문은 작용이다.

호수와 파문은 둘이지만, 물에서 일어나는 현상에 지나지 않기 때
문에 결국 하나다. 파문이 곧 호수다.

앙산이 차나무를 흔든 것은 작용이고, 위산이 침묵을 지킨 것은
본체이다.

앙산은 정확하게 대답을 했는데, 어째서 위산은 앙산을 후려치려
고 하는 것일까?

작용이 본체이고 본체가 작용이다.

이 둘은 곧 하나인데, 과연 무엇을 말하는 것일까?

앙산은 작용만 있고, 위산은 본체만 있다. 이렇게 말을 한다면, 입
없는 공룡의 말이다. 보이는가?

작용과 본체를 모두 갖춘 자는 누구이며, 누가 도깨비 방망이를 맞아야 할까?

이것을 가릴 수 없다면, 눈먼 장닭임에 틀림없다. 바삭바삭한 프라이드 치킨아!

큰 작용과 본체가 눈앞에 드러나면, 그 누가 알 수 있겠는가?

모양과 형상이 없기 때문에 정해진 법칙이 없다.

물과 공기는 어떤 모양에 담아도 그 모양이 된다. 모든 형상을 복제하는 DNA를 가진 물과 공기의 법칙!

자신의 모양과 형체가 없기 때문에, 역으로 모든 모양과 형체가 될 수 있다. 무형상의 형상 원칙!

역시 "백장야호"의 성주와 "조사선"의 성주다운 한바탕 멋진 풍류로다.

위산과 앙산이 함께 마신 축하주의 이름은 무엇인가?

나는 독이 든 조주의 차를 마시며 구경이나 해야겠다. 조주 영감!

위산: 종일 찻잎을 따도 그대의 소리만 들리고 그대의 모습은 볼 수가 없으니, 그대의 본래 모습을 보여 다오.

호천: 작설차나 한 잔 하시죠.

송: 작용이 나타나면 개구쟁이 소년 같고

본체가 나타나면 새침데기 소녀 같네.

작용이 움직이면 현상계가 진동하고

본체가 움직이면 절대계가 침묵하네.

*백장- 위산- 앙산- 남탑- 파초- 흥양

197. 선문염송 62칙- 유마, 불이법문(不二法門)

유마회상에서 32보살이 각자 불이법문을 설했는데,

마지막에 문수가 말하였다.

: 나는 일체의 법에 대하여 말할 것도 없고 설할 것도 없으며, 보
 일 것도 없고 알 것도 없다.

 모든 문답을 떠난 것이 보살이 불이법문에 드는 것이라 생각합
 니다.

유마힐에게 물었다.

문수: 우리들은 각자 말했으니, 유마께서 무엇을 보살이 불이법문
 에 드는 것이라 설하시겠습니까?

유마: 침묵을 지켰다.

문수가 찬탄하며 말하였다.

: 언어와 문자까지도 없는 것이, 보살이 참으로 불이법문에 드는
 것이군요.

평: 절대 세계와 현상 세계, 절대적 진리(眞諦)와 상대적 진리(俗
諦), 부처와 중생, 실체와 허상, 공(空)과 색(色), 안과 밖, 삶과 죽
음, 침묵과 달변은 둘이면서도 하나이다. 불이(不二)!

"不二"란 둘이 아닌 것, 즉 모든 상대적이고 차별적인 것을 초월한
절대 평등이다! 오직 하나의 진실한 세계! 일진법계(一眞法界)!

절대 진리의 본질은 삼라만상의 모든 것을 하나의 재료로 만들었

는데, 어떻게 다를 수가 있겠는가?

그럼 하나의 재료가 무엇인가?

텅 비어 있는 공(空·無相·非相)! 허상! 환영! 빛깔!

단지 천차만별의 모습으로 나타났을 뿐이다. 두두물물(頭頭物物)!

아무리 청산유수처럼 말을 잘한다고 해도, 어찌 진리를 모두 설명
할 수가 있으랴! 단지 그러할 뿐! 단지 있는 그대로일 뿐!

말의 맥락 속에서 뜻을 찾는 자는 영원히 "불이법문"을 알 수가
없다.

언어와 문자, 이름과 형상, 생각과 분별의 그림자가 모두 사라지
면, 그때 비로소 "유마의 침묵"을 알게 될 것이다. 침묵의 사자후!

능통한 설법을 한다고 해서 진리가 많아지는 것도 아니고, 말없이
침묵을 지킨다고 해서 진리가 줄어드는 것도 아니다.

부처가 49년 동안 무수한 설법을 한 것과 달마가 9년 동안 말없이
벽을 바라본 것은 결국 하나이다. 부증불감(不增不減)!

문수는 말함으로써 침묵을 보여 주었고, 유마는 침묵함으로써 말
함을 보여 주었다. 不二! 中道! 오직 하나!

침묵 속에서 수많은 말이 오고 가는 것을 어째서 모르는가?

마법의 미소! 사랑의 눈짓! 전달의 몸짓! 토론의 수화! 소통의 박수!

유마의 침묵은 소리 없는 천둥의 설법인데, 그 누가 있어 알아들
을 수 있으랴!

이 침묵은 절대계의 모든 진리를 찬란하게 담고 있다.

그리고 절대 세계의 모든 설명을 완벽하게 보여 주었다. 유창한
침묵!

화려한 말로도 설명할 수 없고, 과묵한 침묵으로도 설명할 수 없다. 불이법문의 철옹성이 앞을 가로막으니, 찬란한 불이문(不二門)을 활짝 열고 위풍당당하게 지나가라.

말할 수 없는 것을 말할 수 있을 때, 비로소 모든 것이 완전해지는 것이다. 미묘법문(微妙法門)!

노랫말 없는 노래를 불러라! 묵언의 합창! 마음으로 전해지는 여운의 메아리! 이심전심(以心傳心)!

문수: 무엇이 불이법문(不二法門)에 드는 것입니까?

호천: 우주는 한바탕.

송: 아리따운 들꽃은 향기로움과 빛깔로 말을 하고
     투명한 바람은 상쾌함과 하늘거림으로 말을 하고
     호젓한 둥근달은 평화로움과 은은함으로 말을 하고
     완전한 사람은 마음 없는 마음으로 거침없이 말을 하네.

*유마거사: 실존 인물인지 가공 인물인지 알 수 없음.
           "유마경"의 주인공.

198. 선문염송 98칙- 달마, 알지 못함

달마대사에게 양무제가 물었다.

무제: 어떤 것이 불법(佛法)의 근본적인 뜻입니까?

달마: 텅 비어 성스러움조차도 없습니다.

무제: 짐을 마주 보고 있는 자는 누구입니까?

달마: 모르겠습니다.

무제가 말뜻을 알아듣지 못하자, 달마는 강을 건너 위나라로 갔다.

무제가 이 문답을 지공에게 물었다.

지공: 폐하는 이 사람의 뜻을 아셨습니까?

무제: 모르겠습니다.

지공: 이 분은 관음대사로서 부처님의 심인(心印 깨달음)을 전하
　　　고 있습니다.

무제가 후회하며 칙사를 보내 부르려고 하였다.

지공: 불러오려고 하지 마십시오. 온 나라의 사람이 가서 청해도,
　　　그는 돌아오지 않을 것입니다.

평: 잘못된 주소와 퇴색한 사진을 가지고 인도에서 출발하니, 출
발부터 빗나간 여행이다.

아무런 준비도 없이 중국으로 가니, 달마는 중국말을 모르고 무제
는 인도말을 모른다. 피장파장!

낯선 이방인끼리 서로 만나서 이야기를 하니, 무슨 말을 하겠는가?

서로가 오직 모를 뿐이고, 오직 답답할 뿐이고, 오직 그러할 뿐이다.

설혹 서로가 알았다고 한들, 과연 무엇을 알겠는가?

무제는 130여 세의 쭈구랑탱이 영감을 보았을 것이고,

달마는 치매에 노안이라 흐릿한 헛것을 보았을 것이다. 하하!

이러니 달마도(達磨圖)에 무슨 빌어먹을 신통력이 있겠는가?

주인공아, 정신 차려라! 언제나 사람들에게 속지 말라!

또한 절대 진리에 무슨 얼어 죽을 성스러움과 미천함이 있겠는가?

불교는 단지 싯다르타가 똥을 한 무더기 싸놓은 것을, 청소하는 하찮은 청소부일 뿐이다. 똥 냄새 풍기는 정화조야!

싯다르타는 불교를 모를 뿐만 아니라 어떠한 종교도 모른다!

삼계의 대도사에게 온 우주가 이미 소멸하고 없는데, 어떻게 하잘 것없는 종교 따위가 남아 있을 수 있겠는가?

삼라만상과 오직 하나인 자신만 있을 뿐이다. 독야청청(獨也靑靑)!

심장이 없는 사람들이여, 결코 사이비 달마도와 타락한 불교에게 속지 말라!

반야다라가 달마에게 중국 여행을 하라고 한 깊은 뜻을 모르고, 생뚱맞게 무제를 찾아가니 애당초 잘못된 만남이다.

초라한 여래선이 어설픈 조사선으로 전해지는, 어처구니없는 한심한 장면이기도 하다.

여하튼 여기에서 "조사가 서쪽에서 온 뜻"을 알아야 한다.

퍼석퍼석! 숨어서 과자를 먹지 말라! 이제는 알았는가?

설마 인도에는 치매 요양원이 없어, 중국의 치매 요양원을 찾는 것은 아닐까?

소심한 달마는 소림사에서 벽과 이야기하며, 입 없는 벽에게 중국어를 배우는데 무려 9년이 걸렸다.

중국어를 다 배우고 나니, 오히려 아는 것이 아무것도 없다.

모른다는 것이 역시 명확해서 좋다. 모름의 역설적 혁명!

온 우주에서 이 말을 아는 자가 과연 몇 명이나 될까?

낯선 자들끼리 처음 만나니, 서로가 이름과 얼굴을 모른다.

태초부터 육신과 마음이 없었는데, 그 누구라서 안다 할 수 있으리.

무제: 어떤 것이 불법의 근본적인 뜻입니까?

호천: 모르겠습니다.

무제: 짐을 마주 보고 있는 자는 누구입니까?

호천: 알겠습니까?

송: 무한한 수미산을 깎고 깎아서 평지로 만들고
     하늘을 닮은 호수가 있는 소담한 초가집 한 채.
     냇물이 소용돌이를 이루며 강산 따라 흘러가니
     졸졸졸 속삭이는 노래는 부처님의 빛에 말씀.

*불여밀다- 반야다라- 달마- 혜가- 승찬

*양무제·지공(42. 선문염송 1430칙 참조)

199. 선문염송 1287칙- 나한, 모르는 것

나한: 상좌는 어디로 가려는가?

법안: 이리저리 행각(行脚)을 하겠습니다.

나한: 행각하는 일이 어떤가?

법안: 모르겠습니다.

나한: 모르는 것이 가장 확실하다.

법안이 크게 깨달았다.

평: 모른다는 것이 어째서 가장 확실하고 명백하다는 것일까?

진실한 수행자여, 이것을 반드시 밝혀야 한다. 본래면목의 진짜 얼굴!

이것을 알면, "모르는 것이 가장 명확하다."는 사실을 알 것이다.

"모른다."는 것은 "안다·모른다"와 "있다·없다"의 개념이 아니다. 절대계의 진리를 말하는 것이다. 마치 유마의 막힘없는 침묵과 같다.

진정한 스승이 침묵을 지킬 때, 우주의 모든 진리를 천둥소리처럼 외치고 있다는 사실을 결코 잊지 말라! 침묵의 할!

아무리 위대한 도인이라도 절대 세계를 모두 설명할 수 없다.

비유하면, 지구를 소유한 주인이 지구의 모든 것을 지배하고 있지만, 지구 전체를 모두 설명하지 못하는 것과 같다.

절대계를 그 누구도 모두 설명할 수 없는 것이기에, 모르는 것이 가장 확실한 것이다. 당연히 방편적인 설명이다.

한편으로 역설적인 해설이기도 하다. 눈이 눈을 볼 수 없고, 태양이 태양을 볼 수 없고, 우주가 우주를 볼 수 없는 것과 같다.

파란 하늘에 흰 구름이 글자를 쓰니, 무슨 글자인지 도저히 모르겠다.

불타오르는 눈동자를 가진 그대는 알겠는가?

꿈속에서 잡을 수 없는 붓을 들고, 꿈속의 빛깔 같은 사람의 욕망에 역사를 왜곡해서 쓴다.

하지만 그 누가 있어 바르게 이해하고, 읽을 수 있겠는가?

호천: 어디로 가려는가?

법안: 길따라 가려고 합니다.

호천: 길이 없는데, 어느 길을 따라가는가?

법안: 모르겠습니다.

호천: "모르는 그 놈"을 반드시 밝혀야 하네.

송: 진정한 진리를 찾아가는 비장한 모험가는

　　마음의 은밀한 유령에 섬으로 가야 하리.

　　해골의 고향 섬이 어디에 있는지 모른다면

　　깨어 있는 마음의 빛에 지도를 읽어야 하리.

*설봉- 현사- 나한- 법안- 숭수- 천동

200. 선문염송 359칙- 위산, 무심이 도(道)

스님: 어떤 것이 도(道 진리)입니까?

위산: 무심(無心)이 도다.

스님: 저는 모르겠습니다.

위산: 왜 모르는 것에 집착하는가? 모르는 것은 좋은 것이다.

스님: 어떤 것이 모르는 것입니까?

위산: 바로 그대 자신이며, 다른 사람이 아니다.

　　지금 사람이 바로 모르는 것을 당장 알아차리면, 바로 자신

　　의 부처요 자신의 마음이다.

　　만약 자신의 밖에서 하나하나의 지식과 이해하는 것을 선

(禪)이니 도(道)니 한다면, 진리와 전혀 관계가 없다.

이런 사람은 똥을 안으로 들여오는 사람이지, 똥을 밖으로 퍼내는 사람이 아니다.

마음의 밭을 더럽히기 때문에 도(道)가 아니다.

평: 마음(생각) 없음(無心)이 진리라고 하지만, 알기가 정말 어렵고 어렵다. 절대 세계의 무한성!

사실 어려운 것이 아니라, 너무나 가까이 있어 보이지 않을 뿐이다.

"모른다."는 말은 절대계의 실체를 모두 설명할 수 없기에, 전체적으로 두루뭉술하게 하는 말이다. 방편적 해설!

진리는 지식적으로 알거나 이해하는 것과 아무런 상관이 없다.

진리는 이성, 생각, 학습, 문화 등등 우리가 인식할 수 있는 모든 것의 영역 밖에 있다. 절대 진리의 초월성!

그래서 이성적으로 안다고 생각하는 것은 바로 오직 분별 망상이다!

모조리 착각의 고질병! 수행자의 불치병! 악성 바이러스!

아니 인간 그 자체가 모든 망상의 시작이며 근원이다! 보이는가?

이 순간 오직 "모르는 그 놈"만 남게 된다. "모르는 그 놈(앎)"이 바로 각자의 부처이고, 마음이고, 삼라만상의 모든 것이다.

수행자는 "모른다고 생각하는 그 놈"의 정체를 낱낱이, 빠짐없이 규명해야, 비로소 자신의 부처와 대면할 것이다! 부처와 조사의 관문!

그러나 하나의 생각이 일어나서 무엇인가를 구하고자 한다면, 바로 진리와 무한겁(無限劫) 어긋난다.

이것은 똥을 안으로 들여오는 것이고, 똥을 밖으로 퍼내는 것은 아니다. 순수한 마음 바탕의 진리가 오염되는 것이다.

진리는 마음 없는 마음으로 보는 것이다. 오직 모를 뿐! 오직 그러할 뿐! 오직 있는 그대로일 뿐!

"모른다는 것"이 그대의 자신이다. 다른 곳에서 찾지 말고, 자신의 마음을 자세하게 관조하라. 반드시 알게 될 것이다.

"모르는 그 놈(앎)"을 아는 순간, 바로 그대가 우주 전체의 주인이다.

스님: 어떤 것이 도(道)입니까?

호천: 지진과 쓰나미가 만든 폐허의 눈물.

송: 무심이 진리의 실체라 하지만

　　가까워서 정녕 알기가 어렵네.

　　모르는 것을 바로 알아차리면

　　오직 신비롭게 그러할 뿐이네.

*마조- 백장- 위산- 앙산- 서탑- 자복

201. 선문염송 373칙- 앙산, 부처의 말은 악마의 말

위산: "열반경" 40권에 부처의 말씀은 얼마이며, 악마의 말은 얼마인가?

앙산: 모두가 악마의 말입니다.

위산: 이후로는 아무도 그대를 어찌하지 못하리라.

앙산: 제가 한때 겪은 일과 행적은 어떻게 됩니까?

위산: 그대의 안목이 바른 것만 귀할 뿐이니, 그대의 행적은 말하
지 말라.

평: 모든 것은 부처의 설법이자, 또한 악마의 설법이다.

모든 것은 부처의 설법도 아니고, 또한 악마의 설법도 아니다.

그럼 부처의 설법은 얼마이며, 악마의 설법은 얼마인가?

그런데 앙산은 모두가 악마의 말이라고 한다.

도대체 이 말이 맞는 말인가, 아니면 틀린 말인가?

부처와 악마는 겉으로 미워하는 척하지만, 알고 보니 부처와 악마
는 너무나 사이좋은 형제이다.

악! "열반경"과 일대장경(一大藏經 부처가 일생 동안 설법한 모든
경전)을 모두 태우고 마음의 평화를 찾자!

도로아미타불! 도로아미타불! 나무아미타불 관세음보살!

불교의 모든 경전이 허무맹랑한 판타지 경전 소설로 낙인 찍히는
심판의 현장이다! 거짓은 소멸하고 진실만 남아라.

불교의 최후에 수호자 "반야심경(般若心經)!"

부처가 49년 동안 무수한 설법을 하고, 죽을 때 한마디도 말하지
않았다고 했다. 핵심만 남고 껍데기는 가라!

절대 진리의 순수한 정수만 오롯이 남고, 방편의 불결한 찌꺼기는
말끔히 버려라!

그럼 부처가 한마디도 말하지 않았다면, 어째서 팔만대장경이 존

재하는 것일까?

아무런 근거도 없이 삼라만상을 떠돌아다니는 팔만대장경은, 과연 누구의 말인가?

음흉한 부처의 말인가 아니면 순결한 악마의 말인가?

이것을 반드시 밝혀야 한다. 그래야 온 우주를 손아귀에 쥔 절대 무적 빛의 전사가 될 수 있다.

악마의 말을 부처가 말하면 부처의 말이 되고, 부처의 말을 악마가 말하면 악마의 말이 된다.

왜냐하면 부처는 마음(생각)이 없고, 악마는 마음이 있기 때문이다.

부처와 악마의 창창한 영겁 세월에 시공의 차이!

경전에 무조건 마취되어서 안 된다. 말과 글은 절대 진리를 전달하기 위한 수단이지 결코 목적이 아니다.

포장지의 화려함에 매혹되지 말고, 경전이 말하고자 하는 의도가 무엇인지 파악하는데 주력하라!

경전 중독 금지! 부처 중독 금지! 조사 중독 금지!

절대 진리를 공허한 문자와 언어로 깨우치려는 자는, 철저하게 체험하여 하나하나 빠짐없이 깨우치는 불교의 이단아이자 반역자다!

빨간 자두의 유혹에 빠지지 말고, 자두를 직접 먹어야 한다.

그래야 부처와 조사의 말 즉 방편에 속지 않고, 그들의 뜻을 명확하게 알 수 있다. 절대 진리의 사자후!

경전 중독자들이 읽는 경전은 마치 향수를 뿌려놓은 똥과 같다.

치명적인 마약 같은 판타지 경전에 맹목적으로 중독되지 말라.

맹목적인 복종, 순종, 헌신, 존경, 숭배는 사이비 종교의 찬란한 상징물이다!

상쾌한 해독제를 마시고 정신 바짝 차려야 한다.

주인공아, 항상 깨어 있어라! 어떤 것에도 속지 말라!

결국 팔만대장경은 싯다르타와 모나리자의 낭만적인 스캔들!

위대한 앙산의 행적은 불교 박해 때, 3년간 환속 당했다가 다시 승려가 되었던 일이다.

특히 "위앙록(潙仰錄)"을 보면, 위산이 앙산에게 질문을 하여 철저하게 점검했음을 알 수가 있다. 줄탁동시(啐啄同時)를 보여 주는 만고의 표준이다.

또한 위대한 스승의 만고의 표준은 역시 철옹성의 성주 위산이다.

위산: "열반경" 40권에 부처의 말씀은 얼마이며, 악마의 말은 얼마인가?

호천: 불교가 모든 악의 근본입니다.

송: 모르고 보면 모두 부처의 위대한 말씀이고

　　알고 보면 모두 악마의 사악한 설법이네.

　　팔만대장경은 세상에 떠도는 유언비어이고

　　혹세무민의 진원지는 악마의 교주 부처라네.

*백장- 위산- 앙산- 곽산, 서탑, 남탑

202. 선문염송 713칙- 석상, 부처의 국토

선객: 번뇌를 없애고, 부처를 볼 때는 어떻습니까?

협산: 이 일을 알려면 곧바로 검을 휘둘러야 된다. 만약 검을 휘두
　　르지 않으면, 어부가 물고기 집에 사는 것이다.

나중에 그 선객이 석상에게 다시 물었다.

선객: 번뇌를 없애고, 부처를 볼 때는 어떻습니까?

석상: 부처는 머무는 국토가 없는데, 어디에서 부처와 만나겠는가?

선객이 돌아와서 협산에게 말하였다.

협산: 문(門)의 시설은 협산에게 없지 않지만, 진리에 들어간 깊은
　　이야기는 석상보다 백 걸음이나 차이가 난다.

평: 부처는 딱히 기거하는 곳이 정해져 있지 않는데, 과연 어디에
서 만날 수 있을까?

설혹 만난다고 하더라도, 위대한 협산과 석상의 일그러진 얼굴을
알아볼 수 있을까?

삼라만상 전체가 부처인데, 어떻게 그를 볼 수 있을까?

부처의 나라로 가는 이정표는 어디에도 없는데, 어떻게 찾아갈 수
있겠는가?

도로의 사거리 교차로에서 어느 방향으로 가야 할지 몰라, 하염없
이 눈물을 흘리는 처량한 방랑자는 누구인가?

눈으로도 볼 수 없고, 귀로도 볼 수 없고, 마음으로도 볼 수 없다.

그럼 도대체 부처를 어디에서 만나야 하는가?

사물이 사물을 보지 못하고, 소리가 소리를 듣지 못하고, 마음이

마음을 보지 못한다.

협산이 석상보다 백 걸음이나 차이가 난다고 했는데, 어째서 백 걸음이나 차이가 날까?

내가 보니 오히려 석상이 협산보다 진리의 깊이가 백 걸음은 앞에 있는 것 같은데, 누구의 말이 맞는 것인가?

아뿔싸! 부처의 나라에서 분별심을 내어서는 안 되지. 음~!

이것이 어부가 물고기 집에 사는 것이요, 수행자가 망상의 감옥에 수감되어 사는 것이다. 불타오르는 분별 지옥!

그러나 부처의 국토에 도착하지 못한 여행객은 반드시 밝혀야 한다!

독도 앞바다에서 고래를 삼켜버린 새우를 잡아서 구워 먹고, 즉시 진리의 실체를 꿰뚫어라!

부처는 우주 전체에 살고 있는데, 어째서 만나지 못 하는가?

영혼이 없는 마네킹이여, 아직도 모르는가?

그대가 서 있는 그 자리가 바로, 부처가 머무는 위대한 국토이다!

선객: 번뇌를 없애고, 부처를 볼 때는 어떻습니까?

호천: 단지 있는 그대로일 뿐이다.

석상: 부처는 머무는 국토가 없는데, 어디에서 부처와 만나겠는가?

호천: 지금(now)!

송: 부처의 나라를 애타게 찾는 나그네
　　30년 동안 삼계를 하염없이 배회하네.
　　문득 지나온 불타는 번뇌의 길들이
　　부처의 국토임을 알고 미소를 짓네.

*도오- 석상- 구봉, 덕성- 협산- 낙포

203. 선문염송 253칙- 반산, 삼계에는 법이 없다

반산선사가 설법하였다.

: 삼계(三界)에는 법이 없는데, 어디에서 마음을 찾겠는가?
　사대(四大)는 본래 공(空)인데, 부처가 무엇에 의지하여 머물겠
　는가?

평: 깊고도 깊은 법문이다. "선문염송" 중에서 가장 어려운 것 중
의 최고봉이다. 말로 설명하기가 너무나 어렵다. 악!

삼계(욕계·색계·무색계, 우주 전체)에는 법이 없으니, 마음(佛性)을
찾을 수가 없다. 역으로 모든 것이 마음이다.

"삼계는 오직 마음(眞如)이요, 모든 것은 오직 앎이다(三界唯心 萬
法唯識)."

"삼계가 마음(性品)"이라는 말은 비유적인 설명이고, "모든 것은
오직 앎이다."는 말은 직접적인 설명이다.

그럼 "앎(自性)"은 무엇인가?

눈으로 볼 수 없지만, 신비스럽게 모든 것을 아는 앎이 삼라만상

의 주인이다. 만법유식(萬法唯識)! 진공묘유(眞空妙有)! 불멸의 앎! 이것을 확철하게 아는 것이 완전한 깨달음(구경각)이고 진정한 부처다!

삼계는 텅 비어 있으면서도 꽉 차 있지만, 그 무엇도 찾을 수가 없다.

한 물건도 없다! 사람도 없다! 부처도 없다! 우주도 없다! 참으로 신비롭고 신비로울 뿐이다. 알 수 없는 온 우주의 진실한 불가사의! 그러나 이 모든 것을 신령스럽게 아는 앎이 분명하게 있다.

이놈이 바로 삼라만상의 영원한 주인공이다. 공적영지(空寂靈知)! 이놈(본래면목)이 바로 나이고 우주 전체이기 때문에, 언제나 변함없이 그대로이고 아무런 영향도 받지 않고, 어떠한 인간적인 그물에도 걸리지 않는 무한한 주인공이자 곧 우주 전체이다.

이 속에서 그 무엇을 찾았다고 하면, 단지 악마의 하수인일 뿐이다.

모든 것은 오직 마음(절대 세계의 근본 바탕)이 만들어 내는 것이다 (一切唯心造)!

사대(육신, 地·水·火·風)는 본래 텅 비어 있음(空·無相·非相)이니, 부처는 어느 것에도 의존하여 존재할 수가 없다. 역으로 모든 것이 부처다.

온 우주가 부처의 몸(法身)인데, 그 무엇에 의존할 필요가 있을까?

삼계 전체가 자신인데, 어디에서 부처를 찾을 수 있겠는가?

가는 곳마다 반드시 유정(有情 생물·중생)과 무정(無情 무생물·우주)의 부처를 만날 수밖에 없다!

형형색색의 모든 형상과 무형상이, 진리의 몸(法身) 그 자체의 화신일 뿐이다. 절대 진리는 오직 한바탕! 절대 평등!

눈이 눈을 보지 못하고, 부처(우주 전체)가 부처를 보지 못하는 것과 똑같다. 오묘한 신비!

그러나 깨닫지 못한 자는 허상이지만, 깨달은 자는 실체이다.

허상(환영)이자 실체(사람)이고, 개체이자 전체인 이것을 과연 어떻게 설명할 수 있겠는가?

다시 말하면, 본래면목에서 나타나는 허상이지만, 현상계에서는 실체이다.

절대계에서는 절대계 전체이지만, 현실에서는 개체이다. 즉 부처는 절대계 전체에 머물면서, 동시에 현상계에서는 개인으로 살아간다!

달리 보면, 깨달은 하나의 개체가 절대계 전체이기 때문에, 하나가 전체이고 전체가 하나(一卽多 多卽一)가 되는 것이다. 오직 하나!

한 방울의 바닷물이 모든 바다를 농축하고 있는 것과 같다.

즉 하나의 행성이 우주 전체를 압축한 세계와 같다.

또한 한 명의 손오공이 분신술을 펼치면, 손오공의 분신이 무한하게 나타난다.

그러나 한 명의 손오공(절대계)에서, 무한한 분신(현상계)이 태어났다는 사실을 깨닫는 것이다! 오직 손오공 한 명(본래면목)!

불이(不二)!

육체는 신이 거주하는 성전(聖殿)이고, 부처는 육체의 성전에서 살아간다.

부처는 육신(허상)으로 나타났다가 깨달으면 실체가 되어, 육신이 죽으면 다시 삼계 전체가 된다.

사실 부처는 언제나 삼라만상과 하나일 뿐이다!

불생불멸(不生不滅)!

주의! 현상 세계적으로 설명한 것이다. 오해 금지!

말이 너무나 어렵기 때문에 말에 천착하지 말고, 내가 말하려고 하는 의도를 잘 파악하라. 언어 속에는 결코 길이 없다!

이렇듯 절대 진리는 자신의 완전한 체험이 없다면, 영원히 상상할 수도 없고 알 수도 없는 부처의 불가사의한 세계다.

어쨌든 이렇게 설명이 가능하다. 정녕 어렵고 어렵다. 하하!

결국 삼계에는 법이 없기 때문에, 마음(佛性)이란 것이 없다!

육신은 본래 공(空)이지만, 부처는 육신이란 신전에서 살아간다!

송: 삼계에는 아무런 법이 없고

　　마음과 육신은 본래 공이네.

　　육신은 신이 사는 신전이고

　　부처는 육신의 신전에 사네.

*홍인- 혜능- 남악- 마조- 반산- 보화

204. 선문염송 1398칙- 황룡삼관(黃龍三關)

황룡(黃龍)이 세 가지 말(三轉語)을 학인들에게 제시하였다.

: 내 손은 어째서 부처님 손과 같은가?

　내 다리는 어째서 당나귀 다리와 같은가?

사람마다 모두 태어난 인연처가 있는데, 어디가 그대들의 태어
난 인연처인가?
그리고 송하였다.

　　　　태어난 인연 끊어진 곳에 당나귀 다리 드리우고
　　　　당나귀 다리 거둘 때 부처님이 손을 펴네.
　　　　오호(五湖)에서 참선하는 자에게 알리니
　　　　세 관문을 하나하나 통과해서 오라.

평: 내 손은 추악한 부처의 손과 다르고, 내 다리는 애꾸눈 당나귀
의 다리와 다르고, 사람마다 태어난 인연처가 각각 다르다. 설마?
손으로 밥을 먹고, 다리로 걸어 다니고, 새 생명인 아기는 태어나
고, 노인은 나이 들어 죽는다. 정말?
그런데 출생의 비밀을 알 수가 없으니, 참구하지 않을 수 없다.
그러나 신비스러운 출생의 비밀을 안다면, 우주 전체의 모든 실체
는 낱낱이 명확해진다.
왜냐하면 나의 출생에 비밀과 삼라만상의 출생에 비밀이 같은 장
소이기 때문이다!
"부모에게 태어나기 전에 나는 어디에 있었을까?"
망상하는 헛것아! 살았던 주소를 빨리 말해라?
어째서 "모른다고 생각하는 그 놈(앎)"을 알지 못하는가?
주인공아, 하루 빨리 꿈속에서 깨어나라! 돌고 도는 불안한 영혼아!
화두 최후의 은산철벽이다. 이것을 밝히지 못한다면 온 우주를 정

처 없이 헤매다가, 이름 모를 어느 모퉁이에서 한 맺힌 하얀 백골을 남기고 객사할 것이다. 공포와 절망의 해골 성(城)!

망자의 눈물겨운 넋이 저승에 잘 가기 위해서, 아무런 의미도 없는 49재와 천도재를 지내야 할까?

수행자여, 두 눈을 크게 뜨고 24시간 완전하게 깨어 있어라!

영원히 잠들지 않는 내 마음속의 무한한 영혼인 초인을 깨워라!

우주 전체의 모든 것은 오직 자신의 마음이 만든다! 시절인연은 없다!

모든 것은 때가 되면 저절로 나타나고, 때가 되면 저절로 소멸하니, 절대계에서 인연처란 달리 없다.

황달에 걸린 누런 용의 간악한 속임수에 속지 말라!

"황룡삼관"은 본래면목 화두의 최후에 수문장인 "부모미생전 본래면목"과 "나는 누구인가?"라는 화두로 귀착된다.

이 글을 읽고 있는 놈은 과연 누구이며, 무엇인가?

도대체 무엇이 있어, 이 글을 읽을 수 있는가?

모른다고 말하지 말라. 우리는 이미 알고 있는데, 단지 알고 있는 자를 극적으로 만나지 못했을 뿐이다.

꿈속에서도 꿈을 꾸는 애처로운 산송장아, 꿈을 깨고 눈을 뜨라!

"살아 있는 구절을 참구하고, 죽어 있는 구절을 참구하지 말라. 활구(活句)에서 깨달으면 영원히 막힘이 없을 것이요, 사구(死句)에서 깨달으면 자신도 구제하지 못한다."는 덕산선사의 사자후를 결코 잊지 말라! 진정한 수행자여!

파멸의 지옥에 가서 빛의 검으로 염라대왕의 목을 베고, 지옥의 모든 악인을 구제한 빛의 전사는 없는가?

황룡: 내 손은 어째서 부처님 손과 같은가?

호천: 다르다.

황룡: 내 다리는 어째서 당나귀 다리와 같은가?

호천: 다르다.

황룡: 사람마다 모두 태어난 인연처가 있는데, 어디가 그대들의
      태어난 인연처인가?

호천: 아버지와 어머니의 만남.

송: 순결한 내 손은 타락한 부처의 손과 같고
     내 다리는 절름발이 당나귀의 다리와 같고
     형형색색의 사람마다 태어난 인연처가 없으니
     무한한 창공의 뭉게구름 숲을 홀로 거니네.

*분양- 자명- 황룡- 진정- 도솔- 무진거사

205. 선문염송 889칙- 조산, 태어나기 전의 일

조산이 말하였다.

: 마음의 길로 가지 말고, 본래의 옷도 걸치지 않는다.

 다시 이럴 필요가 있는가?

 태어나기 전의 일을 꺼리고 피해야 한다(切忌未生時).

평: 태어나지 않으면 삼계와 하나여서, 오직 절대 진리와 같을 뿐이다.

그러나 태어나는 순간부터 삼계와 분리되어 활활 불타는 집이 되고, 생로병사의 고행에 길이 활짝 열리는 것이다. 하하!

태어나지 않는 방법을 안다면 우리가 맛보는 쓰라린 고통은 사라지고, 영원한 평화를 누리는 절대 세계에 머물 수가 있다.

태어나지 않는 것이 가장 좋은데, 어떻게 해야 태어나지 않을까?

태어나기 전에 나는 과연 무엇으로, 어떤 형상으로 존재하는 것일까?

태어나기 전에 나는 어느 곳에서, 무엇을 하고 살았을까?

태어나면 이미 늦으니, 태어나기 전에 태어나지 말라.

설마 정자와 난자가 만나서 태어난다고 생각하고 있는 것은 아니겠지.

이것은 현상계 즉 현실에서는 그렇지만 하나의 영상(허상)일 뿐이다. 생물학 교과서는 태워서 버려라!

결코 진실이 아니고, 거짓 자아가 그렇게 생각하고 있을 뿐이다.

그래야만 에고의 정체성이 정립되고, 나 자신이라는 것(我相)이 존재할 수가 있기 때문이다. 그러니 결코 착각해서 안 된다.

"나는 없다! 나는 없다!"라고 말하는 놈은 과연 누구인가?

도대체 내 속에 무엇이 있어, 이렇게 속삭이며 의문을 가지는 것일까?

과연 내 속에서 속삭이는 놈은 무엇이고, 의문을 품는 놈은 누구일까?

참으로 어렵고 어렵다. 이것을 밝히지 못한다면, 삼계의 영원한 떠돌이 유목민 신세를 면하지 못한다. 집 없는 고독한 노숙자!

헛되이 태어나서 헛되이 사라지는 애처로운 똥자루는 되지 말라.

태어나면 우렁찬 울음을 터트려 세상에 알리고, 죽으면 장엄한 침묵으로 세상에 알린다!

죽은 자의 웅장한 침묵에 여운을, 그 누가 알겠는가?

죽은 자의 침묵은 우주 전체이고, 우주 전체가 죽은 자의 침묵이다.

온 우주에 죽은 자의 침묵이 여백처럼 쩌렁쩌렁하게 울린다.

침묵의 끝없는 메아리! 번쩍번쩍 쩌러렁!

이것을 모르는 자는 아무런 의미도 없이 태어나서, 처절한 고통과 괴로움만 한껏 즐기다가 가는 헛된 놈이다. 똥싸개야!

망상 속에서 졸고 있는 세포야, 죽은 자의 함성이 들리는가?

보잘것없는 조산의 말은 저만치 빛나갔다.

주인공아, 위풍당당하게 마음의 길로 다니고, 본래의 옷을 입어라.

마음의 길은 따로 길이 있는 것이 아니라, 삼계 전체가 곧 길이다.

본래의 옷은 따로 옷이 있는 것이 아니라, 삼계 전체가 곧 옷이다.

이렇게만 된다면, 태어나기 전과 후가 오직 같을 뿐이다.

송: 풋풋한 뒷산에서 불어오는 바람을 보니

　　빛깔도 없고 향기도 없고 형상도 없네.

　　천 년 전의 신선한 바람은 그대로인데

　　천 년 전의 무덤에 사람은 어디로 갔을까.

*석두- 약산- 운암- 동산- 조산- 곡산

206. 선문염송 525칙- 도오, 불생불멸(不生不滅)
도오가 운암이 편치 못하다는 말을 듣고 가서 물었다.
도오: 오물이 새어 나오는 껍질(육신)을 벗어버린 후에 어디서 만
　　　나겠는가?
운암: 태어나지도 않고 죽지도 않는 곳(不生不滅處)에서 만납니다.
도오: 태어나지도 않고 죽지도 않는 곳이 아니라면, 만나고 싶지
　　　않다고 어째서 말하지 않는가?

평: 도오가 일 없이 괜히 운암을 찾아가 긁어서 부스럼을 만든다.
운암이 이 껍질(육신)을 벗어버린 후에, 태어나지도 않고 죽지도
않는 불생불멸이 되어 만나자고 하니 명확하다.
하지만 시간도 없고 공간도 없는데, 과연 어디에서 만나는 것일까?
또한 태어난 적이 없는데, 누구를 만날 수 있다는 것일까?
도오가 비꼬듯이 "나지도 않고 사라지지도 않는 장소"를 말하라고
하니, 참으로 어렵고 어렵다.
삼라만상의 주인장인 부처만 대답할 수 있는 질문이다.
그러고 보니, 설마 운암이 만나는 장소를 모르는 것은 아닐까?
어느 장소에서 만나자는 것일까?
나의 시계를 보니, 초침이 돌아가고 있다. 시간과 공간 속에서 서
서히 죽어가고 있다는 명백한 증거다.
그대의 시계는 잘 돌아가고 있는가 아니면 멈추었는가?

바빠서 시간이 없으니, 만나고 싶으면 지금 바로 만나자.

어디에서 몇 시에 만날까?

도오와 운암이 만나는 장소를 모른다면, 앞으로 30년은 더 참구해야 한다. 오~ 백골이 시린 화두 참구 30년이여!

만약 만나는 장소를 안다면, 도오와 운암뿐만 아니라 과거, 현재, 미래의 모든 부처를 만나게 된다. 영원한 이 순간!

조주 영감, 독이 든 조주의 차나 한 잔 주시오!

불생불멸이 되어 생사를 초월한 열반에 들면, 일 마친 나그네는 심심해서 술잔을 기울이며 흥겹게 노래를 부른다.

친구여, 오물이 새어 나오는 몸뚱어리의 옷을 갈아입고 나서, 시공이 없는 생과 사가 하나(生死一如, 無生法忍, 不生不滅)일 때 보세.

어디에서 만나는 것이 좋을까?

우리가 자주 가는 장송곡이 신나게 나오는, 고즈넉한 죽음의 맥주집이 최고지. 엄지척!

삼라만상의 모든 이치가 내 손바닥 안에 있기에, 오직 상쾌, 통쾌, 명쾌할 뿐이다. 하하!

투명한 유리잔 속의 우주 전체를 보듯이, 번뇌 망상이 퍼펙트하게 사멸한 부처의 광명 지혜!

도오: 육신을 벗어버린 후에 어느 장소에서 만날까?

(원오: 어디에선들 그대를 만나지 않겠는가?)

호천: 여기(here)!

송: 지옥으로 가는 새벽에 간신히 지옥철을 타니
　　사람들은 보이지 않고 창백한 망자만 울부짖네.
　　저승사자를 따돌리고 지옥의 철옹성을 점령하여
　　지옥의 심장에 살아 숨 쉬는 생명의 검을 꽂네.

*약산- 운암, 도오,　오조- 원오- 대혜

207. 선문염송 883칙- 조산, 변하지 않는 곳

조산이 동산에게 작별 인사를 하였다.

동산: 어디로 가려는가?

조산: 변하지 않는 곳으로 가려고 합니다.

동산: 변하지 않는 곳에, 어찌 가는 것이 있겠는가?

조산: 가는 것 역시 변하지 않는 것입니다.

마침내 인사하고 떠났다.

평: 변하지 않는 곳으로 간다고 하니, 과연 변하지 않는 곳은 어디
일까?

도대체 변하지 않는 곳에 어떻게 갈 수 있을까?

가는 것은 변하는 것인가, 변하지 않는 것인가?

가는 것이 가는 것이 아님을 알고, 사는 것이 사는 것이 아님을 알
고, 죽는 것이 죽는 것이 아님을 알 때, 그때 비로소 알게 된다.

가도 가는 것이 아니고, 와도 오는 것이 아니다.

그리고 태어나도 태어나는 것이 아니고, 죽어도 죽는 것이 아니다.

가는 것도 없고, 오는 것도 없다. 그러므로 갈 때는 오직 가고, 올 때는 오직 올 뿐이다.

또한 태어나는 것도 없고, 죽는 것도 없다. 고로 살 때는 영원히 살고, 죽을 때는 영원히 죽을 뿐이다.

결국 가는 것과 오는 것도 하나요, 변하는 것과 변하지 않는 것도 하나요, 태어나는 것과 죽는 것도 하나다. 불이(不二)! 오직 하나!

진리의 근본 바탕(본래면목)에는 가는 것, 변하는 것, 태어나는 것, 죽는 것 등등 이성적으로 생각하는 것은 완벽하게 없다.

오직 다채로운 스펙트럼 빛깔의 변화를 바라보는 신령스러운 앎(自性)만 있을 뿐이다.

이놈이 바로 만물을 창조하는 근본 바탕이요, 자기 자신이요, 각자의 부처요, 공적영지요, 완전한 깨달음(일행삼매)이다.

그럼 아기가 태어나서 성인이 되고, 중년이 늙어서 노인이 되어 결국 죽는다.

이것은 변한 것인가 아니면 변하지 않은 것인가?

"제행무상(諸行無常 세상의 변하는 모든 것은 덧없다)"이라고 당당하게 말하지 말라. 언제나 무지하면 할수록 용감한 법이다.

껍데기를 핥지 말라. 바다 위의 찰랑이는 파도를 보지 말라.

억겁 세월의 쇠말뚝에 묶인 눈먼 당나귀의 말이다.

바다 밑의 변함없는 심해를 보라! 알겠는가?

또한 먹구름이 가득하고 번개가 치는 하늘이 거짓 자아라면, 먹구름 위에 언제나 찬란하게 빛을 발하는 태양은 진짜 자아(부처)이다.

우리가 바라보는 세상의 모든 풍경은 가짜 자아가 조작하여 만든 욕망적·허상적·환영적 세상이다. 이제는 보이는가?

절대 진리의 진정한 모습은 실상무상(實相無相)! 제상비상(諸相非相)! 색즉시공(色卽是空)! 부증불감(不增不減)! 생사일여(生死一如)! 불생불멸(不生不滅)! 일진법계(一眞法界)!

이렇게만 된다면, 어찌 변하는 것이 있겠는가! 오직 "이 순간"의 삶만 눈부시게 반짝일 뿐이다. 이 순간의 기적!

절대 세계의 완전한 진리는 "이 순간"에서 "이 순간"으로!

부처는 불변 속에서 단지 현상계의 변하는 아름다운 빛깔을 바라본다.

너무나 신비롭고 비밀스러운 스펙트럼의 꿈에 축제가 펼치는, 황홀한 석양의 서라운드 사운드 같은 환상 교향곡이다.

여름에는 설산에서 스키를 타고, 겨울에는 바다에서 수영을 한다. 또한 사람이 태어나면 즉시 장례를 지내고, 사람이 죽으면 영원히 함께 살아간다.

동산: 어디로 가려는가?

호천: 바람 부는 곳으로 가려고 합니다.

동산: 바람은 어느 곳이나 불지 않는가?

호천: 그 바람은 바람이 아닙니다.

그리고 인사하고 바람 부는 곳으로 떠났다.

송: 변하지 않는 곳이 정녕 변하는 곳이요

　　변하는 곳이 진정 변하지 않는 곳이네.

　　변하지 않는 곳으로 가는 길이 없으니

　　가는 것은 필시 변하지 않는 것이네.

*석두- 약산- 운암- 동산- 조산- 금봉

208. 선문염송 686칙- 동산, 추위와 더위가 없는 곳

선객: 추위와 더위가 닥쳐올 때 어떻게 피합니까?

동산: 어째서 추위와 더위가 없는 곳으로 가지 않는가?

선객: 어디가 추위와 더위가 없는 곳입니까?

동산: 추울 때는 추위가 그대를 죽이고, 더울 때는 더위가 그대를
　　　죽인다.

평: 추위와 더위가 없는 곳은 도대체 어디인가?

알지만 수행자의 비명과 절규 그리고 절망의 끝없는 무덤으로 가로막혀 있어, 더 이상 나아갈 수가 없다.

오~ 숨 막히는 죽음의 화두여! 하루살이가 하루만에 이 관문을 지나야 하는데 방법이 없다.

결국 은산철벽의 비정한 칼 숲에 갇혀 허망한 육신은 갈가리 흩어지고, 한 맺힌 해골에 잔인한 살인도만 꽂혀 있다. 오~ 나의 형제여! 단 하루가 아니라 천 년의 시간을 주더라도, 과연 살아나 올 수 있을까?

천 년을 하루처럼 살 수 있다면, 서러운 해골의 철천지원수인 철 옹성을 산산이 박살 낼 수 있을 것이다!

그러나 진실로 알지 못한다면, 사계절을 지내며 추위와 더위가 없는 곳을 반드시 찾아야 한다.

산정에서 뼛속까지 파고드는 추위를 느끼며, 훈훈한 온기를 간절하게 찾고 있는 자는 과연 누구인가?

또한 그늘이 없는 태양 아래에서 햇살의 불화살을 맞으며 지쳐서, 차디찬 아이스커피를 찾고 있는 자는 도대체 누구인가?

추위의 끝자락에 가면 더위가 시작되고, 더위의 끝자락에 가면 추위가 시작된다.

겨울이 가면 여름이 오고, 여름이 가면 겨울이 온다.

대자연은 자신의 일을 하고, 우주 전체는 각자 자신의 자리를 위풍당당하게 말없이 지키고 있다. 이것이 대자연의 순리이고, 삼라만상의 당연한 질서이다.

추울 때는 오직 추위에 떨고, 더울 때는 오직 더위에 땀을 흘린다.

또한 추울 때는 모닥불을 피워 추위를 피하고, 더울 때는 부채를 부쳐 더위를 피한다.

오직 이것일 뿐이고, 오직 그러할 뿐이다.

이것이 곧 추위와 더위가 없는 곳이다. 알겠는가?

첨가하면, 조동종의 교주인 동산의 사악한 오도송을 보자. 하하!

남에게서 찾는 일 절대 말지니

나와는 아득히 멀어지리라.

나는 지금 홀로 가지만

가는 곳마다 그를 만나네.

그는 지금 바로 나이지만

나는 지금 그가 아니네.

마땅히 이렇게 알아야

진리와 하나가 되리라.

간단하게 평을 하자면, 4·5·6행의 "그"가 너무나 어렵다.

깨닫지 않고 동산의 오도송을 이해한다는 것은 불가능하다.

4행과 5행의 "그"는 "우주 전체"를 말하고, 6행의 "그"는 "우주 전체의 각각의 개체·사물·형상"을 말한다.

또는 4·5·6행의 "그"를 "각각의 개체·사물·형상"으로도 볼 수 있다.

해석하면, 가는 곳마다 온 우주를 만나네, 삼라만상은 지금 바로 나이지만, 나는 지금 우주 전체의 각각의 개체가 아니네.

선객: 추위와 더위가 닥쳐올 때 어떻게 피합니까?

호천: 추울 때는 따뜻한 보이차를 마시고, 더울 때는 시원한 맥주를 마신다.

선객: 어디가 추위와 더위가 없는 곳입니까?

호천: 추울 때는 하와이에서 살고, 더울 때는 북극점에서 산다.

송: 추위와 더위가 없는 부처의 나라로
　　곧장 걸어가도 아무런 흔적이 없네.
　　칼바람 추위에 지쳐 온천욕을 즐기고
　　살인적 더위에 지쳐 계곡물을 즐기네.

*운암- 동산- 건봉, 용아, 소산, 청림

209. 선문염송 906칙- 용아, 그 자리가 바로 근원
용아가 게송을 읊었다.
　　　산에 올라 낚싯줄 드리운 자를 보니
　　　하루 종일 분주히 물결 위에서 바쁘네.
　　　온갖 물줄기 끝없는 물을 탐내다가
　　　그 자리가 바로 근원인 것을 모르네.

평: 산에서 고기를 잡을 수 없고, 강에서 딸기를 재배할 수 없다.
절벽 같은 산에서 아무리 전광석화처럼 움직여도, 마음만 바쁠 뿐
이지 아무런 소득이 없다. 오늘 저녁도 또 다시 굶어야 한다.
흘러가는 강물 속에 딸기를 심어놓고 24시간을 재배하지만, 물살
에 휩쓸려 가버릴 뿐 올해도 또 흉년이다. 한스러움에 그저 눈물
만 앞을 가릴 뿐이다.
주인공아! 정신 차려라! 언제나 사람들에게 속지 말라!
산에서 상어를 잡는다면 미친놈이고, 강에서 사과를 키운다면 희
대의 사기꾼이다.

하지만 진정한 수행자는 산에서 용아의 하얀 고래를 잡아야 하고, 강에서 호천의 수박 같은 딸기를 먹어야 한다.

이 길이 험난하다고 투덜거리지 말라. 위대한 초인아!

모든 깨달은 자들이 이 길을 통과하여, 열반(無生法忍)의 문으로 들어갔음을 영원히 잊지 말라.

오직 자신의 게으름만 탓할 뿐이다! 나태한 삶을 절대 살지 말라!

시간은 생명수다! 빛으로 시간을 나누어서 무한하게 사용하라!

삼계의 제일검에 비전 절기인 분광검법(分光劍法)!

눈먼 부처와 조사는 특별한 놈들이 아니다. 오직 마음(생각) 하나만을 밝힌 바보일 뿐이다. 알겠는가?

선지식아! 정신 차리고 하루 속히 해탈의 길을 따라서 오라.

부처의 국토로 가는 24차선 고속도로를 따라서 오기만 하면 된다.

신호등도 없고, 교통사고도 없고, 오직 부처의 나라를 향한 거리만 표기되어 있을 뿐이다. 악!

내가 곳곳에 이정표의 팻말을 세워 놓았으니, 곧장 따라만 오면 된다.

걸어서 가는 한 걸음, 한 걸음이 바로 진리의 근원임을 결코 잊지 말라!

모든 것은 즉 절대 진리는 오직 "이 순간"에 있을 뿐, 다른 순간에서 절대 찾지 말라! 이 순간의 영원!

"이 순간"은 영원한 절대계의 모든 시간을 함축하고 있다!

놀랍게도 이 순간의 부처가 된다! 진정한 수행자여, 기억하라!

만약 다른 순간에서 진리를 찾는다면, 깨달음의 절대 세계로 가는 모든 길은 소멸할 것이다. 영원히 잊지 말라! 알겠는가?

모든 것은 과정에 있다! 과정을 소홀히 하고 결과만 집착한다면, 무엇이든지 이룰 수 없을 것이다.

366일 매 순간의 과정에 25시간 깨어 있어라!

정녕 "이 순간"에 깨어 있어라! 이것이 진정한 진리의 진실이다.

위대한 초인아, 지금 그대가 서 있는 위치에서, 부처의 국토까지 몇 km 남았는가?

송: 파도가 끝없이 밀려오는 쪽빛 바다에서

   싱싱한 물방울 하나를 간신히 낚았네.

   맑고 투명하게 빛나는 하나의 물방울이

   모든 바다의 생명을 함축한 근원이네.

*석두- 약산- 운암- 동산- 용아- 보자

210. 선문염송 430칙- 조주, 부처 있는 곳

조주에게 어떤 스님이 하직 인사를 드렸다.

조주: 부처 있는 곳에도 머물지 말고, 부처 없는 곳에는 빨리 지나

   가라.

   3천리 밖에서 사람을 만나거든 잘못 말해서는 안 된다.

선객: 그러면 떠나지 않겠습니다.

조주: 수양버들 꽃을 꺾는구나, 수양버들 꽃을 꺾는구나.

평: 부처가 있다고 하면 삼라만상 전체가 부처요, 부처가 없다고 하면 삼라만상 그 어디에서도 부처를 찾을 수가 없다.

"부처 있는 곳에도 머물지 말고, 부처 없는 곳에는 빨리 지나가라."고 하니, 도대체 어떻게 해야 한다는 것인가?

부처가 있는 곳은 어디이고, 부처가 없는 곳은 어디일까?

선객처럼 갈 수도 없고 그렇다고 안 갈 수도 없다. 선객의 무덤!

이러지도 못하고 저러지도 못하는 자신의 한심한 꼬락서니를 보니, 쓰라린 한스러움에 피눈물이 절로 샘솟는다.

아~ 번뇌와 고통으로 가득 찬 애절한 수행자의 삼매 지옥의 길이여!

아무리 수양버들 꽃을 꺾어도, 아무리 대웅전의 불상에게 물어도, 부처 있는 곳을 찾을 수가 없다. 어쩌나!

남루한 관음원의 부처에게 물어보니, 3천리 밖에서 이미 큰 소리로 대답을 했다고 한다.

도대체 뭐라고 대답을 했을까?

메아리가 겹쳐서 울리니 알아들을 수가 없다. 졸고 있는 영혼아, 잠에서 깨어나라! 그리고 붉은 장미꽃을 꺾어라!

만약 답을 찾지 못한다면 유황불이 타오르는 선정 지옥에 갇혀, 하얀 백골의 한 맺힌 대성통곡 소리만 남겨야 한다.

오~ 앞선 벗들은 과연 무슨 생각을 하며 서럽게 죽어갔을까?

앞선 벗들의 통한에 절규가 회한의 탄성이 되어, 나의 뜨거운 심장에 불화살처럼 꽂힌다. 망자의 비통한 넋의 은장도!

내가 진정한 부처이니 가부좌를 틀고 빨리 밝혀야겠다.

단지 "모르는 이것(앎)"을 밝히면 되는 것이다. 악!

가지도 말고, 머물지도 말고 그렇다고 중간에도 있지 말라.

지금 이 순간, 그대가 있는 곳은 도대체 어디인가?

대자유인아, 이 책의 끝이 보이는데 아직도 모르겠는가?

중도(中道)! 불이(不二)! 오직 하나! 한바탕! 공(空·無相·非相)!

가도 가지 말고 머물러도 머물지 않는다면, 삼계 전체가 오직

자신이고 인연따라 살아갈 뿐이다. 시절인연(時節因緣)!

조주: 부처 있는 곳에도 머물지 말고, 부처 없는 곳에는 빨리 지나

　　　가라.

호천: 부처 있는 곳과 부처 없는 곳을 말해 주시오?

송: 타락한 부처가 있는 곳에도 머물지 말고

　　순수한 부처가 없는 곳에도 머물지 말라.

　　일 없는 나그네는 영원히 갈 곳이 없으니

　　뒷동산의 소나무 그늘에서 술잔을 비우네.

*남악- 마조- 남전- 조주- 다복, 광효

211. 선문염송 454칙- 조주, 없는 것만 못하다

어느 날 조주가 법당에서 예불하고 있는 문원을 보고,

주장자로 한 대 때렸다.

문원: 예불은 참 좋은 일입니다.

조주: 좋은 일도 없는 것만 못하다.

평: 천하의 조주가 예불하는 문원을 장난삼아 한 대 때린 것은, 선뜻 이해가 되지 않는다.

설마 노망이 든 조주가 옳고 그름도 판단하지 못하는 것은 아닐까?

부처님께 예불하는 일이 좋은 일인가 아니면 나쁜 일인가?

"부처님께 예불하는 일이 좋은 일"이라고 해도 악마에게 속는 것이고, "나쁜 일"이라고 해도 역시 악마에게 속는 것이다.

그럼 부처님께 예불을 해야 옳은가, 안 해야 옳은가?

양귀비야, 아무리 화려하고 좋은 일도, 아무 일 없는 것만 못하다!

왜인가? 눈부시게 멋진 일도 결국 마음이 움직이는 것이고, 마음이 움직이면 현상에 끌려다니기 때문이다.

이것은 중생의 찬란한 비극이다. 즉 분별 망상하는 상대적인 이분법이 태어나는 순간이다!

그러면 좋은 것과 나쁜 것, 부자와 거지, 아름다움과 추함, 삶과 죽음, 부처와 중생 등등 천차만별의 상대적인 비교가 탄생한다. 108 번뇌!

이것은 거짓 자아가 구별하는 것인데 우리는 이것을 모른다.

마음에서 일어나면 그것이 진실인지 알고 행동을 하니, 거짓 자아의 노예가 아니고 무엇이겠는가! 에고의 실에 매달린 꼭두각시야!

이 거짓 자아를 초월해야 영원한 주인공이 될 수 있는데, 갈 길이 너무나 멀고 험하다. 오~ 수미산이여!

그래서 빛에 전사의 두목인 조주가 엄중히 경책하고 있다.

"아무리 좋은 일도 아무 일 없는 것보다 못하다."는 말은, 절대계의 진리를 명확하게 설명하고 있다. 즉 진정한 침묵이다. 쉬어라! 확철하게 깨우치기 전에는 결코 알 수가 없는 위대한 설법이다.

"나를 위해서 풀 한 포기 뽑지 말고, 돌멩이 하나 움직이지 말라!"는 조주고불의 사자후를 영원히 잊지 말라!

웅변은 은이고 침묵은 금이다. 아무리 휘황찬란하게 진리를 설명한다고 해도, 진리의 근원을 어떻게 말로 설명할 수 있겠는가!

망상하는 인간의 이성과 금속 활자로, 어떻게 살아 숨 쉬는 자의 생생한 말씀을 그대로 판을 찍어서 인쇄할 수 있겠는가?

침묵의 여운과 여백 즉 절대 세계의 무한한 공간을, 그 누가 있어 모두 해설할 수 있겠는가?

그저 할 일 없는 사람이 되어, 공기 따라, 향기 따라, 바람 따라, 강산 따라, 별빛 따라, 빛깔 따라, 우주 따라 한가롭게 노닐 뿐이다.

형언할 수 없는 형형색색의 다채로운 스펙트럼의 빛깔이 정녕 그대와 내가 맞는가?

한낱 먼지 같은 하찮은 분별을 초월한 곳에서, 흥겨워 휘파람을 불며 여행을 즐기는 우주의 여행자가 되자. 미소의 풍류객!

명월아, 술잔이 비었구나. 소옥아, 풍악을 울려라.

조주가 예불하는 문원을 보고, 주장자로 한 대 때렸다.

문원: 예불은 참 좋은 일입니다.

조주: 좋은 일도 없는 것만 못하다.

호천: 외눈박이 조주가 평상심의 진리(道)를 아는구나.

송: 무상한 3천 배에 아무런 뜻이 없는데
　　깨어있는 자신의 마음을 보지 못하네.
　　공허한 3천 배를 한마음으로 하는 동안
　　자신의 부처를 직접 마주 보아야 하리.

*남전- 장사, 수유, 자호, 감지, 조주

212. 선문염송 1151칙- 녹문, 모두가 그의 그림자
녹문선사가 대중에게 게송을 읊었다.

　　　　한 조각으로 모인 빛이 찬란하니
　　　　의심하여 찾으면 끝내 보기 어렵네.
　　　　확실히 던져 사람의 정을 비우면
　　　　큰 일이 분명하여 모두 끝이 나네.
　　　　쾌활하고 얽매이지 않으니
　　　　만 냥의 황금으로 바꾸지도 않네.
　　　　수많은 성인들이 머리를 들고 나오더라도
　　　　모두가 그의 그림자 속에서 나타나네.

평: 게송을 보니, 이백의 "장진주(將進酒)"가 생각난다.
"하늘이 날 만든 것은 필시 쓸모가 있음이고(天生我材必有用)
 수많은 돈을 탕진해도 다시 되돌아오리(千金散盡還復來)."
온 우주가 날 만들어서, 과연 무엇으로 사용하려고 하였을까?

쓸모없이 태어나서 쓸모없이 소멸하는 원통한 헛것이 되지 말라!
오늘은 둥근달을 바라보며 흥겹게 술잔을 기울여야겠다.

나와 달, 자연과 우주가 모두 모여 "이 순간"을 위하여 축배를 든다.

맙소사! 나의 그림자를 빼먹었구나. 나의 그림자여, 빨리 오시게.

그 동안 너무나 고마웠네. 오락가락하는 나를 따라다닌다고 정말
고생이 많았네. 술 한 잔 받으시게. 나의 영원한 친구여!

각설하고, 아주 명쾌한 게송이다. 글 그대로이다.

"성인이 나오더라도, 모두가 그의 그림자 속에서 나타난다."는 이
부분을 반드시 밝혀야 한다!

그림자 속에서 어떻게 실체가 나올 수 있을까?

이 "그림자"는 만물이 생성되는 근본 바탕(본래면목)이다.

공즉시색(空卽是色)! 곧 영상과 같은 환영(허상)이 실체(사람)다.

깨닫기 전에는 그저 허상이지만, 깨닫고 난 후에는 허상이면서 동
시에 실체라는 사실을 안다.

더 나아가면, 일상생활 그대로가 진리가 되면 오직 실체가 된다.

평상심이 도(道)! 지극히 상식적인 삶! 진리의 최상승의 단계!

그러나 대부분의 사람들은 이 환영의 세계가 진짜 있는 것이라고,
착각을 하면서 평생을 살다가 죽는다. 귀신이 곡할 노릇!

영상의 모습이 자신이라는 거짓 자아(에고)의 속임에, 평생을
조종당하니 꼭두각시 인형이 틀림없다. 심장 없는 마네킹!

생각을 죽여라! 무쇠 실을 끊고 삼라만상의 영원한 주인공이 되
어라.

하지만 너무나 치열하고 생생한 삶의 현장이다 보니 모두가 속는다.

오직 안타까울 뿐이다. 허상의 스펙트럼 빛깔 같은 허수아비여!

우리가 이성적으로 알고 있는 모든 것은 완벽하게 잘못된 것이다!

왜냐하면 인간 그 자체가 모든 망상의 근본이자 시작점이기 때문이다.

이렇게 꼭두각시로 살다가 눈을 뜨면, 천지가 개벽을 한다.

상전벽해(桑田碧海)! 산산이 부서진 우주 전체여!

진리의 근본 바탕(佛性)에서 아무런 이유도 없이, 환영처럼 나타나는 영상(허상)에 속지 말라!

그러나 스스로 깨우치기 전에는 결코 알 수가 없으니, 통한의 피눈물만 흐를 뿐이다.

하루 속히 깨우쳐서 진짜 살아 숨 쉬는 자유인이 되자.

완전한 인간성을 회복하여 완벽한 사람으로 생생하게 살아보자. 사람아!

우주 전체를 유람하며 삼계의 풍류객인 조주와 함께, 개고기를 마음껏 뜯고 유쾌하게 술잔을 기울여 보자.

나의 형제여, 술잔이 식기 전에 얼른 오게!

위대한 초인이여, 하루 속히 즐거운 여행에 동참하라!

올 때는 반드시 그림자는 남겨두고 오게. 하하!

그림자 속에서 투사되는 형형색색의 세상은, 환영의 꽃처럼 언제나 신비로 가득 찬 아름다움이다.

모자이크 입자의 환상적인 빛깔들이, 마치 우주 전체를 형상화한 것처럼 황홀한 파노라마를 펼치고 있다.

이 광경을 넋을 잃고 바라보고, 아는 앎(自性)은 도대체 무엇인가?

송: 신선한 새벽녘 산봉우리의 정상에 올라

　　고요히 가부좌를 틀고 일출을 바라보네.

　　새벽녘 일출은 다양한 나의 분신이지만

　　모르는 자는 허망한 해골만 굴러다니네.

*석두- 약산- 운암- 동산- 조산- 녹문

213. 선문염송 1228칙- 덕산, 참선 공부의 끝

덕산연밀이 대중에게 말하였다.

: 끝까지 가면 삼세(三世 과거·현재·미래)의 모든 부처님도

　당장 입을 다물고 할 말이 없지만,

　오히려 어떤 사람이 큰 소리를 내며 웃는다.

　만약 이 사람을 알면 참선 공부는 끝이 난다.

평: 종착역에 도착하여 크게 웃고 있는 자를 만나면, 완전하게 모든 여행은 끝이 난다! 견성성불(見性成佛)! 돈오돈수(頓悟頓修)!

그러나 종착역에 내리면 아무도 없는데, 과연 누구를 만나고 누가 웃는다는 것일까?

껄껄거리며 크게 웃는 자를 반드시 만나서, 얼굴을 확인해야 참선이 끝이 난다. 수행의 완성! 완전한 깨달음(일진법계)!

이 자의 이목구비를 자세하게 말할 수 없다면, 절대 진리와 무관하다!

얼핏 진리를 보고 나서 헛것이 진실인 양 알아서는 안 된다. 착각

금지!

부처와 조사들은 단지 마음(생각이 태어나는 출생지)을 확철하게 밝혀서, 공부를 끝낸 범부라는 사실을 결코 잊지 말라. 일 없는 중생!

배울 것이 없는 할 일 없는 한가한 도인(絶學無爲閑道人)!

럭비공처럼 어느 곳으로 튈지 모르는, 헐레벌떡 망상인은 되지 말라.

미천한 덕산이 대중에게 말할 때 내가 있었다면, 연밀을 후려치고 껄껄거리며 크게 웃었을 것이다. 하하!

확철하게 깨우치고 나면, 모든 것은 찬란한 방편일 뿐이다!

그러니 방편에 속지 말고, 진실한 눈을 갖추기 전까지 불철주야 노력해야 한다. 이것이 진정한 수행의 핵심이다. 용맹정진!

자신의 간절하고 절박한 배고픔을 그 누구도 해결해 줄 수가 없다.

하루 속히 조주의 밥을 먹고, 조주의 없는 밥그릇을 씻고 쉬어라.

온 우주의 모든 것은 오직 자신의 마음이 만드는 것이다(一切唯心造)!

이 말은 방편이 아니라 불멸의 진실이니, 결코 잊지 말라.

과거, 현재, 미래를 하나의 사탕으로 만들어 삼키고, 마음에 무한한 빛의 평화를 품고 얼굴에 달콤한 설탕 미소를 지어라!

지금 "이 순간"에 그대는 어느 곳에 있으며, 그대는 무엇인가?

무한한 초인아, 이제는 정녕 말할 수 있어야 한다. 파이팅! 필승!

모든 고난과 시련의 간이역을 극복하고 초월해서, 꿈속에서도 잊지 못하던 마지막 종착역에 도착했기 때문이다.

부처가 진정으로 되고 싶은 자는 "모른다고 생각하는 그 놈(앎)"을 낱낱이 명명백백하게 밝히고, 삼라만상을 지배하는 영원한 제왕이 되어라. 사랑과 행복의 마음을 전하는 전륜성왕(轉輪聖王)!

덕산이 말한, 보랏빛 면사포를 쓴 여신의 이목구비를 말하라?

만약 말할 수 없다면, 앞으로 30년간 자지 말고 밤낮으로 참구하라!

만약 말할 수 있다면, 내가 감정해 주리라.

송: 간이역을 지나 최후의 종착역에 도착하면

　　과거 현재 미래의 모든 부처가 반기네.

　　아무리 둘러보아도 웃는 자는 보이지 않고

　　고요한 평화의 노랫소리만 울려 퍼지네.

*설봉- 운문- 덕산- 문수- 동산- 불일

17. 박장대소(拍掌大笑)

이런 화두를 보고 미소 짓거나 박장대소하지 않는다면, 눈이 없는
자가 틀림없다. 검은 선글라스를 낀 애꾸눈 올빼미!

하루 속히 눈먼 청룡의 피 맺히고 한 맺힌 억겁의 쇠사슬을 끊고,
에메랄드빛 무한한 허공으로 승천하여 삼라만상과 하나가 되자!

이것이 진정한 수행자가 가야 할 유일한 길이다. 운명!

위대한 초인이여, 삼계의 모든 난관과 역경을 극복하고 초월하여,
반드시 화두의 심장에 검을 꽂아라! 심장!

각설하고, 컨디션이 다운되거나 우울한 느낌이 들면 "박장대소"를
읽고, 신나게 한바탕 웃고 나서 활기차게 하루를 보내자. 하하!

하루 빨리 정법안장(正法眼藏)을 갖추고, 우주 전체를 손아귀에 쥔
삼계의 대도사(大導師)가 되자! 부처의 광명 지혜!

하찮은 삼라만상은 어디에 있는가?

하하! 나의 손안에 있다. 쌀 한 톨보다도 작구나!

바보 같은 염화미소(拈華微笑)! 이 순간의 마법!

소옥아, 양귀비야, 안록산아! 우리의 모든 여행이 끝나 가는구나.
노래를 한 곡조 흥겹게 불러 주게. 이런 맙소사! 하하!

명월아, 술잔이 비었구나. 풍악을 울려라. 풍악!

파멸의 빛이 소멸한 암흑의 지옥에서

한 줄기 찬란한 광채를 천국으로 피우고

만고의 끝없는 푸르른 허공을 바라보니

순간의 빛깔 같은 덧없는 꿈의 풍류로다.

214. 선문염송 76칙- 빈두로, 부처를 만남

아육왕이 빈두로존자(아라한)에게 물었다.

아육: 소문을 들으니, 존자께서 부처님을 만나고 오셨다는데
　　　 맞습니까?

존자는 손으로 눈썹을 쓰다듬고, 잠시 침묵하다가 말했다.

빈두: 알겠습니까?

아육: 모르겠습니다.

빈두: 부처님을 직접 만났습니다.

평: 콧구멍을 후비고 나서, 알겠습니까? 모르겠습니다.
부처님과 영영 헤어졌습니다. 아니 부처님의 콧구멍을 보았습니다.
둘 다 아니다. 오직 콧구멍이 시원할 뿐이다.

*아육왕: 아소카, 인도 마우리아 왕조의 3대 왕, BC268~BC232년
　　　 재위 추정.

215. 선문염송 172칙- 석두, 돌 위의 꽃

석두: 말과 행동은 아무런 관계가 없다.

약산: 말과 행동이 아니라도 역시 관계가 없습니다.

석두: 나의 여기는 바늘로 찔러도 들어가지 않는다.

약산: 저의 여기는 돌 위에 꽃을 심는 것과 같습니다.

석두선사는 즉시 그만두었다.

평: 눈먼 놈아! 말이 곧 행동이고, 행동이 곧 실천이다.

나의 여기는 전봇대로 찌르면 전봇대가 부러지고,

나의 저기는 바위를 던지면 바위가 깨어진다.

나의 여기와 나의 저기는 과연 어느 곳인가?

사팔뜨기 참새야! 그대의 눈과 귀는 도대체 무슨 일을 하는가?

*석두- 약산- 도오- 석상- 구봉- 화산

216. 선문염송 189칙- 노조의 입

선객: 무엇이 말하지 않으면서도 말하는 것입니까?

노조: 그대의 입은 어디에 있는가?

선객: 입이 없습니다.

노조: 그러면 무엇을 가지고 밥을 먹는가?

선객: 대답이 없었다.

평: 입이 없다니 정말 좋구나. 많이 먹게. 단식 투쟁! 묵언!

말하지 않으면서 말하는 것은 여백의 말씀! 아가리 닥쳐라!

*마조- 노조, 삼각, 마곡, 염관, 영태

217. 선문염송 193칙- 삼각, 벼·보리·콩

선객: 무엇이 삼보(三寶)입니까?

삼각: 벼, 보리, 콩!

선객: 저는 모르겠습니다.

삼각: 대중이여, 즐겁게 받들어 지녀라!

평: 삼보(三寶)가 무엇인지 아직도 모르는가?

일보, 이보, 삼보! 그렇다고 앞으로 세 걸음을 가지는 말게.

"반야심경"을 "바야흐로"라고 말한다면, 그 누가 알아듣겠는가?

218. 선문염송 224칙- 혜충, 초상화의 뒷면

혜충: 어디서 오는가?

남전: 강서에서 왔습니다.

혜충: 마조의 초상화는 가지고 왔는가?

남전이 합장하고 가까이 다가갔다.

남전: 이것뿐입니다.

혜충: 뒷면은?

남전은 소매를 떨치며 곧장 가버렸다.

평: 마조의 초상화는 가지고 왔는가? 엄지척!

초상화의 뒷면은? 혀를 내민다. 메롱!

*혜능- 혜충- 탐원, 마조- 남전- 자호

219. 선문염송 227칙- 남전, 속인과 승려

남전이 앉아 있는데, 어떤 승려가 차수(叉手)하고 곁에서 모시고
서 있었다.

남전: 꼭 속인 같구나.

승려가 곧 합장을 했다.

남전: 꼭 승려 같구나.

승려가 말이 없자, 남전은 그만두었다.

평: 차수를 해도 영판 중이고, 합장을 해도 영판 중이다.

진짜 중은 어디에 갔는가?

*혜능- 남악- 마조- 남전- 수유- 석제

220. 선문염송 245칙- 귀종, 물도 마시기 어렵다

남전과 귀종이 함께 길을 가다가 도중에 차를 끓였다.

남전: 전부터 사형과 토론하던 이야기는 그만두고, 훗날 어떤 사
　　　람이 지극한 일을 물을 때는 어찌하시겠소?

귀종이 땅을 가리켰다.

귀종: 이 한 조각 땅에 암자를 세우면 좋겠군요.

남전: 암자를 세우는 일은 그만두고, 지극한 일은 어떻습니까?

귀종이 차 주전자를 걷어차 뒤엎었다.

남전: 사형은 차를 다 마셨지만, 저는 아직 마시지 못했소.

귀종: 그런 소견으로는 물도 마시기 어렵소.

남전이 그만두었다.

평: 쓸데없이 암자를 세워, 추악한 악마들을 양성하지 말라!
그런 소견으로는 숨쉬기도 어렵다. 죽지 말고 호흡해라. 빨리!
죽었는가?

*혜능- 남악- 마조- 귀종- 고안- 말산

221. 선문염송 274칙- 수료, 이 허황한 놈아!
수료에게 어떤 선객이 와서, 손으로 동그라미 하나를 그려서
수료의 어깨 위로 던졌다.
수료는 손으로 세 번 튕기고, 오히려 동그라미 하나를 그려서
선객을 가리켰다. 선객이 바로 절을 하자 때렸다.
수료: 이 허황한 놈아!

평: 동그라미로 즉석에서 도넛을 만들었을 때, 어째서 도넛을 빨
리 먹지 않는가?
도깨비 뿔 같은 놈아! 이강주(梨薑酒)를 가져 오너라!

*마조- 수료, 중읍, 금우, 분주, 석공

222. 선문염송 316칙- 방거사, 천만다행
방거사가 조리를 팔러 다니다가 발을 헛디뎌 다리 아래로 떨어졌다.

딸 영조가 보자마자 자기도 아버지 옆에 쓰러졌다.

방거사: 너는 왜 그러느냐?

영조: 아버지가 넘어진 것을 보고 도와 드리려구요.

방거사: 아무도 본 사람이 없는 게 다행이다.

평: 돌부리에 걸려 넘어져서 쌍코피가 흐르지만, 바로 일어나서 주위를 살핀다. 그리고 아무 일 없다는 듯이 가던 길을 당당하게 간다. 아야, 아야!

*마조- 방거사, 반산, 대매, 대주, 등은봉

223. 선문염송 330칙- 약산의 입

약산이 채소밭에 들어갔다가, 원두가 채소 가꾸는 것을 보았다.

약산: 채소 가꾸는 것은 막지 않을 것이니, 뿌리만 나지 않게 하라.

원두: 뿌리가 나지 않게 하라시면, 대중은 무엇을 먹습니까?

약산: 너에게도 입이 있더냐?

평: 뿌리가 없다면, 채소가 어떻게 자라겠는가?

너 때문에 오늘도 모두 굶었다. 꼬르륵 파티!

맙소사! 너는 주둥이가 없어 굶지는 않겠구나. 키스!

*청원- 석두- 약산, 대전, 단하, 천황

224. 선문염송 338칙- 약산, 이것과 저것

약산이 승려가 불상을 씻는 것을 보았다.

약산: 이것은 그대 마음대로 씻을 수 있지만, 저것도 씻을 수 있겠는가?

승려: 저것을 갖다 주십시오.

약산이 그만두었다.

평: 상어가 새우의 기습적인 원펀치에 쓰리강냉이가 날아가는구나!

이것은 무엇인지 알겠는데, 저것은 도대체 무엇일까?

그럼 지구도 씻을 수 있겠는가?

*약산- 운암- 동산- 운거- 동안도비- 동안관지

225. 선문염송 391칙- 황벽, 다음 자리에 앉음

황벽이 남전의 회하에서 수좌로 있을 때였다. 어느 날 황벽이 발우를 들고 남전의 자리에 앉았다. 남전이 승방에 들어오다가 보고 물었다.

남전: 장로는 언제부터 도를 닦았는가?

황벽: 위음왕 이전(威音王已前 한없는 오랜 옛날)부터입니다.

남전: 아직 왕노사의 손자뻘이구나. 내려가게.

황벽이 다음 자리로 가서 앉으니, 남전이 그만두었다.

평: 남전: 아직 왕노사의 손자뻘이구나. 내려가게.

호천: 얼른 절을 하고, 할아버지 세뱃돈 주세요.

*마조- 남전- 자호,   백장- 황벽- 오석

226. 선문염송 447칙- 조주, 뒷간의 불법
조주가 하루는 뒷간에 있다가, 문원이 지나가는 것을 보았다.

조주: 문원아!

문원: 예!

조주: 뒷간에서 너에게 불법(佛法)을 말해 줄 수가 없구나.

평: 뒷간에서 불법을 말해 줄 수 없다면, 불법은 똥이다.
조주를 똥통에 바로 처박아 버렸어야 했는데, 정말 아쉬운 장면이
다. 제자의 정의로운 몽둥이!
소옥아! 뒷간의 불법은 똥 냄새가 고약하구나.

*남전- 육긍, 감지, 수유, 장사, 조주

227. 선문염송 475칙- 조주, 앞니의 털
선객: 어떤 것이 조사가 서쪽에서 온 뜻입니까?

조주: 판때기 이빨(앞니)에 털이 나는 것이다(版齒生毛).

평: 선객: 어떤 것이 조사가 서쪽에서 온 뜻입니까?
    호천: 조사가 서쪽에서 오다가 자빠져서 코뼈가 부러졌다.

*남악- 마조- 남전- 조주- 다복, 광효

228. 선문염송 479칙- 조주의 괭이

조주: 어디서 왔는가?

선객: 설봉에서 왔습니다.

조주: 설봉은 요즘 무슨 말을 하는가?

선객: 설봉은 "온 대지가 사문의 외눈인데, 그대들은 어디에다 똥을 누는가?"라고 말했습니다.

조주: 그대가 가거든 나 대신 괭이를 전해 주게.

평: 선객: 온 대지가 애꾸눈인데, 애꾸눈은 어디에 똥을 눕니까?

　　호천: 눈먼 조주와 설봉에게 두루마리 화장지를 정중히 건네 주게.

*덕산- 설봉- 현사- 나한- 법안- 청량

229. 선문염송 481칙- 조주, 당나귀의 안장

어떤 수재(秀才)가 조주에게 하직 인사를 올렸다.

수재: 오래도록 여기 머물면서 스승을 번거롭게 해 드렸으나, 은혜를 갚을 길이 없습니다. 한 마리 당나귀가 되면 와서 스승님께 은혜를 갚겠습니다.

조주: 노승더러 어디에서 안장을 구하라는 말인가?

수재: 말이 막혔다.

평: 스승에게 은혜를 갚지 못해 눈먼 얼룩말이 될 때, 고삐와 안장을
꼭 준비하게. 그렇다고 동물원을 탈출하여 야생마는 되지 말게.
그럼 총알 맞아 죽는다. 묵은 빚은 반드시 갚아야지!
하지만 조주고불을 어느 곳에서 만나겠는가?

230. 선문염송 497칙- 장사, 말을 타려면 타라

선객: 남전은 세상을 떠난 후에 어디로 갔습니까?

장사: 동쪽 집에서 당나귀가 되고, 서쪽 집에서 말이 되었다.

선객: 잘 모르겠습니다. 무슨 뜻입니까?

장사: 말을 타려면 타고, 내리려면 내려라.

평: 지하철을 탈 돈이 없다면, 집까지 편안하게 걸어가라.
한 다리는 기린이고, 한 다리는 토끼 다리다. 빨리 뛰어라!

*혜능- 남악- 마조- 남전- 장사- 설두

231. 선문염송 524칙- 운암, 빗자루와 달

어느 날 운암이 마당을 쓸고 있는데 도오가 말하였다.

도오: 정말 구차하게 마음을 쓰는군.

운암: 구차하지 않은 것도 있는 줄 아셔야지요.

도오: 그렇다면 두 번째 달이네.

운암이 빗자루를 세우고 말하였다.

운암: 이것은 몇 번째 달입니까?

도오가 그만두었다.

평: 운암: 빗자루를 세우고, 이것은 몇 번째 달입니까?

　　호천: 달이 두 개군.

　　운암: 어째서 달이 두 개입니까?

　　호천: 자네와 빗자루.

*청원- 석두- 약산- 덕성, 운암, 도오

232. 선문염송 587칙- 앙산의 이름

앙산(仰山) 혜적이 삼성(三聖) 혜연에게 물었다.

앙산: 그대의 이름이 무엇인가?

삼성: 혜적(慧寂)입니다.

앙산: 혜적은 내 이름이다.

삼성: 저의 이름은 혜연(慧然)입니다.

앙산이 "하하!" 하고 크게 웃었다.

평: 팔푼이 둘이서, 언어유희를 한껏 즐기는구나. 8×8= 88!

나는 꼭두각시, 너는 똥싸개. 지화자 좋다! 얼쑤!

*위산- 앙산- 남탑,　황벽- 임제- 삼성

233. 선문염송 635칙- 임제, 눈먼 당나귀

임제가 임종을 앞두고 있을 때 삼성이 원주로 있었는데, 선사가 대중에게 말하였다.

임제: 내가 세상을 떠난 후에, 나의 정법안장(正法眼藏)을 사라지 게 하지 말라.

삼성: 어찌 감히 화상의 정법안장을 사라지게 하겠습니까?

임제: 문득 누군가 묻는다면, 무엇이라고 하겠는가?

삼성: 악!

임제: 나의 정법안장이 이 눈먼 당나귀에게서 사라질 것을 누가 알겠는가.

평: 나의 정법안장이 이 눈먼 당나귀에게서 사라질 것을, 어떻게 알았을까?

아~ 내가 사람들을 속였구나. 바른 생활 교과서!

정법안장이 속였는가 아니면 눈먼 당나귀가 속였는가?

*임제- 삼성, 역촌, 위부, 관계, 흥화

234. 선문염송 639칙- 목주, 판때기 짊어진 놈

목주가 어떤 승려를 불렀다.

목주: 대덕(大德)이여!

승려가 머리를 돌리자 말하였다.

목주: 판때기 짊어진 놈(擔板漢)이구나.

평: 구멍 난 술잔으로 술을 마시는 놈이구나. 비틀거리지 말라!

*남악- 마조- 백장- 황벽- 목주- 진조

235. 선문염송 657칙- 목주, 만두와 찐떡
스님: 단숨에 일대장경(一大藏經)을 읽을 수 있습니까?
목주: 무슨 만두와 찐떡이냐? 빨리 가져오게.

평: 스님: 단숨에 일대장경을 읽을 수 있습니까?
　　호천: 팔만대장경! 끝!

*일대장경: 부처가 일생 동안 설법한 모든 경전(經·律·論)
*백장- 황벽- 오석, 배휴, 임제, 목주

236. 선문염송 673칙- 덕산, 축생의 최후
덕산이 어느 날 인사하러 오는 승려를 보고, 바로 문을 닫았다.
승려가 곧 문을 두드렸다.
덕산: 누군가?
승려: 사자 새끼입니다.
덕산이 문을 열자, 승려가 절을 했다.
덕산이 얼른 목 위에 올라탔다.
덕산: 이 축생아, 어디를 왔다 갔다 돌아다니느냐?

평: 닭의 모가지를 비트니, 양념 치킨이 되었다.

맥주야, 빨리 오라! 너를 마셔주마! 소맥! 치맥!

*혜능- 청원- 석두- 천황- 용담- 덕산

237. 선문염송 677칙- 덕산의 아야!

덕산이 몸이 아프자, 어떤 스님이 물었다.

선객: 병들지 않는 사람도 있습니까?

덕산: 있다.

선객: 어떻게 해야 병들지 않는 사람입니까?

덕산: 아야, 아야!

평: 선객: 어떻게 해야 병들지 않는 사람입니까?

　　호천: 관 속에 누운 개뼈다귀!

*덕산- 설봉- 운문- 향림- 지문- 설두

238. 선문염송 704칙- 동산의 불이야

동산이 삼봉을 불렀다.

동산: 불이야, 불이야!

삼봉: 불은 먼 곳에 있습니다.

동산: 응(膺) 사리(闍梨)야!

삼봉: 예!

동산: 그렇게 멀지는 않구나.

평: 일 없이 수미산에 불을 지르고 불놀이를 즐긴다. 쥐불놀이!
소방차가 왔는데 물이 없구나. 통구이 멧돼지야!

*청원- 석두- 약산- 운암- 신산, 동산

239. 선문염송 721칙- 암두, 괴롭구나!
서암: 그렇기는 쉽지만 그렇지 않기는 어렵습니다.
　　　그렇고 그러면 영리하고, 그렇지 않고 그렇지 않으면 허공
　　　세계에 사는 것입니다. 그러함과 그렇지 않음을 선사께서 빨
　　　리 말씀하십시오.
협산: 노승이 그대를 속였구나.
서암: 악! 이 노화상이 지금 어떤 시절인지 아는가?
그리고 나가 버렸다. 나중에 어떤 스님이 암두에게 말하였다.
암두: 괴롭구나. 나의 한 줄기 불법을 그렇게 퍼뜨리는구나.

평: 그러함과 그렇지 않음도 구별하지 못하는, 노망든 노화상은
포기해라. 아~ 괴롭구나. 불법도 포기해고, 부처도 포기해라.

*덕성- 협산- 소산,　덕산- 암두- 서암

240. 선문염송 738칙- 투자, 한 잔의 차

혜산이 개당하려고 투자에게 말하기 위해 방안에 들어서자마자,

투자가 한 잔의 차를 들었다.

투자: 혜산아! 삼라만상 모든 것이 이 안에 있구나.

혜산이 받아 얼른 쏟아버리고, 빈 잔을 들었다.

혜산: 삼라만상이 어디에 있습니까?

투자: 한 잔의 차만 아깝게 되었구나.

평: 투자가 한 잔의 차를 들었다.

투자: 호천아! 삼라만상 모든 것이 이 안에 있구나.

호천이 여유 있게 차 한 잔을 마신다.

투자: 삼라만상이 어디에 있는가?

호천: 뱃속!

*혜능- 청원- 석두- 단하- 취미- 투자

241. 선문염송 772칙- 호계의 움직인다

호계: 어디에서 오는가?

선승: 악!

호계: 작가(作家 칭찬한 말)로다.

선승: 말이 없다.

호계: 죽은 사람 같구나.

선승: 나간다.

호계: 그래도 움직이는구나.

평: 죽은 송장이 말도 하고 움직인다. 절름발이 강시(僵尸)가 왔구나.

*황벽- 임제- 호계, 동봉, 복분, 정상좌

242. 선문염송 778칙- 암두, 목구멍이 막혔다

활 상좌(암두)가 덕산을 뵈니, 덕산이 보자마자 바로 방석을 뽑는
시늉을 하였다.

상좌: 이것은 그만두고 갑자기 마음과 경계가 한결같은 사람이 온
　　　다면, 그에게 무엇이라고 해야 여러 방면의 점검과 꾸짖음
　　　을 피하겠습니까?

덕산: 아직 옛날보다 세 걸음이 모자라다. 다른 주인공이 되어라.

상좌: 악!

덕산이 말이 없었다.

상좌: 저 늙은이의 목구멍이 막혔구나!

평: 헛소리를 지껄이던 뿔 없는 코뿔소가, 불타는 눈동자의 다람
쥐 뒷발에 차여 꼬꾸라졌다. 빨리 말을 해라! 끙끙! 주둥이가 없
구나!

*천황- 용담- 덕산- 암두- 나산- 명초

243. 선문염송 779칙- 백장, 알았으면 됐어요

백장: 그대여, 물을 일이 있는데 물어도 되겠는가?

상좌: 말이 없어 좋았는데, 무엇 하러 말도 되지 않는 소리를
하십니까?

백장: 안남(安南)을 얻고 새북(塞北)을 또 걱정한다.

활 상좌(암두)가 가슴팍을 활짝 열었다.

상좌: 이렇습니까, 이렇지 않습니까?

백장: 얽어매기 어렵구나, 얽어매기 어려워.

상좌: 알았으면 됐습니다. 알았으면 됐어요.

평: 대동강을 그저 얻고, 삼수갑산을 힘겹게 얻으니 가슴이 너무
나 뿌듯하다. 감개무량(感慨無量)! 따봉!

그러나 이빨 빠진 상어를 대동강에 맬 수 없고, 날개 꺾인 독수리
를 삼수갑산에 둘 수 없어 고뇌하고 고뇌한다.

알았으면 됐고 몰랐으면, 강산의 가시나무에 똥침을 맞은 것이다.

*마조- 백장- 고령, 덕산- 암두- 서암

244. 선문염송 812칙- 설봉, 옛 거울

설봉이 어느 날 원숭이를 보았다.

설봉: 저 원숭이들이 제각기 하나의 옛 거울을 등에 지고 있구나.

삼성: 여러 겁(劫 무한한 시간)에 이름이 없는데, 어째서 드러내어
옛 거울이라 하십니까?

설봉: 흠이 생겼구나.

삼성: 천오백 명을 거느린 선지식이 화두도 모르시는군요.

설봉: 늙은 중이 주지 노릇하기가 번거롭구나.

평: 늙으면 빨리 죽는 것이 상책이다. 치매를 앓으면 사람 대접 받기 어렵다. 요양원에 가기 전에 제정신일 때, 왕관을 물려주는 것이 좋다.

거울에 비친 킹콩아! 깨진 거울아! 나는 자연인이다!

*덕산- 설봉- 경청, 황벽- 임제- 삼성

245. 선문염송 814칙- 현사, 대나무 껍질

설봉이 현사와 울타리를 만들고 있었다.

현사: 어떤 것이 조사께서 서쪽에서 오신 뜻입니까?

설봉: 울타리를 잡고, 세 번 흔들었다.

현사: 늙은이가 헛기운만 쓰시는군요.

설봉: 그대는 어떻게 생각하는가?

현사: 대나무 껍질이나 건네주십시오.

평: 설봉: 그대는 조사가 오신 뜻을 어떻게 생각하는가?

　　호천: 영감님, 파전에 동동주나 마시죠.

*설봉- 현사- 나한- 법안- 천태- 영명

246. 선문염송 829칙- 암두, 물 공기를 걷어참

암두, 설봉, 흠산, 세 사람이 모여서 이야기를 하는데,

설봉이 갑자기 한 공기의 물을 가리켰다.

흠산: 물이 맑으니 달이 나타난다.

설봉: 물이 맑아도 달이 나타나지 않는다.

암두: 물 공기를 걷어차고 가 버렸다.

평: 설봉이 갑자기 한 공기의 물을 가리켰다.

　호천: 라면을 두 개 끓여라!

*덕산- 암두, 설봉,　운암- 동산- 흠산

247. 선문염송 839칙- 암두의 앉아라!

선객: 삼계(三界)가 앞을 다투어 일어날 때는 어떻습니까?

암두: 앉아라!

선객: 스님의 뜻은 어떻습니까?

암두: 여산을 옮겨오면, 그대에게 말해 주겠다.

평: 선객: 삼계가 앞을 다투어 일어날 때는 어떻습니까?

　호천: 인마! 좋은 말할 때 그대로 있어라!

　선객: 스님의 뜻은 어떻습니까?

　호천: 온 우주를 원샷으로 마시고 나면 모든 것을 안다.

*천황- 용담- 덕산- 감담, 설봉, 암두

248. 선문염송 844칙- 진조, 개 주둥이 닥치시오
진조: 한 가지 일이 있는데, 노형과 상의할 수 있겠습니까?

스님: 개 주둥이 닥치시오.

진조: 자기 입을 움켜쥐고, 제가 잘못했습니다.

스님: 잘못을 알았으면 반드시 고치시오.

진조: 노형의 입을 빌려 밥을 먹을 수 있겠습니까?

평: 빛의 전사 진조의 잘못은 도대체 무엇일까?

　진조: 노형의 입을 빌려 밥을 먹을 수 있겠습니까?

　호천: 관을 짜야겠군.

*남악- 마조- 백장- 황벽- 목주- 진조

249. 선문염송 853칙- 운문의 스승
선객: 어떤 것이 조사가 서쪽으로 오신 뜻입니까?

영수: 잠자코 있었다.

훗날 어떤 중이 운문에게 물었다.

선객: 어떤 사람이 돌아가신 스승을 위해 비석을 세운다면, 무슨
　　　말을 새기면 좋겠습니까?

운문: 스승!

평: 선객: 어떤 것이 조사가 서쪽으로 오신 뜻입니까?

　호천: 조사가 술을 많이 마셔 간암으로 죽었다.

　선객: 돌아가신 스승의 비석에, 무슨 말을 새기면 좋겠습니까?

　호천: 간암으로 여기에 죽다!

*백장- 장경- 영수,　설봉- 운문- 파릉

250. 선문염송 902칙- 용아, 돌 거북의 말

선객: 어떤 것이 조사가 서쪽에서 오신 뜻입니까?

용아: 돌 거북이 말하게 되면 말해 주겠다.

선객: 돌 거북이 말하였습니다.

용아: 너에게 무엇을 말하더냐?

선객: 대답하지 못하였다.

평: 선객: 어떤 것이 조사가 서쪽에서 오신 뜻입니까?

　호천: 조사가 서쪽을 찾지 못해서 길을 헤맨다.

　선객: 돌 거북이 조사에게 길을 가르쳐 주었습니다.

　호천: 돌 거북이 조사에게 무슨 길을 가르쳐 주었는가?

　선객: 대답하지 못하였다.

　호천: 길!

*석두- 약산- 운암- 동산- 용아- 보자

251. 선문염송 911칙- 백수, 색(色)과 소리

백수가 법당에 올라 말하였다.

: 노승은 항상 소리 앞이나 구절 뒤에서 재가의 남녀들을 희롱하
고 싶지 않았다. 왜 그런가 하면, 소리는 소리가 아니고 형상(色)
은 형상이 아니기 때문이다.

이때 어떤 스님이 물었다.

승려: 소리가 소리 아닌 것은 어떤 것입니까?

백수: 형상(色)이라고 하면 되겠는가?

승려: 형상(色)이 형상 아닌 것은 어떤 것입니까?

백수: 소리라고 하면 되겠는가?

스님이 절을 하였다.

백수: 말해 보라. 그대에게 설명을 한 것인가, 물음에 대답을
한 것인가?

　　　만약 가릴 수 있다면, 그대가 들어갈 곳을 찾았다고 하겠다.

평: 승려: 소리가 소리 아닌 것은 어떤 것입니까?

　호천: 털니 한 해골이라면 되겠는가?

　승려: 형상(色)이 형상 아닌 것은 어떤 것입니까?

　호천: 방귀 소리라면 되겠는가?

　스님이 절을 하였다.

　호천: 그대에게 찬란한 절대 진리를 있는 그대로 보여 주었다
　　　는 사실을 다시는 의심하지 말게.

*석두- 약산- 운암- 동산- 백수- 중운

252. 선문염송 914칙- 흠산의 주먹

흠산이 어느 날 법당에 올라 주먹을 들어 올렸다가 다시 폈다.

: 펴면 손바닥이 되고, 다섯 손가락이 들쑥날쑥하다.

다시 쥐면서 말하였다.

: 지금처럼 주먹을 쥐면 반드시 높고 낮음이 없다.

  다시 헤아릴 이가 있는가?

어떤 스님이 대중 가운데서 나오더니, 주먹을 들어 세웠다.

흠산: 너는 다만 펴지도 쥐지도 못하는 놈이다!

평: 어떤 스님이 대중 가운데서 나오더니, 주먹을 들어 세웠다.

  호천: 숟가락도 잡지 못하는 놈이구나. 굶어라!

*운암- 동산- 흠산, 건봉, 청림, 소산

253. 선문염송 948칙- 낙포, 아버지가 죽었다

낙포: 손빈(孫賓)이 가게를 그만두었다.

    점(卜)을 칠 자가 있거든 나오게.

스님: 화상께서 한 번 점을 치시지요.

낙포: 너의 집 아버지가 죽었구나.

스님: 말이 없었다.

평: 스님: 화상께서 한 번 점을 치시지요.

  호천: 너는 오늘까지 살겠구나.

*손빈: 전국시대 제나라 군사, 손무("손자병법")의 후손,
　　　"손빈병법" 저술.
*약산- 덕성- 협산- 낙포- 청봉- 정중

254. 선문염송 967칙- 해호, 똥싸개야!
운섭: 화상께서는 몇 년이나 도(道)를 닦으셨습니까?
해호: 좌주, 가까이 오게.
운섭이 가까이 갔다.
해호: 교진여(橋陣如)는 몇 년이나 도(道)를 닦았는가?
운섭이 멍하게 있으니 꾸짖었다.
해호: 이 똥싸개야!

평: 똥싸개에게 팬티 기저귀를 입혀야지! 마조의 오줌싸개야!
　　운섭: 교진여는 몇 년이나 진리를 닦았습니까?
　　호천: 병아리에게 물어보게, 삐악삐악!

*교진여: 싯다르타가 성불한 후, 최초의 제자로 다섯 비구 중의 한
　　　　사람.
*협산- 해호, 반룡, 상람, 황산, 소산

255. 선문염송 995칙- 고산의 달이여!
현사가 대중에게 말하였다.
: 세존께서 "나에게 정법안장이 있는데, 가섭에게 전한다."라고

하셨다. 이것은 달을 이야기하는 것과 같고, 조계가 불자를 세운 것은 마치 달을 가리키는 것과 같다.

고산: 달이여!

현사: 이 중이 나에게서 달을 찾는구나.

고산은 긍정하지 않고, 대중에게 돌아가서 말하였다.

고산: 자기에게 달을 구한다고 내게 말하더군.

평: 부처가 케케묵은 마음을 현사에게 전했다고 하는데, 절대 속지 말라!

둥근달이 중천에 뜨니, 천 개의 강과 바다에 둥근달이 찰랑거린다.

둥근달과 강·바다는 철천지원수인데, 도대체 어떻게 된 일인가?

설마 원수를 진짜 사랑하는 것일까?

로미오와 줄리엣!

*용담- 덕산- 설봉- 고산, 현사, 부상좌

256. 선문염송 1026칙- 운문, 가죽 자루

스님: 어떤 것이 바로 끊어 가는 하나의 길(直截一路)입니까?

운문: 주산(主山)의 뒤다.

스님: 스승께서 가르쳐 주셔서 감사합니다.

운문: 가죽 자루를 닫아라(合取皮袋).

평: 산 넘고 물 건너서 모든 길은 서울로 통한다.

서울의 풍수지리를 보니, 위대한 부처가 나오겠구나.

개아가리 닥쳐라! 천기누설!

*운문- 쌍천- 오조- 늑담- 구봉- 대매

257. 선문염송 1109칙- 설두, 단지 작을 뿐

장경이 보복과 함께 산 구경을 하는데, 보복이 손으로 가리켰다.

보복: 단지 이곳이 곧 묘봉정(妙峯頂 깨달음)이다.

장경: 옳기는 옳으나, 허락하기 아깝다.

나중에 경청에게 이 이야기를 하였다.

경청: 만약 장경이 아니라면, 해골이 들에 온통 널린 것을 보았을
　　　것이다.

설두: 오늘 이 사람과 함께 산 구경하며 무엇을 할까?
　　　아득한 세월(百千年) 뒤에 없다고 말하지 말라.
　　　단지 작을 뿐이다.

평: 눈먼 놈들의 헛소리 같은 말이 바람에 모두 흩어졌다.

아득한 세월이 흐른 후에 모른다고 말하지 말라!

단지 안 들릴 뿐이다.

*설봉- 장경, 보복, 경청,　지문- 설두- 천의

258. 선문염송 1137칙- 고산, 감기와 기침

고산이 대중에게 말하였다.

: 고산의 문하에서는 기침을 하면 안 된다.

그때 어떤 스님이 나와서 기침 소리를 한 번 내었다.

고산: 무엇을 하는가?

스님: 감기입니다.

고산: 감기라면 괜찮다.

평: 감기약을 먹었더니 머리가 띵하고 잠이 온다.

에이치! 폐암 말기구나!

*설봉- 고산, 아호, 취암, 운문, 현사

259. 선문염송 1223칙- 파릉의 노망

선객: 어떤 것이 동쪽과 서쪽에서 비밀히 전한 것입니까?

파릉: 그것은 "신심명(信心銘)"에서 말한 것이 아닌가?

선객: "참동계(參同契)"에 있는 말입니다.

파릉: 내가 요즈음 노망이 들었구나.

평: 우주의 불가사의한 비밀을 어떻게 가르쳐 줄 수 있겠는가?

비밀의 양파를 모두 까면 비밀을 안다. 양파 껍질!

서당개 3년이면 풍월을 읊고, 식당개 3년이면 라면을 끓이고, 산

사개 3년이면 목탁을 두드린다.

*운문- 파릉, 쌍천, 동산, 덕산, 향림

260. 선문염송 1231- 동산, 달마의 앞니
선객: 어떤 것이 친절한 한 구절입니까?
동산: 달마는 앞니가 없다(達磨無當門齒).

평: 선객: 어떤 것이 친절한 한 구절입니까?
   호천: 바지 입은 여자와 미니스커트 입은 남자. 맙소사!
       며칠 굶으면 배고프고, 몽둥이를 맞으면 아프다.

*덕산- 설봉- 운문- 동산- 남악- 천복

261. 선문염송 1274칙- 나산, 꼬리 없는 호랑이
명초: 호랑이가 새끼 일곱 마리를 낳으면, 어느 것이 꼬리가 없습
     니까?
나산: 일곱째 것이 꼬리가 없다.

평: 명초: 호랑이가 새끼 일곱 마리를 낳으면, 어느 것이 꼬리가
        없습니까?
   호천: 똥개야! 모두 꼬리가 있다.

*천황- 용담- 덕산- 암두- 나산- 명초

262. 선문염송 1340칙- 분양, 푸른 하늘

선객: 만리에 한 조각 구름도 없을 때는 어떻습니까?

분양: 푸른 하늘도 방망이를 맞아야 한다.

선객: 허물이 어디에 있습니까?

분양: 비가 와야 할 때 비가 오지 않고, 맑아야 할 곳에 맑지 않기 때문이다.

평: 호천: 하늘을 몽둥이로 때릴 수 있는 자가 있는가?

대중들이 침묵을 지킨다.

호천이 몽둥이를 번쩍 들고 나서, 바로 하늘을 후려쳤다. 퍽! 아야!

호천: 하늘이 몽둥이를 맞아 파랗게 멍이 들어, 파란 하늘이 되었구나.

*수산- 분양- 흥교, 낭야, 법화, 자명

263. 선문염송 1343칙- 섭현, 방귀 소리

선객: 나머지는 묻지 않겠지만, 어떤 것이 오늘의 지도 방식입니까?

섭현: 너같이 눈먼 당나귀 같은 놈도 있다.

선객: 그러면 북을 치고 비파를 타겠습니다.

섭현: 엉덩이를 누르니 방귀 소리가 난다.

평: 선객: 오늘은 무엇으로 지도를 하십니까?

호천: 지도할 것이 없다.

선객: 그럼 유쾌하게 기타를 치겠습니다.

호천: 부러진 기타도 칠 수 있겠는가?

*흥화- 남원- 풍혈- 수산- 섭현- 부산

264. 선문염송 1380칙- 낭야, 목욕 금지
선객: 어떤 것이 불법의 큰 뜻(大意)입니까?

낭야: 여기서 성 안까지 7리(里)다.

선객: 학인은 잘 모르겠습니다.

낭야: 절대로 강에 내려가서 목욕을 해서는 안 된다.

평: 불법에는 거리가 없으니 편안하게 목욕을 하게.

마음의 묵은 때는 씻었는가?

마음의 때를 씻지 못했다면, 오늘부터 절대 곡차를 마시지 말라!

*수산- 분양- 낭야- 정혜, 장수, 해인

265. 선문염송 1387칙- 회당, 이불이 없다
선객: 9년 동안 벽을 향해 앉은 뜻이 무엇입니까?

자명: 여러 해이지만, 소득이 없었다.

선객: 9년 동안 벽을 향해 앉은 뜻이 무엇입니까?

양기: 인도 사람이 중국말을 몰랐다.

선객: 9년 동안 벽을 향해 앉은 뜻이 무엇입니까?

회당: 추운데 덮을 이불이 없었다.

평: 선객: 9년 동안 벽을 향해 앉은 뜻이 무엇입니까?

　　호천: 나가는 출입문을 찾지 못했다.

*분양- 자명- 양기,　황룡- 회당- 영원

266. 선문염송 1403칙- 양기, 세 발 당나귀

선객: 어떤 것이 부처입니까?

양기: 세 발 가진 당나귀가 재빨리 걷는다.

선객: 그렇게 될 때는 어떻습니까?

양기: 호남의 장로(長老)이다.

평: 세상에서 세 발 가진 동물을 본 적이 있는가?

그럼 사람의 발은 몇 개인가?

두 개! 아니다!

어째서 손을 세지 않는가?

눈동자 없는 놈아! 사람의 발도 세 개다! 삼륜 자동차?

*양기- 백운- 오조- 불안- 설당- 회암

267. 선문염송 1414칙- 오조의 손

오조가 손을 펴고 어떤 스님에게 물었다.

: 어째서 손이라고 부르는가?

평: 양손을 활짝 펴고, 어째서 손에 다이아몬드가 없는가?
물구나무를 서고, 어째서 양발이 하늘에 있는가?
물구나무를 서서, 어째서 지구를 힘겹게 들고 있는가?

*오조- 원오- 호구- 응암- 밀암- 파암

268. 선문염송 1416칙- 오조의 입
선객: 어떤 것이 부처입니까?
오조: 살찌는 것은 입으로 들어온다.

평: 너무 많이 먹으면 뚱보와 뚱녀가 된다. 그럼 연애하기 힘들다.
S라인 몸매를 만들어라. 그러나 팬더는 귀엽다.

*오조- 원오- 대혜- 졸암- 절옹- 언계

269. 선문염송 1428칙- 선혜의 법(法)
선혜대사가 양왕(梁王)을 보고 일어나지 않았다.
신하: 대사께서 왕을 뵙고, 어째서 일어나지 않으십니까?
선혜: 법이 있는 곳이 움직이면, 모든 것이 불안하기 때문입니다.

평: 법이 있는 곳은 아무리 활발하게 움직여도, 오직 절대 평화

속에서 고요할 뿐이다! 부동심(不動心)!

선혜가 모든 사람들을 속이고 있다. 죄인을 당장 석방하라!

그러나 삼라만상에 영원한 주인공의 위풍당당한 위의(威儀)임을,
누가 알겠는가?

270. 무문관 8칙- 월암, 해체된 수레

월암선사가 학인에게 물었다.

: 해중이 바퀴살이 백 개인 수레를 만들었다.

　수레의 앞과 뒷바퀴를 모두 떼어 내고 축까지 해체하면, 무엇이
　남겠는가?

평: 자동차의 타이어를 4개 빼고, 엔진을 들어내고, 핸들을 해체
　했다.

　무엇이라고 부르겠는가?

*오조- 개복- 월암- 대홍- 월림- 무문의 "무문관"

271. 무문관 20칙- 송원, 대역량인(大力量人)

송원이 말하였다.

: 대역량을 가진 사람이, 어째서 자기 다리를 들어올리지 못하는가?

다시 말하였다.

: 말을 하는데, 어째서 혀를 사용하지 않는가?

평: 대역량인이 자신의 다리로 걷지 못한다면 다리를 분질러 버리고, 말을 못한다면 혀와 이빨을 뽑아라.

소역량인아! 병원의 산해진미는 맛있는가? 꼭꼭 싶어 먹게.

*밀암- 송원- 멸옹- 횡천- 고림- 축선

272. 무문관 38칙- 오조, 황소의 꼬리

오조법연이 말하였다.

: 비유하면, 황소가 창틀을 통과하는 격이다. 머리, 뿔, 네 다리는 모두 통과했는데, 어째서 꼬리만 통과하지 못하는가?

평: 로봇 태권V는 광화문을 지나갔는데, 어째서 로봇 태권V의 그림자는 광화문을 지나가지 못하는가?

황소의 꼬리는 흔들흔들, 로봇 태권V의 그림자는 하늘하늘!

*오조- 천목- 나주- 죽림보- 죽림화- 용암

273. 암두와 소산, "말후구(末後句)" 검객의 망신

선객(禪客) 소산이 암두선사를 만나러 오자, 앉은 자리에서 자는 체했다. 소산은 할 수 없다는 듯이 암두의 팔을 흔들어 깨웠다.

암두: 뭐냐?

소산: 스님, 더 주무세요.

암두는 크게 웃었다.

암두: 내가 30년 동안 말타기를 익혀왔는데, 오늘 낮에 당나귀 발
　　에 차이다니!

평: 호천이 암두선사를 만나러 오자, 앉은 자리에서 자는 체했다.
호천은 어쩔 수 없이 큰 소리로 외쳤다. 구후말(句後末)!
암두: 뭐 하는가?
호천: 기상 시간입니다.
암두는 크게 웃었다.
암두: 내가 30년 동안 말타기를 익혀왔는데, 오늘 낮에 당나귀 발
　　에 차이다니!
호천: 애꾸눈 절름발이 천리마가 마구 짖는구나!

*덕산- 암두- 나산, 운암- 동산- 소산 or 덕성- 협산- 소산

글을 마무리하며

1. 이 글을 쓰는 동안 3년 10개월 남짓 거의 하루도 쉬지 않고 오직 집필만을 생각했다. 마치 수험생과 같은 나날을 보냈고, 화두 참구하는 절박하고 간절한 심정과 같았다.

왜냐하면 불타오르는 눈동자를 가진, 진실한 수행자를 항상 생각했기 때문이다.

나의 형제들이 가야 할 길을 제대로 몰라서 암흑 속에서 헤매고 있다고 생각하니, 마음이 산산이 헤어질 뿐이었다.

진리를 얼핏 본 사이비 같은 놈들의 책 아닌 책을 읽고 마치 바른 길인 양 알고, 잘못된 길을 가고 있는 것을 너무나 잘 알기 때문이다.

당연히 나의 과거에 수행 과정이기도 하다. 빌어먹을!

그래서 바른길을 가르쳐 주기 위하여 최대한 빨리 출판하고 싶어, 불철주야 집필에 나의 모든 열정과 영혼을 집중했다.

한 열 달 가량은 처음 책을 쓰는 것이라 진도가 잘 나가지 않았다.

그러던 중 운문선사의 "똥 막대기" 화두에 대한 설명을, 어떻게 하면 멋지게 쓸까를 며칠 동안 고민하던 중이었다.

어느 가을날 아침 도서관을 걸어가다가, 우연히 은행 열매를 밟게 되었다.

그 순간 바로 이것이구나 하는 영감이 떠올랐다.

"똥 막대기" 화두를 은행나무와 연관시키고 나니, 이때부터 막혀 있던 머리가 열리면서 설명하기 까다로운 화두들이 쉽게 풀려갔다.

이것은 마치 화두 참구시 "관성의 법칙"과 같은 현상임을 직감했다. 과거 수험생 시절, 도서관의 의자에 앉아서 책 보는 시간이 12시간을 넘어가면, 다음 날 바로 어제의 그 속도로 책을 보는 것과 같은 이치다.

아침마다 수험서를 보기 위해서, 30분 가량의 예열 시간이 필요가 없다.

책 보는 시간이 15시간을 넘어가면, 작은 각성 현상까지 나타나는 경우도 몇 번 있었다. 물론 그 당시에는 이 현상이 무엇인지 몰랐다.

이것을 보면, 삶이 수행이고 수행이 삶이라는 것을 명백하게 알 수 있다.

이런 간절함 없이 어떻게 삶과 죽음을 관장하는, 겹겹에 은산철벽의 화두를 뚫고 지날 수 있겠는가?

그러던 중 부산 초읍 도서관에서 저녁을 먹고 어린이 대공원으로 산책을 하다가, 화장실을 찾던 중에 학생문화회관에 들어가게 되었다.

들어서는 순간, 베토벤 교향곡 5번 "운명"이 들렸다.

일단은 작은 볼일을 보고, 음악 소리가 들리는 곳으로 갔다.

교향곡을 실내악으로 편곡해서 학생들이 연주를 하고 있었다. 눈을 지그시 감고 감상을 했다. 나름 훌륭했다. 한참을 듣고 있었다.

문득 베토벤이 교향곡 5번을 작곡하는데 5년이 걸렸고, 지금도 많은 사람들에게 마음의 위안과 평화를 선물해 주고 있다.

그리고 인류가 사라질 때까지, 이 음악이 무한한 행복을 선사할 것이라는 생각이 들었다.

집필을 시작하고 1년이 다 되어가는 시점이다.

수행서에서 "부처에 이르는 길"을 명쾌하고, 상세하게 설명한 책을 아직 읽지 못했다. 2600년 수행 역사의 풀리지 않는 수수께끼!

두루뭉술한 표현만 있기에 이 과정에서 많은 수행자들이, 부처의 국토로 가는 길을 제대로 몰라서 헤매는 것이다.

내가 이 애매한 부분을 명백하게 밝혀서, 수행자들에게 하나의 찬란한 등불을 밝혀 주어야겠다는 사명감이 들었다.

과거 20대의 암울한 시절에, 클래식 음악이 내게 마음의 한없는 평화를 주었듯이.

이 책을 "천 년 대계"로 쓰자며 다짐 아닌 다짐을 했다.

내가 가장 좋아하는 베토벤 교향곡 9번 "합창"이 되게, 이 책을 써야겠다는 의지가 강렬하게 불타올랐다.

"합창"의 주제인 "고뇌를 통한 환희"를 전하는 안내자가 되고 싶었다.

이것은 내가 지금까지 읽었던 수많은 책들과 클래식 음악을 들으며, 마음의 평화를 누렸던 것에 대한 빚을 갚는 의미도 있다.

불멸의 스승들과 위대한 음악가들에게 받은 빚을 모두 청산해야, 진정한 자유인 즉 빚이 없는 자유인이 될 수 있기 때문이다.

이 책을 쓰면서 일관되게 떠올랐던 하나의 생각이 있다!

내가 쓴 이런 구성의 책을 어째서 나의 앞선 벗들이, 천 년 전에 쓰지 않았을까 하는 의문이 수없이 들었다. 오~ 비극의 세월이여!

이미 이런 책이 있었다면 수행자들이 결코 방황하지 않고, 곧장 부처의 세계로 갈 것인데 하는 회한을 지울 수가 없었다.

오호통재라! 오직 안타깝고 한스러울 뿐이었다.

진짜 부처가 그만큼 희귀하다는 방증은 아닐까?

이 책을 구상할 때 처음에는 나의 말만 유연하게 하려고 했다.

그러나 성철의 "선문정로"를 다시 읽으면서 생각이 완전히 바뀌었다.

여하튼 성철은 수행 과정에서 위대한 스승이었고, 이 책의 방향을 정하는데 결정적인 영향을 주었다. 성철은 내게 위대한 스승임에는 틀림없다.

하지만 성철에 대한 아쉽고, 안타까운 점도 상당히 많다.

내 마음의 스승 자리에 조주는 남아 있지만, 성철은 지워버렸다.

왜냐하면 성철은 위대한 수행자이지만, 위대한 스승은 아니기 때문이다!

완전한 깨달음을 얻은 자는 이 말이 무슨 뜻인지 알 것이다.

각설하고, 나의 처절했던 수행 과정이 떠올랐고, 지금도 애절하게 수행하는 위대한 선객을 생각했다.

그래서 수행의 모든 것을 명명백백하게 밝혀야겠다는 생각이 들었다.

있는 그대로의 사실을 가감 없이, 있는 그대로 진실되게 서술하는 것이다! 사마천의 "사기"!

무엇보다도 잘못된 견해 때문에 부처가 되지 못하는, 최악의 불상사를 막아야겠다는 사명감이다.

싯다르타의 정법이 시대가 흐를수록 퇴색해 가는 것을 막기 위해서, 바른 견해를 전해야 한다고 결정을 내렸다.

1년이 조금 지난 시점에서, 책의 전체적인 내용을 수정을 했다!

특히 3장 수행 방법, 4장 바른 견해, 6장 분류사 화두는 나의 모든 능력과 혼을 불어넣은, 그야말로 진정한 부처가 펼치는 솔직하고, 정직한 견해임을 분명히 밝힌다!

그리고 시중에 굴러다니는 수행서를 보면, 눈먼 자가 눈먼 자를 불타는 지옥으로 이끄는 책이 거의 99.9%이다.

진정한 진리를 모르는 마조의 오줌싸개, 사이비, 인간의 탈을 쓴 악마들의 책을 볼 때마다, 진짜 부처가 되고자 불철주야 노력하는 수행자를 생각하면, 오직 가슴이 천 갈래 만 갈래로 미어질 뿐이었다.

어느 시대나 사이비 부처가 판을 치고, 진짜 부처는 극히 드문 법이다.

그래서 위대한 황벽선사가 "선이 없는 것이 아니라, 선사가 없다."고 일갈한 것이다. 선(禪)의 양심 선언!

어쨌든 자신의 수행력을 높여 사이비와 악마들에게 절대 속지 말라! 그나마 "무"자 화두를 아는 수준의 책은 그래도 눈감아 줄 수 있다. 하지만 이 수준도 안 되는 자들이 아상(我相)에 사로잡혀 책을 내니, 그것도 모르고 수행자들이 읽는 악순환이 반복되고 있다.

수준 이하의 책을 볼 때마다, 절로 한숨이 탄성처럼 나올 뿐이다. 수행의 현실을 바라보면 부처라는 신성한 깃발 아래, 악마와 사이비들만 양성하는 것 같아 수행의 회의가 쓰나미처럼 밀려올 뿐이다. "무"자 화두를 알아도 헛것이 엄청나게 보이는데, 이 수준 이하의 책은 그야말로 똥을 책에 칠해놓은 것과 똑같다. 오직 망연자실할 뿐이다.

이런 현실을 어떻게 해결할 수 있을지 눈앞이 캄캄하다. 오호통재라!

진정한 수행자를 생각하면, 피눈물이 눈앞을 가리는 심정뿐이다. 이 책을 최대한 빨리 출판해야겠다는 마음뿐이었다.

그래서 3년 10개월 동안 거의 하루도 쉬지 않고, 오직 집필만을 생각하며 집필에 모든 것을 쏟아부었다.

하지만 서두름은 모든 일을 망치는 지름길이기 때문에, 이 책의 숙성 기간이 필요했다.

약 1년 반 남짓 퇴고에 퇴고를 거듭하면서, 향후 "천 년 동안" 이 책을 읽을 지금의 벗과 미래의 벗을 생각하며 나의 모든 마음을 집중시켰다.

이제 나의 분신을 세상으로 보내어 수행의 기본 구조를 바르게 구축하고, 수행의 바른 견해를 확립하고자 한다. 수행의 진실한 기본서!

이 책의 곳곳에서 바른 안목이 무엇인지 솔직하게 밝혀 놓은 것을 토대로 수행을 한다면, 수행 기간이 단축되고 수행이 완성될 것임을 확신한다!

수행자는 모든 것을 극복하고 초월하여, 곧장 진리의 심장부로 가서 자신의 부처를 직접 만나야 한다.

화두의 심장에 검을 꽂아라! 그리고 삼계의 영원한 주인공이 되어라!

삼라만상의 모든 것이 자신의 자리에서, 마음에 무한한 빛의 평화를 품고, 얼굴에 달콤한 설탕 미소를 잃지 말고, 날마다 행복하기를 간절히 기원한다.

삶은 오직 "이 순간"에 있다! 삶은 "이 순간"의 기적이고 마법이다!

나의 임무는 여기까지다.

2. 내 죽거든

내 죽거든
달빛보다 아름다운 미소를 지어라.

내 죽거든
강산의 한 그루 푸르른 소나무 되리.

내 죽거든
보랏빛 구름의 고요한 노을 되리.

내 죽거든
투명한 가을의 끝없는 허공 되리.

내 죽거든
미소의 풍류객 아름다운 세상을 노닐다
다음 여행지로 소풍을 갔다고 생각하라.

내 죽거든
최후의 만찬에 와서 환희의 축하주를 마시고
이 순간을 위하여 신성한 축가를 불러 다오.

내 죽거든
달빛보다 아름다운 미소를 지어라.

너 죽거든
별빛보다 아름다운 미소를 지어라.

화두의 심장에 칼을 꽂아라

지 은 이 호 천

1판 1쇄 발행 2020년 01월 02일

저작권자 김성진
발 행 처 하움출판사
발 행 인 문현광
편   집 오현정
주   소 군산시 축동안3길 20, 2층 하움출판사
I S B N 979-11-6440-097-3

홈페이지 www.haum.kr
이 메 일 haum1000@naver.com

좋은 책을 만들겠습니다.
하움출판사는 독자 여러분의 의견에 항상 귀 기울이고 있습니다.

이 도서의 국립중앙도서관 출판예정도서목록(CIP)은 서지정보유통지원시스템 홈페이지
(http://seoji.nl.go.kr)와 국가자료종합목록 구축시스템(http://kolis-net.nl.go.kr)에서
이용하실 수 있습니다. (CIP제어번호 : CIP2019052282)